edition suhrkamp

Redaktion: Günther Busch

Alexander Kluge, geboren 1932 in Halberstadt, ist Rechtsanwalt und Leiter des Instituts für Filmgestaltung in Ulm. Er schrieb gemeinsam mit Oskar Negt das Buch *Öffentlichkeit und Erfahrung. Zur Organisationsanalyse von bürgerlicher und proletarischer Öffentlichkeit* (edition suhrkamp 639). Als Autor wurde Kluge mit den *Lebensläufen* (1962) bekannt (suhrkamp taschenbuch 186). 1964 erschien *Schlachtbeschreibung – der Untergang der 6. Armee*. In der folgenden Zeit veröffentlichte Kluge 23 Lang- und Kurzfilme. Es folgte der Erzählungsband *Lernprozesse mit tödlichem Ausgang* (edition suhrkamp 665). Parallel zu den Arbeiten am Film *Der starke Ferdinand* machte sich Kluge an die Niederschrift neuer Erzählungen, die jetzt in der Folge von 18 Schreib-Heften vorliegen: *Neue Geschichten. Hefte 1-18. ›Unheimlichkeit der Zeit‹*.

Es geht in diesen Geschichten, wie in früheren Büchern Kluges, um die sinnliche Wahrnehmung von Zeiterfahrung: Rachegefühle, falsche Harmonisierung, nie aufgegebene Wünsche, »Strategie von unten«; es geht um Lebenszusammenhang inmitten *öffentlicher Zeichen* (Luftangriff, »Verschrottung durch Arbeit« Alltag, Vorgänge im »Hirn der Metropole«, Kinderglauben). »Nachrichten von den Gefühlen«. Kluges Geschichten strapazieren das klassische erzählerische Prinzip durch Kontext (»irre Realität«). »Die konkrete Wahrnehmung läßt sich nicht in fixen Zeiten nieder.« Vergangenheit und Gegenwart mischen sich in den Geschichten (bis in die Sprache hinein). »Um Zusammenhang herzustellen, muß ich ›Zusammenhang‹ aufgeben.« Deshalb ist die Rohform von Schreib-Heften beibehalten. »Den Sinnen ist unsere Zeit keine Heimat.« »Unheimlichkeit der Zeit«: Dieser Titel-Satz bezeichnet kein leeres Erschrecken, sondern ein deutliches Motiv: In der Not setzen sich die Sinne in Bewegung. Das ist das *Grundgefühl* der Geschichten des vorliegenden Bandes.

Alexander Kluge

Neue Geschichten. Hefte 1-18
›Unheimlichkeit der Zeit‹

Suhrkamp Verlag

edition suhrkamp 819
2. Auflage, 7.-12. Tausend 1978

Satz, in Linotype Garamond, Druck und Bindung bei Georg Wagner, Nördlingen.
Gesamtausstattung Willy Fleckhaus.

Inhalt

Teil I

Teil II

Teil III: Im Hirn der Metropole

Hefte 11-18

Anhang

Vorwort

Die Geschichten dieses Buches sind in der Folge von Heften (1-18) wiedergegeben. **Geschichten ohne Oberbegriff.** Ich behaupte nicht, daß ich selber ihre Zusammenhänge immer begreife.

Es hat den Anschein, daß einige Geschichten nicht die Jetztzeit, sondern die Vergangenheit betreffen. Sie handeln in der **Jetztzeit.** Einige Geschichten zeigen **Verkürzungen.** Genau dies ist dann die Geschichte. Die Form des Einschlags einer Sprengbombe ist einprägsam. Sie enthält eine Verkürzung. Ich war dabei, als am 8. April 1945 in 10 Meter Entfernung so etwas einschlug.

Die Regenpfütze, die von niemand gebraucht wird, die nicht terrorisiert wird, damit sie sich »verhält«, kann sich die klassische Form leisten: Übereinstimmung von Form und Inhalt. Wir Menschen sind dadurch bestimmt, daß Form und Inhalt miteinander Krieg führen. Wenn nämlich der Inhalt eine Momentaufnahme (160 Jahre oder eine Sekunde lang) und die Form das übrige Ganze, die Lücke, ist, das, was die Geschichte gerade jetzt nicht erzählt.

Noch eine Bitte: Wenn ich etwas verstanden habe, setze ich mich in Bewegung, reise, handle, oder ich schreibe ein theoretisches Buch. Dies hier ist keines. Deshalb meine ich nicht weniger, was ich schreibe. Ich fange aber nicht an, die niedergeschriebenen Geschichten nachträglich »auszubessern«. Ich könnte z. B. Irrtümer, historisch Unzutreffendes, Mißverständnisse (»was ich selber nicht begriffen habe, während ich schreibe«) durch Zusätze aufklären. Das ist aber nicht die **Form,** in der die Geschichten erzählt sind. Diese Form ist ein Gefühl, das nur einmal mißt, und war es theoretisch (= betrachtenderweise) falsch, dann ist es falsch und mißt so auch.

A. K.

Teil I
Hefte 1-4

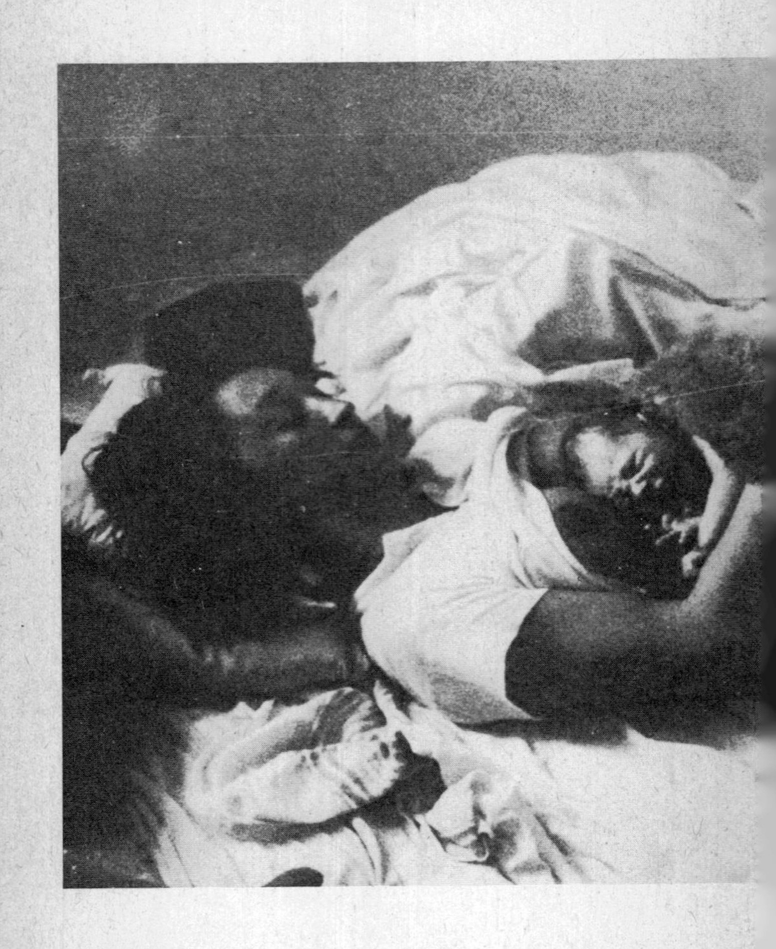

Heft 1

Was ein Mensch ist, nach Ing. Schäfer – Zustöpseln eines Kinderhirns – Bertrams Proportionsgefühl – Rache durch den Stellvertreter – Bettis Abneigung gegen falsche Harmonie – Ein Gottesgericht ... – Mit allen Sinnen – N. – »Rache kann fliegen?«

Abb.: »Da ist eine Mutter, in deren Leib hat man 9 Monate gesessen, sorglos, warm und in allen Freuden.« Groddeck, S. 6. Ideologisch.

Was ein Mensch ist, nach Ingenieur Schäfer

Um mechanisch nachzubauen, was ein Hirn vermag, sagte Ingenieur Schäfer, wäre einschließlich aller Verstärker ein Aggregat in der Größe von Groß-London erforderlich. Das würde als menschliches Hirn aber nur in Gesellschaft anderer tätig, die gleich dazugebaut gehören. D. h. Untertunnelung des Ärmelkanals, Tunnels und Überbauung des Atlantik bis zu den Azoren usf.

Nun kommen aber erst noch die Hände, Füße, der Atem als der gierigste Teil und (dazwischen das übrige) die Zellen, die die gesamte Gattungsgeschichte voraussetzen, so daß ich – vergleichbar einem Pfahldorf – die gesamte Fläche des Planeten ingenieursmäßig überbaut hätte, um auch nur *einen* Menschen zu haben, der wirklich funktioniert.

Zustöpseln eines Kinderhirns

Gerhard, ein Sechsjähriger, mit sehr breitem Kopf, Blondschädel – bis vor zwei Jahren schielte er. Die Bäuerin (Mutter) leugnete das: Das Kind tut nur so. Gerhard schnaufte über der Hausaufgabe. Nach Maßgabe des Mengenlehrebuches für Schulanfänger sollte er Kreuzchen machen dort, wo etwas übereinstimmte (Männchen, Dreiecke usf.), wenn es nicht übereinstimmte: ein Minuszeichen, also einen Strich. Er hätte die für seine Kreuzchen und Striche vorgesehenen Kästchen in dem bemalbaren Buch lieber ausgemalt, also erkannte gleichförmige Kleinheit zweier Dreiecke durch Einmalen eines ähnlichen Dreiecks in eines der Kästchen statt durch ein unsicheres Kreuzchen oder einen Strich wiedergegeben. Gleich waren gleich große Dreiecke oder Männchen und Männchen ja nicht. Denn wenn Gerhard sie lange genug ansah, das Seine dazu gab, verwandelten sie sich stets. Er mußte aber den Anforderungen des Lehrbuchs mit viel Schnaufen folgen. Nach zwei Stunden waren die Kreuzchen schon besser. Zunächst so: X, jetzt so: ×.

Die Mutter-Bäuerin hat den älteren Gerhard immer mißachtet, den um ein Jahr jüngeren Martin vorgezogen: hübscher, gerade Glieder. Vor allem hat Martin eine schmalere Kopfform. Gerhard dagegen hat einen Dickschädel. Diese Mißachtung lastet auf Gerhards Hirn. Als Männchen gezeichnet, waren Martin und er sicher vergleichbar, weil ja die Männchen Abstraktionen sind wie Kreuze und Striche. Er ist nicht willig, die Mengenlehre zu begreifen, das Vergleichbare der Abbildungen herauszuarbeiten, weil er sicher weiß, wie ungleich in der Praxis alles Gleiche (oder nur um ein Jahr im Altersunterschied Versetzte) gehandelt wird. Er stemmt sich gegen den ideologischen Druck der Schule, einen abstrakten Humangedanken, den die Bäuerin doch nicht teilt, der aber Gerhards Wahrnehmungen verwischen will.

Dabei ist Gerhard in erster Linie willig. Als ein Tierarzt zu ihm hin sagt: Halte den Schwanz fest – denn der Arzt will der Kuh in den After fassen –, greift er den Kuhschwanz ganz fest und hält ihn, der Arzt ist längst fertig, fährt in seinem Wagen in Richtung eines anderen Dorfes, aber G. hält den Kuhschwanz mit Anspannung aller Kräfte noch längere Zeit in halbwegs waagerechter Lage. Weil er eines direkten Blikkes gewürdigt wurde. Der Arzt hat ihn kurz angesehen. Das versteht Gerhard ja. Er versteht eigentlich alles.

Bertrams Proportionsgefühl

I

Bertram trat am 1. 4. 1923 in das 7. (Preuß.) Reiterregiment in Breslau–Kleineburg ein, 1. Eskadron, die die Tradition des Leibkürassier-Regiments Großer Kurfürst (1. Schles.) Nr. 1 fortführte. Präzise, realistisch; er hatte Proportionsgefühl. Vier Jahre als Soldat, Uffz., Fahnenjunker, danach Offizierslaufbahn.

Jetzt stehen als Reste seines Bereichs 4 Schadpanzer im nördlichen Vorfeld der Stadt Stalingrad. Ehe seine Gesamtpersönlichkeit (Erfahrung, Erkenntnisse, Protestgefühl, auch soweit dieses vor Stalingrad angesammelt wurde, Gewissen der Vorväter usf.) überhaupt reagierte, brach er mit Proviant und einem Obergefreiten nach Osten über die Eisfläche der Wolga, eine Art wüster Steingarten, weil die Eismassen Blöcke bildeten, durch die sowjetischen Linien und marschierte in einem großen Bogen südlich an Kotelnikowo vorbei bis Stalino.

Als Patient durchläuft er verschiedene Reservelazarette, von seinem Obergefreiten getrennt. Seine Persönlichkeit folgt allmählich nach; traf er im März ein, so kann er schon Ende April ihre Wiederankunft fühlen. Es ist das Gefühl: »schmählich«, »unverzeihlich« »im Stich gelassen« zu sein. »Feige Etappenärsche, die sich nicht rührten.« Was sollen die Worte! Es ist ein Gefühl. Er hat ausreichend Zeit, daß diese Gefühle, allerdings unterhalb der Sprache, in ihm anlangen.

Die Sachbearbeiter, die für »Zerstreuung« der Stalingrad-Erinnerung zuständig sind, Personalabteilung OKH, aber auch lebenskluge Männer des Ministeriums für Volksaufklärung und Propaganda, haben es mit ihm anders vor. Er findet sich wieder, versetzt zur 116. Panzerdivision, in italienischen Restaurants unter Offizierskameraden südlich von Rom, führt hier vor Spaghetti oder Saltimbocca Verschlingenden scharfe, hetzerische Reden, durch Verschwiegenheit des Kameradenkreises geschützt. Anderntags mit schweren, besoffenen Köpfen unterwegs in Richtung des Landekopfes von Salerno.

Bertrams inneres Proportionsgefühl, das ist das, was seine Person unveräußerlich begleitet und auch, wenn er schläft oder große Fahrtstrecken, ohne viel Blicke zu empfangen, zurücklegt, dicht aufbleibt (während, wenn er müde wird, viele andere Eigenschaften oder das Erinnerungsvermögen, also z. B. die Seele, um 40, 80 oder 160 km zurückbleiben). Für sein Proportionsgefühl war der mit Gefechtsberührung verbundene Rückzug den Stiefel hinauf bis in die Nähe von Rom befriedigend, da er mit den Rohren seiner 16 Panther (7,5 cm-Kanone) – mit dreien dieser Panther fuhr er noch in Rom ein – eine Gleichmacherei herstellte. D. h., was er zum Einsturz brachte oder sonst irgendwie glatt machte, entsprach dem Grundverhältnis der vergangenen sechs Monate.[1]

1 Stichworte: »Grundverhältnis, Proportionsgefühl«: Für zerschossenen Oberarmknochen 26 RM, für Brustschuß gar nichts, zerstörtes Schulterblatt 4,30 RM

Abb.: Hauptmann i. G. Bertram.

II

»Dem Gleich fehlt die Trauer.«[2]

Bertram blieb für Trauer keine Zeit. »An sich« hätte er Zeit gehabt; z. B. bei plötzlichen Aufenthalten; es waren ja trotz besessener Eile 50 Prozent der Zeit Wartezeit, Auflösung einer Verkehrsstockung, Herankommen der Tankfahrzeuge, Überleben eines Tieffliegerangriffs in einem Pinienhain usf.,

Rente – für kulturellen Oberarmknochen der Mona Lisa, auf Ölgemälde zerstört oder herausgeschnitten: 6 Millionen RM Versicherung, für abgebrochene Liebesverhältnisse gar nichts, nichts für den Verlust meiner Leute, von mir als Gärtner 6 Jahre wie Baumschule aus Reichswehrdepot herangezogen. »Colonello W. decise di salvare almeno uno dei quattro effettivi che gli erano rimasti. Caddero tre dei quattro effettivi rimasti. Un carro armato sovietico insegui il maresciallo D. per due ore intere per un campo di neve.« Es geht aber gar nicht um meine Leute, sondern die von Bert, Martin, Peickert, Hindemann, Strachwitz usw. usf. und *darum* auch nicht; um das, was ich *gesehen* habe, und was es *bedeutet* und was ich daraus mache, nachdem es mit meinem Hirn so gemacht worden ist, auch nicht Hirn, sondern vielmehr *alles.*

2 Hölderlinstelle aus: *Mnemosyne,* Manuskript S. 307/92 nach der Zählung im »Katalog der Hölderlin-Handschriften auf Grund der Vorarbeiten von Irene Koschlig-Wiem bearbeitet von Johanne Authenrieth und Alfred Kelletat«, abgedr. in: *Sämtliche Werke,* Frankfurter Ausgabe, Einleitung, Frankfurt, Verlag Roter Stern, S. 60 ff. Siehe dort Konjektur zu Zeile 52, S. 69. *Deutung* des Verses *umstritten.*

falls dies »Zeit« war (einer hätte diese Wartezeiten ihm in »Gefühlszeit« transformieren müssen). Er war auch insofern kein *Gleich*, als ihm eben nichts an dem, was er erlebte, gleich war, sondern sein Unterscheidungsvermögen war die Wurzel des Proportionierungswunsches: diese Lustwiese in italienischer Landschaft der Trümmerstätte im nördlichen Vorfeld von Stalingrad gleichzusetzen.

Nur darf niemand glauben, daß ihn das abreagierte. Sein Gefühl, oder man kann es Durst oder Hunger nennen nach einem zusammenhängenden »Sinngehalt« oder wenigstens: einer zusammenhängenden »Wirklichkeitsform«, wurde nicht geringer. Das kann doch nicht von Stalingrad herrühren, sagte Oberstleutnant i. G. von Berlepsch, lieber Bertram! Das muß schon länger in Ihnen gesessen haben. Machen Sie nur keinen Unsinn. Sie fahren wie der germanische Sturm über die Ebenen Apuliens. Er ging davon aus, daß Bertrams wenig offiziersmäßiges Fehlverhalten, das er zunächst aber deckte, wesentlich frühere Gründe haben müßte. Es ist ausgeschlossen, daß zwei Monate so nachwirken, sagte v. B. Er war kein Psychologe. Aber er verstand etwas von Marschetappen und Gefechtsräumen; Gefühle können sich gar nicht in so kurzer Zeit so umfassend umgruppieren.

Wie dem auch war, bei Durchfahren der »Ewigen Stadt« – die höhere Führung war kapriziert auf die Erhaltung der unvergänglichen Kunstgüter Roms und hatte nur Sinn dafür, daß die Truppe so rasch wie möglich nördlich Roms im Gelände verschwand – ließ Bertram an der Milvischen Brücke halten und beschoß einen Museumsbau mit zwölf Granaten, entweder nach seinem Gleichbehandlungsgrundsatz oder weil sich in diesem Museumsbau am Sonntag vormittag garantiert keine Menschen aufhielten (ein Unteroffizier hatte zuvor Befehl, am Tor zu rackeln und gründlich zu klingeln, denn Bertrams Wut war nicht blind, er erschien vielmehr zu dieser Stunde besonders besonnen).

III

Daß Bertram dem Kriegsgericht vorgeführt wurde, hatte nur eine vielseitigere Zerstreuung der Kausalfäden zur Folge. Er wurde verurteilt. Sein Verteidiger, Major Vieweg, der sich über den gleichgültigen, aus spießigem Garnisonsgeist gleichmacherischen Gerichtsvorsitzenden empört hatte, erstattete gegen diesen Anzeige wegen Empfangs von Schwarzmarktpäckchen aus Prag. Bertram, auf Schub zum neuen Gerichtsort Mailand, wird im vergitterten Transportwagen von Tieffliegern getroffen, stirbt an einer Bauchwunde. Seine Aufzeichnungen verbrennen.

So setzte sich diese Kausalkette eines Rachegeistes nicht fort. Der von Bertram entzündete Gerichtsoffizier überlebte ihn nicht um vier Wochen. Bertrams fünfjähriger Sohn weiß angeblich von diesen Dingen nichts, hat des Vaters Gefühle oder Erinnerungen nicht geerbt. Ist denn Rache etwas Geistiges? Nein, sie ist etwas Körperliches, das aber mit dem Körper nicht untergeht. Es ist kein Subjekt da, das dies im Fall Bertram untersuchen könnte. Und trotzdem kann ein Gefühl wie dieses nicht verschwinden.

IV

Dann glaubst du also, sagte Putermann zu Bertrams Sohn, der so vehement sich für eine doch ganz ausgedachte Geschichte oder Perspektive engagierte, über die er unmöglich eine eigene Erfahrung haben konnte, der junge Bertram konnte sich das nur einzubilden versuchen, an eine Art Hegelschen Weltgeist. Wenn man nämlich solches subjektloses Überleben besonders starker Gefühlsimpulse zu einem protestierenden Gesamt-Arbeiter zusammenrechnete. Putermann hatte in diesem Moment den süffisanten und hochmütigen Ton, den Billie Dahmert an fast allen Mitarbeitern des Instituts für Sozialforschung, falls sie etwas wirklich wußten, feststellte und nicht leiden konnte – andererseits war sie seit zwei Jahren mit Putermann zusammen, hatte also Absolution im voraus erteilt, wenn dieser Ton aufkam und sie ihren »Versuch vom Dienst« machte, dagegen anzurennen.

Der junge Bertram war mit dem ideologischen Verweis auf »Platz« gesetzt. Er meinte es allerdings als materialistische Version, nicht als »Idealismus«. Du mußt vom Grundwasser ausgehen. Stalingrad steht ja nicht allein. Sondern wo ist es

– in Lebensläufen von 80 Jahren versteckt – überall verteilt? Diese Verbindungslinien funktionieren überindividuell. Es hatte das, was er sagte oder meinte, keinen theoretischen Stil. Und die Wissenschaftskameraden gingen gar nicht darauf ein. Vielleicht hätte er es noch formuliert, wenn sie ihm vertraut hätten.

Rache durch den Stellvertreter

In den ersten Tagen nach Rückkehr aus dem Zweiten Weltkrieg, in sein kleines Häuschen, seit Elbübergang am 28. April sind es 18 Tage, konnte Herbert Jäger nicht in dem weichen Ehebett schlafen, sondern er legt sich auf eine Decke auf den Fußboden. Ödeme an den Beinen, die allmählich heilen. Die ganze »Heimkehr« ist ein Ersatzprodukt. Er hat sie sich oft vorgestellt in den Kriegsjahren, jetzt erschweren die fixen Ideen die Anpassung. Er könnte »völlige Gleichgültigkeit« der Schwägerin, die den Haushalt führt, nicht ertragen, aber ihre »Behutsamkeit« erträgt er ebenfalls nicht. Auf jede seiner Äußerungen oder Bewegungen in den Räumen setzt die unzufriedene Frau eine Reaktion, »nimmt sich zurück«, »schafft sich beiseite wie ein getretenes Tier«, »umlauert ihn auf der Suche nach einem Wunsch«. Das kostet Gewöhnung.

Besser schon der Kontakt mit ein paar Kameraden oder Kollegen, die in der Umgebung von Essen ihre Friedensquartiere wieder bezogen haben und das Werksgelände aufsuchen, um sich zu orientieren. Das meiste ist zerbombt.

Am 20. Mai ziehen sie zu fünft los, alles frühere Kollegen, und holen Gerät aus den verlassenen Werkshallen, tragen Schrott zusammen, man kann ihn vielleicht verkaufen. Der Wald in M. ist untertunnelt. Hier findet sich viel Brauchbares. Unter Jägers Leitung legen sie ein Werkzeug- und Materiallager an.

Am 21. Mai ziehen sie los, weil Güstrow, einer der Werkschutzoberführer, verfolgt werden soll, der sich in einem DKW mit Anhänger in Sicherheit gebracht hat. Einige Szenen aus den Apriltagen mit Fremdarbeitern, aber auch Denunziationen von Kollegen sind bekannt: G. ist ein Mörder.

Mit sieben Kameraden jagt Herbert Jäger über die Dörfer. Es ist ja eigentlich nicht sein Schmerz, seine Angelegenheit. Ihn juckt überschüssige Energie. Er könnte jetzt nicht mehr einen Sturmangriff über auch nur 800 m mitmachen. Insofern ist er auch nach Ausschlafen, Stärkung der Natur, ausgepumpt, energielos, aber das bedeutet nur, daß die Energie auf diesem durch Enttäuschung zugedeckten Kriegsgebiet nicht mehr besteht, sie ist seitlich abgewandert. Sie finden den Mörder in einem Landgut beim Frühstück, wollen ihn nicht erschießen oder erschlagen, eine Waffe hätten sie übrig. Ablieferung bei der Militärregierung versprach nichts. So verprügelten sie den Mann, drohten ihm, wenn er sich nochmals in der Gegend von Essen sehen ließe, ihn »schärfer anzufassen«.

Güstrow kam aber in leitender Position im Herbst wieder, da die Militärregierung zwar die Chefs der Werke nach Nürnberg transportiert hatte, aber zur »Abwehr von Plünderungen« den alten Werksicherungsdienst, mit Armbinde der Standortkommandantur, in ihren Dienst stellte. Er sollte die Werksgelände, auch wenn sie Trümmerstücke waren, von Fußpfaden durchzogen, wieder nach außen zur Öffentlichkeit hin absperren.

Herbert Jäger und seine Kameraden kümmerten sich in dieser Zeit nicht um diese »Nebensache«. Ebenso mied Güstrow sie. Es war so, als wäre nie etwas zwischen ihnen gewesen. Sie wollten einander nicht beißen, einander nicht einmal ins Auge sehen. Eine traumhafte Nicht-Beziehung. Hätte Herbert Jäger mit eigener Haut unter Güstrow gelitten, wäre das vielleicht anders ausgegangen. Aber die gequälten Körper, Glieder und Menschenhäute, die mit Güstrow zu tun gehabt hatten, waren nicht die von Jäger; er hatte anderweitig gelitten. Es gibt nicht stellvertretendes Leiden. Herbert Jäger hatte seinen Gegner (aber daran war jetzt nichts Handgreifliches mehr) aus der Ferne unter Beobachtung. Güstrow, wiederum, beobachtete ihn. Der Werkschutzchef hatte seine Erfahrung, wie weit er gehen konnte. Jäger will sich nicht in Güstrows Bereich verwickeln, er will »den Mann nicht einmal mit der Zange anfassen«. Verzeihung ist das nicht. **»Man müßte etwas haben, das als Rache wirksam ist, aber nicht Auge in Auge, Zahn in Zahn heißt . . .«**

Bettis Abneigung gegen falsche Harmonie

K. blieb stehen, um sich mit der Höflichkeit der alten Welt zu entschuldigen, weil er zufällig ein Mädchen angestoßen hatte, während Betti hinter ihm herkam und den Schaden des Anstarrens wiedergutmachte (denn in ihrer Gegenwart hätte K. weder willentlich ein Mädchen angestoßen noch einen längeren Blick auf sie gewagt), indem sie den Hut des Mädchens auf dessen Nase schob. So blieb wenigstens ein Konflikt zurück, etwas Wirkliches.

Ein Gottesgericht, ausgeführt durch einen der damaligen chirurgischen Götter

Der Missionsarzt Dr. Walter Judd in Shansi war an sich nicht religiös, sondern konsequenter Kantianer. Das hatte er von Wien, auf seinem Fluchtweg über London, Kuba, San Francisco nach China eingeschleppt. In seiner ärztlichen Tätigkeit in Shansi entfernte er dort »bestimmte Dinge« aus den Körpern verwundeter Chinesen, die in Gefechten mit den japanischen Vortrupps beschossen worden waren. Es handelte sich um Granatsplitter von Granaten, die so eilig und oberflächlich hergestellt waren, daß in die Geschoßmäntel Metallteilchen eingebacken waren, die aus verschrotteten US-Autos stammten. Dr. Judd wußte auch, daß diese Bleche durch den Altmetallhändler Amigo Webster, mit Sitz in Batavia, nach Japan eingeführt wurden. 2 Jahre später, in das Zentral-Hospital Batavia gerufen, wurde der chirurgischen Koryphäe der reiche Webster nach Blinddarm-Durchbruch vorgelegt. An sich wollte die Anstaltsleitung dem prominenten Kaufmann die bestmögliche ärztliche Leistung zuwenden. Nun war aber Dr. Judd in einer geradezu krankhaften religiösen Richtung vernunftgläubig. Er glaubte, daß seine Existenz und seine Arbeit keinen Sinn mehr hätten, wenn nicht »jedem das widerfahre, was seine Taten wert sind«. Also dem Mörder muß Mord widerfahren, der Dieb bestohlen werden, der, der gute Taten zufügt, wird von der chirurgischen Koryphäe geheilt (soweit die wissenschaftlichen und chirurgischen Kenntnisse das überhaupt zulassen, und dies war für Dr. Judd ein extremer Maßstab, er konnte verzweifelt 8-16 Stunden operieren und rettete dann oft aus einem Funken Leben einen ganzen Mann). Den verbrecherischen Importeur Webster, den er als einen mörderischen Hehler auffaßte, wollte der Japanhasser Dr. Judd nicht einfach entkommen lassen. Der Blinddarm-Durchbruch hatte die Bauchhöhle bereits verjaucht, das Operationsfeld war hinreichend unübersichtlich, um einen Tod Websters zu rechtfertigen. Diszipliniert drainierte Dr. Judd die Bauchhöhle – er war ja selber kein Mörder, wollte sich selbst nicht den Vorwurf unterlassener Hilfeleistung machen müssen. Nachdem er so die Lebensfähigkeit Websters hergestellt hatte, schickte er Schwestern und Assistenten mit Aufträgen (Vorbereitung eines im Nebenraum bereits aufgebahrten Eilfalls) hinaus, riß aus einer Zigarettenpackung ein 0,4 mm großes Stück Silberfolie ab, das er kurz am Boden des Operationssaales infizierte, und legte es an eine verborgene Stelle der Bauchhöhle ein. Danach schloß er die Operationswunde. Nach 7 Tagen, in denen er sich rasch erholt hatte, verstarb Webster an dem so angelegten Hinterhalt, »damit ihm widerfahre, was seine Taten wert sind«; »es ist besser, daß ein Mensch sterbe, als daß das ganze Volk verderbe«.

Mit allen Sinnen sannen wir auf Rettung

Frieda Below, Darmstadt, kämpfte sich, ein Kind mit Schal um die Hüfte gebunden und das zweite über der Schulter (wie ein etwas größeres Gewehr oder eine Panzerfaust), durch die Rheinstraße zum Bahnhof, wo sie einen Arzt vermutete. SA versperrte alle Zugänge, weil die Frauenklinik von Dr. Sackwert in diesem Moment in die Wartesäle gebracht wurde, Bahre auf Bahre, aber auch nur in Decken transportierte Frauen. Dort verlor Frau Below erstmals die Nerven, weil keiner der Ärzte oder Transporteure abzudrängen war, sich die verbrannten Füße ihres Kindes anzusehen.

Es hieß, Sonderzüge, LKW, alle verfügbaren Fahrzeuge des NSKK und ab sofort auch Fuhrwerke sollten die Bevölkerung in die umliegenden Dörfer transportieren. Die heulende Below mit ihren Kindern, wie ein großer und ein kleiner Sack, wurden auf einem Fuhrwerk in ein unberührtes Dorf gefahren. In einem leeren Gästezimmer, mit einem kleinen Eisenofen ausgestattet, fand sie sich wieder. Die Möbel des Zimmers waren aber fortgeschafft, damit sie nicht im Öfchen verheizt werden konnten. Was sollten wir in diesem leeren Zimmer? Wo sollten die Kinder schlafen?

Nachmittags fand sie zur Praxis eines Landarztes, der eine große Kochpfanne (für Puter oder Gänse) mit Fissan-Lebertransalbe füllte. Er stellte den Fuß von Frau Belows älterem Kind in den Brei aus dieser Paste. Diese Reaktion des landerfahrenen Arztes, obwohl dort kaum Brandwunden dieses Ausmaßes vorkamen, allenfalls bei einem Scheunenbrand, war das erste, was Frau Below als »ausreichend« empfand. Daß es überhaupt eine solche füllige Hilfe gab, stellte ihr Weltbild her, und sie beteiligte sich als Hilfe des Arztes den Tag über. »Jetzt brauchen wir uns nicht mehr zu sorgen, denn wir haben ja nichts mehr«, sagte sie. Der gute Mut war sofort wieder da, sobald die Pfanne mit der Paste dastand, als menschliches Zeichen von großzügig angewandter Arbeitskraft.

N., aus der Gruppe von Ute, als Hebamme zweiten Grades

N.'s Kind war in der Abenstunde müde und zugleich aufgeregt, erlebnisdurstig, und zugleich weinte es ununterbrochen, weil es zu schwach war, wenigstens jetzt nach Verbrauch fast des ganzen Tages, dem vielen »Wollen«, der Quelle allen späteren Unheils, nachzukommen. N. konnte diesen »Willen« nicht anhalten und ihn auch nicht erfüllen, sie war ja nicht das

Kind. Die gejagten Nerven des Kindes, die Schlaf brauchten, aber immer wieder aufgeregt aus den Augenlöchern herausstarrten – deshalb haben die Hunnen, meint N., die so etwas aber nicht genau weiß, weil sie nicht liest, sondern es sich erzählen läßt, ihren Kindern die Wangen mit Messern eingeschlitzt, um sie durch Schmerzen, die unter den Fittichen der Mutter, unter Trostworten usf. ausgeheilt werden, an die Quälerei des Lebens, des Real, zu gewöhnen, damit sie sich nicht später dann, wenn sie ohnehin aus dem sicheren Hafen der Mütter ausfahren und mit der Realität (und sei es der eigenen, der ihrer Därme usf.) zusammenstoßen, allein quälten.

»Sinnlich sein heißt leiden«, sagte Wilutzki, Mitglied der wissenschaftlichen Begleituntersuchung, und es sollen ja nach Utes, N.'s und der anderen Frauen Vorhaben ja sinnliche Wesen aus diesen kleinen Ausgeburten werden. Zugunsten ihrer winzigen Tüten hätten die Frauen das Real gerne abgeschafft, wenn das durch Umgürten der Schwerter und anschließendes Abfeiern der Siege möglich gewesen wäre. So studierten sie, »wie die großen Philosophen«, wann und wie die Kinder abends weinten, wie sie der verschiedenartig gerichtete Eigenwille schon zerriß, und was erst, wenn sie merken, daß sie als Maschinen gedacht sind, der »Fremdwille« hinzutritt. Was soll N. zum Beispiel, gestützt auf die 11 anderen Frauen, ohne zu manipulieren, als Trost dazutun, der nicht verrät? In erster Linie wollten sie keine Verräterinnen sein. Dann außerdem sachkundige Hebammen für die »zweite Geburt«, die aus der mütterlichen Hut der 11 Mütter in die Gesellschaft der Millionen u. Milliarden anderen führt. Hierfür muß alles erst erzeugt werden. Der Mutterleib, die Geburtsorgane, die Hebammenkunst usf., sicher ist nur, daß hiervon nichts feststeht und es beim trostlosen Wirrwarr nicht bleiben kann. Das wollen die Frauen selber machen, aber es kann nicht schaden, wenn man auch den wissenschaftlichen Begleituntersuchern, die aus Drittmitteln bezahlt werden, einen Schubs gibt.

»Rache kann fliegen?«

Abb.: Das vom Konstrukteur Sikorski 1913 entworfene Flugzeug Illja Muronetz, mit Tragflächen so lang wie die einer Flying Fortress aus dem Jahre 1944. Auf dem Leinwandbesatz der »Kruppe« des Flugzeugs (als wäre es ein Pferd), das über dem Flugplatz von Orscha Schau fliegt, gehen zwei russische Offiziere auf u. ab. Sie haben eine Wette abgeschlossen, daß sie das könnten.

Abb.: ANT 25, eine Mischung aus Jagd- und Segelflugzeug, flog 1937 die Moskau-Vancouver-Strecke über den Nordpol. Im Führersitz der im revolutionären Sinne trauernde G. Jakow, der aber überall optimistische Pressekonferenzen gab. Das Flugzeug konnte 3 Tage ohne Benzin-Nachfüllung in der Luft verharren. Es schwebte dann im Wind. Zur Bewachung des Flugzeugs, vorn, nach Landung in Vancouver angereiste Posten der Roten Armee.

Abb.: Nach Absturz in Horstnähe. USA 1937.

Landung auf dem Brocken (1242 m) am 6. Februar 1927

Flugzeugführer Steinkraus teilt mit: Bei meinen Fernflügen vom Flugplatz Halberstadt hatte ich oft Gelegenheit, den Vater Brocken aus der Nähe zu betrachten, und es wurde in mir das Verlangen wach, eine Landung zu versuchen.

Start 9.15 Uhr. Ilsenburg, von dort Südwest-Richtung, um sich an den Berg heranzufühlen. Scharfensteinklippe, starke Abwinde. In 25 Meter Höhe über die Kuppe weg. Brockenbesucher winken mit Tüchern. Eine mit Schnee bedeckte Tanne (tatsächlich war es eine Felszacke) stellte sich dem Flugzeug in den Weg, hinderte die Maschine am Auslauf, so daß sie sich auf den Kopf stellte, wobei der Propeller zerstört wurde.

Herzlich begrüßt durch Brockenwirt Schade. Zu diesem Zeitpunkt fand der Harzer Skiclub-Vereinswettlauf statt. Den dafür vorbereiteten Lorbeerkranz erhielt *ich*. Ersatzpropeller aus Halberstadt von acht Mann zu Fuß heraufgebracht. Bei Startversuch am 7. Februar bricht Maschine rechts und links aus. Bei Vorhandensein von Schneekufen hätte Start durchgeführt werden können. Brockenwirt Schade als Polizeibevollmächtigter auf dem Kuppengebiet untersagt weitere Versuche. Flugzeug wird abmontiert und auf Wagen nach Wernigerode gebracht.

Die Meldung hatte folgenden Wortlaut: »6. 2., 7.30 Uhr. Chefpilot Steinkraus von der Luftfahrt GmbH Halberstadt landete heute trotz Nebel, Eis und Schnee auf dem Brocken. Glückauf dem kühnen Flieger. Schade, Brockenwirt.«

Gleichzeitig Telegramm an Hindenburg: »D 790 auf Brokken sicher gelandet.«

D 790 wurde am 23. November 1928 zwangsversteigert.

»Es wiegen sich Falter im Blumenduft,
es schwingen sich Falken weit in die Luft,
doch hoch über allem sehe ich frei und kühn
›D 790‹ seine Kreise ziehn.
Der stolze Vogel die Bahnen uns weist,
die erschlossen hat kühner Menschengeist.«

Abb.: 1938

Abb.: Dieser Trümmerhaufen war einmal das fünfhundertjährige Rathaus. Schüler der Käthe-Kollwitz-Schule, 1953 (zur Zeit des Luftangriffs hieß die Schule Kaiserin Auguste-Victoria-Lyzeum), bilden Ketten, um den Berg abzutragen.

Der Haufen besteht aus Backstein- und Sandstein-Kloben, beste Ware aus Harz und Huy. Das Rathaus selber repräsentierte einen Wert im Sinne des kulturellen Erbes. Als zeitgenössischer Wert realisierbar wäre dies nur gewesen, wenn Stein für Stein – und dafür ist es zu spät – am Standort abgebaut und in Texas wiederaufgebaut würde.

Die ehemalige Straße, im Vordergrund das Fahrrad des Lehrers, bestand aus teerüberzogenen Holzklötzen erlesener Tannen. Zweck war, den Paradeschritt ab 1934 dumpfer hallen zu lassen als auf Asphalt oder Wackerstein. Die Holzklötze sind ausgebrannt, schwere Fahrzeuge würden Furchen in die Klötzchen ziehen.

An die Stelle des Werts dieser zum Haufen zusammengefaßten Sachen, ist die Mühe der Schülerinnen getreten, die ihre Schulfahne, aufgefordert durch den Lehrer, auf der Spitze des Haufens aufgepflanzt haben. Zunächst erfüllten sie eine Verpflichtung, dann, als der Berg alter Steine sichtlich niedriger wird, fassen sie Mut, jetzt sind sie von der Arbeit hungrig.

Heft 2
Der Luftangriff auf Halberstadt am 8. April 1945

I

[Abgebrochene Matinee-Vorstellung im »Capitol«, Sonntag, 8. April, Spielfilm »Heimkehr« mit Paula Wessely und Attila Hörbiger] Das Kino »Capitol« gehört der Familie

Lenz. Theater-Leiterin, zugleich Kassiererin, ist die Schwägerin, Frau Schrader. Die Holztäfelung der Logen, des Balkons, das Parkett sind in Elfenbein gehalten, rote Samtsitze. Die Lampenverkleidungen sind aus brauner Schweinsleder-Imitation. Es ist eine Kompanie Soldaten aus der Klus-Kaserne zur Vorstellung heranmarschiert. Sobald der Gong, pünktlich 10 Uhr, ertönt, wird es im Kino sehr langsam, den dazwischengeschalteten Spezialwiderstand hat Frau Schrader gemeinsam mit dem Vorführer gebaut, dunkel. Dieses Kino hat, was Film betrifft, viel Spannendes gesehen, das durch Gong, Atmosphäre des Hauses, sehr langsames Verlöschen der gelb-braunen Lichter, Einleitungsmusik usf. vorbereitet worden ist.

Jetzt sah Frau Schrader, die in die Ecke geschleudert wird, dort, wo die Balkonreihe rechts an die Decke stößt, ein Stück Rauchhimmel, eine Sprengbombe hat das Haus geöffnet und ist nach unten, zum Keller, durchgeschlagen. Frau Schrader hat nachsehen wollen, ob Saal und Toiletten nach Voll-Alarm restlos von Besuchern geräumt sind. Hinter der Brandmauer des Nachbarhauses, durch die Rauchschwaden, flackerte Brand. Die Verwüstung der rechten Seite des Theaters stand in keinem sinnvollen oder dramaturgischen Zusammenhang zu dem vorgeführten Film. Wo war der Vorführer? Sie rannte zur Garderobe, von wo aus sie die repräsentative Eingangshalle (geschliffene Glas-Pendeltüren), die Ankündigungstafeln sah, »wie Kraut und Rüben« durcheinander. Sie wollte sich mit einer Luftschutz-Schippe daranmachen, die Trümmer bis zur 14-Uhr-Vorstellung aufzuräumen.

Dies hier war wohl die stärkste Erschütterung, die das Kino unter der Führung von Frau Schrader je erlebt hatte, kaum vergleichbar mit der Erschütterung, die auch beste Filme auslösten. Für Frau Schrader, eine erfahrene Kino-Fachkraft, gab es jedoch keine denkbare Erschütterung, die die Einteilung des Nachmittags in vier feste Vorstellungen (mit Matinee und Spätvorstellung auch sechs) anrühren konnte.

Inzwischen kam aber die 4. und 5. Angriffswelle, die ihre Bomben ab 11.55 Uhr auf die Stadt abwarf, mit einem ekelhaften und »niedrigen« Brummton heran, Frau Schrader hörte den Pfeifton und das Rauschen der Bomben, die Einschläge, so daß sie sich in einer Ecke zwischen Butze und Kellereingang verbarg. In den Keller ging sie nie, da sie nicht verschüttet werden wollte. Als die Augen wieder einigermaßen Funktion hatten, sah sie durch das zersplitterte Fenster der sogenannten Butze eine Kette von Silber-Maschinen in Richtung der Gehörlosen-Schule abfliegen.

Jetzt kamen ihr doch Bedenken. Sie suchte sich einen Weg über die Trümmerstücke, die die Spiegelstraße bedeckten, sah den Volltreffer, der in die Eisdiele, Eckhaus Spiegelstraße eingeschlagen war, kam Ecke Harmoniestraße an, gruppierte sich zu einigen Männern des NSKK, die mit Sturzhelmen, ohne Fahrzeuge, in Richtung des Rauches und des Brandes blickten. Sie macht sich den Vorwurf, das Capitol im Stich gelassen zu haben. Sie wollte zurückeilen, wurde von Männern daran gehindert, da mit dem Einsturz der Häuserfronten in der Spiegelstraße gerechnet wurde. Die Häuser brannten »wie Fackeln«. Sie suchte nach einem besseren Ausdruck für das, was sie so genau sah.

Spätnachmittag hatte sie sich zur Hauptmann-Loeper-Straße (sie sagt nach wie vor Kaiserstraße) Ecke Spiegelstraße vorgearbeitet, ein Platz durch fünf aufeinanderstoßende Straßen gebildet, stand neben dem Betonpfeiler, der Stunden zuvor eine Normal-Uhr getragen hatte, und sah schräg hinüber auf das nunmehr niedergebrannte Capitol.

Noch immer war Familie Lenz nicht benachrichtigt, die sich zur Zeit in Marienbad aufhielt. Die Theaterleiterin konnte jedoch unmöglich ein Telefon erreichen. Sie umging das Trümmergrundstück des ehemaligen Kinos und drang vom Hof des Nachbargrundstücks zum Keller-Notausgang vor. Sie hatte Soldaten aufgegriffen, die ihr mit Hacken beim Eindringen halfen. Im Kellergang lagen etwa 6 Besucher der Matinee, die Heizungsrohre der Zentralheizung waren durch Sprengwirkung zerrissen und hatten die Toten mit einem Strahl Heizwasser übergossen. Frau Schrader wollte wenigstens hier Ordnung schaffen, legte die gekochten und – entweder durch diesen Vorgang oder schon durch die Sprengwirkung – unzusammenhängenden Körperteile in die Waschkessel der Waschküche. Sie wollte an irgendeiner verantwortlichen Stelle Meldung erstatten, fand aber den Abend über niemand, der eine Meldung entgegennahm.

Sie ging, nun doch erschüttert, den langen Weg zur »Langen Höhle«, wo sie im Umkreis der Familie Wilde, die während des Angriffs dorthin geflüchtet war, ein Wurstbrot kaute, dazu löffelten sie gemeinsam aus einem Einmachglas Birnen. Frau Schrader fühlte sich »zu nichts mehr nütze«.

[Katastropheneinsatz einer Kompanie Soldaten in der Plantage, von Anfang an zu spät] Die Kompanie, abzüglich der 6, die den Keller des Capitols gewählt hatten, hatte das Kino durch die Notausgänge verlassen und kam in Kolonne bis Blankenburger Bahn. Die Männer warfen sich dort während des Angriffs in die Gärten der Villen. Später erhielten sie Befehl, zur Rettungsstelle I im Gebäude des Lehrer-Proseminars in der Plantage zu marschieren. Sie wurden dort eingewiesen zum Luftschutzunterstand Plantage, gegenüber den Backsteingebäuden der Kliniken. Dieser öffentliche Unterstand war durch 3 Volltreffer getroffen. Sie gruben also gegen 100 zum Teil übel zugerichtete Leichen, teils aus dem Erdreich, teils aus erkennbaren Vertiefungen, die den Unterstand gebildet hatten. Was dieser Arbeitsgang nach ausgraben und sortieren weiter nützen sollte war schleierhaft. Wohin sollte das gebracht werden? Waren Transportmittel vielleicht vorhanden?

Neben dem Schutz-Unterstand befand sich, in Schrägstellung, noch das Schild: »Beschädigung oder Mißbrauch dieses öffentlichen Luftschutz-Unterstandes wird polizeilich verfolgt – Der Oberbürgermeister als Ortspolizeibehörde Mertens.«

In einigen Metern Entfernung vom ehemaligen Unterstand waren die beim Ausheben der Gräben angefallenen Rasenabschnitte für die Zeit nach dem Kriege aufeinander gelagert. Diese Stapel, jeweils 2 Handbreit Erde und zunächst gestorbenes Gras, waren in Ordnung. Das Gras war jedoch nicht absolut tot, sondern fristete seit 1939 eine Art dürftiges Grasleben und sollte nach damaliger Überzeugung der Gartenbau-Verwaltung *in der Zeit nach dem Krieg* wieder die Außenhaut des Parks vervollständigen. Es handelte sich um hundertjährigen wertvollen Rasen, sogenannte Grasnarbe. Für diese Wiedererweckung war jetzt, da die Stadtverwaltung andere Sorgen als die Wiederanlage der Plantage hatte, die organisatorische Grundlage entfallen. Die ordentlich geschichteten Haufen sahen aus wie Särge. Sie paßten insofern äußerlich zu der

Sammlung der Toten, die die Soldaten auf der verbliebenen Wiese aufbereitet hatten, zwischen umgestürzten Bäumen, auf denen noch im 18. Jahrhundert, als sie angelegt wurden, Seidenraupen beheimatet waren. Es handelte sich um einen vertrackten *Anschein,* denn natürlich waren die aufeinandergepackten Grasboden-Reste als Särge überhaupt nicht brauchbar.

[Der unbekannte Fotograf] Der Mann wurde in der Nähe des Bismarck-Turms/Spiegelsberge von einer Militärstreife gestellt. Er hielt den Fotoapparat noch in der Hand, in seinen Jackentaschen fanden sich belichtete Filme, Rohfilm, Fotozubehör. In der Nähe des Tatorts, d. h. in der Nähe der Stelle, von der er zuletzt fotografierte, befinden sich die Eingänge zu unterirdischen Anlagen, die in den Fels gesprengt sind und in denen Rüstungsproduktion untergebracht ist.

Der Führer der Militärstreife beabsichtigte, den Unbekannten oder Spion im ersten Angriff zu überführen, und fragte ihn deshalb: Was haben Sie da fotografiert?

Abb. Foto des unbekannten Fotografen Nr. 1: Fischmarkt, Blick auf Breiter Weg, links Café Westkamp.

Abb. Foto Nr. 3: Eingang Schmiedestraße.

Der Unbekannte behauptete, er habe aus dieser Ferne die brennende Stadt, seine Heimatstadt in ihrem Unglück, festhalten wollen. Er behauptete, Inhaber eines Fotogeschäfts am Breiten Weg zu sein, habe von allem Besitz als Fotograf nur Fotoapparat und Filme an sich gerafft und sei über Fisch-

Abb. Foto Nr. 2: Martiniplan, links Südpfeiler der Martinikirche. Im Hintergrund das Lokal »Saure Schnauze«.

markt, Martiniplan, Westendorf, dann über Mahndorf in Richtung Spiegelsberge vorgedrungen. Der Streifenführer macht ihn sogleich darauf aufmerksam, daß dies den Tatbestand des Eindringens in den militärischen Sperrbereich der Höhlen beinhalte. Daß Sie vom Breiten Weg kommen, ist ganz unglaubwürdig, hielt er dem Täter vor, weil von dort überhaupt niemand aus der Stadt herausgekommen sein kann. Der Streifenführer, angesichts der hochrangigen Ereignisse dieses Tages an eine verhältnismäßig langweilige Waldstelle gebannt, konnte nicht hoffen, an diesem Tag einen besseren Fang als diesen zu machen.

Sobald die Soldaten, den Gefangenen von Süden die Moltkestraße herunter vor sich hertreibend, zum Kommandantur-Gebäude durchzudringen versuchten, sahen sie, daß diese »Kommandantur«, in 50 Meter Entfernung durch die Rauchschleier, ein Berg aus Backstein, Eisenteilen usf. war. Im Ausweichquartier fühlten sich die Offiziere durch die Vorführung des Fotografen in ihren Verrichtungen gestört. Sie nahmen den Apparat an sich. Die belichteten Filme wurden einem Dienstfahrzeug mitgegeben.

Abb. Foto Nr. 4: Fliehende, Westendorf, stadtauswärts.

Je nachdem, ob ein Beweis vorlag, mußte der Mann in Magdeburg erschossen werden. Was soll jetzt noch im April Spionage im Berggelände? fragte Oberleutnant von Humboldt. Es war aber denkbar, daß der Feind mit sehr kleinen Flugzeugen die verborgenen Höhleneingänge der unterirdischen Rüstungswerke suchte.

Abb. Foto Nr. 5: Gegenüber Hauptpost.

Abb. Foto Nr. 6: Letzter Standpunkt des Fotografen.

Die Soldaten, die im Besitz eines handschriftlichen Zettels, auf dem die Verhaftung bescheinigt war, den Gefangenen durch die Richard-Wagner-Straße führten, hofften, daß in Wehrstedt tatsächlich irgendein Transport nach Magdeburg organisiert wäre, oder daß noch ein Personenzug vor dem jetzigen Bahngelände hielt, der nach Magdeburg führe, sie hätten sonst nicht gewußt, was sie mit dem Mann anfangen sollten. Ob die Wachsoldaten den Unbekannten auf dessen Vorstellungen hin, auch von einigen Zweifeln bewegt hinsichtlich des Sinns ihres Tuns, in einer so verheerenden Umgebung freiließen oder ob wegen der Explosion eines Blindgängers in der Nähe Heineplatz die Wachsoldaten einen Moment abgelenkt waren, so daß er entfloh, weiß man nicht.

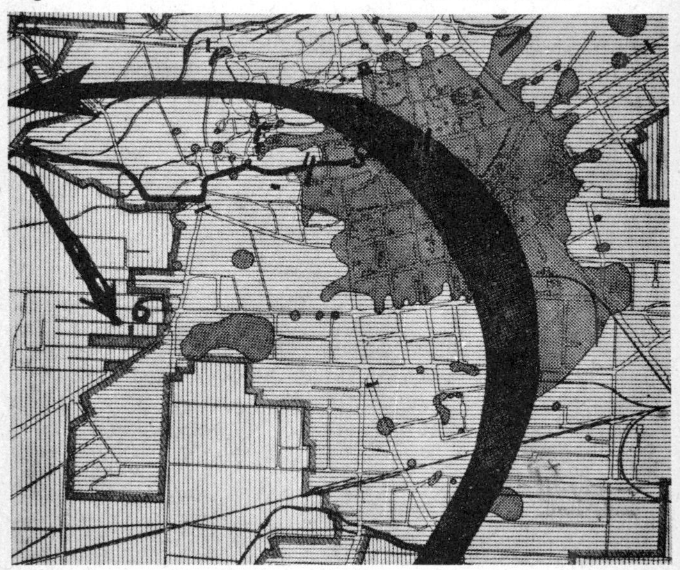

Abb.: Skizze des vermutlichen Wegs des unbekannten Fotografen. Dicker Pfeil rechts: Weg des Bomberstroms. Dünner Pfeil von Mitte bis links Nummer 1-6: Weg des Fotografen.

[Friedhofsgärtner Bischoff] Bischoff zieht pferdbespannt auf seinem Tafelwagen 4 Särge durch die Gröperstraße. Die Ausbeute des frühen Morgens: Harsleben (Altbauer, 1 Fl. Johannisbeer, 4 Eier), 1 Leiche aus Mahndorf (Inspektor, 1 Fl. Eierlikör, in Lappen verpackt, 2 Bratwürste), 2 Leichen aus dem Eiskeller des Kreiskrankenhauses, Frischoperierte. Die Friedhofsgärtnerei muß die Fuhren selber machen, da das Bestattungsunternehmen „Pietät" keine Fahrzeuge hat.

Wegen Vollalarms dürfte Bischoff sich schon längst nicht mehr auf der Straße aufhalten, müßte die Fuhre anhalten, eines der wackeligen Fachwerkhäuser betreten, den Keller aufsuchen. Lieber verschnellert er das Tempo, gibt den Kutschpferden Peitschenschläge zu hören, neben die Ohren. Jetzt sieht er schräg rückwärts die Staffeln des Bomberverbandes von Osten her. Die Leichen dürfen nicht umgeworfen werden vom Luftdruck. Bischoff fühlt sich wegen der Beigaben und Geschenke in 2 Fällen verpflichtet. Er kann nicht das Fahrzeug anhalten, die Pferde irgendwie anbinden und noch in irgendeinen Kellereingang rennen. »Såne schänen fåre sind'n tir verjenejen.«[1]

Bischoff jagt die Alt-Gräber-Straße hinauf zu den neuen Anlagen. Dort hebt er die Särge vom Wagen und stellt sie aufeinander. Danach steigt er in eine der offenen Gruben, so daß er nur ein Stück Himmel über sich sieht, Bläue, die die Augen schmerzt.

»Macht alle alten Jahre neu
macht alle Zeiten satt.«[2]

Von den Erschütterungen in der Mittel- und Unterstadt rieselt Erdkruste von der Aufschüttung herunter. Bischoff ist schläfrig, schon früh losgefahren. Immer noch keine Maschinen in seinem Blickausschnitt nach oben. Weil ohnehin Überstunden auf ihn zukommen, kuschelt er sich, die Dreckjacke, die er trägt, hat er auf dem Boden ausgebreitet, und macht ein Schläfchen. Damit er Vorrat hat.

[Die Turmbeobachterinnen, Frau Arnold und Frau Zacke]
Auf dem Turmumgang des Glockenturms der Martinikirche sind Frau Arnold und Frau Zacke, luftschutzdienstverpflichtet, als Turmbeobachterinnen aufgestellt. Sie haben sich auf Klappstühlen hier eingerichtet, Taschenlampen, die tagsüber nicht gebraucht werden, Thermosflasche mit Bier, Brotpakete,

1 = »Solche schönen Pferde sind ein teures Vergnügen.«
2 Er sagt das auf Platt.

Ferngläser, Sprechfunkgeräte. Sie sind bei ÖLW (Öffentliche Luftwarnung) hierher aufgestiegen, sind noch mit dem Rundblick durch die Ferngläser beschäftigt, da sehen sie von Süden her zwei in die Höhe gestaffelte Formationen. Sie geben durch: Etwa 3000 m Höhe, Richtung Quedlinburger Straße/Heineplatz[3], B17-Fernbomber. Rauchzeichen über der Südstadt. Frau Arnold ergänzt, ruft in das von Frau Zacke gehaltene Funkgerät hinein: »Die quacken Bomben!« Zwölfmal Reihenwurf beiderseits der Blankenburger Bahn. Frau Arnold: Es laufen noch Massen mit Sack und Pack in Richtung Spiegelsberge. Frau Zacke: Nicht alle Maschinen haben geworfen.

Damit ist der Redestrom der Turmbeobachterinnen zunächst zu Ende. Beide Frauen zählen. Sie haben die Ferngläser abgesetzt. »Achtunddreißig« – es ist nicht klar, ob Maschinen oder Bombenwürfe. Frau Arnold meldet: Stein- und Hardenbergstraße, Kühlinger Straße, Heineplatz, Richard-Wagner-Straße.

Der erste Pulk hat Wehrstedt erreicht und zieht Schleifen, wartet auf die Hauptmasse. Über Gegensprechanlage wird von der Zentrale zurückgefragt: Was 38? Frau Zacke antwortet für Turmbeobachterin Arnold, die das Gerät hält: Einmal 38 und dahinter 96 Maschinen. Versammlung über Wehrstedt.

Turmbeobachterinnen werden über Gegensprechanlage informiert, daß über Nordhausen im Abstand von 10 Flugminuten weitere Bomberwellen folgen. Frau Zacke antwortet: Es sind genug da! Sie sieht, daß die Flugzeuge aus der Schleife heraus aus Richtung Wehrstedter Brücke/Hindenburgstraße direkt auf sie zufliegen, meldet aber nicht sogleich, weil sie zählt, den Eindruck verarbeitet. Schräg dazu fliegen, aus Richtung Oschersleben, kleinere, schnellere Maschinen, werfen Rauchzeichen über Breitem Tor, Schützenstraße bis Fischmarkt. Eine der zweimotorigen Maschinen taucht aus etwa 1000 m Höhe im Sturz auf 300 m hinunter, setzt Rauchzeichen über Gröperstraße (also weit abseits nach Norden). Frau Arnold ruft erregt in das Funkgerät: »Eine dicke gelbe Flatsche von Gelb«. Rauchzeichen schwarz über Fischmarkt usw., Gelb über Unterstadt.

3 Benannt nach dem Würstchenfabrik-Besitzer Heine, dessen Fabrik 1,2 km von diesem Platz entfernt das Stadtbild nach Südosten abschließt.

Die Maschinen flogen jetzt über die Beobachterinnen hinweg. Auf einer Strecke von etwa einem Kilometer, das Pfeifen der Reihenwürfe. Frau Zacke brüllt in das Sprechgerät: Einschläge Breites Tor! Stäbchenbomben in Massen! Die Turmbeobachterinnen stellen ihre Meldungen ein, Klappstühle, Vorräte sind durcheinandergefallen. Frau Zacke weist Frau Arnold auf „Sturmwinde" hin (Druckwellen der Explosionen). Die Frauen müssen sich besser festhalten.

Flüchten hatte keinen Sinn. Die Frauen zwingen sich, in der Hocke, beide Hände am Gesims, weiterhin zu den Maschinen hinzusehen, die als zweiter Pulk anfliegen, etwa 2000 m Höhe. »Kulk, Breiter Weg, Woort, Schuhstraße, Paulsplan.« Sie flüstern schulmäßig die Angaben, wie sie ausgebildet sind, leiten sie aber nicht mehr weiter. Sie haben den Eindruck, »daß der Turm sich bewegt«. Frau Zacke sieht in Richtung Domplatz, d. h. norwestlich. Dort krachen Bomben in die Häuser Burggang. Frau Zacke sagt: »Die grasen die Stadt ab.« Die Frauen legen sich jetzt lieber flach hin. Frau Arnold hat den Kopf dicht neben dem Gerät. Was soll sie hineinsagen? Daß sie momentan keine Ausweichmöglichkeit sieht? Obwohl sie gerne von hier ausweichen würde? Den Treffer ins Rathaus sieht sie.

Frau Zacke greift sich das Sprechgerät und brüllt mit Eifer etwas hinein. Es ist ihr von einem sympathischen Flakoffizier, der eine Flasche Nordhäuser spendiert hat, gesagt worden: sie soll auf nichts achten, sondern melden. Solange sie hier hockt oder liegt, hat sie deshalb den festen Willen, in das Gerät »hineinzuheulen«. Die Turmbeobachterinnen haben die Bezeichnung »Hyänen«, weil sie »in der Verzweiflung heulen«, ein »Witz« des Ausbilders. Unter den Frauen ist die Holzverschalung des Turms innen in Brand geraten, auch Teile der Turmhaube. Flammen »klackern« vom Turm auf die Häuser seitlich des Martiniplans. Es brennen: Café Deesen, Krebsschere, »Saure Schnauze« usf.

Frau Zacke will nicht auf dem steinernen Gesims des Turmumgangs »abbrennen«, sie pufft die Turmbeobachterin Arnold in die Seite, reißt Klappstuhl, Fernglas, Funksprechgerät an sich und rennt in den Turm hinein, die Holztreppe nach unten. Hinter ihr trappelt Frau Arnold. Ein starker Luftzug oder Sturm drückt die Frauen an das Geländer. Unterwegs ruft Frau Zacke ins Gerät: »Kirche brennt. Sind unterwegs.« Der Unterbau der Treppe rutscht unter ihren laufenden Füßen nach unten durch eine Flammensäule hindurch und kracht auf den Turmfundamenten auf. Frau Arnold, die unter brennenden Balken liegt, rührt sich nicht, antwortet nicht auf Rufe von Frau Zacke, deren Oberschenkel gebrochen ist. Sie liegt unterhalb des Brandes in der Nähe der kleinen Tür zum Kirchenschiff, zu der sie »hinrobbt«, indem sie den Unterkörper samt Schmerzen nachschleift (»treckt«). Sie zieht sich an einer Steinstrebe in die Höhe der Tür, so daß Arme und Kopf den unteren Teil der verschlossenen Tür erreichen. Sie ruft um Hilfe, pocht mit einer Hand an die Türbohle. Einige Zeit bewußtlos, danach sammelt sie sich, pocht.

Es gehen Stunden hin. Frau Arnold, von dieser Position der Frau Zacke nicht mehr zu sehen, hört nicht, gibt kein Zeichen. Der Innenausbau des Turms brennt Station für Station herunter. Auf dem Schutt aus Steinen und verbranntem Holz, der sich auf Frau Arnold gesetzt hat, steht die Glocke, die aus ihrem Gehänge oben auf das Fundament des Turms herabgerutscht ist. Frau Zacke fühlt sich von dem glühenden Holzberg und der Glocke im Rücken »bebraten«.

»Essels un Apen,
das gluowet und hofft,
werd Bedde vorkofft!
Muot up en Struohsack slapen.«

Frau Zacke hat keinen Strohsack, sondern hält sich aufgerichtet auf einem Bein, das ihr einschläft, gestützt außerdem mit einem Arm an einem Steinvorsprung. Der nach außen gedrehte, gebrochene Oberschenkel »zieht nach unten«, und das ist »eine Quälerei«. Sie kann natürlich was erzählen, falls sie noch gerettet wird.

Warum holt niemand sie (und die tote Frau Arnold, wenn ja niemand weiß, ob sie nicht noch lebt) aus dieser Lage, nachdem die Luftschutzorganisation sie hier aufgestellt hat? Frau Zacke hat Angriffsbeobachtungen durchgeführt am 11. Januar 44, 22. Februar 44, 30. Mai 44, dann hat sie allerdings 14. Februar 45 und 19. Februar 45 (Junkerswerke) versäumt, weil die andere Hyäne Dienst hatte.

Sie findet eine Stange, ausgeglühtes Eisen, es muß spät in der Nacht sein, und stößt damit gegen die Tür. In das Kirchenschiff haben sich Flüchtlinge aus den Häusern Martiniplan gerettet. Sie haben in Seitenkapellen den Einsturz des brennenden Kirchendaches überlebt, öffnen jetzt für Frau Zacke, die unterhalb der Tür hängt, ziehen sie in das Kirchenschiff. Danke sehr, sagt sie.

[Die Hochzeit im Roß] Ich war heute früh um 6 Uhr hier und habe geguckt. Wollte euch nicht hierherlaufen lassen und nichts ist vorbereitet. Blumen und alles. Das sagte die Brautmutter, als sie vom Dom her ankamen und das geschmückte Notfrühstück sahen: die Batterie Harzbräu-Bier, 4 Flaschen Mosel, das, was das Hotel aus seinen Beständen aufgebaut hatte; Schinken, Butter, 2 Topfkuchen waren von der Brautseite hinzugefügt.

Um 11.20 Uhr dann Vollalarm. Die dienstverpflichtete Kellnerin sagte: Sie müssen unbedingt in den Keller. Das wußten die Hochzeitsgäste selber. Sie quasselten sich durch die Tür, den Flur entlang, die beige gestrichene Kellertreppe hinunter: Braut (aus der Unterstadt), zur Zeit bei Junkers dienstverpflichtet, Bräutigam (ein Schwerbeton-Ingenieur), Brautmutter, Gegen-Mutter, 4 Schwestern der Brautmutter, eine Schwester der Braut, deren Bruder, der aber nur bis zur Kellertür begleitete, da er als Luftschutzwart verpflichtet war, mußte also wieder raus, 4 Kinder aus dem Clan der Braut, die Blumen gestreut haben. Zwölf Minuten später sind alle verschüttet.

Ich hoffe, daß sie sofort erstickt sind, sagte der Bruder der Braut, der am folgenden Tag im Trümmerberg herumsuchte.

Die Hochzeitsgesellschaft hatte nach der Zeremonie im Dom, die länger dauerte, weil noch 2 Paare vor ihnen waren, etwa 40 Minuten im Roß Zeit gehabt. Der Bruder der Braut hatte ein Koffergrammophon mitgebracht und das »Lieblingslied« der Braut abgespielt.

> »Träum mein kleines Baby
> du wirst eine Lady
> und ich werd ein reicher Kavalier.«

Danach wies die Mutter der Braut auf den gedeckten Tisch, teilte Teller aus. Und wer nicht will, sagte sie, der hat schon. Und wer nicht hat, erwiderte die Gegen-Mutter, der kriegt noch. Die Trauzeugen legten ihre leeren Teller vor.

Das soll Lissy bleiben lassen! sagte die Mutter. Und wenn ich von Edeltraud keine Nachricht habe, trage ich das mit Würde. Die Gegen-Mutter unterstützt sie: Da gehst Du nicht hin. Du gehst Edeltraud keinen Schritt entgegen, und die Wohnung, fuhr die Brautmutter fort, putze ich keinmal. Auch die Fenster nicht. Richtig so, sagte die Gegen-Mutter.

Was liest Du da, fragte Gerda, eine der Schwestern der Brautmutter, die Lehrerin war, das achtjährige Blumenstreu-Kind, den Jungen von Hanna. Ach, Du liest im Opernführer? Das ist gut so. Das Kind liest immer. Was liest es denn? rief die Gegen-Mutter. Im Opernführer! Das Kind las schon in der Kirche und jetzt seit einigen Minuten die Inhaltsangabe einer Oper nach der anderen.

Die Kränze habe ich weggeräumt. Schwester Hanna spricht damit eine Gefahr an, die die Stimmung des Tages töten konnte. In der Familie der Braut liegt ein Todesfall erst zwei Wochen zurück. Die Kränze weg, sagt deshalb Hanna, und Petunien hin. Damit es zu diesem Tage besser paßt. Ich habe das beschleunigt. Kies dürfen wir nicht hinmachen. Aber im September wird nochmal aufgehügelt. Dann ist das auch weg. Es ist ja schon einige Tage Abstand.

Sie will der Stimmung aufhelfen und sagt deshalb Prost. Die schönen Brautgeschenke, sagt Gerda.

Man wollte bis 13 Uhr hier fertig sein, danach Mittag essen in der Wohnung Gröperstraße, Kaffeetafel bei der Großtante der Braut, die nicht gehfähig ist, abends sind Tische im Lokal Saure Schnauze bestellt. Der Bräutigam ist für den folgenden Tag, Montag, nach Barby/Elbe disponiert.

Die Brautleute reden kaum miteinander. Es herrscht Befangenheit. Vor Ablauf einer Stunde soll sich das ändern, daran werken Brautmutter und Gegen-Mutter. Es besteht nämlich eine wirkliche Gefahr: Bräutigam ist hervorgegangen aus einer besitzenden Familie in Köln. Die Halberstädterin, seine Braut, dagegen kommt aus der Unterstadt, Familie ohne Vermögen. Das *Du* rutscht noch nicht so recht zwischen den gegnerischen Familienverbänden (außer zwischen den Brautleuten, die die Sache angezettelt hatten, jetzt aber schwiegen). Man hoffte in der Braut-Familie auf einen krisenfreien Tag bis zur Ablieferung des Paares in deren Zimmer im Roß nachts 1 Uhr (oder Abtretung eines Schlafzimmers in der Wohnung Gröperstraße, dies war ja nun egal). Dann wäre auch diese Feier abgepfiffen. Zuvor schon das Abtrauern in kürzester Gangart. Der Familienteil fühlte sich überanstrengt. Wie gesagt, es entkam keiner.

[**Maulwürfe**] Dieser öffentliche Luftschutzraum faßt 120 Menschen. Es sind etwa 60 gekommen, die auf Gartenstühlen, Hockern, Pritschen, Bänken im Licht der Kellerglühbirnen sitzen oder auf ihrem Gepäck Platz genommen haben. Als das »schüttelnde Brummen« sich steigert, darauf Pfeifen der Abwürfe, rennen noch einige Personen durch die Schleusen herein, die von den Luftschutzwarten verriegelt werden. »Einschläge im Nahbereich«, sagt der Luftschutzleiter. Die Glühbirnen flackern, gehen aus. Wir rutschen von den Sitzen auf den Kellerfußboden, kommen über den Gliedern anderer zu liegen. Eine Menge der Insassen stürmt nach der ersten Einschlagserie in Richtung der Schleuse, will raus. Die Gruppe der Luftschutzwarte wirft sich ihnen entgegen. »Es ist verboten, den Luftschutzraum während des Angriffs zu verlassen.«

Jetzt erkundeten aber Männer und Frauen mit Stablampen zu den Mauerdurchbrüchen hin. Keiner will in der Dunkelheit bleiben. Sie wollen sehen, was los ist. Sie kommen zurück, tuscheln. Die Schleuse läßt sich nicht öffnen. Gruppen werden eingeteilt. Zwei Verwundete, von denen ich später erfahre, daß sie zum Lazarett im »Domklub« gehörten, und die vom Sonntagsspaziergang in unseren öffentlichen Luftschutzkeller geflüchtet waren, drängelten sich zu den Warten und führten eine Gruppe von Frauen an, die mit Picken und Schaufeln den Mauerdurchbruch zum Nachbarkeller öffneten, hinter ihnen in Grüppchen von acht bis zehn Personen eine von den Luftschutzwarten organisierte Schlange unserer verschütteten Gemeinschaft. Wir erkundeten den Nachbarkeller, in dem vier Erstickte lagen. Ausgänge verschüttet. Unter Leitung der zwei Gefreiten durchstoßen wir mit Pickel und Eisenstangen den Durchbruch zu Haus Nr. 64, das wissen wir nicht, sondern es wird zugeflüstert, aber wir sehen in diesem Keller schon den Schamott, angeleuchtet von unseren Taschenlampen, die auf Daumendruck schnurren. Auch die Kellertreppe herunter Müll. Wir finden den Durchbruch zum Haus Nr. 66. In diesem Keller mußten wir suchen. Es war kein Durchbruch zu finden. Die Schlange hinter uns drängte. Einige von der Spitzengruppe konnten die Arme nicht mehr so wie zu Anfang bewegen, werden ersetzt. Ist ein Mann oder eine Frau mit starken Armen da hinten? Trude Willeke kam vor, übernahm die Picke. Wir rücken dann ein Gestell mit eingemachter Marmelade beiseite, die Gläser fallen, auch Spargel und Bohnen, und hinter diesem Matsch der Durchbruch. Wir kommen in einen ganz ordentlichen, gekalkten Keller, aber sowie wir die Kellertür aufgebrochen hatten nach oben – Gestein und Balken. Die Gefreiten sagten deshalb: Hier kommen wir nicht durch. Wir blieben also unterirdisch, sollten aber wenigstens das Gepäck, das einige mitschleppten, hier stehenlassen. Danach öffneten wir mit den Picken und Eisenstangen den Durchbruch zum Gebäude »Schlegelbräu«. Hier sehen wir Staub- und Rauchwolken eindringen. Die Eisenläden zu den Kellerfenstern sind gesprengt, Dämmerlicht von außen. Hinter uns die geführte Schlange. In diesem Moment die (wie wir später erfahren) vierte und fünfte Angriffswelle. Wir legten uns eng an den Boden. In den Seitenräumen klirren die Flaschen. Kletterten dann am Heineplatz Gebäude empor, hinter uns etwa 70 Menschen, wie ein Kinderhort geführt, über einen Schuttkegel von Häusergröße, und sahen die Quedlinburger Straße, von Brocken übersät, an dem Reservelazarett vorbei, Schlachthausmauer entlang. Wir ziehen gepäcklos durch den Wald und werden in der »Langen Höhle« abgegeben, d. h. Vertreter der SA und der NSV, die die Aufsicht hier haben, übernehmen uns.

Was das im Keller des Hauses vor dem Schlegelbräu versteckte Gepäck angeht, so war es, als wir am folgenden Tag nachsahen, verschwunden. Das traf uns sehr. Wir fanden aber keine Stelle, an der wir Rache nehmen konnten.

[Butterhandlung Henze. Sobald die Gedanken wieder zusammen sind: Bergevorstöße] Im Keller unseres Hauses Hoher Weg 21 liegen sieben Tote, in unserer Gedankenlosigkeit kein Blick zurück, wir rennen über Brocken, Schutt, Müll usw. »wie über einen Steingarten, auf dem nichts wächst«, in

Richtung Johannesbrunnen, weil wir uns sagen; ein großer Platz muß her mit breiten Wegen nach allen Seiten zum Flüchten. Hier sind schon andere Halberstädter versammelt, das ergibt Energie. Wir gehen in großer Umgehung zurück, Dominikanerstraße vor. Der untere Teil des Hohen Weges brennt. Wir versuchen es durch Lichtengraben. Es gelingt uns, nochmal in die Mitte des Fahrdamms Hoher Weg vorzudringen. In 40 m Entfernung sehen wir unser Haus Nr. 21. Wie erster Eindruck (ohne Blick), der die Flucht auslöste: durch Volltreffer zerstört. Die Häuser brennen, Sturmwind, wir halten uns gegenseitig auf der Straßenmitte fest.

Wir müssen uns beeilen (denken wir seit ein bis zwei Stunden). Wir haben übersehen, daß auf der schmalen Passage, zwischen den brennenden Gebäuden Kolonialwarenhandlung Gebhardt und Ecke Lichtengraben in unserem Rücken ein Kanister liegt, aus dem grün-schwefelgelbe Phosphorflammen spritzen. Wir springen in großen Sätzen über die Feuerstelle, kommen bei Butter- und Käsehandlung (Henze) an, deren Obergeschoß brennt. Die Besitzerin versucht, Bestände zu retten. Die Sachen stehen zum Teil im Laden und in den Hinterräumen Parterre. Wir gliedern uns in die Kette ein. Schleppen Eier, Margarinekästen, Käse, Butter, Kunsthonigkästen auf die Straße. »Wir waten in Käse.« Zucker rieselt aus den Säcken heraus, knirscht zwischen den zertrampelten Käseschachteln. Wir müssen vor allem aus den Räumen heraus. »Die Hinterzimmer stürzen ein.« Eine Gardine brennt zum Hof hin, schlenkert in Richtung des Brandes. Die Besitzerin ruft: »Hier, nehmt euch, soviel ihr tragen könnt!« Wir tragen das Bergegut im Geschwindschritt. An der Schäfergasse große Gruppen von Ausgebombten. Hier ist ein Feuerwehrtrupp am Ausladen: Spritzgerät, Rohre. Hinter der Linie der Feuerwehr richten wir ein Nest für das Bergegut ein: eine große Decke, die die Trottoirstelle als unser neues Grundstück kenntlich macht, zwei Mann Bewachung daneben (Frieda, Gisela), wir eilen zur Stadt zurück, nehmen eine liegengelassene Steppdekke an uns, eine Kiste (Christbaumschmuck), eine Briefmarkensammlung, auf einem Handwagen zuoberst, sowie Stablampe. Ich sage Willi, er soll die Sammlung unauffällig runternehmen.

Backsteingebäude Halberstädter Tageblatt, Lichtengraben,

ich will Anzeige wegen Wohnungssuche für die nächsten Tage aufgeben, evtl. Gartenhäuschen, Stadtrand. Nehmen wir nicht an. Wir erscheinen nicht, sagt einer der Schriftleiter. Ich nehme Bleistifte und Tinte an mich, trage es zum übrigen Bergegut in der Schäfergasse. Ich stelle dort zwei Kinder hin, schicke Gisela, Frieda nach Klein-Quenstedt, sollen sagen, wir haben alles verloren und ob sie nicht einen Schinken abgeben können. Kommen tatsächlich mit drei Würsten zurück und einem Wintermantel. Unsere Sammelstelle mit Bergegut verschiedener Klasse umfaßt nunmehr 12 qm. Das stört hier, sagt einer von der Partei, der hier nachsieht. Verteilen Sie das weiter hinten, in der Vogtei. Wir müssen es aber gerade *nicht* verteilen, sondern zusammenhalten. Hier müssen Schläuche durchverlegt werden, sagt der Uniformierte. Die Feuerwehrleute verlegen rücksichtslos über unseren Besitz eine Schlauchlinie. Wir sind voller Gemeinsinn. Die Kinder wollen am Löschen beteiligt werden, werden zurückgescheucht. Jetzt müssen wir an die Nacht denken, wie wir irgendwie in der Nähe unserer Waren überwintern.

[In der Schriftleitung] Soll man nun eine Zeitung herausbringen oder löschen gehen? Mit was löschen? Sie stapeln die Papiervorräte im Keller. Einer sagt: Besser wäre, an einer Stelle verbrennen, wo wir das Feuer in Zaum halten können. Das Steinhaus hier retten wir, falls wir alles Brennbare beiseiteschaffen. Die Druckstöcke überdecken wir mit feuchten Tüchern. Also runter mit den Gardinen.

Es sind einige Eimer Wasser da. Einer der Setzer sagt: Wenn alle nochmal pinkeln, haben wir mehr, wir wollen »Passanten« reinrufen, die in einen Eimer abgemolken werden.

Die Katastrophe läuft jetzt seit 11.32 Uhr, d.h. seit fast anderthalb Stunden, aber die Uhrzeit, die gleichmäßig wie vor dem Angriff vorbeischnurrt, und die sinnliche Verarbeitung der Zeit laufen auseinander. Mit den Hirnen von morgen könnten sie in diesen Viertelstunden praktikable Notmaßnahmen ersinnen. Zwei Schriftleiter werden zum Torteich geschickt, sollen in einem großen Bottich Wasser heranschleppen, um die Tücher für die Maschinen anzufeuchten. Man muß auch das hölzerne Treppenhaus feucht zudecken. Der Putzspiritus, die ölhaltige Druckerschwärze müssen weg, vielleicht in eine unzugängliche Kellerecke? Was machen wir aber mit den Kohlenvorräten dort? Schippen wir sie in den Nachbarhof? Besser vergraben. Es ist ein kurzes Stück Rasen neben Birnbaum und Mauer, das für Graben in Frage kommt. Man könnte auch die Kellerecke zum Kohlenkeller durch Schutt und Steine verrammeln. Vor allem aber geht es um die Papiervorräte.

Die Setzer entzünden im Hof kontrollierte Feuerstellen, in denen sie den an sich wertvollen Papierbesitz vernichten. Inzwischen stehen unter dem Dach Männer und Frauen des Redaktionsstabs mit Feuerpatschen und Sandschippen, die die Funken, die in das Gebälk wehen, ausklatschen oder mit Sand bestreuen. Aus dem wertvollen Wasser wird Kaffee gekocht. Eimer und Kanister, aus denen Druckerschwärze entleert ist, werden zum Hallenbad getragen.

[Domgang 9] In den Fenstern stand, umgekippt, unmittelbar nach dem Angriff, eine Auswahl von Zinnsoldaten, die übrigen in Schachteln verpackt in Schränken, insgesamt 12 400 Mann, das Ney'sche III. Korps, wie es im russischen Winter in Richtung der östlichen Nachzügler der Großen Armee verzweiflungsvoll vorrückt. Das wurde im Advent jährlich einmal aufgestellt. Nur Herr Gramert selbst konnte die Masse in der richtigen Reihenfolge stellen. Er ist in panikartiger Flucht, weg von diesem Liebsten, in der Kerbsschere von einem brennenden Balken am Kopf getroffen worden, kann keinen Willen mehr bilden. Die Wohnung Domgang 9, mit allen Zeichen von Gramerts persönlichem Stil, liegt noch 2 Stunden ruhig und intakt, allenfalls daß sie sich im Laufe des Nachmittags immer mehr erhitzt. Gegen 17 Uhr ist sie, wie auch die Zinnfiguren in ihren Schachteln, die zu Klumpen verschmelzen, ausgebrannt.

[Zum Harder] In dieser Kneipe, am Weinmarkt, lecken die Flammen um 14 Uhr an dem über der Theke angebrachten Schild: »Einem verzagten Arsch vermag kein fröhlicher Furz zu entfahren.« Die durcheinandergefallenen Biergläser zerspringen. Wenig später fällt die Schuttmasse des ganzen Hauses auf den ausgeglühten Bierausschank.

II

[Strategie von unten] Die Evakuierte aus der Gegend von Gelsenkirchen, Volksschullehrerin, jetzt als Munitionsarbeiterin dienstverpflichtet, Gerda Baethe, mit ihren drei Kindern, neun, sieben und fünf Jahre alt, bewohnt das Gartenhaus des Grundstücks Breiter Weg Nr. 55/57, das nicht unterkellert ist. Um 11.32 Uhr, sie hat die Vollalarm-Sirene gehört, Bombeneinschläge in der Ferne, war sie gerade mit dem Anziehen der Kinder fertig, da schlagen Sprengbomben in den Luftschutzkeller des Hauses Nr. 9 (Druckerei Koch), ins Haus Nr. 26, in das gegenüberliegende Haus Nr. 69.[4]

Die Eingangstür zum Gartenhäuschen bricht, ein Schwall Staub und Rauch. »Die Detonationen waren von einem äußerst lauten, schrillen und unangenehmen Geräusch begleitet.« Unmittelbar zuvor ein tiefes Rauschen und hohes Pfeifen, dazu an- und abschwellendes Brummen, dem Gerda allenfalls 15 bis 20 m Höhe zumaß. Das war, alles zusammen, »Nähe«, unterschritt den Schutzkreis, den sie um sich und ihr Eigentum zog. Sie fiel zu Boden, zwei Kinder in *ihrer* Nähe, das dritte rannte herein, klappte zu Boden. Sie dachte: Die sind in der Nähe. Sie war ja, wie sie dalag, selber nicht getroffen. Die Kinder krochen bei ihr unter, drängten an ihre Schenkel, an ihren Hals, neben ihren Kopf, suchten sich breitere Körperflächen zu erdrängeln, der Fünfjährige, indem er seinen Kopf unter den Leib der Mutter schob. Es war also wenigstens so, daß Gerdas Truppe nicht in alle Winde auseinanderfetzte, sondern Hautberührung suchte.

Das war Sache von Sekunden. Das unregelmäßig schwellende Brummen verstärkte sich erneut. Die Sprengkörper schlugen in die Keller des festen Hauses Nr. 21 (EPA-Kaufhaus). Sie »fühlte« das als Einschlag »in 5 m Entfernung«. Das

4 In diesen Kellern ersticken 18 Schutzsuchende. Das weiß Gerda Baethe nicht.

Gartenhäuschen wurde von der Luftdruckwelle erschüttert, die nächsten Einschläge, Serien: Woort, Kulkplatz, Paulsplan, Franzosenkirche, Fischmarkt, Büttner-Kaufhaus, Gotisches Haus usw. Gerda registrierte das als »entfernt«. Sie konnte es ja auf keiner Lage-Karte eintragen oder sehen. Sie lag, auf und neben ihr »die Last« der Kinderleiber, am Fußboden, »horchte«. Die Kinder rührten sich nicht, schrien nicht. Sie stieß die mittlere an, die sofort zu wimmern anfing. Die Reaktion, jetzt weinten auch die beiden anderen, bestätigte ihr, daß die Kleinen noch agierten. Daß, von ihrer Familieninsel gesehen, sie noch nicht zu den Toten zählten.

Gerda raffte sich hoch, schob die Kinder vor sich her, während in einiger Höhe sich erneut das anschwellende tiefe Summen näherte, durch die Küche, in der an der Wand hängende Salz-, Pfeffer-, Zucker-, Gewürzkästchen herabgefallen waren und ihren Inhalt auf die Kachelfliesen verstreut hatten – der Ofen war auseinandergefallen, Rest des Feuers auf den Fliesen, laß nur, dachte sie, schob ihre Brut die sechs Steintreppenstufen zur Geräteecke hinunter, dasjenige in diesem Häuschen, was noch am ehesten etwas Kellerartiges hatte. Es lag anderthalb Meter unter Straßenhöhe. Sie fühlte sich in ihrem »unausgestatteten Häuschen« als »Leichtbewaffnete«. Sie glaubte nicht, daß die Gefahr bestand, verschüttet zu werden. Sie hatte, wenn die Sprengkörper fielen, jeweils den Atem lange angehalten, weil sie gehört hatte, daß der Luftdruck der Sprengbomben die Lungenbläschen zerriß, also einen Staudruck in der Lunge herstellen, bis es vorüber war. Sie flüsterte jetzt mit dem Kleinen: Nicht atmen, bitte nicht atmen. Das Flüstern machte den Kleinen nervös. Die Älteste machte dicke Backen, atmete gleichwohl.

Es war keine Zeit. Leitsätze einer »Strategie von unten«, die Gerda in diesen Sekunden in ihrem Kopf zu versammeln suchte, konnten nicht übermittelt werden. Hier von ganz unten gesehen, zu den für Gerda nicht sichtbaren Planern in 3000 m Höhe über der Stadt hinauf, oder auch ganz fern zu den Absprungbasen der Bomber hin, wo die höheren Planungsstäbe saßen. Die Dachgeschosse der Häuser am Breiten Weg brannten sofort. Nach einer Pause von etwa 10 Minuten, in der Gerda auf ein stabiles Rieselgeräusch horchte, das entweder mit dem Brennen selber oder aber mit »herabrauschenden Ziegeln« zu tun hatte: sie sah einmal durch das Loch, in dem noch einige zersplitterte Scheibenreste steckten, die Flammen im Vorderhaus, Trümmerbrocken auf dem Zwischenhof, den Blick zum Nachbarhof verdeckte eine hohe Mauer (das konnte Schutz bedeuten). Jetzt erneutes Heranschwellen der großen Flugzeuge. Sie begann die Bomber oben zu verwünschen. Aber wenn das den Erfolg hatte, daß einer davon herunterstürzte und sie mit ihrer Gartenhausbesatzung erschlug, dann wäre es besser, wenn sie das nicht tat. Vor allem ging es um den Jüngsten, weil es ihr Söhnchen war (während sie glaubte, die weniger wertvollen Mädchen später ersetzen zu können). Sie prüfte ernstlich, wen von den dreien sie mit Vordringlichkeit retten sollte, versuchte Vorteile daraus zu ziehen, daß sie sich selbst in die Aufzählung dieser Rangordnung einstufte: an verschiedenen Stellen, sie tastete ja nur erst. Vielleicht konnte sie etwas dazu tun, indem sie die nächste Staudruckwelle vor den Lungen eines der Kinder, welches, wollte sie noch wählen, abfing. Ein zusammenstürzendes Kleinsthaus konnte sie freilich nicht auffangen.

Das schien ihr *taktisch* wenigstens günstig, daß mit diesem Gartenhäuschen nicht allzuviel über ihr zusammenbräche. Ein Vorteil der Wohnungszuweisung. Sie kroch nun über die Kinder hin, die sich anklammerten. Gerade das machte ihr aber plötzlich Angst, und sie erhob sich, um sie abzuschütteln, merkte, daß sie dabei atmete, und mahnte sich zur Vorsicht: diese Luft, deren Druck unter dem Einfluß der Einschläge schwankte, nicht »einnehmen«!

Sie zwang sich, strategisch, d. h. auf die Hauptpunkte bezogen, zu »denken«, das heißt: wohin fliehen, falls nochmals eine Chance durch Warten auf eine nächste Welle entstand – sie wollte dann über Fischmarkt, Martiniplan, Schmiedestraße, Westendorf rennen. Ein Handwagen im Hof, die Kleinen da rein und im Galopp zu den Feldern oder Dörfern. Dieses Trostbild setzte sie sich vor Augen, mehr Wehrmittel hatte sie nicht, während die vierte und fünfte Welle die Mitte der Stadt: Schuhstraße, Hoher Weg, Lichtwerstraße usf. verwüstete. Dazu Rascheln und Klappern von Schutt, der von den Dächern herabkam, oder aber es war Brand. Es fing schon wieder in der gleichen Weise an wie vor 11 Minuten, daß das Schwellbrummen sich verstärkte. Sie versuchte, durch lautes

Beten die Bomben in ihrem Kurs zu beeinflussen. Aber wenn sie sich nun verschätzte? Sie wollte auch nicht als gläubig oder abergläubisch gelten nach so vielen Jahren aufgeklärten Lehrerberufs. Draußen Stimmen von Bewohnern, die mitten im Angriff, um nicht in den Kellern zu verbrennen, vor die Haustüren traten und Fluchtwege erörterten.

Bleibt hier liegen, sagte Gerda zu den Kindern. Sie überquerte den Hof: kein Himmel, schwarzer Rauch, Dröhnen, das sich entfernte. Da war vorhin Sonne und Bläue gewesen.

»Und schöne, weiße Wolken ziehn dahin,
mir ist, als ob ich längst gestorben bin . . .«

Jetzt Qualmwolken. Sie gelangte über Trümmerblöcke, Handwagen, stand in umgekehrtem Zustand da, zur Toreinfahrt des Vorderhauses, wo eine Gruppe Männer, die Äxte trugen, Armbinde des Luftschutzes, eine Erörterung begannen. Sie stellte sich dazu, um einen Rat zu ergattern. Sie alle hatten so genug von diesem Geschehen, daß sie keine weiteren Bomberwellen erwarteten (auf diese harmlose Stadt!). Also benahmen sie sich, als käme jetzt nichts mehr. Es ist nichts zu retten, sagten sie. Alles muß nach Westen hin rausrennen. Sie rannten aber selber nicht, sondern blickten festgebannt aus der Toreinfahrt auf die einstürzende Fassade von Nr. 60, dahinter brannte ein kolossaler Speicher.

Gerda hatte genug erfahren. Von den tüchtigen Warten kam keine vertrauenswürdige Strategie. Sie überließ sie ihrem Schicksal, rannte zum Gartenhäuschen, nahm nicht an, daß es Zweck hätte, durch die Brände der Stadt zu flüchten, prüfte vielmehr sachlich den Abstand zu den Nachbarhäusern, zum Vorderhaus. Sie wählte eine im Hof liegende Latte, tauschte sie dann gegen eine Blechrinne, die sie sich zurechtbog. Damit konnte sie Flammen zerschlagen, wenn diese sich auf einen Abstand von weniger als zwei Meter näherten. Sie begann, in der Küche die Feuerreste des Ofens totzuschlagen. Die Kleinen blieben im Häuschen, und zwar in dessen Gerätesenke, verborgen. Hier standen noch Gerätschaften: eine Schaufel (nützlich), Besen (unnütz), Harken (unter Umständen nützlich). Mit der Schaufel schaufelte sie aus dem Vorrat der Beete am Rande der Mauer zum Nachbarhof Erdhaufen, die sie auf das Feuer werfen wollte, wenn es herankröche.

Die Blechrinne hatte sie bald wieder abgelegt. Jetzt waren keine Stimmen anderer Menschen im Umkreis mehr zu hören. Das Vorderhaus, alle Häuser des Breiten Weges brannten nieder. Sie wollte nicht ersticken. Es waren nicht die Flammen, sondern die Allgemeinhitze, die sie gefährdete. Es waren aber nach allen Richtungen wegen der Ärmlichkeit des ihr zugewiesenen Gartenplatzes – ein Streich, den die Besitzer des Grundstücks dem Wohnungsamt gespielt hatten, als sie behaupteten, dieses nicht mehr benutzte Gartenhaus sei eine Wohnung – 15 bis 20 m Abstand zur Brandfront. Sie hatte Betten, die Bewohner des Vorderhauses auf den Hof warfen, anderes brennbares Gerät über die Mauer auf den Nachbarhof geworfen. Jetzt bewegte sie sich nicht mehr in der Hitze, »wollte nicht innerlich verschmoren«.

Strategisch war vom ganzen Tag nur die Besitzlosigkeit an brennbaren Wertsachen. So hatte sie u. a. im Gartenhaus auch keine Gardinen mehr aufhängen können, weil sie keine bekam. Die Kinder hatten Durst, Hunger. Gerda sammelte in der Küche mit Salz und Pfeffer vermischten Zucker in einer Holzkelle, nicht einmal Bratbrote konnte man backen. Es war keine Feuerstelle da. Feuer selbst war in der Nachbarschaft reichlich. Sie verfütterte eine Brotkante sowie je ein bis zwei Löffel Margarine und je vier Löffel verdorbenen Zucker.

Zusatz: Um eine strategische Perspektive zu eröffnen, wie sie sich Gerda Baethe am 8. April in ihrer Deckung wünschte, »stark angebraten«, insbesondere dann in den Nachtstunden, als die Hitze am schlimmsten wurde, hätten seit 1918 siebzigtausend entschlossene Lehrer, alle wie sie, in jedem der am Krieg beteiligten Länder, je zwanzig Jahre, hart unterrichten müssen; aber auch überregional: Druck auf Presse, Regierung; dann hätte der so gebildete Nachwuchs Zepter oder Zügel ergreifen können (aber Zepter und Zügel sind keine strategischen Waffen, es gab kein Bild für die hier erforderliche Gewaltnahme). »Das alles ist eine Frage der Organisation.«

Abb.: Schiffe fuhren die Hochgebirge hinauf über die Pässe und Gipfel nach Italien und zurück. Von Nordsee zur Adria. Unten eine der Schleusen. Weiter oberhalb: Tunnels. Planschiffe von 1938.

Gerda hatte, als der Westwall gebaut wurde, vierzehn herrliche Tage mit einem Herrn von der Organisation Todt in der Eifel verbracht. Dieser Herr fuhr ein Cabriolet. Das heißt, man konnte im offenen Wagen die kühlen Berge der Schnee-Eifel von Vulkantrichter zu Vulkantrichter, praktisch Bergseen, durcheilen. Von ihm hatte sie den Ausdruck: Alles bloß Organisation. Er zeigte ihr Pläne, auf denen Schiffe bergauf über die Alpen die Poebene erreichten. Das war Organisation als Kanalbau, ingenieursberechnet. Man kann es malen.

Abb.: Die Einfahrt in den Alpen-Sperriegel.

[**Strategie von oben**] Insofern schwor Gerda in den Augenblicken der Zeitnot, die sich allerdings von vormittags 11.32 Uhr über die schwierigen Nachtstunden vom 8. auf den 9. April bis zum Spätnachmittag des folgenden Tages hinzogen, insbesondere aber zwischen 3. und 4. Welle, in der sie 10 Minuten Frist hatte, daß sie den Ansatz für solche Organisation künftig legen wollte. Achthundert Jahre Strategie von unten würden dann achthundert vergangene Jahre Strategie von oben zunichte machen, nicht mit einer Blechrinne, nicht mit einer Schaufel und nicht durch bloßes Warten und Wünschen. Noch aber war nicht Vergangenheit, denn die Maschinen flogen zu diesem Zeitpunkt über Thekenberge, Spiegelsberge erneut heran (4. und 5. Welle), drehten über Wehrstedt Kreise, sahen zwar keine Rauchzeichen mehr in dem Wust und flogen deshalb pauschal auf die Rauchwolke Stadt zu, auf 2000 m niedergehend, »harkten« die Mittelstadt ab, ziemlich selbstsicher, da keine gegnerische Jagdabwehr oder Flakabwehr zu entdecken war. Sie konnten weder Genaues von der Stadt wahrnehmen, noch empfanden sie die im Moment vorsichtig gebremsten Wünsche der Baethe. Sie konnten nichts ahnen, die »holdseligen Englein, Du«.

Der Bomberpulk, etwa 200 Maschinen, denen im Abstand von zehn Flugminuten, d. h. jetzt über Nordhausen, weitere 115 Maschinen folgten, flog in etwa 7000 m Höhe von Süd-Westen auf die Stadt Halberstadt zu. Die Formation, »wie zur Attacke geordnet«, hatte einen traditionell-kavalleristischen Anschein, war aber *berechnet*, nicht Parade, sondern eine Position, in der die Maschinen, würden sie durch Jagdflugzeuge angegriffen, zum Feuerschutz zusammenrückten, würden sie durch Flak beschossen, auseinandergezogen werden könnten.

Die Pionierphase solcher Angriffe mit viermotorigen Fernbombern B 17, jeder eine Werkstatt, aber der kompakte Verband als Fabrik, liegt 3-4 Jahre zurück. Die Komplettierung des Verfahrens hat Faktoren, die in der Pionierphase eine Rolle gespielt haben wie Gottvertrauen, militärische Formenwelt, Strategie, Binnenwerbung gegenüber den Besatzungen, damit sie angriffswillig sind, Hinweise auf Eigentümlichkeiten des Ziels, Sinn des Angriffs usf. als irrational ausgegliedert.

Diskussion 1976, Nähe Stockholm, OECD-Tagung: *Post-Attack Farm Problems*, gemeinsam mit Sipri-Yearbook, Arbeitskreis VII, der auf einer Terrasse im Lichte des Altweibersommers Platz genommen hat. »Evolutionärer Stellenwert« der Angriffsverfahren »in der Sommerphase des Jahres 1944«:

1. **Professionalisierung:**

Es ist nicht der Einzelkämpfer von Valmy, der bewaffnete Bürger (Proletarier, Lehrer, Kleinunternehmer), der diese Angriffe durchführt, sondern der geschulte Fachbeamte des Luftkriegs: analytische Begrifflichkeit, deduktive Strenge, prinzipieller Begründungszwang in den Gefechtsberichten, Fachverstand usf. Problem des »inneren Auslands« der gelegentlichen persönlichen Wahrnehmung, z. B. Ordentlichkeit der Felder unten, Verwechselung von Häuserzeilen, Karrees, geordneten Stadtvierteln mit heimatlichen Eindrücken, Reflexion über vermutete hochsommerliche Temperaturen unten, wenn Geräteanzeigen oben in den Maschinen doch hierzu keine Veranlassung geben . . .

2. **Konventionalität:**

Die Besatzungen erleben es als »Tages-Geschichte ihrer Betriebe«.

3. **Legalismus:**

Der Angriff unterstellt der Besatzung oder den Stäben außer einem generellen Gehorsam keine sittlichen Motive oder Sinnzwang, bestraft wird nicht böse Gesinnung, sondern normabweichende Handlung, z. B. vorzeitige Umkehr, lasches oder zerfasertes Ausklinken der Würfe. Legalismus insbesondere darin, daß nicht Ziele, die auf den Listen als unterrangig angegeben sind, vor höherrangigen Zielen angeflogen und bombardiert werden. *Gewissermaßen befindet sich eine Justiz im Anflug.*

4. **Universalität:**

Anstelle dessen, was 1942 Thymos (Tapferkeit) oder Disziplin, also *persönliche* und damit, auf das System bezogen, *begrenzte* Eigenschaften sind, ist die *Geltung innerhalb des generalisierenden Gesamten* aller Kriegsverbände getreten. Nicht Kämpfer oder Kampfverbände konkurrieren, sondern die Ebenen der Kriegsschauplätze, der asiatische, die 8. US-Luftflotte, die vordringenden sowjetischen Verbände, die Panzerspitzen, die am 8. April 1945 den Südrand des Harzes erreichen, das Marinekorps, stehen in Wettstreit und wechselseitiger Disziplin, vermittelt durch das instrumentelle Seitensystem der Abteilungen für Öffentlichkeitsarbeit in den Heimatländern der Alliierten. Damit, zitiert F., »ist die Systemschwelle zum universalistischen System anstelle des eng personalen überschritten«.

G. W. Baker, D. W. Chapman, Man and Society in Desaster, New York 1962; G. Clark, L. Sohn, World Peace through World Law, 3 $_{rd}$ edition, Cambridge, Mass., 1966; Jantsch, Technological Forecasting in Perspective, OECD-Report, Paris 1977; Beaufre, Introduction à la Stratégie, Paris 1972; Green, Deadly Logic, Ohio State University Press, 1966, S. 306 ff., 319 ff., 411 f.; G. Sjoberg, Desasters and Social Change, in: G. W. Baker, D. W. Chapman, a.a.O., S. 383.

»Steht wie ehemals Stern an Stern, Insel schwand und Schwäne«. Der See, insellos, liegt 30 Meter unterhalb der felsigen Terrasse vor Augen. Freddy Dohm, der tüchtige Sekretär, hat *Systemforscher*, einen *Rest* Kritischer Theorie, *Ungarn* aus dem Umkreis von Agnes Heller, *Militärgeschichtler, Physiker* zusammengebracht. Die Teilnehmer sind von der Unvereinbarkeit ihrer Standpunkte überzeugt. Sie blicken auf den See hinunter, würden gerne baden.

Insofern als sich die Pionierphase von 42/43 nicht hinwegdenken läßt, ohne daß auch der jetzige Angriff entfiele, gibt es allerdings doch einen strategischen Rest. Damals waren Gedankengänge das Maß, die auf Trenchard[5] zurückgehen, der

5 Britischer Vize-Luftmarschall, Befehlshaber der RAF im Ersten Weltkrieg, Begründer der englischen Luftstreitmacht, an der die US-Luftflotte auf dem europäischen »Schauplatz« ab 1942 dringend lernt.

wiederum Verdun-Erfahrung hat, selber aus der Kavallerie hervorgegangen, die auf Hannibal zurückgeht, der wieder aufnimmt, was frühe Baumkletterer in der Gattungsgeschichte veranlaßt hat, nahrhafte Amnioten-Eier übergroßer Saurier zu finden, von unten oder von der Seite die Schale aufzubeißen und entweder die Brut dort hineinzuverlegen oder sie für sich selber auszusaugen. Es ist ganz deutlich, daß diese Wurzel des strategischen Interesses, die Beute, bei den Bomberbesatzungen in Wegfall kommt, da sie ja in die angeflogene Stadt etwas hineintun, niemals etwas aus ihr mitnehmen werden, »um es, sei es auch nur im abstraktesten Sinne, auszusaugen«. Sie können hier nichts »haben wollen«, sind, was Benzin oder Abwurfmaterial betrifft, Selbstversorger. Allenfalls könnte man es so verstehen, daß sie die Arbeitskraft von den Monteuren in den Flugzeugwerken zu Hause oder das Öl von Texas und Arabien ansaugen, oder daß die Besatzungen Sold auf ihre Privatkonten ziehen, oder daß die gesamte Transaktion Erträge für Rüstungsunternehmen erbringt. Aber für keine dieser Vorgänge würden die Besatzungen dieser Maschinen hinreichend oder willig tätig. Sie verteidigen auch nicht zum gegenwärtigen Zeitpunkt ihre Heimat oder Häuser. Insofern fehlt der Rohstoff, aus dem Strategie hergestellt wird, inzwischen vollkommen.[6]

6 Es kämpfen, sagt Fritzsche, Mitarbeiter im Arbeitskreis VII, hier insbesondere keine Klassen gegeneinander, ebensowenig wie vor Verdun. Vielmehr vermischen sich, »oben« wie »unten« *Arbeitskraft* und *Produktionsverhältnis* in ganz unübersichtlicher Weise. Die Klarheit des Himmels, Zielstrebigkeit der Anflugsformation, Gegensatz von einfachen Besatzungsmitgliedern, meist aus den unteren Ständen und Kommandeurselite oder auch die ganze ausgepowerte Lage derjenigen, die unten in der Stadt dem Produktionsverhältnis Luftangriff ausgesetzt sind, täuschen gerade darin, daß man die Geschlechterketten zurückverfolgen müßte, um auf höchst verwinkelte Weise die *Wurzeln* dieses Ganzen zu analysieren. Nur diese Analyse aber stieße auf den *Rohstoff*, aus dem Strategie gemacht wird, entweder, nach Clausewitz, »Vaterlandsliebe«, oder ein klassenspezifischer Grund usf. Insofern, sagt Fritzsche, kann man nur sagen, daß der Schrott weit zurückliegender Klassenkämpfe oder Gefühle oder Arbeitskraft sich in der *Form* dieses Ereignisses organisiert.

Damit sticht Fritzsche in ein Wespennest. Das Thema der *Formalität* erfaßt die Diskussionsrunde.

Was damit gemeint sein soll, weiß zunächst keiner der Diskutanten. Auf jeden Fall steckt in dem Dahinfliegen und Bombardieren, der allmählichen Reinigung von beschwerendem Real-Ballast wie persönlicher Motivation, moralischer Verurteilung des zu Bombardierenden (»moral bombing«), in errechnetem know-how, der

Staffelung[7] der Kampfblöcke, denen außerplanmäßige Maschinen vorausfliegen:

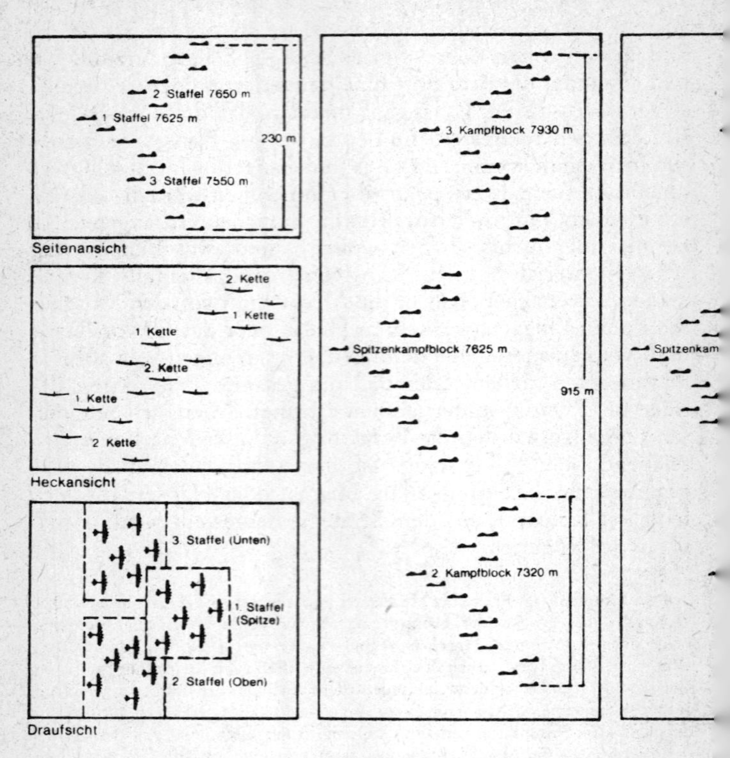

Automatisierung, Hinsehen, das durch Radarsteuerung ersetzt wird, usf., ein *Formalismus.* Hier fliegen nicht Flugzeuge im Sinne der Luftschlacht um England, sondern es fliegt ein Begriffs-System, ein in Blech eingehülltes Ideengebäude. Willi B. knüpft an Platons Gastmahl – Phaidros an, auf Teufel komm raus. «Daß die Seelen der Menschen vor ihrer Geburt im beglückenden Umzug der Götter um den Himmel mitgezogen sind . . . die Fähigkeit, mit den Göttern um den Himmel zu ziehen verdanken die Seelen ihrem Gefieder . . . sie verlieren ihr Gefieder, stürzen herab und vereinigen sich mit einem irdischen Körper, die Geburt . . . dabei begießt die Seele ihre Herkunft, die früher geschauten Bilder . . . Das Zusammensein der Seelen mit den Ideen als gemeinschaftlicher Umschwung der Seelen mit den Göttern . . .«. Und worauf willst du damit jetzt hinaus, Willi? fragt Ursula D. Das weiß keiner. Aber irgendwoher müssen die Formen kommen.

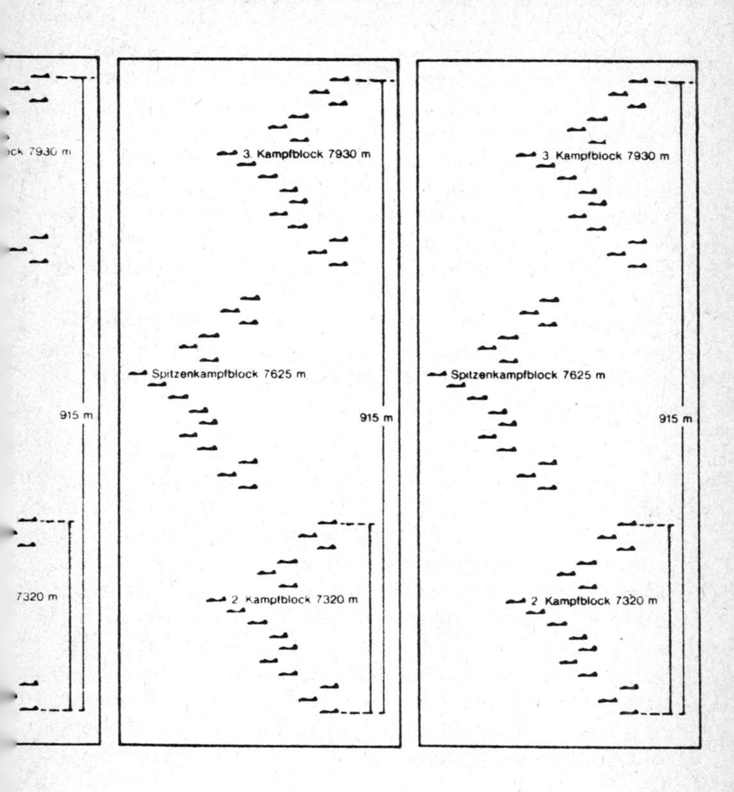

7 In der 92., 305., 306. und 351. Gruppe Veteranen-Besatzungen, die schon 1943 Schweinfurt und Regensburg angegriffen hatten. Es sind Tagesangriffs-Spezialisten.

Man konnte in diesen fliegenden Industrieanlagen mitten im Krach der Motoren und infolge der übermächtigen Helle des Tageslichts allerdings nicht Kriminalromane oder Romanhefte lesen, obwohl für diejenigen, die nicht steuerten, Ausguck hielten oder funkten, lange Wartezeiten durchgestanden werden mußten. Eine Anpassung an die Maschinen, nur weil diese arbeiteten. Ich ahme den Gang, die Gesichtsbewegung, die Miene der Mutter nach, ich ahme die Ausdrucksweise der Gesellschaft nach, habe eine Nase wie ein Autokühler, die Geradheit der Straßen, das Viereckige der Häuser und Zimmer, ich ahme die Motoren nach, die unsere »Seelen« als Anhängsel samt Bombenlast, Maschinerie, Innenbau hinter sich nachziehen.

Keiner der altgedienten Profis in den Maschinen kann sich deshalb der Anspannung entziehen, die Seele von ihr wegdrehen nach unten zu den Feldern oder dem Harzgebirge hin oder zur tiefen Bläue des Himmels.

»The 8. Airforce made plans to attack targets in the vicinity of Berlin on 8. 4.[8] These targets were however within the russian bombline and could not be attacked without prior clearance from russian authorities.

When such clearance was not received, the 8. Airforce put in effect an alternative plan to use 25 groups of B 17 und 7 groups of B 24 for attacks to the airfield at Zerbst and an oil storage depot at Straßfurt. Objects where to be attacked visually. If objects where obscured by clouds the planes were to bomb the marshalling yard at Halberstadt[9], attacking either visually or by use of radarsightings.

Consequently these groups went to their alternate object at Halberstadt 3/10 cloud over Halberstadt, some bombed visually.«[10]

8 »Zielvorrat«: Zehn spezifisch ausgewählte Zielgebiete. Davon sechs für RAF, vier USAF, darunter die Räume Stendal - Erfurt - Halle - Leipzig - Chemnitz - Magdeburg. Hiervon war ein Restzielbestand zum 8. April 45 übrig geblieben. (Rest-Zielvorrat). Beschluß SACEUR vom 4. April 45, Flächenbombardements einzustellen, drang auf dem Befehlsweg bis zum 8. 4. nicht zu den Einsatzhäfen vor.

9 64 000 Einwohner. Im Gegensatz zu anderen Städten, die sich bis 1939 durch

Sie schaukelten oben dahin, ekelhaft »intelligent« (oder »allgemein«) zerbombten sie die Eckhäuser, um durch Schuttkegel die Straßen für Flüchtende zu sperren, Flüchtende, weil durch »Stäbchen« und Phosphorkanister aus den brennenden Häusern getrieben. Sie sollten also (in Ausführung der Pläne ihrer Strategen und Luftwaffentaktiker, ohne allzuviel eigenen Willen hinzuzufügen) die Bevölkerung der Stadt »zurechtfoltern«.

Braddock im Spitzenflugzeug des ersten Kampfblocks sieht beim Überfliegen der letzten beiden Bergketten vor der Stadt eine langgestreckte Allee liegen, von einer Bahnlinie gekreuzt. Auf dieser Allee eilen Stadtbewohner mit Plunder, Handwagen dem Bergwald zu. Es ist aus den Angriffsunterlagen bekannt, daß dort Schutzhöhlen ausgebaut sind. Braddock befiehlt den ihm folgenden 6 Maschinen je einen Wurf auf dieses Ziel, da es sich anbietet. Dies ist eine der wenigen »persönlichen« Entscheidungen, die im Zeitrahmen dieses Gesamtangriffs stattfinden.

Eingemeindung, veranlaßt durch ehrgeizige Oberbürgermeister, über die 100 000-Einwohnerzahl erweitert hatten und dadurch auf den Bombardierungslisten zuoberst standen, war Halberstadt nicht erweitert worden. Im Süden der Stadt ein Flugplatz, Anlagen der Junkers-Werke, auf Tragflächenbau spezialisiert. In den Bergen, nach Langenstein zu, 25 km in das Gebirge vorgetriebene Stollen, die der Rüstungsproduktion dienen. Dies alles jedoch deutlich getrennt von der Stadt. Lediglich das Dom-Gymnasium ist von Schülern und Lehrkräften geräumt. Dort ist ein Rüstungsstab des Ministeriums Speer untergebracht. Auf den Bombardierungslisten der 8. US-Luftflotte steht Halberstadt an niedriger Rangstelle, unterhalb von Nordhausen, jedoch oberhalb von Quedlinburg oder Aschersleben.

10 In ihrer Maschinerie waren die Besatzungen aus »psychischen« Gründen blind. Ganz zweifellos herrschte sowohl über Zerbst und Straßfurt wie über Halberstadt die Bläue eines Frühsommerhimmels. Also keineswegs Wolken über Straßfurt und auch nicht 3/10 Wolkenbedeckung über Halberstadt. Daß trotzdem die Mehrzahl der Flugzeuge nicht nach Sicht, sondern nach Radar bombten, zeigt die Eigenschaft der Augen als Strategie und nicht als persönliche Organe der betreffenden Ausgucker. Anderseits USAF-Oberst a. D. Douglas, 10. 4. 1977: Hören Sie auf mit dem Wort »Strategie«. Wir kommen darauf, wendet einer der Wissenschaftler ein, weil Sie sich »strategic bombing command« nannten, oder auch noch nennen. Kokolores, sagte der Oberst. Sie müssen das als eine normale Tagschicht in einem Industriebetrieb auffassen. »200 mittlere Industrieanlagen fliegen auf die Stadt zu.« Die Wissenschaftler sagten aber: Sie flogen, als hätten sie eine Binde vor den Augen. Wie erklärt sich das? Das weiß der Oberst a. D. auch nicht.

Abb.: Der Planer

Abb.: »Die Jungs«.

Abb.: Die Oberbefehlshaber. Ira C. Eaker, links; General Carl Spaatz, rechts.

Abb.: B. Dampson, Zielmarkierer.

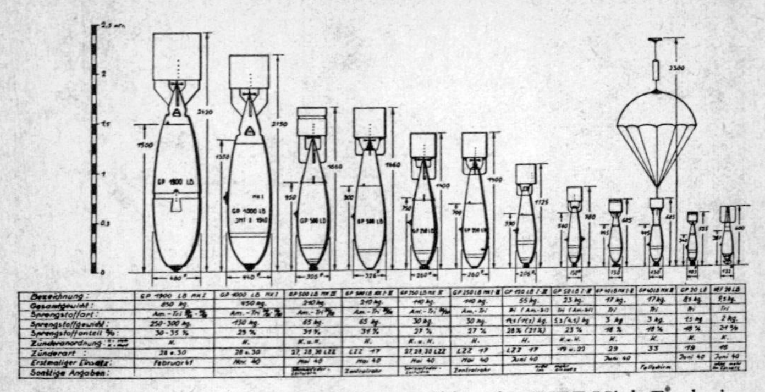

Bezeichnung:	GP 1900 LB MK I	GP 1000 LB MK I	GP 500 LB MK III	GP 500 LB MK I-III	GP 250 LB MK IV	GP 250 LB MK I-III	GP 120 LB I-III	GP 50 LB I-III	GP 40 LB MK I-II	GP 40 LB MK II	GP 30 LB	HEF 30 LB
Gesamtgewicht:	850 kg.	450 kg.	240 kg.	240 kg.	140 kg.	140 kg.	55 kg.	23 kg.	17 kg.	17 kg.	8,5 kg.	9,5 kg.
Sprengstoffart:	Am.-Tri [illegible]	Am.-Tri [illegible]	Am.-Tri [illegible]	Am.-Tri [illegible]	Am.-Tri [illegible]	Am.-Tri	Tri (Am.-Tri)	Tri (Am.-Tri)	Tri	Tri	Tri	Tri
Sprengstoffgewicht:	250-300 kg.	130 kg.	65 kg.	65 kg.	30 kg.	30 kg.	14,4 (11,3) kg.	5,3 (4,5) kg	3 kg	3 kg.	1,5 kg	2 kg.
Sprengstoffanteil %:	30-35 %	29 %	31 %	31 %	27 %	27 %	28 % (21 %)	23 %	18 %	18 %	18 %	21 %
Zünderanordnung:	H.	H.	K. u. H.	H.	K. u. H.	H.	H.	K. u. H.	K.	K.	K.	K.
Zünderart:	28 u. 30	28 u. 30	27, 28, 30 LZZ	LZZ 17	27, 28, 30 LZZ	LZZ 17	LZZ 17	19 u. 27	29	33	19	15
Erstmaliger Einsatz:	Februar 41	Mai 40	Mai 40	Mai 40	Mai 40	Mai 40	Juni 40		Juni 40		Juni 40	Juni 40
Sonstige Angaben:			[illegible]	Zentralrohr	[illegible]	Zentralrohr	nicht mehr im Einsatz			Fallschirm		nicht mehr im Einsatz

Abb.: GP = General Purpose, Mehrzweckbombe; HEF High Explosive Fragmentation = Splitterbombe.

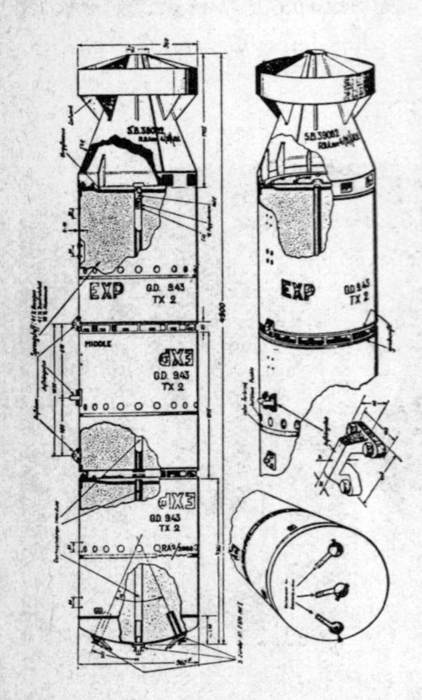

Abb.: HC 12 000 LB 5100 kg = Großladungsbombe.

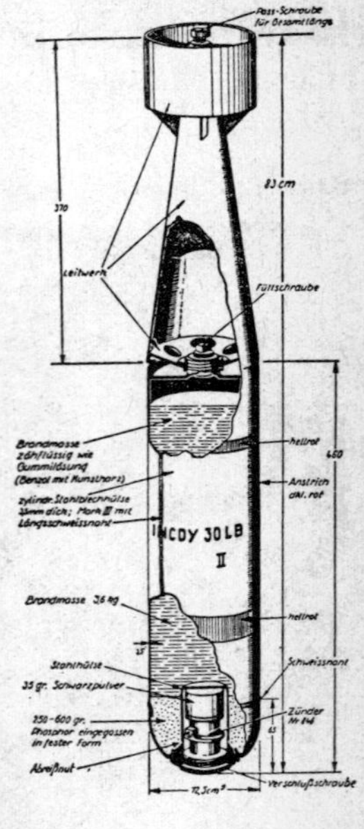

Abb.: Flüssigkeits-Brandbombe INC 30 LB MK IV »mit Längsschweißnaht«, 14 kg.

»Denn jede Bombengattung hat eine besondere Aufgabe. Minen legen die brennbaren Innereien der Häuser frei.« Schwere Sprengbomben, die die Straßen aufreißen und die Wasserleitungen zerstören, damit nicht in den Anfangsstadien gelöscht werden kann. Die leichteren Sprengbomben treiben die Löschmannschaften in die Keller zurück. (Luftmarschall Harris: »Der erste Angriff wird geflogen, um die Feuerwehren und Löschmöglichkeiten zu erschöpfen.«) Daraufhin Brandbomben, insbesondere sogenannte Flamm-Strahl-Bomben. Nach Mitteilung von Dom-Architekt W. Bolze, Dombau-Amt, Halberstadt – synthetische Lava: Benzin, Gummi, Viskose plus Magnesium. Dies stellt nach Harris ein geordnetes Ganzes dar.

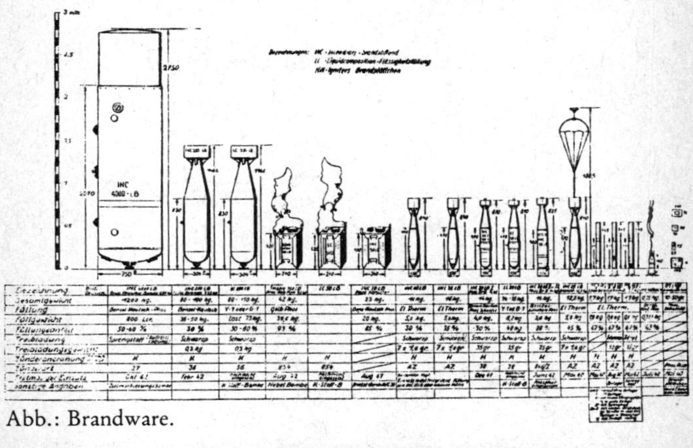

Abb.: Brandware.

Abb.: Die Worker.

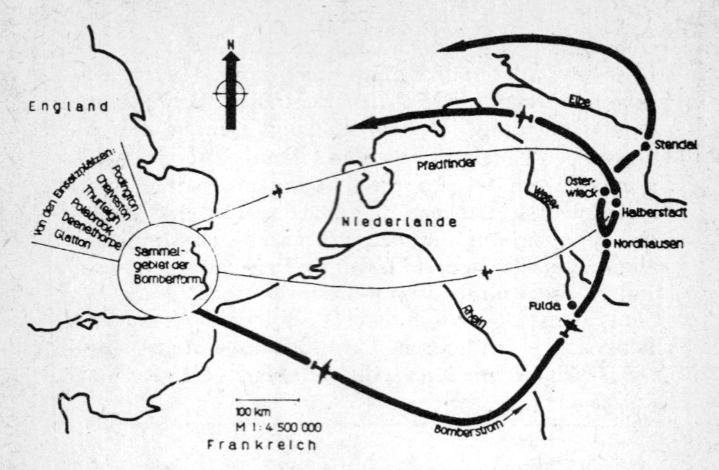

Kurs der angreifenden Maschinen (8.4.1945)

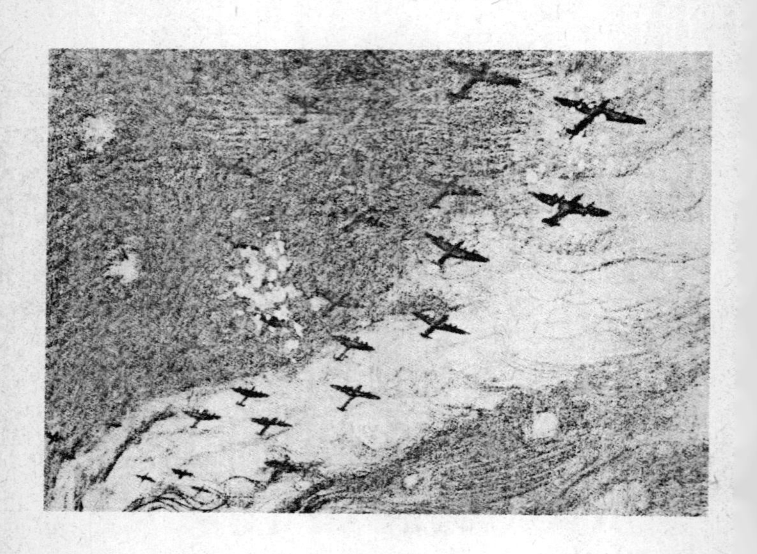

[Interview mit Brigadier Anderson]

Der Reporter Kunzert, Halberstädter, mit den englischen Truppen, die Juni 1945 Sachsen-Anhalt räumten, nach Westen ausgewichen, griff sich 1952 in London den Brigadier Frederick L. Anderson, ehemals 8. US-Luftflotte, am Rande einer Konferenz des *Institute for Strategic Research*. Sie sitzen auf Barhockern im Hotel »Strand«. Anderson hatte den Angriff auf Halberstadt an leitender Stelle »mitgetragen«.

REPORTER: Sie sind also nach dem Frühstück losgeflogen?
ANDERSON: Richtig. Schinken mit Eiern, Kaffee. Ich lese Kriminalromane immer auf die Stellen hin, in denen der Detektiv viermal Schinken und Eier und drei Portionen Kaffee vertilgt. Das gibt mir ein Gefühl von Masse. Essen würde ich das nicht. Aber vorstellen tue ich es mir gerne. Spaß beiseite.
REPORTER: Naja. Sie stiegen von Einsatzhäfen in Südengland routinemäßig auf?
ANDERSON: Podington 92. Staffel, Chelveston 305. Staffel, Thurleigh 306. Staffel, Polebrook 351. Staffel, Deenethorpe 401. Staffel und Glatton 457. Staffel. Das ist einwandfrei.
REPORTER: Wenn Sie das mal nicht aufzählen, sondern anschaulich machen. Was sieht man?

Anderson konnte kein anschauliches Bild vermitteln. Man sieht die aufgezählten Staffeln zunächst nicht; Anderson steht hinter dem Piloten einer Maschine, sieht seitlich Wiese und Flughallen »vorbeiwirbeln«, wird zur Rückwand gedrückt usf. Er weiß lediglich aus einem Stoß Fernschreiben (zeigt einen Stapel an von ca. einem halben Meter), daß die anderen Staffeln zur gleichen Zeit an anderen Orten starten. Es sind jeweils 12 bis 18 Arbeitskräfte in jedem dieser Flugzeuge tätig, die zum Teil warten, zum Teil bestimmte technische Handgriffe ausführen müssen. Die Summe der gestarteten Anlagen versammelt sich, es werden Warteschleifen geflogen über der südenglischen Küste.

REPORTER: Einflug über die französische Nordküste?
ANDERSON: Wie üblich. Wir taten so, als ob wir Nürnberg oder Schweinfurt anfliegen.

REPORTER: Ist man stolz, wenn man im Bomberstrom auf über 300 Maschinen hinblickt?

ANDERSON: Ich saß in einer Moskitomaschine. Ich konnte auf Grund der genannten Fernschreiben sowie der Karte (und in der Annahme, daß alles planmäßig verläuft) mir diesen Bomberstrom vorstellen. Sehen konnte ich ihn nicht. Mein Moskito, ein schneller Holzbomber, flog weitab vom Pulk – niederländische Küste, Rhein, Weser, Nordharz usf.

REPORTER: Dann hätte die Luftüberwachung von unserer Seite ja nur die Pfadfindermaschine verfolgen müssen, um den Trick mit der Anfangsrichtung des Bomberstroms nach Südost zu durchschauen?

ANDERSON: Gewiß. Soweit sie noch vorhanden war, durchschaute sie das sicher.

REPORTER: Südlich von Fulda Kurswechsel?

ANDERSON: Kurs Nordost.

ANDERSON: Wie geplant?

ANDERSON: Das ist alles geplant.

REPORTER: Die Einheitsführer können daran nichts entscheiden?

ANDERSON: Die Spitzenflugzeuge fliegen an der Spitze, aber sie führen nicht.

REPORTER: Wenn Sie nun einmal beschreiben, was das sollte?

ANDERSON: Was das sollte, kann ich Ihnen nicht sagen. Ich kann mich nur zur Angriffsmethode äußern. Das sind ja Profis. Zunächst müssen sie die Stadt einmal irgendwie »sehen«. Wir kommen also an, d. h. wir Moskitos sehen zunächst einmal den Bomberstrom, der von Süden anfliegt. Dann liegt seitlich rechts der Harz, man kann den Brocken sehen. Die Bomber überfliegen den Südteil der Stadt, einmal über das Ganze weg, legen ein paar Serienwürfe prophylaktisch an die Stellen, an denen Bevölkerung, die durch den Alarm gewarnt ist, zum Berggelände hin flüchtet. Um da erst einmal zuzumachen. Die Bomber sammeln dann am nordöstlichen Stadtausgang, also über der Ausfallstraße nach Magdeburg. Das sind zwei Warteschleifen, damit alle Maschinen heran sind und der Angriff kompakt geflogen werden kann. Befohlen war Teppichwurf, d. h. *Konzentration* der Würfe, entweder im Süd- oder Mittelteil der Stadt. Wir kannten ja die Stadt nicht, hatten nur die Karte sowie einen ersten Eindruck. Dieser Eindruck sagte uns: die Hauptverbindungslinien führen durch Mitte und Süd in westöstlicher Richtung, während im Norden Dörfer und im Süden Berge liegen. Wir können uns nicht mit der einzelnen Stadt allzulange befassen, da wir ja noch den Angriff und die Rückreise haben. Frage: Jagdschutz, Flak, Qualitätskontrolle der Würfe? Da können wir uns nicht mit dem Stadtplan befassen, wir suchen die Angelpunkte.

REPORTER: Was Ihnen als Angelpunkt erscheint.

ANDERSON: Was der Angriff zu diesem Zeitpunkt des Krieges soll, können wir nicht wissen. Also wählen wir eine *vernünftige* Angriffslinie.

REPORTER: Was ist das?

ANDERSON: Daß der Angriff nicht verkleckert.

REPORTER: Was heißt das?

ANDERSON: Die Würfe dürfen sich nicht im Stadtgelände verteilen. Wir sehen also: Hauptverbindungsstraßen, Ausfallstraßen. Wo es dann auch richtig brennt. Das wissen Sie ja auch, wo das in einer alten Stadt liegt. Wir treiben keine Mittelalterstudien, aber haben doch auch gehört, daß eine solche Stadt aus dem Jahr 800 nach Christus stammt. Von da aus müssen sich die Bombenschützen zunächst auf die Eckhäuser konzentrieren. Damit machen wir zu. Optimal gesprochen: Schuttkegel am Eingang jeder Straße und am Ausgang. Die Falle ist zu, wenn wir die Häuser zu beiden Seiten der Straße sprengmäßig aufmachen. Da hinein Brandkanister, Stäbchenbrandbomben usf. Darüber dritte und vierte Welle wieder sprengmäßig, brandmäßig. Das gibt ein Querraster, obwohl wir immer in der gleichen Spur durchfurchen. Sehen Sie, intakte Gebäude sind schwer zum Brennen zu bringen. Erst müssen die Dächer abgedeckt sein, und es müssen Öffnungen eingesprengt werden, die ins zweite oder möglichst erste Stockwerk hinabreichen, wo das Brennbare sitzt. Sonst haben wir keine Flächenbrände, keinen Feuersturm usf. Mein Bruder ist Luftwaffenarzt. Es ist das gleiche wie die breitflächige Versorgung einer Wunde. Man kann nicht zugewachsene, verschorfte Wunden zur Abheilung bringen, das möchte ich mal mit einer verschorften, historisch gewachsenen Stadt vergleichen, sondern die Wunde muß erst wieder frisch angerissen werden, so daß frische Blutgefäße angesprochen sind, und dann Breitsalben und Mull drauf.

REPORTER: Nach den ersten vier Wellen haben Sie nochmals mit zwei neuen Wellen in Paradeformation angefangen und haben »versorgt«. Warum das?

ANDERSON: Parademäßig, weil keine Flakeinwirkung zu sehen war. Bei Flak fleddern die Maschinen auseinander. Folge: unkonzentrierte Würfe. Das kam hier nicht in Betracht.

REPORTER: Ich meine, warum nach der Verwüstung nochmal mit zwei Wellen darüber hingehen?

ANDERSON: Das war üblich.

REPORTER: Es gibt Gerüchte. Früh halb zehn soll die Verteidigungszentrale der Stadt von Hildesheim aus durch einen amerikanischen Oberst über das Ziviltelefonnetz angerufen worden sein: Übergeben Sie die Stadt, beseitigen Sie die Panzersperren! Der Oberbürgermeister war jedoch nicht anwesend. Der Kreisleiter, Detering, in seiner Eigenschaft als Verteidigungskommissar anwesend, wies dieses Ersuchen ab. Daraufhin wurde gebombt. Es wird gesagt, wäre der Oberbürgermeister früher aufgestanden und hätte dem Ersuchen stattgegeben, wäre die Stadt dem Angriff entkommen. Wenn bis 11 Uhr eine große weiße Fahne am linken Turm der Martinikirche gehißt worden wäre (von Süden gesehen links), wären die Bomberverbände wieder umgekehrt. Eine Frau soll noch versucht haben, ein aus vier Laken zusammengenähtes Tuch zur Stadtzentrale oder zum Kirchturm zu bringen.

ANDERSON: Das ist Larifari. Um diese Uhrzeit waren die Bomber von einem Gefechtsstand in Hildesheim nicht mehr zu erreichen.

REPORTER: Aber was ist wahr an dem Gerücht?

ANDERSON: Gar nichts. Der Oberst hätte telefonieren müssen. Über Divisionsstab, Armeekorps, den Stab der Armee, Heeresgruppe, dann über General Headquarters in Reims nach London, dort über Querverbindung zum strategischen Bomberkommando, zurück 8. Luftflotte, dann Verteiler zu den Telefonzentralen der südenglischen Flugplätze (wobei erforscht werden muß, welche Staffeln überhaupt wohin starten, das ist geheim, da könnte ja jeder Spion anrufen), dann hätte ein entsprechender Befehl verschlüsselt werden müssen usf., eine Sache von 6 bis 8 Stunden.

REPORTER: Was hätten Ihre Spitzenflugzeuge getan, die die Rauchzeichen setzten, wenn eine aus sechs Bettlaken gefertigte große weiße Fahne über den Martinitürmen gesetzt gewesen wäre, gut sichtbar?

ANDERSON: Das ist eine ganze Maschinerie, die da anfliegt. Kein einzelnes Spitzenflugzeug. Was soll das weiße Groß-Laken bedeuten? Eine List? Gar nichts? Man hätte sich vielleicht darüber unterhalten. Die nachfolgenden Maschinen drücken nach. Gesetzt den Fall, es sind keine Rauchzeichen da, dann nimmt man an, daß das versäumt worden ist, und setzt entweder neue oder geht nach Sicht vor.

REPORTER: International bedeutet aber eine große weiße Fahne Kapitulation. »Wir ergeben uns.«

ANDERSON: An Flugzeuge? Spielen wir das doch einmal durch. Eine Maschine landet auf dem nahegelegenen Flugplatz der Stadt – Landebahn wäre aber für Viermotorige zu kurz – und besetzt die Stadt mit 12 oder 18 Mann Besatzung? Woher weiß man, ob die Person, die das weiße Laken hißte, nicht von einem Erschießungskommando wegen Defätismus längst erschossen ist?

REPORTER: Das ist aber keine faire Chance. Was sollte denn die Stadt tun, um zu kapitulieren?

ANDERSON: Was wollen Sie denn noch? Verstehen Sie denn nicht, daß es gefährlich ist, mit einer brisanten Fracht von 5 oder 4 Tonnen Spreng- und Brandbomben die Rückreise anzutreten?

REPORTER: Sie konnten die Bomben woanders hinschmeißen.

ANDERSON: In einen Wald usf. Vor dem Rückflug. Angenommen, die Pulks werden auf der Heimreise angegriffen, auf Flugplatz Hannover lagen ja noch Jäger. Wir warteten eigentlich die ganze Zeit, daß sie starteten. Wer will für die schwerbeladenen Enten die Verantwortung übernehmen, nur weil sich ein weißes Tuch gezeigt hat? Die Ware mußte runter auf die Stadt. Es sind ja teure Sachen. Man kann das praktisch auch nicht auf die Berge oder das freie Feld hinschmeißen, nachdem es mit viel Arbeitskraft zu Hause hergestellt ist. Was sollte denn Ihrer Ansicht nach in dem Erfolgsbericht, der nach oben geht, stehen?

REPORTER: Sie konnten wenigstens einen Teil auf freies Feld werfen. Oder in einen Fluß.

ANDERSON: Diese wertvollen Bomben? Das bleibt doch nicht

vertraulich. Da sehen 215mal 12 bis 18 Mann zu. Wir hatten mit der Stadt doch auch gar nichts im Sinn. Wir kannten da keinen. Warum sollte sich zu *ihren* Gunsten irgendwer an einer Verschwörung beteiligen? Ich würde schon mal einem Exekutionskommando den Befehl geben, alles in Deckung, Flugzeug von links, und dem Gefangenen sagen, er soll verschwinden, vorausgesetzt, daß alle schweigen. Das kommt aber praktisch nie vor. Also findet so etwas nicht statt.

REPORTER: Die Stadt war also ausradiert, sobald die Planung eingeleitet war?

ANDERSON: Ich möchte mal so sagen: wenn ein paar besonders Eilige unter den Kommandeuren unserer eigenen Panzerspitze in einem ganz brillanten Vorstoß über Goslar, Vienenburg, Wernigerode die Stadt bis 11.30 Uhr erreicht hätten, so hätte das die Systematik unserer Pulks nicht geändert.

REPORTER: Die hätten doch Fliegerzeichen gesetzt, Erkennungssignale neben die Rauchzeichen geschossen.

ANDERSON: Kriegslist des Gegners!

REPORTER: In aller Ruhe hätte Sie die eigenen Leute zerballert?

ANDERSON: Nicht »in aller Ruhe«, sondern »mit Zweifeln«. Es hätte Funkverkehr gegeben, und vielleicht hätte das der Konzentration der Teppichwürfe geschadet. Nun waren unsere ja Gott sei Dank keine Zauberer.

REPORTER: Hatten Sie eine Vorstellung, was der Angriff bewirken sollte?

ANDERSON: Wie ich schon sagte, nicht so klar.

REPORTER: Sie sind zynisch.

ANDERSON: Nur nicht verlogen. Was nützt es Ihnen, wenn ich Ihnen jetzt mein Mitgefühl ausdrücke?

REPORTER: Gar nichts.

Es war eine Verstimmung eingetreten zwischen den beiden. Der Reporter lehnte es ab, eine Tasse Kaffee anzunehmen. Obwohl doch Anderson durchaus ihn zu gewinnen versuchte, weil jetzt ja eine ganz andere, friedensmäßige Situation bestand. Aber auch richtiger Haß war, hier auf den Barhockern des »Strand«, nicht machbar.

Abb.: Brigadier General Frederick L. Anderson, der als Befehlshaber des 8. Bomber Command den einsamen Entschluß fassen mußte, ob seine Bomber, trotz des schlechten Wetters über England, am 14. August 1943 den Schlag gegen Regensburg und Schweinfurt führen sollten; 8. 4. über H.

Abb. Reporter Kunzert

[Interview eines Korrespondenten der »Neuen Züricher Zeitung« mit einem hohen Stabsoffizier]

In der Maschine von Captain William Baultrisius, die Maschine trägt den Namen »The Joker«, fliegt am 8. 4. 45 Brigadegeneral Robert B. Williams, Stabsgehilfe von Ira C. Eaker, mit. Er soll den Angriff stabsmäßig beobachten. Williams steht hinter dem Steuer-Sitz des Captains. Baultrisius, ehemals Seemann, erzählt gern. Der Londoner Korrespondent der *NZZ*, Wilfried Keller, nimmt an diesem Flug, gegen Revers, daß er während der Flugzeit auf seinen neutralen Status verzichtet und sich der Gefahren bewußt ist, ohne Genehmigung einer höheren Stelle teil.

WILLIAMS (aufgeräumt): Sehen Sie, die Felder sind alle viereckig. Die Landstraße geradlinig und die Häuserzeilen dort in der Stadt wieder viereckig und die Karrees ...

NZZ: Die Stadt insgesamt ist aber nicht viereckig, sondern fasert aus in das freie Land.

WILLIAMS: Das ist auffällig.

> Baultrisius war spezialisiert für gruselige Geschichten. »Die winzige Jagdmaschine kam frontal auf mich zu. Sergeant Douglas setzt Leuchtspur vom Vorderturm in ihr Maul, und wir waren so okkupiert, daß wir nicht merkten, daß in der Maschine niemand mehr saß, der den Kurs steuern konnte. Die Jagdmaschine brach vorne in die B 17 ein, ratschte durch die gesamten Innenbauten. Der Motorblock, der sich vom Rumpf des Einsitzers gelöst hatte, durchbrach unser Heck und fiel mit drehendem Propeller langsam hinter uns nach unten. Ich hatte mich so zur Seite gedrückt, daß ich die leere Hülse, d. h. ich war als einziger übrig, mit intakten Außenmotoren nach Afrika brachte, setzte dort spät nachts auf, es gab kühles Bier aus Detroit.«

Zwei Kilometer vor dem Bomberstrom befinden sich zweimotorige Schnellbomber, es handelt sich um Holzbomber, sogenannte Moskitos, die als »Pfadfinder« dienen: Maschine des Chef-Bombers, die »Assistenten-Maschine«, das Wetter-

Flugzeug. Der Bomberstrom ist inzwischen auf Angriffshöhe, d. h. etwa 3000 m heruntergegangen. Das Wetter-Flugzeug erhält Befehl, auf diese Angriffshöhe zu steigen und die Windgeschwindigkeit dort zu messen. Die Assistenten fliegen im Sturzflug auf 1000 m, setzen Rauchzeichen. Eines dieser Rauchzeichen ist ein Fehlwurf. Es steht abseits von den anderen weit im Norden der Stadt. Der Chef-Bomber selbst stürzt bis auf 3000 m Höhe auf dieses Wölkchen zu, sitzt halb darauf. Das bedeutet: »dieses Rauchzeichen nicht beachten«.

NZZ: Sie haben mir etwas von den Junkers-Werken vorgeschwärmt. Die bleiben aber, wenn Sie so weiterfliegen, seitlich liegen. Was ist damit?

WILLIAMS: Ich hatte gedacht, daß der Angriff mehr nach Süden zu liegen kommt. Wir fliegen jetzt die gesetzten Rauchzeichen an. Vorher sammeln die Maschinen dort (er weist auf den nordöstlichen Stadtausgang, ungefähr Landstraße nach Magdeburg).

NZZ: Also doch Mitte der Stadt.

WILLIAMS: Tut mir leid. Wird moral-bombing werden. Ich hätte Ihnen gern einen Tagesangriff auf Schwerpunkt-Industrie gezeigt.

NZZ: Bombardieren Sie aus Moral oder bombardieren Sie die Moral?

WILLIAMS: Wir bombardieren die Moral. Der Widerstandsgeist muß aus der gegebenen Bevölkerung durch Zerstörung der Stadt entfernt werden.

NZZ: Die Doktrin soll aber inzwischen aufgegeben worden sein?

WILLIAMS: Gewiß. Deshalb bin ich ja selber etwas erstaunt. Man trifft mit Bomben diese Moral nicht. Offensichtlich hat die Moral nicht ihren Sitz in den Köpfen oder hier (deutet auf den Solar-Plexus), sondern sitzt irgendwo zwischen den Personen oder Bevölkerungen der verschiedenen Städte. Das ist untersucht worden und im Stab bekannt.

NZZ: Es wirkt sich aber auf diesen Angriff nicht aus.

WILLIAMS: Ich könnte sagen: leider, denn unsere neuesten Erkenntnisse sind ein Sieg über die Theologie. Im Herzen oder Kopf ist offenbar gar nichts. Das ist übrigens plausibel. Denn die, die zertrümmert sind, denken oder fühlen nichts.

Und die, die aus einem solchen Angriff trotz aller Vorkehrungen entkommen, tragen die Eindrücke des Unglücks offensichtlich nicht mit sich. Alles mögliche Gepäck nehmen sie mit, aber die Momenteindrücke während des Angriffs lassen sie anscheinend da.

NZZ: Ein solcher Angriff, stelle ich mir vor, z. B. wenn ich an Zürich denke, hat ja mindestens den Wert einer »Erscheinung«. Der »Geist spricht aus dem brennenden Busch«, würde ich mal sagen.

WILLIAMS: Überhaupt nicht. Einen stärkeren *Real*druck als den, den wir 20 Minuten so einer Stadt aufdrücken, gibt es gar nicht. Ich glaube schon, daß die Leute im Moment des Angriffs selber sagen: wir geben unsere Moral weg, unseren Durchhaltewillen usf. Aber was sagen sie am nächsten Tag? Wenn in einem Kilometer Entfernung von der verbrannten Stadt der Trott offensichtlich weitergeht?

NZZ: Ich wollte ja nur wissen, was Sie davon denken.

WILLIAMS: Als Offizier oder als Historiker?

NZZ: Mehr privat.

WILLIAMS: Und das wissen Sie jetzt?

NZZ: Habe ich eine Frage vergessen?

[Vortag, Samstag, 7. April 45, 17 Uhr] Es mußte für Karl Wilhelm von Schroers[12] immer möglichst viel los sein. Er war ein Beutejäger, was starke sinnliche Schrecknisse betrifft. Sie öffnen die Horizonte. Horizonte öffnen heißt soviel wie starke Neuerungen, außerhalb der polizeilichen Regelung tätig sein, Katastrophenschutz, Umwerfen der Viereckigkeit aller Verhältnisse, jemand finden und retten und dadurch für sich etwas mitbringen, z. B. Wagen und Anhänger voll Beutegut, der wiederum bei jemand abgeliefert wird, mit der Belohnung wieder jemand eine Freude machen und ihn zur Abgabe von begehrten Gegenständen veranlassen usf.

»Der Weizen wächset mit Gewalt.«

12 Domgymnasium, mit 16 Jahren Kriegsreife entlassen, Westfeldzug, verwundet, Winter 1941 in einem Kessel bei Rshew, Lazarettaufenthalt, unter schützender Hand des Onkels, der Generalarzt ist im Schwarzwald, jetzt, noch Rekonvaleszent, Feldarzt im Reservelazarett Halberstadt, beauftragt mit der Sanitätsversorgung aller Gefangenenlager der Stadt: Elysium (gemischte Gruppen), Feldscheune, Sargstädter Weg (britische Kriegsgefangene).

Karl Wilhelm stellt den requirierten DKW neben den Strohdiemen ab, sieht außerhalb der Feldscheune 2 Fiebernde gelagert, die von Landesschützen in einigen Metern Abstand beobachtet werden. Die Landesschützen haben neben den kläglichen Gefangenen eine Kuhle gegraben, in die diese abortieren. Von Schroers hat nach kurzer Untersuchung der Fiebernden seinen Eindruck: Das ist doch was. Es scheinen 2 Typhusfälle zu sein.

Die müssen die Nacht über hier draußen liegen bleiben. Drinnen haben wir keine Abteile, sagt er. Nein, antworten die Landesschützen. Das ist für die Fiebernden nicht besonders gut.

Auch für die alten Knochen der Landesschützen ist es nicht gut, in der Nacht hier draußen zu wachen.

Das muß dem Kreisarzt zur Entscheidung gemeldet werden. Aber machen Sie es bitte dringend, sagt einer der Landesschützen. Vorläufig genügt es, meint Schroers, wenn einer von Ihnen in der Nacht mal nachsieht, ob sie noch daliegen. Sie können in diesem Zustand nicht flüchten. Ja, so wird das gemacht. Und, befiehlt von Schroers, die Kuhle mit Brettern absperren, daß das einen Rahmen hat. – Zu Befehl.

Das ist eine wichtige Sache. In diesem Moment zusätzlich ein überscharfer Knall. Schwarze Explosionswolke aus Richtung Hauptbahnhof, zu der sich von Schroers sofort hingezogen fühlt. Daueralarm besteht schon seit 1½ Stunden.

Gerade hierfür gelten Sondervollmachten. Von Schroers ist berechtigt, durch die Stadt zu preschen, Gegenverkehr unbeachtet zu lassen, den Gefahrenhimmel zu unterfahren: militärärztlicher Einsatz. Den Zerstörungsherd Hauptbahnhof/Reichsbahnausbesserungswerk umstehen Fachleute, Rettungsgruppen. Er sucht das Bahnhofshotel auf, telefoniert wegen zusätzlicher Rettungsfahrzeuge. Wenig später hat er Kreisarzt Dr. Meyer am Apparat, einen grauhaarigen Giftzwerg, dem er 2 Typhusverdachts-Fälle und Originalbericht vom Katastrophenort Bahnhofsgelände, ein Munitionszug ist durch Jagdbomber zusammengeschlagen, »apportiert«. Das ist im Eimer, sagt er. Verwundete oder Tote? – Ja. Hinreichend. Der Wirt des Bahnhofhotels schiebt ihm, Entwarnung, ein großes Glas Faßbrause zu, die wie Bier aussieht, aber wie Brause kribbelt, schmeckt nach Apfelsaft.

Eine Stadt voller Vorräte. Erst die Katastrophenwunde im umgrenzten Bahnhofsbereich macht ihre Intaktheit bewußt. Über den feindfreien Himmel jagen im Tiefflug 6 Maschinen Me 109. Überall in der Stadt werden die Fenster vorsorglich geöffnet, damit sie bei ferneren Explosionen nicht zerspringen, intaktes Telefonnetz, die nachgeordneten Organisationen der Partei auf Achse, Offiziere der Luftwaffe und der Infanterie-Kasernen, die den Bahnhofsbereich ansehen – alles intakt, eine Reichheit, jetzt gegen 18 Uhr, in der Muskelkraft und Kreislauf ihren aktivsten Stand haben, man könnte 100-Meter- oder 3000-Meter-Lauf proben oder ins Schwimmbecken des Sommerbades springen. Von Schroers Eigenschaft, immer weniger Angst als Neugier zu besitzen, beruht nicht auf Mangel an Vorstellungsvermögen. Er sieht zwar mit den Augen nur diese Gaststätte, ein Stück Wehrstedter Brücke, nichts von den zerstörten Gleisen, vielleicht noch einige Häuser, aber er stellt sich die ganze Stadt vor. Nun wußte er noch nicht, daß dies der letzte bewußte Blick auf das intakte Stadtbild war. Vielleicht hätte er dann mehr wahrgenommen. Kommen Sie morgen früh gegen 11 Uhr ins Rathaus. Ich befinde mich dann in der Stadtverteidigungs-Zentrale. Sie können mir dann über die Verdachtsfälle berichten, sagt Kreisarzt Meyer. Er neigt zur Abwehr von Neuigkeiten, die eventuell Arbeit machen. Die sogenannte Verteidigungszentrale der Stadt, schließt von Schroers aus dem Befehl, scheint dauerbesetzt zu sein. Die Stadt bereitet sich auf einen »Endkampf« vor. Da lauern schöne Stücke von Schrecknissen.

[8. April, 11.29 Uhr, in der Verteidigungszentrale der Stadt, Rathaus, Eingang Hinter der Münze] Von Schroers ist früh dran. Läuft die mit Betonstäben abgestützte Treppe zur Verteidigungszentrale hinab.

Die Zentrale selber hat er sich technischer vorgestellt. Der grüngestrichene Keller-Raum, mittelalterliches Bogengewölbe, ist zum Teil eine Telefonzentrale, ein Kartentisch, eine Ecke mit Stehlampe und Sesseln, in denen sitzen: Detering[13], Rauchhaus[14], Kreinacher[15], Mertens[16], Wurtinger[17]. Kreisarzt Dr. Meyer eilt auf von Schroers zu. Meyer ist lebhaft, klein-

13 Kreisleiter, Verteidigungskommissar der Stadt und Katastrophenschutz-Beauftragter.

14 Ortsgruppenleiter, Führer des NSKK, Luftschutz-Beauftragter der Partei.

15 Führer der SA, Stabsgehilfe des Einsatzleiters Detering.

16 Oberbürgermeister, Chef der Ortspolizeibehörde, Chef des Luftschutzes usf., ein Verwaltungs-Jurist.

17 Oberst, standortältester Kommandant der Halberstädter Garnison.

wüchsig »wie ein Römer«. Er trägt Stahlhelm auf dem grauen Haar. Es ist eben durchgekommen, ruft er aufgeregt, die Stadt wird angegriffen. Was ist draußen los?

Das ist ja praktisch nicht zu überhören. Aus Lautsprechern, die in den Wandecken angebracht sind, sprechen Flugbeobachter. Die in den Sesseln sitzenden *Beauftragten der Stadtverteidigung* sind aufgesprungen, umstehen den Kartentisch.

Setzen Sie das Ding da ab, sagt von Schroers zu dem Kreisarzt. Es behindert Sie. Es nützt Ihnen nichts, wenn die Decke herunterkommt. Sie sind viel sicherer, wenn Sie sich hier unter der Türfüllung, wo das Gewölbe Sie schützt, aufhalten. Das ist das einzige, was stehenbleibt, wenn die Decke herunterkommt. Der Kreisarzt antwortet: Sie wollten über die Typhus-Verdachtsfälle reden. Ist das übrigens Ihrer Meinung nach ein Angriff auf Einzelziele oder auf die ganze Stadt? Meyer entblößt den Kopf, das strubbelige graue Haupthaar, stellt sich gehorsam neben den Mann, präzise unter die Türfüllung des Eingangs, eine Menge 500jährigen Stein über sich. Berichten Sie mir von den angeblichen Typhusfällen, beharrt er. Von Schroers findet, daß im Moment kein Anlaß zu einem Gespräch ist. Es erbost ihn, daß Meyer es so hinstellt, als sei seine Diagnose vom Vortag übertrieben. Die Ereignisse selber neigen momentan zur Übertreibung, haben die Tendenz, Meyers vorsichtig-abwehrende Haltung zu mißachten.

Von Schroers erträgt die Nachrichtenarmut hier unten nicht, läßt die Luftschutz-Schleuse zur Kellertreppe hin öffnen, eilt die Treppe hinauf und sieht: Renaissance-Erker des Rathauses, Blumenkästen, in denen vier Reihen Fuchsien stehen, die geordnete Rotte von silberglänzenden Feindmaschinen, die von Wehrstedt her zur Stadt anfliegen, nach unten sackend. Fast direkt über ihm Rauchzeichen. Von Schroers wendet sich zum Keller zurück.

Eine Serie naher Einschläge. Das Kreuzgewölbe im östlichen Teil des Kellers öffnet sich, hat ein Loch. Man kann, von Schroers Position, Rauch und Himmel sehen, eine gezackte Öffnung. Meyer, immer noch in Position unter der Türfüllung, greift nach Schroers. Von Schroers hält es nicht für möglich, daß ihn etwas treffen könnte, da er so wissens- und lebensdurstig ist. Mertens, Detering, Wurtinger, ihre Gehilfen, die eben noch am Boden lagen, haben sich verständigt, drängen mit den Telefonistinnen durch die offene Luftschutz-Schleuse. Die Luftverteidigungs-Zentrale verlegt, mitten im Angriff, zur Ausweichzentrale Hephata-Heim in der Wasserturm-Straße. Den Hinweis hat Schroers von einer Telefonistin. Er ist sicher, daß auch vom neuen Standort aus nichts verteidigt werden kann.

[Anruf eines hohen Offiziers vom OKW]
Mit Blitz, später, als das nicht viel nützte, im Range eines »Führungsgesprächs« kam Oberst i. G. Kuhlake nach Magdeburg durch, dann führten ihn die telefonischen Verbindungsversuche in die Ortsnetze Croppenstedt, Gröningen, Emersleben, Schwanebeck, wieder zurück nach Genthin, Oschersleben, zu weit nach Süden: Quedlinburg. Fernsprechamt Halberstadt war gestört. Der Oberst veranlaßte, daß von Oschersleben Trupps in Marsch gesetzt wurden, um Nachschau zu halten. Sie näherten sich vielleicht Wehrstedt. Soweit die zivilen Leitungen. Die militärischen Verbindungen waren bis Quedlinburg intakt. Immer noch nicht hatte der Oberst mehr erfahren, als daß auf Halberstadt ein Terrorangriff stattgefunden hatte. Das aber wußte er auf Grund der Luftlagemeldungen.

Der Telefonist in Klein-Quenstedt berichtete von einem »Rauchpilz über der Stadt«. Höhe und Breite des Pilzes konnte er nicht angeben. Sollte er ein Zentimetermaß ans Fenster halten?

Oberst Kuhlake wollte wissen, ob Lindenweg 14 noch stand. Er bewog einen Bauern, der am Stadtrand von Quedlinburg ein Gehöft hatte, anzuspannen und sich in Richtung Halberstadt in Bewegung zu setzen. Gutsbesitzer Dr. Arnold in Mahndorf, telefonisch von Kuhlake attackiert, war bereit, vor die Tür des Gutshauses zu treten und nach Flüchtlingen aus Halberstadt Ausschau zu halten. Im Verlauf des Nachmittags zogen zahlreiche dahin. Sie wußten aber nichts über Lindenweg 14. Sie sagten: Das ist alles zerstört. Vermutungen, sagte der Oberst. Er hatte einen Lageplan der Stadt im Verhältnis 1:200 000 vor sich liegen, konzentrierte sich jetzt auf Befragung von Flüchtlingen, sandte die Telefonpartner mehrfach nach draußen mit präzisen Fragen: Zahl der Sprengbomben, Größe der Trichter, daraus ließ sich auf die Art der verwendeten Bomben schließen, Richtungen des Feuers usf. Das war für die mithörenden Telefonistinnen der Fernämter Magdeburg, Oschersleben, Genthin instruktiv. Selbstverständlich war inzwischen vielen Vermittlungsämtern klar, daß es weder um »Blitz« noch um »Führerweisung« ging, sondern um die private Suche eines Obersten nach einem besten Freund oder einer Verwandten. Vielleicht verbarg sich eine Frauenaffäre hinter seinen Mühen?

Der Oberst telefonierte in den Abendstunden auf 5 Leitungen, die zum Teil weit in den militärischen Geheimbereich einwirkten, hätte er dafür zahlen müssen, wäre er rasch arm geworden. Gegen 22 Uhr kam eine gerissene Telefonistin in der Quedlinburger Vermittlung auf die Idee, auf die SS-interne Dienstleitung Berlin/München/Halle/Weimar/Buchenwald rückzuverlegen, von wo das Arbeitslager Langenstein, Telefonapparat Landhaus/Zwieberge, erreicht werden konnte. Über diese telefonistisch komplizierte Gesprächsstöpselung ließ Kuhlake durch Aufseher des Arbeitslagers in den Höhlen südlich von Halberstadt nach 2 Schwestern suchen, Besitzerinnen des Grundstücks Lindenweg 14. Es war wohl niemand da, auf den die durchgegebenen Namen paßten. Mehrfach kam die Rückantwort: Die sind alle tot. Bare Vermutung, sagte der Oberst.

Reden Sie nicht Stuß, ereiferte sich der Oberst. Er hatte die Stadtkarte vor sich. Aufgrund der sich vervollständigenden Eintragungen schien es ihm ganz unwahrscheinlich, daß der Lindenwegteil vom Brand erfaßt wäre. Ob aber Sprengbomben des dort abgeworfenen Typs mit Dickstahlmantel zu den Kellern durchgedrungen waren, stand dahin. Entweder weil er es sich so sehr wünschte oder weil er gelernt hatte, sich wie eine Maschine hart zu machen gegen die unzuverlässige Gerüchtebildung an der Front, also als ausgebuffter Generalstäbler nur der Karte glaubte, hatte sich in ihm die Vorstellung verdichtet, daß er nur weitersuchen müsse, um fernmündlich in Lindenweg 14 eine Lebensspur zu ermitteln. In einem Punkt trog seine Karte, wie sich später herausstellte, nicht: Der Brand erfaßte die Häuser in der Gegend von Lindenweg 14 nicht, weil dort eine Massierung von Sprengtrichtern, vermutlich Abwurffehler, eine Art umgegrabenes Steinfeld hergestellt hatte, das dem Feuer nicht attraktiv erschien.

Zusatz: Eine der engagierteren Telefonistinnen, die den Such-Roman am Vortag noch in sich bewegte, rief am folgenden Mittag im OKW an (unzulässig, da sie nur Anforderungen auf Telefonverbindungen entgegennehmen, von sich aus aber weder Verbindungen aufnehmen noch recherchieren durfte), teilte mit, daß eine bestimmte Telefonleitung, die nicht über die zerstörte Vermittlungszentrale in der Hauptpost, sondern über das Luft-Gau-Kommando Dessau geschaltet war, in die Verteidigungszentrale der Stadt im Rathauskeller führe. Die telefonische Kontaktmessung ergab, daß die Leitung bis zum Empfänger hin in Ordnung war. Es nahm aber dort niemand ab. Danke verbindlichst, sagte der Oberst. Versuchen Sie es ständig.

Beide Menschen hatten nicht vor Augen, daß die technisch intakte Anlage, von der Teilzerstörung dieses Kellers um 11.38 Uhr, 8. April, nicht mitbetroffen, unter einem 12 Meter hohen Schutthaufen lag, der beträchtliche Hitzegrade abstrahlte. Es war darunter ein Schrottwert von intakter Technik vergraben. Im Umkreis mehrerer Kilometer kein Lebewesen, das reden konnte, weder Mäuse noch Ratten. Lediglich das Technische, hier: gehäuftes Telefongerät, gab Rückzeichen, wenn es von Magdeburg, Oschersleben oder Quedlinburg mit Prüfgerät elektrisch kontaktiert wurde. Eine Art Schatz.

[Die Lage auf den Märkten[18]]

Fischmarkt:

Hackerbräu durch Sprengbomben verwüstet, brennt aber nicht. Auf dem Markt selbst kleinere Trichter, Pflaster zum Teil aufgerissen. Das vier Stockwerk hohe Gebäude an der Nordseite mit Café Westkamp durch Sprengbombe getroffen, schwere Sprengbombenschäden zwischen Straße Hinter der Münze und Fischmarkt. Fischmarktausgang des Rathauses durch Trümmer verschüttet, Sprengbomben-Volltreffer in Teile des Rathauskellers, Dächer sind abgedeckt. Vom Büttner-Haus her brennt links Hackerbräu, rechts Gotisches Haus. Häuser zwischen Martiniplan und Rathaus. Ab 15 Uhr *Feuersturm.*

18 Nach Werner Hartmann, Die Zerstörung Halberstadts am 8. April 1945 in: *Veröffentlichungen des Städt. Museums Halberstadt, Nordharzer Jahrbuch II* (1967), S. 39-54.

Holzmarkt:
Unmittelbar nach Angriff stehen Holzmarkt, Schmiedestraße, Franziskaner Straße zwar mit Schutt bedeckt, aber scheinheilig intakt. 30 Minuten nach Angriff brennt Haus Nr. 4 (Stelz-Fuß), Rats-Apotheke, vom Laboratorium (Hinterhaus) her, sowie das Obergeschoß der Kommisse. Schmiede-Gildehaus, Kellerinsassen durch Sprengbombe erschlagen, brennt 50 Minuten später. Nimmt ab 15.30 Uhr am Feuersturm teil.

[Lage Schmiedestraße]
Kurz nach dem Angriff noch passierbar, Eingänge durch Trümmerkegel versperrt, gegen 14 Uhr brennt sie in ihrer ganzen Länge. Brandmeister Tütschler hält sich noch 13.25 Uhr im Kaufhaus Köppen auf, plant Aufräumung der Warenbestände. Starke Hitzeentwicklung bei Brand der Hof-Apotheke. Sprengbomben-Volltreffer im Mittelbau der Post, insbesondere Telefonvermittlung, Postgebäude nimmt aber später am Brand nicht teil.

Die Derenburger Feuerwehr greift gegen 15 Uhr die Brandschneise Schmiedestraße mit 8 Schläuchen an. Sie erhält Befehl, eine Wassergasse zu legen, durch die Einwohner aus der brennenden Stadt hinausgelangen, eine »Wasserwolke« von etwa 80 Metern wird über die Menschen auf Fahrdamm Schmiedestraße gelegt.

Eine Gruppe von 60 Bewohnern, die vor Kaufhaus Köppen nicht weiterkommt, wird um 17 Uhr (nach Aufforderung, alles Mitgebrachte in die Flammen zu werfen) aus inzwischen 12 Rohren, Verstärkung durch Berufsfeuerwehr Dortmund, unter einem Dauerstrahl gehalten, d. h. etwa 2 Stunden so bewässert, daß Mäntel und Kleidung Feuchtigkeit haben. Danach: Fassade des Kaufhauses Köppen, auf Fahrdamm gestürzt, kann jetzt von den 60 überstiegen werden.

[Lage Domplatz]
Häuser der Ostseite, Nr. 21-29 von Burgtreppe her entzündet, das Feuer »kriecht« herauf. Kustos Frischmeyer rettet das Gleimhaus, indem er sich Hilfe durch 3 Mann Feuerwehr verschafft. Warum haben wir eigentlich diese paar Ölgemälde und wackeligen Tische retten sollen? fragen die Helfer. Was war hieran wichtig? Frischmeyer: Das Andenken Gleims. Die

Feuerwehrmänner kennen das kulturelle Erbe Halberstadts nicht, waren entschlossen tätig. Das Haus Domplatz/Ecke Tränketor brennt. Die Besitzerin rennt, um Löschpersonal anzufordern. Sie verspricht jedem Helfer mehrere Pfund Schabefleisch aus Schlachterei Steinrück, Vogtei, erhält so 2 Löschkräfte. Dom und Liebfrauenkirche durch mehrere Sprengbomben getroffen, wird erst in den folgenden Tagen bemerkt, da Bauten unerschüttert erscheinen. Es ist der äußere Eindruck der relativ großen Türme.

Familie Beinert, Domplatz: Das bleierne Pestkreuz vom Ostgiebel des Doms war heruntergestürzt und lag vor unserer Haustür. Ich versuchte es zu bergen, war wegen des hohen Gewichts unmöglich. Es war aber wertvolles Altmaterial, und in normalen Zeiten wäre mancher scharf darauf gewesen, es vom Domdach nachts herunterzuholen. Ich hatte schon mehrfach einen Blick darauf geworfen. Jetzt lag es da, war aber nicht zu bewegen.

[Lage Heinrich-Julius-Straße / Lindenweg]
Durch Sprengbomben »auf besonders ekelhafte Weise« Straßenbahnschienen und Straßenplaster aufgerissen, Schienen in die Luft gebogen. Trümmerwälle. Dazwischen Palmenbäume, Pflanzenzeug aus dem Blumenladen Scilla Witte. Fackelbildung in den Dachstühlen.

[Verhältnis der Ereignisse zur Klavierstunde]
Der Junge Siegfried Pauli, 14 Jahre, hatte bis Sonntag, 8. April, Blatt 59 von »Sang und Klang« so eingeübt, daß er nur gegen Ende des Stücks *Lied des Falstaffs* »Wie freu' ich mich, wie freu' ich mich, wie treibt mich das Verlangen . . .« an einer Stelle stockte oder verlangsamte, aber über ¾ des Stücks konnte er mit der Vorschrift entsprechend gewölbter Hand runterspielen. Er wollte jetzt möglichst schnell dieses Stück der Klavierlehrerin, Fräulein Schulz-Schilling, zuliefern und zur nächsten Seite oben vorstoßen, Fingerübung von Clementi, danach Arie der Gilda aus Rigoletto. Die Stunde war für 15 Uhr andern Tags, Montag, angesetzt. Der Angriff kam dazwischen. »In 5 Meter Entfernung von unserem Keller ist eine Sprengbombe eingeschlagen«, erzählte Pauli. Diese Ereigniskette, Angriff, Flucht zur Langen Höhle, Rückkehr in die

zerstörte Stadt, das Haus, in dem der Flügel, an dem er übte, im Herrenzimmer stand, niedergebrannt, konnte keinen Einfluß auf die gewonnene Fingerfertigkeit haben oder auf Siegfrieds Willen, zu Blatt 60 vorzudringen. Die Klavierlehrerin, die er ja noch am Nachmittag des Angrifftags zwischen hin- und herrennenden Einwohnern in der Wernigeröder Straße traf, weigerte sich, unter Hinweis auf die Zerstörung der Stadt, die Montagsstunde abzuhalten. Pauli fand aber in seinem unzerstörten Willen eine Villa Ende des Spiegelsbergenwegs, in der ein Flügel stand, auf dem er das studierte Stück so lange abspielte, bis er ohne merkbares Stocken über die wackelige Stelle kurz vor Schluß kam. Er übte diese Stelle einzeln, immer nur die prekären Takte, 2 Stunden lang, bis die Villenbesitzer es nicht mehr hören wollten.

[Karl Lindau, wohnhaft im Seidenbeutel Nr. 8, Heizer, von Arbeitsstelle Hauptmann-Loeper Straße 42 kommend]
Warf sich in den Vorgarten der Taubstummen-Anstalt, von der Umzäunung waren nur die hohen Steinsockel übrig, die Eisenzäune gespendet. Es hätte Lindau nicht an Mut gefehlt, wenn er mit seiner Hände Arbeit auf das Beschmissenwerden mit Sprengbomben, die Straßen und Gärten umpflügten, hätte antworten können. Er konnte aber darauf sowenig antworten wie auf »eine wahnsinnig gewordene Lokomotive oder Maschine«. So drückte er sich an den Grasboden.

Später fand er zum Keller der Taubstummen-Anstalt. Er wollte sich gern nützlich machen, sah nach dem Heizkessel – eventuell mußte man mit einigen kräftigen Eimern Wasser oder mit Sand das Kesselfeuer löschen oder die Heizwasserrohre nach draußen wässern.

Er konnte aber mit Schraubenzieher und Hammer, davon hatte er jetzt wenigstens einiges in der Hand, nichts gegen die Flugmaschinen oben, die sich erneut näherten, ausrichten, so wie er mit diesen Werkzeugen nicht Ohren und Münder der gestikulierenden Taubstummen »öffnen« konnte. Hier bestand eine schreckliche Grenze für seine Arbeitskraft. Lindau war in den Vormonaten mehrfach im Zusammenhang eines Bombenentschärfungstrupps eingesetzt worden. Zu mehreren Kollegen fürchtete er sich niemals, sondern vertraute auf seine Ruhe und seine Geschicklichkeit. In der augenblicklichen Lage, die nun schon 20 Minuten währte, hätte er sich aber auch dann gefürchtet, wenn nicht hilflose Stumme, erschreckt durch die Bodenerschütterungen, die sie wahrnahmen, um ihn herum gewesen wären, sondern 16 stämmige Kollegen gleichen Kalibers wie er und in allen Werkbereichen erfahren. Es war kein *Arbeitsansatz*.

[Eilunterbringung der Verwundeten des Reservelazaretts, Höchststand der Improvisation]

Durch Übersteigen von Trümmerfeldern, immer in der Mitte zwischen brennenden Häusern, erreicht von Schroers, jetzt nachrichtengesättigt, den Lindenweg in Höhe der Roonstraße. Hier ist er erstmals ratlos, die Ereigniskette kann ja kein Ende finden, da die Entwarnungssirenen zerstört sind (erst viel später begegnete er einem Kraftfahrzeug der Partei, auf dem eine mit Handkurbel zu betätigende Entwarnungssirene befestigt ist). Er kann nun weder rückwärts in die Heinrich-Julius-Straße noch Lindenweg oder Roonstraße laufen, da die Brandherde feste Grenzen setzen. Er läuft also über den Totenacker, alter jüdischer Friedhof, einmal schon grundlegend umgewälzt, als dort Löschteich 4 gebaut wurde, jetzt durch pratzige Trümmer erneut umgewürfelt. Er läuft hier nicht gern, nicht wegen der Zäune, der vollständigen Unebenheit, sondern weil er mit Blindgängern oder Zeitzünderbomben rechnet. Der Löschteich, offenbar getroffen, ist ausgelaufen; von Schroers watet im Matsch der Gräber, hat erst auf Höhe des Trümmerhaufens Capitol wieder festen Boden unter den Füßen.

Dachstuhl und dritter Stock seines sogenannten Vaterhauses, Hohenzollernstraße, brennen. An sich wäre Löschwasser im Teich Bismarckplatz vorhanden, aber Pumpaggregate fehlen. Er schleppt Mobiliar, Bettzeug, Instrumente aus den Praxisräumen des Vaters auf die Straße, verfertigt einen großen Zettel, den er an die Ware anheftet.

Unabweisbar, daß er sich im Standortlazarett Quedlinburger Straße melden muß. Das Lazarett wird von Süden her gegen die Brände mit mehreren Feuerlöschzügen verteidigt. Oberstabsarzt Ehrenbruch und von Schroers lassen Sankas (Sanitätskraftfahrzeuge) mit geretteten Verwundeten beladen. Die Transporte fahren zu den Klus-Bergen, halten vor den

Höhleneingängen, in denen Tragflächenproduktion für Flugzeuge stattfindet. An Werkzeugmaschinen in einigen Ecken sind Monteure noch tätig.

Wo legen wir die Verwundeten hin, Herr Kamerad? fragt der Transportoffizier. Es kämen Werkzeugbehälter in Betracht, ziemlich kalte Betten, die auch an Särge erinnern. Deshalb löst von Schroers das Lagerungsproblem lieber dadurch, daß jeweils 8 Verwundete auf die in den Höhlen in langen Reihen aufgestellten Ju 52 – Tragflächen gelegt werden. Sie können dort miteinander reden, sich aneinander wärmen, wenn sie näher zueinander rücken, sind übersichtlich abzuzählen. Nicht gelöst ist die Frage der Zudecke oder Unterlage.

Von Schroers muß jetzt dringlichst zum Elysium. Es ist ja überhaupt nicht klargestellt, ob die ihm sanitätsdienstlich unterstellten Gefangenen dort überhaupt überlebt haben. In großer Umgehung fährt von Schroers im Sanka über Langenstein und Rittergut Mahndorf in die Stadt ein, dringt zum Elysium vor. 12 Schwerstverletzte, 2 Tote, der Rest ist um 2 Kochkessel versammelt. Er läßt den Schwerstverletzten von den Schwestern Spritzen geben, damit sie eine Weile still sind. Es ist selbst dem neuerungssüchtigen von Schroers zuviel, er will die Ereigniskette zeitlich strecken.

[Einsatz des Chefs des Roten Kreuzes, zugleich Chef der NSV] Er schlug sich von Hardenbergstraße zur Verteidigungszentrale ins Hephata-Heim durch. Da kommen die zivilen Retter, sagte Oberst Wurtinger. Detering gab ihm keinen Blick. Es war gegen 13 Uhr, 1½ Stunden Verspätung. Wo sind denn nun Ihre Fahrzeuge und Leute? Die waren, da kam er ja her, nachdem er seine Wohnung Kühlingerstraße während des Angriffs verlassen und sofort Richtung Hardenbergstraße 18-20 gejagt war (das wurde hier nicht anerkannt), dem Massaker nicht entkommen. Er war ja selbst nur entkommen, weil er 20 Meter vor dem Ziel auf dem Bauch lag, Asphalt unter sich, Gulli und Bordsteinkante neben sich, konnte die Volltreffer in die Rotkreuz-Einsatzstelle direkt sehen.

Mit Ausnahme eines Fahrzeugs, das sich zur Zeit des Vollalarms auf Einsatzfahrt zum Huy befand, keine Fahrzeuge oder Leute gerettet, sagte er. Und wo ist das eine Fahrzeug? Er konnte keinen Ort angeben. Er hoffte nur, daß wenigstens die freiwilligen Helfer, da wo sie zur Zeit der Katastrophe standen, eingriffen. Er bat um Boten, z. B. Pimpfe zu Fahrrad oder zu Fuß, um diese Einsätze nachträglich, wenigstens für Berichtszwecke, zu zentralisieren. Wird ihm abgeschlagen. Sie sind verrückt, sagt der Oberbürgermeister.

Er entfernte sich aus dieser »Baracke wechselseitiger Vernichtung«, wo mehr oder weniger ausgesprochen nach Schuldigen gesucht wurde. In der Rettungsstelle I, Plantage, war er aber auch überflüssig. Schwerverletzte auf Tragen oder in Decken warteten in großer Gruppe außerhalb. Die diensthabenden Ärzte und Sanitäter bissen den Chef weg. Er fuhr mit Dienstfahrrad bis Wegeleben, wo er telefonische Verbindung nach Quedlinburg erhielt und den »einzigen vernünftigen Befehl des Tages« gab: Schicken Sie alle Ihre Sanitätskraftfahrzeuge sowie Helfer und Ärzte, die Sie auftreiben können, über Reichsstraße 12. Ich erwarte die Kolonne Abzweigung Wegeleben. Gegen 18 Uhr fuhr die Kolonne durch das Dorf. Er überschwemmte noch am Abend Hephata-Heim und Rettungsstellen I-IV mit dieser Fülle von Personal, für das an keiner Stelle Platz war. Aus Mahndorf kamen 87 Mann freiwillige Helfer in 12 Fahrzeugen, brachten beschmierte Brote, Kochkessel mit vorgekochtem Kaffee. Der Chef befehligte diesen Troß von der Rettungsstelle IV, Gröper Straße her zu den Stadteinstiegsstellen hin. Umgeben von sichtbarem Erfolg erreicht ihn 1 Uhr nachts die Absetzung wegen Unfähigkeit, datiert aus den Nachmittagsstunden. Er hatte einen entscheidenden Fehler gemacht, bloß aus gutem Willen: Er hätte, statt Hilfe heranzuschaffen, im Hephata-Heim bleiben müssen, wo in den Stunden seiner Abwesenheit die Schuld auf Einzelschultern verladen wurde.

[Der Einsatz der Feuerwehren]

Ich bin als Berufsfeuerwehr-Offizier von Köln hierher versetzt. Mir unterstehen die Halberstädter Wehr, die freiwilligen Wehren aus Derenburg und Wegeleben sowie Teilkräfte der vom Rückzug erfaßten Berufswehren aus Hanau/Main und Dortmund. Das ist alles an den Befehlsstrang Hephata-Heim, Wasserturmstraße, angebunden und ist nach Versammlung dieser Kräfte, die ja mit Vollalarm aus der Stadt herausfahren, ab 13 Uhr von mir eingesetzt. Richtig ist es, die Gesamtkräfte an den Stadtausgängen zunächst festzuhalten und bis zum Eingang einigermaßen zutreffender Informationen über das *Was, Wie, Wo* und *die Richtung* der Brandherde *nicht* einzusetzen.

Aber versuchen Sie mal diese Vorgehensweise durchzuhalten gegenüber einem nervösen Oberbürgermeister, den Stadt-Juristen, den Vertretern der Partei usf. Deshalb muß schlagartig, d. h. also in vollem Gegensatz zu den Grundprinzipien der Schlagartigkeit, viel zu früh, ein Angriff auf die Feuerfläche stattfinden.

Sehen Sie, wenn ich ganz unsentimental und fachlich von Anfang an auf Schwerpunkt hätte gehen können, wäre der Derenburger Angriff auf Schmiedestraße nach meiner Ansicht bis Martiniplan oder Holzmarkt vorgetrieben worden. Eine wirklich interessante Sache, weil der Angriff ja in der verzettelten Form rasch liegen blieb. Aber in Schwerpunktform, vielleicht nicht eher als 15 Uhr, oder sagen wir 14.30 Uhr, mit allen Kräften, außer denen am *Kulk* oder bei *Mooshake* vorgetrieben: vielleicht hätten wir das Feuer trennen können. Sie müssen immer den Kamin-Effekt beurteilen. Wenn die Lohe bis 12 km Höhe steigt, saugt sie in Bodennähe die Kaltluft an, und sie hat den *Kamin*, den muß ich nun angreifen. Das ist *immer* aussichtslos.

Wasserführung: Holtemme, Kulk-Graben, Torteich, Wasserbecken des Hallenbades, Löschteiche.

Ich kann ja hartgekochte Wehren, die aus dem Ruhrkessel entkommen sind, für Löschaufgaben in einer fremden Stadt nicht endgültig begeistern. Ich muß die quengelige Bevölkerung von den Männern forthalten, andererseits Helfer aus den Einwohnern zuführen. Das ist *Psychologie.*

Selbstverständlich habe ich Disziplinargewalt. Ich kann auf untätig lagernde oder fliehende Beamte z. B. schießen lassen, aber zuvor nehmen die an, daß das eine leere Drohung bleibt. Das mache ich deshalb mit Psychologie. Die erfolgreiche Kulk-Platz-Gruppe fuhr nachts geschlossen auf eine Stunde ins Hallenbad, wo das Becken noch knietief Wasser hatte. In der dreckigen Plörre wälzten sich die Männer eine Weile und waren dann schon wieder einsetzbar, weil sie einen *Genuß* gehabt hatten.

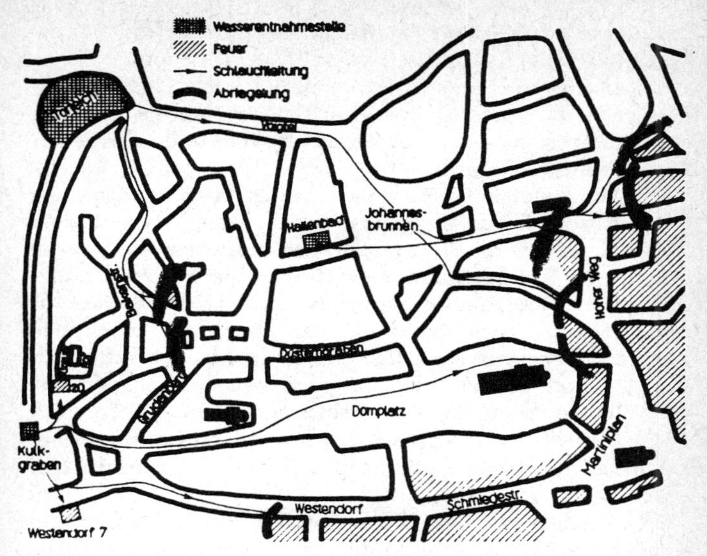

Einsatz der Feuerwehren in der Innenstadt

Abb.: 1. Gerberstraße – Kulk-Platz: Abriegelung der Gerberstraße bei Haus Nr. 7 und Kulk-Platz bei Haus Nr. 11; Georgenstraße: Feuer vom Kulk-Platz her bei Haus Nr. 13 gestoppt; 2. Lichten Graben: Abriegelung, in Anlehnung an festen Bau Halberstädter Tageblatt, dies als vorgeschobene Linie und dann bei den Häusern Nr. 3 und Nr. 20, sodaß gegen Westen kein Vordringen der Feuerfront mehr möglich. 3. Dominikanerstraße: Wasserriegel bei Haus Nr. 27. Da hat auch Feuersturm Hoher Weg nichts dran machen können; 4. Schützenstraße: Vordringlich Sicherung der Getreidevorräte in den Lagern der *Fa. Mooshake & Co.;* Brandherde Augustenstraße werden isoliert; 5. Westendorf: Ab Haus Nr. 26 nach Osten hin voll abgeriegelt. Zusätzlich Löschwassergasse in Richtung Schmiedestraße; 6. Einzelobjekte, Dringlichkeitsstufe I, Südteil des Lazaretts Quedlinburger Straße gegen Brand abgesetzt, nebenher miterledigt Klusstraße 1, Spiegelstraße 5; 7. Wasserriegel Grauer Hof am Grudenberg, dadurch Abriegelung der Bakenstraße; 8. Kulturtinnef am Gleimhaus, weil mir der Stadtarchivar im Ohr liegt; 9. Einziger Angriff, der von Osten geführt ist: *Spritfabrik Magdeburger Straße;* 10. Detonation der Zeitzünder-Bombe im *Logengarten* war nicht zu verhindern. Hätte nie passieren dürfen, 48 zusätzliche Tote.

Die Spritfabrik wurde verteidigt, weil ich für die Männer Zuführung von Getränken vorausschauend benötigte. Ganz anders die Getreidelager, die den Brand in eine Flankenstellung in Richtung des Salvator-Krankenhauses gebracht hätten. Da brauchten wir nur noch etwas Ostwind und es wäre zur Katastrophe gekommen.

Selbstverständlich hätte ich das Theater retten können. Eine Gruppe von Löschfahrzeugen zum Theater, insbes. zum Rückteil, der vom Breiten Tor her gefährdet ist, wo die brennbaren Kultgegenstände, Ambosse, Lindwürmer, Holzrüstungen, nachgeahmte Papphäuser usf. lagerten. Das war eine klare Entscheidung: muß man abbrennen lassen. Ich konnte ja aus einem einfachen Grund die Männer nicht noch weiter verzetteln, da Klein-Gruppen von Wehren sich nirgends halten. Sie müssen die Arbeit der anderen sehen, auch den Eindruck haben, daß sie sich in größerer Gruppe selber heraushauen, damit sie überhaupt sich auf Löschangriffe einlassen.

Sie verstehen das wahrscheinlich fachlich nicht richtig. Rein fachlich waren wir ja durch die Flächenbrände in Hamburg, Darmstadt, Köln, das wird auf Schulungen ausgetauscht, fachlich gewachsen. Das Feuer puste ich Ihnen grundlegend wieder aus. Vorausgesetzt, ich setze den Angriff mit wirklich überblickenden Kräften, also Berufswehren von 6-8 Großstädten genau in dem Zeitpunkt an, kurz vor Entstehen des Feuersturms.

Praktisch können wir aber in dieser »einzig glückhaften« Phase gar nichts tun. Entweder die Wehren liegen nicht an den befohlenen Punkten, haben sich zum Teil verfahren oder sind schon vorzeitig in aussichtslose Feuerfallen geleitet usf. Wir sind Physiker, die man nicht läßt. Wir müssen Trümmerrichtung, Sortierung der Sprengeinschläge, Fallrichtung der Brandzünder, Windrichtung, Fallrichtung der Häuserfassaden, zahllose Einzelinformationen über Brennbarkeit von Häuserinventar kennen, um uns in unserem Fachwissen ausbreiten zu können. Das wäre sicher der Fall nach der 16. Brandkatastrophe einer Stadt, gesetzt daß Bevölkerung und Administration lernen.

Sie dürfen nicht denken, daß wir dazu mit dem Stadtplan viel anfangen könnten. Vielmehr: Brandgüteverzeichnis des umbauten Raums, Planskizzen der Brandmauern, Altersschätzung des verbauten Steins. Das wird in diesem Krieg nicht mehr gelernt.

Woher ich das mit dem Theater weiß? Ich bin da durchgegangen, habe mir den sogenannten Fundus betrachtet, mit meinen starken Taschenlampen das leere Parkett betrachtet. Ich war auch noch im ersten Stock der Kommisse und habe das Stadtarchiv gesehen. So sehe ich in den Städten quasi als letzter die wertvollen Besitztümer der Stadt, nehme Abschied, stelle auch mal Schätzwerte fest. Sonst kümmert sich ja keiner um eine solche Gesamtschau des Besitztums, da die Einwohner jeweils mit dem Eigenbesitz befaßt sind. Ich nehme gewissermaßen stellvertretend für Oberbürgermeister, Partei, Luft-Gau-Kommando und Einwohner von der nach dem Angriff im wesentlichen doch noch dastehenden Stadt Abschied und gebe dann den Brand frei, weil ich weiß, daß die Mittel, ihm zu widerstehen, nicht schwerpunktmäßig organisiert sind.

[2 **Zentner Wursthüllen**] Die Unternehmerin Tittmann konzentrierte sich sofort nach Abfliegen der letzten Silber-Rotte des Feindes auf die Auslagerung von 2 Zentner Wursthüllen, die sie aus dem Lager Quedlinburger Straße, das gleich nach dem Auszug der letzten Handwagen-Ladung vom Brand erfaßt wurde, in die Schützenstraße verfrachtete. Sie war auf diese Wursthüllen aus einem darmähnlichen Kunststoff mit der Bezeichnung »Spezial Seidendarm« so scharf gewesen, hatte sie am Freitag gegen Reichsmark, verstärkt um 5 Pfund ungebrannten Bohnenkaffee, gekauft und wäre entsetzt gewesen, sie verbrannt zu wissen. Neunmal führte sie den Zug von 3 Handwagen, die man öfter heben mußte als schieben konnte, durch Brandschneisen zum Hinterhof und Kellergelaß Schützenstraße 12. Das war mühselig, aber die Därme bedeuteten etwa 6000 Hüllen um echtes Wurstfleisch, für die sie mindestens 200 Würste im Tausch erhalten konnte, um sie wiederum gegen Ware zu vertauschen. Die stark stinkenden Kisten sicherte sie durch 5 Vorhängeschlösser und einen Schäferhund, der das Kellergelaß in der Nacht bewachte. Es war Schwarzware und würde in einigen Wochen wieder zu anderer Schwarzware werden, die dann wesentlich leichter zu lagern war.

[Die Sonne »lastet« über der »Stadt«, da ja kaum Schatten ist] Über den zugeschütteten Grundstücken und den durch die Trümmerwelt verwischten Straßenzügen ziehen sich nach einigen Tagen Trampelpfade, die auf legere Weise an frühere Wegverbindungen anknüpfen. Auffällig ist die Stille, die über der Trümmerstätte liegt. Die Ereignislosigkeit trügt insofern,

als in den Kellern Brände noch leben, die sich von Kohlenkeller zu Kohlenkeller zäh unterirdisch dahinziehen. Viel Krabbelgetier. Einige Zonen der Stadt stinken. Es sind Leichensucher-Gruppen tätig. Ein strenger, »stiller« Geruch nach Verbranntem liegt über der Stadt, der nach einigen Tagen »vertraut« empfunden wird.

»Man sieht, wie die Geschichte der *Industrie* und das gewordene *gegenständliche* Dasein der Industrie das *aufgeschlagene* Buch der *menschlichen Bewußtseinskräfte*, die sinnliche vorliegende menschliche *Psychologie* ist . . .«

Besucher vom anderen Stern

Ende Mai kam ein Besucher, James N. Eastman jr., nach Halberstadt, im Auftrag jener Gruppe von Stabsoffizieren, die später das Albert F. Simpson Historical Research Center, Maxwell Airforce Base, Alabama errichteten. Er suchte alle Städte auf, »die an Bombardierungen teilgenommen hatten«, um Material zu sammeln für eine grundlegende psychologische Studie. Der Verbindungsoffizier zum Oberbürgermeisteramt führte ihn bei den zivilen Stellen ein, er brachte Verpflegungspakete mit, »um die Zungen zu lösen«.

Das war nun kaum nötig. Die Leute redeten alle ziemlich gern. Er wußte aber praktisch schon alles im voraus. Er kannte die Redensart: »An jenem furchtbaren Tag, an dem unsere schöne Stadt dem Erdboden gleichgemacht wurde« usf. Die Spekulationen nach dem *Sinn*, die »stereotypen Erlebnisberichte«, er hatte diese gewissermaßen fabrikmäßigen Phrasen, die sich aus den Mündern herausfütterten, schon gehört in Fürth, Darmstadt, Nürnberg, Würzburg, Frankfurt, Wuppertal usf. Redeten sie, um Verpflegungspakete zu erhalten? Er war in einer Villa einquartiert, die innerhalb der Absperrung für das Militärpersonal im Spiegelsbergenweg lag.

Ach, Sie waren am 8. April mit da oben? Wie sah das denn von da aus?

Er hatte erwartet, Haßgefühle zu ernten, irgendeine Reaktion, die ihn in die Feindesfront einreihte. Die Bewohner, die er befragte, wendeten sich weder gegen ihn noch gegen den Angriff.

Sie hatten sich in der elenden staubigen Gegend eingerichtet, an den Rändern der Zerstörung, an denen sie siedelten wie an einem ausgetrockneten See.

Es lag aber eine gewisse Traurigkeit über dem Ganzen. Auf die Frage: Würden Sie in die USA auswandern, antworteten 82% mit: Gern! Wann geht denn das? Sie flunkern. Es geht doch gar nicht. Es war klar, sie wollten, wenn sich schon alles im Wechsel befand, den Wechsel zügig fortsetzen, sie wollten weg.

Versuche zum Wiederaufbau waren, auch dort wo Materialien nachgewiesen wurden, nicht festzustellen. Ganze sechs Versuche in der Stadt, auf zerstörten Grundmauern ein Dach für einen 1. Stock zu errichten. Alle diese Fälle obere Mittelschicht. Bei unterer Mittelschicht und Unterschicht keine Versuche von Bauwillen ...

Die Pointe seiner Arbeit ging von der Annahme aus, daß diese nicht notwendigen Bombardements zähe Feinde schüfen, die nicht aufhören würden, auf Rache zu sinnen, also eine Wiederauflage der Versailles-Denkform, mit der die Nachkriegspolitik der Alliierten zu rechnen hätte. Die Hypothese ließ sich nicht bestätigen. Ob er noch ein Stück Kuchen haben wollte. Ja. Die Befragte hatte Kuchen aus Emersleben.[19]

Die Frage, ob die Betroffenen das nochmal mitmachen wollten, war naiv gestellt, sie war in die Fragebogen eingearbeitet als Meßziffer für die *Lügenskala.* Ob die Befragten lieber Selbstmord begehen würden? Man weiß ja nicht, ob es einen trifft. Selbstmord wäre wohl immer zu früh. Was das nächst Schwerwiegende wäre, das sie eingehen würden, um einem Luftangriff zu entgehen? – Es kommen jetzt wohl keine Bombardements mehr. Die Situation lag 100 Jahre zurück.

Vom Stadtarchivar forderte er eine Liste aller Brände der Stadt seit 1123. In der Liste war der 8. April 45 »vergessen«. Aufgeführt 44 Großbrände, Mehrzahl davon im Mittelalter. Der Mann barmte über jeden dieser historischen Brände, insbesondere über zerstörte Kunstschätze in Kirchen.

Eine andere Methode: Freies Berichten, was die Befragten am Angriffstag gemacht hätten, meist kam nach anfänglichen wahrnehmungsleeren Phrasen eine exakte Beschreibung des Fluchtwegs. Oder daß Tiefflieger am 11. April, »dem Tag, an

19 Er wußte dann doch, wie er eine tiefere Aktivität messen könnte: Er mußte nur Wertvolles, z. B. Geschenke, auslegen nach Art einer Mausefalle, sich entfernen (er konnte Sicherungen anbringen, die überwunden werden mußten). Also etwas Klaubares »offen versteckt« oder durch Vorkehrungen geschützt den »Befragten« hinlegen. So konnte er in Form der Wegnahme-Energie (wie rasch es geklaut war) Tiefenaktivität, er nannte das »Produktionsgenie«, abhängig von der Fähigkeit »Bedürfnisse zu produzieren, also im Grund: Bedürfnisenergie« feststellen. Hier signifikante Unterschiede auf seiner Skala. Bei *überragend Betroffenen* oder *gar nicht Betroffenen* von Bombardierung: relativ geringe Energie im Sinne des Habenwollens. Bei allen Mittelwerten der Betroffenheit: hohe Energieausbeute bis zum Versuch der offenen Beraubung, Ringen mit dem Befrager z. B. um eine Schachtel Tabak. Im Ergebnis haben alle geklaut, aber die Messung der Zeiten, des erfinderischen inputs, insbesondere die Messung der Schrankenüberwindung *höchst unterschiedlich.*

dem Ihre Panzer die Stadt besetzten«, sehr tief und »spähend« über das Trümmergelände flogen.[20]

Es ließ sich nicht unterscheiden, ob sie rachsüchtig waren. Abgesehen von einer Tiefenschicht, die er vielleicht nicht erreichte (irgendwie funktioniert die Lügenskala nicht), waren sie öd und leer wie die Stadtfläche, über der die Sonne brütete. Hatten wir uns Freunde unserer Nation herangebombt?

Es schien ihm, als ob die Bevölkerung, bei offensichtlich eingeborener Erzähllust, die psychische Kraft, sich zu erinnern, genau in den Umrissen der zerstörten Flächen der Stadt verloren hätte.[21]

Qualitative Antwort einer Befragten: »An einem gewissen Punkt der Grausamkeit angekommen, ist es schon gleich, wer sie begangen hat: sie soll nur aufhören.«

20 Aussage eines Gymnasiallehrers, zur Zeit Leichenbestatter-Gruppe, Fachgebiet Latein, Physik, Biologie, PG (daher jetzt Leichenbestatter-Kommando): »2 junge Frauen, Schwangere, wohnhaft Krebsschere, die sich zur Flucht zusammengetan haben. Ohnmacht. Frühgeburt bei verbrennendem Körper. Das neue Leben verbrennt ebenfalls. Ehrfurchtsvoll lassen wir dieses Grauen noch einen Tag auf der Straße liegen.«

21 Stichwort: »Jetzt brauchen wir uns nicht mehr zu sorgen, denn wir haben ja nichts mehr.« Wie sollte der arme Eastman die Klangfarbe dieses Satzes protokollieren? Er hatte ja auch nur seinen Eindruck, konnte die qualitative Äußerung nicht in Obertöne, Anteile von Jauchzer, Traurigkeit usf. zerlegen. Er hatte aber den Eindruck, daß befragte Person, wie vorher schon viele andere, »Vaterstadt«, verlorene Tote, ein Familien-Grundstück, abgebrannte Nachbarschaft usf. nicht nur positiv, sondern auch mit Protestgefühlen besetzt hatte, so daß sie einerseits von Traurigkeit bewegt, andererseits recht froh war über den »eingetretenen Wandel«. Auf keinen Fall wollte Eastman zynisch erscheinen, insofern fühlte er sich bei der Auswertung der Aussagen stark gehemmt.

Heft 3

Treffen der alten Clique – Mit Kochtopfhelm – Ritterkreuzträger weckt man durch Schüsse – Trudes Wert – Eine optimistische Natur – Der Baum, der grünt ... – Reden wir vom Tod – Weißer Mercedes 1935

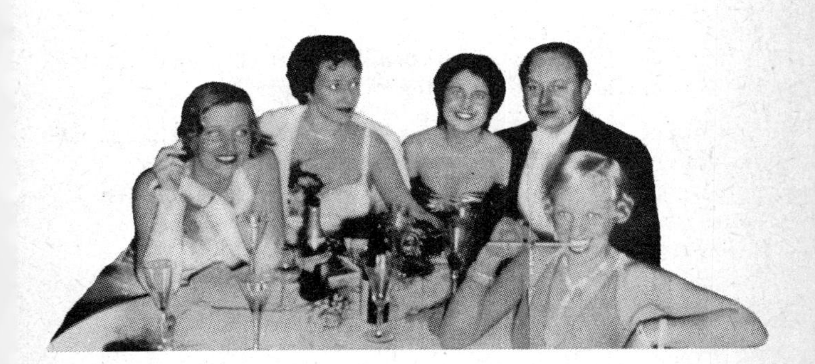

Treffen der alten Clique

Margot Fuhr, Brigitte Schwiers, Puppi Dedeleben, Ernstchen Bierstadt, Sauerbrey (der Ritterkreuzträger), alle waren da.

Es war nicht auszuhalten und eigentlich überhaupt nicht zu verzeihen, daß diese vergnügte Gruppe von Altkämpferinnen der 30er Jahre jetzt als im wesentlichen zerstörte Frauen dasaßen, von den beiden gut erhaltenen männlichen Cliquenchefs (aber sie standen nur deshalb besser da, weil die Bewertungsmaßstäbe für gealterte Männer günstiger liegen) nur höflich gebilligt. Sie kübelten Bowle, um die Sinne kollektiv so weit zu verwirren, daß sie wechselseitig voreinander sicher sein konnten, sich nicht zu genau an ihrer Erinnerung zu prüfen.

Bald kam eine erregte Schwabbelei auf wie in früheren Zeiten. Belegte Brötchen wurden von Puppis Putzteufel aus der Küche herangetragen, gefolgt von der dritten großen Karaffe mit Bowle.

PUPPI: Wischhusen ist gestorben.

BRIGITTE: Eine richtige Naziblüte.

MARGOT: Die Hedrich ist auch tot.

PUPPI: Die ist eine Zicke. Eine Petze.

ERNSTCHEN: Ich habe eine Idee!

MARGOT: Puppi hat gekleckert (Bowle ist auf dem Tischtuch ausgelaufen.)

BRIGITTE: Typisch Klecker-Puppi!

ERNSTCHEN: »Die Friedensfeier hat uns vereinigt, wer dagegen ist, wird gesteinigt.«

Er prostet Puppi zu. »Auf das Wohl von Urmutter Puppi.« In diesem Moment blockt die Stimmung.

MARGOT: Walter Töpfer ist auch rein ins Krankenhaus. Der ist völlig verseucht. Arthur Schöne ist gestorben.

PUPPI: Horst Neindorf, da weiß ich nicht, ob der tot ist. Das weiß ich nicht.

MARGOT: Da wollte ich immer mal vorbeifahren.

PUPPI: Er gab das Hemd vom Leibe. Weißt Du noch, wie wir da mal Karfreitag gefeiert haben?

BRIGITTE: Also unwahrscheinlich.

PUPPI: Wie komm ich zu dem Krankenhaus, wo Arthur Schöne liegt?

SAUERBREY: Da liegt nicht Arthur Schöne, sondern Walter Töpfer.

PUPPI: Wenn Du Doornkaat hörst, woran denkst Du?

BRIGITTE: An die Fahrt auf der Orotawa.

SAUERBREY: Die sollte ich heiraten. Aber die stank aus dem Mund. Die hatte was mit dem Magen. Da habe ich nein gesagt.

ERNSTCHEN: Die haben eine halbe Kiste davon ins Meer geschmissen, nur weil sie sie hatten. Ich habe nur Selters getrunken.

MARGOT: Ich habe den Papierkorb da hingestellt, und weil Ernstchen immer behauptet, er könnte alles, sage ich, dann bemal den mal.

PUPPI: Früh morgens kam ein großer Schäferhund vom Balkon in unser Zimmer.

BRIGITTE: Café Vaterland, wollen wir mal sagen, das war einigermaßen. Aber wenn man dann den Schlüssel übergibt und sagt, gegen 12 Uhr kannst Du's ja mal versuchen, dafür reicht es nicht. Ich weiß auch nicht, warum ich da nicht zugegriffen habe. 2 Wochen später ein Kärtchen, daß er gefallen ist. Da war ja nichts mehr gutzumachen. Nachträglich betrachtet, hätte man eben trotz mangelnder Stimmung sagen können, wenn Du klopfst, mache ich entweder auf oder nicht auf. Der hätte dann bestimmt angeklopft und man hätte sagen können, da bist du ja. War aber, nachdem er gefallen war, auch nicht mehr möglich.

PUPPI: Dann das Gewitter in Bingen. Da gab's einen Mocca-Kuchen, eine mexikanische Bar, ein Puszta-Zimmer.

ERNSTCHEN: Das war also Bingen.

BRIGITTE: Weißt Du, wieviel das her ist? Mindestens 20 Jahre.

ERNSTCHEN: Um höflich zu sein, 38 Jahre.

Wenn einer von ihnen hinausging und vom Flur, Küche, der Toilette dem Stimmengewirr der Runde lauschte, war fast etwas vom alten Glanz der Kriegszeit erhalten.

MARGOT: Was nutzt es, daß man sich mal benuckelt, wenn hinterher die Jahre vergehen?

PUPPI: Trude hat übrigens Arthritis. Alles in den Knochen ist zusammengebacken. Sie steht unter Morphium.

SAUERBREY: Gelenkpfanne?

PUPPI: Die wird schön fluchen. Hier schreibt sie: Die weiten Touren kann ich mir mit meinem Ohr nicht leisten.

ERNSTCHEN: Hat die Mittelohr?

PUPPI: Nein. Die nimmt Mittel, die die Bewegungsorgane lähmen. Sie wünscht sich keine Beerdigungsfeier. Wir sollen aber alle hinkommen.

Nun war die Spekulation, ob sie in ihrem Testament an die Freunde denken würde.

ERNSTCHEN: In jedem Fall ist es ein unrühmliches Ende.

MARGOT: Ich habe immer das Verlangen gehabt, von meinen Freundschaften etwas zu profitieren.

ERNSTCHEN: Jetzt singen wir das alte Lied: »Hilf mir doch du kleine Maus, du siehst, mir geh'n die Haare aus.«

Es wollte aber keiner aus der Runde mitsingen. Sie sind doch in erster Linie alle traurig. (Das addiert sich mit der Müdigkeit). Sauerbrey trägt einen Vers vor, will ihn für alle niederschreiben: »Bedenk ich mich und meine *Werke*, dann brodelt heftig meine *Stärke*. Ich kann's nicht leugnen, und immer, wenn ich glaube, ich hab's *vollbracht*, sitzt quer im Kopf ein Ding mir – welches *lacht*. Such ich das Weib in mir, find ich das *Nest*, doch glaube mir, such ich bei Dir, find ich den *Rest*.« Die anderen reden von dem verstorbenen Arzt Heinz Röttges, der zur Clique gehörte und der durch ein Prost posthum geehrt werden soll. Aber sie fürchten sich ein bißchen bei dieser Geisterbeschwörung. Puppi sagt deshalb: Der hatte keine Finger mehr. Gerda, die ja vor ihrer Heirat auch Ärztin war, hat den selbst zurechtgepuhlt. Das ging nicht gut, zuletzt war die ganze Hand ab. Wenn wenigstens der Daumen noch dagewesen wäre, dann hätte die Hand noch einen Sinn gehabt. Der hätte ordnungsgemäß ins Krankenhaus gehört.

Jetzt steht die 4. Karaffe auf dem Tisch. Die Runde weiß nicht recht weiter. Es ist eine stramme Arbeitsleistung, mit den jungen Stimmen die Gegenwart so einzufärben, daß ein Glanz von vor 38 Jahren auf die Clique fällt, daß sich die Truppe wechselseitig billigt. »Es wäre tödlich, wenn wir nur aus Höflichkeit hier zusammensitzen.« Am anderen Morgen haben alle einen Kater, aber es ist noch einmal gelungen, die aktive Clique zusammenzufassen. Das reicht bis kommendes Jahr.

Mit Kochtopf-Helm

Wir hatten ja da noch stählerne Nerven. Weil es auch immer wieder neu war. Wir konnten uns überlegen: Was bringt das morgen wieder? Sicher etwas Überraschendes und hoffentlich nichts Endgültiges. So saßen wir bei uns im Keller. Mittagsalarm. Es gab diesen Riß in der Decke, und man konnte in das Stockwerk über uns sehen. Ein Schuttberg. Wir standen im Türbogen zum Kelleraufgang. Resi, Eje, ich, fünf, sechs andere Frauen. Wir hatten Kochtöpfe auf den Kopf gesetzt, für den Fall, daß was drauffällt. Das war ziemlich schick, so daß wir das zum Bowlenabend bei Gerada einmal probieren wollten: Luftgaukommando 1 mit Topfhelm. Haben wir auch zum Frühschoppen mal gemacht. Inzwischen brannte der Dachstuhl. Darauf haben wir Sand geschaufelt. Wie gesagt, waren die Nerven da noch in Ordnung.

Ritterkreuzträger weckt man durch Schüsse

Der Chef des Kreiskrankenhauses, Dr. Erb, neigte zu Festlichkeiten. Im Frühling 1942 war der Ritterkreuzträger Roers Gast in seiner Villa.

Im Wintergarten: zwei Leutnants und ein Major der Garnison, zwei Assistenzärzte des Kreiskrankenhauses, zwei praktische Ärzte aus der Stadt, dazu Damen und Krankenschwestern, die Abendkleidung angelegt hatten. Es wurde lebhaft getrunken. Gegen 5 Uhr früh war Roers zur Toilette gegangen, die auf halber Höhe zum I. Stock der Villa lag und von den Offizieren als Flakstand bezeichnet wurde. Von dort war er nicht wieder erschienen. Einige der Gäste gingen nachsehen. Die Toilettentür war von innen verriegelt.

Wahrscheinlich schläft unser Ritterkreuzträger, sagte Dr. Erb. Vermutlich. Leutnant Fürstenberg versuchte, am Boden liegend durch die Türritze zu blicken. Er sah im Nahfeld einige Fliesen in der Nähe der Tür, Holzrahmen, staubige Rillen zwischen den Fliesen usf. Das Innere der Toilette war erleuchtet. Schläft, sagte er.

Ritterkreuzträger weckt man durch Schüsse, ordnete der Gastgeber an. In der gleichen bestimmten Tonart, in der er im Dienst festgestellt hätte: Totalresektion des Magens. Die Männer hier auf halber Höhe zum I. Stock, teils in Hockstellung, glichen zur Zeit mit Bowle gefüllten Ballons.

Leutnant Fürstenberg löste befehlsgemäß seine Dienstwaffe aus der Pistolentasche und gab planparallel zu den Fliesen zwei Schüsse ab. Sie beschädigten die untere Türfüllung. Die Aktion war auch nicht ungefährlich für den Schützen, da die Kugeln Abpraller sein konnten. Schließlich war aber Krieg. Die Schüsse sollten den Toilettensockel treffen, auf dem der vermutlich eingeschlafene Ritterkreuzträger saß. Fürstenberg stellte sich vor, daß pissevermischtes Wasser aus dem zerstörten Sockel auslaufen oder aber der Thron unter dem Schlafenden zusammenbrechen würde. Er wollte den Kameraden »überraschen«.

Man hört nichts, sagte Erb, der auf gleicher Höhe mit dem am Boden »nachzielenden« Fürstenberg lag und die Ohren spitzte. Man sollte annehmen, daß sich was rührt, meinte Fürstenberg.

Erb war jetzt beunruhigt. Er erhob sich und trommelte mit den Fäusten gegen die Türfüllung, rackelte. Es traten Gäste hinzu. Auf Anweisung des Chefarztes holten sie aus einem Kabuff neben der Küche eine Säge. Es war aber keine Ansatzfläche zum Sägen da.

Man kann ja nicht, sagte der praktische Arzt Struncke, bloß immerzu Runen da reinschneiden. Und durch das Fenster von außen? Das war die Idee einer Krankenschwester, die sich auf eine Nacht mit Oberleutnant Ortlieb vorbereitet hatte. Sie hatte eine fixe Idee: die Restnacht und einen Teil des Vormittags, vielleicht anschließend noch Sommerbad oder ein Picknick im Harz – und jetzt verunsicherte diese Toilettensache den Verlauf. Die Augenblicke schwanden ihr durch die Finger.

Durch das Fenster, sagte Erb, ich hole eine Leiter. Aber das Fenster war von außen mit Eisenstäben vergittert. Man konnte durch die Milchglasscheiben nicht hineinsehen. Diese Fensterscheiben zu zertrümmern, hätte es eines Steins bedurft. Den hatte er beim Besteigen der Leiter mitzunehmen vergessen. Er wollte auch keine »überflüssigen Zerstörungen« anrichten. Schon war die Festlaune der Gäste im Abflauen. Erb stieg umständlich wieder herab. Er ließ die Leiter stehen und begab sich wieder zur Toilettentür auf halber Höhe zum I. Stock. Eine Schüssel Bowle war heraufgeschafft, die Mehrzahl der Gäste saß darum im Kreise.

Drei der Ärzte hatten aus dem Keller eine Eisenstange organisiert und versuchten, die Tür mit Gewalt zu erbrechen. Jetzt müßte Roers doch aufwachen, sagte Fürstenberg. Bei diesem Lärm! Es war dann aber doch einfacher, mit einem Schraubenzieher die Schrauben, die das Schloß festhielten, zu lösen und Schloß und Türklinken herauszunehmen. Der Ritterkreuzträger lag seitlich des Toilettensockels auf den Fliesen, blutete stark.

Muß von der Brille gefallen sein und schlief, als Sie schossen, neben dem Sockel, sagte Dr. Brink. Wer schreibt denn nun den Totenschein, fragte Dr. Winkler den Gastgeber. Sie haben daneben gestanden, als Roers geweckt wurde, da müssen Sie den Schein ausschreiben. Die Damen machten betroffene Gesichter. Es war wenig zu diesem Resultat zu sagen.

Paragraph 11 der Trinkordnung, sagte die junge Frau Schliephake, um von der Stimmung zu retten, was vom Abend (»trotz gräßlicher Umstände«) zu retten war, lautet: »Wer in die Bowle kotzt, darf nicht mehr mittrinken.« Ein nervöser Lacher von Dr. Winkler, der auf die junge Frau scharf war.

Die Leutnants und die beiden Assitenzärzte hoben den toten Ritterkreuzträger zu viert auf und trugen ihn ins Schlafzimmer von Erb, wo er das Bett mit Blut bekleckerte. Erb sagte: Lieber nach unten ins Behandlungszimmer. Sie wollten tatsächlich eine Ambulanz bestellen, ohne sich vorher zu verständigen, was sie als Todesursache erzählen wollten. Weinselig, wie sie waren, wollten sie dann eine Obduktion vornehmen, »um die Todesursache festzustellen«. Ein Versuch, irgendeine elende Handlung für den Toten zustande zu bringen, sich um ihn zu »kümmern«. Denn sie konnten ihn ja jetzt nicht von Minute zu Minute beerdigen, im Garten verscharren und vielleicht wieder einige Salutschüsse feuern, die Nachbarn wecken oder treffen. Andererseits: sich zur Tischrunde wieder zusammenzusetzen, zu den Flaschen zurück, war ein Ding der Unmöglichkeit. So saß die Gesellschaft in der Küche, die vierzehn Tage später eine Sprengbombe traf, und schmierte Brote. Erb wollte nicht abbeißen, als ihm Gerda Mückert einen Bratwurstkringel hinhielt. Sie alle hatten das Gefühl, daß etwas schiefgegangen war. Aber es wollte auch niemand auseinandergehen, die anderen verlassen und verloren geben.

»Sahst du so dunkle Forsten je?
So dunkle Forsten sahst du nie!«

Die Festgruppe kam nie wieder zusammen. Im Verfolg der amtlichen Untersuchung wurde Wert darauf gelegt, daß der Krankenhauschef, im Range eines Obersten der Reserve, voll verantwortlich, neben dem jugendlichen Unglücksschützen gestanden hatte. Das wurde übelgenommen. Er wurde Anfang 1943 von seinem Posten abgelöst und fiel in Rußland bei Kursk ein halbes Jahr später in Frontbewährung.

Trudes Wert

I

In Magdeburg sitzt Sommer 76 in einem hellen Kinderkleid, ein windiger blauer Stoff mit Rüschen, im Liegesessel wie ein Püppchen von sechs Jahren: Trude; sie ist aber gerade 81 und sitzt nicht richtig, weil sie »einen Wolf« im oberen Teil der Kerbe ihres Hintern hat, offene Hautstelle. So stützt sie sich, die 81 Jahre unter oder über ihr, auf die Schultern drückend, in Form von Kraftlosigkeit in den Beinen oder Druck im Kopf, d. h. 81 Jahre hinter sich oder vor sich, insofern als sie sie durch dieses Jahr zu schleppen hatte. Sie beobachtet, nur leicht auf den Sitz gestützt, die Gegenstände in der Wohnung, die sie in 60 Jahren Ehe auswendig gelernt hat, es waren wohl verschiedene Wohnungen, aber im wesentlichen die gleichen Gegenstände.

Sie soll Abschied davon nehmen. Die Wohnung wird aufgelöst. Ihre Arme sind ausgemergelt. Sie nimmt schon einige Zeit freiwillig keine Nahrung mehr zu sich, nur Augennahrung. Über die lebendigen Gucklöcher im Greisenhaupt.

> »Sie war ein schön, frech, braunes Weib
> wollt keinem Manne trauen.«

Das konstituiert sich im Hirn nach wie vor: mokant, schlagfertig, beobachtend, Witze reißen, unterscheidend, sie ist neugierig.

Hat ja überhaupt nicht gelebt. Und den Besuchern oder der hergereisten Tochter, die ihr zumuten wollen, daß sie noch dieses Jahr über so tut, als ob sie lebt, traut sie schon gar nicht. Darüber will sie aber nichts hören, weil es undankbar wäre gegenüber Walter, der sie »zur Frau genommen hat«. Er hat sich vor einem Jahr von ihr verabschiedet. »Nun verlasse ich dich«. Am anderen Tag war er tot.

Sie hat die tiefsten Wundmale zusammengetragen und auf dem Schreibsekretär zu einem Bündel zusammengeschnürt: Kinderbilder ihres toten Jungen, pilzvergiftet, wahrscheinlich für Walter (»du sollst keine Götter haben neben mir«), diesen Liebling geopfert wie Isaak (aber jener *Mann* hat es nur *versucht*, wurde durch Engel gehindert, sie hat es »versehentlich« *getan*). Dann aber der weitere Preis, den sie für »ihr Glück« in all den Jahren bezahlt hat (aber innerlich hat sie nie zahlen wollen, und deshalb ist der Kaufpreis zwar äußerlich, aber innerlich nie bezahlt worden) – Herta und die Enkel. Den toten Schwiegersohn könnte sie protestmäßig einsparen (er ist allerdings auf den Fotos immer mit drauf, sie macht sich aber nicht einmal die Mühe, den Kopf herauszuschneiden). Sie legt die Fotos zusammen, eigentlich will sie vorsortieren, was sie abgeben will an die Verwandten, die um Bilder gebeten haben, sie stellt aber ein Päckchen von Fotos, Briefen zusammen, Antwortschreiben der Partei-Ortsgruppe Darmstadt über Verschüttung Hertas, der Kinder, während des Luftbombardements im September; Schreiben der Schriftleitung des Darmstädter Tageblatts, das nach dem Angriff auf Darmstadt nach Würzburg ausgewichen ist; das macht ihr »Herzblut« aus.

Sie darf ins Altersheim, wohin sie aus Sorgegründen verschubt wird, nichts mitnehmen. Sie wird verlegt, die Wohnung aufgelöst, weil sie versagt hat: Sie kann sich nicht hindern, immer wieder hinzufallen. Nachts ruft sie »triebhaft«, wie die Pflegerin sagt, nach Hilfe, muß auf die Toilette geführt werden oder die Lage des Körpers im ehemaligen Ehebett korrigieren, was sie nur mit fremder Hilfe kann. Da sie grundsätzlich »ungehorsam« ist, hat sie auch dieses Dossier zusammengelegt, das sie mitnehmen wird, so als hätte sie das Verbot, irgend etwas mitzunehmen, »versehentlich« nicht erfaßt. Der Grundgedanke ihrer künftigen Heimleitung ist einfach: Wie ein Mensch neu und erinnerungslos zur Welt gelangt, so soll sie ohne Gepäck oder eigene Vergangenheit in das Altersheim einfahren, andernfalls erhält sie Beruhigungsmittel, Schlafpillen.

Sie wird in einigen Tagen dorthin nach Potsdam verbracht. Sie wird bestimmt sich nicht »eingewöhnen«. Da hat sie ihre Grabplatte schon griffbereit – die Fotos, Papiere, aus denen alles hervorgeht, was sie nicht verändert, jetzt 81 oder 76 ist praktisch 44, ist praktisch 1895/6, ihre ersten Eindrücke, die schon schwarz waren – obwohl sie immer für eine »fröhliche Natur« galt. Täuschung.

II

Trude war sich nichts mehr wert. Die Woche wartete sie und wartete, daß die Tochter käme, damit nur irgendetwas passiert. Aber war diese Tochter da, so suchte sie die Besucherin zu irgendwelchen nützlichen Funktionen anzuhalten, die das Zusammensein äußerlich rechtfertigten. Z. B. konnte sie ihr die Schadstellen der Haut, die »Öffnungen« an der Unterseite des Rückens, den »Wolf«, eincremen (oder besser streicheln) und verpacken, was diese Tochter, eine Theologin, nur mit Hemmung besorgte. So saß Trude mit zitternder linker Hand in ihrem Sessel, ließ sich zu einem Stuhl, einmal um den Tisch herum, führen. Sie war sich, wie gesagt, nichts wert.

Ganz zu Anfang war sie vielleicht etwas wert – so daß, wenn sich das fortgesetzt hätte, heute Grund bestünde, ihrem Alter oder »Gebrest« noch 1 bis 2 Jahre wertvolles Leben anzufügen. Ganz zu Anfang hieß: als sie sechs Jahre alt war. Aber schon damals hatte sie keinen Hals. Meine Schwester hat keinen Hals, sagte der Bruder, und wir alle in der Familie haben eine Krempenbrust, d. h. wie eine Hutkrempe steht der untere Rippenbogen nach außen. Das können die Kleider verdecken. So wie wir, wenn wir gar nichts sagen, den »schlechten Charakter« nicht zeigen, für »verträglich« gelten. Aber meine Schwester hat zusätzlich keinen Hals. Ich mußte den Korpsbruder Schlempe fordern, weil er sagte: Ich kann mit der nicht tanzen, wenigstens nicht als Couleurdame, die hat ja keinen Hals.

»Sie hat keinen Hals. Man darf es nicht zur Hinrichtung kommen lassen.«

Ein Abglanz noch, als sie als Jahrgangsbeste ihr Abitur besteht, dumm war sie ja nicht. »Es war eines jener Gymnasien, in denen die Menschen wie aufgestellte Milchflaschen gefüllt und nach 12 Jahren vor den Elternhäusern wieder abgestellt werden.«

Dann war sie, »umworben« vom späteren Justizrat B., praktisch gar nichts mehr wert, weil die ganze Anstrengung drauf ging, diesen Barbaren oder Spießer einigermaßen zu idealisieren. Das kostete die ganze Anstrengung und gelang, so daß sich B., nachdem er sie »geehelicht« hatte, in »ihr höchstes Liebesglück« verwandelte; durch wer weiß was für Kräfte tätigte sie das. Sie war so erschöpft, daß sie schon gar nicht mehr neugierig war. Konnte den Hals ja auch nicht drehen. Nun war sie so parteiisch und ungerecht eingedeckt worden durch Vater-Familie und Mann (wie eine Tote in eine Art Grabschlauch gelegt, aber lieblos, mit Kunstblumen auf dem Hügel, aber ohne richtiges Beweinen), daß sie selber äußerst parteiisch war. So hielt sie ihre erste Tochter willkürlich für das vollendetste Geschöpf. Die bekam später Zöpfe und die weiße Bluse der Jungmädchen. Die Haut dieser Tochter roch nach »Amber« (was das war, darüber ging Trude hinweg, sie hatte es gelesen, es ist ein Wort, das eine hohe Bewertung enthält), wurde dann später, d. h. sehr früh, mit einem nationalsozialistischen Schriftleiter, der starke Ähnlichkeit mit seinem Schwiegervater, Trudes Walter, aufwies, verheiratet, zwei Kinder. Das alles kam 1944 beim Angriff auf

Darmstadt um, verbrannte ohne Spur. Walter wollte sofort hinfahren, aber die Eisenbahnlinien führten nur bis Heppenheim, Eberbach oder nur bis Würzburg.

Zuvor war das erlesene Geschöpf, Trudes Erstgeburt, durch eine Steigerung bedroht: Trudes zweite Geburt, ein wirklicher Junge, mit Hals und langem Nacken, Fingern usf. Starb mit 6 Jahren an einer Pilzvergiftung. Für die dritte Geburt: eine Tochter, war danach wenig übrig. Sie sah nicht wie Trude aus, war aber wertlos wie sie; hochintelligent, war neugierig, was auch Trude gar nichts genützt hatte, also erging von Trude aus Gnade vor Recht. Sie wurde nicht zur Heirat, sondern zur Schullehrerin (lebenslänglich) bestimmt.

Der Tod der beiden Erstkinder ließ die Druckgemeinschaft auf Gegenseitigkeit, den Justizrat und Trude enger zusammenrücken. Sie fürchteten sich voreinander und so zerstreuten sie wenigstens gemeinsam und wechselseitig den Verdacht, daß sie den Luftangriff auf Darmstadt veranlaßt oder die Vergiftung *verschuldet* hätten. Gemeinsam konnten sie dieser Verdächtigung begegnen, denn wenn er es nicht glaubte, mußte sie es nicht annehmen und wenn sie es nicht annahm, brauchte er es ihr und sich nicht vorzuwerfen usf. Dann war sie aber ja immer noch (die ganze Zeit über, unterseitig) eine eigenständige Persönlichkeit, die sehr wohl mit sich haderte oder schacherte: daß sie im Streite zwischen ihrer Hauptgeburt (der erlesenen 1. Tochter) und der hinreißenden zweiten Hauptgeburt (Söhnchen) in ihrem wirren Kopf vielleicht die Balance verloren und deshalb Rettung unterlassen oder ihn gar vorsätzlich vergiftet hätte, wenn z. B. alles momentan zur Tochter schwappte und für das Söhnchen nichts übrig blieb? Sie war unwert.

Die als Rest dagebliebene Tochter bestätigte ihr, daß sie nichts wert wäre; d. h. den wunden Rücken oder Hintern weigerte sie sich, einfallsreich mit Watte oder den Händen zu versorgen. Sie machte das in dem Maße, in dem es »nötig« war. Es war aber immer etwas da, das verrutschte oder das, wenn es mit einem Kleinkind gemacht wurde, dieses zum Schreien brächte.

Ein letzter Plan für einen Ausflug. Sie hätte gern Halberstadt, den Schulweg, die Martinikirche, nach deren Turmuhr ihr Vater früher täglich um 11 seine Uhr stellte, nochmal gesehen. Eigentlich war es auch zu entbehren. Aber es hätte manchen gezeigt, z. B. ihrem Bruder, der dort die gleiche Zitterkrankheit pflegte wie sie, daß sie noch jederzeit so tun konnte als lebe sie. Es war ein heißer Tag. Der Westbesucher, der sich bereit erklärt hatte, sie in einem kleineren Motorfahrzeug die Strecke Magdeburg/Halberstadt zu transportieren, wollte vor Antritt der Reise im Hotel International noch einen Imbiß bieten. Im Restaurant fanden sie mit der humpelnden Trude keinen Platz. Im Foyer erhielten sie ein zähes Zusammengekochtes, unter der Bezeichnung Königin-Pastetchen, von einer Schnellkarte zusammengegessen. Wieder in das enge Fahrzeug gesetzt, wimmerte Trude. Das war so: Wenn sie schon nicht schrie, und auch was sie fast lebenslänglich immer wieder gedacht, nicht durch die Zahnsperren ließ, also zwar gern und viel redete, aber nicht über das, was ihr Hirn wirklich kochte, dann mußte sich irgendwo anders die insgesamt empfindliche Haut ihres Körpers öffnen, z. B. auf der Brust, auf dem Rücken usf. und gewissermaßen wimmern. Nun sammelte sich aufgrund der Hitze im Wageninneren Schweiß in der Po-Rille. Einige Zentimeter, »geziemend« über dieser Stelle, wie gesagt die Selbstöffnung des Körpers, also so, daß es in nichts peinlich war, man konnte es als »auf dem Rücken« bezeichnen. Das waren Schmerzen. Sie sagte: ich will nicht mehr.

Der Ausflug wurde abgebrochen. Sie vertrieben sich den Nachmittag mit »Choräle und Lieder absingen«. Die Rest-Tochter konnte auf einer Baß-Flöte blasen. Trude hatte immer eine schöne helle, »fleißige« Stimme, schon im Schulchor.

Was sie eigentlich die ganze Zeit über wert war, zeigte sie dann nach Verlagerung in das Altersheim bei Potsdam. Sie wollten ihr vormachen, daß hier auch adlige Fräulein einsaßen. Also eine Art gesellschaftlicher Aufstieg. Sie sollte es als Wiederkehr der Schulzeit, als Einschulung für das Alter verstehen und sich dem Neuartigen widmen, wie seinerzeit der Schönschrift, dem Rechnen, dem ABC. Na, sie tat, als ob sie die mildtätigen Sprüche annahm. Die Form wahrte sie, indem sie drei Tage nach Einlieferung entschlief.

Dazu brauchte sie keine Hilfsmittel, Tabletten oder Messer, es genügte der Einfall. Sie konnte in ihrem hellen Kopf (mit den angeblich »gutartigen« braunen Augen) einen Entschluß fassen und daran binnen einer Stunde sterben. Selbstbewußt lag sie da, mit dieser Hexenkraft begabt (trotz »wertvollen« Manns, Erinnerungswerten in Form des Fotografien-Päckchens, alles das lag zurück, war nie *sie*).

Eine optimistische Natur

»Vater ist im Krieg«, d. h. ihr Vater war zwar nie als Soldat im Krieg, aber als Tuchkaufmann, der englische Tuche ins Reich importierte keineswegs nur Hausvater, sondern feldmäßig mobilisiert, daß er gegen sein aufkommendes Bäuchlein kämpfte, gegen die Einzwängung seiner Lust in den täglichen Eheablauf (er war schwachnervig, konnte nicht zusehen, wie sich seine Frau ankleidete, ohne sie nochmals zu sich zu ziehen), gegen die Teuerung, Konkurrenz, Verschlechterung der Stoffe, die zuletzt praktisch wie aus dünnem Holz waren ... Jede Minute zog er praktisch ins Feld.

Der Liebling dieses Vaters, die jüngste Tochter, saß mit im Feldlager (das nirgends zu sehen war, sondern das Nervenkostüm des Zusammenlebens darstellte). Sie wuchs insofern wild auf, da die ganze Ordnung (»wird das Essen 5 Minuten nach 7 aufgetragen, kann ich die ganze Nacht nicht mehr schlafen, ich habe gesagt, daß es um Punkt 7 Uhr aufgetragen wird«) in Wirklichkeit keine Regel hatte. Es galten alle Gebote und Verbote dieses Vaters nur »vorläufig«, vorbehaltlich seiner Willensänderung. Seine Willensänderungen aber waren entschieden und persönlich formuliert, immer Reflex auf irgendein Zwangsereignis von draußen, das auf seine Nerven einwirkte. Auch der Inzest (samt daraus gezogener Arbeit, sparen, anständig sein, Möbelgarnituren, vollständige Wäsche und Porzellansammlung sammeln, Klavier üben) war nicht gültig, sondern wurde »eingeprägt«, in Worten und Haltung, die immer auch das Gegenteil (z. B. Geschirr zerdeppern) mitenthielten.

Insbesondere konnte die Tochter keine eindeutige Haltung aus diesem zerrissenen Vater, der so kernige Allüren hatte (einmal sprang er auf dem Weg zu seinem Büro, das im

Stadtzentrum lag, über das Geländer einer Brücke, rettete einen Ertrinkenden, erhielt dafür Prämie und Ehrenurkunde) beziehen, weil diese Haltungsangebote auf *ihr* Nervenkostüm gar nicht paßten. So war sie immer zweierlei: besonders mutig, ängstlich, mit hoffnungsvollen Blauaugen umherblikkend, aber so realistisch, daß die Hoffnung verdarb. Sie kaufte gern und schnell, eilte später hin und wollte umtauschen oder den Kauf rückgängig machen, unter weinen, drohen, liebenswürdig oder patzig. Abhängig von ihrer Umgebung, auf die sie einen dominierenden Einfluß hatte.

Sie war stolz auf den Beinamen »wandelnde Litfaßsäule«, weil sie dauernd redete. Ihren Augen entging nichts, aber sie sprach nie über das, was sie interessierte, weil es dann zerredet worden wäre. Diese hochorganisierte »wilde Maschine« wurde ab 1943 immer mehr angeschlagen, leidet jetzt unter Herzhämmern, das sie in einer Wohnung festhält, die einen falschen Schnitt hat, nur das Bad liegt richtig. Es ist ihr Lebensinhalt, möglichst viel abzuführen, gewissermaßen umzutauschen. Diesen »Umsatz«, den sie durch Algarol fördert und durch holzreiches Essen, beweist ihr, abwechselnd mit den vorhandenen Möbeln, Porzellanservicen, einigen Andenken an Spanien, Fotoalben, die sie in großen Wäscheschränken verwahrt, daß sie *noch lebt*. Eigentlich, sagt sie, würde ich am liebsten Schluß machen. Aber dem steht ein anderer Teil »Haltung« ihres Vaters entgegen, die zum Durchhalten tendiert. »Also bin ich doch ein Stehaufmännchen«. Diese Haltung hält aber nichts aus, sie ist wie aus Porzellan, aber sie hat schon geprüft, daß sie diese Seite überhaupt an niemand verkaufen kann, man könnte mit einem kräftigen Abführmittel die ganze Haltung wegbringen.

Bevor sie einschläft, rekapituliert sie. Jetzt kommen aber die Ängste, schwappen über sie hin. Aber die gute Natur läßt den Konfliktschlaf rascher eintreffen als die quälende Schlaflosigkeit. In den dreißiger Jahren hatte sie die Chance, sich braunbrennen zu lassen, sich auf solche Notzeiten vorzubereiten. Sie hat nicht gewußt, daß sie in so schrecklicher Weise kommen. 1945 nahm sie sogar an: Jetzt ist der Krieg aus. Da fing er überhaupt erst an. Ein schmaler Grat, auf dem sie überlebt.

Sie meint, daß sie irgendwie doch »angeseilt« ist und einer kommen wird, der an diesem Seil zieht, zum »Ufer« hin.

Vor einigen Wochen hat sie in ihrem Mercedes 16 Alpenseen, beginnend mit den Steiermärkischen Seen, besucht. In drei Tagen. Allein schon die Anfahrt in 18 Stunden bis Steiermark, dort im Regen herumspaziert, anderen Tags früh den See gewechselt, dann die Salzburger Seen, von dort die oberbayrischen, jeweils ein zugfreies Hotel gesucht und gefunden. Dann froh, wieder ohne nennenswerte Darmstörung »zu Hause« eingetroffen zu sein. Also liegt auch dieses Erlebnis hinter ihr, ist als Programm absolviert. Ohne versagt zu haben. Sie würde gern hinfallen und aufgehoben werden. Das kann sie sich derzeit nicht leisten.

Um sie herum sterben die Bekannten. Sie ist durch ihren zweiten Mann, 16 Jahre älter als sie, ehrgeizig um Beziehungen zu Älteren bemüht, um 2 Generationen in ihren Bekanntenkreis altersmäßig hinaufgeschoben worden. Sie hat sich an ältere, erwachsenere ankristallisiert, an Erfahrene, damit endlich »Leben« kommt. Dann hat sie dieses Programm, es war vielleicht nicht ihres, zu spät beendet. Jetzt lebt sie vom Erfahrenen. Ohne richtig gelernt zu haben, wie einer mit guter Haltung stirbt. Das will sie auch noch gar nicht wissen. Ihr Ordnungssinn und ihr Realismus rebellieren gegen dieses falsche Angebot aus der Umgebung. Sie stellt es so hin, daß sie über die Todesfälle »schockiert« ist. Das schlägt ihr aufs Herz. Sie empfindet dort bei jedem Krimi, bei nichtidentifizierten Lauten in der Wohnung, knarrender Diele usf. eine heftige Spannung. Die Ärzte finden physiologisch nichts. Es ist auch nicht Schreck über die Toten, sondern Zweifel daran, ob sie selber schon ausreichend gelebt hat.

Eigentlich hat sie sich im Schatten des Vaters und seiner Stellvertreter, ihres 1., ihres 2. Mannes, ihrer Liebhaber, jeweils vorbereitet, »geübt«. Ihre Garderobe zerfällt in einzelne Stücke (das war früher anders, jetzt sind die Augen beim Kauf zu gierig, sie sind nicht auf die Auswahl der Kleider, sondern auf die Wahl eines ganz anderen Lebenszusammenhangs aus). Die Einzelstücke passen zum Gesichtspunkt »schönste Frühlingstage im Tessin«, passen weder auf Berliner Wetter, noch in die Wohnung, noch für Ausgang, keine Mittellage in der Kleidung. Für Beerdigungen ist sie voll ausgerüstet. Das bringt die Routine mit sich. Nun steht aber ihrem Blondkopf und der hellen Haut schwarz allerdings auch wirklich gut.

»Der Baum, der grünt, die Gipfel von Gezweigen . . .«; glattmachen

Alice K. neigte zum Bäume abhacken. Sie hatte ein anderes Verhältnis als ihr Mann zu Sonne und Schatten. Ihr Mann, Ernst K., wußte gern das Blätterdach über sich – »wohl eingerichteter Eichen« oder wenn es eine Kastanie, ein Nußbaum oder wenigstens eine schnell wachsende Pappel war. Am Teich des Gartens stand bis 1936 z. B. ein solcher Hochbaum, eine Esche, die über Wintergarten und den Norden des Gartens ihren Schatten legte.

> »Der Baum, der grünt, die Gipfel von Gezweigen,
> die Blumen, die des Stammes Rind' umgeben,
> sind aus der göttlichen Natur, sie sind wie Leben,
> weil über dieses sich des Himmels Lüfte neigen.«

Und zwar war es Stadtluft. Blick auf die Hinterfronten von Häuserzeilen.

Ernst K. mußte jahrelang bangen, daß die Wurzeln dieses Baumes die Betonfundamente des Teiches sprengen könnten. Eines Tages werden Risse sein, das Wasser, 50 cm hoch, wird versickern, die Seelinsen, Seerosen, ihren Ort verlieren. Die fetten, männerhandgroßen Goldfische liegen eines Morgens auf dem Platten-Steinboden des Bassins. Die Katastrophe konnte aber ebensogut am Tage passieren. Das Personal läuft aus der Küche heran, sieht die Risse im Fundament des Teiches, noch ist Wasser darin, läuft zurück und berichtet vom abnehmenden Wasserstand.

Alices Logik besagte, daß man schon deshalb die Esche, oder was es war, abhacken sollte, den verbleibenden Stammrest und die darangehängte unkontrollierbare Wurzel dann ausschachten und roden. Dadurch gewinnt man Platz für ein paar Steinfliesen, darauf ein Tee-Tischchen, 2 Stühle, darum herum ein Blumenbeet dicht am Teich. Außerdem hätte sie dann ihr Sonnen-Liegebett auf Rädern, das aus dem Wintergarten herausgerollt werden konnte, direkt in Sonne und Luft stellen und Bräunung ihrer Haut zuleiten können, Blick über den

Garten weg auf die Lüfte zur freien Verfügung.

Daß du mir nicht den Garten zerstörst, mahnte ihr Mann, ehe er reiste. Im Herbst kam er von Madeira, Benghasi, Tobruk, Alexandria, Rom, Florenz zurück. Alice K. hatte in der Zwischenzeit Männer bestellt, die den Baum in 2 m Höhe weghackten. Das Zweigwerk und des Stammes Stücke lagen geschichtet im rückwärtigen Teil des Gartens. Zur eigentlichen Rodung war Alice nicht mehr gekommen.

Auf dem Rückflug von Italien über die Alpen, in einer Ju 52, wurde Ernst K. übel. Wie ein Koffergerät durch Flugzeug, Auto, Eisenbahn nach Hause transportiert, gelangte nichts von der Neugier, Neuerungssucht, die vor Vierteljahresfrist nach Süden abgereist waren, unzerstört in die Villa. So traf der Schock über das Abhacken dieses zentralen Gartenbaumes nicht sofort in die Tiefe vor. Ernst K. sah und schimpfte. Dann aber schlug sein Zorn tagelang Wurzeln und er hätte seine Frau, die logische, heitere Alice, gewissermaßen von ihren Sockeln abhacken müssen, »um sich gerecht zu äußern«. Nun hat er sich aber, denn auch in der Entfernung Nordafrikas spukte sie in seinem Sinn, in ihrem Schatten ebenso wie in dem seiner Bäume eingerichtet und nichts lag ihm ferner als Männer der Justiz herzubestellen, Scheidung einzureichen oder sie in ihrem Sonnentagselan sonstwie zu brechen. Es war ja nicht nur das Abhacken des Baumes in seiner Abwesenheit. Er hatte um sie Angst.

»Ich fürchte mich für dich,
du hältst das Schicksal dieser Zeiten schwerlich aus.
Du wirst noch mancherlei versuchen,
wirst . . .«

Das Abhacken des Baums war gewiß nicht die einzige Aktivität Alices im vergangenem Vierteljahr. Darüber konnte Ernst K. nun überhaupt nicht reden. Sei nicht »muffelig«, sagte Alice. Komm, setz dich her. Er war aber nicht »muffelig«, sondern hatte den Baum nicht mehr und stattdessen eine Halde von verkäuflichen Zweigen sowie zwei große Blöcke zerteilter Stämme, seine Autorität, die für Personal- und Freundeskreis deutlich nichts galt, konnte zum Haufen dazugelegt werden.

Wenigstens war der Reststamm noch vorhanden. Man

konnte, wie auf eine gestutzte Säule einen Palmbaum-Kübel oder ein Teegedeck auf die Stammoberfläche legen und diese war wenigstens nicht glattgemacht, sondern zeigte die verschiedenartigen Hiebrichtungen der Beile. Die Gefahr, die dem Teichfundament durch das Wurzelwerk des ehemaligen Baumes drohte, bestand fort, denn diese Wurzeln arbeiteten in der Folgezeit. Aus der Rinde des Reststammes sprossen Nebentriebe, ein Eschengebüsch. Dann hat später ein Vertreter der Justiz, als Liebhaber Alices maskiert, diese junge Frau aus dem Umkreis von Garten, Haus und Kindern weggehackt, ein Bombenangriff verwüstet den Garten, legt das Haus um. Der beschnittene Stamm, als Säule zu niedrig, als Tisch zu hoch, hielt sich noch Jahre neben dem zerrissenen Teich. Ernst K. konnte dort nicht wohnen bleiben, untreu dem nur noch gedachten Schattenspender, dachte wohl auch kaum noch an ihn. »Als wär's ein Stück von ihm.« Dann ging, schon vom neuen Haus aus, Alices Tochter in den Westen. In leerer Barbarei, allerdings immer noch vom Werkzeug der Arztpraxis und einigen Antiquitäten umgeben, lebte er lockerer, weniger befestigt. Es war schon egal, ob er lebte nach alldem.

»Wenn aber der Baum alt wird . . .,
daß der Saft nicht mehr in die Höhe kann,
so wachsen unten um den Stamm . . .
letztlich auch auf der Wurtzel,
und verklären den alten Baum . . .,
denn die Natur oder der Saft wehrt sich . . .«

Aber wirkungslos.

Reden wir vom Tod

Gisela heulte los. Warum heulst Du? Weil sich dieser alte Mann so rasch durch die Räume bewegt hat.

Das war Folge einer tückischen Krankheit. Die Bremse der Glieder im Hirn hatte sich bei ihm rechtsseitig gelockert, so hatten die Füße die Tendenz, immer rascher zu laufen, die Hirnkontrollen zugleich eine gewisse Starrheit im Reagieren.

Das Schnellerlaufen versuchte er durch Vorbeugen des Körpers und eine Kunst des Gleichgewichts auszugleichen. So lief er auf bestimmtem unsichtbaren Pfaden der Vorsicht durch die hohen Räume der Villa. Er begrenzte diese Wege auf die Strecken, die er ohne über einen Teppichrand zu stolpern oder eine Stufe durchqueren konnte. Mehr konnte er für sich nicht tun. Er hoffte durch diesen Herbst und Winter noch heil durchzukommen. Dieses rasche Durcheilen der Pfade (er trug wie ein Eichhörnchen Geschenke von einem Tisch im Wintergarten, wo die Kinder sie aufgeschichtet hatten, zu einer verschließbaren Wurstkammer) hatte auf Gisela die Wirkung »lebendig« (es stand ja Plan dahinter). Dadurch dachte sie an seinen Tod, der ja ausrechenbar blieb.

Niemand redete mit ihm über Tod (obwohl er sich offensichtlich dafür interessierte, sich nach Krankheiten von Potentaten, die er im Fernsehen gesehen hatte, erkundigte usf.). Man hätte ruhig mit ihm darüber reden können. Er hatte mit seinem Leben bereits vor 10 Jahren abgeschlossen, und zwar in ganz bestimmter Form: Er besuchte die Orte, in denen seine Vorfahren geboren und gestorben waren, Eisleben, Wippra, die ganze umgebende Landschaft. Ein befreundeter jüngerer Arzt (»Reisemarschall«) fuhr ihn geduldig nach seinen Weisungen gegen ein Trinkgeld von 100 Mark der Deutschen Notenbank, während der Alte vor allem mit der intakten linken Hirnseite die früheren Tage bearbeitete, nach außen hin sah, in sich zurück sah usf. Wollte H., wenn ihm das Fahren langweilig wurde, etwas sagen, diese formelle Verabschiedung stören, erhielt er kurze patzige Antworten, die die Störungen sicher beendeten.

Er läuft viermal um den Bismarckplatz, um die Muskeln zu strapazieren, ruht sich dann auf einer Parkbank aus. Er trägt einen weißen Rollkragenpullover, der durch die Nacht leuchtet. Er fragt, ob es schwül ist, gibt sich dann mit dem Hinweis der Begleiter zufrieden: Es ist wie vor einem Sommergewitter. Seine eigenen Sinne täuschen. Das Grundrauschen im Hirn übertönt die Eindrücke. Insofern hatte er den ganzen Nachmittag und Abend denselben Eindruck: Es ist ziemlich heiß.

Von der Parkbank erhebt er sich zu rasch. Auf der steilen Granittreppe, die zur Haustür seiner Villa führt, befällt ihn ein Torsions-Schwindel, er fällt und dreht sich dabei schraubenförmig (»Katze« »Schraube«) so daß er, einmal gestürzt, »sitzt«, die Hände abwehrend ausgestreckt. Nachher Opernkonzert. Aber der gerade noch vermiedene Unfall beschäftigt ihn. Er sagt: Ich ärgere mich, daß ich hingefallen bin. Er muß diese Erfahrung verarbeiten. Die Unterarmknochen sind dünn wie Papier oder Sperrholz. Die Knochengelenke des Oberschenkelhalses sind bei seiner älteren Schwester gebrochen, kam elend um. Er geht nochmals hinaus zur Vortreppe des Hauses, nachsehen, ob das Licht eingeschaltet ist. War es nicht eingeschaltet, so wäre eine Erklärung zur Hand. Leider war es eingeschaltet. Er kann sich das nur so erklären: Die grauen Stäbchen im Auge adaptieren im Alter langsam. Schuld war, daß er zur Straßenlaterne aufgeblickt hat, danach ist alles, was er bei Ankunft an der granitenen Vortreppe sieht, dunkel. Er müßte 20 Minuten stehen, damit die Augen sich wieder akkommodieren. Dann aber kann es sein, daß die Portiersfrau des Nachbarhauses meint, er stünde in seinem hellen Pullover wie ein verirrtes Kind, herauseilt, ihn am Unterarm faßt und wie einen Idioten nach Hause führt. Das muß vermieden werden. Außerdem war er durch die Bemerkung eines der Begleiter, daß die Büsche nicht beschnitten sind in diesem Jahr, abgelenkt. So hat er die erste Stufe verfehlt. Er repetiert, zählt die richtigen Schritte im Kopf auf, bildet einen neuen Pfad. Der Fehler wird sich nicht wiederholen.

– Die haben die Efeuwurzeln abgekappt.

– Abgehackt.

Der Ausdruck gekappt genügt nicht für die krasse Gleichgültigkeit der Handwerker, die beim Verputzen des Hauses die Efeuwurzeln beschädigt oder durchschnitten haben.

Weißer Mercedes 1935

Der Mercedes-Zweisitzer, bei Schönwetter offen zu fahren (im Kofferraum noch 2 Notsitze in rotem Leder für die Kinder), den Frau Dr. K. 1935 aus Stuttgart-Untertürkheim persönlich abholte, war für die Ewigkeit gebaut. Unausdenkbar, welche Touren, Picknicks, Dämmerschoppen gefahren werden konnten. Sie und ihr Mann opferten den Sommerurlaub 1935. Aber das Fahrzeug *bedeutete* ja *Dauerurlaub auf Rädern.* Am Amaturenbrett aus rotem Lederbesatz, geriffelt, brachte Frau K. ein Gedenktäfelchen 5 × 7 cm mit ihrem Bild an, darunter:

»Denk an mich
fahr vorsichtig.«

Nun war ihr Mann als Langsamfahrer bekannt, fuhr im dritten Gang an und endete mit einem Ruck. Von Unvorsichtigkeit konnte keine Rede sein. Vermutlich hatte sie das Schildchen gekauft (und ein Paßbild von sich hineingesteckt), weil sie im Überschwang des Mercedes-Erwerbs noch eine Kleinigkeit zusätzlich brauchte. Um sich auszudrücken.

Heft 4

Das Gebiet südlich von Halberstadt als eines der sieben schönsten von Deutschland. »Verschrottung durch Arbeit«

Abb.: Gegend der Zwieberge südlich von Halberstadt.

I

»Südlich von Halberstadt hebt sich das Land zu sanften Hügeln, deren liebliche Krönung aus Wald besteht. Von dem dunkleren Grün der Nadelhölzer in südöstlicher Richtung der Klusberge schweift das Auge über das hellere Grün der Spiegelsberge, dahinter weitere Hügel erblickend und Täler ahnend.«[1]

»Die Lieblichkeit der Landschaft in sich aufnehmend«, bezeichnet der große Staatsmann, Gelehrte und Humanist Friedrich Wilhelm von Humboldt, das Gebiet südlich von Halberstadt als eines der 7 schönsten in Deutschland.[2]

Der Staatsmann und Dichter J. W. von Goethe war bezaubert von der Landschaft um Langenstein. Er weilte hier auf Gut Rimpau zu Gast und dichtete:

> »O Hoppelberg,
> besessen von Frau von Branconi,
> nie werd ich dich vergessen,
> o nie, o nie, o nie.«[3]

Heute haben sich in dieser Landschaft, ehemals Adelsgrund, Laubenkolonien und Datschen bis an den Fuß des Hoppelberges ausgebreitet. Kirschbaumplantagen, ein Schwimmbad mit Naturwasser. Die neuen Grafen und »vons« zwischen grünen und braunen Zäunen, Erben aller vergangenen Zeiten, sind ziemlich von ihrer Gegenwart ausgelastet; Stadtwohnung, Datsche, Arbeitsplatz ... Ein Weg führt zum »Mahnmal Zwieberge«.

II

In dieser Gegend der Zwieberge (weil zwischen zwei Bergen, dem Tönnesberg und dem Hasselohe, gelegen) wurde im Sommer 1944 das Außenlager Langenstein eingerichtet. Die-

1 *Mahnmal Zwieberge*, Sonderdruck, Halberstadt 1968, S. 7.
2 *Briefwechsel*, Berlin 1907, 7 Bde., Bd. 1, S. 135 ff.
3 Dr. W. Rimpau, *Frau von Branconi*, in: *Zeitschrift des Harzvereins für Geschichte und Altertumskunde*, Wernigerode 1900.

ses Lager, B II, unterstand den B-Kommandos (1. Kriegsnotwendigkeit) der Amtsgruppe C des Reichssicherheits-Hauptamts, Projektbezeichnung »Malachit«. Eine Stollengrabung durch Häftlingsarbeiter zur Unterbringung eines unterirdischen Fabriksystems, das in Abstimmung mit dem Jägerstab (Reichsministerium Speer), der Organisation Todt und einigen Privatfirmen Rüstungsproduktion (Junkers A. G., Verformung von V 2-Teilen) zum Ziel hatte. Die Kommandos hießen: »Maifisch«, »Makrele«, »Nachtigallenschlucht«. Es sollen zwei auseinanderliegende Ziele erreicht werden: 1. Praktisch: Untertunnelung des Harzsandsteingebirges, ein *Produktionsziel*; 2. Einsperren und sukzessives Beiseiteschaffen des Arbeitskraftmaterials, gestellt vom Stammlager Buchenwald, *Vernichtungsziel.* Eine Planung aus der Zerfallszeit des Reiches. Ein »imperfektes Konzentrationslager« (Madloch). »Zu keinem Zeitpunkt kommt es zwischen Vernichtungsauftrag und Produktionsauftrag zu einer klaren Entscheidung im nationalsozialistischen Sinne.«

III

Eine Gründerkolonie

Vor dem Sommerausflüglerlokal »Landhaus« (Besitzer Niemeck, »im Kriege geschlossen«) fahren die Fahrzeuge aus dem Stabslager vor. Der Garten dieser Wirtschaft ist bereits mit Stacheldraht umgeben, die Fenster der Veranden, auf denen im Frieden Naherholungssuchende Pflaumenmus-Brote erhalten, sind zur Straßenseite (eher ein Feldweg) mit Brettern vernagelt.

In 40 m Entfernung konnte einer (aber nur Obersturmführer Lübeck führte das durch) die eisernen Treppenstiegen zu einer Felsnase besteigen, dem »Gläsernen Mönch«. Man konnte von dort auf die Landschaft hinsehen. Die Bäume im Wirtschaftsgarten, 1810 gepflanzt, boten besten Schatten.[4] Lübeck, Kommandant des zu gründenden Sonderlagers, fühlte sich in dieser, von Insekten bevölkerten, auch wurzeldurchzogenen Einöde abenteuerlich. Wie Robinson.

Er mußte sich bezwingen, die Häftlinge, insbesondere die Politischen, mit roten Winkeln an Jacke und Beinkleid gekennzeichnet (einige mit Abitur oder Mittlerer Reife), nicht als *treue Helfer* wahrzunehmen. Sie schienen ihm so in den ersten Tagen, als sie noch nicht zahlreich waren. Die Gesichter prägten sich ein. Sie benutzten die gleiche Toilette wie er. Die rasch folgende Überfüllung brachte ihn wieder zur Abstraktion. Er hatte sich am ersten Tag aus einer Tanne einen Holzstock schnitzen lassen mit einem Hundekopf an der Spitze. Ab drittem Tag nahm er persönliche Dienste schon nicht mehr an. Es war eine *Versuchung*, sich auf den »Farmerstandpunkt in Deutsch-Südwest« zu stellen.

Lübeck, unter der Uniformjacke (auch im Sommer) ein Pulli. Hieß später: der »Sadist Lübeck«; ursprünglich Realschullehrer, besonderes Interessengebiet: Sturm und Drang, Zeitalter der Aufklärung, Hirtengedicht und Vernunftgedanke. In den Nachmittagsstunden im Landhaus schrieb er, Tasse Kaffee, Musbrot, vom Besitzer gereicht, der aber dann aus Geheimhaltungsgründen nach Oschersleben umgesetzt wurde, an einem Büchlein: »Voltaire in Pommern.«

4 Im Hintergrund der Hoppelberg (Goethe) mit Bergspitze, sog. Hoppelnase. Felskuppe vorn: »Gläserner Mönch.« Zu Füßen des Berges das Grundstück »Landhaus« von 1810.

IV

Die rasch hintereinander heranfahrenden Häftlingstransporte machten es erforderlich, die Insassen wegen Überfüllung des Landhauses in der Feldscheune »Am kleinen Holz« zu lagern. Überfüllung, so daß die Leute nach draußen, zur Arbeit gedrückt waren.

»Stichwort Überfüllung«: Durch das Lager gingen in elf Monaten etwa zehntausend Häftlinge. Unmöglich, schreibt Lübeck, die Gesichter sich zu merken. Sie verschwinden ja morgens in den Höhleneingängen, und abends ist es dämmerig. Insofern aber auch, als Verluste eintreten; es waren ja nicht mehr als 4200 durchschnittlich als Lagerbestand, pro 2 m Grabung ein Toter oder Ausfall, ergibt 650 Häftlinge Schwund monatlich, aus Stammlager nachzuliefern, um die Lagerstärke zu halten. Das lohnt nicht, sich zu merken, man weiß ja nicht, wen es trifft, eventuell ist es nur ein Monat, manchmal seh ich's auch an der Hautkonsistenz. Man kann reinkneifen, und es fühlt sich pappig an, oder der Einkniff bleibt, dann sind sie in den nächsten Tagen weg. Immer aber dieselben Kolonnen. In der Tiefe des Berges habe ich sie ja nie gesehen. Sie mußten aber buddeln und buddeln. Warum wir die Nächte ausließen, weiß ich nicht. Die Fachaufseher der Zivilfirmen arbeiteten nachts nicht. Vielleicht lag es daran.

Ein Bauplan für das zu gründende Lager bestand nicht. Obersturmführer Lübeck wies mit seinem Stöckchen in Richtung eines Fichtenwaldes, da dort die Bedingung erfüllt war, das Lager der Fliegersicht zu entziehen.

Das Lager war Selbstversorger. Es stellte die genannten Arbeitskräfte Privatfirmen zur Verfügung, die hierfür pro Schicht 5 RM für die ungelernte, 7 RM für die fachlich angelernte Kraft an die Lagerführung zahlten. Die Privatfirmen waren mit der Erstellung der Stollen, der Einrichtung der Maschinerie in den unterirdischen Produktionssälen, Schienenbau und Verkabelung usf. beauftragt. Aus den Zahlungen hatte die Lagerleitung, d. h. Wilhelm Lübeck, »die Bedürfnisse des Wachpersonals und der Insassen«, mit Ausnahme des Solds seiner Männer, abzudecken.

Stichwort Arbeitstempo: Die Planungsstäbe unter dem Druck des Endsiegs; die beauftragten Firmen (Privatunternehmen) unter dem Druck kürzester Fristen für Bau- und Produktionsaufträge; bei Fristüberschreitung Verlust der u.k.-Stellung (u.k. = unabkömmlich; d. h. für Fachpersonal oder Inhaber der Firma Versetzung an die Front); Vorarbeiter und Meister durch ein Prämiensystem ans Tempo gebunden; Lagerverwaltung am Tempo interessiert wegen der Einnahmen. Ein besonderer »politischer« Druck, urteilte Tacke, war nicht nötig.

V

Illusionen über den Zeitverlauf des Krieges

Besichtigung der Stolleneingänge »Nachtigallenschlucht«, der unterirdischen Produktionssäle usf. durch Ingenieure, Regierungsinspektoren vom Baustab Heese und vom Jägerstab. Das ist ganz phantastisch. Jetzt, November 44, stehen 400 Werkzeugmaschinen in den 70 m breiten, 13 m hohen Produktionssälen. Der Boden ist mit Beton ausgegossen. Polnische Fachkräfte arbeiten an der Verformung von V 2-Waffenteilen.

Über den Gleisanschluß zur Blankenburger Bahn konnten 80 Güterwagen etwa 900 m in den Stolleneingang hineinfahren.

Ingenieur Petersen beklopfte den Stein der Wände: Alles Originalgebirge.

Sie wollten bis 1947 weitere 7 500 000 qm^3 unterirdischen Raum in das Gebirge treiben, stritten über Prioritäten im Waffenbau.[5] Frühjahr 1950 war, nicht nur im Harz, die deutsche Industrie unterirdisch.

5 Zum selben Zeitpunkt war der »politischere« SS-Arzt, Hauptsturmführer Schidlanski, schon dabei, die Todesursachen auf den Formularen der Krankenbaracken zu »schönen«. *Er* dachte bereits an die Nachwelt.

Soviel Arbeitskraft wie hier hatten sie noch nicht zur Verfügung gehabt. Oberst-Ingenieur Bär machte einen Witz: Wir graben gleich daneben noch einen Tunnel und kommen in New York wieder heraus. Hätten wir nur 1936 mit diesem phantastischen Arrangement billigster Arbeitskraft anfangen können, natürlich hätten wir so etwas geschafft.

VI

Waldgaststätte Kamerun

Das Kommando Überlandwerk Derenburg, Kommando 52, bestand aus zwei Häftlingen, Elektro-Facharbeitern, die eine Gruppe von 38 anderen Häftlingen angelernt hatten und von einem Meister (Zivil) und zwei Luftwaffen-Soldaten bewacht oder eingewiesen wurden. Am 6. Januar 45 verlegten sie elektrische Anlagen in der Waldgaststätte Kamerun. Die Gaststätte, davor ein Kinderspielplatz, verfallen, Empore für eine Musik-Kapelle, Gartentische und Stühle, war nicht bewirtschaftet, von Nahrungsmitteln entblößt. Kein Wasseranschluß. Dies sollte ein Quartier werden für Planungsstab Organisation Todt.

Aber in der Küche hingen an den Wänden die Attribute der Sommerverpflegung im Wald: Töpfe, Tassen. Sitzecken im Gastraum, so als käme die Bedienung gleich.

Die Arbeitsgruppe war vom Zauber des Konsums nicht wegzubringen. Lichtleitungen waren verlegt. Jetzt saßen die 40 Männer an den Tischen, taten, als ob sie aus den Tassen von dickem Porzellan tränken.

Aufbruch! sagte der Meister. Die Gefangenen bewegten sich nicht von ihren Sitzen. Einer der Luftwaffen-Soldaten lief zum Hauptlager, fragte, was sie machen sollten. Schießen Sie in die Decke oder unmittelbar hinter die Füße. Das geht nicht, meinte der Soldat, wir provozieren Angriffe auf unsere Person.

Dann lassen Sie sich die Waffe wegnehmen und melden sich anschließend bei mir zum Strafantritt. Scharführer Tscheu war nicht da, sein Vertreter Asimus war nicht bereit, sich aufzuregen. Wenn Sie versagen, müssen wir eben *Sie* erschießen.

Der Soldat lief wieder zurück. Sie baten die Leute, sich

fortzubewegen. Nein, die fühlten sich in der erstorbenen Umgebung wohl, nährten sich von der *Idee* der Nahrung.

Man war unter sich. Der Meister, die 2 Mann Wache mochten flehen oder befehlen; solange sie die Waffen nicht benutzten, waren die Häftlinge, alles Fachleute, bereit, sie ihnen zu belassen. Wir werden Meldung erstatten, sagte der Meister. Es kam ihm aber zu Bewußtsein, was die Häftlinge ohnehin wußten, daß er durch einen solchen Bericht sich selber Nachteile zuzöge. Das kam in der Situation zum Ausdruck.

Es war das Elend selber, das so ruhige, konsumige Beharrlichkeit aufrechterhielt, also die 38 Mann unter Wache hielt, so daß sie nicht an Flucht dachten. Wohin sich wenden? In blau-weiß gestreiften Mänteln, darunter gestreifte Bein- und Jackenkleider? In Frage kam, sich in den Wäldern zu verstekken. In einer Laubhöhle (im Winter)? Oder einem Höhlengang? In Furcht vor Förstern usf.? Ein Fluchtweg durch halb Deutschland?[6]

Gegen 22 Uhr ließen die Männer ab von dieser Gaststätte, »Kamerun«, in deren elektrischem Licht sie sich gesonnt hatten, wurden ins Haupt-Lager zurückgeführt durch knirschenden Schnee.

VII

Das unternehmerische Umfeld

[Schachtmeister Pelkas[7] Traum] Pelka sitzt dienstfrei vor seinem Bier in der Gaststätte Bullerberg, Halberstadt, das träumt er. Da tritt ein Unbekannter zu ihm und sagt: Hier liegt die Bescheinigung über Einzahlung von 20 000 Dollar auf

6 Vor einigen Wochen hatte eine Hausfrau aus der Unterstadt von H. den Wald betreten, in einem Kinderwagen Brot und Bier gebracht. Hätten 38 Mann oder auch nur 2 diese gute Tat rächen sollen, indem sie ihr ins Quartier rückten, auf Grund von Entdeckung: Ermittlungen der Gestapo gegen die Gastgeberin, deren Anhang usf.?

7 Von ihm wurde viel geredet. Im Januar 1945 versuchte er, zivile Kommandoführer der Fa. Bode-Grün-Bilfinger & Co. zu überreden, Häftlinge zu prügeln. Das wird bei uns nicht gemacht, weil dann Fehler passieren, die zu Mängeln führen, antwortete ein Meister der Firma. Pelka: Ich zeige Sie an!

ein Nummernkonto in der Schweiz, außerdem ein Haus mit Garten, drei Lastwagen, ein Fuhrunternehmen. Mit Garagen? Mit Garagen. Für alles das müssen Sie nur den Häftling Nr. 31482 unversehrt herausbringen. Pelka, 12 Jahre Schachtmeister in Kattowitz, danach Einsatz im Donez-Gebiet, Stalino usf., geht folgendermaßen vor: Er verursacht einen Gesteinsbruch, unter dem eine Anzahl Häftlinge verstümmelt liegen. Damit ist die Nummer 31482, der Adlige, dessen Ahnen auf die Fürsten von Byzanz zurückreichen, in den Lagerlisten als tot durchzustreichen, kann dem Unbekannten in Gaststätte Bullerberg übergeben werden.

[Der handwerkliche Auslesegedanke] Die Meister F., G. und W. von Bode-Grün-Bilfinger & Co. bildeten mit Handwerksmeisteraugen aus der Menschenzahl ihrer Kolonnen Lieblinge. Am liebsten hätten sie Fortbildungskurse, Lehrlingsausbildung organisiert. Aber wo? In einer Ecke des Felsgewölbes?

Dagegen die unternehmerischen Einfälle der SS-Wachführer F., D. und S.: Schikanen lagen in ihrer Hand. Sie konnten z. B. eine Kolonne 1½ Stunden auf dem Appellplatz stehen lassen, Abtastkontrollen durchführen, die das Arbeitstempo drosselten.

Meister Malek, hierher versetzt aus dem großen Rüstungsprojekt Walem, Polen, das feindbesetzt ist, nachdem er dort durch Aufrücken in eine Schlüsselstellung gerückt ist, und jetzt frustriert, weil er den Tunnelteil F, eine ganz untergeordnete Stellung, kommandiert, möchte wenigstens den Wahrheitsgehalt seiner Lage dargestellt sehen. Er hört es deshalb gern, wenn Kollegen ihn einen Sklaventreiber nennen. »Ich habe mit dem Stock geschlagen, sagt er, ich kann das nicht mehr überzählen.« Er will nicht Geld, sondern ein Zeichen für die »wahre Lage«.

[Status-Verwechslungen] Während der Arbeit in den Kommandos, auch infolge des von den Firmen geübten zivilen Stils, produzierten einige Häftlinge immer wieder Vorschläge, Einfälle, arbeiteten mit unregelmäßiger Intensität. Sie nahmen den Sklaven-Status nicht an, sondern verhielten sich unsicher, so als wären sie *Lohnarbeiter.*

So prüfte der politische Häftling Pitter, früher Ingenieur,

daß man die »Säle« im gewachsenen Fels hintereinanderweg durchsprengen könnte und später dann Trennwände einzog, das löste zwei Probleme: schnellerer Abtransport der Gesteinsmasse, besserer Abzug der Explosionsgase, die in den lüftungslosen Hallen oder Stollen nur sehr langsam abzogen. Für die beauftragte Zivil-Firma 4 Tage Plan-Gewinn.

Daraufhin verwechselte Bau-Ingenieur Giese seinen Aufpasser-Status, lief nach Böhnshausen, kaufte einen Koffer voll Brot und verteilte diese Prämie an das Kommando. Jetzt bemerkte Pitter, was *er* verwechselt hatte. Er war ja nicht gewillt, für den »Endsieg« seiner Feinde zu arbeiten, hielt also in Zukunft Einfälle zurück. War aber dann doch wieder in den nächsten Wochen nicht abzuhalten, den Kameraden Tips zu geben. Nur Belohnungen nahm er nicht an.

[**Landjäger Feuerstake – Langenstein**] Er kam nie nahe genug an einen der Häftlinge heran, um ihm etwas wegzunehmen. Sie hatten wohl auch nichts.

Sein Entgelt das Gefühl, in einem wichtigen Geheimbereich mitzuhalten, daß Regierungsinspektoren und hochgestellte Ingenieure mit ihm sprachen. Er war täglich irgendwo im Umkreis des Hauptlagers anwesend.

Im Februar 45 ging er einem Ausgebrochenen nach. Die Spur war im Schnee zu verfolgen; lieferte den Mann, einen verhungerten Wicht, im Polizeigefängnis Halberstadt ab. Das brachte ein Tagegeld, ein Gespräch mit dem Wachhabenden.

So lief er, zum Teil weit außerhalb seines Bezirks, durch die Wälder, bergauf, bergab, versenkte sich ziemlich perfekt in das Vorstellungsvermögen von Ausbrechern, nahm Ideen vorweg.

[**Bauer Andreas Holzhauer – Langenstein**] Friedlich zog er an seiner Porzellanpfeife. Zunächst fuhr er mit seinem Pferdefuhrwerk die Toten gegen 2 RM »pro Person« zur Verbrennungsstätte Quedlinburger Friedhof. Später stellte der Mann, der rechnen konnte, auf Schlepper mit Anhänger um. Den Betriebsstoff erhielt er vom Feldflughafen H. Er war, als Handwerker, nie unfreundlich zu den Häftlingen, die noch lebten, und ging auch sorgsam mit den Transport-Toten um, weil er für das Geld etwas tun wollte.

Wir kommen zum Hauptproblem, schreibt Obersturmführer Lübeck in seiner Gelehrtenklause im Landhaus: »Bewachung der Bewacher«. Ich habe eine Wachbegleitmannschaft aus unteren Chargen des Bodenpersonals vom Flugplatz Halberstadt, 30 Mann SS, die SS-Unterführer und den SS-Scharführer Tscheu. Keiner älter als 22 Jahre. »Spur junger Kniekehlen«.

Die Leute kannten sich nicht. Durch Kameradschaftsabende wollte Lübeck sie näher zueinander bringen, »zusammenschweißen«.

»Führungsprobleme von jugendlichen Banden« (nach Lübeck).

»Geistiger Mensch«: Deshalb durfte Lübeck das Lager oder die Stollensysteme selber nicht betreten. Er schritt nur manchmal morgens früh der aus dem Lager marschierenden Kolonne entgegen, trug den Knotenstock mit Hundekopf.

Enzyklopädie, Band 1, 1751: »Die Vernunft ist eine Fackel, die von der Natur angezündet wurde und dazu bestimmt ist, uns zu leuchten, die Autorität dagegen ist bestenfalls nur ein **Stock,** der von Menschenhand geschaffen wurde und uns im Fall der Schwäche auf dem Weg zu helfen vermag, den uns die Zukunft zeigt.«

Er wollte also durch seltenes Zeigen seines Stockes und seiner dicklichen Person die Vernunft auf den verschiedenen Ebenen des Lagers gewährleisten oder anregen: Häftlingskorps; Scheinwerferbedienung; Schützen auf den Wachtürmen; Verwaltungsstab; Verbindungsmänner zu den Privatfirmen; Scharführer und Unterführer; Ruheschichten usf.

Nun ist der Vernunftgedanke mit nationalsozialistischer Ausrichtung zu übernehmen.

Positiv: Die erbmäßigen Instinktunterschiede seiner Jungen, z. B. gegenüber Wachhunden. Hunde werden den Kampf einstellen, wenn ein Gegner mit Totstellreflex vor ihnen liegt. Der SS-Mann wird dagegen pflichtgemäß

handeln. Pflicht aber nur als passives Trägheitsmoment. Weil bisher so gehandelt wurde, wird weiter so gehandelt. »Die innere, etwas schweinische Haltung der Truppe ist ein Gefahrenherd für die Führung.«
Geschlechtlichkeit als Führungsmittel: »Homosexuelle Verbindungen machen Vernunftarbeit zunichte.« Ließ dann lieber in den Dämmerabenden, Advent 1944, zu, daß in bis dahin geräumter Feldscheune und in Zimmern des »Landhauses« einige Frauen zuzogen.
Nationalsozialistische Ausrichtung: Die jungen Hunde waren nicht scharf. Man konnte also nicht durch Zug und Bremse eine ohnehin vorhandene Kraft in eine bestimmte nationalsozialistische Richtung lenken. Die Männer verhielten sich politisch gleichgültig. Sitzen z. B. am Telefon, erkunden durch Ferngespräche den Verlauf der Fronten im Ruhrgebiet oder bei Hildesheim und Braunschweig . . .
Fleischzuteilung: Um die Fleischrationen der Wachtruppe zu verbessern, wird die den Häftlingen zugeteilte Fleischration von der städtischen Freibank Halberstadt bezogen, es wird das Vierfache des Kartenkennwerts verausgabt. Dadurch wird ¾ der Häftlingsration für die Bedürfnisse der Truppe reserviert. Führungsmittel bleibt unzulänglich, da die Jungen, stark im Fleisch stehend, die Zuteilung nach einer Woche als Gewohnheit betrachten, zusätzliche Ansprüche äußern.
Apartheid, Disziplinargewalt: Führungsproblem der Wachtruppe und »Handhabung der Häftlingsmasse«: eine innere Einheit. Die Häftlingsmasse aber, Deutsche, Tschechen, Franzosen, Italiener, Russen, 2, 3 Engländer, vor allem viele Polen, rund 4200 (aber keine Gesichter), selber keine Einheit, müßte durch Lübeck erst noch verschweißt werden. Sollte Lübeck, bei Ungehorsam seiner Jungen, die aus Häftlingen zusammengesetzte Lagerpolizei einsetzen? Einen ungehorsamen Wachmann oder einen Versager in den Häftlingsstatus drücken? Kurze Zeit war es Herbst 1944 möglich, einen SS-Gerichtsoffizier aus Magdeburg kommen zu lassen. Dies wirkte für

den betreffenden Tag. Magdeburg: »Naseschnauben ist für mich immer noch etwas anderes als das Geschlechtliche.« Standartenführer Fuchs, SS-Gerichtsoffizier, B I-IX. Die Frauenbesuche durften nicht in Erscheinung treten. Natürlich erfuhren Lagerältester, Küchendienst, zumeist politische Häftlinge, von »Vorkommnissen«. Der Pfarrer von Böhnshausen: »Für dieses fluchwürdige Genießen der Liebeslust entarteter Menschen ...« Ihn für diese Äußerung anzeigen, oder lieber abwarten?
Für den äußersten Notfall: Lübeck hatte für SS-Unterführer Tscheu, Kaiser, Wolf, Mazur, Asimus, Kroll ein Zusatzarsenal von Waffen bereitgestellt. Als innere Einheit, die rücksichtslos von der Schußwaffe Gebrauch macht, falls Wachtruppe versagt oder Aufstand versucht.

»Schieße gut und schieße schnell
schieße gut wie Wilhelm Tell.«

Nikolausfeier 1944: Manchmal konnte Lübecks Herz überfließen. Da saß die Truppe an langen Tischen der Feldscheune, Budenzauber. Vom Plattenspieler:

»Mamatschi schenk mir ein Pferdchen ...«

Man hätte glauben können, mit einer solchen Truppe bis Wladiwostok durchbrechen zu können, aber das war schon am nächsten Morgen, als nach Dienstplan verfahren wurde, wieder ganz anders.

Irrtümlich nahm Lübeck an, daß Vernunftbegriff und »nationalsozialistische Ausrichtung« Gegensätze seien. Das ist ideologisch falsch (siehe dazu Madloch, unten, S. 387 f.). Vernunft ist nicht menschenfreundlich, sondern ein Sortierbegriff. So bildet z. B. die elende kreatürliche Lage der Arbeitskräfte im Lager eine *natürliche Apartheidsschranke*, d. h. »vernünftiges Mittel zur Führung der Wachtruppe, weil Abgrenzung (wenn sie sich nur nicht immer örtlich mit den Kolonnen berührte, wenn sie sich nur nicht selber elend zu fühlen begann ...)«.
Hätte Lübeck einen Resozialisierungsauftrag gehabt, so

hätte er aus seiner Truppe bis 1946 oder 1948 etwas machen können. Er hätte nämlich mit dem *Grundmaterial* begonnen: der Organisierung der Häftlinge selbst. Er hätte eine Sprinter-Staffel, eine Ruder-Mannschaft, Qualifikationsspiele, Leistungsnormen, Stufenstrafvollzug, Entwicklung von beruflicher Weiterbildung und Facharbeiter-Kommandos organisiert.

Resozialisierungsauftrag hätte aber bedeutet, daß die gefangene Arbeitskraft ins »Volksganze« zurückgeführt würde. Es wären *Arbeiter* geworden. Das war, dachte Lübeck, nicht der Auftrag des Lagers.

IX

Verschrottung durch Arbeit

[Bericht durch Regierungs-Inspektor, SS-Obersturmführer Madloch] Madloch, Finanzinspektion der Amtsgruppe III RSHA, Schüler von O. F. Ranke[8], maß Dezember/Februar 44/45 die Arbeitsleistung in verschiedenen Außenlagern der B-Kommandos. Er gelangte zu einem vernichtenden Urteil.

[Vom nationalsozialistischen Standpunkt] Nicht Rache, Strafe oder Sühne, sondern als Kernsatz: Ausschöpfung und Nutzung der Arbeitsleistung für den Sieg und Ablehnung jeder Wiedereingliederung ins Volksganze, so wie auch Bakterien nicht dem Körper zugeführt werden.

Dazu müssen wir mit der eigenen Sentimentalität, mit 1000jähriger Überlieferung des christlichen Sühnegedankens, aber auch mit Schlendrian und Juristengeist, »insbesondere aber mit jüdischer Vermischung aller dieser Gesichtspunkte«: heulen, strafen, vermasseln, Rache üben (für was denn? Von ihnen hat wohl keiner einem konkreten Nationalsozialisten etwas getan!) ein Ende machen.

»Geht es um Bestrafung oder geht es darum, die Arbeitskraft reell aus Haut und Knochen, und insbesondere aus den, trotz Hunger, Ausmergelung, befähigten, wenn auch politisch

8 O. F. Ranke, *Arbeits- und Wehrphysiologie*, Quelle und Meyer, Leipzig 1941.

abzulehnenden Köpfen der Häftlinge herauszuziehen?«

[Zweifel am Nutzen menschlicher Arbeitskraft, wenn sie nicht die Hirnkraft mitnutzt] In diesem Punkt ritt Madloch sein Steckenpferd: Wir sind nicht in Ägypten oder Indien, asiatische Produktionsweise lehnt der Nationalsozialismus ab. Beispiel: menschliche Arbeit (und auch, soweit es sich um untermenschliche handelt, Nutz davon nur der menschliche Teil) ist in Form bloßer Muskelarbeit unwirtschaftlich wegen der hohen Brennstoffkosten.[9]

[Beispiel: Sauerstoffschwund, Beobachtung am Arbeitsprozeß Kommandos 54-58] »Die Durchblutung des Muskels kann nicht beliebig zunehmen, da die Erweiterung der kleinsten Arterien anatomisch begrenzt ist. Steigt der Stoffwechsel bei dieser schweren Arbeit weiter an, in den Stollen ist ohnehin kaum Luft[10], so kann von einem bestimmten Wert an, der

9 »Betrachten wir nur die Kosten für menschliche Arbeit, so können wir uns an einem sicher unvollständigen Beispiel klarmachen, wie unwirtschaftlich Muskelarbeit wegen der Brennstoffkosten ist:
Nehmen wir an, 50 Säcke mit einem Gewicht von 100 kg/Sack müßten auf einen 10 m hohen Speicher transportiert werden, dazu ist eine physikalische Arbeit von 50 000 mkp notwendig. Der Wirkungsgrad der Muskelarbeit ist in diesem Falle höchstens mit 1-2% zu veranschlagen, weil der Arbeiter jedes Mal sein eigenes Körpergewicht mittragen muß. Für die Gesamtarbeit sind etwa 1000 kcal Arbeitsumsatz notwendig. Wenn diese 1000 kcal durch 150 g Schweinefleisch (RM 0,90) + 250 g Kartoffeln (RM 0,50) + 200 g grüne Bohnen (RM 0,75) wiederaufgenommen werden, so ergeben sich energetische Kosten von RM 2,15.

Wird dagegen ein elektrischer Sackaufzug benutzt, bei der die Anlage einen Wirkungsgrad von 70% haben soll, so werden für die 50000 mkp nur etwa 0,2 Wh benötigt (mechanisch-elektrisches Wärmeäquivalent 1 mkp = $2{,}72 \cdot 10^{-6}$ kWh). Die Betriebskosten werden bei einem kWh-Preis von RM 0,10 nur RM 0,02 betragen.

Deshalb: Vermeiden von Leerbewegungen oder Heben des eigenen Körpergewichtes, geringer Anteil statischer Haltearbeit, Ablösung verschiedener Muskelgruppen und vernünftiger Schutz gegen extreme thermische Einwirkungen.

Umzurechnen auf den verringerten Kalorienbetrag im Hauptlager 1 l Suppe pro Mann (dünn); 1 Komißbrot für 10 Mann; 1 Würfel Margarine für 15 Mann; 1 Eimer Marmelade für 50 Mann.

Als durchschnittliches Körpergewicht wird gemessen 56 Kg.« (Madloch).

10 »Feiner Silicium-Staub, als Folge der Explosionen im Tunnel, der messerartig die Lungen zerschneidet. Die Arbeitskräfte werden nach Sprengungen in den Bereich der Explosionsgase zur Arbeitsaufnahme getrieben, ehe diese Gase zum Stolleneingang hin abgezogen sind. Wieso sollen die Gase, mangels Zugluft, eigentlich überhaupt veranlaßt werden, sich dorthin zu bewegen?«

durch die senkrecht gestrichelte Linie markiert ist, die Durchblutung praktisch nicht mehr gesteigert werden[11]. Der Muskel beginnt anaerob zu arbeiten. Infolgedessen wird die Milchsäurekonzentration im Muskel ansteigen, obwohl ein gewisser Teil der Milchsäuren in die Kapillaren diffundiert und abtransportiert wird. Die Folge ist, daß das Alkali, das zur Puffung der Säurewirkung notwendig ist, infolge der stärkeren Dissoziation der Milchsäure aus dem Bicarbonat herausgetrieben wird. Der CO_2-Druck wird ansteigen, weil der Nenner der Henderson-Hasselbalch'schen Gleichung kleiner wird.

$$- \log H + 3 - \log K' - \log \frac{CO_2}{Na\,HCO_3}$$

Das Muskel-PH wird also absinken. Die Kontraktionsfähigkeit des Muskels wird schlechter, so daß die Arbeit abgebrochen werden muß.«[12]

[Zum Begriff der Verschrottung] In diesem Begriff, schrieb der einsame Madloch, ist die Zerlegung der nutzbaren Einzelteile, ihre Sortierung zu neuer Vernutzung und die Vollständigkeit (d. h. Rückstandslosigkeit) dieses Prozesses enthalten. Der Begriff der Liquidierung ist hierin bereits vorgesehen.[13]

[Abschlußbesprechung über Madlochs Bericht. Anwesend: Standartenführer Bülow, Magdeburg; Obersturmführer Lübeck, Lagerkommandant; Hauptsturmführer Madloch, Untersuchungsführer und Arbeitszeitmesser] Keine sehr kameradschaftliche Handlungsweise, Herr Madloch, sagte Lübeck, und deutete auf den Bericht. Es wäre anständiger gewesen, wenn Sie zunächst mir davon erzählt hätten. Er wandte sich ab, starrte aus dem Fenster.

11 »Sie wird nur noch unbedeutend ansteigen, dadurch daß der arterielle Mitteldruck sich etwas erhöht. Mit dem Ende der Durchblutungssteigerung wird auch die CO_2-Aufnahme ihr Maximum erreicht haben, da Anlieferung und Abtransport jetzt limitiert sind.«

12 »Das ist die Stunde der SS. Diese versucht, die fehlende Kapillarerweiterung, das Fehlen von Luft oder Austausch, durch Gewalteinwirkung, z. B. Stockschläge, Aussonderung, Essensentzug usw. usf. zu ersetzen.«

13 Siehe dazu Madloch, S. 385 ff.

Redegewandt, aber nicht pupillensicher, das war die Ansicht des Standartenführers über Madloch. »Das ist kein aufrichtiger Mensch.«

Aufgrund des Berichts geschah dann überhaupt nichts. Die Reformen jagten sich gegen Ende des Kriegs.

X

Nicht-Öffentlichkeit – Öffentlichkeit

[Café Hundt, 12. Dezember 44, Zürich] Den ganzen Nachmittag über spielte der Plattenapparat, in den man seitlich 5 Rappen einwerfen mußte, im Auftrag der Kellnerin Diana, die frei hatte:

> »O du lieber, o du g'scheiter
> o du ganz g'hauter Fratz!«

Daß die so schlau waren, sich zu finden! Und danach kam die Platte:

> »Ich hab einen Mann, einen wirklichen Mann
> den feschesten Kavalier!
> Da glaubt keiner dran und sie schauen mich an
> so *schneidig* wie er ist keiner hier!«

Das war die wunderbare Wiener Zeit, also vor 1914, an die noch einige Stücke Kuchen und die Lampen des Lokals erinnerten. Fünf Schritte vor der Tür schon wieder *Schweizer Umgebung*.

Sie, eine so harte Geschäftsfrau, wäre gern sentimental gewesen. Sie hätte sich die Schlauheit der beiden »g'hauten Fratze« gewünscht (in einer Person!) oder einen Mann, mit dem sie Puppe spielen konnte, solange die Freizeit reichte. Gewissermaßen einen Sklaven zu ihrer Verfügung auf 2 Stunden.

Das war nur mit Musik und vielen Gläsern Wein erreichbar, der gezuckert war und mit Kopfschmerz bezahlt wurde. Noch aber verschwamm alles. Auf die Stunde genau: ein Moment. »Ihr Mitempfinden umfaßte die ganze Welt.« Sie wünschte sich was, den ganzen Nachmittag. Männer, die sie anquatschten, wies sie konsequent ab. Sie hätte nie angenommen, daß da ein Fratz drunter war oder jemand, auf den das Wort »schneidig« paßte, von dem sie wußte, daß es noch für ihre Mutter etwas bedeutet hatte.

[40 Schritte vom Café Hundt Eiskunstlauf-Stadion, Zürich] Die Kapelle des Stadions spielte *très jolie* von Emil Waldteufel und danach den Schlittschuhläufer-Walzer. In einer Viertelstunde sollten die offiziellen Eiskunstlauf-Paare angesagt werden. Schneeflocken setzten sich langsam auf die Köpfe der Zuschauer, die zwischen Dämmerung und Flutlicht in dicken Mänteln dasaßen.

[Ein Mensch mit Grund für Bewußtsein und einem besonderen Zugang zu den Nachrichtenquellen] Christl Mehnert, Sport-Reporterin der *Züricher Zeitung*, versuchte zum Himmel aufzusehen, der oberhalb der Flutlichtgrenze liegen mußte. Die Dezember-Großwetterlage verband sie mit dem Bruder, von dem sie »wußte«, daß er als »Arbeitsgefangener«, wegen politischer Straftaten, in einem Lager in Harznähe Bohrarbeiten ausführte. Wie sah der Wind, die Flocken, die Dämmerung im Harzgebiet aus? Wie wirkten sich »die Umstände« aus? Jetzt tanzten Clowns auf dem Eis, es wurden Drops angeboten.

Sie wußte, wenn sie vom Stadtplan ausging, wo Richtung Nordosten lag. In dieser Richtung suchten ihre Gefühle. Aber welche hatte sie? Es gehört Wissen dazu, Gefühle zu haben. Sie aber wußte, wie ihr Bruder 1938 zuletzt ausgesehen hatte, außerdem Worte. Was ist daran Bewußtsein, daß sie sich vorstellte, er käme noch zu dieser Veranstaltung? Setzte sich zu ihr? Dabei war sie insofern bevorzugt, als sie als Reporterin an der Quelle der Nachrichten saß, die die Schweiz erhielt.

> »Weiße Kinder schleifen leis
> über'n Schnee auf dünnem Eis . . .«

Marsch-Fox.

[Verzweifelter Versuch eines öffentlichen Protestes] Die Nachtschicht, die in der Neujahrsnacht 1945 die Stolleneingänge Malachit verließ, fand den Baptisten-Pfarrer Busch neben Güterwaggons am Lampengestänge erhängt, etwa 930 m vom Höhlenausgang entfernt. Sie nahmen den noch warmen Körper herunter, brachten ihn vor den Höhleneingang ans Tageslicht. Madloch nahm diesen Protest-Tod für seinen Bericht zur Kenntnis. Er schätzte die eigentlich unbezifferbare »geistige Verwirrung« und den Gesprächsaustausch über den Vorfall unter den Häftlingen auf eine Kraft von 10 Millionen erg (die so verloren ging). Lagerführer Tscheu sah in der Tat »die schärfste Aufstachelung«. Er sah keine Möglichkeit, Obersturmführer Lübeck davon Meldung zu machen, da dessen Ärger sich gegen ihn gewendet hätte. Man versuchte zu verhindern, daß der Küchendienst, der wichtigste Nachrichtenverteiler innerhalb des geheimen Sperrbereichs, von dem Ereignis erfuhr.

[Stärker gefühlsmäßige Messung Madlochs, Heiligabend 1944] Wenn man Madloch war, der, einigermaßen genährt und für seine Messungen ja begeistert, durch das Warme der Höhlensysteme, mit den zusätzlichen Lampenreihen an je einer der Stollenseiten, dem Ausgang zulief, sah er dann wartende Kolonnen im Schnee stehen, die ihre dünnen blauweiß gestreiften Mäntel und Käppies trugen, er selbst aber fror nicht, dann konnte die schöne Bezeichnung des Lagers, die seinem Standort entsprach (denn es befand sich in einem Tal, auf den Kuppen der Berge ein rauher Wind, der den Schnee in Strähnen, also wie Regengüsse dahinjagte, hier aber auf den Schotterwegen war der Schnee festgetrampelt und die Flocken sanken langsam), die hin- und herziehenden oder appellmäßig dastehenden Kolonnen – der messende Malloch sah ja nicht nur, was er sah, sondern wußte, was tief in den Stollen keiner wußte (und weit drüber, stiller, mit Schnee verhangener Bergwald und unmäßig viel Luft), – **dann konnte es als Illustration zu Märchen eingeordnet werden, in denen gute Berggeister und Gnome in den Bergen Erz fördern.**

Madloch war nicht sentimental. Warum stehen die Leute hier herum, fuhr er die Luftwaffen-Soldaten an, die als Wächter mit der Kolonne vor dem Höhleneingang warteten. Sie hatten die Kolonne nicht nah genug an der Felswand aufgestellt, um den Windschatten zu nutzen. Sie wußten nicht, warum sie hier standen. Die Stunde frieren kostete pro Mann

800 cal, bei 1100 cal/24 h, die überhaupt für den Tag zur Verfügung standen.

Im übrigen weihnachtete »das Waldgelände«, nachdem Madloch die Kolonne näher in den Schatten des Stolleneingangs postiert hatte.

XI

[Die Gruppe Glückert, Neujahr 1945] 28 Mann auf LKW mußten Kisten mit Dokumenten, die von Staßfurt kamen, in einer Nebenhöhle in den Hoppelbergen schichten und den Höhleneingang sprengen. Danach wurden sie mit Maschinengewehren in einer Kuhle erschossen, da auf ihre Verschwiegenheit kein Verlaß war (Verschlußsachen-Vereidigung war mit Häftlings-Status nicht vereinbar). Die Sache war *streng nicht-öffentlich*.

XII

[Madloch überlebt] Obersturmführer Lübeck kam im März bei der Bombardierung Magdeburgs um. Der Kampf ums Dasein verläuft nicht über Personen, sondern über Zufälle.

Der Adjudant des Standartenführers in Magdeburg, der den Auftrag hatte, den seit 14 Tagen schwelenden Zwist zwischen Lübeck und Madloch zu »beobachten«, war erleichtert.[14]

Nachfolger Lübecks: Hauptsturmführer Hofmann, ehemals Fuhrunternehmer. Er bezog Madlochs »rücksichtslosen Abschlußbericht« nicht auf sich.

XIII

[Dienstbesprechung vom 6. April 45, nachts, anwesend Obersturmführer Hofmann, Oberscharführer Tscheu, die SS-Blockführer, Gestapoleute aus Halberstadt] Am frühen Abend hatte die Zentrale nach Braunschweig keine Verbindung mehr bekommen. Dort saßen die Amerikaner.

Es wird so gemacht, sagt Hofmann: 1. Vollalarm, 2. die Kolonnen werden »aus Luftschutzgründen« in die Stollen geführt, 3. die Stolleinengänge werden gesprengt, 4. Marschunfähige und Kranke in die Krankenbaracken, deren Wände mit Benzin und Petroleum begossen und in Brand gesetzt werden.

In den Apriltagen wurden Tag und Nacht Löcher in die Wände der Stollen gesprengt. Ein Luftwaffensoldat sagte einem Häftling: Ihr werdet dort hineingeführt und die Stolleneingänge werden zugesprengt.

»Dieser Plan mußte noch in der Nacht aufgegeben werden, da er zur Kenntnis der Häftlinge gelangte und die Mannschaft zu klein und unzuverlässig war, um einen Transport in die Stollen gegen deren Widerstand durchführen zu können.«

14 Aber einen Moment lang hatte es so ausgesehen, daß es zu einem Zweikampf zwischen Kontrolleur und Kontrolliertem käme. Was, wenn Madloch in der Dorfeinfahrt Langenstein mit seinem Wagen verunglückte? Oder er wird in den Klusbergen bei Halberstadt neben einigen Felsen, eine Frauenleiche daneben, gefunden? Meldung erfolgt an Standartenführer Magdeburg?

XIV

[Abendliches Gespräch des geflüchteten Rassekundlers Clauss, mit hohem SS-Rang, am 2. April 1945 mit SS-Hauptsturmführer Hofmann (Nachfolger Lübecks als Kommandant des Sonderlagers Langenstein). Ort: Villa, Halberstadt, Spiegelsbergen-Weg 25] Sie sitzen auf der Veranda von Clauss' »Notunterkunft« (immerhin 6 Zimmer, Küche, Veranda), Fenster geöffnet zur lauen Nachtluft. Thema: die grausame Situation, die man mit den Sinnen jetzt gerade nicht sieht: Wo soll bei sich nähernden Fronten Clauss mit seinem Forschungszeug, Hauptsturmführer Hoffmann mit seiner eingezäunten Menschenmenge hin?[15]

CLAUSS: Machen Sie keine Sachen, Frieder.
HOFMANN: Nehmen Sie noch etwas Bowle?
C: Danke.
H: Ich sehe schwarz, wenn diese Leute in ihrem aufgespeicherten Ärger das später an Volksgenossen auslassen. Deshalb müssen sie weg.
C: Sie können nicht Wurst daraus machen.
H: Zusammenschießen?
C: 3962 Mann?
H: Man muß etwas nachdenken.
C: Was sagen die Dienstanweisungen?

15 Der Rassekundler Clauss ist von seinen Forschungen in Weiß-Ruthenien nach Halberstadt verschlagen. In einer Villa am Spiegelsberge-Weg hat er drei Zimmer mit Aufzeichnungen, präparierten Rasseköpfen usf. vollgestellt. Achthundert Meter vor dem Halberstädter Hauptbahnhof warten in 12 Güterwagen die Restbestände des Instituts. Noch konnte sich Clauss nicht entschließen, dieses Zubehör im Stich zu lassen und sich weiter nach Westen oder Süden abzusetzen. Clauss' Forschungsinteresse war »dinglich« gerichtet. Im Gegensatz zu Madloch, der eine völkische Grundsubstanz verneint (sie ist ihm vielmehr Resultat elementarer Arbeitskraft, völkisch ist nur die »Form«), versucht er seit 1939, durch Auswählen und Sammeln der völkischen Grundsubstanz, das Schwebende des arischen Körpers und Geistes (unter besonderer Berücksichtigung des Heeres und der landwirtschaftlichen Bevölkerung) zu fixieren. Dann aber waren wichtige Führerpersonen des Reiches und des Heeres »minderwertiges, unvölkisches Material«. Und ob das »Luftgeistige« nicht an den Zusammenbrüchen und verzweifelten Fluchtbewegungen an den Grenzen des Reiches teilnahm, stand dahin. Insofern war seine Forschungsrichtung schon vom Ansatz her dazu verurteilt, Minderheitsmeinung zu bleiben.

H: Zunächst nichts.
C: Und was heißt: zunächst?
H: Zunächst: Der zuständige Lagerführer muß nach Lage der Gegebenheiten entscheiden.
C: Das ist nichts Festes.
H: Nein.
C: Worauf willst du hinaus?
H: Daß wir das nicht auf die Spitze treiben.
C: Hättest du denn Freude dran?
H: Keine.
C: Also ich glaube nicht, daß die Rache üben. Ich frage: Woher soll die Rache kommen?
H: Aus dem Erlebnis. Denke an Versailles. Denke daran, daß wirs wären.
C: Es kann keine Rache kommen.
H: Du meinst, weil das Untermenschentum ist?
C: Das ist es doch nicht, oder? Es sind zum Teil Volksgenossen wie wir, nur mit abzulehnender politischer Einstellung.
H: Und Polen, Litauer, Tschechen, Russen, usw. *Ich* würde mich rächen, nach allem.
C: Du hast aber keinen Grund.
H: Die haben ihn.
C: Deshalb, sage ich ja, werden sie sich *nicht* rächen.
H: Das wäre minderwertig.
C: Woher soll denn die Energie kommen? Deiner Meinung nach?
H: Was meinst du mit Energie? Die haben zuviel gesehen.
C: Ich rede nicht mal als Rassekundler, auch nicht als Nationalsozialist. Um etwas zu »sehen«, etwas zu erleben, dann auch noch bewußte Handlungen daran zu knüpfen – oder nimm nur die Erinnerung: Rache ist Arbeit. Ich habe diese Arbeitsfähigkeit nicht mehr, wenn ich soviel Grund zur Rache habe, das ist der Energiesatz.
H: Und wenn du dich irrst? Es ist ja nicht Physik.
C: Dann müßten sie mindestens zusammenbleiben.
H: Man müßte sie einzeln flüchten lassen? Daß sie sich auf die Heimatorte verzetteln?
C: Ein jeglicher an seinerstatt. Allein bringt er keine Rache.
H: Und wenn Volksgenossen da durchkommen?

C: Sind es welche, die sie nicht kennen. Es kommen aber keine durch.
H: Gefangene?
C: Kommen nicht einzeln durch Orte.
H: Wenn doch?
C: Dann antworte ich als Völkerkundler: Das mögen Slawen sein. Aber es sind keine geübten Sklaven. Kein Instinkt für Rache.
H: Ist das nicht fürchterlich?
C: Es gilt ja nicht für uns, denn wir sind organisiert, zum Volk zusammengefügt.
H: Und wenn es zerfällt, Untermenschentum?
C: Deshalb noch lange nicht Untermenschen. Sich rächen ist eine komplizierte Arbeitsleistung.
H: Fürchterlich.
C: Noch Bowle?
H: Danke, nein.

XV

[Abendappell, 7. April 45] Obersturmführer Hofmann zu den angetretenen Häftlingen: »Das Kommando des Lagers hat eingesehen, daß die meisten Häftlinge sehr schwach sind und Ruhe brauchen. Aus diesem Grund werden wir einige Tage frei haben.« Später sagt Hofmann: »Wer glaubt, daß wir die Lager übergeben, ist ein Idiot.«

Scharführer Tscheu hatte an eine Stelle außerhalb des Lagers drei landwirtschaftliche Wagen beordert, ließ Brot und Essensbestand verladen und von SS-Posten bewachen. An dieser Stelle, auf dem Feldweg, der am Landhaus vorbeiführt, hatten die Gründerfahrzeuge des Lagers gehalten.

XVI

Die Zerstreuung.

[Marschweg Kolonne Traxler] 10. 4. 1945 Quedlinburg, 11. 4. 1945 Ermstedt, 12. 4. 1945 Unterwiederstedt,

13. 4. 1945 Kirchenedlau, 14. 4. 1945 Zinndorf, 15. 4. 1945 Crina, 16. 4. 1945 Söllichau, 17. 4. 1945 Prettin, 18. 4. 1945 Prettin, 19. 4. 1945 Prettin, 20. 4. 1945 Arnsdorfberge, 21. 4. 1945 Buro, 22. 4. 1945 Buro/Ende.

[Kolonne Schochewsky, 14. 4. 45] »Wir gingen durch einen Ort, in dem uns Plakate sagten, daß hier Frontgebiet ist. Wir gingen langsam, und die Bewohner sagten uns, daß der Angriff von allen Seiten kommt. Über uns kreisten Flugzeuge. Die SS-Posten mischten sich unter uns Häftlinge. Als die Flieger verschwunden waren, riefen alle Häftlinge: bitte Pause. Damit haben wir uns noch ein bißchen Ruhe erworben.«

[21. April 45] »Früh, schnellstens antreten und Abmarsch. Im Wald steht ein Volkssturm-Angehöriger. Einige Häftlinge laufen in den Wald. Die SS schießt nicht. An der Straße eine offene Kartoffelgrube. Oberhalb steht ein SS-Mann mit angelegtem Gewehr. Häftlinge bewegen sich zu den Kartoffeln. Sie werden erschossen.«

»Nach längerem Marsch bleiben wir im Wald stehen. Was jetzt? Wir fragen den Unterscharführer, was mit uns weiter geschehen soll. Er antwortet: Macht kleine Gruppen zu 2-3 und verschwindet. Einige tun das. Als ein Tscheche in den Wald lief, wird er erschossen. Das beendet die Flucht.

Gegen Abend, als wir an einem Wald entlanggehen, laufen vier Häftlinge in den Wald. SS schoß nicht. Einen davon bringen Hitler-Jungen zurück. Dieser wurde erschossen.

Der SS-Mann, der am Tag Häftlinge erschoß, fordert jetzt zur Flucht auf. Einige werden von den SS-Posten in den Wald getrieben.«

[Sonntag, 22. April] »Wir liegen im Stroh. Da kommt der Unterscharführer und meldet, daß wir Brot bekommen. Er hat auch Kartoffeln beschafft.«

[Auseinandersetzung zwischen den zum persönlichen Dienst für den SS-Stab zugeteilten Häftlingen mit SS-Obersturmführer Hofmann] »Wir sagten, daß für den Nazismus alles verloren ist, und der Obersturmführer sollte es nicht auf die Spitze treiben. Obwohl er sich mit dem Schicksal nicht ausgleichen konnte, gab er nach längeren Verhandlungen nach.«

Hofmann ließ von einem der landwirtschaftlichen Fahrzeuge, die unter Scharführer Tscheus Aufsicht mitgeführt wurden, Bescheinigungs-Formulare holen und unterschrieb Entlassungsurkunden.

[**Miroslav Riegel, Nr. 31408**] »Mit dem Zug kamen wir bis Reichenau bei Jablonz a. N. Dann lief ich nach 20 Minuten Ruhepause auf die Straße bis Dalésic bei Fryddein. Auf der Straße war niemand. Nur auf der rechten Seite am Abhang war eine kleinere Gruppe unserer Bürger, welche dort die Grenzstraße bewachten.«

[**Hans Neupert**] »Nachdem ich trotz Gegenbefehl die beschlagnahmten Rauchwaren an die Flüchtlinge ausgegeben hatte, sollte ich in der kommenden Nacht erschossen werden. Diese Information erhielt ich durch den Adjutanten des Kommandanten. Ich flüchtete mit einem anderen Kameraden: Die Anschrift des Warners war: Hein Chenaux, Jülich bei Aachen, Fuhrunternehmer.«

[**Václavs Bartosch, Häftling Nr. 29423 schießt auf amerikanischen Captain in Sargstedter Siedlung.**] Er schoß auf den fetten Mann, weil der ihm nicht gleich antwortete. Der US-Offizier suchte zwischen den Häusern herum, tat so, als hätte er keine Verantwortung für Bartosch, der ihm kurz zuvor noch ein Kästchen mit Brombeeren geschenkt hatte. Der Captain glich dem Kolonialwarenhändler Bierstein in Krovaz. So holte Bartosch das in den Thekenbergen gefundene Gewehr aus einem Verschlag auf dem Dachboden und schoß ihm den Kiefer weg. Er wollte diesen irrsinnigen Captain »entfetten«.

Die Militärpolizei plante, Bartosch sofort zu erschießen. Nach Aufklärung, daß er kein Deutscher war, wurde er dem Gerichtsoffizier übergeben, im Jeep nach Hildesheim und dann weiter nach Herford in Marsch gesetzt. Wäre bis Le Havre den ganzen Etappenweg dieser Panzerdivision entlanggeführt worden, wenn nicht an den Rhein-Übergängen ein Armee-Psychiater den Gefangenen gegriffen hätte. Er laugte

Bartosch für einen wissenschaftlichen Forschungsbericht aus und ließ ihn dann laufen.

XVII

Der Denkmalsplan

Inzwischen ist die Gedenkstätte Langenstein/Zwieberge errichtet.[16] »Entsprechend ihrer Stellung innerhalb der revolutionären und sozialistischen Traditionen des antifaschistischen Kampfes, zur Erziehung der jungen Generation zu jungen Revolutionären im Geiste des proletarischen Internationalismus und sozialistischen Patriotismus, befaßte sich auf Grund einer Empfehlung des 1. Sekretärs der Bezirksleitung Magdeburg der SED, Alois Pisnik, das Sekretariat der Kreisleitung Halberstadt der SED mit der Gestaltung einer Gedenkstätte.«

»Und wenn einmal die Not,
lang wie ein Eis gebrochen,
dann wird davon gesprochen ...
Und einen Schneemann bau'n die Kinder auf der Heide
zu brennen Lust aus Leide ...«

Die Gedenkstätte war aber kein Ziel für Kinder (soweit nicht Schulklassen ...). Eine Art Heide wär's gewesen, wenn man von den Bergen und Fichten seitlich absah.

Riemeck, Dekorateur, kämpfte: Etwas ganz Furchtbares, Antiklassisches ist nötig. – Das werde ich nicht anerkennen, daß das Elend quasi erinnerungslos untergeht. Das wäre das Elend nochmal.

»Gedenkstätte aus seitlich umbautem Raum, mit einer Opferpfanne auf hohem Natursteinsockel und Gedenkstange.«

Er hielt die Gestaltung für unkorrekt, »versöhnlerisch«. Hatte einen Gegenentwurf, wurde verworfen.

[Die archäologische Abteilung des Stadtmuseums Halberstadt hat im Sommer 1964 die Grundrisse der Baracken des Lagers Zwieberge, die ehemalige Waschkaue, einige verrostete Schienenstränge sowie den Grundriß der Stollen von

16 Sonderdruck, a.a.O., S. 57: »Langenstein/Zwieberge wurde zur bedeutendsten Gedenkstätte im Bezirk Magdeburg.«

25 km Länge im Berg freigelegt] Die Mitarbeiter waren erschüttert. Es war unansehnlich. Nicht zu vergleichen mit den Ruinen von Karthago oder von Herkulanum oder Ausgrabungsstätten in Köln, die auch zum Teil unansehnlich sind.

[Dr. Tiedemann] Nun war es ein Anliegen, ein glühender Wunsch Tiedemanns, des Leiters der archäologischen Abteilung, daß im Sinne des geschichtlichen Bewußtseins der Arbeiterbewegung der Erinnerungsverlust »auf allen Gebieten« bekämpft werden muß. Ein unbefangener Wanderer oder Besucher wird das von uns Ergrabene, sagte Tiedemann, für Schamott halten, und wenn wir es beschildern, für Antifa-Propaganda. Es sieht gestellt aus, sagte Mückert, Tiedemanns erster Gehilfe, der, behutsam wie eine Hebamme, zentimeterweise den Dreck über den »Resten« abgehoben hatte.

[Riemecks Vorschlag] Er schlug vor, am Ort des Geschehens, (kaum Aufzeichnungen, Quellenmaterial; keine Fotos; spärliches Adressenmaterial von Geretteten, zum Teil aber im Westen oder in den Heimatorten außerhalb der Staatsgrenze usw.[17]) eine Staffage zu errichten: Der Besucher soll über Holztreppen zu einer Wand treten, einer Art Panoptikum mit Bullaugen, durch die man auf »glückliche Momente der Weltgeschichte« (die hätte er dekoriert oder gemalt) sähe. Daneben Karussell und Wurstbuden? fragte Tiedemann. Jawohl, sagte Riemeck. Wenn die Elenden von 1944 der Bevölkerung nicht etwas geben oder bieten, so geht keiner zur Gedenkstätte, außer zur Einweihung.[17]

17 Bezirksstaatsanwaltschaft Magdeburg, Akte Langenstein-Zwieberge; Aktenbestand des Rates der Gemeinden Zwieberge Nr. 266, Nr. 498, Stadtarchiv Halberstadt; Erinnerungsbericht Gustav Brunner, Plauen; Willi Klug, Zeitz; Werner Segal, Brandenburg; Salomon Ledermann, Magdeburg; Hermann Rosenberg, Berlin; Hans Neupert, Arzberg (Oberfranken); Tadeusz Moderski, Poznan; Zygmunt Zins, Jan Pilch, o. Adresse; Erinnerungsberichte der Zivilarbeiter Fritz Bosse, Halberstadt; Friedrich Pollmanns, Langenstein; Erinnerungsbericht Hilde Hrncirik, Halberstadt-Ost; Joachim Schardin: *Zur Geschichte des KZ Halberstadt-Zwieberge als Außenstelle von Buchenwald und seiner Verbindungen zur illegalen antifaschistischen Widerstandsbewegung* (MS). Alfred Sumpf: *Langenstein-Zwieberge* (MS).

18 Die zwei standen unter dem Eindruck der menschenleeren Grabungsstätte. Sie machten sich einer ideologischen Abweichung schuldig, nämlich Unterschätzung der werktätigen Bevölkerung, sofern die Partei sie organisiert. So haben die Genossen Soldaten des Grenzregiments Halberstadt 4600 Hohlblocksteine für die Grund-

[Tiedemanns und Mückerts Ansicht vom Kern des Verbrechens] Mückert neigte zur klassischen Analyse. Gehören, fragte er, die Häftlinge, die Toten zur proletarischen Klasse? Zunächst einmal, antwortete Tiedemann, gehören sie zum antifaschistischen Widerstand. Die Politischen ja, wandte Riemeck ein. Außerdem sind aber noch da: Rassisch Verfolgte, Sicherungsverwahrte, Ostvölker usf. Gehören sie nun zur proletarischen Klasse, oder nicht? beharrte Tiedemann.

Es war aber immer ein Durcheinander von Ansätzen: Die Politik der Subproletarisierung der Ostvölker (1), die Politik der Isolation, Sicherungsverwahrung (2), Liquidierung der politischen Opposition (3), die zwangsweise Zerdrückung der menschlichen Hirne und Körper zu einer Blechmasse, die der Produktion für den Endsieg nutzt (4). Jede einzelne dieser »Ausrichtungen« hätte die Häftlingsgruppe gesellschaftlich geprägt, damit spezifischer Widerstand, Erinnerung. Wie können wir das Verbrechen dieser Unbestimmtheit herausarbeiten? »Geschichtverbrechen?«

Mückert analysierte: Es sind Facharbeiter, polnische Bauernsöhne, dann: unbestimmt, viele petit Bourgeois, Intelligenz usf. Sie werden ja durch die Verhaftung aus ihrer »gesellschaftlichen Lage« herausgeworfen. Tiedemann: Unvollständig. Sie sind nicht drin und sie sind nicht draußen. Schulmäßig gesprochen, sagte Mückert, sind sie aus ihren Klassen-Bestimmungen »unvollständig herausgeworfen«. Sie suchten in MEW (= Marx Engels, *Werke*, Gesamtausgabe) nach einer passenden Benennung, finden sie nicht.[19]

mauern des Denkmals verbaut. Der Künstler Eberhard Roßdeutscher, Magdeburg, schuf eine Plastik in der Nähe des 5. Massengrabs, als Kubus frei im Gelände stehend. Höherstufung der gesamten Arbeiten »in der Vorbereitung des 20. Jahrestages unserer Republik«. Von Landwirtschaftslehrlingen des VEG Langenstein/Böhnshausen sind auf dem Gelände insgesamt 11 000 einjährige Kiefern gepflanzt. Kraftfahrer Horst Sinnemann: »Ich habe 300 m³ Erde in meiner Freizeit für die Umgestaltung der Gedenkstätte gefahren.« Der Turm der Begrenzungsmauer trägt eine Flammenschale aus reinem Kupfer, Geschenk der Walz- und Stahlwerke der VEB Stahl- und Walzwerke Hettstedt. Die Turmwand des Aufgangs trägt die Inschrift: »Niemand hat das Recht zu vergessen, und niemand darf vergessen, um des Lebens, um der Menschheit willen.« Aber, sagt Riemeck, was hat die freundliche Serie der Organisierten mit dem Elend zu tun? Er hielt es für parteilicher, wenn man sagt: Es kommt überhaupt nicht zueinander. Er hielt sich für den einzigen Nichtrevisionisten in dieser Sache, den einzigen, der wirklich »gedachte«. Tiedemann ließ die Ein-Mann-Fraktion im Stich.

XVIII

Es ging nicht so, wie es den Archäologen vorschwebte. Sobald ein Architektenkollektiv befaßt war, geriet die sinnlich-geschichtliche Wiedererweckung (Riemeck's Plan) wie die reelle Rekonstruktion (Tiedemann, Mückert) ins Hintertreffen.[20] Es wurde an Vorbilder angeknüpft.[21]

Später kamen noch immer Schulklassen zur Stätte. Der elektrisch geladene Stachelzaun, ein hölzerner Wachturm waren nachgebaut worden. Auch Rentner-Busse zum Regenstein

19 Es muß hierfür in der Theorie einen Begriff geben. Tiedemann quält sich schon seit Jahren damit, die sog. Klassenzwischenlagen zu bestimmen. Sklaven waren sie jedenfalls nicht, da sie immer wieder ihren Zustand mit »Arbeit« verwechselten. Riemeck half: Es sind Gefangene. »Anstaltsinsassen«.

Es gehört, sagt Tiedemann, ein Quantum Arbeitskraft dazu, einen Klassen-Status zu erarbeiten oder sich zu erhalten. Niemand wird mechanisch zur Klasse. Falsch, sagte Mückert, er wird durch den Gegner zur Klasse zurechtgedrückt. Es genügt, daß der Gegner ihm die Klasse aufdrückt.

Vorausgesetzt, quält Tiedemann weiter, daß dieser Gegner *seine* Klasseneigenschaft wirklich erarbeitet. Ich glaube nicht, daß die Nationalsozialisten – und schon gar nicht das, was von der Bewegung sich im Wach-Kreis des Hauptlagers davon ausdrückt – die nötige Bestimmtheit haben, eine Klasseneigenschaft aufzudrücken.

Sie versuchten sich längere Zeit an der Analyse, den Nationalsozialismus auf seine Klassenbeziehungen zu bestimmen (was davon übrig ist im April 45, engerer Ausschnitt der B-Kommandos, wiederum engerer Ausschnitt, das, was das Lager und dessen Schlußphase ausmacht).

20 Die Archäologengruppe wurde faktisch abgesetzt. Das Sekretariat der Kreisleitung Halberstadt der SED bestellte eine Arbeitsgruppe.

21 Kranzniederlegung unter den Klängen des Trauermarsches »Unsterbliche Opfer«.

oder Felsenkeller machten (jeweils 4-5 Busse) Abstecher zum Mahnmal. Unvollkommen konnte man sich Leben und Sterben einer verfolgten Minderheit vorstellen oder in der frischen Luft auf den Steinfließen auf- und abgehen. Davon entsteht mindestens Kaffeehunger.

Abb.: Die Einweihung.

Teil II
Hefte 5-10

Heft 5

Ach liebe Engel ... – Man weiß nicht, ob er nicht seine erste Frau umgebracht hat – Wechsel der Lebensläufe so schnell wie ein Radwechsel – Der langsame Hinrichs.

»Ach liebe Engel öffnet mir mir lebend schon die Hintertür – auch wider dem Verbote«

Der Moment der Sättigung liegt über der kolumbianischen Familie, die auf ihrem Flug nach Ost-Pakistan einen Ruhemoment eingelegt hat. Sie ist mit dem Bus vom Flughafen in die Kaiserstraße gefahren, hat dort ein Restaurant aufgesucht. Die Tochter geht von der Situation »Mahlzeit« aus, als sie dem Vater die Hand auf den Oberbauch legt und dessen Wamme beklopft oder betastet. Während sie »wie ein Springquell« spanisch quasselt. Als Ohrringe trägt sie »Lebenszeichen« (Antikriegssymbol ⅄). Die Schwiegermutter, Mutter der Frau, und der Sohn verhalten sich still, als die schmale Mutter auf die Tochter losfährt und in einem Schwall von Worten, ihr in die Hand hauend das weitere Betasten des Vaters verbietet.

Man weiß nicht, ob er nicht seine erste Frau umgebracht hat

Die Frau starb unter unklaren Umständen. Aber Beweise liegen gegen ihren Mann, der dem Betrieb Berlepsch & Co. angehört, nicht vor. Der Totenschein hat einen unverfänglichen Wortlaut, Erbschein ist erteilt.

Dem Ortsbevollmächtigten der Gewerkschaft, Gerloff, erscheint der Mann trotzdem vertrauensunwürdig. Er ist aber nun einmal im Betrieb tätig, wird dort seine Kreise ziehen. Die Geschäftsleitung ist mit den Arbeitsresultaten des Mannes zufrieden. Gerloff, aus Interesse am sozialen Frieden im Betrieb, versucht, sich informiert zu halten. Der vertrauensunwürdige Mann hat gesagt: Den Persermantel meiner Frau habe ich verkauft. 850 Mark habe ich mir dafür geben lassen. Er bietet Gerloff an, ihm den Erbschein zu zeigen. Gerloff: Den können Sie mir fünfmal zeigen und ich glaube Ihnen nicht.

Der Mann fährt fort: Was noch sehr gut ist, ist die gute Wäsche von meiner Frau. Das sind ja bald schon Antiquitäten. Das könnte man auch noch verkaufen. Alles dies ergibt keinen zwingenden Verdacht. Anderseits ist es auch nicht unverdächtig. Anderseits: Würde sich der Mann so ungeschickt ausdrükken, als hätte er selber den Eindruck, daß ihm niemand glaubt (Erbscheinantrag vorzeigen) oder als sei er vor allem gewinnsüchtig (die Verkäufe), wenn er eine Tat zu verbergen hat? Unklar, sagt Gerloff.

Nach einiger Zeit hat sich der Mann aus dem Umkreis des Betriebs eine Kollegin ausgesucht, die er in zweiter Ehe heiraten will. Die Frau fragt Gerloff um Rat. »Du hast auch von den Gerüchten gehört.« Gerloff kann nichts anderes tun, als seine ganze Hirnfläche ihr offenzulegen. Das lautet etwa so: einerseits gefällt mir der Mann nicht. Es gibt Gerüchte, daß etwas am Tod der ersten Frau nicht stimmt. Solche Gerüchte entstehen meist nicht ohne Grund. Das ist die Lebenserfahrung. Es ist aber auch die Lebenserfahrung, daß solche Gerüchte durch Zufälle entstehen. Oder der Mann hat etwas im Gesicht oder in seiner Haltung, das einen ungünstigen Eindruck macht. Es wäre sicher unsolidarisch, wenn man jemand ohne Beweise verdächtigt. Vom Gefühl her empfindet Gerloff aber keine solidarischen Gefühle für den Mann. Es wäre falsch, das nicht auch offen zu sagen, also Solidarität zu heucheln. Andererseits ist es völlig unmöglich, sich nach einer solchen Nicht-Empfindung, einem nicht vorhandenen Gefühl zu richten. Es könnte ja ein Vorurteil sein. Das ist es also, sagt Gerloff, was ich Dir rate.

Die Frau, die die zweite Frau jenes Mannes werden will, sagt: Der tut mir nichts. Gerloff: Ich würde was dafür geben, wenn ich das so sicher wüßte. Aber er kann sich doch nicht dazu aufraffen, ihr den Mann mies zu machen. Er hofft, daß er sich täuscht. Eigentlich müßte er darauf vertrauen, daß er sich in früheren Fällen in der Einschätzung der Kollegen noch nie getäuscht hat. Er quält sich. Die Kollegin, die Rat sucht, dann auch wieder sich nicht irritieren lassen will in einer so lebensentscheidenden Frage, aber auch keinen Fehler machen will und auf Gerloff vertraut, will ihm diese Last von den Schultern nehmen. Sie kennt seinen Tagesablauf. Sie sagt: Ich nehme das mal auf meine Kappe.

Man muß irgendwas riskieren. Fehler kann man nur vermeiden, wenn man überhaupt nichts tut.

Gerloff ist gepiesackt, weil er ja der Frau nichts Handfestes mitteilen kann. Er meint, wenn es gefährlich sein sollte, dann mußt Du mich gleich benachrichtigen, aber wahrscheinlich sind das nur Gerüchte. Die Frau: Ich kenne ihn ja näher. Mit den Augen einer Frau, aus der Nähe, sieht das doch ganz anders aus als vom Hörensagen. Da Gerloff auch unter solchen nebelhaften Umständen zu einem Urteil kommen muß, sagt er: Das mußt Du wissen. Zur Hochzeitsfeier ging er hin. Auf Gerloff macht der Mann jetzt keinen so ungünstigen Eindruck.

Wechsel der Lebensläufe so schnell wie ein Radwechsel

Putermann, Grabbe, Hinrichs vom Institut für Sozialforschung Frankfurt/M. haben es satt, Arbeiterstudien zu betreiben, bei denen die Antworten »doch immer nur die Einschätzung der Interviewer durch die Arbeiter« wiedergeben. Finden die Kollegen die Interviewer nett, so bekunden sie, was diese erwarten; z. B. Arbeitszufriedenheit oder keine. Was als »gut« gilt, lesen sie aus der Haltung der Interviewer ab, die sich vergebens durch List, Fangfragen oder das, was sie für ein Pokergesicht halten, zu tarnen versuchen. Es entstehen Selbstbildnisse der Interviewer.

Danach haben die drei Wissenschaftler konsequent Zeitabschnitte aus ihrer Institutstätigkeit abgezweigt, sie haben sich der Gruppe RK (= Revolutionärer Kampf) angeschlossen. Die Planstelle im Institut, sagt Grabbe, sitzen wir auf einer Arschbacke ab. Sie können das, wenn sie sich gegenseitig in der Forschungsarbeit, für die sie bezahlt werden, vertreten. Die gewonnene Zeit verwenden sie für »spontane Untersuchungsarbeit in Betrieben«. Wollen zu den Geheimnissen der Arbeiterklasse vordringen, dem revolutionären Subjekt.

Das ging auf die Dauer nicht im Nebenberuf. Einige Jahre haben sie dann als Arbeitnehmer (Hinrichs als Kraftfahrer,

Grabbe in der Kantine, Putermann als Lagerverwalter) in einem großen Werk der Automobilherstellung in Rüsselsheim gearbeitet. Sie haben Angebote, sich für höherrangige Stellen zu qualifizieren, ausgeschlagen. Ein Mitarbeiter in der Abteilung Öffentlichkeit und Werbung wäre scharf auf Zusammenarbeit mit Putermann. Putermann sagt: nein. Sie haben also widerstanden. Geheimnisse haben sie nicht gefunden. Obwohl mindestens Putermann und Grabbe sich nunmehr unter den Kollegen bewegen können, sich ausdrücken lernten, so wie manche Mönche lernen, sich untereinander fließend im Lateinischen zu besprechen.

Jetzt haben sie diese Phase ebenfalls abgeschlossen. Man »führt« in einem Zeitraum von zwei Jahren sechs, acht, zwölf Lebensläufe durch, für die die Vätergeneration pro Fall von der Wiege bis zur Bahre brauchte.

Ihnen fehlen, wenn sie abends müde aus dem Betrieb kommen, die Verbindungen, Zahlungsmittel, der »diskursive Elan«, den sie aus ihrem früheren Leben kannten. Was sind das auch für Erfahrungen. Keine über das »Geheimnis der proletarischen Kräfte«.

Es mag, sagt Hinrichs, der als Sohn eines Berufssoldaten, davor war der Vater Maschinist, die Phase der Basisarbeit gern abgekürzt hätte, daran liegen, daß die Kollegen in der Automobilindustrie am **falschen Arbeitsgegenstand** das **Geheimnis ihrer Produktivität** gar nicht lernen können[1].

Man müßte Betriebe untersuchen, ich meine dadurch, daß

1 Hinrichs, im Instituts-Jargon: Kapitalistische Produktion ist die Produktion von Dingen und darangehängten menschlichen Beziehungen (einmal weggelassen, daß die Arbeitsgegenstände aus den Augen der Arbeitenden verschwinden und als fremde Waren von ihnen zurückgekauft werden müssen, siehe u. a. *MEW* Bd. 23 S. 85 ff.); sozialistische Produktion dagegen ist Produktion von »Beziehungen zwischen den Menschen und der menschlichen Gesellschaft zur Natur« mit darangehängter Güterproduktion. Obwohl man dies in der Wortauslese des Instituts vielfach variieren kann, faßt es Hinrichs zusammen: Gummi, Erdöl, Eisenteile, Privatkraftwagen sind der »falsche Arbeitsgegenstand«. Das ist ungenau. Ebenso Stichwort *Produktionssinn*. Hinrichs vereinfacht: »Mutterleib und Luftangriff sind produktionsmäßig Gegensätze.« Gemeint ist, daß die gesellschaftliche Arbeitskraft (Putermann protestiert: man muß es persönlich formulieren, also Gesamtarbeiter sagen) über Krise, Inflation, Krieg nicht mitentscheidet. Wenn die Freunde länger darüber reden, verwirrt sich das Bild, wird aber genauer. Läßt Putermann zu, daß nur Hinrichs spricht, so ist es ungenau, aber vorstellbar, zumindest in der Täuschung.

man selbst in ihnen arbeitet, in denen die Kollegen über den **Produktionssinn** mitentscheiden, d. h. daß die Art der Produktion von ihnen quasi erfunden oder miterfunden wird. Das wären Unternehmen, sagt Putermann, der es übernommen hatte, zu recherchieren, die aus der Zeit zwischen 1860 bis 1905 stammen. Im alten Werkzeugmaschinenbau war das so. In diesen Betrieben können wir nicht untersuchen, weil sie historisch verschwunden sind.

Wir haben die Uni-Bibliothek, antwortet Grabbe. Damit meint er nicht, daß sie dort über Werkzeugmaschinenbau, z. B. 1860 in Wuppertal, nachlesen wollen, sondern die Universitäts-Bibliothek selbst wird wie eine Klein-Manufaktur, nimmt Grabbe an, von Leseratten und Archivräten betrieben, die den Produktionssinn des Bücheraufstellens, die Sammlung mitentscheiden. Als sie dort zu untersuchen beginnen: Enttäuschung.

Die Glashütte Süssmuth, die von der Belegschaft nach Zahlungsunfähigkeit des Unternehmers übernommen und weitergeführt wurde, ist nach Grabbes Meinung »nicht mit Produktionssinn behaftet«, da das Glasblasen, Herstellen interessanter Glasbläsereien als Produktionssinn vorgegeben. *Das* haben die Kollegen gelernt, also können sie zunächst auch nur das erlernte Produkt weiterhin herstellen. Grabbe hat zugesehen, wie der Oberbürgermeister von Kassel dem Institutsschef in einer Gedenkstunde ein Service in Süssmuth geblasener Schnapsgläser überreichte, die der Oberbürgermeister sich selbst vielleicht kaum geschenkt hätte. Der Institutsdirektor war kein Schnapstrinker. Schenker und Empfänger mußten so tun, als ob sie Freude empfänden.

Einen Produktionssinn, d. h. ins Auge springenden Gebrauchswert, hat etwas, das jedermann sofort klauen würde. Es schien Grabbe aber unwahrscheinlich, daß der Oberbürgermeister von Kassel oder seine Mitarbeiter oder aber z. B. die Sekretärin des Institutschefs sich an den Schnapsgläsern eigenmächtig vergreifen würden. Selbst dann nicht, meint Putermann, wenn die Gelegenheit sehr günstig ist. Hinrichs ist nicht ganz so sicher. Er findet, daß die Genossen sehr überheblich reden. Er kennt wen, der bestimmte Kristallgläser aus der ČSSR, nein aus dem Bayrischen Wald (Grabbe), insbesondere Kronleuchter (Putermann) massenhaft (Hinrichs), und zwar liebevoll verpackt in Watte oder Mull (Putermann), sie haben Ewigkeitswert, sind allerdings nicht bruchfest (Grabbe) – ihr meint doch auch, daß man das z. B. massenhaft durch den Zoll schmuggelt oder beiseiteräumt. Putermann: Wenn man ein besonderes Verständnis dafür hat. Darin wollten sie alle drei nicht nachstehen. Für den Wert »besonderes Verständnis« fühlten sie sich als Anwärter. Wir kommen darauf noch zurück. Das betrifft, sagte Grabbe, die ganze Problematik des sog. »Erbes«. Hochproblematisch, sagte Putermann. Stell dir vor, Flüchtlingszüge im dritten Weltkrieg, ringsherum Druckwellen atomarer Explosionen und dazwischen sechs Güterwagen mit solchen Kristallgütern, die irgendwie noch die Pyrenäen erreichen wollen. Jetzt will ein Leutnant der Bundeswehr die Waggons requirieren. Was würdest du tun? Wir haben nicht die Zeit, sagt Hinrichs, diese Fragen so abschließend zu diskutieren. Wo kommen wir denn da hin? Wir sind ja nicht mal bei Süssmuth zur Besichtigung gewesen. Aus purem Zeitmangel. Und hier trödeln wir 'rum. Sie waren ziemlich erschöpft angesichts ihrer umfassenden Recherche-Aufgabe.

So haben die drei neuerdings, da sich bei der Suche nach Betrieben mit arbeiterkontrolliertem Produktionssinn kein Ansatz ergab, den Anschluß an ihr früheres Institut wiederaufgenommen. Sie werden hier besser bezahlt, können Reserven für Untersuchungsarbeit abzweigen. Wir brauchen, sagt Putermann, massenhaft Beschreibungen, sog. Querschnitte.

Untersucht werden soll gleichsam nicht im Detail, sondern en gros (Grabbe nennt die Methode »extensive Landwirtschaft«): »Die Landschaft der Industrie als das aufgeschlagene Buch der menschlichen Psychologie«[1], also Städte, Bezie-

1 Karl Marx, *Ökonomisch-philosophische Manuskripte*, in: *MEW Ergänzungsband*, Erster Teil, S. 542: »Man sieht, wie die Geschichte der *Industrie* und das gewordene *gegenständliche* Dasein der Industrie das *aufgeschlagene* Buch der *menschlichen Wesenskräfte*, die sinnlich vorliegende menschliche *Psychologie* ist . . .«

hungssysteme zwischen den Menschen, Land, Geschichte und Gegenwart der Fabriken usw. usf.

Das ist auch lästig, sagt Grabbe, wie »abkommandiert zum Ährenlesen mit der Schulklasse«. Sie sind jetzt »Bereiser der Wirklichkeit«.

»Sah am Ende von der Welt,
wie die Bretter passen.«

Sie sind abgekommen von der Suche nach dem Geheimnis. Man muß vielleicht die »geheimnisvollen Kräfte« erst zusammenbauen. »Man findet sie nicht durch Suchen.« Allenfalls könnte man Teilstücke, die sich wie zu einem Puzzle zusammensetzen lassen, gelegentlich auffinden. Bei allen Zweifeln, ob sie nach Herkunft und Ausbildung die richtigen Leute für diesen rechten Weg sind. Es bleibt, sagt Grabbe, gar nichts anderes übrig.

Der langsame Hinrichs

Daß sein Vater Zwölfender war, d. h. zwölf Jahre in Reichswehr und Wehrmacht diente, zuletzt Feldwebel, bei Witebsk fiel, mit zahlreichen Tapferkeitsauszeichnungen behangen, ist nach dem Endausgang 1945 für Hinrichs kein Anlaß, sich zu identifizieren. Das war durch Fehlschlag abgewertet.

Das Unglück der Mutter, die ihn und die ältere Schwester aufzog, war, daß ihre Arbeit, Arbeit, Arbeit durch keine Befriedigung bezahlt wurde. Niemand umarmte sie. Sie mußte die Haut und die Knochen durch strenge, dichte Kleidung gegen die Umgebung abdecken, um nicht plötzlich hinzugreifen, überzuschwappen. Das war nichts, mit dem Hinrichs sich (wenigstens nicht offen) identifizierte. Andererseits war er treu.

Die Schwester war eine ökonomisch versierte, schlaue Person. Eine Zeitlang übertrug Hinrichs die heftigen Gefühle, die in Richtung des Vaters und der Mutter entstanden waren, dort aber auf Entsetzensblicke stießen, auf diese Schwester, die, schwarzhaarig und elegant, zunächst im Reitverein und im Ski-Club von Balingen durchschlagende Erfolge hatte. Solange sie sich nicht festlegte, schien sie glücklich – präpariert für eine Fülle offener Möglichkeiten, die nicht unbedingt Fehlschläge sein mußten. Dann »band« sie sich, so schlau sie vermochte (»malin comme un singe«), an den jungen Bauunternehmer Pelzer, eine *Partie.* Gemeinsam bauten die Eheleute ein Bau- und Transportunternehmen auf, schafften ein Vermögen beiseite, errichteten für sich einen Neubau am Berghang, wo die Reichen wohnten, 2 Kinder, einige Obstbäume. Jetzt wurde aber die Schwester durch diese Unglücksehe eingezingelt. Ihr Vorrat aus Elan reichte nicht unbegrenzt. Es wurden mit den Gefühlen der Schwester auch Hinrichs Gefühle eingekesselt, die er ihr zutrug. Mit der unglücklichen, hochorganisierten Schwester, »die an den Falschen geriet«, keine Kräfte bringenden Erfolge hatte (im Geschäft), defensiver Kampf, allmähliches Abstoßen des Transportgeschäfts, Reduzierung der Baukapazität, was doch alles nichts hilft. Mit dieser magenkranken Schwester konnte sich Hinrich nicht länger identifizieren. Deshalb Abstoßung von aller Familie. Nichts aus Balingen, wo alle seine Gefühle entstanden waren. Nur eines: Keine Berührung, keine Verwechslung.

Er wollte also aufsteigen. Seine ersten Themen: Lebensläufe von Aufsteigern. Das hätte er gerne positiv gewertet. Darüber stand aber der Wert »Realismus«, d. h. er ließ in seinen Exposés diese Aufsteiger zuverlässig auf Schranken stoßen, tragisch enden; dies, um selber höchste Stufen der Wahrscheinlichkeit darzustellen, selber aufzusteigen.

Nach vollendeter Ausbildung befaßte er sich mit Filmherstellung im gewerkschaftlichen Bereich. Querverbindung zu hochqualifizierter Wissenschaft, d. h. zu präparierten Leuten, die so vorgingen, daß keine Rückschläge zu erwarten sind. Sah selber wie ein Wissenschaftler aus, wenn auch sein Körper die Kraft, die er besaß, nicht am Schreibtisch gewonnen hatte. Dazu Skifahren, plötzliche Erinnerung an glückliche Abfahrten mit der Schwester. Am Zielpunkt angekommen fällt er, bricht den Oberschenkel. So humpelte er ein dreiviertel Jahr. Der Bruch war kompliziert.

Schlüsselerlebnis: Aus zwei Dienstfahrzeugen springen

Ecke Senckenberg-Anlage/Forum 12 Beamte herab und schlagen auf eine Fünfer-Gruppe von Studenten ein, Reste eines Demonstrationszuges. Die Szene wird Hinrichs nicht vergessen. Es ist ein höchster Wert, diesen Haß, momentan war es Schrecken, danach nicht mehr, im Herzen zu bewahren. Er hat jetzt ein Bild vor Augen, diese Truppe – und er ist schlau genug zu wissen, daß dies nur Instrumente sind, das steht in zahlreichen Taschenbüchern. Wem sie dienen, welche Dynamik ihre Triebökonomie hat, die verlängerte Linie dieser Arme, das konnte er graphisch jederzeit in einer kleinen Zeichnung darstellen. Er hat aber außerdem den Augeneindruck, den er nie vergißt – zu der gleichermaßen unidentifizierbaren Perspektive Glück und Unglück, die einen Block bildet, der ihn von seinen Gefühlen zum Vater, zur Mutter, zur Schwester, von seinen sinnlichen Eindrücken, von inaktiver Wissenschaft usf. trennt, ihm den Oberschenkelbruch eingetragen hat, tritt jetzt ein deutliches Bild. Jetzt wird er, wie ein Rumpelstilzchen, ein konsequenter Kämpfer sein – für seine verlorenen oder ihm abgetrennten Gefühle aus Trotz, wie sein Vater zur Reichswehr, aber alles dies ganz umgebaut als heimlicher Widerstand, der wieder auf die Augen Vertrauen setzt.

Gemessen daran findet er es nicht schlimm, eine Frau, die 3 Kinder mitbringt, wie ein Patriarch in seinem Umkreis mit sich zu schleppen. Im Wissen, daß nicht alles aufgehoben sein wird, wenn er zäh und feindselig sein Geheimprogramm verfolgt. Es schadet nichts, daß alle Kräfte, die er einsetzt a) ihm gehören, b) in der Wurzel unsolidarisch sind, sie sind ja Trennungsenergien, vom Unglück des Vaters, der Mutter, der Schwester, c) sich auf Aufsteigen beziehen. Aus lauter zweifelhaften Eigenschaften ein energischer Rachegeist. »Es gibt nichts in der Welt, das man a priori für gut halten könnte, es sei denn der gute Wille.« In einer Art Geheimlabor, das weiß Hinrichs, produziert er solchen guten Willen. Eigentlich ist es praktischer als das. Hinrichs hat wenige Freunde, da er sich nicht öffnet. Man kann von dieser Freundschaft wenig mehr sehen, als daß Hinrichs diese Wenigen um sich duldet, da sie ihn achten. Andere unterschätzen ihn. Er gilt als langsam.

Heft 6

Im Sommerzug – Ein KZ-Einfall in der Sommernot – Junge Frau berichtet – Die Befreiung – »Und sung und sung sich schier zu Tod« – Sie konnte in die Zukunft sehen – Weißes Roß – Wally der Rachegeist – Rachegefühl als Freizeitthema – Eingemachte Elefantenwünsche – Schwachstellenforschung nach Dr. Beate G. – Er wollte sie wie ein Einmachglas ... – Die schlauen Hände – Der starke Krutschinski – Addition von Ungerechtigkeiten ... – Schock-Erlebnis – Die Gesellschaft als Festung – Resultate eines Gesprächskreises in Koblenz – Das Grabmal aus Beton.

Im Sommerzug

[Der Zug] Aus der Gegend von Eisenach kommt ein Zug gefahren. Es sind keine Eisenacher darin. Spätestens ab Fulda sind es Leute, die nach Frankfurt am Main wollen. Der Zug durchschneidet, gleisgebunden, die Vorstädte. Alle Fenster sind geöffnet. Es zieht. Die handtuchartigen Fenstervorhänge, zugezogen, blähen sich im Fahrtwind.

[»Die Sonne brennt, die verfluchte Sonne dieser Gegend, die nun schon seit zwei Monaten alles, was der ausgetrocknete Boden trägt, niederknallt.«] Bauern auf dem Feldweg, die den staubgrauen Boden bekarren. Der Zug mit den Städtern fährt in der Entfernung vorbei.

[Im einzelnen Abteil] Die Sonne gibt ein weißes, blindes Licht auf die Straßen. Auf den Autodächern drängt sich Licht. Viele Autos fahren auf der linken Fahrbahnseite. Taxis weichen aus. Sind andere Formen als diese Autodächer, diese Häuser noch zu sehen? Die zähe Sonne, die die Wolken nicht zu durchdringen weiß, erscheint giftig. Zwar kommt die Sonneneinwirkung z. B. auf den Berghöhen um Arosa den gefährdeten Gehirnen näher, sie verfängt sich dort aber nicht in den die Erde und ihre Völker gefährdenden Dingen, die sie, wie die weißlichen, keineswegs vollständigen Wolken, nicht zu durchdringen vermag. Es geht um die günstige oder ungünstige Wirkung der so reflektierenden Strahlen auf die Hirne.

Eine Frau trägt im Bahnabteil goldene Strumpfhosen und Schnallenschuhe. Ein Krepphandtuch hält sie auf dem Schoß für ein neben ihr sitzendes Kind, das entweder weint oder Tee nuckelt. Die Abteilinsassen haben wegen eines fremden Unglücks jetzt schon 2 Stunden Aufenthalt vor der Haupteinfahrt. Unter dem Druck der Sonne, der auf den Zugdächern liegt. Es wird ein dritter Mann gesucht für Skat.

[Irmi] Das Kind, das auf den Namen Irmi hört, deutet auf eine Autoabbildung in der *Bild-Zeitung* und sagt auf unvollkommene Art: »Mercedes-Benz«. Es weist mit der Faust auf die Abbildung. Die Mutter aber, die gerade gesagt hat:

»Kommst Du nachher nach Omma«, sagt: »Kein Mercedes, sondern Ford«. Das Kind weist auf die Abbildung und sagt: »Mercedes«. Die Mutter oder möglicherweise ist es die Großmutter oder eine *Erziehungsberechtigte* sagt: »Nicht Mercedes, sondern Ford«. Das Kind wiederholt: »Mercedes, Mercedes, Mercedes«. Es weiß bereits, daß es Unrecht haben soll. Die Mutter gibt ihm nach. Sie lächelt und weist zum Fenster hinaus. In diesem Augenblick schlägt das Kind mit beiden Händen auf die Abbildung ein und sagt zehnmal Mercedes und einmal Mercedes-Benz. Das Beklopfen der Zeitung macht die Mutter nervös. Sie unterbindet das Tun. Nach einiger Zeit wird das Kind ruhig. Es sieht in die Landschaft hinaus, hält Ausschau nach weiteren Irrtümern.

[Eine brutale Mutter] Die Frau leckt, als sie spürt, daß Blicke auf ihr ruhen, ihre durchbluteten Lippen, die sich kreisrund öffnen, um sich von der Zunge karessieren zu lassen. Ihr Kind schlägt mit einem eisernen Armreif gegen das Zugfenster. Das stellt sie mit einem Handgriff ab. Sie reißt das Kind zurück, reißt dessen Kopf an ihren Schoß heran. Ihr Blick kontaktet reihum im Abteil, ob Billigung oder Mißbilligung die Folge ihres Tuns ist. Sie lacht sehr »metallisch« und hoch. Wenig später gähnt sie. Aus dem hübschen »schafigen« Gesicht sehen Augen, die eine »starke Kraft« haben. Ihr breiter Hintern deckt den Sitzplatz ab. Um den Hals trägt sie einen kleinen schwarzen Schal. An den Mundenden, wie bei einem Tier, das lange Strecken gelaufen ist, Reste von Spucke. Vier Männer im Abteil um sie herum. Sie haben sich aus anderen Abteilen in ihrem Umkreis zusammengefunden.

Diese Bahnfahrt wird keine Neuerungen bringen, die sie sich erwartet. Eigentlich wäre sie noch für etwas ganz anderes zu haben oder geeignet. Das Kindchen, bedauerlicherweise als Störenfried da, zu anderen Zeiten ein Anker, hat sein rotes Hütchen aufgesetzt. Es trägt ein Köfferchen, in einem Moment guter Laune ihm geschenkt. Es will aussteigen. Die Station ist aber noch nicht erreicht. Es will aus dieser Umgebung im engen Abteil heraus, die der Mutter keine Zeit läßt, sich mit dem Kind zu befassen, sie unwillig und unbillig gegen das Kind macht. Auch die weithergeholten Blicke, die sie aus diesem Waggon bezieht, bringen nicht Hand an die hautreichen Stellen Gittas. Ihr Mund ist immer noch nicht verkniffen, obwohl dies Leben nun schon 3 Jahre so fortgeht. Schlimmer werdende Vormittagslaune. Gitta streicht dem Kind das Haar, das Hütchen hat sie ihm vorläufig wieder weggenommen. Was soll sie überhaupt hier?

Das Kind trägt rote Strümpfe mit einer länglichen Stopfnaht, schwarze Lackschuhe, in einer Zärtlichkeitsaufwallung ange-

schafft. Neben der Mutter hängt ein immer noch kostbarer roter Mantel mit jeweils zwei engstehenden Knopfpaarlinien vorn, Stoff von der Qualität amerikanischer Offiziersuniformen der zwanziger Jahre. Der Zug fährt über die Main-Brücke.

»Daraus entsteht, dem Schößling zu vergleichen, am Fuß der Wirklichkeit Zweifel . . .«

Ein KZ-Einfall in der Sommernot, Trauerarbeit

I

Die Katze, die einer Wohngemeinschaft gehörte, warf in den Morgenstunden fünf Junge. Die Jungtiermutter, meinte Katharina, wußte gar nicht, wie ihr geschah. Nie hätte Katharina die Verantwortung für eine Katze auf sich nehmen wollen. Sondern sie war, da sie ja Katzenliebhaberin war, nur damit einverstanden, daß in der Wohngemeinschaft insgesamt ein Kätzchen leben sollte. Katharina war mit der Absolvierung ihres Lebens so beschäftigt, daß keine Energie übrigblieb, die die Last auch nur eines anderen lebendigen Wesens in ihrer unmittelbaren Verantwortung hätte tragen können.

In den Hitzetagen wußte die schwangere Katze nicht (sie konnte ja ihr Fell nicht ablegen), »wie ihr geschah«, und jetzt wußte sie nicht, was da aus ihr herausdrückte. Sie versuchte, mit dem Maul an ihre »Geschlechtsöffnung« heranzukommen und das Störende zu bebeißen, schlug, während sie sich im Kreise drehte, den Kopf ihres heraushängenden Erstgeborenen mehrfach gegen die Türfüllung. Das bekommt einen Hirnschaden, warnte Katharina. Die Katze konnte aber nicht sehen, was da an der Nabelschnur hing. Zwischen Instinkt und »Verwunderung« hin- und hergerissen, drehte sie sich immerfort.

R. und Katharina sterilisierten alle sieben Minuten eine Schere und zerschnitten damit die Nabelschnuren der kleinen Lebewesen, die wie Mäuse aussahen. Nach der Geburt des vierten Kätzchens sagte Katharina: Das ist doch unvorstellbar. »Unvorstellbar« war aber, daß die Wohngemeinschaft, jetzt kam noch ein fünftes Tier ans Licht, fünf zusätzliche Jungtiere übernahm. Die Katzen werden irre, sagte R., wenn sie keine Ansprache haben. Die Mitglieder der Wohngemeinschaft, keine Biologen darunter, nahmen das jedenfalls an.

Erregt telefonierte Katharina mit St., der ihr früher einmal für den Fall solcher Ernstfälle versprochen hatte, die »untragbaren« Jungkatzen umzubringen. Er war aber beschäftigt, wollte sie wohl auch erziehen, sagte: Das kannst du nur selber lernen. Er gab Anweisungen.

Die beiden, R. und Katharina, beide allein verantwortlich, hatten sich zu diesem Zeitpunkt stark alkoholisiert. So lief Katharina zur Apotheke, kaufte Schwefeläther, ein Betäubungsmittel. Sie beträufelte Wattebäusche mit der Flüssigkeit, holte von der Katzenmutter, die in einem Karton saß, drei der Kleinen weg, nachdem sie mit R. Erwägungen angestellt hatte, welche Jungtiere die »Auswahl« traf. Katharina wählte nach Farbmuster des Felles.

Sie betäubte die Kleinen, dazu weinten R. und sie heftig, indem sie die Ätherwattebäusche vor die Nasen hielt. Die Tiere streckten ihre Glieder, lagen matt und »schlafend«. In der Hand dieser Großen Götter, die über sie entschieden. Die betäubten Leiber wurden in drei Plastikbeutel gesteckt, ein Stück getränkter Wattebausch dazu, ein Schuß Schwefeläther hinzugegeben, der auf der zerknüllten Plastikunterseite Seen bildete, zugeschnürt, in das Tiefkühlfach des Eisschranks.

Das merken die nicht, sagte R. Die Mutterkatze, die in dem Karton in der Küche die zwei Rest-Jungen säugte (zuvor noch hatten alle fünf ihte Henkersmahlzeit an der Mutter getrunken), schien ihre entführten Jungen nicht zu vermissen, kroch lediglich einmal aus dem Karton heraus, rieb den Kopf an den Beinen der Erwachsenen.

Katharina: Wenn die in der Eisbox aufwachen und, wenn wir nachher öffnen, herauskriechen, dann ist das, das mußt du mir fest versprechen, ein Gottesurteil. Der stark besoffene R.: Ja.

Es war ein aufregender Tag. In der Frauenstrafanstalt war der Teufel los, da die unter der früheren Gefängnisdirektorin ganztägig geöffneten Zellen der Untersuchungsgefangenen unter der neuen Leiterin nur noch für zwei Stunden täglich aufgeschlossen wurden. Hiergegen hatten sieben Gefangene rebelliert, indem sie sich in ihren Zellen verbarrikadierten und durch Aufsichtsbedienstete in ihrem Willen gebrochen werden mußten. »Dazu muß man sich verhalten.«

Nachmittags wollte Katharina aus dem Tiefkühlfach eine Wodkaflasche, die noch neben den Plastiksäckchen lag, herausheben. Sie legte auch gleich eines der Säckchen heraus, stellte es unter die Heizung. Sie wollte Zeit zur Besinnung gewinnen. Das mäuschenartige Jungtier schien in seinem »Mutterleib« aus Kunststoff zu schlafen. Katharina zerfetzte mit einer Nagelschere den Plastikteil, so daß Zimmerluft an die Naseneingänge des Tiers herantrat. Vielleicht hatte die Kälte den Frischluftbedarf gesenkt, hatte der Schwefeläther sich am Boden des Plastikbeutels kondensiert?

Abends schien das gerettete Wesen fast munter. Kroch in das Wollfell der Mutter, überkroch die wolligen zwei Gefährten; das Jungtier verwechselte offenbar Fell und Brust, sah es als Einheit. Während die zwei ganztägig genährten Jungen die Brust der Mutter auch fanden, schien das aus dem Tiefkühlfach entnommene Junge auf gewisse Weise instinktgestört. Waren die Riechnerven zerstört? Katharina konnte jedenfalls nicht beobachten, daß es saugte.

II

»Ach, wir müssen alle sterben,
Großmama ging dir vorauf,
Und du wirst den Himmel erben.
Klopfe nur, sie macht dir auf!«

Alter Trostvers, erfunden von Menschen, die sich in Katzenjunge zu versetzen suchen, die im Sack zur Ertränkung geführt werden.

Im »Himmel«, sagte R., d. h. unter der Direktherrschaft der Weißen Götter, waren sie in den Stunden im Eisfach. Die im Eisfach verbliebenen zwei Jungtiere waren zu diesem Zeitpunkt steif gefroren, wurden in die Mülltonne gelegt. Es grauste Katharina, wenn sie, als Nichtbiologin abschätzte, ob auch fremde Katzenwesen aus der Vereisung erwachen könnten, daß eine dicke, wildernde Hauskatze, die sie in einigen Jahren in der Umgebung des Grundstücks sähe, vielleicht aus solchem Dämmerzustand hervorgekrochen sein konnte.

Der Vers ist auch aus anderen Gründen stockideologisch, sagte sie. Die Großmutter der drei hier (sie deutete auf den Karton) lebte in einer anderen Wohngemeinschaft, war schwanger bis zum Morgen der Häuserräumung Schumannstraße, hatte in dieser Nacht ihre Jungen und zeigte als einzige Persönlichkeit im Schreckensmoment fünf Uhr früh einen »geistesgegenwärtigen« Ausdruck. Sie umschlich das Telefon, als die Nachricht eintraf; »das Haus ist ohne Kampf besetzt worden, nachdem die Bullen zu Täuschungsmanövern gegriffen haben«.

Diese Großmutter, ein besonders neugieriges Wesen, gewahrte die Erregung in der Wohngemeinschaft, deutete sie in ihrer Weise, in ihrem Sinne, was ihrem Kopf einen Ausdruck von »Bewußtsein« gab.

III

Was die beobachtende Katharina nicht begriff, war, daß die Katzenmutter die Bewegungen der Jungtiere, die doch nur an Mäuse erinnerten, niemals mißverstand und nicht irrtümlich oder probeweise zubiß.

Man konnte der so frühzeitig mit den Kunstverpackungsverhältnissen unserer Götterwelt vertrautgemachten Enkelkatze nicht beibringen, daß sie (bei großem Interesse für das Wollige im Fell der Mutter) die Brustwarzen fand und außerdem auch saugte. Schließlich gelang es Katharina, sie für einen Pinsel aus Dachshaar zu interessieren, den sie mit Milch getränkt hatte und den das Jungtier gierig ableckte. So ließ sich ausgleichen, daß sie nicht »konventionell mehr zur Mutterbrust drängte«. Die junge Mutantin wurde später an eine fremde Wohngemeinschaft verschenkt, eine Notlösung. Katharina, nach R.'s Ausscheiden aus der Wohngemeinschaft die einzige, die über den Ursprung dieses Wesens Bescheid wußte, hätte sie weiterhin beobachten sollen. Der Energiehaushalt Katharinas war so nie in Ordnung zu bringen. Jetzt hatte sie sich von einer Fürsorgelast ziemlich umständlich befreit, und dafür machte sie sich Vorwürfe, etwas Wichtiges nicht beobachtet zu haben, also Schuldlast.

Junge Frau berichtet

Die junge Frau berichtet: Zwei krausköpfige Jungen, die immer untertauchen und trocken wieder auf der Wasserfläche ankommen. Was ist trocken? Trocken ist: von Wassertropfen nicht benetzt. Das Haar hat keine Wassertropfen, das ist Negerhaar, das das Wasser nicht »annimmt«.

Und warum erzählst du das?

Ja, warum erzähle ich das? Ich habe es gesehen. Ich war mal ins Bad gefahren. Nach acht Jahren. Entweder gar nicht ins Bad oder mit dem Jungen. Jetzt mal allein. Da sehe ich diese Krausköpfe.

Die beiden Frauen essen ihre Butterbrote und nehmen Kaffeeschlucke zu sich, sehen durchs Fenster, was sich auf der Straße ereignet.

Nach einer Weile fängt die junge Frau wieder an: Oder zwei Jungen, die untereinander durchtauchen und nach dem Auftauchen sich jedesmal einen Kuß geben. Immer wieder untertauchen, untereinander durchschwimmen, auftauchen und ein Kuß.

Nach einer Pause: Zwei Spanier gehen da lang, reden in ihrer Sperrsprache (sie macht die Gesten nach, steht auf, erinnert an die Gangart und das Klirren dieser Sprache). Keiner hört auf den anderen, aber beide sprechen aufeinander ein. Dann kommen sie mit einem Bier wieder zurück. Jetzt behutsam und ohne zu reden. Das hat keine Pointe, sagt die Freundin. Was willst du daraus schließen? Die junge Frau will nichts schließen, sondern hat es *gesehen*.

Paß mal auf: noch was. Da sind zwei Frauen, eine Hünin und eine kleinere Mutter. Praktisch, möchte ich sagen: Prostituierte. Sie nehmen das kleine Kind, das der kleineren Mutter, vielleicht zwei Jahre, fassen es im Wasser unter den Bauch und lassen es auf der Handfläche schwimmen. Das Kind tut so, als ob es schwimmt, freut sich, »tutschelt« hin und her im Wasser und schwabbert. Die Frauen freuen sich an dem »Ding«, das ihren Erwartungen entsprechende Bewegungen macht und »gedeiht«. Ganz anders der achtjährige ältere Sohn der kleineren Mutter. Die Hünin wirft ihn, der weint heftig und hat seine Brille verloren, ins Wasser, duckt ihn ein. Zu den Umsitzenden gewendet: Andernfalls geht der nie ins Wasser. Die kleinere Mutter, die anfangs zögert, jetzt aber mitmacht: Der will nicht ins Wasser. Sie packen ihn gemeinsam und schleppen ihn zu dem Einmetersprungbrett, stoßen das Kind ins Wasser.

Die Freundin, die einer »bewußten« Organisation angehört, fragt: Und was hast du gemacht? Zugeguckt?

Ich wollte sofort hin und die anschnauzen. Die sollen das Kind in Ruhe lassen. Das Kind wird ja verrückt bei dieser Methode.

Und du bist hin?

Ich hatte das im Kopf. Das hatte ich schon in genauen Worten im Innern hin- und hergeredet.

Bist du ins Wasser und hast die zur Rede gestellt?

Man kann nicht, mit dem Bauch im Wasser, ein längeres Streitgespräch anfangen. Die Hünin war Köpfe größer als ich und die kleinere Mutter auch größer. Und die immer zu den Umsitzenden: »Ohne das geht der nie ins Wasser. Das ist zum Lernen«. Die Badegäste waren durch diese Überzeugungsarbeit gewonnen und lächelten inzwischen zurück. Ich wäre auf die Front der ganzen Badeanstalt gestoßen. Ich hatte im Kopf die Auseinandersetzung schon aufgenommen.

Aber hin bist du nicht? Hat man erkennen können, was du gedacht hast?

Weiß ich nicht. Du meinst, ob ich ein finsteres Gesicht gemacht habe?

Du bist also still sitzen geblieben?

Aber ich war im vollen Brass. Wenn ich zum Wasser gestürzt wäre: ich rein und hätte geredet, bis es einen Volksaufstand gegeben hätte.

Du bist aber sitzen geblieben und hast irgendwie geguckt.

Unauffällig. Ich weiß natürlich, was du jetzt gleich sagst.

Die Freundin (nach einem tiefen Zug Kaffee): Dann brauche ich es ja nicht zu sagen, wenn du es weißt.

Natürlich weiß ich das. Du warst aber nicht im Bad und hast es nicht *gesehen*. Ich habe es gesehen. Zu Hause sitzen kann jeder.

Nun plustere dich nicht auf. Ich bin keine Hünin, sagt die Freundin, und ich schmeiße keine achtjährigen Kinder ins Wasser, damit sie lernen.

Ich glaube, die kleinere Mutter hat ähnliche Empfindungen gehabt wie ich, sich aber dann an die Hünin angeglichen, weil das eben schon in die andere Richtung lief.

Ich will mich nicht wiederholen. Aber es steht fest, daß du dich nicht gerührt hast. Nicht mal die Hünin an den Haaren gepackt. Du hättest das Kind doch zu dir holen können.

Es war ja nicht meins.

Was heißt denn »meins«? Die kleinere Mutter, der das Kind gehörte, war ja nicht bei Troste, da *mußtest* du ins Wasser und ein Streitgespräch einleiten.

Was würdest du denn Praktisches vorschlagen? Was soll ich denn tun?

Jetzt natürlich nichts. Trink deinen Kaffee aus, der wird sonst kalt.

Typisch, sagte die junge Frau, daß du nichts Praktisches vorschlagen kannst. Ich finde, wie ich da gesessen habe, weil ich endlich mal allein war und Zeit hatte, um mich herum was zu sehen, war praktischer. Um ein Haar hätte ich ja eingegriffen. Zum Beispiel, wenn ich zu zweit gewesen wäre.

Wollen wir uns nicht zanken.

Die Freundinnen hatten nichts mehr in den Tassen, es lag ihnen fern, sich wechselseitig den Nerv zu töten.

Die Badeanstalt lag an einem in der sensationellen Hitze dieses Sommers 1976 aufgewärmten Flüßchen. Einige Wiesenterrassen, von denen man alles gut übersehen konnte. Die Lindenbäume und die Erlenreihe am Rande der Anstalt zeigten Wirkung eines leichten Windes. Es kommt alle Jubeljahre vor, daß Hilde einmal allein in dieser Anstalt umherblickt, die Augen an die Umwelt hingegeben.

Die Befreiung

Da irgendjemand für Oberschulrat Dorte, der zum Kultusministerium in die Landeshauptstadt abgestellt war, in der fremden Stadt sorgen mußte, war seine älteste Tochter, die zwanzigjährige Inge, ihm gefolgt. Sie trat in der Hauptstadt eine Stellung als Sekretärin an, führte den Mansardenhaushalt des Vaters. Ihren Geliebten, Försterssohn, der sich Wowo nannte (Verdoppelung von Wolfgang) und den sie in der Provinzstadt M. zurückließ, wollte sie nicht mehr wiedersehen.

Diesen Entschluß hatte sie gefaßt. Trotzdem zankte sie sich mit dem Vater am frühen Morgen des 16. April, als sie noch in ihrem Bett lag, er aber, zwischen dem Spiegel und ihrem Bett hin- und hergehend, das seifenbeschmutzte Messer in der Hand, machte ihr Vorhaltungen wegen ihres Geliebten. Dorte war als bürgerlicher Mensch, im Schuldienst erzogen, sicherlich kein Mörder. Als aber dieser erregte Mann, dessen Kopf unter weißem »goethischen« Haarkranz stark gerötet erschien, vor ihr auf- und abging und sich ihr, das Rasiermesser schwenkend, über die kritische Distanz hinaus immer wieder näherte, sie lag praktisch unbedeckt, sah zu ihm auf, hatte sie, zum wievielten Mal konnte sie selbst nicht sagen, Todesangst.

Tags darauf kündigte sie ihre Stellung, trat eine neue an, zog aus der Mansardenwohnung des Vaters aus, mietete ein Appartement, brach mit ihrem Geliebten in M. endgültig. Sie zweifelte, ob sie damit bereits entkommen sei. Wowo erschien am folgenden Samstag. Erhitzt kam er von einer großen Mahlzeit und vorangegangener Anhalterfahrt. Um ihn desto sicherer loszuwerden – und zwar endgültig –, wollte sie ihm nicht Anlaß zum Zorn geben, einem Streit, der allzu leicht mit einer Versöhnung enden konnte. So nahm sie ihn vorläufig nochmals in ihr Bett auf, in dem sie sich befand, als er kam. Da ihr dieser Kompromiß aber unerträglich schien, sie auch immer an den geröteten Schädel ihres Vaters denken mußte, der jetzt in seiner Mansardenwohnung allein war und klagte, paßte sie nicht auf. Eine Abtreibung, sagte sie, auf mich allein gestellt, will ich nicht vornehmen. So gab sie lieber ihrem Vater Grund zum Rechthaben, als sie ihn um Geld bitten mußte, da sich die Sekretärinnenstelle mit Rücksicht auf das Kind nicht halten ließ. Dem schadenbringenden Kompromiß mit Wowo wollte sie keinen zweiten, vielleicht derberen anfügen.

Sie zog deshalb in die Mansarde des Vaters *nicht*. Da sie aber allein nicht die Mittel aufbringen konnte, sich, das Appartement und das Kind zu finanzieren, gab sie dem Drängen eines Landgerichtsrats Lenze nach, der ihr große persönliche Selbständigkeit, freie Berufsausübung und eine Scheidung nach wenigen Jahren versprach, wenn sie sich ihm *jetzt* als Frau zur Verfügung stellte. Das Auskommen als Landgerichtsratsgattin war mäßig, ihre Hoffnung, bald Witwe zu werden, trog. Von den Versprechen hielt der Landgerichtsrat nichts ein, er betrog sie nie, so daß sie keine Trennungsgründe hatte, obwohl es für sie Grund genug war, daß ihr behender Kopf permanent auf Trennung sann. Ihr Kopf war rund, bis in die Stirn von kurzem, dichtem Haarwuchs besetzt, an den Schädelseiten, wo am Kopf ihres Vaters der weiße Haarkranz hing, unter den Haaren eine spürbare Verstärkung des Schädelknochens, als ob das Großhirn hier weiter ausholt, eine Art Balkon bildet. Sie hielt sich für »hirnorientiert«.

Ihr gutes Hirn nützte ihr aber bis dahin wenig: 10 Jahre Kinderzeit, 10 Jahre Pubertät, jetzt folgten 25 Jahre leerstehende Fruchtbarkeit (3 Jahre davon verbraucht, sie würde die restlichen gern verschenken). Dann noch 40 Jahre »Reife«. Den Tod sah sie praktisch schon vor sich, ohne daß sie den bestehenden Zustand noch ändern konnte. Ihre Hoffnung wandte sich dem Zeitpunkt zu, daß entweder ihr LGR doch noch starb (da es nicht bald geschah, schien es ihr, als geschähe es nie) oder daß man die Toten einfrieren und später wieder beleben könnte. Dies schien ihr die beste Lösung, die ihr Hirn ersann: 200 Jahre später aufwachen. Sie wollte gern aufwachen.

»Und sung und sung sich schier zu Tod«

I

Susi Wallstabe litt an Akzeleration. Das ist keine Krankheit. Im scharfen Wettbewerbskampf mit der Mutter, angesichts der *Unantastbarkeit* der Person des Vaters (sie konnte ihn mal tätscheln, so tun, als ob sie ihn umarmt, sich ihm, wenn es einen praktischen Zweck hatte, zu einem Nacktfoto stellen, sich von ihm wecken lassen oder noch nachts um ein Gespräch ansuchen usf.), hatte sich der Entwicklungsprozeß ihrer Intelligenz (und diese schlug sich auch in vielen Körperpartien physisch nieder, Becken, Brust usf.) verschnellert. Sie war mit sechzehn »aus den Kinderschuhen heraus« (Worte des Vaters). Das galt eher als spät. Die Pubertät wollte aber nicht eintreten, so galt sie übergangslos als erwachsen. Das erschien verfrüht. Selbstverständlich merkte ihr wacher Sinn, daß sich lediglich eine Spaltung auftat zwischen ihrer kindlichen »Natur« und ihrer »Entwicklung« (darin steckte Teufelsgeist).

»Gift muß ich haben!
Hier schleicht es herum.
Tut wonniglich graben
und bringt mich noch um!«

Ihr Freund Erni, in der GIM organisiert, dem sie gelegentlich traute, stellte das so dar: Du hast innerlich eine recht kleine Persönlichkeit, die eine Leiter anstellen muß, wenn sie durch deine großen Augen einen Blick auf die Welt werfen will. Sie versuchte »nachzureifen«, insbesondere durch häufigen Stellungswechsel in der Berufsfrage, die sich zunächst nur in der Wahl der Ausbildungsrichtungen darstellte. Wollte sozusagen ihre dritten Zähne haben. An ihren Schläfen violette, nervöse Äderchen. Oft hatte sie Kopfschmerzen. Rasch vorüberziehende Desorientierungen. Ausgeburten der Phantasie. Sie mußte das verbergen, damit nicht Dritte von außen eingriffen, Korrekturen an ihr vornahmen. Sie rächte sich durch Quengeln – langwierige Störungen des Kontakts mit sich und anderen. Eingezwängt in einen Körperbau, der ihr wie ein verlassener Palast erschien, in dem sie Kellerräume bewohnte, verwaltet durch *ein* Hirn, das in scharenweisen Fraktionen in verschiedene Richtungen strebte. Es war weniger eine Verschnellerung der Entwicklung (im Sinne von Beschleunigung von Teileigenschaften und Zurückbleiben anderer) als vielmehr die Verweigerung jeder bestimmten Richtung der Entwicklung – ein blinder Fluß von Neugier, Direktangriff, Suchen, Wachstum, andererseits Verbarrikadierung usf.

In vielen Pausen zwischen diesen Störungen hatte sie sich wissenschaftlich breit ausgebildet, aber auch Kurse für Ausdruckstanz in einer Company in London absolviert, weil sie eben nicht die Richtungslinien des Hirns spezialisieren, sondern vor allem die in ihren Gesten, ihrer Körperhaltung, ihren Bewegungen enthaltene Hirnenergie nachziehen wollte. Es machte ihr auch Genuß, dem begehrten Vater, den sie sich so sehr abgewöhnt hatte, Geld aus der Tasche zu zwacken. Hiermit verbunden Autofahrten mit intensiven Gesprächen mit diesem »Vater-Partner«, keiner von beiden konnte bei hohen Geschwindigkeiten die Tür öffnen und aussteigen, keiner, der nicht mitfuhr, konnte stören. Umarmungen waren schon technisch (als Störung des Fahrzeughalters) ausgeschlossen, man konnte aber Becken an Becken sitzen. Sie galt als träumerisch.

Jetzt drängte sie, noch mitten in divergenten Studien, zur Praxis. Durch Vermittlung von Freunden der Familie in der Abteilung Öffentlichkeit und Werbung eines Großkonzerns eingeschult. Irgendwann wollte sie ein regulärer Mensch werden.

Überrascht registrierte sie, daß sie neuerdings zu einem Cousin ihres Jugendfreundes Erni, einem Franzosen, sich weniger verschlossen verhielt. Interessante Nachmittage. In Hotels bei Straßburg. Unter solchen Umständen fand sie an dem seit neun Jahren ausgeübten »Geschlechtsverkehr«, was immer das sein soll, *Interesse.* »Gift muß ich haben!« Gift war es nicht.

Sie verfügte über Kenntnisse in

Arbeitsphysiologie
Anthropologie, Völkerkunde
Ausdruckstanz
Physik, insbesondere Kernphysik
Astronomie
Werbepsychologie.

In jeder linken Diskussion konnte sie ihren Standpunkt wahren. Außerdem: »flüssig schreiben« – das war Gegenstand ihres derzeitigen Jobs. Immer vorausgesetzt, daß sie die Sache, über die sie schreiben sollte, nichts anging.

Von ihrem Arbeitsraum im Verwaltungshochhaus blickte sie durch riesige Fenster auf eine Rheinschleife. Am anderen Ufer Raffinerieanlagen. Vor dem seitlichen Fenster Werkstraßen, darüber das Wetter vom Tage.

Ihr Aufgabengebiet war Binnenwerbung. Wie kann ein Quentchen Extra-Aktivität aus den verschiedenen Schichtungen der Belegschaft zusätzlich gewonnen werden, wenn welche Maßnahmen der Betriebsleitung, die nicht viel kosten dürfen, getroffen werden? Hierüber wöchentlich einen Bericht und vierteljährlich eine Projektperspektive, die die Arbeitsstellen der Unterabteilung absicherte, indem sie in den

Vorgesetzten die Hoffnung auf recht überraschende Tricks und neue Verfahren des betrieblichen Umgangs weckte. Ihr Vater nannte das, wenn sie von dieser Arbeit erzählte, »Wundertüten«. Es soll früher für 10 Reichspfennig solche Tüten gegeben haben, in denen jeweils ein wertloser Ring oder andere Produkte lagen. Man wußte aber nie vorher, was es war.

II

In der übrigen Zeit arbeitete sie über Schmied Wieland (= Wölund). Der mythische Mann träumte von Schwanengefieder, einer davongeflogenen, d. h. offenbar getöteten oder en masse vernichteten Geliebten. Vermutlich von Vorvätern Wölunds ermordet.

»Sind verflucht für Sünden
aus ihrer Väter Zeit.«

Erster Vernichtungsschub: die Mordserie, von der jetzt (wir schreiben etwa 3000 v. Chr.) nur Wielands Sehnsucht nach Schwanengefieder übrig ist. Zweiter Vernichtungsschub: offenbar die Urenkel, die sich noch erinnern, deshalb als Techniker (Schmiede!) und in Träumen das Paradies wiederherstellen möchten (Daedalus, Wieland, Vulkan usf.), zwingend angetrieben, weil sie erinnern, aber auch glücklos. Untergegangen, aber nicht vernichtbar.

Während Wieland träumt, wird er vom Seekönig und dessen Vasallen überfallen, an den Fußsehnen gelähmt (kann also nicht mehr laufen oder entkommen), Hände unversehrt. Die äußeren Fesseln werden nach einiger Zeit gelöst, er muß für den König technisches Werkzeug herstellen. Alles das entweder Norwegen oder Inseln in der Gegend von Island. Wieland lockt die Söhne des Königs zu einer Truhe, in der Schätze (Werkzeugvorräte!) gestapelt sind. Zerdrückt mit der scharfen Kante der Truhe die Kinderhälse, die sich neugierig hineinbeugen. Fertigt aus den Hirnschalen Trinkgefäße, aus denen der König trinkt. Der Schmied wird belobigt. Die Königstochter, die den Vater zu übertreffen wünscht, läßt sich von Wieland einen Ring (aus den Knochen der Brüder) herstellen, wird vom Schmied eingeschläfert, geschwängert. Als Rächer erscheint der König. Der Schmied hat inzwischen Flügel angefertigt und fliegt an König und Attentätern vorbei, weist darauf hin: er ist jetzt der Ahn von des Königs Enkeln.

Der Held ist also nicht zu besiegen, aber er nimmt an der weiteren Handlung nicht teil. Seine Kinder werden den nächsten Umsturz oder Raubzug fremder Seekönige nicht überleben. Sie lernen nichts von den Techniken des Vaters.

III

Auf das Werksganze zu ihren Füßen paßt das Gleichnis zunächst nicht. Es sei denn, daß sie annimmt, daß die Arbeitskraft dort unten ebenfalls – als Ganze – nicht vernichtbar ist. Ihr Schutz ist zunächst nur das Interesse der Unternehmensleitung an dieser Arbeitskraft, also durch den Gegner geschützt. Es ist nicht ersichtlich, wie sich die Schmiede dort auf Flügeln erheben sollen und, am Verwaltungshochhaus seitwärts aufsteigend, sich entfernen.

»Wie von der Höhe nieder
der reinste Himmel flimmt.«

IV

Der Abteilungschef eilt heran. Sie verbirgt die Notizen. Es soll keiner lächeln über ihren Fleiß. Was er mit seinem Besuch meint, ist ihm im Gesicht geschrieben. Er möchte zu dieser Mitarbeiterin in ein näheres Verhältnis kommen. Ihre allzu ausdrucksvollen Gesichtszüge, die Nervosität, stören ihn aber. Das schützt sie vor Belästigungen. So bewegt wenigstens sie sich »auf Flügeln« an ihm vorbei. Von der Wirklichkeit entwöhnt, gierig. Überhaupt nichts wird gedeihen, sie will nur nicht verdorren. Wenn sie wenigstens religiös wäre. Aber das ist ihr keine Richtung.

Sie konnte in die Zukunft sehen

Sie wendete die Gabe ja nicht in großem Stile an, nur im Notfall. Aber es war gewiß, daß sie um einige Sekunden, Minuten, Stunden vorher wußte, was ihr Kind oder eine Nachbarin, oder ihr Mann, oder einer ihrer Patienten tun *wird.* Bei einigem Training hätte sie es mit dieser Eigenschaft zur Wahrsagerin bringen können. Auf die Bewegung genau sah sie etwas passieren. Manchmal waren die Bewegung, die sie gesehen hatte, und das, was wenig später oder viel später dann wirklich stattfand, zwar verschieden voneinander, aber ursprünglich, mit ihrem geistigen Auge hatte sie es sogar genauer gesehen. Anfangs glaubte sie, das gelinge ihr (oder geschehe ihr) nur in bezug auf ihr Kind, weil sie mit ihm durch unsichtbare Fäden (was immer das ist) noch verbunden sei. Aber nein, wildfremde Leute, wenn sie sich nur zufällig auf sie konzentrierte, sah sie etwas tun, was diese noch nicht taten, sah sie fallen, ausfällig werden, lügen, drohen usf., ehe sie dazu kamen, es zu tun. An ferne Zukunft wagte sie sich nicht heran, war aber sicher, daß sie das könnte. Wie gesagt, eine Eigenschaft von großer Exaktheit. Sie erzählte natürlich niemandem davon.

Weißes Roß

Das Gastlichkeits-Kombinat HO-Gaststätte und Hotel Weißes Roß, Halberstadt, kämpft um den Titel »Gaststätte der gepflegten Gastlichkeit«. Auf Teewagen transportiert das blonde Krusselhaar insgesamt 64 Kaffeekännchen in 11 Minuten aus dem Frühstückszimmer, das noch vor Minuten von einer Busladung von Belegschaftsmitgliedern aus Halle/Saale verlassen worden ist. Das Palmenzimmer haben sie zu dritt, obwohl es zehn Tische sind, in 4 Minuten abgeräumt. Mit kleinen Krümelbesen stauben sie die Tische und Sitze ab.

Die Tischdecken, die so dreckig sind wie hier, müssen wir runternehmen. Die andere Kellnerin antwortet: Wir haben keine. Krusselhaar beharrt: Überall die Krümel, die Flecke.

Sie bilden gemeinsam Ballen aus dreckiger Tischwäsche, legen die Ballen provisorisch auf einen der schon frisch orientierten Tische, nachdem sie die Vase weggeräumt haben. Das sieht fürchterlich aus, kann nicht so bleiben. Aber es kommt noch die Abbo (Abonnenten). Die oberste Kellnerin trägt ein Tischchen mit einem großen Kaktus vor ihrem Bauch in kleinen Schritten bis an die Tür zum Wintergarten. Jetzt hat dieser Ständer seine optimale Stelle. Sie rückt aber noch weiter daran, verschlechtert die Position. Das schlappt sonst auf dem Parkettfußboden, begründet sie. So: jetzt sind auch die Gaze-Stores zurechtgerückt. Die drei Arbeiterinnen des Kollektivs wenden sich dem Sonderraum zu, der für den Tag des Energiearbeiters (Empfang) vorzubereiten ist. Zwei Kollegen aus Magdeburg, die in der Stadt am Nachmittag Referate vorhaben, dürfen mitten im Getümmel des Aufräumens und der Neugestaltung bei ihren Kaffeetassen sitzen bleiben. Sie sprechen über qualitative Arbeitszeitmessung an ausgewählten Beispielen in der DDR und in Portugal.

Wally, der Rachegeist

I

Das kostet Rache, sagte sie. Der Rachewunsch kam unvermittelt, fand die ehrenamtliche Mitarbeiterin der Justizvollzugsanstalt III, die von Wally besucht wurde. Für so viel Rachedurst war kein Grund.

Wally hatte vier Tassen Kaffee geleert und die ehrenamtliche Mitarbeiterin gründlich belabert; eigentlich war dieses Wiedersehen mit der Mitarbeiterin ein Versuch Wallys, zu zeigen, daß sie auch nach Entlassung aus der Strafanstalt noch Interesse an diesem Kontakt hätte, daß also »dieser Anfang einer schönen Freundschaft« seinerzeit nicht unter dem Druck der Anstalt (weil sonst nichts da war, sich zu »befreunden«) stattgefunden hatte, sondern ein wirklicher *menschlicher* Kontakt vorläge . . . Wally war also nach Beendigung dieses Besuches losgegangen, die Straßenbahn fuhr aber nicht, wie auf dem an der Haltestelle angeschlagenen Fahrplan ausgewiesen; dort hing noch der Winterfahrplan, der Verkehr folgte schon dem Sommerfahrplan, überhaupt fuhr nichts mehr in die Stadt zurück, und so kam Wally wieder angestürmt: Das kostet Rache!

Das passiert schon mal, beschwichtigte die ehrenamtliche Mitarbeiterin. Nein: Wally wollte Rache. Das wegen einer davongefahrenen Straßenbahn. Die Sozialhelferin nahm an, daß vielleicht aus früheren Jahren für Wally etwas vorlag, sich aufgetürmt hatte. Wally nahm ein Nachtlager an, trank noch drei weitere Kaffees und einen Cognac, alles was man ihr anbot, blieb aber unversöhnt. Die ehrenamtliche Mitarbeiterin nahm an: an diesem Abend. Wally schlief herzhaft auf der Couch, war aber am anderen Morgen ebenso rächerisch wie am Vorabend. Die Sozialarbeiterin, ihre »Freundin«, rechnete fest damit, daß das in den nächsten Tagen abflaute. Es war »undenkbar«, daß sich an eine nicht fahrende Straßenbahn dieser Haßausbruch ankristallisierte. Es ergab sich aber später, daß die ehrenamtliche Mitarbeiterin sich darin irrte. Wally blieb *unverhältnismäßig beharrlich.*

II

In einem anderen Falle wollte eine Gefangene in Station II sich partout nicht therapieren lassen. Mein Haß, sagte sie, ist so groß, daß ich mein Leben lang damit nicht fertig werden will. Das von der Sozialarbeiterin (in der Kunstform der indirekten Gesprächsführung) geführte Gespräch wogte lange hin und her. Die Therapie, sagte die Gefangene, hat bei mir keinen Erfolg – aber, fügte sie hinzu, ich will mich auch nicht in die Gefahr begeben, daß die Therapie vielleicht doch einen Erfolg hat. Ihre Unversöhnlichkeit war ihr ein Besitz, den sie mit Klauen und Zähnen verteidigte.

Aber befragt nach »Gründen« ihres Hasses, kamen läppische Behauptungen. Ein männlicher Wächter sei ihr zu nahe getreten; aus dem Gefängnishof Gerüche; eine Mitgefangene hätte ihr Seife beim Duschen weggenommen und in den Gully geschmissen.

Die Sozialhelferin, nach gründlicher Beratung mit der Gefängnispsychologin, versprach: Wenn die Gefangene sich auf eine Therapie einließe, dann könne man den »Grund« des Hasses finden. Die Rache wäre vielleicht stärker, wenn man ihr auf den Grund gehe. Das wollte die verwegene Gefangene gar nicht zulassen. Sie war gewiß, den Grund zu »kennen«, lediglich »Ausdrucksschwierigkeiten«. Auch als »Freundin« wollte sie die Sozialhelferin nicht an diese Wurzel heranlassen. Ob der sog. Haß denn nicht eine Seifenblase sei, wenn diese Angst vor einer Nachschau bestehe? Quatsch, sagte die Gefangene. Ich lasse doch nicht solche Gruppengesprächstricks auf mir sitzen.

Sie war nicht zu belehren. Lieber bot sie an, gelegentlich mal zu beten, was die ehrenamtliche Mitarbeiterin gar nicht von ihr forderte, sondern was eine Forderung der Pastorin war, die eine halbe Planstelle innehatte und der Gefangenen ähnlich zusetzte, »sich zu offenbaren«. Es geht darum, sagte die Gefangene, daß ich mich gründlich rächen werde. Sie tat das, indem sie die Sozialhelferin mit der Religionshüterin gleichsetzte. Es war klar, daß sie alle Personen, die versuchten, in sie zu dringen, die therapieähnliche Versuche mit ihr anstellten, als *eines* ansah, sie konsequent also die Befragerinnen verwechselte oder austauschte, jede individuelle Beziehung verweigerte, als wären das Stücke *einer* Maschine.

Zusatz: Über Jahre der Beobachtung hin (die Sozialarbeiterin, die zunächst sich verletzt fühlte, hielt auch nach der Entlassung Kontakt) keine Veränderung dieser Haltung, allerdings auch keine Kurzschlußhandlungen aus »Rachegeist«. Meist schien sie »ausgeglichen« und »vernünftig«. Die ehrenamtliche Mitarbeiterin: Unwahrscheinlich, daß allein der Strafvollzug die Unversöhnlichkeit auslöste. War nicht aufklärbar.

Rachegefühl als Freizeitthema

Pause im Café Bauer. Pausen sind intensive, miniaturisierte Arbeitsphasen, denn von der spezialisierten Arbeit im Institut für Sozialforschung erholt man sich durch anderweitig gerichtete Arbeit. Die Erholung liegt im Schwerpunktwechsel, im Wechsel auf Selbststeuerung, während die Hände ichlos mit dem Löffel in der Kaffeetasse graben.

Tische und Sitze im Café sind wie in einem Kinderzimmer oder im Hort, niedrig und buntfarbig, puppig. Die Bedienung: eine Liliputanerin. Da müßte der Gedanke eigentlich einen Augenblick verweilen. Der Blick Hinrichs geht aber nervös durch die Aquariumsfenster auf das eilfertige Vorübertreiben des akademischen Nachwuchses. Außerdem sitzt noch Billie da, eine Genossin. Sie erhält von Putermann, den sie seit 5 Monaten kennt, »wie auf Lebensmittelkarte«[1] Zeitabschnitte zugeteilt, die sie in seiner Gegenwart »verweilt«; das ist nicht, was sie sich unter Zusammenleben vorstellt; sie hockt aber mangels eines plötzlichen Entschlusses, Putermann im Stich zu lassen (ihn der »Diktatur des Patriarchats« anzuklagen), immer wieder stundenweise neben ihm. Wird gerade so auf-

1 Die Metapher kennt Billie nicht aus eigener Anschauung. Sie ist 26 Jahre alt. Sie hat aber im Lesesaal der Deutschen Bibliothek, während sie auf Putermann wartet, in dem Band: Armin Schmidt, *Frankfurt im Feuersturm,* Frankfurt 1965 geblättert.

Abb.: Kartenausgabe an Fliegergeschädigte nach dem Großangriff vom 4. Oktober 1943 in Frankfurt.

sässig, daß er sich ihr zuwendet – wenn er sich »auf sie einstellt«, wirkt er momentan wie ein Mensch – sie läßt sich also ebenso momentan, wie er sich um sie kümmert, »besänftigen«, d. h. rekolonialisieren, gerade so weit, daß Putermann das Lebensmittelkarten-System anwendet, sie also irgendwelche Zeit aus seinem Terminkalender zugeteilt erhält, der Pegel des Protestgefühls steigt usf. So zieht sich die »Beziehung« hin. Es entsteht keine Gegenwart, keine richtige Vergangenheit. Ihr Erinnerungsvermögen wird durch den Technokraten verwirrt. So sitzt sie auf der Bank des Cafés, hat nicht mal Putermann allein oder sie wäre selber allein und könnte den Nieselregen oder die Kacheln des Hörsaalturms aufmerksam betrachten.

Sie sagt: Ich werde nicht plötzlich wütend, wenn ich anfange, Teller zu zerschmeißen, so kann das einen Grund von vor vier Stunden haben. Jetzt im Moment bin ich aber nicht wütend.

Ich meine nicht Wut, sagt Grabbe.

> »Die menschlichen Tränen sind Äquivalent,
> des Ozeans, der die ersten Augen reinigte!«

Wo bleibt das denn?[2]

Die Männer empfanden gemeinsam. Das Grundinteresse an dieser Freistunde war ja, daß sie in Gesellschaft waren und nicht verteilt auf ihre Dienstzimmer im Institut, nochmals unterteilt nach den verschiedenen Teilabschnitten der Leistungslohnstudie, also ungesellig. Hier nun, wie gesagt, mit zueinander gerückten Kaffeetassen und Kuchentellern, »in Gesellschaft«. Deshalb wollten sie es einander nicht antun, daß die Plauderei zu dem stereotypen Schema einkehrte (Schema deshalb, weil sie seit Jahren vor demselben Angriffsschwerpunkt ihres Interesses ins Stocken geraten waren): »Die Arbeiterklasse ist Subjekt der gesellschaftlichen Veränderung.« Dann ist sie auch Trägerin der *verdichteten Form des Protestgefühls, der Rache.* Mit der *reellen Subsumtion* der Arbeiterklasse unter das Kapital geht Rache als »menschliches Gefühl« unter (war allerdings nie in der alten Form ein

2 Irgendwo auf der Seite Verschiedenes in den Tageszeitungen? Z. B. Rentner schlägt den Leiter der Sozialversicherungskasse mit der Axt auf den Kopf.

besonders menschliches Gefühl), also individuelle Verarmung an Rachegefühl, gesellschaftlicher Reichtum an Rachegeistern. Die durchschwirren die Realität: Magenschmerzen, Maschinen, die die Horizonte überfliegen, Vergeßlichkeit, Gutmütigkeit. Als Anhang der »ungeheuren Warensammlung« eine »ungeheure Sammlung von Rachegeistern«.

»Die ungeheure Sammlung«. Was aber (Putermann) ist ihr einfachstes Element? Was entspricht dem Waren – Fetisch? Rohstoff? Den Produktionsmitteln (Werkzeugen)? Der Produktionsweise? Dem Produktionsverhältnis, gerechnet in Raum und Zeit? Ich möchte das, sagt Grabbe, mal als das Zeitgefühl der Rache formulieren. Zu dem Stichwort hätte Billie beitragen können, schwieg aber.

Man hätte noch einen Germanisten in der Runde gebraucht, der aus den Büchern auflistet: alle Fälle von Rache, Justiz, Verweigerung usf. Und, fügt Hinrichs an, einen Naturwissenschaftler. Horkheimer hat den Plan gehabt, hat mehrfach darauf bestanden, daß im Institut eine Planstelle für einen Naturwissenschaftler eingerichtet wird, dann aber personelle Vorschläge geblockt. Hätte man einen Naturwissenschaftler hier in der zweiten Frühstücksrunde, so könnte er vielleicht die Leidenseinheiten und Protestwerte, rückwärts gerechnet auf das Jahr 500 000 vor Christus und regional hochgerechnet z. B. auf Frankfurt und Umland ermitteln. Wieso soll das ein Naturwissenschaftler können? fragt Putermann. Du brauchst dafür Lienert[3]. Gäbe es für Leiden und Protest eine Meßeinheit (ähnlich wie für Informationen *bit*), würdest du dich wundern. Das sind Milliarden. Wovon? fragt Grabbe. Dafür müßten wir ja erst die Meßeinheit haben, sagt Billie.

Weder explodiert das Leiden, noch versammelt es sich in einem großen modernen Tragödienstoff, noch ... Nun verschwindet aber Energie nach dem Energiesatz niemals. Laienhaft, erwidert Grabbe, das mit dem Energiesatz.

Hinrichs, der sich derweil ausgeruht hat, sagt: Nochmal ganz *einfach*. Ableitung! Sinnlichkeit ist ein Arbeitsmittel, nicht wahr? Nein, ruft Grabbe, ein Rohstoff. Ein Produktionsverhältnis, sagt Putermann. Ich meine, sagt Putermann:

3 Lienert, führender Statistiker; Verfasser des *Handbuchs für Statistik*.

die Sinne, ich meine die 5 Sinne, Augen, Ohren, Nase – Grabbe ruft dazwischen: Zunge! –, Hinrichs: Und dann die Hirnsinne, ich zähle davon 15 und die kulturellen Programmsinne . . . Grabbe: Oder Kultursinne (gekocht, roh, naturschön, »von Bedeutung« usf.). Jetzt ist es wieder kompliziert. Hinrichs sagt: Nochmals ganz *einfach*. Putermanns 5 Sinne und meinetwegen noch die Hirnsinne dazu als Produkt der Weltgeschichte (etwa 1 Million Jahre). Darauf setzt sich, ihr kennt alle die Stellen[4], die *Sinnlichkeit des Habens* (etwa 800 Jahre). Davon koppelt sich ab, und zwar zwingend, die *Sinnlichkeit des Nichthabens* (also die Reststücke der Sinne, die nicht ins Haben passen, das Quälerische im Haben: der Protest). – Und diese Nichthaben-Sinne (ebenfalls ca. 800 Jahre alt, aber in der Masse zehnjährig), also nochmal ruhig, fängt Hinrichs neu an, dies zusammengezählt zu Sinnlichkeit des Nichthabens bedeutet Rohstoff (Wurzel = Radikalität, die Dinge an der Wurzel fassen), Werkzeuge (= Bewegung), daraus entsteht eine imaginäre gesellschaftliche Fabrik (Raum, Öffentlichkeit), daraus gemacht: Produktionsverhältnis – und das ist doch »Zeit« (denn das geht nicht, daß wir in Nichtzeiten Gefühle produzieren, die brauchen Zeit, nehme ich die Zeit weg, nehme ich auch das Gefühl weg).

Das war für Billie heute morgen annehmbar: **Zeit** hatte sie, weil sie ja nur begrenzt als Kandidatin dieses Politbüros zur Mitwirkung kam (im wesentlichen war ihr erlaubt, die dritte Tasse Kaffee zu leeren, sie hätte auch etwas sagen dürfen, von Putermann seitlich beblickt und zur Kürze aufgefordert, dann aber hätte sie eine Stelle in der »Bewegung des Begriffs« finden müssen, in die sie ihre Worte einschieben konnte, also z. B. eine bildhafte Stelle in einem Nebensatz . . .). **Gefühle** hatte sie immer, insbesondere das des Nichthabens im Hinblick auf Putermann, eine **imaginäre Fabrik der Gefühle**, nämlich Regenwetterstimmung Londoner Art, die eine ganze Menge Leute in der Stadt an diesem Vormittag in depressiver Stimmung vereinte (das aber tröstet und war konstruktiv). Schließlich: **Produktionsverhältnis**, nämlich die Verwaltung ihres

4 Marx, *Ökonomisch-philosophische Manuskripte* (1844), *MEW, Ergänzungsband*, 1. Teil, Berlin 1968, S. 543. *Die Frühschriften*, Kröner, Stuttgart 1968, S. 241; Kurnitzky, *Triebstruktur des Geldes*, Wagenbach, Berlin 1974, S. 47 ff.

freien Vormittags, mehrere davon hatte sie nicht in dieser Woche, da sie ja arbeitete, durch den Genossen Putermann, der auch die Gefühlswut oberhalb ihres Magens (durch Kaffeesäure zusätzlich gereizt) in Gang hielt, auch regulierte, aber zu dumm war, sie wenigstens so vollständig in seinen Dienst zu stellen, daß sie Mehrwert für die Gruppe abwarf, also das Wollknäuel von Begriffen und daranhängenden Bildern für die drei aufribbelte und ihnen so »das Gefühl der Rache« erwirtschaftete.

Klar war, daß, wenn keine Bearbeitungswerkzeuge, keine menschlichen Situationen, d. h. »Zeit« für die Entfaltung des Rachegefühls zur Hand waren, eigentlich ebensogut gesagt werden konnte: für die Entstehung von Menschen existiert die entsprechende Ökonomie auch nicht.[5] Grabbe: Sie entstehen ja auch nicht. Soll ich die Adorno-Zitate dazu aufzählen?

Deshalb auch der Eindruck, sagt Grabbe, daß Rache ein altmodischer Ausdruck ist. Er setzt die feudalistische Produktionsform, die Zeitdauer von Frühjahr, Sommer, Herbst, Winter (also Steinzeit, Antike, Mittelalter) voraus. Nun widersprach das der Grundannahme der kritischen Theorie, daß

5 Die gleiche Zeitökonomie wie für »Rache« gilt ja, sagt Hinrichs, für Kinderaufzucht. Billie übersetzte das in eine Anschauung: Die Frau in der Küche sitzt vor ihrem Kinde und »beblickt es mit Liebe«. Das Kind steht, der Kopf knapp über der Tischkante, vor der Sitzenden und sagt: »Du darfst mich nicht so ansehen, sonst werde ich blind.« Es reibt sich die Augen. »Ich habe Stiche in den Augen.« Was soll denn da nun die Pointe sein? fragte Grabbe. Putermann: Das Kind vergißt den mütterlichen Überfall nicht, aber das Bild davon muß es aus seinem Bewußtsein ausräumen, sonst kann es nicht mehr zur Mutter flüchten. Einmal hochgerechnet, sagt Putermann, daß das Kind noch 70 weitere Jahre lebt, so hat es riesige Vorräte an Zeit. Ebenso hat es, wieder hochgerechnet, beachtliche Vorräte an Gefühl, z. B. Rachegefühl. Aber »Zeitgefühl der Rache« vermag es nicht herzustellen; entweder »Gefühlszeit«, d. h. Nachfolgesituationen mit Mutter oder Mutternachfolgerinnen, oder sonstige Zeit, die dem »Bild mit dem Blick« entspricht, dann aber in diesem Moment auf den Tod nicht das zugehörige Gefühl. Oder aber es hat das Gefühl, es gibt ja immer Zwischenzeiten dafür (dazu nickt Billie zustimmend), dann aber außerhalb der Zeit. Wenn ich nur wüßte, sagt Hinrichs, was du meinst. Es ist Institutsjargon. Alle drei beherrschen ihn, aber nicht immer entziffern sie das gleiche. Das ist eine Frage der Einstimmung, der Mimik oder des vorangegangenen gemeinsamen Tuns. Ich will ja auch nur sagen, antwortet Putermann: Gefühl und Zeit kommen nicht zusammen, und wenn ich jetzt (mit Vorbehalt, denn die Institutstradition »definiert« nicht) Rache definiere als das Zurechtrücken unrechter, verzerrter Verhältnisse (warum er ein Schwachwort wie »Verhältnisse« an den Gedanken anhängt, wenn doch starke Bilder möglich sind, versteht Billie überhaupt nicht).

am »Sockel der Gesellschaft« die ältesten Verhältnisse sich immer erneut herausbildeten.

Das ist eine Hypothese, sagte Putermann übergangslos. Ihre Freizeit und die Billies war zu Ende, sie mußten wieder ins Institut, an die Arbeit.

Abb.: Maas-Brücke bei Auchamps.

Eingemachte Elefantenwünsche

Von A. Weber, ursprünglich Schriftsetzer, dann zweiter Bildungsweg, heute in einer Werbefirma, war bekannt, daß er ein Manuskript von 1800 Seiten, eng beschrieben, teilweise im Stenogramm, (in kleiner Schrift, so daß die Seite vermutlich mehr als 30 Zeilen zu 65 Anschlägen enthielt), verfaßt hatte. Heiner Boehncke, Redaktionsmitglied der Zeitschrift ÄuK *(Ästhetik und Kommunikation)*, immer auf der Suche nach möglichen Nachfolgern Travens oder von Arbeiterschriftstellern, wobei er im Falle A. Webers diesen Begriff weit auslegen wollte, suchte diesen Autor auf. A. Weber weigerte sich aber, das Manuskript vorzuzeigen. Er zeigte nur die sog. Reinschrift. Sie enthielt auf fünf DIN A 4-Seiten fünf Entwürfe für die ersten Zeilen eines ersten Kapitels. Boehncke las:

»Entwurf 1
Eingemachte Elefantenwünsche
1. Kapitel

Eine Ärztin mit Namen Dora. Ihre Diagnose war falsch, aber es ergab sich ein fröhlicher Abend. Sie ging mit ihm auf das Zimmer. Eine richtige Ärztin hatte er noch nicht gehabt. Der Krebs, den er in sich hatte, blieb unentdeckt. Daran konnte man nichts machen, sagte er später. Sein Gesicht war zuletzt ziemlich verfallen. Sein Blut war praktisch aufgefressen von den Innereien . . .«

»Entwurf 2
Eingemachte Elenfantenwünsche
1. Kapitel

Als Beitrag zur unaufhaltsamen Revolution übernahm R. das Ecklokal, das Trautel bis zu ihrem Krankenhausaufenthalt, von dem sie nicht zurückkehrte, gut in Schuß hatte . . .«

»Entwurf 3
Eingemachte Elefantenwünsche
1. Kapitel

Inge besitzt eine abschließbare Metallkiste aus ehemaligen Wehrmachtbeständen. In dieser verwahrte sie ein Fläschchen Pfefferminzlikör, Schmucksachen, Papiere, Gürtel, Schals usf. In die Kiste durfte niemand hineinsehen. Meier: Was machst du mit deiner Schatzkiste? Inge: Ich suche was raus, was ich umbinden kann.«

Zu Entwurf 3 war in der Reinschrift noch ein Motto notiert: »Man sagt, daß die Sonnen- und Mondfinsternisse Unglück verkünden, weil man an das Unglück gewöhnt ist: Es ereignet sich soviel Schlimmes, daß sie es oft voraussagen. Wenn man hingegen sagte, daß sie Glück verkünden, würden sie oft lügen. Man verspricht das Glück nur wie seltene Himmelserscheinungen.« (Pascal 752)

Das ist wenig, sagte Boehncke. Weber war nicht beleidigt. Er erwartete ja keine literaturhistorische Einstufung, sondern hatte auf die menschliche Bitte hin, etwas vorzuzeigen, einen Einblick in die Reinschrift verschafft.

Ich hatte Sie so verstanden, sagte Boehncke, daß Sie an einem großen Tragödienstoff arbeiten. Das ist richtig, bestätigte Weber. Dann ist wohl der übrige Apparat, Ihre 1800 Seiten, sicher ein größerer Zusammenhang? Nein sagte Weber, das sind auch lauter einzelne Stücke. Wieso, fragte Boehncke, schreiben Sie Ihre Geschichten nicht in Form eines großen Romans?

WEBER: Ich muß immer neu ansetzen.

BOEHNCKE: Dann ist das alles Entwurf?

W.: Ja. Und der Entwurf hätte nur dann eine Information, immer vorausgesetzt, daß er entstünde – was aber nicht geplant ist – und daß er zu einem Ergebnis führt, auch das ist ausgeschlossen: daß ich dann angeben könnte, worüber ich überhaupt schreibe. Ich hätte dann die ersten drei bis siebzehn Zeilen und könnte diese fortsetzen als Roman. Aber wie gesagt, kann es dazu nicht kommen.

B.: Und das wäre dann aber ein Zusammenhang, ein Roman?

W.: Gewiß nicht.

B.: Und warum? Wollen Sie nicht?

W.: Ich kann nicht.

B.: Sie meinen, Sie können nicht schreiben, weil Sie kein Schriftsteller sind?

W.: Das weiß man nicht vorher, ob man schreiben kann. Vielleicht, vielleicht nicht.

B.: Warum versuchen Sie es dann nichteinmal mit einem großen Roman?

W.: Warum soll ich das versuchen?

B.: Hätten Sie denn bestimmte Einwände gegen die Romanform, wenn Sie so sicher sind, daß es dahin nicht kommen wird? Obwohl Sie doch gar nicht bis zu diesem Punkt vorstoßen, und ich zähle hier zwölf Zeilen, das ist das Längste?

W.: Dann müßte ich mich konzentrieren.

B.: Und warum tun Sie das nicht? Das ist doch etwas Schönes.

W.: Und kalt gegen alles, was in diesen Zusammenhang nicht paßt?

B.: Worum geht es denn in Ihrem Fragment? Ich meine die 1800 Seiten.

W.: Um Elefantenwünsche.

B.: Und wie kommen Sie auf den Titel: Eingemachte Elefantenwünsche?

W.: Ich spiele auf das Elefantengedächtnis an. Aber das gibt es in der Natur nicht, sondern nur, wenn man es gewissermaßen in Einmachgläsern einsammelt und aufhebt. Gewissermaßen von früher her. Ein Elefant z. B., von einem Schneider vor Jahren in den Rüssel gestochen, erkennt zwanzig Jahre danach im ersten Stockwerk einer Straße, nehmen wir an 1934, diesen Schneider, es muß nicht der Beruf sein, sondern kann ein Mann namens Schneider sein, reißt ihn mit dem Rüssel herab und zerschmettert ihn auf dem Pflaster.

B.: Eine unverhältnismäßige Reaktion.

W.: Gewiß.

B.: Ein Nadelstich, und dafür die Todesstrafe.

W.: Vielleicht kam noch anderes hinzu.

B.: Nun ist das ein Märchen. Und das Bild vom Elefanten mit dem langen Gedächtnis ist keine biologische Tatsache, sondern ein Klischee.

W.: Absolut. Ich gehe aber außerdem davon aus, daß Elefanten ihr Gedächtnis vererben. Das Geheimnis der Elefantenfriedhöfe! Es entsteht dort eine Art Gattungsgedächtnis. Insofern sind sie durchaus gefährliche, hochexplosive Tiere. Man hört ja immer wieder von Ereignissen . . .

B.: Vielleicht ist das etwas unwissenschaftlich?

W.: Unter uns gesagt: vermutlich.

B.: Im Roman wäre das wurscht. Sie nennen aber Ihre Aufzeichnungen einen Erfahrungsbericht.

W.: Erfahrungsbericht, ja.

B.: Und Sie weigern sich, das Manuskript zu veröffentlichen. Das bißchen Reinschrift andererseits werden Sie so nicht veröffentlichen können.

W.: Das kommt öfter vor.

B.: Streben Sie denn eine Veröffentlichung gar nicht an? Oder wird die Reinschrift allmählich mehr?

W.: Das muß man probieren, ob das mehr wird. Aber

veröffentlicht wird das nicht.

B.: Und warum weigern Sie sich, zu veröffentlichen?

W.: Weil Veröffentlichung nichts nützt.

B.: Sie haben doch eben gesagt: Sie probieren. Jetzt probieren Sie aber gar nicht erst, wenn Sie es nicht veröffentlichen.

W.: Da haben Sie recht.

B.: Also vielleicht veröffentlichen Sie es doch?

W.: Nein.

B.: Haben Sie denn ein Argument dagegen?

W.: Nein.

B.: Warum sind Sie dann so sicher?

W.: Ich bin nicht sicher.

B.: Und trotzdem: nicht veröffentlichen?

W.: Auf keinen Fall.

B.: Nochmals: warum nicht?

W.: Nützt nichts.

B.: Aber was nützt dann was?

W.: Das muß man eben ausprobieren.

Boehncke, der extrem neugierig war, hatte immer noch die Hoffnung, irgendwie durch penetrantes Ausfragen an die 1800 Seiten heranzukommen, ihm schien allein schon die Masse vielversprechend; hinzu kam, daß er gern nähere Angaben gehabt hätte, was das Eingemachte im »Prinzip: Elefantenwüsche« wäre, Verfahren, ästhetische Konstruktion usf. Andererseits war er nicht begriffsstutzig. Vielleicht wollte Weber darauf hinaus, daß er, Boehncke, sich so intensiv mit diesem Manuskript befaßte dadurch, daß es ihm vorenthalten blieb, während Weber vielleicht bezweifelte, daß er nach Befriedigung seiner Neugierde, also nach Veröffentlichung, noch so begierig sich damit auseinandersetzte. Oder Weber war ein Nichtskönner. Sicher konnte Boehncke in diesem Punkt den Nachmittag und Abend über nicht sein. Etwas in Webers *Haltung* erinnerte ihn an die Wirkung von Büchern.

Schwachstellenforschung nach Dr. sc. nat. Beate G.

I

Kühn oder diskret: aber mehr und mehr sie selbst. Mehr und mehr sie selbst, d. h. an H. Meier kam sie nicht heran.

Lesen, schleichen, Haare kämmen, beobachten, wissenschaftlich untersuchen, etwas wollen, sich entschuldigen, Schärfe nicht vermeiden. Sie möchte sein wie Meier. Aber es ist ihr sehr recht, daß diese Lügen-Hure Schwächen hat, die sie sich selbst nicht gestatten würde. Schwäche in der Welt ist Stärke in einer anderen. Nein: Sondern weil sie ihn nicht hat. Wie in einen Hafen fährt sie so in ihn ein, folgt ihm wie ein Hündchen und gehört jetzt zu den drei unglücklichen Frauen, die um ihn trauern. Würde hat immer nur die, die ihn *nicht* hat. Die, die ihn hat, immer nur kurze Zeit, erscheint als Hündchen. Nur das Unglück, wenn er sie verläßt, wirft sie auf sich zurück.

»Und wendet euch nicht grübelnd ab, vom bitteren Liebesrätsel weg, der weißen Brust der trüben See und jedem wirren Wanderstern.«

II

Wenigstens wußte sie, während Meier das nicht wußte, sondern nur darüber gelesen hatte, sich dafür brennend interessierte, aus was ein solcher Wanderstern bestehen kann, die Himmelmechanik, die Skala der Elemente, die Plausibilität der Hypothesen, die Entstehung von Wandersternen usf. Während sie aufpaßte oder etwas sagte oder stillhielt oder dastand, bemächtigten sich die Finger eines Stück Drahtes oder einer Büroklammer, die man aufklammern kann, oder eines Zettels und bogen, ordneten, mit der gleichen Intensität, mit der jene politische Strafgefangene, die die Zeitungsseiten füllte, in kurzen Befehlssätzen Worte wiederholte, die Kassiber wurden bis vor kurzem aus dem Gefängnis herausgeschmuggelt, aber dieses Wort-Hämmern ist nicht die Umgangsform mit Mesonen, sondern Stein- oder Hammerschwingen der Eisenzeit,

d. h. ein unpassendes Werkzeug, eine nicht-adäquate Gewalt, um in die Bestimmungen unterhalb es Atoms einzudringen. So leiteten ihre Finger eine gewaltsam produktive Energie »seitlich«, unwillkürlich ab, in irgendeinen Warte-Vorgang. Man könnte mit der Nervosität Deiner Finger, sagte Meier, der ihr in der Kantine gegenübersaß, ein Elektrizitätswerk betreiben. Sie wollte irgendetwas entgegnen, machte Miene dazu. Sag's doch, sagte Meier.

Für solche feinfühligen Beobachtungen ihres Mienenspiels, zu denen Meier neigte, wenn er nichts besonderes vorhatte, hatte sie keinen Sinn. Fünf Minuten lang zwang sie (mit Gewalt) ihre nervösen Finger stillzuhalten, während ihre Füße in unregelmäßigem Tempo zu trommeln begannen, was Meier von seiner Position am Tisch nicht sah und, wenn er auch irgendetwas hörte, nicht mit ihrer Person verband.

III

Wissenschaftlerin, 39 Jahre, konzentriert. Frühjahrstagung der Deutschen Gesellschaft für Astronomie und Astrophysik. In den Symposien III und IV führt sie das Protokoll. Es geht um etwas äußerst Entferntes und Präzises: die Erfassung der sog. dunklen Löcher im Weltall, d. h. von Sternen mit so unglaublicher Masse, daß deren Materie »geizig« wird, keine Abstrahlungen von Licht-, Radio- oder Röntgenwellen zuläßt (die kompakte Masse zieht die Fortstrebenden zurück), und insofern geben diese »Dunkelsterne« kein Zeichen ihrer Existenz, eine Herausforderung an die Naturwissenschaft, genau dieses Nichtsendende, Nichtanmeßbare sich zu unterwerfen. werfen.

Das Symposium besteht aus einem unwichtigeren offiziellen Teil, der mit Referaten bestückt ist, und einem zweiten für informellen Austausch der Gelehrten, das Wichtigste der Frühjahrstagung.

Beate hält fest:

– Das ist mir ziemlich schleierhaft.

– Also in so einem Neutronenstern ist das ja einfach. Die Teilchen verlieren ihren Drehimpuls, indem sie ans Magnetfeld anknüpfen, und dann gehts rein, aber wenn ein schwarzes Loch kein Magnetfeld haben kann, deshalb habe ich Sie

gefragt vorher, dann fällt dieser Prozeß völlig weg, und man also nur noch diese . . .
– Nein. Augenblick. Da will ich gleich noch was dazu sagen. Ich könnte mir nur vorstellen, daß dann die Lichtemission eben eine Charakteristik haben muß, die den Drehimpuls wegführt. Ist das nicht so?

Der Astronom Vogt tritt hinzu:
– Sie kann beschleunigt werden. Das kann sein.
– Ja.
– Was Herr Hörterich überlegt hatte, das war . . .
– Die Energie muß zu einer Ausstrahlung . . .
– Ja, richtig.
– Das müßte ja dann doch, ist ja wahnsinnig . . .
– Also ein Neutronenstern?
– Das kann man natürlich dann alles einführen . . .

– Aber wann spricht man denn wirklich von einem schwarzen Loch? Effektiv nur dann, wenn keine Photonen herauskommen, oder . . .
– Ja. Ja.
– Was heißt kompakt?
– Ja richtig, was heißt kompakt. Was ist denn so ein Durchmesser von einem weißen Zweg?
– 10 000, 20 000 m?
– Ja. Von einem Neutronenstern ist der Durchmesser normalerweise 10–20 km und ich glaube, die Grenze zwischen nichtkompakt und kompakt wird dazwischen liegen.

Beate G. verhält sich jetzt schon länger als 52 Stunden »rein sachlich«. Auf die Frage: Wie geht's? antwortet sie: Gut. »Man kann keine großen Werte mehr anwenden, die kleinen passen allerdings nicht.«

IV

Sie drückte, ob sie das nun beabsichtigte oder nicht, »Unglück« aus. »Wie ein Häufchen Unglück« saß sie in dem Leder-Eisen-Gestell dieses Flughafenwartesaales neben ihrem scheidenden Idol Heinz Meier. Eine der großen Hände auf ihrem linken Schenkel, den anderen Schenkel »ungeschickt«

abgewinkelt, wie er geschichtlich entstanden war, als Körperstück eines ehemaligen Kindes, neben den Sessel geworfen, so wie ganze Fronten, 6, 8, 16 Divisionen im Winterangriff 1941 liegen blieben und so wie sie da lagen 1, 2 Jahre in diesen ungeschickten Zufallsstellungen verharrten, bis sie durch irgendeinen Windstoß zerstreut oder zerstört wurden. Also voll auf der Ebene des »Geschicks«, eingeschickt, »eingedickt«. Ihre verschiedenen Eigenschaften, nicht von Hoffnung zusammengehalten, wie in einem Sack über die Schulter geworfen, aber wer soll eine solche Schulter sein? Also rutschend, irgendwie ein Sack voll Eigenschaften, hingelegt – das sollte in besonderem Maße ein Mensch sein.

Sie stand dann doch wieder auf, als die Wachsoldaten die Koffer und Taschen ihres Idols durchforschten. Er ging als letzter zum Flugzeug. Sie erhob ihre Knochen und immer wieder, in halber Wendung sich zu ihm zurückdrehend, winkte sie, d. h. sie hob vielleicht einmal den Arm über Kopfhöhe. So fuhr sie auf dem Transportband 2–6 Mal noch grüßend dem Flughafenausgang zu, zu dem sie nichts hinzog. Beate G. hat eine Schwäche für Meier.

V

Meier

Jedesmal, wenn er sie verließ, erkrankte er. Aufsteigende Erkältung, von den Bronchien aufwärts in die Nase, zur Stirnhöhle und von dort wieder hinab zu den Bronchien. Sein Wunsch zurückzukehren: Zerschlagen durch Realitätssinn. Aber er folgte diesem Realitätssinn nicht willig, sondern durchsetzt mit Unfallschäden, z. B. durch Zugluft.

VI

Fremdgehn in einer fremden Stadt

Die unbekannte Frau hatte Krallen an den frierenden Händen. Diese Hände hoben gelegentlich die Kaffeetasse, lagen sonst auf dem Marmortisch, die Fingernägel schmal und lang, geschliffen, hingen ein erhebliches Stück über die Fingerkuppen hinaus und waren mit blauer Farbe angemalt. Ihre dunklen

Augen hinter Backenknochen versteckt. Da sie sich aus freien Stücken in diesem Café an Meiers Tisch gesetzt hatte, nahm er an, daß er gemeint sei, daß er hier etwas anfangen könnte. Er dachte sich aus, wie er sie anreden könnte, da sie nur darauf zu warten schien. Sie saß angespannt da, fror und zitterte in dem schlecht geheizten Café. Sie sollte doch die Hände von der Marmorplatte nehmen. Der Marmor muß ja eisig sein. Sie könnte die Hände vor den Bauch legen, Taschen hatte ihr Kleid nicht, dann wären sie wärmer. Wenig später zitterte sie an den Armen und warf sich zur Erde, Speichel trat aus dem Mund. Ein herzustürzender Gast, Meier betrachtete gebannt, zwängte ihr eine Serviette zwischen die krampfartig zubeißenden Zähne. Sie schlug am Boden hin und her. So ging dieses Abenteuer für Meier unerwartet negativ aus.

VII

Als er von der Reise zurückkehrt, ist er einige Momente lang weich gestimmt. Dr. Beate G. transportiert ihn zu ihrer Wohnung. In solchen Momenten konzentriert sie sich darauf, ihm begreiflich zu machen, daß die von ihm verfolgte Linie unrealistisch sei. »Wenn in 3 Jahren und 17 Wochen oder in 4 Jahren und 8 Tagen Krieg ausbricht, dann wird das, wofür Du rackerst, unterbrochen.« Wie angelernt antwortete er: Diese äußerliche Gewalt, Krieg, ist sicher nicht allmächtig, man muß sie nicht überschätzen. Das meint er sicher nicht ernst, sondern hatte es so gelesen. Gerade, wenn er etwas wirklich glaubt (ich will es ja, ja ich bin sicher, daß es so ist), würde er nicht darüber reden. Dies ist sein Rest von Aberglauben.

Meier war störrisch. Am liebsten hätte er in diesen Tagen neu angefangen, alle Verbindungen gekappt. Er entwarf ein Schreiben, in dem er um Entlassung »aus dem Dienst« bat, aber dann zerschnitt er diese verzettelten Berührungsstellen zur Wirklichkeit, zum »Weibersinn«, die Beate als Schwachstellen erkannte und in die sie momentan eingedrungen war.

Nach diesem (am Ende vergeblichen) Gespräch, einer Umarmung von einigen Stunden, stärkten sie sich erst einmal mit Kuchen und Kaffee. Sie trug einen schlabbrigen Regenmantel, aber mit einer Kapuze, wie sie Biermönchlein oder

Bierengelchen oder Kinder in Badezimmern tragen. Wenn du Männer brauchst, ich wüßte einen für dich. Das könnte man machen. In seiner Gegenwart war sie neuerungssüchtig. Das währte nur einen kurzen Augenblick, nämlich solange er da war. Sie empfand jetzt gar nichts mehr, nicht einmal mehr Meiers Nähe, der ziemlich erschöpft neben ihr auf irgendeine Verbindung wartete, nachdem sie, um wach zu sein, nichts von dieser glücklichen Konstellation zu versäumen, 5 Tassen Kaffee inhaliert hatte. Sie griff ihn bei der Hand, ließ das dann wieder, weil er es als »zu direkt« empfinden könnte. Sie wollte, daß sie **»robuste Beziehungen«** hatten. Jetzt hatte sie ihn, weil er müde war, noch für ca. 5 bis 6 weitere Stunden zur Verfügung, was nicht oft geschah, und wußte nicht, was sie mit ihm anfangen sollte. »Denn die Mühe, die das Ganze macht, läßt keinen Raum mehr für Reizwirkungen irgendwelcher Art.«

VIII

4. Tag der Frühjahrstagung. Beate G. notiert:

– Hm.
– Bei Centauri X_3 beobachtet.
– Ja.
– Das verstehe ich überhaupt nicht.
– Ich habe die verrückte Vorstellung, daß einfach 1908 so ein stecknadelgroßes schwarzes Loch durch die Erde durchgerutscht ist, das werden noch solche sein, die also aus der Urphase der Weltentstehung kommen . . .
– Verrückt.

IX

Meiers Stärke ist »der Dienst«. Seine Schwäche wollte sie noch erforschen. Sie kennt ihn seit 2 Jahren. Sie hatte Zweifel gehabt, ob sie sich auf das Stelldichein mit ihm in Innsbruck einlassen sollte, wenn er es so vehement forderte. Das sprach nicht dafür, daß er zart mit ihr umginge. Da es in Seefeld aber schon taute, es nichts zu tun gab, war sie telefonisch bereit, sich mit ihm zu treffen. Innsbruck war nebelverhangen. Es war abzusehen, daß das Osterfest Stadt und umliegendes Land lahmlegen würde. Da sie es ebensowenig wie Meier, den sie erst volle 4 Tage (wenn man zahlreiche Einzeltreffen stundenmäßig zusammenrechnete) gesehen hatte, in dem gemieteten Hotelzimmerchen aushielt, versuchten sie, solange es noch hell war, am Flußufer schöne Spaziergänge zu machen. Sie fanden aber das Flußufer gar nicht. In einer der Altstadtstraßen (nach einem Zwischenaufenthalt in einem Café) wurde Beate von einer Taube mit Kacke bekleckert. Auf ihrem schwarzen Kostüm, das für den Anlaß eines Frühjahrs-Stelldicheins eigentlich zu konservativ war (zu Hause in Osnabrück gehörte sie dem Reiterverein an, dorthin hätte das Kostüm gepaßt, die Reiterstiefel standen aber zu Hause), zeigte sich, je mehr sie daran rieb, ein weißlicher Fleck. Das war nun der moderne Ersatz für eine Schwangerschaft. Bis dahin war ihr Zusammensein harte Arbeit ohne Erfolg. Einen Cognac, den sie jeweils in ihre Tasse Kaffee geschüttet hatten, brachte sie einander nicht näher. Beate war müde durch Anfahrt, erneutes Kennenlernen, Absondern der Fremdheit. Die Stadt Innsbruck wie in einem Kochkessel. Jetzt löschte die Beschmutzung die Irritation. Sie trug den Fleck zum gemeinsamen Hotel. Leider hatten sie nach den Ostertagen nicht die Nerven, die Verbindung »zu pflegen«. Meiers Stärke ... Das zieht sich seit 2 Jahren.

X

Während er die Hände (Ellbogenknochen auf die beidseitigen Lehnen des Zugabteils gestützt) vor das Gesicht legte, daß die Handballen an den Mundwinkeln lagen, die Handkante die Augen bedeckte, die Fingerkuppen zwischen Schläfenknochen und Ohren etwas hin- und herrutschten. Gelegentlich ließ er zu, daß die von draußen messerartig durch die Bäume stechende Sonne in den momentweise unbedeckten Augen schmerzte, das überzeugte ihn davon, daß er wirklich dasaß. Früher oder später hatte er einen Einfall, nahm er (wieder durch vorgelegte Hände verdunkelt und geschützt) wahr, daß dieser Schädel, den jetzt zusätzlich die eifrige Hirntätigkeit gegen den Tag schützte, zu gewisser Zeit das einzige wäre, was von ihm übrig bliebe, und zwar als Knochen und nicht unberechenbar lange. Er erfühlte die Wangenknochen, die Schläfen, die Hinterkopfknochen, versuchte, sich die Schädelbasisknochen, die er nicht anfassen kann, vorzustellen. Wenig »Anstoß« wäre nötig (ein Auto, nicht einmal eine Kriegshandlung), diesen Zauber, für den er gerne einen überzeugenden Platz gefunden hätte, in seine Bestandteile aufzulösen, so daß er nur das Schädeldach übrig behielt. In der Nähe von Mannheim sah er vom Zugfenster aus eine Friedhofskapelle; auch in der Rheinebene, vom Zugfenster aus gesehen, kam ein baumbestandener Platz in Betracht, Rheingau wäre als Gräberfeld schön ...

Dieser Kernpunkt, den er nur mit sich allein besprechen konnte, denn es wäre peinlich, hier sentimental zu erscheinen, wenn er mit Kollegen darüber spräche, erfüllte ihn mit Genuß, konnte ihn ebensogut zur Arbeit anfeuern wie das Aufstellen von Plänen. Also nicht vorwärts denken, wie in der Schule angewöhnt, nur weil die nicht verbrauchte Zeit Überraschendes verspricht, sondern rückwärts vom Endpunkt das Maß der zur Verfügung stehenden Minuten bemessen. Dann war klar, daß nicht mehr viel Zeit blieb. Das konnte ihn ebensogut hilfsbereit machen, mitteilungsbedürftig (in allen Fragen, außer dieser Kernfrage der »Unruhe«), annäherungsbedürftig, zärtlichkeitsbedürftig.

XI

Das Haar stand krusselig um ihren Kopf herum. Entweder knabberte sie in der Kantine an ihrem Kuchen, saugte an ihrem Täßchen Kaffee oder sie nagte an einer Halskette, die sie sich an den Mund hielt, darüber wachsame, auf den Partner bezogene Augen, die »verdorben« aussahen, d. h. in ihnen lachte etwas, das »Bescheid« weiß. Sie saß mit gekrümmtem Rücken, die Beine nebeneinander gesetzt. Ein dicker heller Wollpullover umhüllte großräumig ihren Körper. Eine Schafherde war darin verarbeitet. Nur die besten Schafshaare. Es ging ihr nicht gut. Deshalb kaufte sie so wertvolle Hüllen.

XII

Sie war jetzt im zwölften Jahr Physikerin. Sie arbeitete in der

Grundlagenforschung. In einer Versuchsgruppe, die Elementarteilchen in gasförmiges Magnetfeld schoß. Diese Elementarteilchen hat sie nie gesehen, nur ihre Spur im Kleinstraum ist auf der Fotoplatte als rauchiges Feldchen sichtbar zu machen.

Bestraft dadurch, daß man alles, was man haben möchte, nicht für Geld kaufen kann. Fühlte große Unsicherheit.

Ein bestimmtes Problem, Forschungsthema, von ihr »entdeckt«, beschäftigt sie. Sie wäre nicht darauf gekommen, wenn ihre Nerven nicht durch so unterschiedliche Tätigkeit wie »Forschung« und »Liebe« zu Meier durcheinandergerissen gewesen wären. Insofern konnte sie nicht sicher beurteilen, ob es richtig wäre, daß sie das Forschungsthema als »Spiegelung ihres Selbstverhältnisses« (Poesie) oder als astrophysikalische Hypothese, die sie zum Chef tragen konnte (Wissenschaft), ansprach. Es ging um drei Beobachtungen, die, wenn sie der Nachprüfung standhielten, ein physikalisches Gesetz waren:

»Die Elementarteilchen verstoßen manchmal gegen Verhaltensgesetze, aber sie tun das so unerhört schnell, daß sie fast gar nicht gegen sie verstoßen.«

»Das, was für die Gesetze der Physik verboten ist, tun sie blitzschnell, als ob nichts geschähe, und sogleich ordnen sie sich wieder unter.«

»So daß gewisse Erscheinungen im Kleinstmaßstab auf eine sozusagen kreditmäßige Art und Weise erfolgen.«

So notierte sie es. Es ging um das Verhalten einzelner Partikel in einer Kleinheit von 10^{-18} cm, und gemessen war dieses kreditmäßige Anleihen an eine physikalisch andere Welt für einen Teil einer millionstel Sekunde. Die Natur, schloß Frau Dr. Beate G., macht also Schulden an ihren Gesetzen oder sie beteiligt sich innerhalb dieses Gesetzes an ihrer eigenen Gegen-Natur oder aber: die »Natur« selbst ist ein Kredit an einer eigentlich wirklichen »Gegennatur«? Subversiv. Frau Dr. G. rechnet dies auf insgesamt 80 Din A 4-Seiten – von ihrer kleinsten Zahlenschrift gefüllt – radikal hoch, z. B. auf 13 Milliarden Jahre und die im Kosmos enthaltene Masse, es mußte sich nämlich der Kosmos entsprechend länger auf jene verbotene Weise verhalten.

Sie zweifelte wohl an der Objektivität dieser aussichtsreichen Hypothese, die zur negativen Bestimmung der Kosmogenie, oder zu allem andern verwendbar schien: sie zweifelte aber, denn sie meinte, die Hypothese sei allzusehr Abbild des Doppelprogramms ihrer eigenen Lage: der Trauerarbeit um Meier, der »sachlichen« Institutsarbeit, deren Energie sie von der Trauerarbeit ausborgte.

Andererseits fühlt sie eine tiefe Zuneigung zu dieser Hypothese. Durch die von ihr entdeckten Schwachstellen der Natur hindurch konnte ja alles mögliche passieren!

Alles wackelt. Es steht auf der Kippe. Es kann einen gigantischen Blitzschlag geben, oder eine Liebesgeschichte, einen Berufswechsel, eine Umwälzung, Weltende, oder sie erobert Meier doch. »Sie war in ihren Gefühlen nie wissenschaftlich.« Sie sind in Ihren Gefühlen, liebe Beate, nie wissenschaftlich, sagte der Institutschef, der gewissermaßen an ihrem Erleben durch kurze Fragesätze, Hinweise teilnahm. Andererseits war sie als Schwachstellenforscherin überzeugt, daß diese Gefühle, »das, was durch die Gesetze verboten ist, blitzschnell tun, als ob gar nichts geschähe, und sogleich ordnen sie sich wieder unter«. Ihre Erscheinungen erfolgen »auf eine sozusagen kreditmäßige Art und Weise«.

1. Kennt dann der Institutsschef meine Gefühle gar nicht. 2. Was ist, wenn man nicht die blitzschnelle Abweichung von den Gesetzen, sondern die Gesetze selber als kreditmäßig abhängig von einer ganz anderen Physikwelt auffaßt? Dann ist alle Wirklichkeit nur geliehen. Und das jetzt hochrechnen. Der Passus gefiel ihr.

Er wollte sie wie ein Einmachglas noch eine Weile aufheben und dann irgendwann eintauschen gegen eine Bessere

Er war sich gut für viel Künftiges, Überraschendes. Ob er Gabi liebte, konnte er von Anfang an nicht sagen. Was soll Liebe heißen? Er empfand öfter Furcht als Liebe, die ein Deckwort für »Verschiedenes« darstellt. Er plante seit längerer Zeit, Gabi einzutauschen, provozierte Streit, um jene Trennungs-Energie im richtigen Moment zur Verfügung zu haben. Zwischen den beiden hatte sich mittlerweile Haß angesammelt, konnte aber vor Erwins »liebendem Auge« nicht bestehen und verwandelte sich in Liebe, d. h. Klebemasse, die ihn und sie festhielt. Jeder von beiden nahm an, es sei noch etwas aus der Beziehung zu gewinnen, ehe sie sich trennen wollten. Bei dem Gedanken an eine Trennung wurde ihm warm ums Herz. Das zog ihn jedesmal zu ihr hin. Dann fuhr Gabi Ende Januar gegen 17 Uhr im Nebel nach Stuttgart. Bei dem Unfall wurde sie querschnittgelähmt. Die Gelähmte konnte Erwin nun nicht mehr verlassen. Das wäre Desertion gewesen. Er hatte die Gefahr, die Gefahr für sein Leben, wenn er die eigentlich ungewollte Verbindung von Tag zu Tag verlängerte, unterschätzt.

Es läßt sich jede Verbindung kitten, gerade die, zu der nie Anlaß bestand. Sie schenkte ihm »aus Dankbarkeit« zu seinem 55. Geburtstag eine Möbelgarnitur, da sie ja die Unfallrente mit in die Ehe brachte. Zu seinem 56. Geburtstag schrieb sie ihm in das Buch »Große Chirurgen«, das sie ihm schenkte (er war praktischer Arzt): »In ewiger Treue Gabi.« Darüber mußten sie beide weinen, denn sie wußten ja, daß das furchtbar war.

Die schlauen Hände

Die Eifelbrücke 1943: Alles mit der Hand gemacht, sagte der Kneipier. Die beiden Metallarbeiter nickten. Der Kneipier bezog sich auf die Zeit, da alles noch besser war als jetzt. Gut, sagte er, wenn es hart auf hart geht, nehmen wir auch mal Krähne und Maschinen. Das ist nicht zu vermeiden, wenn es hart auf hart geht. Aber wenn es hart auf hart geht und dann noch hart auf hart, dann ist immer das Beste, wenn alles mit der Hand gemacht wird. Das ist zuletzt immer das Solideste.

Du sprichst von Brückenbau, sagte einer der Arbeiter von seinem Bier her, Du sprichst nicht z. B. von Werkzeugmaschinen. Richtig, fuhr der Kneipier fort, von Brückenbau. Aber es gilt natürlich auch für Werften. Der Verlobte meiner Tochter in Bremerhaven z. B. . . .

Es ergab sich jetzt eine Differenz. Die beiden Metaller wären ja an sich bereit gewesen, sich an den Standpunkt des Kneipiers im Laufe des Abends anzupassen. Dazu hätte aber gehört, daß der Kneipier in seinen Ausführungen längere Pausen machte, in denen die Seite an Seite an der Theke stehenden Zuhörer auch einmal längere Einfügungen hätten machen können. Sie hätten sich dann bestimmt gegenseitig von dem Bild ihrer Maschinen, an denen sie den Tag verbracht hatten, gelöst und allmählich in Richtung des Hinweises des Kneipiers hingeschaukelt.

So standen einander das feste Bild der Maschinerie in den Köpfen der Arbeiter und das sehnsüchtige Werben des Kneipiers gegenüber, der die ganze Welt mit Hantierungen überziehen wollte, so wie er jetzt am Zapfhahn polierte.

Der starke Krutschinski

Der Kranführer Hellmut Krutschinski, 26 Jahre alt, war stark, wenn er einem Gegner Körper an Körper gegenüberstand. Dann hatte er »eine Lust«, mit einem Griff ihm die Arme auszukugeln oder ihn mit Brustkasten zwei, drei, vier, fünf, zehn Meter vor sich herzudrücken. So schob er einen Gendarmerieposten, der ihm im Sommer 1976 das Baden im Baggersee verwehren wollte, in das Kusselgelände ab und konnte mit fünf Kollegen zum See vordringen. Dem Pförtner Bettermann renkte er die Schulter aus, daß der vor sich hinschrie. Es mußten aber zwei Voraussetzungen gegeben sein: 1. ein Gegner, 2. unmittelbare körperliche Berührung, so wie er mit den Händen die Hebel seines Gerätes, auch ohne hinzusehen, bediente. Ein Gegner war Bettermann insofern zweifellos, als er früher Kameraden angezeigt hatte und Krutschinski nicht zum Werkzeugdepot durchlassen wollte, wo er einen Schlagbohrer brauchte, um ein Gartenhäuschen für Kollegen instandzusetzen. Am folgenden Tag war der Schlagbohrer wieder zurück.

Krutschinski hätte sich einmal eine allgemeinere Kampfsituation gewünscht. *Entweder* das Zurückdrücken eines Polizei- und Werkschutzaufmarsches, der den Kollegen imponieren sollte, das hätte Krutschinski gemeinsam mit Kollegen vorgenommen. Auf dieses Risiko ließ sich aber die Firmenleitung nie ein. Kämpfe mit ihr erfolgten in Form von Verhandlungsrunden in Räumen des Verwaltungsbaus, wo Krutschinski, den die Kollegen zu einem ihrer Vertreter gewählt hatten, rasch auszusitzen war, denn nach fünf, sechs Stunden verlangte ihn nach frischer Luft. Er gab dann, was Prozentzahlen usf. betrifft, nach.

Oder eine Gruppe von angeblichen Kollegen, die bei Spinddiebstählen ergriffen worden sind. Die hätte er aus dem Betrieb hinausgeprügelt. Kam in der Firma nicht vor.

Blieben Kämpfe mit Nebenbuhlern, Günstlingen von Mädchen außerhalb des Betriebs. Das war nicht viel. So gilt Krutschinski als »friedlich«, weil der Kampfgegner, an den sich eine lange Wut anhängen läßt, in Griffnähe nicht auftritt.

Addition von Ungerechtigkeiten im Lauf von 2 Jahren Arbeitskampf gegen einen Unternehmer mit Wohnsitz an weit entrücktem Ort

I

Nordöstlich von Mannheim befindet sich ein mittlerer Betrieb, der Bauchemie herstellt. Der Betrieb gehört dem Unternehmer Lohmann, der seinen Wohnsitz in Berlin hat. Von dort aus genießt er Steuervorteile. Am Ort des Betriebs wird er durch den Geschäftsführer Hermann vertreten.

II

Vor 2 Jahren hat Lohmann einen kranken Gastarbeiter überredet, wenigstens 2 Stunden täglich zu arbeiten, es aber bei der Krankmeldung zu belassen. So hat er dem Betrieb Arbeitskraft auf Kosten der Sozialversicherung, wenn auch in begrenztem Umfang, zugeführt. Anschließend flog der Chef mit der firmeneigenen Cessna zur Côte d'Azur.

Das ist bemerkt worden. Eine Betriebsverfassung lehnt Lohmann unter Bezugnahme auf ein Rundschreiben seines Arbeitgeberverbands, das er nicht vorzeigt, ab. Belegschaftsmitglieder versuchen, eine Betriebsratswahl vorzubereiten. Sie stellen eine Kandidatenliste zusammen. Lohmann landet mit der Cessna in Betriebsnähe und erklärt: Ich werde die Belegschaftsmitglieder, die kandidieren, noch vor der geplanten Wahl entlassen. Ich verbiete die Wahl. Die Belegschaft fügt sich. Lohmann hat sich von seinem Fluggerät nur um 5 m entfernt. Die abgekanzelten Initiatoren sind zu dem Flugfeld hinausgekommen. Jetzt startet er in nördlicher Richtung.

III

Der Betrieb transportiert die in Beutel abgefüllten Chemikalien in eigenen LKWs zu den Baustellen in Nordrhein-Westfalen. Aus der Ferne hat Lohmann immer wieder Einsparungsideen, die über den Geschäftsführer bekannt gegeben werden. So können z. B. die Kosten für das Hotel der LKW-Fahrer und ihrer Begleiter, die das Material an den Baustellen abladen, gespart werden:

Betten werden nach Hagen transportiert. Diese Feldbetten machen es möglich, daß Fahrer und Begleiter auf den Baustellen schlafen.

Die LKW sind als Gebrauchtwagen gekauft. Am 4. April des laufenden Jahres löst sich der Motor eines LKWs aus der Halterung und fiel auf die Vorderachse. Der Vorgang spricht sich herum. Es ist unverständlich, wie der Motor herausfallen konnte. Durch Rosteinwirkung frißt er sich in der Halterung eher fest. Es müssen andere, unbekannte Alterungserscheinungen der Gebraucht-Mühlen sein. Die Fahrer erörtern längere Zeit diese Frage. Der Unfall ist bis in die Produktionsabteilung herein, in der vor allem Frauen beschäftigt sind, bekannt.

Sie sind keine KFZ-Meister, beginnen sich aber für die Motoren der Firma zu interessieren.

IV

Im Mai wird Pedro Ventura (Portugiese) vom Gehilfen des Geschäftsführers, Fritz Wulff, der zugleich Pfortendienst betreibt und die Verantwortung für die Sicherung des Betriebs innehat, ein Eisenstück in den Rücken geworfen, damit er besser »folgt«.

Eine Gruppe von Lageristen werden aus ihrem Urlaub, den sie gemeinsam nach Posen gebucht haben, zurückdisponiert. Sie werden in dieser Urlaubszeit zur Umorganisation des Lagers herangezogen. Im Juli stand der Belegschaft eine Belegschaftsversammlung zu. Sie wird gegen einen vom Unternehmen bezahlten Trinkabend eingetauscht.

Man erfährt, daß die Arbeitgeberanteile für die Fahrer, Lageristen sowie die Belegschaftsmitglieder der Produktionsabteilungen seit einem Jahr nicht abgeführt worden sind. Im Durchschnitt geht es um einen Monatsbetrag von 1,50 DM pro Person, auf 1 ¼ Jahre gerechnet ist dies trotzdem eine Summe. Kollegen überzeugen den Buchhalter, daß dies gezahlt werden muß. Aber auf schriftliche Eingaben der Buchhaltung antwortet Lohmann in Berlin (oder an einem Ferienort) nicht. Der Buchhalter legt aus eigenem Einkommen einen Betrag vor, pumpt Arbeitnehmer an, zahlt das Geld im Namen der Firma aus, »um Schlimmeres zu verhüten«.

V

Die Mutter des Unternehmers, die in Mannheim wohnt und den Betrieb stellvertretend für Lohmann von Zeit zu Zeit ins Auge faßt, besitzt einen bissigen Hund. Nach dem Gesetz muß dieser Hund an der langen Leine geführt werden. Der Hund beißt einen Arbeiter, der das Betriebstor schließt. Geschäftsführer Hermann entscheidet, daß dies als Betriebsunfall an die Berufsgenossenschaft zu melden ist. Es wird ein Unfallbericht erfunden. Obwohl der gebissene Arbeiter »außer dem Schmerz keinen Schaden hat«, wird dieser Vorgang als »ungerecht« empfunden. Es spricht sich herum.

VI

Besonderer Vertrauensmann des Geschäftsführers ist der Meister Gärtner, der aus einem in Niedersachsen gelegenen Betrieb Lohmanns in den Mannheimer Betrieb versetzt worden ist. Von ihm heißt es: Gärtner hat ein Stopp-Ohr. Das Gerücht ist unsinnig. Richtig ist, daß der horcht, das Arbeitstempo über die Geräusche des Betriebs kontrolliert. Außerdem besitzt er eine Stoppuhr, mit der er Arbeitszeitmessungen durchführt. Er mißt auch die Zeit, die die Kolleginnen auf der Damentoilette verbringen. Er behauptet, sie lesen dort Comic-Hefte, legen heimliche Frühstückspausen ein. Er kann das nur durch Hinweis auf die gestoppten Zeiten beweisen. Gesetzt den Fall, er hätte Ohren, die sich in eine Stoppuhr verwandeln (und es gilt der Satz, daß, wenn einer schielt und die Glocke 12 schlägt, er für immer schielt), dann kann es sein, daß bei Auslösung der Werks-Alarmsirne oder des Mittagsignals Gärtners als Stoppuhr verwendetes Horchohr auf immer als Uhr ihm zu Seiten des Kopfes hängt. Er müßte die Frisur ändern, die er kurzgeschnitten trägt, so daß lange Haare das Schandzeichen verdecken.

VII

In den ersten Novembertagen wird die schwangere Gitti Schwadorf entlassen. Gittis Kollegin, Erna Lager, kündigt daraufhin von sich aus. Es ist ungesetzlich, Schwangere zu entlassen. Die Arbeiterinnen lassen Gitti und Erna nicht aus dem Betrieb heraus. Insbesondere Erna Lager soll sich das nochmal überlegen. Die Arbeitskolleginnen halten die beiden Frauen, von denen Erna ganz außer sich ist, in den Betriebsräumen fest. Sie schließen die Tür ab. Geschäftsführer Hermann berichtet telefonisch nach Berlin, der Anwalt Lohmanns erstattet Anzeige gegen sämtliche Kolleginnen der Abteilung wegen Freiheitsberaubung.

Es hat sich in den 2 Jahren eine gewisse Kampflust der Belegschaftsmitglieder angesammelt. Die Abteilungen streiken. Geschäftsführer Hermann, Meister Gärtner, der Sicherheitsbeauftragte Wulff haben einen unmittelbaren Eindruck – »aus den Augen, aus dem Sinn« – von der »Energie«, von der insbesondere die Arbeiterinnen »befallen« sind. Sie rechnen mit »Sturheit« und telefonieren nach Berlin. Lohmann hat aber dort keine unmittelbaren Eindrücke. Er staucht die Vertrauten am Ort wegen »Feigheit vor dem Feind« zusammen.

Der Streik zieht sich 6 Wochen hin. Lohmann hat Verluste. Er erwägt, den Betrieb samt Streik zu veräußern, erhält aber kein Angebot.

Es ist schwierig, den unmittelbaren Arbeitskampf am entrückten Wohnsitz des Unternehmers zur Auswirkung zu bringen, obwohl jetzt die Unternehmensvertreter am Ort, auf Grund ihrer sinnlichen Eindrücke, zu Verbündeten der streikenden Belegschaft werden. Sie telefonieren täglich. Lohmann verbittet sich die permanente Störung. Er hat noch andere Betriebe, die ihm Sorgen machen. Was heißt in einem solchen Fall, der Klügere gibt nach? Zwischen allen Klugheiten liegt die Entfernung.

Gerade daß Lohmann nicht einfliegt und sich in Rede und Gegenrede stellt, macht die Arbeiterinnen wütend. Sie haben es offensichtlich nicht mit einem Menschen zu tun, auf den man einige Stunden einschreit, um ihm dann nachzugeben. Es bleibt beim Streikbeschluß.

Zu spät, erst bei Erstellung der Jahresbilanz, erhält Lohmann einen sinnlichen Eindruck von dem, was sich hier tut. Er hat Schaden genommen. Er klagt sich telefonisch bei Geschäftsführer Hermann aus, daß vermutlich Konkurrenten inzwischen ihre Verbindung zu den vom Betrieb belieferten Baustellen aufgenommen haben, längst liefern. »Das kann mir ja egal sein. Es wird zu Produktionseinschränkungen führen, die letztlich die Belegschaft schädigen.«

Aber das ist nicht wahr, denn es schädigt ihn noch mehr. Es ist ihm nicht egal. Er nimmt die Entlassung von Gitti Schwadorf zurück, läßt die Anzeigen wegen Freiheitsberaubung widerrufen. Die Ermittlungsbehörde ermittelt aber von Amts wegen, stellt irgendwann das Verfahren ein. Lohmann muß zusätzlich die Wahl eines Betriebsrats hinnehmen. Erna Lager ist trotzdem nicht zu versöhnen. Sie wechselt den Betrieb. »Irgendwann muß man etwas tun, was man wirklich will, sonst weiß man das hinterher nicht mehr.«

Schock-Erlebnis

Der Betriebsführung war am frühen Morgen eine Maßnahme mißglückt, mit der sie die seit dem Vorabend sich abzeichnende »illegale« Streikeröffnung ausschließen wollte. Auf Weisung der Betriebsführung hatten um 5.10 Uhr früh »loyale Ingenieure und Meister« den Mischer, die kostspielige Zentralanlage des neuen LD-Stahlwerks, mußte Gerlach noch lernen, was das im einzelnen war, gefüllt, um durch eine so eingeführte Automatik den Streik, der die Billigung der gewerkschaftlichen Ortsverwaltung *nicht* hatte, *aus technischen Gründen* unmöglich zu machen. Nach Füllen des Mischers mußte die darin befindliche Masse bearbeitet werden, da der Stahl weder längere Zeit kochen noch innerhalb der Anlage erkalten durfte. Das war leicht einzusehen.

Die Haltung des Streikkomitees, das im Werksgelände tagte und mit der Stimmung der Belegschaftsmitglieder Berührung hielt, war hierbei falsch eingeschätzt worden. Die zum Komitee entsandten Unterhändler der Betriebsleitung brachten als Antwort in den Gefechtsstand zurück: »Entweder mehr Geld oder ein Denkmal aus Stahl.«

Die leitenden Ingenieure sahen sofort ihren Fehler: selbstverständlich wollten sie nicht die unbezahlbare Mischanlage, d. h. praktisch das gesamte Werk in ein stählernes Denkmal, das auf lange Zeit an diesen Arbeitskampf mahnen würde, verwandeln lassen. Jede Zahlung, die aus diesem unerträglichen Zustand, der bis spätestens 21 Uhr abends eintreten würde, herausführte, war gerechtfertigt. Das war auch bald die Auffassung von Altem Herrn Schmidtchen. Ziemlich happig, sagte er.

Sie fühlten sich hier im Gefechtsstand als »zusammengeschweißter Haufen«, legten Wert darauf, jeder unter den Augen der anderen, die Nerven behalten zu haben, mit Joffre'scher Ruhe die Niederlage einzustecken, die in den Berichten zur Konzernleitung *kein günstiges Abschneiden* ermöglichte. Wer war denn nun schuld? Ohne die Idee, durch Füllung des Mischers ein fait accompli zu setzen, hätte die Führung noch Aushilfen gewußt, mit dem Ziel, die Streikbewegung zum Abbröckeln zu bringen. Das gab es nun nicht mehr.

Naja, sagte der leitende Ingenieur, mich hätte es ja gereizt, das Kunstwerk aus Stahl, den Schrottwert, wieder abzuschmelzen, weil man da immer neue Erkenntnisse und Verfahren gewinnen kann. Wir hätten auf dem Gelände NO 503 eine ganz neue Anlage errichtet und so Zeit gewonnen, die mit der Stahlmasse ausgefüllte alte Anlage in aller Ruhe abzuschälen. Rein vom technischen Standpunkt ist das alles andere als Routine, und neue Aufgaben haben mich immer gereizt.

Der Arbeitsdirektor im Vorstand nahm diese Witzelei ernst und protestierte. Es wäre ein Symbol für eine gelungene Streikmaßnahme, die da ziemlich hoch gegen den Abendhimmel sich abhebt. »Das ist ein Beispiel, sagt er, das wir bestimmt nicht gebrauchen können.« Nun hatte diese Runde Unruhestifter ja ohnehin schon entschieden, sich *realistisch* zu verhalten. Man muß einmal, sagte der Justitiar, nur um etwas einzuflechten, die Schadensersatzfrage ventilieren. Es *greift* evtl. sittenwidrige Schädigung im Sinne des § 826 BGB gegen die Rädelsführer, immer vorausgesetzt, daß man diese greift und daß etwas an Vermögen da ist, in das sich vollstrecken ließe. Alter Herr Schmidtchen antwortete: Das kommt darauf an, ob *wir* die Rädelsführer sind oder das wilde Komitee. Lassen wir das.

Fritz Gerlach hat es als Schock erlebt. Damals war er noch Aktiver des CC Westphalia an der Universität Marburg und volontierte im September 1969 bei dem Alten Herrn Schmidtchen im Vorstandsgebäude der Klöcknerhütte, Bremen. Er hatte Zugang zu allem, aber an jenem Tag war ein Aufenthalt im Vorstandsgebäude nicht möglich. Der Vorstand wurde um 11.30 Uhr unter Mitnahme der wichtigsten Geschäftsunterlagen in eine Villa am Stadtrand ausgelagert. In seinem PKW folgte Gerlach dorthin, wollte dann aber auch aus Neugierde im Werksgelände noch einmal nachsehen. Auf den Eingangsstufen des Verwaltungsbaus standen Arbeiter in ihren »Kluften«, verweigerten jedermann, der von der Streikleitung keinen Bewilligungsschein vorwies, den Zutritt. »Im Werk herrschte Unruhe.«

Gerlach, den Hunger peinigte, nahm auf der Durchfahrt durch das Zentrum ein Frühstück zu sich, schlang Eier und Schinken herunter, denn er wollte nichts Wichtiges versäumen. Der Alte Herr Schmidtchen mit dem »Gefechtsstab« im Wintergarten der Villa, draußen Werkschutzbeamte, Zivilfahnder, ein Polizeiaufgebot, das diesen Bereich absperrte.

Der Schock saß ziemlich tief. Das war das Erlebnis eines sehr rasch im Ansatz steckengebliebenen Angriffs, ein Unsieg. Unter den Aktiven der Westphalia hätte das Verhalten des Alten Herrn Schmidtchen so ausgesehen, als hätte er gekniffen. Da nutzte es nichts, daß er mußte. Gegen 20 Uhr konnte die Betriebsführung den Verwaltungsbau wieder benutzen. Von uns aus, sagte eines der Vorstandsmitglieder, werden wir so leicht in diese Belegschaft kein Vertrauen mehr setzen. Haben Sie das vorher getan? fragte Schmidtchen trocken.

Gerlach, für Eindrücke in seiner dritten Pubertät noch sehr empfänglich, glaubte nach der Erfahrung dieses Tages, denn die zum Teil gleichmütigen Reden standen im Gegensatz zum Schock in den Gesichtern, nicht mehr an eine Industrie-Karriere. Er trat aus der schlagenden Verbindung aus und wurde später Landarzt.

Die Gesellschaft als Festung im übertragenen Sinne, darum herum Weidefläche

Das Institut für Sozialforschung war nach Ansicht seiner Sekretariate, die noch vor einigen Jahren Stenogramme von Th. W. Adorno, M. Horkheimer, J. Habermas aufgenommen hatten, »stark verändert«. Wenn man den Stiftungsrat besah, der bei Kaffee und XOX-Keksen im sog. Lesesaal tagte, so saßen dort keine großen Wissenschaftsmänner, sondern Praktiker.

Ich möchte das mal so sehen, sagte der dem Gewerkschaftsflügel nahestehende Sölch (er war noch als Stadtkämmerer in den Stiftungsrat gekommen und hatte den Sitz, »weil es nicht um Posten, sondern um Persönlichkeiten geht«, in seiner neuen Stellung als Verwaltungsdirektor des ZDF behalten). Das ist alles eine Frage des Rahmens. Das muß in einem Rahmen gesehen werden. Es ist ja überhaupt nicht unintelligent, wenn das so gemacht wird. Immer im Bezugsrahmen gesehen. Da hängt ja einiges mehr dran.

Er kommentierte damit einen von Putermann, MVIR (Mitarbeitervertreter im Institutsrat), *hingeworfenen Ausblick*, daß nämlich die gesamte Produktions- und Steuerungsstufe der Gesellschaft (z. B. Industrie, Kirchen, Gewerkschaften, Bund, Länder, Gemeinden, Bünde usw. usf.) eine Art *Festung* bildet – die gesellschaftliche Herrschaft zieht sich in dieses Festungsareal zurück, und vor den Toren dieser Festung befinden sich die Weidegründe für die Bewohner. Und, fuhr Putermann fort, wenn ich den Kollegen Schudlich zitiere, über einige Löcher in dieser Festung – sie sind aber notwendige Löcher! – wird die Arbeitskraft in die Festung eingesaugt und wieder ausgepumpt, so daß es auf eine möglichst intensive Verzahnung zwischen Innen und Außen, also ein System von Hintertürchen und Mauerdurchbrüchen ankommt, wenn das Bild eines mittelalterlichen Mauerrings hier überhaupt paßt und man nicht modernere Bauweisen von Verteidigungsanlagen als Bild heranziehen sollte. Es findet also eine *Wechselwirkung* statt. Und es wird immer eine unvollkommene Festung sein, weil ja einerseits ein Heißhunger auf den »Rohstoff Arbeitskraft« existiert, die Anlage also durchlässig sein muß; andererseits zwingend erfordert ist, daß keine Feinde eindringen – die Festung muß also undurchdringlich sein.

Wenn jetzt, fiel Präsident Krupp ein, der nicht gut schweigen konnte, wenn hier so hypothetische Ausführungen, die das Fachgebiet der wissenschaftichen Mitarbeiter des Instituts breit überschritten, gemacht wurden, in die Weideflächen Expeditionen aus dem Festungsareal – das wollen Sie doch wohl sagen! – ausschwärmen, und z. B. *durch Umlegen von Häuserzeilen*: gehen Sie doch bloß einmal von einer Autobahntangente quer durch Bornheim aus, dann ergibt sich eine explosive Lage, oder? Darauf konnte wiederum Sölch nicht gut schweigen, wenn hier ein Praxislaie Autobahntangenten dort verlegte, wo das gar nicht geplant war. Herr Präsident, sagte er, die Zerteilung der Gesellschaft, Rückzüge hin oder her, in eine Konsumwidefläche einerseits und ein Festungsareal andererseits ist gar nicht so abwegig.

Rein theoretisch mögen Sie recht haben, erwiderte der Präsident. Ich möchte mal das Bild des Mauerrings durch das Bild eines Dammbaues ersetzen. Dann muß eben entsprechend die Dammkrone höher gebaut werden.

Aber unten, meldete sich Putermann, müssen Löcher sein, da ja »die hinter der Dammkrone« von der Arbeitskraft, die draußen weidet, oder in Ihrem Bild: schwimmt, ihre Steuerungen beziehen. Der Präsident hatte jetzt genug. Wir wollen das nicht überziehen, sagte er.

Nun war aber das Interesse der Stiftungsratsmitglieder einmal geweckt. Dem schmalgesichtigen Institutsleiter entglitt die Diskussion ebenso wie dem Vorsitzenden des Stiftungsrates, Bankier, der lange in Papieren gelesen hatte. Schließlich waren sie gemeinsam schuld an diesem Trend des Gesprächs, da der Vorsitzende »andere Dinge getrieben« und der Institutsleiter recht lange Zeit allein und leidenschaftlich die Haushaltslage des Instituts sowie die Resultate mehrerer Studien vorgetragen hatte. Die Stiftungsratsmitglieder waren demgemäß ungezügelt (Schuld des Vorsitzenden) und gierig auf eigene Betätigung (Schuld des Institutsleiters). Darüber weiß man noch nichts Festes, versuchte der Institutsleiter zu glätten.

Darf ich, sagte Putermann aber schon, dem der ruhig in Institutsveröffentlichungen blätternde Hesselbach das Wort zuwinkte (wenn er sich das doch überlegt hätte!), kurz aushelfen. Die Polarisierung der Gesellschaft in eine Festung, in der alle Entscheidungsmacht konzentriert ist einerseits (Machtzentrum der Normen, Legitimationen, Verfügung über die Reichtümer und Ressourcen usf.) und eine immer wieder durch Ausfalltruppen aus der Festung verwüstete und erneut angepflanzte Weidefläche für die menschliche Arbeitskraft andererseits, ist nicht als *Bild* zu verstehen, sondern existiert in jedem Kopf, Nerv, Bierglas, Kinderzimmer, Stück Schularchitektur, Maschinensaal usf. Und erst in den großen zusammengefaßten Brocken der Industriebetriebe *erscheint* es zunächst wieder als Ganzes, aber nur in der Abstraktion, da ja die Maschinerie (z. B. zwei Kräne, die über der Werkstraße aufeinander zufahren), durch Arbeitskraft bewirkt.

Das ist ja der leibhaftige Adorno bei Ihren jungen Leuten hier, meldete sich Klingler, zu v. Friedeburg gewendet, der nichts anderes tun konnte, als darauf hinzuweisen, daß die Mitarbeiter das so nicht meinten. Keine der Gruppen des

Instituts, weder die Kita-Gruppe noch das Projekt Lohn und Leistung, noch die Computer-Studie, noch die Gewerkschaftsforschung usw. beinhalteten irgend etwas »Ideologisches«. Irgendwie sei die Diskussion abgekommen vom Eigentlichen.

Die imaginäre Festung bleibt aber nicht passiv, fuhr Putermann fort. Das sei ja gerade das Verheerende an der Durchmischung bei gleichzeitiger strikter Abgrenzung der beiden gesellschaftlichen Stufen – nicht zu verwechseln mit dem Klassengegensatz, wohl aber hat es quasi die *Funktion* eines Klassengegensatzes –, daß die Weidebereiche draußen nicht etwa in Ruhe gelassen werden, sondern die Hütten auf diesen Weiden werden immer wieder niedergerissen, »Schafe anstelle der Menschen« gesetzt, also alles, was wir unter ursprünglicher Akkumulation verstehen, ist nicht historisch, sondern permanent ... Wovon sprechen wir überhaupt, wollte Sölch wissen. Ich kann Ihnen dies auch an den Beispielen der Leistungslohnstudie erläutern, erwiderte Putermann. Der langsame Hinrichs war jetzt bereit, einzugreifen und Putermann zu sekundieren. Die Hirne, angeregt durch die eigentlich von niemandem erwartete Debatte, fuhren rascher. So fahren z. B. zwei Gerüste über zwei Bandstraßen, die ebenfalls zueinander rangieren, aufeinander zu, und die beiden diesen Vorgang steuernden Gruppen dürfen gar nicht in Akkordeile, die eine schneller als die andere, ihre Griffe und Pensen erledigen, weil dann zwei Bandstraßen im Wert von etwa 15 Millionen DM wie bei einem Verkehrsunfall zusammenstoßen. Dies, sagte Hinrichs, ist doch das Festungsprinzip im Detail, daß die geplante und syndromierte Maschinerie für den guten Willen der Arbeitenden gar keinen Raum läßt. Und jetzt, stockte Putermann auf, nehmen wir Immanuel Kant: »Es gibt keine Eigenschaft des Menschen, die an sich für gut befunden werden könnte, es sei denn der gute Wille ...«

Das angewendet auf den Leistungslohn –

»Zärtlich ist des Vogels Tritt im Schnee,
Wenn er wandelt auf des Berges Höh'n.«

Und Putermann schickte sich an, den Übergang vom Leistungslohn zum zeitstrukturierten Lohn zu erläutern. Er wäre so zum Ausgang des Gesprächs zurückgelangt. Einige Herren mußten aber die Maschine 20.45 Uhr Flughafen Rhein-Main unbedingt erreichen. Deshalb schloß der Vorsitzende die Sitzung.

Resultate eines Gesprächskreises in Koblenz

Die großen Industrieunternehmen hatten sechstklassige Besetzungen geschickt. Einige mittlere Unternehmer waren persönlich erschienen. Aber die ablehnende Grundhaltung der Praktiker gegen die Weißbuchschreiber vom Zivilschutz, von denen man annehmen konnte, daß sie mit Hilfe von Beiräten und Gesprächskreisen den Stellenkegel ihres Kreises zu erweitern suchten, hatte alle anwesenden Herren erfaßt. Man drängte auf Kurzfassung.

Natürlich kann man die Mittelgebirge der Bundesrepublik untertunneln, unterirdische Produktionsräume. Man könnte sogar das durchschnittliche Höhlengelaß auf 70 x 17 m Länge, Breite und Höhe standardisieren. Ich gebe außerdem zu, sagte Willet (Chemie), daß der Kostenfaktor nicht einmal das Entscheidende wäre. Es entstehen ja durch die Tunnel interessante Grundstücke. Man wird teures Betriebsgelände abgeben und untertunneltes Gelände im bis dahin »wertlosen« Gebirge erhalten: 1/3 öffentliche Mittel, 1/3 Banken, 1/3 Eigen, man kann das ja mal berechnen. Aber das hat doch mit dem Wahnsinnsfall gar nichts zu tun, den Sie hier annehmen (zu den Ministerialräten des Zivilschutzes gewendet).

Das Bundesamt befand sich seit Jahren in der Studier- und Einarbeitungsphase. Ministerialrat Fredersdorf sprach für die Kollegen, als er lässig sagte: Wo sehen Sie denn in der Welt die Vorkehrungen, die den Wahnsinnsfall ausschließen, wenn der libysche Präsident Vorsitzender des Sicherheitsrates der UNO ist?

Stölzer (Metall, Röhren), der großen Einfluß hatte, antwortete für die Praktiker: Wie stellen Sie sich das denn vor? Ein Zubehörteil wird aus Stuttgart geliefert, ein anderes aus Paris-West, ein drittes Schweinfurt usf. Ein Krieg kann sich nicht aus den Depots nähren, sondern braucht eine Kriegsproduktion. Wir können aber nicht einmal auf 20 Stunden im »Wahnsinnsfall« die Transportverbindungen – und diese sind die Produktion, montieren kann jeder – garantieren. Das ist doch mit Erstem oder Zweiten Weltkrieg nicht zu vergleichen.

Sie fanden schon die Idee der Zivilschützer, einen großen Kreis von Unternehmern und Praktikern in einem ganz unpassenden Hotel zusammenzuführen, fragwürdig. Nicht einmal von Erschütterungstoleranz von Fabrikbauten bei Erdbeben der Stärke 6, Richterskala, wollten sie hören. Dafür ziehen wir, sagten sie, keine Stahltrossen, die die Gebäude für ein gedachtes Erdbeben in unseren Breiten sichern. Sammelpunkte für die Belegschaft und Beschilderung von Notausgängen war das, was sie prüfen wollten.

Sie waren hier als Vernünftige zusammengekommen. Haben Sie schon mal Besprechungen geführt mit Kombinats- oder Projektleitern eines Ostblockstaats? Nein. Nein? Aber ich, sagte Willet. Wenn Sie denken, daß diese Herren von der Gegenseite unvernünftig denken, dann irren Sie. Die ganze Frage räumten sie ab.

Wozu, meint Fredersdorf, der durch Ruhe und Trockenheit »ein Standbein in der Diskussion zu behalten« versuchte, unterhalten wir dann überhaupt eine Bundeswehr? Wozu Nato? Das müssen wir, antwortete Stölzer, wohl nicht auf dieser Tagung klären. Wir betrachten hier nicht Einzelheiten, sondern eine Gesamtentwicklung, die wir als Praktiker anders beurteilen als Sie. Es war klar, daß keiner von den Herren hier ein Interesse an Störung der von ihm vertretenen Produktion, z. B. durch einen globalen Krieg, hatte. Man konnte so mit den Herren nicht diskutieren. Sie waren keine Kinder, wußten, wie man sich im Straßenverkehr verhält.

Ich verbitte mir, lieber Herr Fredersdorf, die Unterstellung, die ich aus Ihren Antworten heraushöre. Das sagt Schmidt, Abteilungsleiter Öffentlichkeit und Werbung eines großen Chemiewerks. Sagen Sie es doch offen: Kapitalismus = Imperialismus = Krieg. Ich habe in meiner Abteilung eine Tonne Flugblätter und Pamphlete, in der unsere Arbeit angeprangert wird. Das beantworten wir nicht durch Bunkerbau, sondern durch Öffentlichkeitsarbeit – falls das nötig ist.

Nun war die Diskussion in einer Sackgasse. Die Praktiker, die jeder für sich an dem Durcheinander eines Kriegsfalles (allein die Blechlawine, die sich auf allen Straßen in Richtung Pyrenäen bewegt, Ausfall des Versicherungsschutzes, Davonlaufen ganzer Belegschaften in Privat-PKW's usf.) sicher kein Interesse hatten, waren so gereizt, daß sie auch über Sabotage an Atomkraftwerken oder EDV-Anlagen nicht sprechen wollten.

Können wir nicht mal im Modell . . ., sagte Fredersdorf.

Nein. Auch nicht im Modell. Ich teile, sagte Stölzer, der wenigstens eine Art Witz zum Gelingen der Tagung beisteuern wollte, die Auffassung der *Peking-Rundschau*: Das Schlimmste ist die *Angst vor dem Krieg*. Gerade die löst ihn aus. Auch darin werden wir von uns aus nicht beitragen oder *lüstern* sein. Jetzt war die Tagung immer noch nicht zu Ende.

Das Grabmal aus Beton

I

Im Frühjahr 1943 explodierte die Werkshalle 2 der Heeresmunitionsfabrik Dingelstedt. Die Fachleute waren auf Vermutungen angewiesen. Was soll man schon machen? Uns sind ja die Hände gebunden. Wir fuhren natürlich sofort die Huystraße hoch nach Dingelstedt in das Waldgelände hinein, da lag die Munitionsanstalt hinter Drahtzäunen. Es war aber gar nichts mehr zu »retten«, nicht einmal Totenscheine für die Toten auszuschreiben, keine Verletzten, keine Brandstellen usf. Wieso, fragte der Assistenzarzt Jürgens, der einen Hexenschuß hatte und an seinem Nacken massierte, sind keine Toten da? Naja, es waren genügend da, um die umfassende Alarmierung von Halberstadt bis Braunschweig zu rechtfertigen, nur waren sie nicht sichtbar.

Die Fabrikhalle bestand aus gemauerten Seitenwänden und besaß darüber als Dach eine massive Eisenbetondecke von 5 m Dicke. Insofern darf man sich den Unfall nicht so vorstellen, daß die Fabrikationsstätte »in die Luft flog«, sondern die Explosion, deren Grund unbekannt blieb, man nahm aber später an: ein explodierender Munitionskorb, hatte die schwächeren Seitenwände der Halle »weggeblasen«, und der stabile Sicherheits-Himmel von 5 m Dicke fiel von oben in einem Stück auf die in der Halle beschäftigten Munitionsarbeiterinnen herab, praktisch Grabmal.

II

Standortarzt Dr. Gaubitz vom Standortlazarett in Halberstadt saß beim Mittagessen, verzehrte Sauerkirschenkompott, als an diesem Tag die Alarmmeldung durchkam. Er überholte auf der Braunschweiger Straße eine Kolonne Kran- und Pionierfahrzeuge. Die Feuerwehren aus Badersleben, Athenstedt, Braunschweig kamen in das Waldgelände eingefahren, eines der wichtigsten Geheimobjekte des Gaues. Dr. Gaubitz wollte schon immer gern einen Blick hinter die Sicherheitsanlagen dieses Objekts werfen. Es war ein glücklicher Zufall, daß dies jetzt möglich wurde.

Branddirektor Toelke war dabei, seine 14 Fahrzeuge vor der Unfallstelle aufzustellen. Er eilte auf Dr. Gaubitz zu, der sein Mercedes-Cabriolet, das als Militärfahrzeug grau gestrichen war, zwischen den Bäumen abstellte.

Haben Sie Totenscheine mit?

Dr. Gaubitz hatte zwei. Das reichte hier nicht. Er wollte die Toten aber auch erst sehen. Danach konnte er immer noch nach ein paar Bogen Papier suchen, diese jeweils in vier Teile zerreißen, da es nicht auf das Formular, sondern auf die ärztliche Unterschrift und Todesbezeichnung ankam. Das konnte der Feuerwehrexperte nicht wissen.

Es wird wohl reichen, sagte Dr. Gaubitz. Tote gab es keineswegs zu sehen. Wir können diese Betondecke nicht anheben, sagte der Pionier-Oberleutnant, dessen Kranfahrzeuge auf dem Gelände zunächst keinen Platz fanden und auf der Zufahrtsstraße vor der Umzäunung warteten. Die meisten hier waren Uniformierte, da die Munitionsfabrik, eine Anstalt des Heereswaffenamtes, militärischer Bereich war: Militärs, Munitionsoffiziere, Ingenieure. Wir müssen warten, bis die Kranfahrzeuge hier hereingelotst werden können. Dafür müssen die Feuerlöschzüge erst umrangiert werden. Wenn Sie denken, antwortete der Oberleutnant, daß Sie diese Decke mit ein paar Kränen anheben können – es ist nicht anzunehmen, daß das machbar ist.

Es blieb also nichts übrig, als auf diese Betondecke zu starren und zunächst zu warten.

III

Ich brauche keine Formulare für die Totenscheine, sagte Gaubitz, es genügen Zettel. Es kommt auf den Wortlaut an. Ohne die Leichen kann ich aber überhaupt nichts machen. Ich habe nicht einmal die Namen der Toten.

Es sind eine große Zahl, eine Unzahl, sagte der Major, kommissarischer Leiter der Munitionsfabrik. Einer der Ingenieure ergänzte: Die liegen da drunter. Er war jetzt auch erschüttert, nachdem er anfangs einen *aktiven Eindruck* gemacht hatte. Nicht zählbar, sagte Branddirektor Toelke, bedeutet noch längst nicht unzählig. Es ist nur technisch unmöglich, sie zu zählen, da wir durch die fünf Meter dicke Decke nicht hindurchsehen können. Wie viele werden das etwa sein?

Alles Frauen, antwortete ein Artillerieoffizier, der hier mitherumstand. Ich meinte, sagte Gaubitz, daß die verschiedenen Toten, die Verewigten, doch der Zahl nach festzustellen sein müßten. Vielleicht kann man eine Liste holen, wer in der Halle gearbeitet hat. Das käme etwa auf die Zahl der Toten hin, denn Verletzte sehe ich nicht. Der Adjutant des Fabrikleiters antwortete sofort: Die Arbeiterinnen der Schicht sind alle erfaßt. Jetzt kamen neue Feuerlöschzüge aus Dardesheim, Ballenstedt, Quedlinburg, zwei Pionierfahrzeuge aus Richtung Heudeber-Danstedt. Wir müssen, sagte Oberst v. Elchlepp, diesen Fahrzeugpark hier schleunigst auflösen. Da in den Wald rein. Man konnte die Explosion praktisch bis London hören. Wenn der Gegner sich die Mühe machte, einige Bombenflugzeuge herzuschicken, um nachzusehen, was das war, würde – nach Auffassung v. Elchlepps – der Fahrzeugpulk »sukzessive zerdeppert«. Es war aber für den heutigen Tag bereits genug Schaden angerichtet.

Gaubitz legte inzwischen einen Verbandsplatz an, da die Lazarett-Notausrüstung von H. nachgeführt war. Ein Feuerwehrmann hatte einen verstauchten Finger. Die Ingenieure und Offiziere standen in Gruppen um den Explosionsort herum. Einige bestiegen die Betondecke, gingen auf diesem imposanten Bau hin und her.

> »Drum lass' uns nicht nach fernen Tagen fragen,
> noch bleiben wir ein kleines Weilchen hier.«

IV

Es ist unverantwortlich, sagte Gaubitz, der ja nichts zu tun hatte und neben Oberst v. Elchlepp, Branddirektor Toelke, einigen Ingenieuren und Munitionsoffizieren stand. Die Schuldfrage drängte sich in den Vordergrund. Gaubitz: Die Seitenwände so schwach zu bauen und die Sicherheit allein von der überstarken Betondecke zu erwarten, das ist Leichtsinn. Das berücksichtigt nicht die Erfahrungen von Verdun. Danach fegen Explosionen immer seitlich weg. Man kann solche Unglücke schon aus der Bauskizze ablesen. Wenn das Objekt hier nicht so geheim wäre und man einem vernünftigen Menschen vorher so etwas zu sehen gibt – aber man durfte ja nicht hin, nicht mal in der Nähe nach Moosen für meinen Steingarten graben –, dann wäre der Beton-Himmel noch da oben, und wir hätten wenigstens ein paar Verletzte.

Ingenieur Wendland faßte eine solche zusammenhängende Äußerung als »unnötige« Einmischung auf. Er sagte: Ja, das war eine Falle. Wer ist denn nun der Verantwortliche? fragte der Oberst. Toelke: Das wird Gegenstand eines Berichtes sein. Mehrerer Berichte, sagte Ingenieur Wendland. Ein Versehen oder Sabotage, das wird man nie wissen können.

V

Jetzt trafen Polizeiverstärkungen ein, die an sich auf Militärgelände nichts zu suchen hatten. Noch wirkte aber der Schock auf die Anwesenden. Niemand raffte sich auf, die Beamten fortzuweisen. Zu Oberst v. Elchlepp trat Kriminalrat Wille. Von zwei Männern des Wachkommandos wurde eine junge Frau herbeigeführt. Die Frau gab an, sie sei »dem Massaker« entkommen, da sie »austreten gegangen« sei. Es war aber gar nicht zulässig, sich während der Arbeitszeit aus der Halle herauszubegeben. Wie war diese Frau aus der Halle herausgekommen? Kriminalrat Wille schaltete sich ein: Lassen Sie die Frau doch erst mal ausreden. Der Kommandierende der Wachmannschaften, den der geäußerte Verdacht, es könne sich auch um Sabotage handeln, belastete, entgegnete: Ausgeschlossen, daß diese Frau ordnungsgemäß sich aus der Halle entfernen konnte. Ob sie etwas vorausgewußt hat? *Wenn* es Sabotage war, meinte der kriminalistisch geschulte Wille, ein großes Wenn. Aber die erregten Herren, die unter dem Druck standen, ihren Oberbehörden über ein Geschehnis berichten zu müssen, das nie hätte passieren dürfen – sie alle hatten sich den Fall eines Unglücks ganz anders vorgestellt, angenommen, daß »in einem Ernstfall«, mit dem selbstverständlich zu rechnen war, »immer noch etwas zu machen wäre« und daß nicht einfach eine Betondecke hermetisch das Ganze abriegelte –, verhielten sich wie von Sinnen. Abführen, sagte der Oberst. In irgendeiner Hinsicht war er mitverantwortlich für die schwachen Seitenwände. Der Vorgang sah nicht gut aus.

Man neigte zur Annahme, daß die Frau sich im Moment der »Verpuffung« aus der Halle entfernt hatte, aus dem Hallentor gelaufen war. »Alles übrige ist Schutzbehauptung.« Angesichts der drakonischen Strafandrohung für den Fall unbefugten Verlassens der inneren Sperrzone, das hieß: der Halle, tat das kein Mensch ohne Motiv. Die hätten wir also gefaßt, sagte Chefingenieur Arnold. Sie gingen hinter der weggeführten Frau her und befragten sie nach der genauen Lage des Abtritts. Die Antworten der Frau waren konfus. Wie kann sie auf der Damentoilette gewesen und dann auch noch im letzten Moment geflüchtet sein, wenn sie gar keine klaren Ortsangaben machen kann, wo sich der Arbeiterinnenabort in der Halle befand? Wille, unzuständig: Erfahrungsgemäß dusseln diese Frauen, wenn sie überarbeitet sind. Ich würde daraus keine Schlüsse ziehen. Wer sagt denn, daß die Betondecke allseitig zusammenklappte? Sie kann links langsamer runtergekommen sein als in Richtung zum Hallentor hin. Dann hatte die Frau, wenn sie um ihr Leben rannte, eine Chance. Major Löhlein entgegnete: Reden Sie nicht wie eine gesengte Sau. Das ist physikalisch völlig unmöglich. Sie können doch nicht einfach sagen, daß die Frau überarbeitet ist. Oder wollen Sie daraus eine Schuldbehauptung gegen die Anstaltsleitung ableiten? Das sind alles nur Annahmen, schloß der Oberst.

VI

Die Frau wurde abgeführt und im Wachhaus an der Umzäunung vorläufig eingesperrt. Auf die Idee, daß sie die einzige Zeugin der Vorgänge unmittelbar vor dem Unglück innerhalb der Halle, wie immer schusselig wahrgenommen, wäre, kam keiner. Der Pionier-Oberleutnant und Artillerie-Ingenieur Gerstäcker stellte sich die Frage, wie schade es wäre, sich nicht vorher mit einer der jetzt toten Arbeiterinnen auf ein »Schäferstündchen« eingelassen zu haben. Sie sahen die Kopfbilder auf den inzwischen herangeholten Personalbögen an. Selbst gesetzt den Fall, bei einer solchen Begegnung wäre ein Unglück geschehen, z. B. eine unerwünschte Leibesfrucht entstanden, so wäre das alles mituntergegangen. Eine Vergewaltigung z. B. hätte nicht mehr angezeigt werden können. Alles Vorteile des Geschehens.

Die Wintergerste und der Weizen waren wegen des trockenen Wetters dürftig gewachsen, lohnte sich gar nicht zu mähen. Über der ganzen Gegend das Klagelied der Bauern, soweit sie nicht eingezogen waren.

Die junge Frau, die den Tag über tatverdächtig blieb, eine Drahtige, Schwarze, aus der Gegend von Wiesbaden, wurde im Wachhaus von zwei Schützen bewacht. Gegen 15 Uhr machte sie einen Fluchtversuch und wurde in den Rücken geschossen. Jetzt hatte Gaubitz wenigstens Verwendung für einen seiner beiden mitgebrachten Totenscheine (für die ca. 126 Frauen unter der Betonwand unterschrieb er pauschal die Personalbögen-Sammelliste). Die junge Erschossene, die wegen Notdurft beinahe gerettet gewesen wäre, lag noch bis Mittag des anderen Tages in einer Kammer, in der Schläuche aufbewahrt wurden. Angehörige meldeten sich nicht.

»Es wird in hundert Jahren wieder so ein Frühling sein . . .«

Heft 7:

Ich bin, wenn ich nicht ich bin – Die Heimat liegt ... – Erfahrenheit der Junifliegen – Hänschen Albertis verstreute Sinne – Sonntagsspätnachmittags – »Sagt: Da bin ich wieder, hergekommen aus weiter Welt« – »Flüssigmachen« – Sinnlichkeit des Habens – In ihrer letzten Stunde.

Ich bin, wenn ich nicht ich bin

I

Der bekannte Philosoph und Soziologe Heinrich Regius, der 1932 auf Grund der richtigen Analyse des von NSDAP und KPD gemeinsam getragenen Berliner Verkehrsstreiks die Gefahr erkannte und das Institutsvermögen seiner Forschungsstelle in die Schweiz und später in die USA transferierte, ließ nach 1950 – obwohl er selbst nach Deutschland zurückkehrte – seine wichtigsten Schätze: die Manuskripte, seine Bibliothek, unter Umgehung seines so riskanten Heimatlandes, in die Schweiz bringen. Er, der Städter, siedelte sich im Tessin an, wo der Blick den ganzen Tag über einen eintönigen blauen See betrachtete. Die Bücher füllten Regale in zwei Stockwerken. Hier war er sicher, konnte aber hier nicht leben, wenn leben denken ist. Er war nicht in Not, damit also *nichts.*

Er war sehr viel kleiner geworden. Da er sich jetzt, nach seiner Emeritierung, in diesem Sommerhäuschen verbarg, mußte er nicht mehr Sorge tragen, Häuser zu meiden, in denen jemand Erkältungen oder Grippe hat. Ein ehemaliger Schüler besorgte den Verkehr mit der Außenwelt, veröffentlichte einzelne, aus der Unzahl der Manuskripte ausgewählte Aufsätze des Meisters.

Nach einiger Zeit bemerkte dieser Schüler, daß sein Herr, Regius, offenbar »ausgebrannt« war. Der Schüler ging dazu über, an des Meisters Stelle Aufsätze zu schreiben, wie sie Regius geschrieben hätte, wäre er noch der alte Regius. In dieser fremden Rolle vermochte der Schüler flott zu schreiben, ohne Hemmung, da er Regius' äußere Hülle, den Mann, der hier in seiner Villa umherschritt, sich langweilte, aufs äußerste verehrte. Die so unter dem Namen von Regius entstandenen Aufsätze des Schülers enthielten u. a. folgende Grundgedanken: »Ich denke, wenn ich nicht bin.« »Wenn ich bin, habe ich Ausdrucksprobleme.« »Die irdische Natur als Stellvertreterin der außerirdischen, Kritik des geozentrischen Weltbilds.« »Die Natur als Sternenstoff ist entweder zu heiß oder zu kalt für die Menschen, Natur nicht menschenähnlich.« »Die Illusion des linearen Fortschritts, Kritik des Satzes: Von selbst ändert sich nichts.« »Die tote Arbeit lenkt schneller als die lebendige, aber nur, wenn es um Abstraktionen geht.«

»Du hast doch auch selber Substanz«, sagte die Freundin des Schülers, die zu Besuch kam, tröstend. Der Schüler: »Was meinst Du mit Substanz?« Die Freundin: »Weiß ich nicht.« Der Schüler: »Es existieren Erkenntnisschwierigkeiten.« Freundin: »Die Du aber überwindest, wenn Du in Regius' Position schreibst.« Der Schüler: »Entsubstanzialisiert habe ich Substanz.« Die Freundin, lernwillig, die ihn umarmt hielt: »Siehst Du, das fühle ich.« Der Schüler: »Schlafe eine Stunde für mich mit.« Die Freundin schläft. Der Schüler schreibt an einem neuen Aufsatz. Er fühlte etwas Bestimmtes, wenn er von ihr so gänzlich bepumpelt wurde, ließ sich auch gern von ihr in das Bett einwickeln, das konnte aber auch in der Idee geschehen, so daß er, real an seinem Schreibtisch sitzend, in Regius' Worten vier DIN A 4-Seiten mit Buchstaben bedeckte. Die Aussicht auf den blauen See störte ihn nicht nennenswert.

»Es ist nicht wahr, daß der Körper in seiner physischen Anwesenheit schon der Beweis für Leben ist. Selbst dann nicht, wenn sich alle Sinne bewegen. Daß ich lebe, erfahre ich dadurch, daß ich denken kann, ich möchte, wo ich jetzt bin, nicht sein.«

II

Der dann wenig später im Nürnberger Kreiskrankenhaus verstorbene Philosoph R. hätte gesagt, wenn er überhaupt das sagen würde was er denkt, das aber verbirgt er, um den empfindlichen *Wahrheitsgehalt* des Gedankens nicht zu gefährden (falls ihm etwas so Pathetisches, Leidensgeladenes wie »Wahrheitsgehalt« gefiele und er nicht vielmehr umgekehrt vom Nichtlügen ausginge) in seiner Brust (die dünn und sonnenfern, seit 1928 nicht mehr in einem Seebad ans Licht gebracht, nur ihm bekannt ist): »Ich denke, weil ich davon absehen kann, daß ich bin. Ich bin nämlich keineswegs allein, sondern in mir sind die anderen, und die denken unaufhörlich, weil das ihre Notwehrform ist.«

Einer, der meint, daß er selber existiert, wird zum Spinner. Er wird für sich ein Sonderschicksal wollen. Das ist der Ansatz zum Irrtum. So hatte dieser Philosoph, gerade aus der Tendenz, ein Sonderschicksal zu ergattern – und gerade dies ist, wie er weiß, ganz unmöglich –, durchaus versucht, das Schicksal zu bestechen. Aber er fiel selber auf den von ihm angestellten Versuch nicht herein.

Im Tessin hatte er ein Sicherungssystem für den Fall plötzlicher Krankheit oder eines Unglücksfalls organisiert. Ein Internist aus Zürich konnte mit einem Sportflugzeug binnen 40 Minuten zur Stelle sein. Ein Hausarzt war in 7 Minuten zu dieser Villenburg zu disponieren. In der Villa selbst war ein Klinikum errichtet. Um den Tod nicht durch diese allzu vorsätzlichen Vorkehrungen anzulocken, reiste Regius, als er sein physisches Ende kommen fühlte (aber was war diese Physis schon an Substanz, nicht viel), nach Nürnberg, wo er niemand kannte. Vielleicht war der Tod fair und überfiel ihn nicht dort, wo er hilflos war. Sich in Not bringen, entzündet die Lebensgeister. R. betrat notgedrungen dann doch das Kreiskrankenhaus Nürnberg, telefonierte von dort, verabredete Termine mit Zeitschrift-Redakteuren für die kommende Woche, um ostentativ sein *Nichtwissen* vom Tod darzustellen, verließ aber diese Anstalt nur noch als Toter.

Die Heimat liegt da, wo meine Produktionsstätte ist, wo meine Arbeit liegt

Am 6. Dezember 1941 stand die 1. Kompanie des Infanterie-Regiments 284, 96. Infanterie-Division, bei Tichwin. Sie ließ sich dann zurücktreiben bis zu den Wolchow-Sümpfen. Am 21. Dezember 1941 wurden einige besonders bewährte Unterführer und Mannschaften ausgewählt, die zum Weihnachtsurlaub in die Heimat fahren durften.

Obergefreiter Eilers fuhr 3 Tage und Nächte zu seiner Garnisonsstadt; einen weiteren halben Tag wurde er in der Quarantänestation an der Grenze zum Reichsgebiet aufgehalten. Um 17 Uhr an Heiligabend traf er bei seiner Familie ein, seiner hochschwangeren Frau Elisabeth, deren Eltern, einigen Vettern und Schwägerinnen. Es wurde Kaffee, Likör, Kuchen gereicht. Die Kinder wurden um 18 Uhr beschenkt und eine Stunde später ins Bett gebracht. Nachbarn erschienen. Eilers aß Fisch, Kotelett, Wurst, Nachtisch. Es wurde Wein ausgegeben. Um 2 Uhr lag er mit seiner Frau im Bett, das ihm ungewohnt war. Er schwitzte unter dem Federbett. Er bemühte sich, vorsichtig zu sein, den Zustand seiner Elisabeth zu berücksichtigen. »Es hatte alles keinen richtigen Zweck.«

Am nächsten Tag folgte ein Frühschoppen im »Hacker« mit Skatrunde. Eilers schlief um 17 Uhr ein und wachte erst am 2. Feiertag um 14 Uhr wieder auf. Frühstück im Bett. Ein Spaziergang, um den Körper zu »entschlacken«.

Es gehen die Tage bis zum 2. Januar rasch hin. Dem Sinn dieser Freizeit ist nicht recht beizukommen. Der Körper stabilisiert sich nicht, wenn eine Festrunde auf die andere folgt, keine Werktage. Das Leben in diesem kleinen Ort hat für Individuen keinen Sinn. Das fällt einem Frontkämpfer auf, der doch für sein momentanes Verhalten an der Front jeweils Zwecke angeben kann, so wie der Gegner nach Zwecken vorgeht, die sich an der Vereitelung unserer Zwecke messen. Einen halben Tag lang, 29. Dezember, arbeitet sich Eilers einmal gründlich aus, indem er für den Schrotthändler Kraux einen Holzverschlag zimmert, in den dieser Vorräte einschließen kann. Eilers erhält dafür 2 Dauerwürste und ein Fläschchen, das er zur Front mitnehmen will, so wie er von der Front ein besonderes Urlaubspaket mit Freßsachen nach Hause brachte. Faßt man es zusammen, so hat er je ein Paket einmal hin- und hertransportiert.

Am 2. Januar Abschied auf dem Bahnhof. »Komm gut wieder. Schreib öfters. Wir sorgen uns sonst so sehr. Denn man tau. Mein lieber Junge.« Die hochschwangere Elisabeth, die in der ganzen Zeit, nach Eilers' Eindruck, oft geträumt hat, »ich habe sie eigentlich nur beim Brüten gestört«, hängt an Eilers Hals und weint. Eilers küßt sie und steigt ein.

Mit 1700 anderen Rückurlaubern fährt er 3 Tage und Nächte. Als der 4. Tag graut, liegt draußen metertief Schnee, »dehnen sich Felder und Wälder, glitzern zugefrorene Sümpfe, geht eine leuchtend rote Sonne am Horizont auf, 40°

unter Null«. Dies liest er in einem Kriegsheft. Ein Blick nach draußen lehrt, daß dies ungefähr zutrifft. Die Rückkehrer »liegen im Skat«. In den Abteilen herrscht »Bullenhitze«.

Nach einstündiger Fahrt in einem LKW, von den Bahngleisen fort, die mit der Heimat verbinden, dann ein Fußmarsch von 2 Stunden, ist Eilers wieder unter seinen Leuten. Die taktischen Zeichen an den Wegestrecken, die Ortsschilder sind ihm bekannt. Endlich die heimatliche Stellung, an der er selbst im Dezember gebaut hat und die sie bei seiner Abfahrt etwa 6 Tage besetzt hielten.

Eilers liefert die 2 Würste und die Flasche an die Kameraden ab. Sie sitzen gemeinsam am Bolleröfchen. Wenig später Alarm. Sowjetische Truppen greifen über ein offenes Schneefeld an. Das war Unsinn, weil sie so in das flankierende MG-Feuer der schräg seitlich vorgestaffelten Nachbarkompanie gerieten. Was bezwecken sie mit diesem Angriff? fragt Gefreiter Berger. Eilers hat keine Zeit, sich den Kopf darüber zu zerbrechen. Er gibt seine Feuerbefehle und bemüht sich, im rechten Augenblick Deckung zu nehmen. Der Angriff wird zweckmäßig und kooperativ abgewehrt.

Meine Heimat ist da, würde Eilers sagen, wenn er überhaupt darüber reden würde, wo ich den persönlichen Eindruck habe, daß alles Sinn und Zweck hat und die Zusammenarbeit klappt. Das kann ich vom gewesenen Weihnachtsfest nicht sagen. Dagegen *muß* ich es hinsichtlich der Stellung, die wir hier »um jeden Preis« halten, behaupten. Ich hätte sonst überhaupt nichts übrig.

Nirgendwo an der deutschen Ostfront wurden die Divisionen so durcheinandergeworfen wie jetzt am Wolchow. Vereinzelung aber bedeutet, verschlissen zu werden. Pausenlos wurden Telefongespräche aus Dringlichkeitsgründen unterbrochen. Hiergegen arbeitete die Produktionsgruppe Eilers nach Sinn und Zweck an.

Erfahrenheit der Junifliegen

Der alte Mann, im Dezember 84 Jahre, löffelte eine Untertasse mit Rübensaft aus und verfolgte dabei mit den Augen die Fliege, die auf den heraustretenden Adern seines Unterarms hin- und herfliegt. Er wartet. Die Fliege: provokatorisch, frech. Mit seiner zitternden linken Hand, aber sehr rasch, schlägt der Mann nach ihr. Er verfehlte das reaktionsschnelle Tier um wenige Zentimeter. Eine Junifliege, sagte er mit aufrichtiger Hochachtung, überhaupt nicht zu fangen; ein raffiniertes Tier. Im April oder Mai fange ich die, aber im Juni haben sie so viel gelernt, daß sie nicht zu fangen sind.

Er war selber äußerst erfahren. Wenn er stürzte, drehte er sich im Stürzen, z. B. auf die Steinkante einer Treppe zu, so daß er nicht auf den Oberschenkelhals fallen konnte, sondern weich auf den jetzt ziemlich fettlosen Hintern. Er drehte eine Pirouette, schon während er ein Summen im Kopf fühlte, noch vor dem Stürzen, eine artistische Leistung, mit der er im Zirkus hätte auftreten können.

Abb.: Mein Vater Dr. med. Ernst Kluge, in Halberstadt, löffelt Sirup.

Hänschen Albertis verstreute Sinne

Hänschen Alberti war Werkzeugmaschinen-Bauer. Ein Teil seiner Arbeitskraft, seines Lernfleißes, steckte in Geräten der Kriegsindustrie 1943/45, z. B.: Erfahrung im improvisierten Aufbau nach Zerbombung von Werkshallen. Es war jeweils so: Besichtigung durch Luftgau, Partei, Werksleitung. Aber im Gefolge dieser Pulks: Albertis Arbeitstruppe: Metzner, Schäfer, Pfeiffer, Peter Kühne usw. Berechneten die Besichtiger, wann die Wiederaufnahme der Kugellagerproduktion in Aussicht genommen werden kann, z. B.: in sechs Wochen, dann war nach Albertis Erfahrung schon nach *zwei* Wochen etwas zu machen. Das war seine Bemühung.

Danach zog er 1946 nach Norddeutschland an die Küste. Ein Automobilwerk brauchte Zulieferungen, Werkzeuge, dann aber auch eigene Herstellung dieser Werkzeuge und Zulieferteile. Er entwickelte das tatkräftig. Später wurde das Werk aus Bankgründen geschlossen, verschrottet. Es waren aber 12 Jahre (1957!) von Albertis Arbeitskraft in Erfahrungen hier angelegt, wurden in die Winde zerstreut. Andere Automobilwerke arbeiteten bereits mit standardisierten Werkzeugen oder Bändern. Nichts zu tun für Alberti.

Er bewarb sich bei Messerschmitt-Bölkow-Blohm, und es war ein glücklicher Umstand, daß hier Werkstattarbeit benötigt wurde. Subtile Einzelfertigung für Satellitenteile, aber auch klassische Arbeit, z. B. eine besonders sichere Achterbahn, für das Oktoberfest – 5 Jahre Alberti, alles Einzelwerke, nichts was die Standardisierung wegnahm. Doch eines der Projekte lief aus Förderungsgründen aus, Albertis Platz wurde eingespart. Er mußte die 5 Jahre zurücklassen, wurde im Baumaschinen-Sektor gebraucht, lernte also um. Nunmehr öfter schon müde.

Er ließ sich überreden, aufzusteigen, Abteilung Öffentlichkeit und Werbung, konnte hier seine Hände nicht gebrauchen, wohl aber Kenntnisse. Das empfand er als »Entfernung vom Gerät«. Es gehörten Ostreisen dazu. Die Firma verkaufte wissenschaftlich-technische Kenntnisse in fremde Länder. Wer war das denn überhaupt hier? Alberti? Oder befindet er sich mit den verlorenen Zeitstücken irgendwo in der Vergangenheit? Verkauf der Firmen-Kenntnisse sah Alberti sowieso als Landesverrat[1]. Zurückgekehrt in die »Heimat«, saß dort ein Nachfolger, einer seiner »Schüler«.

Jetzt Textilforschung in Wuppertal. Aber die Großfirma, die in mehreren Ländern Sitze hatte, zu der das technische Institut, an dem er »forschte«, gehörte, befand sich in einer Unglückssträhne, er übersah das nicht. Was aber hätte er denn gespart, wenn er auf die Zeitgeschichte noch besser achtete? Er konnte ja seine Arbeit nur »ausgeben«, nicht »für sich behalten«.

Das Unglück in der Textilmaschinen-Forschung war, daß frühere Konzernleitungen im Überschwang der 50er Jahre ihr Wissen über die seidenähnlichen Kunststoffprodukte, aus denen rasch Kleiderfetzchen oder Hemden in Massen hergestellt werden konnten, in noch fernere Gebiete, als es der Baumaschinen-Sektor tat, veräußerten – Südamerika, Hongkong, Indonesien usf. Sie verließen sich auf Qualitätsproduktion, glaubten die Minderware aus der Dritten Welt nicht fürchten zu müssen. Niemand aber wollte mehr teure Quali-

1 Er begegnet der Technik der Nachrichtendienste. Er ist kontaktfreudig. Bei Überprüfung einer Montage in einem Balkan-Staat lernt er einen dort einheimischen Kollegen kennen, der ihm eine junge Frau vermittelt, Vera. Er sieht sie, erinnert sich an etwas. Der Kollege lädt in seine Wohnung ein, hat seinerseits eine Einheimische mitgebracht. Getränke stehen auf dem Tisch, Alberti sitzt tief in seinem Sessel, wechselt auf das Sofa.

»Sitzt unten in Meeresgründen
bei seiner schönen Wasserfee.
Die Jahre kommen und schwinden.«

(Bl. 3 d. A.): »Es kommt, nach Alkoholgenuß, zu einer Orgie.« Was ist eine Orgie? »Übermäßiges Streben nach Geschlechtsgenuß.« Alberti konnte aber gar nicht »streben«, da er nur halb bei Bewußtsein war, eher träumte er.

Tage später legte ihm die Polizei eine Anzeige wegen grober Unzucht vor, als Beweis eine Reihe von Fotos. Ein Beamter in Zivil droht eine Freiheitsstrafe an, weist daraufhin, daß dieses »Kompromat« (= kompromittierendes Material) seiner Firma und Ehefrau zugänglich gemacht werde, es sei denn, daß sich Alberti zur »Mitarbeit« verpflichtet. Eine Ehefrau hatte Alberti nicht. Wie er feststellte, war der »Kollege« plötzlich »verreist«, die Frauen waren verschwunden. An der Tat-Wohnung hing ein anderes Namensschild.

Umgeben von Erscheinungen, an denen er gerade versucht hatte, zu lernen, sich umzustellen (eventuell hätte er in diesem fremden Land seine Heimat aufgeschlagen, brauchbar war sein Wissen hier), wollte Alberti nicht zum Verräter an seiner Firma werden. Saß also Haftzeit ab, bis die Nachrichtendienstler ihr Interesse aufgaben.

tätsprodukte. Es war auch nicht sicher, ob die Qualitätsvorstellung mehr als eine Einbildung war. Die Maschinenforschung, an die sich Alberti gewöhnt hatte, wurde eingestellt.

Er hatte sich aber während der Kämpfe im Betriebsrat bewährt, in die Industriegewerkschaft Chemie – Ortsverwaltung Wuppertal – hineingearbeitet. Also wurde er Schreibtisch-Unternehmer. Das soll der Könner Hänschen Alberti aus dem Jahre 44 sein? Das lag zurück. In manchen Kneipen war's noch Alberti. Siegen konnte er so nicht.

Er hatte den Eindruck, seinen dicken Hintern verbergen zu müssen, der sich nach oben zu »abschottete«. Das schob er auf's Älterwerden. Sicher war, daß er in diesem Apparat nicht eingespart wurde. Aber er fühlte sich durch die vorangegangene Zeit »auseinandergenommen«, als wären es herumliegende Stücke von Maschinenteilen, die weder zum Maschinentyp A noch zu dem Modell B oder auch nur halb zu irgend etwas Passendem sich zusammensetzen ließen. Er machte Sport. Manchmal mit halbem Herzen, manchmal ergriff es ihn. Dann bildete sich am Hals und oberen Rücken ein Muskelpaket, das die Blutzufuhr zum Hirn abschnürte. Ein *Unnützіger* muß sich *sichern.* Aber doch nicht durch Muskeln! Er hätte sich gern darüber ausgestöhnt.

Die Kameraden, mit denen er verbunden war, lagen verstreut, »angeheftet an Zeiten und Orte«, an denen er seine Arbeitskraft gelassen hatte. Mit einer Werkzeug-Maschine durfte keiner so umgehen. Die wäre hin. Bloß nicht nachgeben, sagte er sich.

Sonntagsspätnachmittags

Derselbe Pätzold im Betrieb: als Willi Pliebusch Pätzolds Hammer, persönliche Spezialanfertigung, den er nun wirklich täglich braucht, auslieh (im Betrieb, in einem Arbeitszusammenhang) und einen Hammerstummel zurücklieferte: Na, das ist nicht viel. Er ist nicht kleinlich. Er ist auch nicht großzügig, sondern er verhält sich in der einen »Konstellation« so und in der anderen so.

Sonntagsspätnachmittags fährt der Kollege Meixner beim Herausfahren aus dem Waldstück, in dem sie bis jetzt gefrühstückt haben, gegen das Fahrzeug von Pätzold, einen flaschengrünen Opel Rekord, Baujahr 1973 (etwas über Pätzolds Verhältnisse). Es ist ein Kratzer entstanden an Pätzolds rechter Wagentür. Pätzold ist fassungslos. Er steigt aus.

Die Familie, seine Frau, seine zwei fast erwachsenen Töchter, muß aus dem Wagen heraus. Meixner hat sein Unfallfahrzeug sofort angehalten und entsteigt ebenfalls, einem VW.

Einen Augenblick hat es den Anschein, daß ein Scherzwort, von irgendeinem Dritten zugerufen, die Atmosphäre entkrampfen könnte. Aber kein Dritter da. In eine Kneipe verlegt, entstünde aus derselben Situation jetzt nicht das zwanzigminütige Entgegnungsgefecht zwischen Meixner und Pätzold. Meixner ist ja bereit, für den Schaden aufzukommen. Er kann sogar selber die Schramme wieder übertünchen. Pätzold schreit den Kollegen und Freund an. Meixner antwortet. Die Freundschaft der Familien, jetzt zwölf Jahre lang durch so viele Gelage, Abende, Sonntagsfahrten, ob sie nun befriedigend sind oder nicht, durchgehalten, bricht auseinander.

Es ist genau die Außenhaut von Pätzolds unsichtbarem Lebenszaun beschädigt worden, Pätzolds fahrbares Grundstück (häuslich wohnt er zur Miete), sein eingerichtetes Eigentum ist unachtsam angerissen worden. Er weiß nicht mehr, was er machen soll.

Du kannst mich nicht wie ein Taxifahrer anschreien, sagt Meixner, du mußt mit deinen Worten vorsichtig sein. Aber Pätzold kennt im Moment keine Schranken. Vor der Familie Meixners, die sich im VW quetscht, drei auf den Hintersitzen, zwei neben dem Fahrersitz: »Du Jammerkopp!« Pätzold geht zu Meixners Wagen und tritt gegen das Blech des Kotflügels, es entsteht eine Beule. Meixner eilt herzu, will schlichten. Es sind an sich vier Personen jetzt hier anwesend (mit Anhang): 1. Meixner, »versöhnlich«; 2. Meixner, »in seinem Innersten bedroht«; 3. Pätzold, der im Innern noch immer der alte ist, nicht nachkommt, sich äußert; 4. der in seinem »Wesentlichen« verletzte Autoeigentümer Pätzold.

Die Frauen, jetzt *beide* aus den Autos heraus, mischen sich neben die Männer, teils noch auf seiten der traditionellen Freundschaft, teils zur Seite ihrer Männer, d. h. einerseits die

Freundin, aber auch die Kampfhähne um eine Lösung bittend, andererseits schon bittere Feinde. Sechs, acht, zwölf zertrennte Persönlichkeiten, die sich auf diesem wiesenähnlichen Teilstück eines Waldes, das man kaum als Weg bezeichnen kann, auseinandersetzen. Die Kinder, den Wagen entstiegen, heulen. Meixner, jetzt am Steuer seines Wagens, kurbelt noch die Seitenfensterscheibe herunter: Meine Adresse hast du ja, wegen des Schadens. Er fährt, nachdem durch die rechte Tür die Familie sich hereingewurstelt hat, davon. Pätzold ohne Fassung.

Pätzold muß im 20 km-Tempo fahren, von seiner Frau auf dem Beifahrersitz an den Kreuzungen beraten (sie kann zwar selber Auto fahren, hat aber noch nie gewagt, sich an das Steuer von Pätzolds Eigentum zu setzen). Pätzold kommt, eigentlich wider Erwarten, ohne Unfall zu Hause an, legt sich grußlos schlafen.

»Sagt: Da bin ich wieder, hergekommen aus weiter Welt.«

Es war unsinnig, schlecht abstrakt, gewissermaßen mit Gewalt die Brücke zur Arbeiterklasse zu suchen, nur weil *Hofmann*, unterstützt von *H. H. Holz* und *Bärmann* in der Diskussion am Vorabend in der zentralen Fehlerquelle der Aktionen des Frankfurter SDS »mit dem Stock herumstocherte.« Der sichere Tod der Bewegung konnte auf zweierlei Art stattfinden: 1. Wenn wir als »Schauspieler unserer oder fremder Ideale« antreten, 2. wenn wir, wie Habermas vorschlägt, eine Phase »Trocken-Rudern« einlegen, d. h. die Aktionen anhalten und uns bis an die Zähne mit Vorbereitungen bewaffnen. Seminarform, das ist der Tod der Bewegung.

Das bedeutete, da ja die fehlende Verbindung der arbeitenden Gruppen zur Arbeiterklasse beweisbar war, daß ein riskanter Schlag gemacht werden mußte. Krahl überredete eine starke Gruppe, R., als sein Leibwächter, Kneipendurchzüge in Bornheim durchzuführen.

Hier redete er nicht anders, was die Anlehnung an klassische Textstellen, Fremdworte oder eigentümliche Wendungen von Marx oder der großen Philosophie betrifft, als er im Umkreis des Studentenhauses am Beethoven-Platz gesprochen hätte: sehr ruhig. Die Arbeitergenossen sahen auf die Krahl'sche Zunge, seine Körperbewegungen, den Eifer.

Also einerseits: daß er mehr redete als sie oder seine Begleiter. Andererseits: daß er mit ihnen zu tun haben wollte und schon zu tun hatte. Das mußte andere Gründe haben als betuppen wollen, – sonst hätte er sie bestochen, z. B. »vertrauter« geredet. Die schnellen Reden waren ihnen aber nicht vertraut. Auch nicht die Sachgebiete, denn Krahl skizzierte in lang hingelegten Anakoluthen (d. h. abgebrochenen Sätzen) die Verteidigungszonen der NS-konstituierten Gesellschaft: 1. die Polizeiketten, die auf dem Messegelände zu sehen sind, 2. die Justiz, die sich einmauert, 3. Werkschutz, Nicht-Öffentlichkeit der Betriebe, 4. die inneren Wahrnehmungsverbote, die entfremdete Leugnung der eigenen Erfahrung, dann wäre sie aber durch doppeltes Lügen schon wieder umkehrbar und zerfiele in Wahrheit. Gleich darauf Biafra, wozu die Analyse noch fehlt, die örtlichen Verbindungen zwischen Rüsselsheim und den Höchster Betrieben, Beispiele aus Vietnam und aus Paris im Vorjahr, Senghor aus Senegal, die Situation auf der Buchmesse, sowie in rascher Fahrt: »daß kulturrevolutionäre Aufklärung Gegensätze aktualisiert, damit sie ausgetragen werden können, damit überhaupt die wesentlichen Konflikte dieser Gesellschaft wieder begriffen werden können«.

Das war für die Arbeiter-Genossen zunächst »ungewohnt«. Hätten sie aber, hier in der Kneipe, für 3–4 Stunden, ihre ganze Existenz versammeln oder auch nur plötzlich handeln können, so wäre es zum Austausch gekommen. Sie nahmen diesen Mann mit seinem Gefolge als exotisches Tier, ein Zoo-Wesen. Das gab es also, hatte eventuell mit ihnen etwas zu tun. Das wurde nicht negativ aufgenommen. Die Schwierigkeit war, daß Krahl sein gesamtes Dasein (mit einiger Gewalt) hierher gezerrt hatte – sie aber konnten nicht mittun, da Teile ihres Daseins in Betrieben, Wohnungen (wie gesagt: zum Teil in *früheren* Zeiten) versammelt waren, sie hier nur mit Teilkräften saßen. Sie hätten sich so nach einer Weile in

Krahls Wort-Kolonnen gern eingereiht, durch langsames Hin- und Herüberschütten der Worte sich in den fremden Rhythmus eingepaßt. So aber mußten sie ihr Erinnerungsvermögen aktivieren, auswendig lernen (dafür floß es zu schnell), wenn sie das Gesagte (in ihrer Version) in die anderen Praxisbereiche hinüberbringen wollten. Sie hatten insofern, obwohl sie sich momentan nicht sichtbar anstrengten, während Krahl sich mit äußerster Anstrengung plagte (fühlte sich aber auf der Hauptstraße), beträchtliche Mehrarbeit zu leisten, wenn dies zu einer Kommunikation mit ihnen als Ganzem führen sollte. Die Informationswege verteilten sich dann über Tage. Sie wollten nicht jeden Abend so geschubst werden, aber als Ausnahme war es möglich, sagten sie.

Daraus lernte wiederum Krahl, ebenso einige seiner Mitarbeiter, während es so aussah, als seien sie mit Draufzureden, sog. Agitation, völlig beschäftigt, registrierten sie doch auf zweitem, drittem, vierten Gleis. Während R., der auf das Haupt seines Königs sah, soviel kleiner als er, an »der Diskussion« eigentlich nicht teilnahm. Er prüfte nur, aus den Gesichtern der Freunde, welche kritischen Einwände über den Gesprächsverlauf und Krahls Dominanz später im Gruppengespräch kommen würden.[1]

Die Treffen in Frankfurt-Nord dauerten nicht ein halbes Jahr, sondern eine Woche. Die Gewohnheit, zu frühabendlicher Stunde in die Kneipen von Bornheim zu ziehen, wurde durch Notstandsaktionen, erotische Privaterlebnisse beschnitten. Es war keine Zeit da. Die Kneipenbesuche verspäteten sich, jetzt war die Mehrzahl der Arbeiter-Genossen schon gegangen. Die Studenten-Genossen, in vergeblichen Aktionen, die auch zum Teil unvorbereitet waren, verschlissen,

1 Harte Diskussion. Krahl wird gerupft, weil ja dieses »Vorgehen« der Genossen gegenüber den Arbeiter-Genossen Ausbeutung sein kann. »Die sind die Versuchskaninchen, die von uns studiert werden, daß wir sie nicht mit Heftzwecken an die Wand annageln, fehlt noch.« Wolff, der jüngere Bruder, wollte einwenden: Immer eure Hemmungen. Die Genossen duldeten aber keine Abspeisung. Wenn es Ausbeutung war, mußte es unterlassen werden. Aber wie sollen wir dann – oder sie – lernen oder konferieren oder irgendetwas miteinander zu tun haben? Nein, die Genossen antworteten rigide: Wenn es Ausbeutung ist, nicht. Dann definieren wir es eben nicht als Ausbeutung, sondern z. B. als Überbeutung oder Auseinanderbeutung oder Miteinanderbeutung usf. Offner Hohn. Die Diskussion erhitzt sich. Zuletzt nannte Krahl, nur noch von R. und dem jüngeren Wolff unterstützt, die Mehrheit der Genossen »Hilfsbremser«.

befanden sich nunmehr ebenfalls in der Lage der Arbeiter-Genossen, brachten nur Teile ihres Daseins in die Kneipen, andere hingen regressiv in der Kinderzeit oder an verschiedenen Orten der Stadt (insbesondere Justizgebäude Hammelsgasse). Man mußte mit einem großen Schlag versuchen, die Einheit des Handelns nicht nur zur Arbeiterklasse hin, sondern auch zu sich selbst als Person herzustellen. Machen Sie das mal als 5,30 m-Hochsprung-Spezialist, im Sprung den Höhersprung zu erzwingen. Nun zwangen ja nicht sie, sondern sie, eine Minderheit, war gezwungen.

»Flüssigmachen«

Das war äquivalent durchsichtig machen. »Vom Begriff, der im Ersichtlichen nicht aufgeht, die Dinge in Bewegung setzen.« Es diente nicht der klaren Frontbildung, weil es ja Zusammenhang aufriß. Es bestand die Gefahr einer *idealistischen Verliebtheit* in dieses methodische Prinzip, sagten einige. Wollen wir es uns verbieten? Das wäre dann protestantisch, sagten andere. Sie konnten sich nicht beherrschen, wenn es ums »Flüssigmachen« ging.

> »Denn nichts kann ein und alles sein
> Ein Riß hat es getrennt.«

Das weiß man schon beim Frühstück. Aber an den Rißstellen, wenn man sie repariert, rinnt es. Gern wäre der phantasievolle F. Wolff undiszipliniert mit dem Flüssigmachen umgegangen.

> »Die schwarze Erde trinkt
> so trinken sie, die Bäume
> es trinkt das Meer die Ströme
> die Sonne trinkt die Meere
> der Mond sogar die Sonne . . .«

Das durfte er sich nicht trauen.

»Sinnlichkeit des Habens.«
Die ganze Gerda muß es nicht sein

Er verfügte seit 8 Wochen über eine Errungenschaft. Er hatte eine attraktive Persönlichkeit, Gerda, in sein Quartier aufgenommen. Oft wunderte er sich über ihre Vorteile. Ihre Brüste, als er sie kennenlernte, sahen genauso aus wie die des Titelblattmodells der *Quick*. Das sprach für »Temperament«. Recht eindeutig meinte sie, daß er gut rieche, roch auch praktisch an seiner Haut, seinem Mund, seinen Haaren, Ohren, dieser Geruch sei »männlich«. An anderer Stelle erwähnte sie, daß Männer stinken. Klar war das nicht. Wie sie ihre Kleider und Sachen bescheiden in einer Ecke deponierte, so daß in seinen Räumen keine Unordnung entstand, gefiel ihm.

An sich hatte er keinen Bedarf an einer *ganzen Frau* dieses Kalibers. Er hätte ja auch in einem Restaurant nicht 1 Ente, 1 Reh, 1 Gans mit Klößen und Kraut, sondern nur eine ¼ Ente, 1 Gänsekeule oder ein Stückchen Brust oder eine Portion Rehrücken bestellt. An dem Einbringsel Gerda hätten 5–6 Freunde von ihm mitknabbern können. Er wollte ihr das aber nicht vorschlagen, da er fürchtete, sie zu beleidigen.

»Ich muß mich am Riemen reißen«, sagte er. Oft wünschte er, sie wäre still, wenn sie auf ihn einredete.

Er versuchte es mit einer gedanklichen Nothilfe. Er stellte sich intensiv vor, er wäre allein, überhaupt niemand redete mit ihm seit einem ¾ Jahr, es ist kalt, zugig, keine Hautwärme in der Nähe, ein Geschlechtsdruck packt ihn, daß er mit einem Fernglas die Parks durchstreift, ob nicht in der Ferne irgendwelche Mädchenröcke zu erspähen sind. Das war vorstellbar, wenn auch zu seinen Lebzeiten nicht vorgekommen. Schlußfolgerung dieser Bestimmungen sollte sein: Wie glücklich bin ich, diese aparte Erscheinung Gerda jetzt in meiner Griffweite zu haben.

Während er sich so zu *konzentrieren* versuchte, redete sie ihn an; was ihn störte. Er konnte nicht gleichzeitig seinen Appetit anstacheln und ihr zuhören. Sich etwas, was er hat, dadurch wertvoller zu machen, daß er sich vorstellt, daß er es nicht hat, war z. B. möglich bei Eßwaren. Die Vorstellung, intensiv eingebildet, daß die Brotrationen auf 180 g gesetzt sind, das sind knapp 1 ½ Scheiben, oder angesichts eines saftigen Steaks, daß dieses Steak für einen Soldaten bei Tula im Winter 1941 unerreichbar ist, hatte ihn wiederholt zum Mehressen veranlaßt. Er hatte aufgegessen, so als ob das wirklich morgen sonniges Wetter bringt. Selbstverständlich glaubt er nicht an Kindermärchen. Dagegen in bezug auf Gerda gerät er rasch ins Träumen. Ihm schien in seiner besonderen Lage eine komplette Vereinsamung verlockend. Er konnte ja nur vom Moment her und nicht in den Formen der Vorratsbildung empfinden.

In ihrer letzten Stunde

I

Sie wollte definitiv nicht mehr. Sechs Monate ausgenommen von P., weggeworfen. Sie hatte Tabletten genommen. Bis zur Ausfallstraße in Richtung der Taunus-Vorstädte konnte sie noch fahren. Sie parkte dann unter einem Hochspannungsmast. Die Augen wurden blind.

Kudelski, den Tag über als Vertreter tätig, abends, die Stunde, die ihm gehört, unternehmerisch, bemerkte die Halbtote, deren Kopf auf dem Steuer lehnte. Er hielt, riß die Betäubte, die auf dem kurzen Weg zu seinem Ford kotzte, aus dem Wagen. Er merkte schon, daß die Person nur noch einen Rest Leben darstellte. Er »barg« also den Frauen-Rest auf den Hintersitzen seines Ford, es machte ihm nichts aus, ihr Recht auf ungestörtes Hinüberdämmern in den Tod, »das Recht des Menschen auf ein selbstbestimmtes Ende« (dann hätte sie aber die Seitentüren verriegeln müssen) zu verletzen. Tagsüber wahrte er Rechte, ab Abenddämmerung nicht.

Er hätte unauffälliger, ruhiger, verfahren müssen. Die Hektik der Bewegungen fiel einem Passanten, Fred Hirsch, auf, der sich die Autonummer des Ford notierte.

Kudelski, der ja von der Frau, die auf den Hintersitzen wimmerte und Dreck machte, keine Einwilligung zu irgendetwas verlangen konnte, sah keine Bedenken, die in naher Zukunft Tote, aber sie hatte noch warmen Körperdunst an sich, schadlos zu vergewaltigen. Er hatte einen anstrengenden Tag hinter sich, und da die Frau mit eigener Hand sich Schlimmeres als eine Notzucht durch ihn (die im Einwilligungsfall ja keine gewesen wäre) angetan hatte, wollte er den Rest nicht umkommen lassen.

Die Sinnesrichtung Kudelskis rettete der Frau das Leben. Die Funkstreife, von Fred Hirsch benachrichtigt, verlegte Kudelski den Weg, als er im südlichen Stadtwald nach einem Plätzchen für die Konsumation suchte. Sie brachten die Dämmernde mit Blaulicht zu den Universitäts-Kliniken. Kudelski wurde in Haftzelle des Polizeipräsidiums eingeliefert. Er konnte sich nicht einmal auf Trunkenheit am Steuer berufen, war stocknüchtern. Ganz sinnlos wurde er abgestraft, obwohl er doch wohl als Retter der Frau eine Plakette verdient hätte.

II

Die Frau sagte in der Hauptverhandlung aus, sie hätte ihren Vorsatz, aus dem Leben zu scheiden, aufgegeben. Sie könne ihre damalige Handlungsweise nicht mehr »nachvollziehen«. P., ihr Geliebter, ein dümmlicher Hund, verdiene keine so konsequente Tat. Sie sei deshalb dem Angeklagten, Kudelski, dankbar, daß er sie aus dem Schlaf gerissen hätte. Die böse Absicht, sie als Dahinscheidende noch in ihrer Eigenschaft als Frau zu verwerten, nehme sie an sich nicht übel. Sie halte sich für attraktiv. Dem P. hätte sie jeden Angriff erlaubt. Sie habe auch keinen Grund, den Angeklagten abzulehnen, da sie ihn ja gar nicht erkannt hätte. Sie sei neutral. Ein Grundrecht, das Ende selber zu bestimmen, kenne sie nicht, notfalls verzichte sie darauf.

Sie sei nicht ruhig, sondern unruhig gewesen, »ganz von Sinnen«. Ob ihr die Tat des Angeklagten in ausgeführtem Zustand etwas ausgemacht hätte? – Die Richterin fragte das so, daß es leichtfertig erscheinen konnte, wenn die Zeugin sagte: Nein, hätte mir überhaupt nichts ausgemacht. Die Zeugin wies auf den Eid hin, sie solle ja wahrheitsgemäß aussagen, und entgegnete: Die Verstocktheit und Gerissenheit des P., der überhaupt nichts mit ihr anstellte, treffe sie härter. Die Tat sei ja außerdem gar nicht ausgeführt worden. Sie antwortet deshalb auf die Frage der Richterin: Weiß nicht. So geht das nicht, sagte die Richterin. Sie hatte 2 Jahre, 6 Monate, oder 3 Jahre, 2 Monate für Kudelski im Sinne, noch gleich mit für den wenig beispielhaften Lebenslauf dieses Mannes, den zum Teil anrüchigen Beruf, der in Einzelheiten ermittelt worden war. Sie traute dem Angeklagten alles mögliche zu und wollte vorbeugen.

Heft 8

Tage der Politischen Universität – Vize-Admiral Dr. Cervix – Ein Mangel an theoretischem Vorstellungsvermögen – Planstellen-Ökonomie – Eine Lüge, aber auch die Wahrheit . . . – Eine Weihnachtsgabe – Ein Praktiker des Widerstands in der Kunst – Lernen aus dem Zusehen . . . – Müllers Interview – Ein informeller Kader – Tage der Politischen Universität II – »Beißen, fliehen, tarnen oder fortschwimmen« – »Wer ein Wort des Trostes spricht, ist ein Verräter«.

Tage der Politischen Universität

I

In dem Dämmerlicht des Lokals, kellerartig, ein Tischtennisraum mit Tischen und Sitzen für die Gruppen – ein hoffnungsreicher Horizont mit Lämmerwölkchen, soeben noch, jetzt durch Hektik verdeckt. Ein diskussionsleitender Genosse, die Gruppe, zwei eilige Genossen, eine Genossin.

GENOSSIN: Darf ich mal was sagen ...?

DISKUSSIONSLEITENDER GENOSSE: Bitte.

1. GENOSSE (unterbricht): ... daß das in einer kollektiven Weise, die imstande ist in einer vorbewußten, vorpolitischen Weise ... den Demoralisierungsprozeß aufzuhalten ...

ZWEITER GENOSSE (fortfahrend): Jetzt nicht mit dem Fetisch der Basis abgewürgt, sondern wir müssen realisieren ein tatsächlich dialektisches Verhalten mit beauftragter Führung und emanzipierter Basis ...

DISKUSSIONSLEITENDER GENOSSE: ... die aber noch immer dazu neigt, die eigene politische Aktivität etwas zu privatisieren ... ich meine, von daher scheint es prinzipiell fraglich, ob diese Basis dann im Augenblick sehr viel machen wird. Außer bei globalen Diskussionen ...

3. GENOSSE: ... daß die Politische Universität nicht als Wurmfortsatz eines geklappten aktiven Streiks oder einer nicht geklappten Notstandskampagne sich darstellt ...

4. GENOSSE: ... die Diskussion hat aber selber als Objektivum gebracht, daß in der Frankfurter Gruppe die Spannungen so stark sind, daß eine einzelne Person diese Spannung nicht aushalten ...

DISKUSSIONSLEITENDER GENOSSE: ... muß ja nicht einzeln sein. Da sollten wir lieber mehr inhaltlich diskutieren (Zurufe). Also dann stell doch eine inhaltliche Frage. Willst du die Frage noch konkretisieren? Ja. Bitte. Du bist dran.

5. GENOSSE: Die inhaltliche Diskussion daran anknüpfen.

GENOSSIN (vom Anfang, unterbrochen): So geht es nicht, und warum seid ihr so doof und könnt es nicht ...

DISKUSSIONSLEITENDER GENOSSE: Bitte?

2. GENOSSE: Darüber diskutieren wir doch auch ...

GENOSSIN: Nein, nicht ... (Zurufe)

6. GENOSSE: Ich würde mal die Genossin ausreden lassen ...

DISKUSSIONSLEITENDER GENOSSE: Du kannst sie ja auffordern, daß sie weiterredet ...

GENOSSIN: Darf ich mal was sagen?

7. GENOSSE (unterbricht): ... daß du, wenn das mit in diese Woche reinkommt, denn das willst du doch, dann mit dem Gefühl der Solidarität der Frauen ausgestattet bist, Genossin, was also keine große praktische Unterstützung ist ...

Es war vielleicht falsch, sich am Vorabend großer Entscheidungen in diese kollektive Eile zu versetzen, die die Diskussion umstürzte, d. h. die Formenwelt der Diskussion »revolutionierte«, daß sich die einzelnen Gedanken nicht mehr äußerten, sondern die Diskussion selber als »reine Diskussion« und »reines Kollektiv«, d. h. leer, ans Licht trat, denn es waren hier keine Gegner anwesend, an denen die Auseinandersetzung Gestalt gewonnen hätte, und die erfahrenen Chef-Strukturierer der Gruppe waren in einem anderen Gelaß dieses Kellers des Studentenheimes in einer Planungsdebatte, eilig, unabkömmlich. Auf was verteilen sich die Einzelstunden der Politischen Universität?

»Die Situation ist die, daß 50 Tage nach Ostern, unter dem zersetzenden Eindruck des als stärker empfundenen Kampfes der französischen Studenten in der Metropole Paris, in der Erkenntnis der Folgenlosigkeit des Universitäts- oder Gewerkschaftskampfes gegenüber der dritten Lesung der Notstandsgesetze, unter dem Eindruck (Krahl: Vorsicht, »leeres Erschrecken«) unvereinbarer Auffassungen in der Frankfurter Gruppe, in der Notwendigkeit, die Stadtteile, Betriebe, Schüler, Frauen, alle zunächst als etwas Gedachtes, »einzubringen« in die Politische Universität, eine so äußerste Hektik geboten ist, daß ...«.

II

Besetzung des Rektorats

Jetzt, 8 Uhr früh, war auf dem Gelände kein Student zu

erblicken. Sie schliefen. Assistent Röttger traf Assessor Petermann, abgeordnet zum Rektorat, der in Richtung Gräfstraße ablief, einen großen Packen juristischer Bücher aus dem Rektorat in den Armen. Hier, irgendwo in Bockenheim, war das Ausweichquartier vorbereitet, von dem aus Rektor Ruegg die Universitätsleitung im Fall des politischen Streiks, auch erheblicher Gewaltanwendung der Studenten gegen Sacheigentum der Universität, in der Hand zu halten gedachte.

RÖTTGER: Rechnen Sie tatsächlich mit der Besetzung des Rektorats? Im Moment sehe ich ja hier niemand.

PETERMANN: Noch im Laufe des heutigen Tages.

R: Nach Spitzelaussagen?

P: Nach sicheren Informationen.

R: Ja?

P: Ja. Lassen Sie die sich erst einmal aus den Betten erheben, sich in Fahrt reden. Dann sieht das hier anders aus.

R: Und Sie meinen, das Ziel ist immer das Höchste, also das Rektorat?

P: Deshalb räume ich es aus.

R: Aber Sie schließen ab?

P: Wir werden sogar, wenn das geht, verbarrikadieren.

R: Das hält die nicht auf, sondern lockt sie an.

P: Mein Chef hat auch gar nichts dagegen. Wir können dann von dem Versicherungsgeld eine schöne neue Glastür kaufen, die die zerschmetterte alte ersetzt.

R: Und Sie sehen das als völlig feststehend an, daß das heute Rabatz gibt?

P: Wie soll es anders sein, nach allem, was voranging.

III

Zögermoment vor Ausübung der Gewalt gegen Sachen
Der erfahrene Genosse, Referent des vor-vorhergehenden SDS-Vorstands, registriert verblüfft die Truppe von Genossen, die vor der Glastür des Rektorats mehrere Minuten verharrt. Hatten sie denn angenommen, daß die Tür unverschlossen wäre? Niemand weiß eine Lösung des Türproblems. Sie wollen die wertvolle Dickglas-Scheibe nicht zerstören, aber doch in das Rektorat »zum Zwecke der Besetzung«

eindringen, wie es beschlossen ist. Es sind nicht die Fotografen, die von den Lokalredaktionen erschienen sind, die sie hindern, sondern sie zögern, weil sie das Rektorat mit intakter Glastür besetzen wollen. Der Altgenosse, der das beobachtet, äußert sich nicht dazu. Es ist zweifelhaft, ob die Spitzengruppe oder die vom Campus Nachdrängenden auf ihn hören würden. Mehrere Genossen, die unmittelbar an die Rektoratstür gedrängt stehen, haben plötzlich ein Holzstück oder anderes Ramm-Mittel in der Hand, die Scheibe der Rektoratstür zersplittert.

IV

»Hat mir Spaß gemacht, weil er über Artistoteles reden konnte ... Er hat erzählt, daß das mit den Gerichtsreden anfängt. Der Inbegriff der Rhetorik war, daß man vor Gericht gewinnt. Man muß das im Lexikon einmal nachschlagen. Auf die Gesten kommt es an, wenn das ein Gericht beeinflußt. Ich kann Dir das noch geben, wenn Dich das interessiert. Das haben wir im Seminar. Um 9 haben wir Plenum. Gehst Du um 9 schon hin? Wenn ich um 9 zum schlafen komme, holen wir morgen Brötchen. Ist das Deine Schrift? Da würde ich entweder Wurst oder Mutter daraus lesen ...«

In die Wohngemeinschaft Gräfstraße sind zwei Lehrlinge und zwei aus einem Erziehungsheim Geflüchtete aufgenommen. In den Mittagsstunden haben drei der Neuen die Platten mit spanischen Revolutionsgesängen zerschlagen. Stattdessen wird auf zwei Plattenspielern, auf die Fensterbänke gestellt und synchron eingelegt, gespielt: Bob Dylan »I like chaos, but I don't know whether chaos likes me ...«

Im VW fährt die Gruppe um P., G. und M., drei Mann und zwei Frauen, unter der Rhein-Main-Sonne über die Landstraßen, um die Caltex-Raffinerie am linken Mainufer einmal herum, danach Umrundung des Hoechst-Komplexes, Abfahren der Mauern, Holzzäune und Tore, ein Versuch, Werkschutz herauszulocken durch Beobachten eines Tores mit Feldstecher sowie durch Fotografieren, Stichfahrt zu Dyckerhoff *Wiesbaden*, Bereisung der Orte mit dem Elan Marco Polos, der rechten Rheinseite bis *Köln* »unter besonderer

Berücksichtigung von Klein- und Mittelbetrieben«, Durchquerung der Wälder bis *Wuppertal* und wieder im Bogen, »unter besonderer Berücksichtigung aller und jeder Industrieanlagen«, die hiermit erstmals durch »eine konkrete Personengruppe« miteinander verbunden werden (und nicht nur durch Markt- und Zulieferbeziehungen), bis *Oberhausen,* dann Autobahn bis *Siegerland*, dort Landstraßen, »unter besonderer Berücksichtigung von Klein-, Mittel- und Großbetrieben«, aber immer nur ist die Umrundung der Zäune, Mauern, Betriebseingänge für das Auge möglich; ›schöne‹ Landstrecke bis *Kassel; Gießen* und zurück.

Wissenschaft ist Bereisung, sagt P., Hintreten eines Fußes, Verbindung der Orte, an denen insgesamt der »Gesamtarbeiter« »wie im Schlafe ruht«.

Alter des Kapitalismus nach W.s Schätzung: 800 Jahre, davor sprung- und inselartig vorgelagert eine unschuldige Form des Kapitalismus inmitten ackerbauender antiker Zonen: die phönizischen Schiffer.[1]

1 R., Arbeitskreis der Germanisten, legt den Text vor:

> »Wünscht' ich der Helden einer zu seyn
> Und dürfte frei, mit der Stimme des Schäfers, oder eines Hessen
> Dessen eingeborener Sprach, es bekennen
> So wär' es ein Seeheld.
> Thätigkeit zu gewinnen nämlich
> Ist das freundlichste, das
> Unter allen . . .«

Tätigkeit aber für Phönizier ist der Tausch. Deshalb zur Vorgeschichte des Tauschs: Es fahren also in den günstigen Winden über das Mittelmeer, das aber gewiß anders hieß und nicht »Mittelmeer«, die phönizischen Segler in Küstennähe auf und ab, die Schiffskommandanten, erfahrene Händler, setzen in der Nacht die Schiffe ans Ufer. Töpfe mit brauchbaren Gegenständen (Hacken, Hämmer, Eisengüter usf.) werden am Strand ausgelegt, denn es gibt auf der Innenseite von Schaffellen Aufzeichnungen, welche besagen, daß die an dieser Küste wohnenden, das Land bestellenden Einwohner kaufkräftig sind.

Am Morgen haben die Einwohner die Gegenstände weggenommen (»gestohlen«). Sie haben sie für Geschenke der Götter gehalten. Aus den Schiffen wird eine Strafexpedition an Land gesetzt, die das Dorf und die Felder niederbrennt, die Ware zurückholt. Wenn jetzt, aufgrund der Strafe, die Einwohner den Göttern Geschenke hinlegen, neben die erneut ausgelegten Töpfe mit brauchbaren Tauschgegenständen, so wird in der folgenden Nacht von den Phöniziern der ungefähre Gegenwert an Tauschgeschenken genommen, die belehrten Einwohner nehmen, nach Wegfahrt der Schiffe und Zögern, in Gedanken an die abgehackten Glieder, zerstörten Häuser, das gerechte Äquivalent vom Strand. Bis auf weiteres haben sie gelernt, was »Tauschwert« ist. – Die Ko-Referate sind bis drei Uhr nachts verteilt.

»Bald prangt den Morgen zu verkünden
Die Sonn' auf ihrer Bahn
Bald soll die Nacht, die dunkle schwinden
Der Tag der Freiheit nah'n«

Das mußt du unterlassen, diesen Song den Nachmittag über zu heulen, sagt die gestern erst bei ihm eingezogene Walli zu R. Ich kann so etwas Klassisches ein-, zweimal hören, aber unabhängig davon, daß der Inhalt stimmt, kann ich nicht den ganzen Nachmittag so etwas anhören, weil es mir Angstgefühle bereitet. Es könnte ja auch sein, daß die Nacht heller wird und der Tag der Freiheit doch nicht naht. R. hatte 84 Platten mit klassischer Musik, konnte ausweichen. Walli wollte aber klassische Musik praktisch überhaupt nicht hören. Andererseits wollte sie am ersten Tag dieser Freundschaft nicht intolerant erscheinen. Walli stellte sich die neue Freundschaft mit R. im Zug der Ereignisse oder im Lärm der Straße nicht als ein Geklapper von Rücksichtnahmen vor.

»Walli wußte selbst nicht, was alles zusammentraf, sie nachdenklicher denn je zu machen . . . Sie hatte zum ersten Mal einige Beobachtungen über ihren Zustand in einer zusammenhängenden Kette aufgereiht . . .«

Das Nervtötende für den gut vorbereiteten B. (er hat die »Grundrisse« in Referatform erarbeitet), daß im teach-in um 17 Uhr die Studenten allzu bereitwillig lachen. Sie stimmen zu, haben aber weder Referate noch sonst etwas Ernstes gehört und auch noch nicht gearbeitet.

»In der Blütephase der Protestbewegung.« Es war ihm leicht ums Herz. Er war gut ausgeschlafen. Jetzt langte er in der Wohngemeinschaft Gräfstraße an. Die schliefen noch. Zwei, drei Stunden saß er in der Küche und entwarf Konzepte. In seinem Kopf waren 60 bis 80 Genossenköpfe präsent, ein großstädtisches Gemurmel.

Was er noch sagen wollte: Jetzt in der Phase der Aktion, so konservativ wie möglich. Auf Gegenbewegung, d. h. die Auffanglinie bauen für die Phase des Rückgangs der Bewegung. Das trug er in der Gruppensitzung am Abend vor. Soweit Worte etwas ausrichten können.

Jetzt treffen spät nachts Delegationen aus Hoechst, von Messer/Griesheim, Schülerdelegationen streikender Schulen im inneren Raum des Rektorats ein. Genossen sperren sogleich die Türen, Fotografierverbot. Die von den Belegschaften entsandten Vertrauensleute dürfen als Personen nicht verraten werden, nicht Schikanen in den Betrieben ausgesetzt werden. Die Arbeiterklasse ist durch Boten angekommen.

»Naiveté der Wissenschaft«[2]. Die Gedanken müssen nur springen, um alles zu erforschen.[3] Es kommt aber im Moment konkret auf die Aktionen an.

H. J. Krahl steht, umrundet von 14 Genossen, auf einer Holzempore am Ausgang des Universitätsvorplatzes zur Bokkenheimer Landstraße und spricht zum Thema der Aktion, die an allen Punkten der Stadt, für alle Betriebe, regional und überregional, mit der ganzen Stoßkraft der Bewegung, vorwärtsgetrieben werden muß. Er sagt, daß es falsch ist, zu sagen: weil dieser und jener historische Sachverhalt nicht mehr besteht, verbiete es sich, heute von Revolution zu reden. Die Frage ist doch vielmehr: Wie ist unter diesen veränderten und eventuell erschwerten Bedingungen die Veränderung der Gesellschaft möglich? Und dazu könnte man folgende Thesen angeben ...

Und gleichzeitig ist es immer noch nötig, die Bücher zu konsultieren. Eine Gruppe, geführt von dem germanistischen D., dringt nach Ladenschluß in die Universitätsbibliothek ein und fordert Ausleihe folgender Bände: Franz Neumann, *Behemoth*; Habermas, *Erkenntnis und Interesse* (hat die Bibliothek aber noch nicht); Pierre Jalée, *Die Ausbeutung der dritten Welt* usf.

In einer Arbeitsgruppe, 1 Uhr nachts, vergleicht Gert U. den

2 Hölderlin, *Kolomb, Sämtliche Werke,* a.a.O. S. 114.

3 Der Genosse W., an sich Volkswirtschaftler, sagt in seinem Arbeitskreis, ehe dieser noch bekannt werden kann, d. h. überhaupt ein Sachthema hat: »Das verschlossene Wesen des Universums hat keine Kraft in sich, welche dem Muthe des Erkennens Widerstand leisten könnte, es muß sich vor ihm auftun ...« Die anwesenden Teilnehmer und Genossen kritisieren ihn, da es ja nicht um die Erforschung des Universums, sondern der konkreten Situation, d. h. der durch die 3. Lesung der Notstandsgesetze verursachten Lage geht. W. antwortet: Hört doch nur mal zu ... »Es muß sich vor ihm auftun und seinen Reichtum und seine Tiefe ihm vor Augen legen und zum Genusse bringen ...« Hör auf, wird ihm erwidert, du hast den falschen Ton drauf. Es geht darum, ob wir morgen früh mit Flugblättern vor VDO stehen, und was soll der Arbeitskreis überhaupt machen? Der schwebende W. wird von der Gruppe wieder eingefangen.

revolutionären Prozeß mit dem Geburtsvorgang. Zur Gruppe zählen Ärzte und Hebammen-Anlernlinge. »Erst die Revolution schafft die Gesellschaft als Mutterleib nach der Geburt. Also *aus* dem Mutterleib *in* einen Mutterleib.« Das fordert Umstülpung des Organisationsbegriffs. Wieso es feststeht, daß Geburt mit Schmerzen verbunden? »Schmerzen gibt es der Mutter mit seinem dicken Schädel.«[4]

V

Die Strategie der Verdoppelung

»Wenn diese Zwerge der Manipulation« (= Bundestagsfraktionen) die Notstandsgesetze in dieser Woche durchbringen, und sie werden als Macher das machen, dann wollen wir sehen, wie das ist mit den nächsten Wahlen.

Da steht eine Genossin oder ein Genosse neben den Rednerpulten jedes Abgeordneten im Wahlkreis und wiederholt jeden Satz, den der Abgeordnete seinen Wählern sagt, wörtlich, nicht einmal die Betonung ändern. Kein Satz, der, so verdoppelt, während der Wählersaal zuhört, nicht zu einem »Film« (= movie) wird. Was will denn der Mann sagen, was diese Verdoppelung aushält?

– Genau.
– Genau.
– Du bist heute nicht totzukriegen.

4 Groddeck, *Das Buch von Es*, S. 71. »Oder glauben Sie, daß irgendein Caligula, oder irgendein Sadist so leicht und harmlos diese ausgesuchte Folter, jemand mit dem Schädel durch ein enges Loch zu quetschen, sich ausdenken würde? Ich habe einmal ein Kind gesehen, das seinen Kopf durch ein Gitter gesteckt hat und nun weder vor noch zurück konnte. Ich vergesse sein Schreien nicht.« S. 68 ff.

Aber zwei der weiblichen Gruppenmitglieder bestreiten schlichtweg, daß die Geburt mit Schmerzen verbunden sein muß, und H. geht auf den Kern der These ein, indem er es als abwieglerisch bezeichnet, sich mit der Möglichkeit des Scheiterns, des Steckenbleibens, und zugegeben, daß das Schmerzen oder Tortur macht, überhaupt im gegenwärtigen Moment zu befassen, weil doch weit und breit eine gesellschaftliche Geburt nicht stattfindet. Darin, daß die Geburt eines Kindes (er sagt *im konventionellen Sinne*) grundsätzlich schmerzlos möglich sei, darin stimmt er den zwei Vorrednerinnen zu. Nun fallen die Frauen der Gruppe über *ihn* her, was heißt grundsätzlich? Was versteht er davon? Wieviel Geburten hat er hinter sich? Die Diskussion verheddert sich, kommt um zwei Uhr nachts wieder auf das Hauptthema, die Vorstellung der Gesellschaft als menschliche, als eine Art kollektiver Mutterleib und was dies voraussetzt.

...
– Wieso Mühlheim?
– Ich meine nicht Mühlheim, sondern Maulhure. Ich glaube, daß das geht. Nur den Matthöfer lassen wir in Ruhe.
– Den kann man in Ruhe lassen, wenn er so bleibt wie er jetzt steht...

VI

Negt, *Geschichte und Gewalt*, Mi, Do, Fr. 16–18 Uhr; Krahl, *Revolutionstheorie*, Fr. 18–20 Uhr; Perels, *Geschichte des Widerstandsrechts*, Mi.-Fr. 11–13 Uhr, Agnoli, *Autoritärer Staat*, Mi. 20 Uhr usf.

Vizeadmiral Dr. Cervix

Im Juli 1936 saß in einem der obersten Kommandobüros der Spanischen Marine ein Admiralstabschef, den man »das Gehirn« nannte. Dieser verschrumpelte Befehlshaber hatte sich (seit 26 Jahren in verschiedenen Ämtern) nur einmal, im April, aus seinem Amtsgebäude entfernt, um einige Stunden, während der Frühjahrsmanöver, die in den Kanarischen Gewässern stattfanden, sich auf dem dort ankommenden Flaggschiff der Flotte mit Verschwörern der hohen Marineführung zu treffen. Er besprach Aufstandspläne.

Im Hirn des Admiralstabschefs hatte ein bestimmtes Zusammenwirken von Flotte und Landstreitkräften Gestalt angenommen. Es ging darum, durch Sturz der Regierung in Madrid einer denkbaren Arbeiter-Revolution durch präventive Konterrevolution zuvorzukommen. Nach seinem Besuch in den Kanarischen Gewässern stellte der Admiral das Hirn ruhig, indem er in den Amtsräumen verblieb. Die Flotte lag mit ihren wesentlichen Teilen auf der Reede von Tanger, in ähnlicher Ruhe wie das Hirn ihres Lenkers, Abbild seines Kortex, nur im Innern der Schiffe Nahrungssuche, Reparaturarbeiten, Hin und Her.

Als am 19. 7. 36 Nachricht vom Offiziers-Aufstand in Marokko eintraf, wollte »das Hirn« mit Hilfe von Ferngesprächen und Funksprüchen die Flotte ins Lager dieser Rechten überführen: Sie sollte sich nicht von der Stelle bewegen, sondern gewissermaßen im Geiste, ohne Dampf aufzumachen, das Regime wechseln. Im gewissen Sinne nicht einmal das, denn der Admiral wollte ja Regime bleiben; er wollte sich und die als Hirnanhang vorgestellte Flotte umbenennen bzw. ihr den wahren Namen, den sie in seiner Vorstellung hatte, geben, so wie man durch einfaches Hissen der Piratenflagge den Charakter seines Seefahrzeugs wechselt.

Dies verhinderte Unteroffizier Balboa, ein untergeordneter Dienstgrad in der Nachrichtenzentrale der Marine in Madrid. Kurze Zeit hörte er den Ferngesprächen zu, überblickte die Apparate, nahm dann, unterstützt von 2 Telefonisten, den Chef dieser Telefon- und Funkzentrale fest und unterrichtete über Schiffsfunk die Besatzungen der spanischen Kriegsschiffe über die Niederschlagung des Offiziersaufstands in Barcelona und Madrid.

Es waren am 13. Juli in El Ferrol eine Delegiertenversammlung der Matrosenräte der Schiffe *Cervantes, Almirante, Cerveira* und *España* sowie am 14. Juli Gespräche dieser Matrosenräte mit dem Matrosenrat des Kreuzers *Jaime Primeiro* vorausgegangen, die »das Gehirn« nicht registriert hatte, weil es sich solche Eigenbewegungen auf den Schiffskörpern nicht vorstellen konnte.

Am 19. Juli transportierte das Torpedo-Boot *Schorruca* marokkanische Legionäre, die dem eingeflogenen General Franco gehorchten, nach Cádiz. Jetzt hatte die Besatzung genug. Sie erschoß ihre Offiziere. Ihrem Beispiel folgten die Matrosen der *Almirante Valdez* und der *Sánchez Barcáztegui*, die von Melilla Kurs auf Cartagena nahmen. »Das Gehirn« registrierte ihm nicht deutbare Bewegungen, versuchte telefonisch, funktelegrafisch einzuwirken. Die Marinezentrale nahm die Telegramme auf, leitete sie nicht weiter. Die Matrosen der *Jaime Primeiro*, die durch Funknachricht erfuhren, daß ihr Schiff auf Ceuta zusteuerte, meuterten bei voller Fahrt, erschossen ihre Offiziere und stießen in der Bucht von Tanger zu den Hauptteilen der Flotte.

Die hier versammelten Schiffe, jetzt dirigiert von den Matrosenarbeitern, verhinderten die weitere Verschiffung von marokkanischen Truppen auf das spanische Festland. Botschaftsrat Völckers an Gesandten Woermann in der politischen Abteilung des Auswärtigen Amts, 23. September 36: »Der Abfall der Marine hat den ersten Strich durch die Rechnung Francos gemacht. Dies war ein verhängnisvoller organisatorischer Mißerfolg, der den ganzen Plan ins Wanken brachte, die Garnisonen in den großen Städten, die Gewehr bei Fuß umsonst auf Order warteten, nutzlos opferte ...«

»Das Gehirn« lag zu diesem Zeitpunkt verscharrt in einem Blumengärtchen, das dem Kriegsministerium einverleibt war; nicht mehr von Blut durchflossen, hatte es alle Pläne »vergessen«.

Ein Mangel an theoretischem Vorstellungsvermögen[1]

Major Hajo Hermann, später Kommandeur des Nachtjagdgeschwaders 300 »Wilde Sau«, tippte auf einer Kofferschreibmaschine einen Vorschlag nieder: »Da die Briten ihre Terrorangriffe auf die Reichshauptstadt stur nach SN 2-Geräten abfahren und ihre Bomben in jedem Fall planlos auf die Fläche werfen, wird hierorts vorgeschlagen, die gesamte Stadt, unter Aufhebung der Verdunklungsvorschriften, hell zu erleuchten, unter zusätzlichem Anstrahlen der Wolken durch sämtliche verfügbaren Scheinwerfer und Verstärkung dieser Wirkung durch den Lichterglanz von Groß-Berlin im alten Sinne. Durch das Anstrahlen der Wolken wird eine Folie geschaffen, von der sich die britischen viermotorigen Bomber nach oben, zum Nachthimmel hin, als Schatten abheben müssen. Sie kriechen dann wie schwarze Wanzen auf der Wolkendecke. Die erfahrungsgemäß verstreut fliegenden Briten würden sodann durch die Nachtjäger von allen Seiten angefaßt ...«

Dieser Vorschlag wurde von der höheren Jagdführung an

1 Aus: Manfred Dedele, *Warum wir den Krieg verloren*, Ravensburg-Zürich 1970.

die Oberste Luftwaffen-Führung weitergeleitet und dort abgelehnt. An sich wußte man auch hier, daß die Royal Airforce ihre Einflüge nicht mehr an Flußläufen oder Bodenmerkmalen orientierte, sondern strikt Peilstrahlen folgte, die von 2 Stationen in Süd-England abgestrahlt wurden und sich über dem Zielgebiet schnitten. Da somit die Situation verändert war, hätte man die 1939 verordnete Verdunklung aufheben können. Die Bombardierung der Reichshauptstadt war jedoch ein so ernstes Thema, daß die Führung hierüber nicht wie über andere Fragen einfach nachdenken konnte. Aus Realitätsdruck glaubte sie, am Herkommen festhalten zu müssen. Später wurden Versuche gemacht, die Wolken durch Scheinwerfer anzustrahlen. Einige Ergebnisse der Nachtjagd wurden so erzielt. In einer so wichtigen Sache wollte niemand auf nur eine Karte setzen. In kleinen Schritten hätte Hajo Hermann seine großzügige Auffassung durchsetzen können. Kleine Schritte für sich konnten aber nicht gewinnen. Sie bewiesen nichts in seinem Sinne. So blieb sein Vorschlag ein Gedanke, während die Praxis die Praxis bestimmte.

Planstellen-Ökonomie/Mangel an Feinsinn

Das ausgezeichnete technische Team, das in Baikonur die ferngesteuerte Kopplungsapparatur für das Raumflugmanöver vom 18. August 1974 vorbereitete, bemerkte schon Ende Juli, daß der entworfene Mechanismus eine Fehlerquelle enthielt. Der rasiermesserscharfe Einfug-Griff, der sich in das weibliche Kopplungsteil gewissermaßen »einschneiden« sollte, war aus der gleich anfangs gewählten Wolfram-Karbid-Rhenium-Legierung nicht zu schmieden. Sie versuchten, das Metall zu pulverisieren und anschließend mit einem Preßhammer, den sie aus Nowosibirsk mit Lastzug heranschafften, zur nötigen Schmalheit zu pressen. Aber es lagen keine hinreichenden Erfahrungen vor, wie man diesen Teil so fest und so scharf machen konnte, wie es die Konstruktionsvorlage voraussetzte. Der Fehler lag in der Anlage des gesamten rechnerischen Vorhabens, also in den Einfällen, die das damals noch ganz anders zusammengesetzte Team vor etwa 2 Jahren hatte, und konnte jetzt nicht mehr eliminiert werden, ohne die gesamte Vorgeschichte dieser Industrieanlage zur Diskussion zu stellen.

Boris Gakow, der Vorsitzende der Planstellengruppe Technik, ersuchte den Vorsitzenden der Projektleitung, Justin Gambarow, der Zentrale im Ministerium das Fiasko zu melden. »Die Sache ist nicht reif, sie wird auch in einem Vierteljahr nicht reif sein. Reif wird sie überhaupt nur, wenn wir nochmal ganz auf den Anfang zurückgehen. Wir perfektionieren den falschen Ansatz, wenn wir einfach sagen, in einem halben Jahr ist sie reif. Wir können nicht hexen.« Gambarow: Wir haben aber so getan, als könnten wir hexen. Gakow: Früher hätte man gesagt, das ist eine ideologische Abweichung, wenn wir überhaupt ein Wort wie *hexen* verwenden, weil das einen religiösen Ursprung hat. Gambarow: Weichen Sie nicht aus. Gakow: Wir haben einen bestimmten Ruf. Es ging kürzlich um die Planstellenanhebung. Auch jetzt sind bestimmte Verbesserungen beantragt. Wenn wir den absoluten Zauberruf des Teams noch etwa ein Vierteljahr aufrechterhalten können, dann werde ich in das Zentralinstitut für Astrophysik und stellare Metallurgie als Abteilungsleiter berufen. Dann bekommst Du meinen Vorsitz.

Dazu gehörte tatsächlich, daß Gambarow rasche und einfache Lösungen brachte, und es war ja nicht grundsätzlich falsch, auf Wolfram-Karbid zu setzen. Diese Masse war unzerstörbar; woher sollten sie wissen, daß sie sich unterhalb einer Dicke von 0,02 mm nicht schmieden und auch nicht sintern ließ, ohne in Stücke zu zerfallen?

Welche Optionen haben wir? fragte Gambarow freundlich. Er war kein nervöser Typ. Materialistisch geschult: »Es gibt immer einen Ausweg.« Das System der Beförderung, die Umwegbahnen, auf denen einer im Planstellensystem denken muß, hatte Gambarow nicht erfunden. Er hätte gern für *das Gemeinwohl* operiert, sah aber deutlich, daß unter den besonderen ökonomischen Bedingungen gerade ein scheinbar so selbstverständliches Wort einer Rückübersetzung in die Realperspektive bedarf, die Perspektive der Mitarbeiter, die sich nur unter bestimmten Bedingungen anstrengen, die Perspektive der Zentrale, die nur unter bestimmten Bedingungen Beförderungen ausspricht, den praktischen Bedingungen der kollegialen Aushilfen, die unterhalb des Plans Lastzüge, besondere Maschinen, Metalle greifbar machten.

Welche Optionen? fragte Gakow. Es bleibt überhaupt nur eine: Melden und den Raumflug verschieben. Das hier geht nicht gut. Wir haben zu Anfang den Mund zu voll genommen. Es rechnet niemand mit einem Fiasko, ausgerechnet bei uns. Gambarow: Was schlagen Sie dann vor? Wenn wir melden, wird unsere Gruppe ersetzt. Melden wir aber nicht, so haben wir 2 Chancen mehr: Es kann noch irgendein anderes System im Schiff untauglich sein, ähnlich wie bei uns, aber außerhalb unseres Verantwortungsbereichs oder die Astronauten, für die wir ebenfalls nicht verantwortlich zeichnen, machen einen Fehler (das ist weniger wahrscheinlich). In beiden Fällen gelangt das Schiff nicht in die Kreisbahn, und es kommt also gar nicht zum Kupplungsversuch. In diesem Fall fällt gar nicht auf, daß wir mit unserem Fug-Griffel leider passen müssen. Hier also 2 Chancen, davon eine realistisch, auf der anderen Seite melden wir und haben überhaupt keine Chance, einer Ersetzung zu entgehen. *Sie* können dann z. B. in Omsk Bleistifte herstellen. Gakow: Sie sind Logiker. Früher hätte man gesagt, das ist ein idealistischer Standpunkt. Aber er war auch überzeugt, daß die Auswege sich reduziert hatten.

So hielt die Arbeitsgruppe also die Fiktion aufrecht, man könne mit dem von ihr gelieferten Zapf-Griffel das Raumschiff an die Station koppeln, was objektiv nicht möglich war, da der zu dicke Zapf allenfalls den Koppel-Schlupf der Station rammen konnte, nicht aber sich einführen ließ. Die Hoffnung der Gruppe realisierte sich nicht. Kein anderes System versagte, die Atemluft entwich nicht aus der Kabine, kein Schwächeanfall der Schiffsführer. Am Starttag 2.40 Uhr früh brach der Griffel. Die Astronauten verließen die Umlaufbahn und führten wenigstens das Manöver »Landung nächtlich bei schwieriger Wetterlage an nicht vorprogrammiertem Ort« durch.

Die Lage Gambarows und die der Technik-Gruppe Gakows war nicht schlechter, als sie bei einer Meldung Ende Juli gewesen wäre. Die Gruppe wurde auseinandergerissen, eine andere Gruppe zusammengestellt. Das machte niemand nervös. Es war logisch, so zu verfahren, wie es Gambarow tat: daß man die Chance wahrnahm, auch wenn sie im konkreten

Fall so wenig zu gebrauchen war wie der Wolfram-Carbid-Griffel, der »mit der Tücke von Affenscheiße« immer dann brach, wenn er die richtige Dünne hatte – an sich ein unübertreffliches Metall, das, als Zahnersatz verarbeitet, mehrere zehntausend Jahre Haltbarkeit garantiert, wenn es sich bloß schmieden ließe.

Eine Lüge, aber auch die Wahrheit, führt in die Hände der Verwaltung

Am 16. Januar 1942 fing ein Bataillon im Mittelabschnitt einen Überläufer. Der zuständige Ic-Offizier der Division, Wilhelm v. Kreutzer, ließ den jungen Sowjet ausquetschen. Er gab ihm persönlich zu essen und teilte ihm Rauchwaren zu. Der Überläufer hatte mehrere Optionen: 1. gar nichts sagen, 2. sagen, was er wußte; aber er wußte nichts Dringliches, 3. reden, reden, reden, und zwar in Richtung dessen, was diese Gegner für interessant hielten. Er versuchte festzustellen, was in dieser Situation einer parteilichen Haltung am besten entsprach. Parteilich war er in zweierlei Hinsicht: 1. sich selbst erhalten, 2. die Faschisten schädigen. Er erzählte deshalb flüssig von Angriffsvorbereitungen; die Ruhe der vergangenen Tage und Nächte täusche.

Daraufhin wurde die Truppe in Alarmbereitschaft versetzt. Das bedeutete 3 Stunden Posten stehen, 1 Stunde Ruhe für jedermann. Es führte bei 48° Kälte zu zahlreichen Erfrierungen. Ein Angriff des sowjetischen Gegners erfolgte nicht. Nach 48 Stunden wurde die Gefechtsbereitschaft aufgehoben. In diesem Moment griffen sowjetische Bataillone die Front an und brachen an mehreren Stellen durch. Eine Rache wegen der Fehlinformationen, die sich als zielsicher und parteiwirksam erwiesen, obwohl er das selber nicht sicher hatte wissen können, traf den Überläufer nicht. Er wurde routinemäßig weitergeleitet zur Armee. Dort geriet er in die Verfügungsgewalt einer Sondereinheit, die Schanzarbeiter suchte. Nach wenigen Tagen für das deutsche Interesse hoffnungsloser

Schanzarbeit in der Kälte, die Verpflegung der improvisierten Einheit funktionierte nicht, es war in hohem Maße parteilich, hohe Zahlen an Arbeitenden unnütz zu binden, mit möglichst geringer praktischer Spatenarbeit, versuchte sich der Überläufer dieser Sklaverei ganz zu entziehen. Er wurde von einer Wache angeschossen und starb an Erfrierungen auf dem Transport zu einem entfernten Verbandsplatz. Dieser Transport wurde von 2 Gefreiten durchgeführt, die noch einen Umweg machen wollten, um an Haltepunkt 186 eine Verpflegungsdose abzuholen, die schon bezahlt war. Noch als Toter absorbierte der Überläufer deutsche Kampfkraft, da es sich als schwierig erwies, in den geforenen Boden eine Mulde zu sprengen, in der man ihn mit ungelöschtem Kalk bestreuen und notdürftig begraben konnte. Die Lüge vor dem Feindnachrichten-Offizier, Herrn v. Kreutzer, hatte auf dieses Ende weder positiv noch negativ Einfluß. Genutzt hätte dem Überläufer nur eine Lüge, die diejenige Truppe, die noch das ursprüngliche Gefühl der Brauchbarkeit kannte, das sie jedem Überläufer zunächst entgegenbringt, dazu verleitet hätte, ihn in der Nähe der geheizten Unterstände zu behalten. Eine solche Lüge gibt es aber nicht. Niemand kann sie erfinden.

Eine Weihnachtsgabe

Im Februar 1942 wird im Bereich der 16. Armee, Ostfront, Nordabschnitt, Gasbrandserum in größeren Mengen verwendet. In Notfällen spritzen Feldärzte bis zu 50 ccm in die Venen. Dieses von der Industrie rasch in großen Mengen auf Grund der Erfahrung vom November 1941, wenige Tage Entwicklungszeit, Produktion in den Weihnachtstagen, 12 Tage für die Auslieferung, daneben läuft Erprobung weiter, produzierte Mittel enthielt einen Zusatz von 0,5% Phenol, der Sterilität wegen. Man hätte vermutlich auch auf andere Weise das Serum in den kleinen Ampullen steril erhalten können, aber Phenol war das billigste und einfachste. Die einfache empfohlene Schutzdosis betrug 2 bis 3 ccm. Stabsarzt Rusche sah in dem kleinen Ort Sabolotje zu, wie 30 ccm aus einem

Glasbehälter gespritzt wurden. Der verwundete Soldat bekam einen schweren anaphylaktischen Schock, Gesicht zyanotisch, d. h. tiefblau. In wenigen Minuten »löschte er aus«. Stopp, Stopp, rief Rusche, der gegenüber den operierenden Ärzten erhöhte Befehlsgewalt in Sonderauftrag des Armeearztes besaß. Aber der Kollege, der eben noch versucht hatte, in langen Schnitten den Oberschenkel des jetzt Toten zu öffnen, war schon nicht mehr Herr der Lage. Das Serum träufelte noch einen Augenblick in den Oberschenkel des Toten, bis die Operationsschwester eine Klammer an dem Schlauch befestigt hatte, die die Infusion stoppte.

Ein Fahrer und ein Fahrzeug, rief Rusche. Er fuhr zum Armee-Gefechtsstand. Nach sieben Stunden durch Schneewächten kam er hier an. Die 2 Armee-Serologen, Krempe und Dennerlein, saßen in ihren gut geheizten Labors, die auf Lastkraftwagen montiert waren.

Rusche: »Menschenskind, Krempe, ich rechne Ihnen das im Kopf vor, wieviel Gesamtmenge von Phenol in 50 ccm enthalten sind. Sie können doch nicht zulassen, daß das Merkblatt ›in Notfällen bis zu 50 ccm‹ zuläßt.« Die Serologen wollten das nicht glauben.

Rusche: »Dann rechnen Sie doch.« Dennerlein und Krempe rechneten nicht. Sie versprachen, einen Kontrollversuch am Tier zu machen. Rusche: »Das ist mir zu unzuverlässig.« Dennerlein: »Wir haben ja auch Tiere gar nicht hier. Die befinden sich 60 km rückwärts.« Rusches Erregung übertrug sich auf die Experten. Sie stellten eine Kochsalz-Phenol-Lösung her und injizierten sie sich gegenseitig in die Arme. Dennerlein bekam einen Kreislaufkollaps, blieb 3 Tage, von Rusche, der an sich anderes zu tun gehabt hätte, versorgt, krank liegen. Dennerlein lag in seinem, unter Sommerverhältnissen höchst beweglichen Labor, schwindlig, flach, starb Tage später an Lungenödem.

Nachdem einer der Forscher umgekommen war, der andere mit Dauerschäden in die Heimat überführt, wurde die Massenproduktion des neuen Gasbrandserums abgesetzt. Rusche: »Der Krieg ist der Vater aller Dinge, insbesondere des Denkens. Aber er ist nicht allgegenwärtig.« Der verdrehte Ansatz dieses Weihnachtsserums ist darauf zurückzuführen, daß die in der Chemie-Industrie arbeitenden Entwickler nicht unmittelbar betroffen sind. Es ist nicht *ihre* Not, sie können erst nachrechnen, was ihre Not ist, wenn Forscher ihrer Preisklasse selbst daran sterben oder Dauerschäden hinnehmen. Es ist nicht die Tatsache, daß für die Entwicklung dieses Serums nur knapp zwölf Tage zur Verfügung standen, sondern daß sie in dieser Zeit, in den Heimatlabors, nicht die Not empfanden, die sie erfinderisch macht. Zwei Stunden später wurden Rusche, 21 km von Krempes Todesort entfernt, 27 frische Bauchschüsse vorgelegt, deren Not Rusche wie eine eigene empfand, er empfand sich auch als erfinderisch, aber es gab keine Mittel, seine Vorschläge an Ort und Stelle umzusetzen.

Ein Praktiker des Widerstands in der Kunst

»Dieses seidenweiche Geld verdanke ich dem Sauohr des Publikums.« Wir fangen an, sagte der Veranstalter Hermann, mit einem leichten Haydn. Es stellen sich alle auf eine ruhige Veranstaltung ein. Die ersten Überraschungen sind dann die Preise und die Rede der Niehoff, die unerwartet ausfallen. Dann folgt die Vogelmusik von Messiaen, das geht über exotische Vögel. Das bringt dann eine weitere Überraschung. So wollte Hermann, ohne das Publikum zu verstimmen, allmählich zu einem etwas komplexeren Angebot übergehen. Also nicht in der Tradition eines Rundfunk-Sommerkonzerts: erst Oper, dann Operette, dann Schlager, sondern gerade umgekehrt, ohne den zahlungswilligen Zuhörer für künftige Veranstaltungen, für die er mit seinem Namen zeichnet, zu verstimmen. Sein Herz war auf der Seite der Unterdrückten, gedient hat er aber immer den Zahlungskräftigen. Aber die Art und Weise, wie er ihnen dient, d. h. was er ihnen andient, das konnten auch die Mächtigen nicht bestimmen. Unter dieser doppelten Bestimmung wirkten seine Veranstaltungen im allgemeinen auf den unbefangenen Betrachter albern. Auch auf diesen Vorwurf, insbesondere in der SZ vorgebracht, ging er ein: »Je vernünftiger das Werk der Formkonstitution nach, desto alberner nach dem Maß der Vernunft in der Realität.« »Das Alberne an der Kunst und die Torheit der Rationalität verklagen sich gegenseitig.« Gegenüber dem Satz des Oberbürgermeisters von Ulm, Dr. Lorenser: »Kunst ist, wenn man weiß, daß man Kartoffelsalat warm anmacht« hielt er in seiner Ansprache vor dem Konzert im Kornhaus vom 21. 7. 75 den Spruch aufrecht: »Denn wahr ist nur, was nicht in diese Welt paßt«. Dem Oberbürgermeister, der an dieser Verantstaltung ebensowenig teilnahm wie der größte Teil des Ulmer Publikums – das Konzert in dieser Hitzeperiode lag völlig außerhalb der Saison –, war dieser Angriff gleichgültig. So konnte auch hier Hermann seinem nie vergessenen Wahrheitsanspruch genügen und schadete doch nicht den nächsten Konzerten, falls er doch nochmal nach Ulm kam. Irgendetwas, »das in diese Welt nicht paßt«, war in jedem seiner Konzerte enthalten. Manchmal war es so geringfügig, daß es nicht auffiel. Gern hätte er dafür gesorgt, daß irgendein Chronist oder Filmmacher diese Widerstandstaten protokollierte, mit dem Ziel, daß er später einmal sich herausreden könnte, daß er eben kein bloßer Mitläufer, auch keiner der Schuldigen, sondern ein verdeckt arbeitender Widerständler war. Er fühlte sich Generationen von Meistern und Veranstaltungsleitern der letzten 400 Jahre (etwa seit Willaert) und eventuell einem zukünftigen Machtwechsel, der die *Diktatur des Geistes* herbeiführt, verantwortlich und litt deshalb unter Unrechtsbewußtsein wegen der pragmatischen Praxis. Der Anfang des 3. Aktes von Pfitzners Palästrina, wenn die toten Meister Palästrina, der in den frühen Morgenstunden die Messe komponiert, ins Gewissen reden, brachte ihn zum hemmungslosen Weinen, gleich wie oft er diese Szene hörte. Er ehrte deshalb auch den »Thaler«, den er für sein anpasserisches Tun erhielt, weil er ja, trotz seiner verstärkten Einschübe, im wesentlichen Anpassung betrieb und also für dieses Geld etwas wirklich Substantielles opferte. Das Geld plättete er unter feuchtem Abtrockentuch, ehe er es auf die Bank brachte. Trotzdem wurde es nie seidenweich, so wie etwa Toilettenpapier sein kann, sondern allenfalls glatt oder trocken.

Zusatz: Hermanns Ratschläge

Ich rate Ihnen zum Besuch einer Pädagogischen Hochschule, denn Sie haben das Abitur oder Sie werden Maklerin. Ich könnte mir auch vorstellen, daß es günstig für Sie wäre, da Sie ja das Abitur haben, noch eine andere Laufbahn einzuschlagen, nämlich im Hotelfach, und eines Tages besitzen Sie ein eigenes Hotel. Ratschläge gab er gern, weil er wußte, daß sie so, wie er sie gab, vielleicht nicht ausgeführt wurden. Daher traf ihn keine Schuld, wenn die Beratene durch unsachgemäße Ausführung oder Nichtausführung seiner Ratschläge Schaden nahm. Gerne sagte er auch: Also einen Moment die Luft anhalten!, weil er wußte, daß das doch niemand tut. Insofern konnte er einen verhältnismäßig radikalen Satz sagen, ohne sich in Verbindlichkeiten oder Schuld zu verstricken. Besonderer Vorteil: Der Satz konnte sogar idiomatisch verstanden werden als leichte Redeweise. Er meinte ihn aber wörtlich und probierte auch oft, wie weit die Willensfreiheit reichte: wie lange er, z. B. in Waldesluft, aus Protestgründen die Luft anhalten konnte, ohne gewissermaßen zu platzen. Der Versuch war auch in einem Hallenbald möglich, wenn er tauchte und wie eine Schildkröte auf Händen und Füßen am Grunde des Bassins entlangtappte. Wenn jemand aus seinem Bekanntenkreis ihn bei solchen Versuchen ertappte und spöttisch fragte, ob er verrückt spielt, dann war er stolz, weil der Bekannte ihn sicher nicht für verrückt hielt, da ja der Realismus seiner Kasseneinnahmen bekannt war, und er dennoch heimlich das Verrückte seines ganzen Handelns offen ausgeführt hatte.

Kurzroman Hermanns, verfaßt 31. Juli 1975

Der Giftfuß
– Du stellst die Zukunft nicht sehr rosig dar, Danny!
– Das ist sie auch nicht, wenn wir bleiben, wo wir sind.
– Wir müssen also weg.

Dieses Libretto bot er Ligéty zur Vertonung an. Er hoffte etwas *Eigenes* in eine seiner Veranstaltungen einschmuggeln zu können, wenn er Kürze wahrte und sich fest vornahm, es nicht unter dem eigenen Namen zu tun.

Lernen aus dem Zusehen bei einer notwendigen Manipulation, wie sich eine unnötige bekämpfen läßt

Ehe der prominente Gast, der Hessische Minister für Kultus und Unterricht Schütte, stark übelnehmerisch wegen der vielen persönlichen Angriffe der Teilnehmer, er hatte sich schon gedacht, daß sie ihn hier verhackstücken würden, den Saal verlassen konnte, konzentrierte sich eine Anzahl Genossen zum Saalausgang hin, um den Gast mit ihren Leibern am Fliehen zu hindern. Sie wollen ihn hier festsetzen und zwingen, sich den Rest der Veranstaltung anzusehen. Die Situation: 3000 Junge gegen *einen* alten Mann. Das war überhaupt keine haltbare Situation.

Deshalb ergriff einer der Anführer der Militanten das Mikrophon und bot dem Saal eine für den Gast möglichst beleidigende aktivistische Haltung an: Genossen, ich stelle den Antrag, den Gast als unerwünschte Person, wir haben dieser Charaktermaske jetzt lange genug zugesehen, wir haben das jetzt endgültig satt, des Saales zu verweisen.

Alle Genossen des Führungskomitees auf der Empore, die überhaupt in der Lage waren, Mikrophone zu erreichen und Gegenanträge zu stellen, wußten, daß dieses aktivistische Reden Abwiegelei war. Es war eine Methode, den Gast ungeschoren nach draußen zu bringen, ihn zu »retten«. Die Genossen auf der Empore stellten jedoch keine Gegenanträge, beteiligten sich so an der Abwiegelung, im Saal hob sich eine hinreichende Masse von Händen, so daß auf eine Mehrheit für den Antrag geschätzt werden konnte. Aber alle, insbesondere die AFE-Mehrheit, hatten der Manipulation zugesehen.

Im späteren Verlauf der Versammlung wandten sie sich auch nicht gegen diese Manipulation, sondern erhoben gegen den Manipulator, der auch am übrigen Abend mehrfach die Diskussion bestimmt hatte, den generellen Vorwurf der Manipulation, er habe die Diskussion von den besonderen Problemen der AFE-Streiker für die Allgemeinpolitik seines militanten Verbandes umfunktioniert. Jetzt konnten sie, da sie der offenen Manipulation zugesehen hatten, die schwerer zu ermittelnde Gesamtmanipulation benennen. Sie fanden so einen Ausweg aus der Zwangssituation des Abends, in der sie bis dahin durch gute, rationale, politisierte »Gründe« festgehalten waren.

Gewisse Zinnfiguren saßen nun einmal stets auf der Empore. Auch dieses für wenige reservierte Sitzen war jetzt eine Lektion, quer zu den Referaten, den Wortmeldungen, die irgendwann wieder thematisch, d. h. katalogisiert waren, so daß ein neuer Zwangszusammenhang entstand, in dem sich nicht alles äußern ließ, aber ganz unabhängig, unterhalb der Themen des Abends, in Windeseile, bei jedem dieser Umschwünge der Gefühle lernten sie, lernten sie.

Müllers Interview mit dem Experten der KU

Der Termin war telefonisch verabredet. Müller rückte »feldmarschmäßig« an, wunderte sich dann, daß er friedensmäßigen englischen Tee erhielt, dem Studentenführer in einem Traditionssessel aus dem 19. Jahrhundert gegenübersaß. Der selber hockte in einem Ohrensessel. Müller hatte wohl angenommen, es müßten Holzhocker oder klappbare Eisenstühle sein, auf denen er zu sitzen käme.

»Einer Bewegung sich anschließen«, das kannte er aus der Kriegszeit: wie man den Ballast abwirft, die Zivilkleider zurückschickt, als Soldat oder Marinespezialist, mit dem, was einer an sich tragen kann, sich bewaffnet, der Natur oder dem Gegner so gegenübertritt. Sein Vater wurde wegen eines plötzlichen Rückzugs einer Flakbatterie bei Lodz degradiert. Müller mußte die NAPOLA verlassen, von einem Tag auf den anderen ohne Status oder Hemdenbesitz. Er hatte die Erfahrung gemacht, daß im Gefahrenmoment, im Augenblick des Ernstes, wenig Umhüllungen, praktisch Erstausstattung, nötig sind, um weitermachen zu können. Dieser Augenblick des Ernstes bestand für den Aufbruch der Studenten durch die revolutionäre Situation. Daher die Verwunderung, daß hier im Zentrum der Bewegung durchaus friedensmäßige Bedingungen herrschten.

Er beobachtete den Studentenführer, der jetzt noch nicht in Stimmung war für das Interview, in der Teekanne rührte, Anstalten machte, sich günstiger zu setzen. Müller, der durchaus entschlossen war anzunehmen, *daß sich von nun an alles wendet,* war auch bereit, jegliche geschichtlichen Vergleiche zu unterlassen. Aber Gesicht, Sitzart des Studentenführers erinnerten ihn doch an die jungen Männer, die nach 1810 die Umgebung des Grafen Hardenberg bildeten, als dieser sich den Anstrich zu geben versuchte, die Reformen des Freiherrn v. Stein (und was war davon Reform, was war wirklich anzufangen?) fortzuführen. Mit diesem feinknochigen Offiziersgesicht, der scharf-leisen Sprache, war dies einer jener historischen Jünglinge, die dann rasch ins Lager der Heiligen Allianz hinüberwechseln, erstklassiger Beamtennachwuchs.

Müller hatte 7 Fragen vorbereitet, die in der nächsten Stunde ruhig abspulten und von der Warte des Februar 1968 die Arbeitsphase der Kritischen Universität (KU), des Springer-Tribunals von Sommer und Herbst 1967 zurückspiegelten. Jetzt schienen ihm aber angesichts der Tatsache, daß der Studentenführer im Plauderton, verschärfend und glättend, aber immer mühelos redete, wie ein preußischer Pfarrer bei Fontane, die Fragen pedantisch, zu flach. Er wollte den Jüngeren lieber etwas zwicken. Das lag auch daran, daß die Antworten, die der Führer in das Tonband sprach, sämtlich ahistorisch betrachtet schienen. So läuft das nicht, meinte Müller. Er war ruhig. In seinen Marsch-Klamotten, meinte er, konnte L. ihn schon unterschätzen, ihn für eine Art romantischen Wandervogel halten. Müllers zurückhaltende, nicht-aggressive Augen, seine langsame Sprechweise täuschten.

MÜLLER: Sie sprechen vom Juni. Als läge das schon Jahrzehnte zurück. Es sind aber nur ein paar Monate. Ich möchte das mal rückblickend von der 10-Jahresfeier der Studentenbewegung sehen. Das wäre 1977.

LEFEVRE: (der immer schneller verstand als Müller redete, d. h. meist dabei sprang und irgendetwas anderes als die Frage beantwortete) Sie meinen, daß wir die Entwicklung überhetzen?

M: Nicht hetzen. Sie sitzen ja ganz ruhig da. Aber Sie schneiden recht rasch.

Es war ganz gleich, was Müller an Worten sagte, L. »verstand« viel zu rasch, hatte die Frage längst so umgeformt, daß aus dem zum Teil fertigen Antwortschatz etwas darauf paßte. Damit glättete er aber den Widerstand, den Müller zumindest in den Ton seiner Sätze legte.

L: Es geht ja gar nichts schnell vor sich, und wir lehnen es ab, wie Sie wissen, Projektionen auf die Zukunft zu machen. Also 1977 schon gar nicht. Der Widerstand, also die Verlangsamung liegt in der Selbstentfaltung der Bewegung inbegriffen. Das sagen wir ja ständig.

Müller war sicher, daß in dieser Überdeckung seiner Frage durch passende Worte überhaupt nicht Widerstand inbegriffen war. Er schwieg beharrlich.

L: Das kann uns selbstverständlich nicht hindern, Irrtümer von vor 4 Wochen, wie Sie es nennen: abzuschneiden. Nach praktischer Diskussion aufzugeben. Das ist das, was wir analytisch leisten, während wir uns weigern, einen Plan zu machen. Einen Plan, den wir machen, stürzt übermorgen die reale Entwicklung um. Wir haben, praktisch doch als eine »verschwindende Minderheit«, einfacher gesagt Angst, und wohin diese Angst hinausschießt, die natürlich auf dem Gegenpol etwas wagt, das können wir nicht wissen. Was wir wissen, analytisch bestimmen, sind die Fehler der vorigen Woche, höchstens mal die des letzten Monats. Für mehr ist da nicht Zeit. Nun kommt aber etwas hinzu. Diese internationale Isolierinsel Berlin ist gar kein realer Boden. Das ist aber die besondere Chance. Stellen Sie sich vor: 3000 Studenten sperren die Zugänge dieser Stadt, es sind ja nur ein paar. Nur unter diesen künstlichen Verhältnissen können wir überhaupt Politik machen, die es im Weltraum so nicht gibt. Es ist nur konsequent, wenn da auch unsere Entscheidungen oder analytischen Urteile oder Bestimmungen oder Vorschläge oder Kampfmaßnahmen, sei es theoretisch oder praktisch, diesen ahistorischen Bezug haben. Anders passen sie nicht. Noch Tee?
M: Bitte.

Er überlegte, weil er doch auch meinte, daß sich in diesem Jahr alles entscheide oder alles wieder zurückrollte, falls sich nichts entschied, insofern war die Situation tatsächlich »ein Schurkenstreich gegen die schurkische Geschichte«, wie er auf diesen Denke-Kopf so einwirken könnte, daß dieses raffinierte Ohr, das gewissermaßen um des Reims willen sprach, etwas mehr »Knochen« verarbeitete. Er hatte Hunger. Er dachte an eine kräftige Kalbsbrühe, aus wirklichen Knochen gemacht. Dazu gehörte doch etwas Plan. Es lag nicht an der Umverteilung von Worten, sondern ging um Arbeitsprozesse. Das ging dann noch langsamer.

L: Sie kennen mein kleines Büchlein über die Universität. Jetzt geht es aber um etwas ganz anderes inzwischen: Die Rekonstruktion von Wissenschaft aus der Denk- und Ausdrucksweise der erdrückenden Mehrheit der Bevölkerung. Deren Köpfe sind durch Rias, Presse, SFB uns manipulativ aber entgegengestellt, und wenn das auch keine absolute Aporie ist, so ist es doch relativ schwierig.

M: Es ist schwierig.

L: Genau. Daher Exodus aus der Universität

a) in die Basisgruppen, was sicher zwei Seiten hat, aber doch das entscheidend Positive, daß Wissenschaftsarbeiter überhaupt einmal in Kontakt mit der arbeitenden Klasse geraten,

b) zu dem, was im emphatischen Sinne *Weltöffentlichkeit* ist.

Das war Müller zu ungeschichtlich. Exodus von Universitäten war bisher nicht das bloße Hinausgehen, sondern immer wieder die Gründung neuer Universitäten. Er hätte gern gewußt, wie das geht, und dann gewußt, wie es geht, wenn gar nicht eine neue Universität an die Stelle der alten tritt, also *informelle Wissenschaftskader*. L. war ungeduldig. Er sah festen Auges in die zweifelnden Augen Müllers.

L: Ich weiß wirklich nicht, was es da zu bremsen gibt.

M: Meine Frage heißt: Geht die Bewegung dahin, daß arbeitende Menschen in die KU . . .

L: Als Volksuniversität.

M: Ja, hinkommen. Wie werden die aber von der Handarbeit freigestellt? Haben die Zeit für Bildungsprozesse?

L: Richtig. Unter Aufrechterhaltung des kapitalistischen Leistungsprinzips geht das nicht.

M: Ich will ja nicht bremsen.

L: Tun Sie aber.

M: Ich kann in einem Gespräch mit Ihnen doch gar nicht bremsen. Die Bewegung richtet sich doch nicht nach diesem Gespräch.

L: Also?

M: Wir waren da stehengeblieben, daß Sie erst die Zeit dafür produzieren müssen oder wenigstens Angaben, wie irgendwer so in der Gesellschaft diese Zeit produziert, und dann können Sie sich an die Umproduktion von Menschen machen.

L: Richtig. Denn nur so können wir die Kraft zusammenbekommen, das Leistungsprinzip zu brechen. Wir müssen da einige Schritte überspringen, haben wir aber schon oft gemacht.

M: Oder bewegt sich umgekehrt der gesamte Universitätsapparat an die Basis hin?

L: Das ist die andere Seite.

M: Wie machen Sie das z. B. bei den Kliniken?

L: Gerade die Kliniken . . .

M: Durch Ausbau der Notarztdienste?

L: Genau.

M: Genau. Und die Naturwissenschaftler?

L: Brauchen nicht so sehr die Labors, die sicher ortsgebunden sind, sondern Fragestellungen. Ob ich z. B. Stroh, auf dem Kühe liegen müssen, oder Stroh für Florentiner Hüte produziere, ist an die Forschung eine ganz verschiedene Frage.

M: Sicher.

Wenn ihn nicht die Art, in der L. das sagte, so sehr an die Überläufer Hardenbergs erinnert hätte, hätte Müller jetzt etwas gläubiger geblickt. »Irgendwie vorstellbar, daß doch wie durch ein Wunder genügend Arbeitskraft hinter diese Schritte rückt.« Müller war im Grunde gläubig. Ich muß mir, sagte er sich, das Wort »irgendwie« abgewöhnen. Ich muß auch davon absehen, daß mir die Brillanz dieses Kopfes nicht gefällt, und ich darf drittens nicht mehr in den Kategorien der Organisation TODT denken, die von außen Beton und Arbeitskraft zusammenhäuft, sondern ich muß in den himmelstürmenden, gut ausgeschlafenen Hirnen der Studenten denken lernen. Er fühlt sich plötzlich alt.

L. hielt Müllers innere Vorwärtsbewegung, die sich in seiner

Miene spiegelte, für erneutes Zögern. Er unterdrückte seine Ungeduld mit dem Interviewer, saß besonders gelassen da.

Müller war Multiplikator. L. war darauf angewiesen, rasche Multiplikatorenwirkung zu erhoffen, wenn er Zeit in solche Interviews investierte, ein Grauen, wenn L. an die unmittelbar Arbeitenden dachte, die langsamer als Müller in ihrer Einzelarbeitskraft, Mensch für Mensch, erst noch zu gewinnen waren. Diese Aussicht war ein weiterer Grund, keine Pläne zu machen. Ein Zehn-Jahres-Fahrplan würde den Kopf zweifellos mit Ungelöstheit erfüllen. Es wäre wie der Gegner, der in den Kopf eindringt.

Ein »informeller Kader«/Redeweise

Er stellte, seit er hier in dieser Provinzstadt angekommen war, sich wie verabredet vom Hauptbahnhof von einer Telefonzelle gemeldet hatte, von dort noch ein Stück weiter wieder zur Stadt hinaus zu einem Hügelgelände, auf dem das Institut lag, gelangt war, in dem die Institutsgruppe tagte, die ihn als Referenten, eigentlich aber zu ihrer Organisierung, als symbolischen Anfangsakt, oder aber er sollte ihnen sagen, was sie machen sollten, oder berichten, wie man sowas macht in der Metropole, oder überhaupt nur einfach erzählen usf., – sein Hirn auf Durchzug, d. h. es dachte durch ihn hindurch.

Er sagte, so eilig, so ernsthaft, dabei ruhte er sich von der Fahrt aus, saß bequem, was er in seinem Kopf als Antwort auf die verschiedenen Fragen registrierte, zum Teil aber auch nur Verstörtheit, ungläubige oder zu erwartungsvolle Blicke, Zögern zu reden.

Er sagte das einmal in langen, ziemlich verschachtelten Sätzen, weil immer noch eine neue Ebene des Arguments oder der Tatsachen hinzukam, und dann noch einmal in einer Kurzfassung, wie zum Mitschreiben, aber die Gruppe war dazu noch nicht entkrampft genug. Sie machte sich keine Notizen.

Wenn wir in diesen Monaten hier unterliegen, wenn die Bewegung gestoppt wird, auf die skeptische Frage eines der

Dasitzenden (der wohl der Wortführer war, weil ihm das Verbalisieren leichter fiel, die Progressiven saßen nach Ansicht des Kaders eher unter den Stummen): also was ist denn, wenn alles schief geht? – Dann werden wir alle Spitzel. Wir bereichern dann mit unserem sensibilisierten Wissen die Kenntnisse des Verfassungsschutzes. Dann wirkt sich aus, daß wir kämpfen, weil wir Angst haben.

Die Angst liefert uns dem Polizeiapparat aus. Er braucht dafür nicht einmal seine Büros zu verlassen, daß er sich in die Prärie begibt, feldmäßig verkleidet, liegt an Erinnerungen, die er an den 2. Weltkrieg hat, die Eroberung wegearmer Gebiete, der Steppenfelder im Osten. So muß man aber nicht vorgehen, wenn man die Metropolen rückerobert. Wirklich aber ist unsere Angst.

Jetzt treibt uns die Angst zueinander hin, vorwärts, dann aber, wenn sich alles umkehrt, treibt sie gewiß uns auseinander, nicht einmal nach rückwärts, sondern in die Arme der Repression. Es gibt nicht »Revolutionäre auf Urlaub«, d. h. *entweder:* Revolutionäre, solange der Kampf nicht schiefgeht, *oder* Agenten des Systems.

Deshalb kann man (zum Monopolisten für Fragestellungen in dieser Gruppe gerichtet, eigentlich aber an die Adresse der stummen Progressiven) Deine ängstliche Frage, wie das in nächster Zukunft weitergeht, was im Fall einer negativen Utopie los ist usf., gar nicht stellen. Es ist nicht praktisch. Wir sind dann eben verloren. Eine skeptische Frage zu stellen hat nur einen Sinn, wenn verschiedene Optionen bestehen, wenn ich eine Wahlmöglichkeit habe, wir haben aber gar keine Wahl, sondern können auf unsere Sensibilisierung, d. h. Widerstand gegenüber dem Terror der Mehrheit der Gefühle: d. h. Angst, nur in diesem bestimmten Aggregatzustand setzen, der uns kämpfen läßt, zueinanderbringt. Die Alternative wird uns als Menschen vernichten. Daran würde sich auch nichts ändern, wenn wir jetzt eingehend darüber nachdenken.

Er hatte so geredet, daß einige in diesem Institut den aus der Metropole herangereisten Genossen schon als zukünftigen Spitzel der Gegenseite betrachteten, der vielleicht jetzt schon im Kopf memoriert, wie er sie, falls sie sich äußerten, denunziert. Er war aber alles andere als ein Spitzel, hatte lediglich im Hirn die zweiflerische Frage des Vorsitzenden der Gruppe, der hier die Hausmacht hatte, »in Bewegung versetzt«.

Wenn er nicht das genau und radikal äußerte, was er dort abgebildet sah, hätte es überhaupt keinen Sinn, wenn er hier redete (es gab später noch eine längere Diskussion darüber, ob sein Auftreten *pädagogisch sinnvoll* sei. Aber mit Pädagogik hat die Flaschenpostübermittlung, die er betreibt, nichts zu tun. Er zieht nicht Kinder auf). Einige der Diskussionsteilnehmer erschreckte er, andere sahen blitzartig ein, daß es tatsächlich nur *eine* Option gab. Daß sie sich nicht einmal *einfühlen* mußten in diesen Standpunkt, sondern zum Teil schon durch bisheriges Tun auf dieser Seite standen und nur entweder untergehen konnten oder aber »overcoming« sein. Sie konnten also allein schon durch die Tatsache, daß der Kader ihnen seine eigene Anfälligkeit im Fall, daß alles schiefginge, vorzeigte, selber Anfälligkeiten und Zweifel abschalten, »so wie man einen Lichtschalter umschaltet«.

Der (bis zur Ankunft des Reise-Kaders) als Hauptredner die Gruppe dominierende ältere Vorsitzende sah, daß ihm die Mehrheit der Gefühle in der Gruppe entschwand. Er versuchte nachzusetzen: Erschreckt Ihr denn nicht, wenn einer so auf Radikalität beharrt. Ich würde sogar sagen, daß so etwas Hetze ist. Dadurch wird ein Hauptteil der Willigen und Genossen abgespalten.

Jetzt macht der Kader einen Fehler. Er hätte eigentlich hierauf nicht antworten dürfen, sondern warten, daß die Stummen der Gruppe, die offenbar nicht abgespalten, sondern interessiert wurden, den Hordenvater angriffen. Stattdessen, noch in der Geschwindigkeit der Anfahrt hierher, im Tempo des ersten Durchbruchs zur wirklichen Substanz der Gruppe, und überhaupt im Tempo der metropolitanischen Bewegung, hing ihm die Zunge über: Nicht *wir* hetzen, sondern die Sache selber, die kapitalistische Gesellschaft hetzt. Du kannst nur sagen: Wollen wir etwas weniger davon wahrnehmen, oder wollen wir nicht hinsehen. Dann müssen wir drugs nehmen oder irgendetwas anderes, was dämpft. Das ist an sich nicht unsinnig.

»Wenn ich im Arbeitsprozeß Hand- und Kopfarbeit nicht trennen kann, so wie ein Student das mühelos trennt, und ich also, wenn mein Kopf Wut empfindet, auch mit den Händen zuhaue, weil ich als Dauerzustand *Probehandeln im Kopf* nicht von wirklichem Handeln absetzen kann, dann muß ich in einer relativ aussichtslosen Situation, nämlich vom Werkschutz bewacht, von der Gewerkschaft gezähmt, mit Entlassung bedroht, die Kopfarbeit dämpfen, sonst schlage ich zu und lande für 4–6 Jahre im Gefängnis.«

Ich gehe davon aus, daß Du (zum »Vorsitzenden« dieser Gruppe, dem »Dämpfer«) mit Problemen *spielst*, wir haben aber gar keine Veranlassung, sie wie einen Hund hin- und herzuführen. Was ist das überhaupt für ein Problem, das Du da aufwirfst? Es ist kein Problem, sondern eine Spielart des Abwiegelns. Warte doch mal ab, was sich dadurch, daß ich mich anstrenge, etwas zu sagen, was eine größere Menge Genossen für richtig halten und sich erarbeitet haben, also was nicht aus einem Einzelkopf kommt, überhaupt wegspalten läßt, und dann kannst Du weiterfragen: Hätte es überhaupt einen Sinn, diese Abspalter, die z. B. auf Deine Abwiegelung stark reagieren, zu gewinnen, wenn sie doch wenig später durch die Verschärfung der objektiven Situation sich ohnehin erschrecken würden und abspalten. Du würdest gewiß nur etwas verlieren, was Du ohnehin verlierst. Anders wäre es, wenn wir inzwischen Mittel und Wege erarbeiten könnten, dieses Erschrecken durch kollektive, informelle Schulung zu verhindern. Dann hätte auch ein Zeitgewinn einen Sinn, aber ich glaube nicht, daß wir das so schnell schaffen. Immerhin gebe ich Dieter jetzt zu, daß hinter Deiner Position doch ein interessanter Hinweis steckt. Laß uns das einmal weiter problematisieren.

Es war klar, daß die Mehrheit der Gruppe inzwischen für »berechnende Haltung« kein Interesse mehr aufbrachte. Ihnen war die Haltung des Kaders lieber, der selber nicht zögerte und einem militanten Verband angehörte, eine Untergruppe davon wollten sie ja hier gründen.

Es fiel ihnen schwer, den recht langen Sätzen zu folgen. Das Beispiel mit dem Hund, der spazieren geführt wird, brachte sie ganz durcheinander, weil sie sich vorher auf eine hohe Abstraktionsstufe des Gedankens eingestellt hatten, jetzt war der Hund nicht unterzubringen. Es schien ihnen auch fremd, daß der Kader ihren Redevertreter nicht eindeutig als Abwiegler angriff, sondern in rascher Schwenkung plötzlich wieder dessen Sätze, denen sie schon abgeschworen und die sie schon *vergessen* hatten, weiterführende Substanz zusprach.

Sie lernten also die Haltung des militanten Verbandes, den der Kader hier vertrat, vor allem als etwas *Fremdes*, nicht als etwas Vertrautes, das sie schon wußten oder gefühlsmäßig beherrschten. Die daraus folgende Verwirrung war aber attraktiv, insofern als hier unentdeckte Horizonte erschienen, von denen der Kader sagte, der während dieser Überlegungen weitergeredet hatte, daß sie »mit Lämmerwölkchen verhängt seien«. »Horizonte mit Lämmerwölkchen verhängt«, und er mutete ihnen zu, ein so »unpolitisches« Bild nicht abzulehnen, denn er sagte es durchaus ernst vor sich hin.

In gewissem Sinn war der Kader selber außer sich. Steckte er in sich selbst, hätte er sicher nicht das getan, was er hier tat. Es konnte dann auch nicht gelingen. Schon aus Termingründen wäre er gar nicht hier, sondern noch bei 2 anderen Veranstaltungen, die er durchrast hätte. Er mußte außer sich sein, um so durchzuhalten.

Auch Krahl redete, obwohl er als guter Taktiker galt, fast nie taktisch, z. B. auf Interessen einer spezifischen Gruppe hin, die er dann gewissermaßen *besprach*, hätte sie dann, ohne Veränderung und Umbau ihrer Gefühle zu sich herübergezogen – sondern er entwickelte unter Verstoß gegen alle Maximen antiautoritären Verhaltens, die er auf anderer Ebene theoretisch selbst formulierte (oder auch praktizierte) ohne Unterbrechung 2¾ Stunden selber auf die Gruppe ein: »Objektivität«, die von Diskussionsteilnehmern später als Dampfhammermethode denunziert wurde. Seine Sprache drückte das Eiltempo der studentischen Bewegung, die wiederum das Eiltempo des Pentagons, des kapitalistischen Systems bis herunter zu heraneilenden Knüppelschwingern spiegelte, aus.

Die Gruppe verwandelt sich aber (durch die Heftigkeit des Redeangriffs animiert) dieses unpädagogische Vorgehen in Eigentätigkeit. Nicht einmal der Wunsch kam auf, selber so zu reden, oder die Swada anzukratzen, indem man sie auf ihr Prinzip brächte, nämlich in Quatschform den Redner zu imitieren (sie wußten allerdings auch, daß er sich schon mal in anderen Diskussionen 2¾ Stunden nur ausgeschwiegen hatte und der Gruppendiskussion gefolgt war).

Sie hätten, ohne etwas zu sagen, sich diesmal ausdrücken können. An sich war Krahl auch nicht »redegewandt«, weil das

Reden (die raschen Sätze unvollkommen, Reden nach dem Prinzip des Herausätzens des Wichtigsten, durch Auslassen: Sprünge, nicht überredend, nicht ciceronianisch)[1] gar nicht die Hauptsache davon war, sondern die Stimmerregung hinter der Rede, die etwas von den Vordiskussionen im Kollektiv und auch das Zuhören in vielen Teach-in's in ihrer Form wiedergab. Dieser Rädelsführer war ein Stück der Stadt, die sich durch ihn durchanalysierte.

Tage der Politischen Universität II

I

Im Konferenzraum des Studentenhauses Jügelstraße, der wegen seiner niedrigen Decke, nach den Baurichtlinien von 1952 geplant, ohne hinreichende Luftreserve war, ist es warm und schwül. Von den Fenstern ließ sich jeweils nur ein schmaler Mittelteil öffnen, eine Art Schlitz. Die Reporter, die in der improvisierten *Pressekonferenz* an Glastischen dem Studentischen Streikkomitee (zugleich Planungsausschuß für die Politische Universität Frankfurt, Mai 68) gegenübersaßen, schwitzten, wollten sich keine Blöße geben, andererseits auch nicht sich verpflichten, mehr als die ihnen zugeteilten Zeilenmengen in ihren Blättern unterzubringen.

Rechnen Sie denn damit, daß Sie länger als eine Woche hier tagen werden? Wollen Sie also in *einer* Woche die Kenntnisse zusammenhäufen, die die Fachidioten-Universität (Ihre Ausdrucksweise) nicht weiß? So der Vertreter der *FAZ*. Die Frage des FAZ-Vertreters war keine Frage, sondern Meinung. Niemand, wurde ihm geantwortet, will das in einer Woche. Auch geht es nicht um »Kenntnisse«.

Auch geht es überhaupt nicht um die Ordinarien-Universi-

1 Ciceronianische Rede: lange Sätze, grammatisch durch Weglassen spontaner Einfälle; Redeweise »informeller Kader«: lange Sätze aus Assoziationsdruck. *Dafür* oft überraschend kurz.

tät. Hier fällt Krahl ein, der Presservertreter stenografiert mit: ... In die Wissenschaften die Dimension des emanzipatorischen Vernunftinteresses einzuholen ... Gleichsam die Theorie und Praxis vermittelnde geschichtsphilosophische Frage der bürgerlichen Aufklärung ... Kant's »Was darf ich hoffen?« materialistisch auf die Ebene des Klassenkampfes zu heben.

Es ist deshalb politische Universität, ergänzen die anderen, weil es Widerstand ist, weil die Aktionen gegen den Springer-Konzern während der Ostertage gezeigt haben ... Und 50 Tage nach Ostern ist eben nicht Pfingsten, sondern politische Universität, ein Versuch, ... Ein demonstrativer Akt ... Eine Aktion des Widerstands ... Ein qualitativer Sprung ...

Aber der Reporter würde nicht alle 20 bis 30 dieser Antwortsätze bringen. Er sucht nach einer Kurzformel. Was Sie wissen wollen, wissen Sie doch aber schon, beharrt er, auch ohne diese Einwochen-Veranstaltung. Was meinen Sie denn, was wir *wissen* wollen? wird er zurückgefragt. Auf Glatteis läßt sich der Reporter nicht locken. Ich bin kein Universitätslehrer, sagt er. Wir doch auch nicht.

Also, was kann man zu dem Veranstaltungsprogramm noch sagen? Zuerst, daß das kein »Veranstaltungsprogramm« ist. Geht nicht mal in ihren Kopf rein, daß es kein *Programm* ist? Die bürgerliche Presse, sagen die Streikendenvertreter, hält den Blick auf die angekündigten »Vorlesungen« oder »Seminare« gerichtet. Dort sucht sie etwas, was als aktueller Artikel verarbeitet werden kann. Ja, meint der Vertreter der *Frankfurter Rundschau*, das ist etwas, was wir bringen könnten. Er zweifelt aber, daß sich etwas Derartiges finden läßt, da ja kein Naturwissenschaftler oder Mediziner angekündigt ist (der z. B. den Krebs außerparlamentarisch zu heilen versprochen hätte). Es wird hier »soft ware« angeboten.

Nun traf das einen Punkt. Es war ja zunächst eine *Improvisation*, eine *demonstrative Geste* innerhalb des Notstandskampfes, daß die Universität aktiv bestreikt und besetzt wird, die Aktivität *gestisch* ausgedrückt eben durch den Versuch der politischen Universität, die Bewegung gegen die Notstandsgesetze aber, als übergeordnete Kategorie, ebenfalls als *Geste* (da ja Strauß ohne Notstandsgesetze den Notstandsstaat errichten, eine liberale Regierungskonstellation dagegen auch mit

Notstandsgesetzen die dazu nötige Machtbesessenheit nicht erbringen würde), die studentische Protestbewegung, als darüber gelagerte Kategorie, ebenfalls eine *stellvertretende Geste* für den noch unklaren Inbegriff der qualitativen Massen usw. usf. Nun aber auch die mit dieser Analyse verbundene Hierarchisierung eine bloß *schlechttheoretische Gedankengeste,* da gerade diese Hierarchie von Massenansatz, Bewegungsansatz, Ansatz der Notstandskampagne, Ansatz des aktiven Streiks und Ansatz der politischen Universität wiederum niederzureißen ist ... Dialektik der intensiven Spontaneität und bewußten Organisierung ... Frankfurter Aktionen ... den Herrschenden abgetrotzt ... Praktisch diffus und improvisiert ... Und nur die Unterseite (Krahl sagt: »subkutan«) wirklich ...

Abb.: Stenogrammkürzel für »subkutan« (Deutsche Einheitskurzschrift).

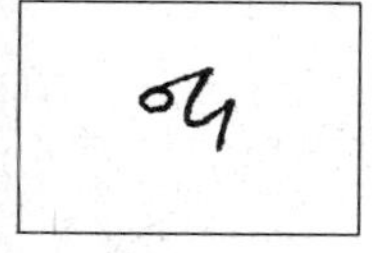

Abb.: Subkutan (= unter der Haut) in Eilschrift: Im nachhinein ist das Kürzel für den Reporter nicht zu entziffern, weil nicht zu raten.

Nämlich: die *konkrete Arbeit informeller Politik und wissenschaftlicher Kader* wäre unmöglich, anfangend in dieser Woche, aber ohne geplantes Ende – falls nicht das Polizeipräsidium schon plant ... –, und diese Arbeit könnte überhaupt nicht stattfinden, wenn über ihr der Berg übergeordneter Kampfesprämissen erst zu durchdringen wäre (also Ostern, Entmutigung, insbes. durch die »leidenschaftliche émeute der französischen Studenten«, die alles was Frankfurt bringt verblassen läßt, Erlösung aus der *politischen Einsamkeit* der Studentenrevolte, die *Reparlamentarisierung* der außerparlamentarischen Opposition durch den Blickfang der NS-Gesetze ...) Krahl hat 19 Minuten gesprochen. Er hat aber insofern die Kollektivität gewahrt, als er 60, 80 Argumentationen aus den Gesprächen des Vortags in Kürzeln einbezog. Tatsächlich sprach also nicht Krahl, sondern eine Gruppierung von 18–20 oder mehr Genossen. Nicht gelöst ist, wie harte Wissenschaft (Chemie, Physik, Medizin usf.) einzubringen sei.[1]

II

Wenn die politische Universität keine »Veranstaltung« ist, so ist die Veranstaltung im Großen Sendesaal des Hessischen Rundfunks Teil des Rundfunkprogramms, also Veranstaltung, die über Hessen ausgestrahlt wird.

Es sprechen Wiethölter, Enzensberger, Frau von Brentano, Adorno, Habermas, Jens, Abendroth, Augstein usf.

In der ersten Reihe der Zuhörer sitzt Intendant Hess, seine Mitarbeiter halten eine Blickschneise offen (ihn verdeckende Steher werden weggeschoben, sich durch die Sitzreihen Drängende aufgefordert, in dieser Schneise sich gebückt vorwärts zu bewegen) zu den elektronischen Aufzeichnern und der Regie-Kabine im Rückteil des großen Saals. Wenn sich der Intendant erhebt, wird das das Zeichen sein, daß diese Kundgebung außer Programmkontrolle gerät, und die Kameras werden auf dieses Zeichen hin abgeschaltet.

1 Weiter: Daß die *Besetzung der Universität,* hiervon zunächst wirklich besetzt: das *Hauptgebäude,* hiervon im wesentlichen von Studentenmassen, Schülerdelegationen und einzelnen Arbeitervertretern begangen nur das *Portal,* das Rektorat, einige Hörsäle, eines »repräsentativen Inhalts« bedurfte, dies aber Draperie ist, die die Genossen ebensogut revolutionär zerstören könnten, wenn sie ihre argumentative Kraft auf sich selbst wenden würden. Es war abwieglerisch, diese Frage aufzuwerfen, sie nicht aufzuwerfen war ebenfalls abwieglerisch.

Jetzt hätten sich die Fronten drehen, die Genossen in die Stellung der Pressevertreter einrücken und ihre eben verlassenen Positionen und Hauptquartiere mit kritischen Fragen bepflastern müssen. So wäre ein Eindruck von der Elastizität der politischen Universität, ihrem qualitativen Bewegungsgesetz, entstanden. Zugleich hätte der Anschein, daß Fußballmannschaften sich ein Match lieferten, als Situation zerstört werden müssen. Eigentlich war erforderlich, das brachte die Genossin Gerda in die interne Nachdiskussion: ein Katalog dieser offenen Kampfmöglichkeiten aufzustellen und so ein Protokoll dieser historischen Tage dadurch zu führen, daß das, was unterlassen blieb, das was geschah kritisierte. Eigentlich mußte aber der unfähige Feind ersetzt werden. Eine brauchbare Darstellung der wirklichen Situation und des gesellschaftlichen realen Kampfes, der ja stattfand, war nur möglich, wenn alle Positionen dieses Kampfes, insbesondere die der Gegner (bürgerliche Presse, Unternehmer, Polizei, Parlament, autoritär verfaßte Gesellschaft), von Genossen besetzt und antagonistisch durchgespielt wurden. Dann aber wäre noch darzustellen, daß die Genossen in keinem Moment die Schauspieler wären, als die sie sich in einer solchen Realanschauung (= Realschauspiel) notgedrungen aufführten.

Auf der Bühne stehen die Sprecher, die aus den vorderen Sitzreihen dort zu den Scheinwerfern hinaufeilen, stehn dann hinter einem Pult, an das sie sich halten können.

Dämonische Mediokrität der Bonner Medienträger ... Die Bonner Käseglocke ... Die gesteuerte Stagnation ... Verfassung als das kodifizierte Mißtrauen gegen den Gesetzgeber, und das aus Rechtsgründen ... Vielleicht haben wir eine Schlacht verloren, aber die Verteidigung der Demokratie geht weiter ... Es ist notwendig, *Mittel* einer permanenten Widerstandsgesinnung zu *ersinnen* ... Eine Gegenstrategie, und die heißt Entzauberung des Rechts ... Sand muß in die Getriebe zwischen Normalzeit und Notstand geworfen werden ... Ich rufe Ihnen zu: Überwacht die Wächter ... Ich würde sagen, Demonstrationen, welche die Polizei erlaubt, sollten von ihren Veranstaltern verboten werden ...

Die Widerstandsaktion wird in der Form der 5 Minuten-Redezeitbegrenzung durchgeführt. Zwischen Enzensberger und Böll rechts in der ersten Reihe: Adorno. Er hat sein Hirn, vertreten durch die Ohren, auf äußerste Rabattstellung eingestellt. Denn wie soll er sonst »Mittel einer permanenten Widerstandsgesinnung ersinnen«, ohne diesen Auftrag zugleich unflätig zu kommentieren – oder, da er nicht gesagt hat, was er tatsächlich denkt, sich entschuldigen gegenüber den Kollegen, die gar nicht wissen können, daß er sie beleidigte. Er hat sein Referat gehalten und muß nun die Stunden bis zum Schluß der breit angelegten Veranstaltung überbrücken, ohne daß die Anwesenden im Saal oder die neben ihm Sitzenden bemerken, daß er sich totstellt. Er hat die Übersicht in dieser »Schlacht um die Demokratie« verloren, wollte sie wohl auch nie haben, kann sich zum »Ernst der Stunde« nicht aufschwingen. Er kalkuliert die Möglichkeit eines Rabatzes für den späteren Verlauf ein, aber sieht keine Gefahr in diesem von einigen Tausend mattierten Glühlampen in der Decke hell erleuchteten Sendesaal. In Bonn war er nie. Herbst 1938 läuft er mit Gretel über das Gebiet des Parteitagsgeländes in Nürnberg-Langwasser, Freunde müssen ihm später erklären, daß dies eine Gefahr war; so wie einer, der ihn in der Straßenbahn schubst, eine ernsthafte Gefahr darstellt, die ihn seit 40 Jahren hindert, je mit einem öffentlichen Verkehrsmittel zu fahren.

»Emphatisch« geht die Gefahr von der Eiseskälte aus, der gesellschaftlichen Totalität, die man nur als Kategorie fassen kann und nicht als ein hohles Ding wie z. B. dieser große Sendesaal, jedoch wie ein hochqualifizierter Eisschrank, von niemand erfunden, aus der Kontrolle geraten und in Gestalt eines Briefes z. B. auf dem Tisch im Eßzimmer, von A. P. aus München (»kann man riechen, daß du sterben wirst«), an ihr kann ich zugrunde gehen, und dennoch kann ich daran nichts tun, als auf das baldige Ende dieser Veranstaltung zu warten und dann auch nur Option, ein Buch über Kälte für den Suhrkamp-Verlag zu schreiben, das von denen, die sich gerade aufgewärmt zu haben glauben, gelesen wird, aber es trotzdem schreiben, in der Hoffnung, daß es auf *einen* vielleicht trifft, der so friert wie ich, und deshalb muß diese Veranstaltung ein Ende nehmen. Man muß nämlich nicht *Mittel* eines Widerstandes *ersinnen,* sondern einen radikalen Grund haben für Widerstand, und dann das Glück, daß man überhaupt den Gegner auffindet, gegen den allein ich Grund habe, meinen Widerstand zu organisieren. Unwahrscheinlich, daß das mit der Bonner Käseglocke zu tun hat, die in der Dschungelhitze dieses Tages in einem Flußtal liegt, äußerlich sah der herabgestimmte Adorno sehr geduldig aus, geradezu munter.[2]

2 Mit einigen Gutachten für die Allianz könnte ich mir ein Haus im Taunus kaufen, sagte der Jura-Professor, der in der zweiten Reihe unmittelbar hinter Adornos Kopf sitzt und direkt in dessen Ohr sprechen kann. Adorno fährt erschreckt herum, faßt sich sofort. Die 4 bis 5 Gutachten, die die Kaufsumme bringen, wären in den 4 Stunden, die diese Veranstaltung gegen die NS-Gesetze jetzt dauert, mühelos zu schaffen. Wenn ich noch die Zeit hinzurechne, in der wir nachher alle zu Brenner (= Vorsitzender der IG Metall) marschieren, damit der sagen kann, er habe mit uns gesprochen, dann würde die Zeit für die Gutachten in jedem Fall ausreichen. Das Haus wäre mit Terrasse, direkt am Wald, und man könnte einen Bowlen-Abend machen. Das hätte einen Zweck. Dagegen hat der Auftritt bei Brenner keinen Zweck, und wir erhalten nur von den Studenten Schläge für das, was von Anfang an vergebliche Mühe ist, aber ich mache das – schon die ganze Woche, einen Auftritt nach dem anderen –, weil die anderen das auch machen, und *weil wir wenigstens in guter gemeinsamer Haltung untergehen wollen.* Adorno nickt zustimmend. In seiner Lage, der Mund des anderen so dicht an seinem unverteidigtem Ohr, hätte er jeder Äußerung zugestimmt, gleich was sie besagt, und auch schriftlich unterschrieben. Er mußte ja dann nicht zu dem Bowlen-Abend wirklich kommen.

III

An den oberen Saaleingängen entsteht Bewegung, Tumult. Zögernd dringt ein Pulk SDS-Genossen zur Empore, zum Rednerpult vor.[3]

Dort hält Augstein, ein Opfer der Fünfminuten-Redezeitbegrenzung, die Arme um das Pult geschlungen, hält das umkämpfte Mikrophon, als wäre es ein Ball, der ihm im Völkerball weggenommen werden soll. v. Friedeburg, W. Jens versuchen, zwischen Empörern und Pultbesitzer zu schlichten. Genossen haben das Mikrophon in der Hand und stellen an den Saal die Forderung: Jede Woche zwei Seiten Kolumne im *Spiegel* zur freien Selbstäußerung des Protests. Die Forderung ergibt sich aus dem, was sie vor Augen haben, sie ist nicht ausdiskutiert.[4] Augstein versucht den Satz »Kleinlichkeit und Recht und Freiheit sind des Deutschen Unterpfand . . .« in das Mikrophon, das etwa einen Meter von seinem Mund entfernt ist, hineinzurufen.

Praktisch geht es nicht um etwas *Zusammenhängendes*, sondern um die *konkrete Situation*. Der aktive Widerstand richtet sich nicht gegen Augstein, sondern gegen das »Veranstaltete«. Es ist die Täuschung zu zerstören, daß es eine arbeitsteilige Trennung in *Geistesprotest* hier im Sendesaal und *faktischer Entscheidungsmacht* 300 Kilometer entfernt im Plenarsaal des Bundestages gibt. Vielmehr ist umgekehrt die Bonner namentliche Abstimmung (Verfahren Hammelsprung) als bloße »Geistestat« zu kennzeichnen.

Die Forderung nach der *Spiegel*seite ist die letzte Nachricht, die über die Fernsehgeräte ins Land verbreitet wird. Einige Augenblicke zeigen die eingeschalteten Geräte im Gebiet von

3 Unvorbereitet. In verschiedenen Autos vom Universitätsgelände zum Rundfunkhaus gefahren; nicht vollzählig; vordiskutiert ist der Satz »Reißt die Uni nieder, macht ein Puff daraus . . .«. Fünf bis sechs Minuten Dastehen, Glaskasten des Pförtners. Der Pförtner stotterte. Wir gehen jetzt rein. An den Saaleingängen, mit Teilen schon im Durchgang des Sendesaals, blicken sie zurück, ob die Genossengruppen nachfolgen. Sie sind jetzt aber schon gesehen worden, müssen weiter vor. Man will sie weghaben. Sie aber wollen die Empore weghaben. Dieses Dunkel vor den Scheinwerfern . . . Aktion kleckerweise: »Der Negt sprach gerade, und dann kam Krahl. Die Kameras sind abgeschaltet.«

4 Wird im Teach-in später kritisiert. *Was* wollen wir machen? Wir wollen doch nicht zwei Seiten *Spiegel* füllen!

Hessen ein unübersichtliches Getümmel, der Intendant erhebt sich in der vordersten Reihe, ihm folgen die Mitarbeiter. Die Sendung erlischt. Es erscheint auf allen Geräten im Land das Zeichen »Störung«.

IV

Eine Streikgruppe hat sich aus dem großen Sendesaal des Rundfunks durch Teile der bestreikten Stadt zur Bettina-Schule, von der organisierten Schülerschaft wegen NS-Streiks besetzt, verzogen und bevölkert die Bühne der Aula. Es sind zunächst nur etwa 8 Schüler im Saal, Streikposten. Die anwesenden Studentenführer haben den Normalbetrieb eines teach-ins aufgenommen, »an und für sich«, da keine relevante Öffentlichkeit zur Zeit verfügbar. Sie nehmen insbesondere unter Beschuß den anwesenden Habermas, stellen ihn als *Beispiel* für ein nicht-revolutionswilliges, widersprüchliches Verhalten hin. Erst nähme er teil an der offiziellen Debatte im Rundfunkhaus, dann erscheine er aber auch hier. Er nehme aber zu diesem Platzwechsel nicht Stellung usf.

Habermas erwidert: Ein *Beispiel,* das weder als solches geplant war und als solches auch nicht zu entlarven ist. Er ist nämlich hierhergekommen, weil er einerseits hungrig nach einem Diskurs mit Menschen, andererseits aber so übermüdet ist, daß er ein Auto, das hierher fuhr, bestieg, nur weil er als vierter darin sitzen konnte und annahm, so für eine Weile ungestört zu bleiben.

Das ist aber ein falscher Gedanke, antworten die Studentenführer, daß er nur für eine geplante Veranstaltung, oder wenn er sich planvoll an einem Ort bewege, verantwortlich sei. Er habe als Symbolfigur die Verantwortung auch für Zufall oder den gesamten Ablauf des Tages und nichts sei entlarvungswürdiger, da ja auch kein anderer Gegenstand zum Entlarven da war. Nun war das ja zweifellos als Praxis »Instrumentalisierung eines Menschen«. Negt tritt aus seiner Ecke (die Bühne hat keine Kulissen, aber Abstellecken für Klaviere, lange Stangen, eine Tafel, Stoffballen usf.) und will schlichten. Man kann diesen Tag, sagt er, nicht als Kasperltheater beschließen, indem man Habermas anstelle der Bundesregierung oder der unbewegten Massen Deutschlands in die Mangel nimmt. Aber Habermas, in Fahrt geraten, verwahrt sich gegen den Helfer. Er nimmt ihm das Mikrophon weg und sagt: Es steht dahin, ob ich von diesen Anwesenden überhaupt in die Mangel genommen bin. Er könnte die Situation hier, eines praktisch vor niemand abgehaltenen öffentlichen Zweikampfes, in Grund und Boden kritisieren und dabei immer noch im understatement sprechen. Es sind inzwischen schon 47 Schüler eingetroffen, die verstreut in der Aula sitzen.

Es geht aber, das verkennt Habermas, wird ihm vorgehalten, lediglich um einen Vorgriff, insofern doch um eine konkrete Situation, denn die *Funktion* dieses teach-ins ist es, der andernfalls zunächst leeren Schulbesetzung einen Inhalt nachzureichen. Hierfür ist es gleich, was diskutiert wird oder wieviel Zuhörer. So sehen es, wie ein Schülervertreter mitteilt, die Schulbesetzer, es genügt ihnen, das Auf und Ab eines »Kampfes« wie einen Film zu sehen, der nicht zu ihren Ungunsten entschieden werden kann, weil er ihre Belange nicht betrifft.

V

Oskar Negts Stimme hallt in der späten Nachmittagsstunde aus dem Hörsaal ins Treppenhaus und zur Vorhalle des Universitäts-Hauptgebäudes, deutlich die Konsonanten ineinander reibend. Die Perioden der langen Sätze geduldig betonend, so wie dick angestrichene Stellen in einem vielbenutzten Buch.[5]

5 »Wir sprechen von der Kooperativbewegung, namentlich den Kooperativfabriken, diesem Werk weniger kühner ›Hände‹ (hands). Der Wert dieser großen Experimente kann nicht überschätzt werden. Durch die Tat, statt durch Argumente, bewiesen sie, daß Produktion auf großer Stufenleiter und im Einklang mit dem Fortschritt moderner Wissenschaften vorgehen kann, ohne die Existenz einer Klasse von Meistern (masters), die eine Klasse von ›Händen‹ anwendet; daß, um Früchte zu tragen, die Mittel der Arbeit nicht monopolisiert zu werden brauchen als Mittel der Herrschaft über und Mittel der Ausbeutung gegen Arbeiter selbst, und daß die Sklavenarbeit, wie Leibeigenarbeit so Lohnarbeit nur eine vorübergehende und untergeordnete gesellschaftliche Form ist, bestimmt zu verschwinden vor der assoziierten Arbeit, die ihr Werk mit williger Hand, rüstigem Geist, und fröhlichem Herzen verrichtet. In England wurde der Samen des Kooperativsystems von Robert Owen ausgestreut; die auf dem Kontinent vermehrten Arbeiterexperimente waren in der Tat der nächste praktische Ausgang der Theorien, die 1848 nicht erfunden, wohl aber laut proklamiert wurden.« (*MEW*, Bd. 16, S. 11, 12).

Es geht um eine der Grundlegungen dieser Woche, dahingehend, daß die *politische Ökonomie der Arbeitskraft*, als dasjenige, was der politischen Ökonomie des Kapitals, zu der eine Buchveröffentlichung vorliegt, entgegenzusetzen ist (und hierzu gibt es eben kein Buch). Deshalb zunächst die Geheimgeschichte des Marxismus (Korsch, Reich, Neumann, die holländische Schule) aufarbeiten, um zu der Konstitutionsgeschichte der einfachsten ökonomischen Bestimmungen der gattungsgeschichtlichen Arbeitskraft, d. h. ihrer Wiederherstellung, vorzudringen, d. h. die abstrakte Arbeit ist eine Ideologie.[6]

VI

In der Vorhalle des Universitäts-Hauptgebäudes lebhafter Gruppenverkehr, der sich zu dem zertrümmerten Eingang des Rektorats hinzieht.

Gegen Einwendungen Horkheimers ist die ursprünglich schmale, aber den Bauvorstellungen der Gründerzeit entsprechend hohe Eingangspforte, durch die der Student in das Hauptgebäude gelangt (und genau darüber, also im gedachten Herzen des Altbaus, aber zur Rückfront gewendet, das philosophische Seminar), baulich umgestaltet worden zu einem breiten, aber niedrigen Einlaß, wie der »Zutritt zu einer Zigarrenkiste«. Über diesem Eingang ist eine plakative Fläche vorbehalten für »Johann Wolfgang Goethe-Universität« in Gold. Hierüber ist in Schwarz, in breiten handschriftlichen

»Ein noch größerer Sieg der politischen Ökonomie der Arbeit über die politische Ökonomie des Kapitals stand bevor.« (Im englischen Text der Inauguraladresse: *des Besitzes*) (*MEW*, Bd. 16, S. 11).

»Die Wissenschaft kann nur in der Republik der Arbeit ihre wahre Rolle spielen.« (*MEW*, Bd. 17, S. 554)

»Der Arbeiter muß eines Tages die politische Gewalt ergreifen, um die neue Organisation der Arbeit aufzubauen ...« (*MEW*, Bd. 18, S. 160).

6 In der Vornacht. Auf dem Schornstein des Fernheizwerks der Universität, (damals) höchste Erhebung, wird um 3.20 Uhr eine rote Fahne gehißt; Riesenfahne, zusammengenäht aus den roten Teilen von sechs Bundesflaggen (die Schwarz- und Gold-Teile weggeschmissen). »Näht Rot an Rot, schmeißt das andere weg.« Ungeklärt, wer den Schornstein hinaufsteigt. Es sind drei Männer, drei Frauen, zwei davon unverheiratet, ohne Kinder. Letztere besteigen das Riff. Die Fahne hängt acht Stunden, wird dann von Bauarbeitern abmontiert.

Lettern gemalt: Karl-Marx-Universität.

Der Luftraum, den die Eingangspforte in der alten Baufassung aufwies, das war das aufgeklärte Argument des Universitätsbauamts, sei reiner Luxus, es gehen nie drei Mann übereinander dort hinein, sondern die Studenten drängen in der Breite. Aber doch nicht in das Hauptgebäude, erwidert Horkheimer. Der Luftraum als Eingangseindruck war sehr wohl notwendig, weil er historisch war, und der Zigarrenkistenschlitz jetzt war so wenig notwendig, daß man durch eingerahmte Glasscheiben, die sich als Türen nicht öffnen lassen, ihn wieder seitlich einengte. Es konnten jetzt 5 bis 8 Studenten gleichzeitig nebeneinander passieren, aber z. B. Horkheimer benutzte den neuartigen Eingang nie mehr.[7]

Die schwarzen Tafeln, auf denen die Mitteilungen der politischen Universität niedergeschrieben sind, werden von zwei Pförtnern bewacht, genauso als hätte sie die Universitätsleitung aufgestellt. Der tatsächliche Bestand des Vorraums hat für diese Mitarbeiter Weisungscharakter. Sie fühlen sich bereits als Bedienstete der neuen Machtgeber. Zum Bestand gehört aber die Zertrümmerung des Rektoratseingangs, die sie gegen unbefugte Reparatur so wie die Jahre vorher gegen Beschädigung, verteidigen.

VII

Wir waren »wie vor den Kopf geschlagen«, sagte W. Die Phrase gibt aber das Gefühl nicht wieder, als wir auf die zwei Hundertschaften sahen, die Eingänge der Universität *zu*, das Vorfeld verbarrikadiert, Wasserwerfer davor, Gruppen mit

7 Vor der Glastür zum Rektorat steht aus Findlingsstein ein Steinkopf auf Sockel, der angeblich »Horkheimer nachdenkend« darstellt, oder aber einen Philosophen im allgemeinen, der nach oben schaut. Alles dies hergestellt in Unkenntnis der Arbeitsweise der kritischen Theorie. Es sind 2% des Bauvolumens 1967 der Universität, für »Kunst-am-Bau« zweckgebunden, verausgabt worden.

F. Kramer (Vorgänger des Universitäts-Baudirektors) hätte die kritische Theorie, sagt er, durch eine Hexe oder nackte Frau, und zwar dann in einer die guten Sitten grob verletzenden Weise, darstellen lassen; niemals aber in Stein.

Schilden und in Kampfausrüstung an den Eingängen zu den Seminargebäuden Gräfstraße, und als wir auf den Universitätsvorplatz laufen, sehen wir, daß zum Hörsaalsilo hin und zum Rektorat die Zugänge verrammelt und bewacht sind. Wir stehen parallelisiert und sehen auf die Besatzer hin, die wiederum auf uns gucken.[8]

D. h. es bestand nirgends Kampfberührung, sondern wir starrten deprimiert (und ich glaube, daß wenigstens auch Teile der Besatzer auf uns blickten) vor den Absperrungen, memorierten die Faktoren, die zu diesem Ergebnis geführt haben. Mangel an Posten, die zumindest das Rektorat, den Hauptsitz des Widerstands, doch irgendwie verteidigt hätten? Es war kaum jemand anwesend, als die, in H.-J. Krahls Worten, »taktisch geschickte« Universitätsbesetzung in der Nacht stattfand.

Wir waren, an sich immer noch Träger der Politischen Universität, der Wissenschaft, desillusioniert. Es explodiert nichts, was wir doch angenommen hatten.

In den Nachmittagsstunden versuchten die Studentenführer, aus der Ökonomie der Verbiesterung einen letzten Kampffunken durch Reden herauszuentwickeln. Sie griffen zu Understatements, zu verschärfenden Übertreibungen ...

»Beißen, fliehen, tarnen oder fortschwimmen«

Mit einigen Genossen stellte G. sich 1966/67 auf den Standpunkt: »Die Wissenschaft an der Universität vermag uns nichts zu sagen, wir gehen zu den Quellen«. Seither hat er, wie schon in der Schülerzeit, eine Holzplatte auf 2 Böcke gesetzt und Hegel, Freud, Marx, Karl Korsch, Sohn-Rethel, Krahl, Negt, Mallet, Schumann-Kern, Berger, die Papiere der Betriebsprojekt-Basisgruppe usf. untersucht.

Inzwischen sind die Freunde aus der Universität verschwun-

8 Bureaucraties want and need crisis (Schumann, 1966). Und jetzt griffen die uns nicht einmal an, brauchten keine Krise (die sofort unseren Kampfgeist hergestellt hätte), sondern standen parallel uns gegenüber, »irgendwie bedauernd«.

den. Einige bekleiden Lehrstühle, doktorieren. Andere haben sich Fraktionen angeschlossen, G. ist ihnen nicht gefolgt. Das Frankfurter Negt-Kolloquium löst sich auf, da Negt nach Hannover geht. Eine Aporie: nur aus einem Handlungszusammenhang, einem Bluff, einem wirklichen Aufstand oder durch Freunde könnte folgen, wo die theoretische Tätigkeit ein Ende oder Maß hätte. Diesen Handlungszusammenhang usf. findet G. nicht.

»Das Allgemeine, von welchem das Besondere wie von einem Folterinstrument zusammengepreßt wird, bis es zersplittert, arbeitet gegen sich selbst, weil es seine Substanz hat am Leben des Besonderen. Ohne es sinkt es zur abstrakten, getrennten und tilgbaren Form herab.«

»Gründlichkeit« hindert ihn, ohne hinreichende »theoretische Plattform« in eine »Vergrabung ins Einzelne« sich hineinzuwerfen. Es wäre willkürlich, sich einen Handlungszusammenhang, einen Beruf, neue Freunde »auszuwählen«. Ein Aufstand findet nicht statt. So versucht er mit umso größerer Anstrengung des nackten Wollens, Theoriemasse zu bezwingen. Er sieht eine Chance, den »ökonomischen Bezugsrahmen« doch noch zu ertrotzen. Hierauf würden entweder Beruf oder Freunde oder der Aufstand vielleicht folgen.

Den Vorschlag, auf einer Tafel oder in einer Art von Landkarte, zu einem Atlas der Weltprobleme zusammengefügt, Beiträge zu einer *politischen Handlungslehre* zusammenzuschreiben, lehnt er ab. Er ist kein »Generalstäbler«. Selbst wenn das ein Überblick wäre, es wäre nicht etwas, das sich graphisch darstellen läßt.

Er beginnt wieder viele Fernsehsendungen anzusehen, schläft morgens lange, muß abends »ausbrechen« gehen, klappert Lokale ab, wo eventuell »Freunde« sitzen, ein Bier trinken. Selbst die Stellung eines Kassierers in einer Gastwirtschaft schien ihm gelegentlich verlockend, weil sie beweglich ist und Grenzen für seine unendlichen Anstrengungen zieht. Dann aber verwirft er das. Er kann sich nicht dümmer machen als er ist.

»Wer ein Wort des Trostes spricht ist ein Verräter.«

Zu leben ein angenehmer Tag. Es gießt. Nach den heißen Juli-Tagen ein Genuß. B. könnte also einen seiner schweren Anzüge tragen und damit »angezogen«, also gepanzert in den Büros erscheinen. Das muß er sich allerdings versagen. Der Anzug paßt aber auch für die Trauerfeier für den Genossen Dr. Fritz Bauer, zu der B. jetzt gefahren wird.

Der Sarg steht in der kleinen Friedhofskapelle in einem Gebüsch von dickblättrigen Ölpflanzen. Voran große Blumensträuße. Die Musikauswahl für die Feier hat der Philosoph Adorno ohne jede Fremdkontrolle übernommen. Er läßt auf Regierungskosten drei komplette späte Streichquartette von Beethoven durchspielen. Die drei mittleren: Nr. 13 B-Dur, Op. 130, Nr. 14 Cis-Moll, Op. 131, Nr. 15 A-Moll, Op. 132.

Abb.: »Angeblich ist diese Musik tröstend. Sie ist es nicht, sie ist wirkliche Musik.«

Er, der von den Anwesenden diese Musik vermutlich als einziger dechiffriert, wiegt seinen Kopf zu den Tönen, das Haar wie Pulloverflausch, in der inneren Bewegung der Musik, also nicht so, daß ein Laie dies für musikalisch gehalten hätte, nicht wie ein Metronom, das die Takte skandiert.

Eine Ansprache hat sich der Tote testamentarisch verbeten. Die Gruppe der Trauergäste besteht aus der kleinen Regierungsschicht des Landes, die nach 1945 angetreten ist, einen antifaschistischen Kurs durchzuhalten. Da die Musikdarbietung unmäßig lange dauert, keine Ansprachen stören, tritt tatsächlich eine intensive Beschäftigung mit dem Toten ein. Der Kultusminister hat in ihm seinen besten Freund verloren.[1]

B. sieht jetzt den Toten, wie er im Zuchthaus Butzbach alle Zellen aufschließen läßt, die Gefangenen mit »Kameraden« anspricht. Die Justizverwaltung hielt diese Ausdrucksweise für die eines Narren. Sie hat versucht, ihn einzugrenzen, indem sie erzürnte Oberstaatsanwälte um ihn herum gruppierte, die ihm nach und nach Zuständigkeiten entwendeten. Aber der Narren-Anschein war notwendige Tarnung. Bauer hatte immer Akten parat, mit denen er die aus dem alten Regime übernommenen Kriminalisten in Frankfurt und Wiesbaden in Schach hielt. Für jede Fehlleistung gab er eine der belastenden Akten in den Geschäftsgang.

Es steht übrigens nicht fest, was ihn dazu trieb, sich in seiner

1 Andererseits: Von den hier anwesenden Freunden oder politischen Instanzen wäre niemand erreichbar gewesen, falls der Tote vor dem Hergang, welcher es auch war, noch versucht haben sollte, jemanden zu erreichen, einen anderen Menschen, mit dem er hätte sprechen können.

Nun war jeder aus der überbeschäftigten Führungsschicht dieses Landes, die bis zur Studentenrevolte auf festen Stühlen saß, ohne die Zeit, die für die Ausführung von Freundschaften oder menschlicher Nähe erforderlich ist. Die Gruppe hielt nichts zusammen, es sei denn die bestimmte antifaschistische Haltung, die sich mit einer gemeinsamen Aversion gegen andrängende neue und ganz alte reaktionäre Kräfte richtete. Sie waren deshalb, auch wenn sie füreinander geringe Zeit erreichbar waren – und im Moment hatten sie einander ja während dieser Feier für mehr als eine Stunde –, unfähig, einander Zuwendungen zu geben, d. h. zur tatsächlichen Isolierung die Illusion einer persönlichen Welt oder »gemeinsamen Menschseins« hinzuzufügen, wenn das doch allenfalls eine Sache für Vorreden des Kultusministers war, und niemand an dieses wechselseitige Menschsein glaubte, das ihm schon vorher durch Angst und Zeitmangel wie von Kannibalen aufgefressen war. »Wer tröstet, ist ein Verräter.«

einsamen Badewanne die Pulsadern zu öffnen. B. will dem nachgehen. Nach Musikschluß erheben sich die Trauergäste. Sie wissen nicht recht, was sie jetzt tun sollen. Es ist keine Führerpersönlichkeit da, die eine Haltung vorgibt. Die Gefängnisdirektorin E., die das Herumstehen nicht verträgt, geht rasch davon.[2] Ministerialrat F. zu Adorno: »Wir müssen einmal miteinander sprechen.« Oberlandesgerichtspräsident zu B.: »Wir sind, glaube ich, Stallgefährten bei Goverts.« »Ja.« Die Frau des Philosophen Adorno zieht ihn rasch weg, der noch an den Klängen in der kleinen Kapelle hängt und gern die Veranstaltung nochmals wiederholt sähe. Sie will aber jede Verwechslung mit dem Schicksal des Toten vermeiden, drängt fort von diesem Friedhof.

Frau Staff hat im Frankfurter Hof den Salon 15 gemietet, für eine Nachfeier. Hierhin begibt sich die Mehrzahl der Trauergäste. Man versucht, insbesondere für Verwandte des Toten aus Schweden, etwas von dessen lebendiger Erscheinung zu rekonstruieren. Die Verwandten kennen den Toten praktisch gar nicht. Der Kultusminister ahmt mit Handbewegung Gesten des Toten nach. Er beschreibt einen Vorfall in Kassel. Ein Kind wollte dort schon mit 5 Jahren in die Schule. Lief immer wieder hin. Der Rektor erteilte dem Kind Hausverbot. Das Kind ist doch noch nicht eingeschult. Jetzt kommt der heute Beerdigte, hält eine Fragestunde ab, die sich an sich nicht auf das Schulwesen bezieht, für das er ja nicht zuständig ist. Er hört die Mutter des Kindes an. Wendet sich an den Regierungspräsidenten: Na, warum kann man das Kind denn da nicht drin lassen? Regierungspräsident: Es ist gegen den Erlaß. Der heute Beerdigte: Das Kind bleibt, wo es ist, und wenn es in der Schule sitzt, dann muß man es in der Schule sitzen lassen. Die Frau wollte nicht glauben, daß das Problem so einfach zu lösen war. Der Regierungspräsident sagte auch gleich: Ja, der Minister hat aber verfügt, daß nur die aufgerufenen Jahrgänge zur Schule dürfen. Der Beerdigte: Ich wüßte nicht, wer Sie deswegen anklagen sollte, wenn Sie von dem Erlaß abweichen. Die Erlasse sind von Vernünftigen im Inter-

2 Entweder weil sie weinte und dies nicht zeigen wollte, oder weil sie die vom Toten gewollte Sprachlosigkeit nicht länger ertrug.

esse von Vernünftigen gemacht. Das Interesse des Landes spricht nicht gegen den ausdrücklichen Willen dieses Kindes. Sagen Sie das dem Rektor. Ungeklärt blieb, warum das Kind so gerne in diese Schule wollte. Vielleicht hatte es Freunde dort.

Zuletzt saßen bis 17 Uhr 7 Mann und 2 Frauen um den kleinen Tisch. Getränke wurden gereicht. Der Minister wurde an verschiedenen Stellen des Landes dringend gesucht. Man wußte im Ministerium nicht, wo B. und der Minister steckten, nämlich im Salon 15. Sie wollten sich von dem Toten nicht trennen. Solange sie hier zusammensaßen, war noch etwas von ihm zu fassen. Wenn sie sich trennten, war der gütige Mann endgültig fort. Niemand aus dem Nachwuchs des Landes ersetzte ihn.

Abb.: Der Leviathan. Etwa 800 n. Chr. Er ist das Leben auf der Erde. Bald will das Untier tauchen. »Die Erde ist gewaltig schön, doch sicher ist sie nicht.«

Heft 9

Bilder aus meiner Heimatstadt

Montag früh 5 Uhr – Halberstädter See – Den Protest von Frau Wilde hört man nicht – Ein Beispiel für »proletarische Öffentlichkeit« – Funktionär Tacke.

Jahrgang 1892 – Ein ideologischer Hinweis ... – Lage Cäcilienstift.

Kommentar eines DDR-Programmabhorchers – Willi Scarpinski der Heizer – Rasche Veränderung der Horizonte.

[Halberstadt, Montag früh 5.00 Uhr] Im ehemaligen Finanzamt-Neubau, jetzt Gebäude des 1. Kreissekretärs der SED, steht am offenen Fenster der mit der Nachtwache betraute Funktionär D. und sieht in Richtung Breiter Weg. Jede Nacht wird von einem geschulten Genossen durchwacht. »Das Weltall schläft auf seinem Riesenohr.« (Majakowskij).

Der natürliche Fluß der Nachtluft aus Richtung Magdeburg stößt über dem Huy-Höhenzug auf eine spezifische Luftfront, die den Strom nach Süden auf die Stadt zu umleitet; er mischt sich über Reichsbahnausbesserungswerk Halberstadt und Wehrstedter Teilwerk VEB Fleisch- und Wurstwaren mit industrialisierter Luft des Nachtschichtbetriebs. Das kann die Nase des Funktionärs als Mischung wahrnehmen.

Das Frisierzentrum Breiter Weg sowie die Kinderkrippen sind bereits geöffnet. Sieben Karren mit Kleinkindern, lebhaft in ihren Karren, sind davor abgestellt. An der Hinterrampe des Roland-Kaufhauses werden Wareneingänge entladen: Kisten mit gelbfarbenen Lämpchenketten für Gartenabende. Der Breite Weg ist um diese Stunde vor Produktionsbeginn voller Leute.

In zwei Stunden werden die Bevölkerungsgruppen in die Betriebe gelangen. Die Umformung einer Gesellschaft geht träge vor sich. An sich müßte sich die Distribution, also Läden und Versorgungseinrichtungen, politisch hierzu angeleitet, an die Produktion längst angepaßt haben. Das würde bedeuten, daß sämtliche Versorgungseinrichtungen und Läden des Breiten Weges zwischen 4.00 und 6.00 Uhr früh öffnen.

Aufgabe des Funktionärs D. ist es aber nicht, sinnliche Eindrücke zu sammeln, das ist nur Inhalt seiner Pause, sondern die verantwortliche Sicherheitsüberwachung der bis vor kurzem schlafenden Stadt. Das Gebäude besitzt Richtstrahlantenne zu den Oberinstanzen nach Magdeburg, außerdem zum Grenztruppenregiment. Die ratio (= Fesselungskunst) hat dünne Fäden.

[Oberstadt, Unterstadt] Trennungslinie: die Kirchen, der Domplatz, eine Art flacher Stadthügel. Zwischen Oberstadt und Unterstadt verlief die Sprachgrenze zwischen Platt, der »Unterschichtssprache«, und der Oberschichtssprache: Magdeburgisch-Thüringisch, eine Klassengrenze. Nach der Zerstörung der Stadt, sind Neubauzonen entstanden, in denen sich Oberstädter, Unterstädter vermischt haben. Diese Vermischungen, die Transformation der äußeren ständischen Wohntrennung der Bevölkerung, ist von Museumsdirektor

Abb.: Früher: Frauen in der alten Stanzerei.

Abb.: Heute: Die moderne Spritzgußproduktionsanlage.

Genosse Tiedemann auf Karten eingezeichnet, so als wären es Warm- und Kaltwasserfronten in Flüssen. Das wird erforscht.

[Halberstädter See] Aus der Werksküche des VEB *Plaste* werden am Kiosk der Badeanstalt *Halberstädter See* Kisten mit Bockwürsten ausgeladen, die für den Mittagsbetrieb gebraten werden sollen. Um das Wasser der ehemaligen Kiesgrube ist wie ein Amphitheater ein Sandstrand, verschiedene Wiesenstücke und eine Buschgrenze am Oberrand des aufgeschütteten Kraterrandes gelegt. Zum Tag der Nationalen Volksarmee übt an dem Weiher das Grenztruppen-Regiment Flußübergang. Dann besiedeln die Halberstädter die Randhügel, und es sieht tatsächlich wie ein Leistungssport-Zentrum aus. In der übrigen Zeit ist es Naherholungsgelände, Frauen, Kinderscharen, Jugendliche mit Kofferradios und, soweit sie auf Gras sitzen, auf ausgebreiteten Decken.

Zum derzeitigen Zeitpunkt der Morgenfrühe ist es noch zu kühl. Das Wasser der ehemaligen Kiesgrube ist durch frische Fluten aus zugeleitetem Wasser der Rapp-Bode-Talsperre »meliorisiert«. Ein Regenguß klatscht auf das Wasser.

Vier Jahre haben die Fahrer von VEB *Transport-Erde-und-Versorgungsfahrten* Kies aus dieser ehemaligen Kiesgrube bei Wehrstedt zur Großbaustelle der Rapp-Bode-Talsperre in den Harz hinaufgefahren. Eine Gruppe von Fahrern hatte dann die Idee, daß sie ausgeschachteten Sand dieser Großbaustelle auf der Rückfahrt nach Wehrstedt mitnehmen dürften. Darüber ist mit dem örtlichen Betriebskollektiv Rapp-Bode ein Freundschaftsvertrag aufgesetzt worden. Der Sand wurde um die wasserführende Wehrstedter Kiesgrube, jetzt Halberstädter See, großflächig und gelb-weiß herumgeschichtet, von den Gärtnereien der Stadt Rasen und Rasenstücke, Sträucherbegrenzung und Jungbaum-Gruppen angelegt. Auf dem Sand sind Badekörbe aufgestellt. »Das ist jetzt die Ostsee.«

Gegen 11 Uhr, die Sonne ist hervorgetreten, treffen die Badenden ein.

Nach Klein-Quenstedt zu ist eine Erlenreihe zu sehen, noch von Gutsbesitzer Rückert angelegt, um Fasane dorthin zu gewöhnen. Eine Uhr braucht man nicht, da man sich nach den Zügen von und nach Oschersleben-Magdeburg richten kann.

Abb.: Ein Kollektiv der Jugendverkaufsstelle »Komsomol«.

Abb.: Kollektiv der Kaufhalle »S Am Breiten Tor«, mehrfach ausgezeichnet.

[Den Protest von Frau Wilde hört man nicht, aber er ist da]
Frau Anna Wilde hatte 5 Kinder, 12 Fehlgeburten, 6 behördlich genehmigte Abtreibungen. Das *einzige*, was sie – als

jahrelange Putzerin 1928–1946 – ihren Kindern geben konnte, war etwas von ihrer Lebensart, Korb geklauter Kartoffeln, etwas Ware. Sie selbst war ja aus Wiesbaden, genauer zwischen Bad Schwalbach und Schlangenbad, je nachdem, ob man den Kreis um ihren Vater oder ihre Mutter zog, die getrennt lebten. Beglückt wurde sie mit Fritz, ihrem Mann, Kellner im Bad Schwalbacher Kurhotel, der arbeitsunwillig war, gern auf Rennpferde setzte. Mit ihm zog sie 1932 nach Mitteldeutschland, wo er Arbeitslosenrente bezog. Falls er da war, war es entweder ein Vergnügen oder eine Tortur.

Nach 1945 wurde im Arbeiterstaat die Klasse, zu der sie als Fleißige zurechnete, gefördert; zu der aber auch ihr Mann zählte, weil sein fehlender Arbeitswille weder in der Zeit der Arbeitslosigkeit (29-33) noch in der Zwangswirtschaft nach 1934 (er wurde nominell als Lagerverwalter geführt, fehlte meist, war krank) noch jetzt, im Arbeiterstaat, offiziell Pförtner, häufiger aber in Nebentätigkeit oder Schwarzarbeit, nicht auffiel. Inzwischen ist er Rentner. Anna arbeitete für den vergnügten Lump mit. Sie hat die Küchenleitung in dem Betrieb *Plaste* übernommen, 7 Kochkessel, Personal usf.

Die Töchter in den Westen, die Söhne im Osten: Die älteste Tochter, mit einem Jahr außer Haus gegeben, »damit sie ein besseres Leben führt«, durch ein Kleinbürger-Ehepaar verdorben, das sie erzog, starb an Kreislaufkollaps. Die anderen beiden Töchter erfolgreich im Westen verheiratet. Der älteste Sohn dagegen ist Kombinatsleiter in Dresden. Der Jüngste, dem Anna mitgegeben hat, was sie vermochte, weil sie wußte, das wird mein letzter: Stellvertretender Ober-Bürgermeister von Leipzig. D. h. diese beiden und die beiden anderen westlich haben die Klasse gewechselt und können Annas Lebensart in den neuen Umständen nicht recht durchführen.

Frau Wilde hat sich in den Beschränkungen und Grenzen immer abgefunden. Sie ist, wie gesagt, fleißig. So gibt sie jetzt wenigstens etwas von ihrer Art an die Küchenlehrlinge und Frauen in der Betriebsküche ab. Die auseinandergelaufene Familie, für deren langwieriges Aufwachsen sie den größten Teil ihrer Lebenszeit aufbrachte, ersetzt sie in wenigen Wochen durch eine neue Familie. Wo sie auftaucht, bildet sich ein Zentrum um sie herum. Sie braucht dafür nicht viel mehr als einen passenden Tisch, Tasse Kaffee, ihr Mundwerk, ihre Art.

Jetzt, altersmäßig, wird ihre Nachfolgerin für den Küchenbetrieb eingearbeitet, sie kennt das: Sie zieht einen Kreis um sich, und das, was er umfaßt, zerstreut sich oder wird anderweitig übernommen. Die Hühner, sagt sie, oder die Tiere, behalten Eier oder Junge auch nicht. Daran ändert sie nichts. Aber sie wird sofort nach der Wegnahme wieder neu brüten. Das bedeutet nicht, daß Frau Wilde mit diesem Verfahren einverstanden ist.

[Ein Beispiel für »proletarische Öffentlichkeit«] Die Kneipe Thüringischer Hof ist von der Theke bis zu den Fenstern mit Sperrholztischchen und -bänken reihenweise und quer-gestellt strukturiert. Sehr energischer Wirt, wie alle Wirte in der gesamten Unterstadt, die hier ordnungsgemäßen Kneipenbetrieb organisieren. Unterhalb dieser straffen Organisation bleibt Raum dafür, daß sich die zahlreichen Berufstätigen zwischen 18 und 21 Uhr ihre ein, zwei Stunden Freizeit anpassen.

Der Schweißer G. erzählt – eigentlich war er nur hergekommen, um ein, zwei Cola, einen Klaren und zweimal Brause gegen den Sommerdurst zu sich zu nehmen, während insgesamt dann noch acht Runden Korn geschmissen wurden –: Am kältesten ist der *Blausee,* kalt in der Sommerhitze auch das *Gröninger Loch.*

Rapp-Bode-Talsperre ist verboten, man kann vom 12 m hohen Damm reinspringen, wird dann von der Brückenwache gestellt. Frage: Hast Du gepullert? Nein. Dann ist es die halbe Strafe. Bestimmte Bäche im Huy, die Badevertiefungen aufweisen, vor allem für den Herbst. Im Teich bei *Quenstedt* springst du hinein und hast die Barsche und Schleien um die Knie herum und am Bauch. Wenn du die Hand aufhältst, liegt im Fließwasser bei *Wernigerode,* wenn du die Geduld hast, acht Minuten zu warten und stille zu halten, eine Forelle in der Hand. Du kannst sie fangen, wenn du sie am Kopf und Schwanz hältst. Ich ließ sie wieder los, weil sie weiterschwimmen wollen, usf.

Unterscheidungsvermögen. Nicht ein Kenner des Unterschieds zwischen 180 *Weinsorten* (»süffig«, »blumig«, »erdig«, »trocken«, usw. usf.), sondern zwischen 200 verschiedenen Sorten *Wasser,* in der Halberstädter Umgebung ohne weiteres erreichbar, also praktische Kenntnisse, Gebrauchswert. Er spricht Platt. Es wird in dieser Öffentlichkeit verstanden.

Abb.: Künstlerische Ausgestaltung; hier: Rückwand des Stadtcafés, »im Dienste der Werktätigen« durch die Künstler Pia und Walter Ebeling. Akademische Öffentlichkeit.

[Funktionär Tacke] Auf der täglichen Fahrt zwischen Elektrizitäts- und Wasserwerk ist Zeit für Überlegungen, da es noch nicht zu heiß ist.

Tacke hat den Eindruck, daß jeder der drei Bereiche, die zusammen die Republik ausmachen, zumindest was Halberstadt betrifft, die Tendenz hat, sich auf eine **ewige Fortdauer** vorzubereiten. Für den Bereich der politischen Orientierung folgt dies aus dem Kontinuitätsbedürfnis, aus dem **Besitz an Planstellen.** Es ist aber auch eine Arrondierung, ein tägliches Abzwacken an Zeit und Dingen zur Ausgestaltung der dauerhaften, seit Gründung der Stadt zäh verteidigten **Lebenssphäre** festzustellen. Die **Produktion** richtet sich ein, als würden große Schiffsmotoren für den internationalen Austausch *in alle Ewigkeit* gebraucht.

Abb.: VEB Maschinenbau, Großdieselmotoren bis 9000 PS Motorleistung. Für Schiffe.

Jahrgang 1892

I

Geboren in der Gröper Straße
Das Geburtshaus schräg gegenüber dem Lokal »Zur Sonne«. D. h. er ist gebürtiger Unterstädter; die Oberstadt (Garnison, Lehrer, Gewerbetreibende usf.) ist ab Lindenweg an die südliche Außenmauer der Stadt angelehnt, zieht sich zum Bergwald hin. Später ist noch ein »Anhang« entstanden, die Lücke zum Hauptbahnhof zu füllen: die Richard-Wagner-Straße, die Magdeburger Straße mit Villen, Kraux-Schrotthandel, Handschuhfabrik Funger.

Seine Mutter
Hedwig, geborene Glaube; hat vier Kinder in 6 Jahren hintereinander weg geboren. Ohne viel körperliche Kraft, aber

scharfzüngig. Danach vom Ehemann nicht mehr besonders als weibliches Wesen betrachtet, sondern als Begleit- und Kochperson. Das war sie nun überhaupt nicht.

Sie hat viel Kopfschmerzen. Noch immer zeigt sie ein freundliches, ruhiges, ausdrucksstarkes Gesicht – und eben hat sie gesagt: Wilhelm hat den Tod in den Augen, ich sehe das. Die Stimmung ist hin.

Oft ist sie krank. Damit will sie etwas Ernstliches äußern. Ihren jüngsten Sohn nennt sie Ernst.

Der Vater

»Ein offener, ruhiger, gütiger Mann, aber ohne Verständnis für Krankheiten.«

Rechnungsrat. Umzug aus der Unterstadt in die Bismarckstraße, das bedeutet: Oberstadt. 3. Stock einer Wohnkaserne, nach vorn Blick auf die enge Straße, nach rückwärts auf den Park des Millionärs Krüger, Bankier, dessen Kieswege, in Kübeln in den Garten gestellte Palmen, Bäume. Kostenloser Blick. Spaziergang zur Plantage, kostenloses Umhergehen zwischen Uralt-Bäumen, danach zur Martini-Kirche mit Kirchturm und kostenloser Uhrzeit, Frühschoppen im »Hacker« – dies ist wie ein Vorgarten zum Besitz einer kleinen Oberstadt-Wohnung. »Man muß nicht alles selber besitzen, was man genießt.«

Die Gefühle drücken sich aus über Schlachtbilder von 1870/71. »Welch eine Wendung durch Gottes Fügung.« General Reille überbringt die Kapitulation, er geht gebeugt. Louis Bonapartes Niedergang in drei Tagen. Aus dem Gleichmaß der Stadt, in der sich so gut wie nichts Großes ereignet, der Gefühlsrhythmus der Geschichte, »deren Mantel ich ergreife und mich ziehen lassen, solange es geht«.

Er summt Choräle. »Nun kommt der Heiden Heiland«, »Lob sei dem allmächtigen Gott«, »Helft mir Gottes Güte preisen«, »Das alte Jahr vergangen ist«, »Herr Gott, nun schließ den Himmel auf«, »Erschienen ist der herrliche Tag«. Das Summen konnte die Frau, die in den ereignislosen Vormittagsstunden die Gans ausgenommen hat, mit beiden Armen im Tierleib rangierend, jetzt steht die Gans kroß auf dem Tisch, überhaupt nicht aushalten. Seine Magensäfte haben sich aber gesammelt und er hat Appetit.

Wie eine Uhr geht er mit festen, maßvollen Gewohnheiten durch die Tage, sieht die Frau nicht, sieht die Kinder nicht, die um dieses Uhrwerk kreisen. Diese Güte ... Er kümmert sich sehr um alles. Für die Universitätsausbildung des Ältesten spart er, für die Mädchen wird es nicht reichen.

Die Gefährdung der Geschwister

Die beiden Erstgeborenen sind gefährdete, zähe Naturen. (Der Älteste wird August 1914 auf einer französischen Wiese erschossen). Die beiden Nachgeborenen, an ihnen gemessen, sind »Moppel«.

Für ein Kind, durch rotes Hexenhaar gefährdet (später fällt das fort: Glatze), in der Unterstadt geboren (privilegienlos), gibt es keinen einfachen Vollzug der Ängste der Voreltern. Wer will Standbild eines »immer fleißigen fremden Mannes mit festen Gewohnheiten« sein? So ungerecht gegen die Mutter? Wer will so viele Jahre krank sein wie die Mutter? Gewissermaßen scharfzüngig, still, selbstbewußt? Vor sich hinwimmern oder schreien? Aber das nicht zeigen? Die Kinder beobachten genau.

E. trennt sich von der Unterstadt, Vorfahren, Mutter, Geschwistern, deren Sonderschicksal, Verarbeitung; zuletzt vom kräftigen Vater. Die Person, das sind die Trennungen. Er sieht unverwechselbar aus, individuell, wie jedes Lebewesen aus dieser Familie, Katzen und Hunde. Aber es ist nicht »Einheit der Gefühle«, sondern die Trennung.

»Trennungsenergie«, Indirektheit der »Form«. Er ist eine Zeit ein »Junge«, dann plötzlich »Erwachsener«. Es kommt auf denjenigen an, der ihn ansieht: für den Vater: ein Junge, frech oder ängstlich. Er gibt Blicke nicht zurück, sieht andere nur an, wenn sie ihn nicht ansehen, will nicht fixiert werden.

Abb.: Goldene Hochzeit der Eltern. Im Vordergrund der Vater, hinter dem Vater links der *Junge* (15 Minuten später: in der Praxis, Patienten ihm gegenüber, *Erwachsener,* der Patient zahlt 5 Mark für die Beratung), rechts des Vaters die ältere Schwester, rechts davon die Mutter usf.

II

»Ein Mensch wird geboren, hat einen Wert; der Wert wird ihm beschnitten; er wird sich einen Kokon machen aus Wertgefühlen.«

III

Ein Arzt
»Da haben Sie nun, was das Wesentliche des Arztes ist: Ein Hang zur Grausamkeit, der gerade so weit verdrängt wird, daß er nützlich wird, und dessen Zuchtmeister die Angst ist, weh zu tun« (Groddeck).

»Persönlich«, d. h. mit der Zeit reich, fähig sind die Hände, fester Griff, ruhig, Arbeitswerkzeuge, in seiner Praxis als Arzt und Geburtshelfer. Seine Füße, die er nicht zeigen kann, weil für Fußpilz anfällig, seine Nase und Zunge, die eine die des Vater-Vaters, die andere die der Mutter-Mütter: unterscheidet Gut und Böse als Gerüche, Geschmack auf der Zunge, edle oder ordinäre Speise, witzige gesparte Rede oder dahinreden.

»Muskulöser, fetthaltiger Nacken, ein gesellschaftliches Merkmal, wie der Panzerturm eines Schlachtschiffes.« »Nakkenwürde«. Er schwenkt den Kopf mit den Augen, die rasch herumblicken, erfassen und wieder nach vorn gerichtet werden, er muß sie in den Augenwinkeln drehen, wenn er seitlich gucken will. Dies gibt den Augen »Behendigkeit«.

Die Hauptlinien der gesellschaftlichen Entwicklung hat er gemieden. Wurde, weil dies kostenlos geschieht, in der Pepinière in Berlin zum Militärarzt ausgebildet, mußte dafür seine Seele verkaufen und auf ewig versprechen, Militärarzt zu bleiben. Durch den Ausgang des Weltkriegs wird dieses Versprechen hinfällig. Die Zeit ist an ihm und seiner Prägung vorübergelaufen.[1]

1 Im Ergebnis ist es ein Glück. Er gewinnt, unbestellt, ein Mehr an Individualität. Anderseits hat er sich, 20 Jahre alt, ein Bild von »seiner Zeit« gemacht, es ist die von 1912. Diese »Zeit« geht mit der Marneschlacht zugrunde. Er studiert deshalb die Konzentration aller Kräfte (III. und VI. Korps) auf den rechten Flügel in der Schlacht vor Paris (an der Ourq). Das hätte, so konsequent, glücken können. Dann wäre die Marneschlacht gewonnen worden, seine Zeit erhalten geblieben. Im Westfernsehen hat Haffner bestätigt: es hätte glücken können.

Der Besitzer
Das Grundstück, Haus, Garten, Kieswege des Millionärs Krüger, auf das der Vater, die Geschwister nur blicken durften, hat er gekauft. Er fängt Wasserflöhe mit dem Köcher für

Abb.: Durchblick zum Wintergarten Kaiserstraße 42.

die Fische im Aquarium, rupft Unkraut, legt einen Steingarten an. Die Eltern sind im Altersheim, dem sog. Sternenhaus untergebracht, nähern sich also immer mehr den Sternen.

Abb.: Wintergarten und Teich.

Abb.: Der Salon.

IV

Die Genauigkeit des Unterscheidens

Er würde nie eine »zweite Wahl« anrühren, lieber hungert er. Schmerz, Hunger können, richtig angewendet: erste Wahl sein.

Er produziert den Hunger durch vorherige harte Arbeit. Eis essen, Süßigkeiten liebt er. Zugleich aber männliches Essen: Sülze, Pottsuse, saure Gurke oder Essiggurke. Kann man so viel essen, daß der Bauch explodiert? Nie. Aber er könnte so viel Antiquitäten sammeln, daß er die Bilder, Schränke oder wertvollen Stühle oder Tische nicht mehr im Hause aufstellen kann. Dann muß er eben eine Scheune mieten und sie dort aufeinanderstellen.

Die Tochter des Geheimrats Kehr war vor 50 Jahren in ihn verschossen. Er hätte in eine Klinik, bestehend aus fünfstöckigen Häusern, Garten mit eingebautem Würstel-Stand (angelegt vom Bühnenmeister des Stadttheaters aus Dekorationen zum Musikdrama *Die Meistersinger*) einheiraten können. Zum Schwager, Hans Kehr jun., hätte er ja gesagt, aber die

Abb.: Frau, Hund und Sohn. Vgl. seitlich geschwenkten Blick, aber unter der Bedingung, daß er selber nicht angesehen wird.

Schwester nehmen wäre zweite Wahl gewesen, weil sie ihn ja freiwillig nehmen wollte. Er müßte schon selber werben, aus fast aussichtsloser Position heraus, wenn es erste Wahl sein soll. Eine, die er gegen entschiedenen Widerstand gewinnt, zeigt damit, daß sie ausgezeichnet ist, etwas an sich Unerreichbares, und durch einen Glücksfall gewinnt ers. Es ist aber Würde, die Unverkäuflichkeit seiner Wünsche.

Abb.: Hochzeitsreise 1928. Eine Importe aus verarmten Kaufmannskreisen in der Reichshauptstadt. Eine Stimmungskanone, eleganteste Frau Halberstadts, vergleichbar einer gotischen Madonna, ein Wert, der sich aber nicht tauschen, vermieten, verschenken oder verkaufen läßt. Aber doch für die Gefühle (die die Urobjekte zwingend vermeiden müssen) nicht imaginär genug, wie es z. B. das Liebesduett in Othello (Verdi), Ende des 1. Aktes wäre, das er an sein Ohr holen oder ausschalten kann. Und er hört es auch, wenn er die Platte gerade nicht aufgelegt hat. Nur die Ideen sind real für das Gefühl: »Der Franzose geht lächelnd im Nahkampf zugrund, lächelnd zerschellt der getroffene Aviateur – denken sie nur an einen küssenden Mund: an deinen, Traviata.« Vermiede er es nicht, wäre er jetzt eine Uhr wie sein Vater. Der »Besitz« läßt sich aber nichts gefallen.

Abb.: Reise nach Madeira.

Abb.: Der Hund.

Er ist ein sog. Zangenkünstler (Geburtszange), d. h. ein Arzt, der etwa 500 Zangen schon angesetzt hat, davon 60–80 große Zangen, und ihm ist keine gestorben.

V

Abb.: Das neue Haus, nachdem das alte 1945 abgebrannt ist.

Er sitzt an seinem Schreibtisch mit Ausblick auf den Bismarckplatz, den er so sieht, wie er dort liegt, mit den modernisierten Blumenrabatten der DDR-Gartenverwaltung, abgeholzten Büschen usf., er kann aber, wie auf Knopfdruck, den Platz auch in der Gestalt sehen, die er in den dreißiger Jahren hatte, oder in der Gestalt von 1916. Oder er baut ihn überhaupt um. Und in der Zeit nach Zerstörung seiner Villa in der Kaiserstraße ist er etwas verwildert. Das neue Haus hier hätte er als Eigentum haben können. Will er nicht.

VI

Frühjahr, Sommer und Herbst 1976 waren (ohne fühlbare *Form* der Jahreszeiten) Tag für Tag zu kalt oder zu heiß. Er nimmt an, sagte die Tochter des Dreiundachtzigjährigen, daß dies sein letzter Sommer ist, rechnet für November oder aber für Februar des nächsten Jahres mit Schluß. Und nun wartet er auf ein bißchen Abkühlung, damit er noch in den Garten gehen kann. Er wird um den letzten Sommer betrogen.

Er mußte sich nämlich im Kühlen halten, weil die tückische Krankheit, Parkinson, die er im Westfernsehen an dem zittriger werdenden oder gar nicht mehr in Erscheinung tretenden Mao Tsetung verfolgte, zwar zuließ, daß Körperbewegungen oder Temperaturen sich nach obenhin steigerten, aber nicht zuließ, die Beschleunigungen oder Erhöhungen zu senken

Abb.: Sein Gefechtstand.

oder zu bremsen. Er konnte der Natur nicht einfach ihren Lauf lassen.

Den Herbst über war die Tochter unruhig, glaubte immer, etwas zu versäumen. Der alte Mann saß, durch die Grenze am Harz getrennt, in seinem großen Haus wie auf einem Schlachtschiff. Er konnte seinem ganzen Charakter nach, wegen seines Gefühls für *Form,* und darin ließ ihn die äußere Natur im Stich, nur im großen Maßstab untergehen.

Abb.: Brustwehr. Damit sein Kopf, an ihm Alter ablesbar, für die Bürger der DDR nicht zu sehen ist, hat er Vorrichtungen getroffen.

VII

November-Sonnabend. Gegen 17.30 Uhr hat er sich in der Küche, mit den schlurfenden Füßen exakt vorwärts- und rückwärtsfahrend, sein Abendbrot zurechtgestellt, dann, den Hut tief im Gesicht, damit ihn kein Späher oder Passant erkennt, die Hose, die den früher stärker gefüllten Körper umschloß, schlottert um die Glieder, im Garten Laub gefegt. Die Laubhäufchen streut er, in Form von Unterhäufchen, zur Gartentür hinaus auf den Fußgängerweg, damit die Bürger dieses Laub in alle Richtungen zertreten. Das Licht über dem Treppenaufgang des Hauses ist nicht angeschaltet. Er will unerkannt bleiben. Einer, der ihn sah, konnte ihn in der Dämmerung auch für vierzigjährig halten und mit diesem Mißverständnis davongehen. Er ließ sich nicht ansprechen.

Die Magensäfte zogen sich auf Grund der körperlichen Arbeit zusammen. Er wollte jetzt rasch zum Treppenaufgang voraneilen, dem Abendbrot in der Küche zu, stolpert aber über eine im Fußgängerweg hervorstehende Steinplatte. Der Fall trifft ihn unvorbereitet. Er versucht, in der Rechten die Harke, die Linke auszustrecken: den harten Fall nach vorn abzustützen. Die Folge ist eine verwundete Hand, heftiger Stichschmerz im Ellenbogen, und er liegt. Das verzieh er der Linken nie, und sie blieb später verkrüppelt und steif, er wollte sie nach dem Unfall gar nicht wieder kennenlernen oder als eigenes Glied annehmen. Ein Fußgänger half ihm die Stufen hinauf, setzt ihn auf den Fernsehsessel im Großen Zimmer ab.

Dem alten Mann lag an einer Pause. Dazu mußte der *aufdringliche Fußgänger* rasch weggeschafft werden. Er überlegte, daß er einen Arzt benachrichtigen müßte. Die Krankheit, die die Mittelhirn-Bremsen im Sinne einer permanenten Bewegung enthemmte, löste die Bewegung Aufstehen aus, ehe er zu Ende gedacht hatte. Während er noch vom Sessel aufstand, fiel er sogleich seitlich hin. Dieser zweite Fall des Abends vervollständigte den Unfall: Oberschenkelhalsbruch. Mit dem Fernsehsessel als Vorschubstütze brauchte er anderthalt Stunden Zeit, um sich zum Telefon, das in Fensternähe stand, hinzubewegen. Dann rief er das Kreiskrankenhaus an, daß sie ihn abholen sollten.

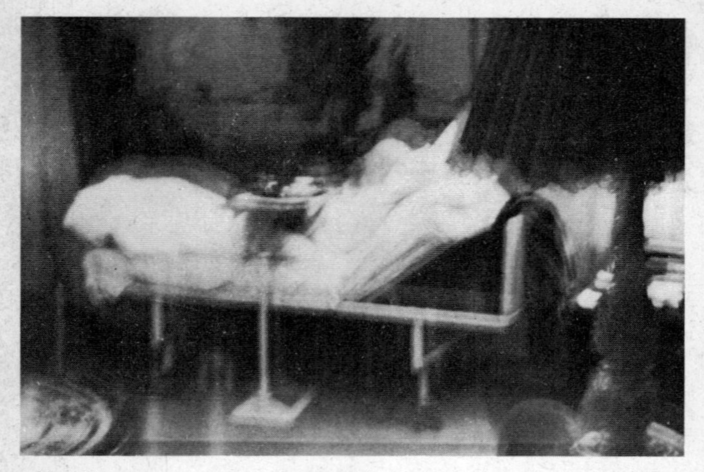

Abb.: Wieder zu Hause zurück. »Ihm zur Seite das Gemälde einer Bachlandschaft mit aufziehendem Gewitter . . .«

Er liegt dort, – die Dinge behalten lange in seiner Umgebung ihren Platz, so wie sie aus der Not heraus oder zufällig gestellt worden sind –, das Bett aus dem Salvator-Krankenhaus, das wir von den Schwestern entliehen haben, an der Stelle, an die es in der Eile gerückt worden ist, die Träger trugen ihn im Eilschritt in die Zimmer, warfen das Bündel von der Trage auf die Liege (es tut aber nicht weh), ihm zur Seite das Gemälde einer Bachlandschaft mit aufziehendem Sommergewitter. Einige Stunden täglich zwingt er sich aufzustehen, sitzt am Schreibtisch.

Sein gesellschaftlicher Wert wird von offizieller Stelle – Gesundheitswesen beim Rat des Kreises – in Zweifel gezogen. Zuviel Raum in dem großen Haus für einen alten Mann, der seit November 76 nicht mehr praktiziert. Man will, zumindest in einige der Räume, die DMH legen (= Dringende Medizinische Hilfe, d. h. 2 Ärzte, 6 Schwestern, Funkstation, 2, 3 Wagen mit Blaulicht für Schnelloperationen gerüstet), ihn durch etwas Planbares überlagern. Dem steht § 12, Absatz 2 der Wohnraumlenkungsverordnung der DDR entgegen.

Dies kommt tausendfach vor, gilt als Privatsache, daß ein 84jähriger einen Oberschenkelhalsbruch hat, die Ärzte nehmen nicht an, daß er es übersteht, daß er sich dann doch halbwegs erholt und noch eine Zeit »anhängt« – nicht mehr der Jähzornige, sondern er holt sich ein Stück Kinderzeit zurück. Da liegt eine Differenz zur »Wichtigkeit« und »den Zusammenhängen der Welt«.

IX

Der Zustand des Gartens

Zwischen diesem Garten und den Händen, die ihn bearbeitet haben (eine davon verkrüppelt auf weißer Bettdecke, die andere kann noch fassen, aber die Beine tragen sie nicht mehr zum Garten), eine unüberwindliche Stufenfolge von zehn steinernen Treppenstufen, den Veranda-Vorbau herab, dann die verriegelte Wintergartentür; zwischen dem Zimmer, in dem er liegt, und dem Wintergarten ein schwarzer Teppich mit Muster (Kelim, 6 × 6 m), der den Zugang für das Morgenlicht (das ihn andernfalls ab 4 Uhr wecken würde) sperrt, davor ein breites Sofa – die Verbindung ist gekappt.

Ein Winter und das Frühjahr haben ausgereicht, die Büsche und Fliedersträuche über die Gartenpfade wachsen zu lassen. Die Hecken haben gewuchert. Der Steingarten ist, vom Herbst her, mit Zweigen bedeckt, die nie (von seinen Lebzeiten her gesehen) mehr abgeräumt werden. Wöchentlich zweimal eilt eine der Hausdamen, Frau Räting, in den Garten und ruppt Sträuße oder Fliederproben zusammen, stellt sie auf den Schreibtisch in der Praxis. Das Wasser im Teich ist im Herbst abgelassen worden. Fünf Daumen hoch steht noch Brackwasser mit Laub vermischt. Dieser Teich wird niemals mehr geräumt werden. Bei Übernahme des Anwesens kommt hier planbares Gras hin.

Abb.: Der Teich.

Abb.: Domplatz, 9. November 1918, Verkündung der Sozialistischen Deutschen Republik.

Abb.: Die Belegschaft der Fliegerschule (= Flugzeugwerke, 1918).

Abb.: Der Zug der revolutionären Arbeiter und Flugschüler, 9. November 1918.

[Die Kranzschleife der USPD Halberstadt für Rosa Luxemburg] Aus Halberstadt ist der Genosse Schulz seit 31. 12. 1918 in Berlin. Sein Schicksal ist unbekannt. Jetzt, am 16. Januar 1919, wird bekannt, daß es dem Genossen Schulz gelungen ist, aus Berlin mit dem Flugzeug nach Braunschweig zu entkommen. Abends ist er da, spricht auf einer Versammlung im Gewerkschaftshaus. Er schildert die Einzelheiten des Mordes, hat aber selber nur darüber gehört. Es wird eine Delegation für die Beisetzung gewählt: die Genossen Wende, Röschen Hechler, Otto Müller und Fritz Hopp.

In der Unterstadt wird für den Kranz gesammelt. Auf die Schleife wird in der Druckerei Götz gedruckt:

> »Aus dem Dunkel der Nacht fiel das tötende Blei
> aus dem Hinterhalt fielen die Streiche
> und so liegt er nun da, in seiner Kraft,
> eines stolzen Rebellen Leiche.
>
> USPD Halberstadt«

Wegen dieser Inschrift wurden wir in Berlin, schreibt Röschen Hechler, als wir im Gewerkschaftshaus am Engelsufer übernachteten, angesprochen (und auch im Trauerzug), wieso wir noch keine kommunistische Partei in Halberstadt hätten, wenn wir doch die richtigen Gedichte machten?

Die Delegation brachte die Schleife, ohne den Kranz, wieder nach Halberstadt zurück, wollte sie im Gewerkschaftshaus aufhängen. Zur Beisetzung Rosa Luxemburgs im Juni 1919 fuhren die Genossen Wendt sowie die Genossen Theodor Hartnuß, Gustav und Hermann Bollmann nach Berlin. Sie nahmen die Schleife mit. Die Schleife blieb dann dort.

Abb.: Auf dem Fischmarkt. 9. Nov. 1918.

Abb.: Dampfseilzuglokomotive, 21 t, 1928 gebaut. Verwendung auf den Gütern des Huy. »Auf den Gütern im Huy-Gebiet befinden sich ab Januar 1919 in Scheunen und in Schlupfwinkeln bewaffnete Banden, die auf den Einsatz gegen den jungen Sowjetstaat in Deutschland warten.«

Abb.: Roland von Halberstadt. Die Geliebte »des Butterräubers von Halberstadt« (Lied dazu komponiert von Hanns Eisler), abgefangen von den Stadtknechten, verweigert Aussagen; wäre aber bereit, dem Standbild des Roland, »Hüter des alten Rechts«, zu beichten, bevor sie gehängt wird. Im hohlen Innern der Statue hören die Stadträte mit. Es ist Wortbruch, Täuschungsmanöver. In Zukunft darf niemand dem Roland mehr glauben.

Die Ewigkeit, die dreigeteilt ist, nämlich in Parallelbereiche nach Frau Magister Anna Wojeciechowska

[Frau Wojeciechowska sitzt im Stadtcafé am Breiten Weg]
Fudert ein Kännchen Mokka und Sahnetorte in sich. Es stünden noch 20 solcher Torten im Vestibül bereit. Sie könnte also, wenn sie Lust hätte, oder das physiologisch möglich wäre, auf sechs bis sieben Stunden hintereinander weg, diese schlabberige Masse inhalieren, aber dies wäre, gemessen an der Unterewigkeit, in der in dieser Stadt die Lebenssphäre seit 1000 Jahren ihre Arrondierung betreibt, ein kurzer Augenblick; für den Magen und einen einzigen menschlichen Körper aber lange. Frau W. träumt an den Resten ihres Kaffees, in dem unten ein Berg Zucker noch unaufgelöst ist.

[Frau W.'s These]
Frau Wojeciechowska aus Poznan, Expertin für bauliche Konservierung von Altstädten, besucht Halberstadt aus Anlaß der Ausstellung *Frühpolnische Städte im Lichte der Bodenforschung,* die das *Museum für Deutsche Geschichte,* Berlin, im *Halberstädter Stadtmuseum* zeigt. In ihrem Referat hat sie, so wie es verlangt ist, einerseits über Bodenforschung, anderer-

seits – im einleitenden Teil unter »Allgemeines« – über Klassenlagen in der feudalistischen Gesellschaft, soweit sie sich auf frühe polnische Städte beziehen, gesprochen.

In ihrem forscherischen Schwarzmarktherzen aber geht sie von Marxens Begriff der Psychologie aus, als der nach außen (in Form von Häusergruppen, Straßen, Städten, Landschaften, Galgenbergen, Schlössern, Werkstätten und Fabriken usf.) gewendeten inneren Verfassung der Menschen. Sie kann sich aber nur auf *eine* konzentrierte Textstelle berufen.[1]

Nun sind einige Ansichten, die Frau W. in ihrem Heimatland und bei Reisen in Bruderländer, insbesondere auch anläßlich ihres Aufenthalts zu einer städtebaulichen Tagung im Hotel Rossija in Moskau, gesammelt hat, bei diesem DDR-Besuch wesentlich bestimmter geworden.

Danach *abstrahiert* Frau W.'s Blick.[2] Die Gesellschaft des Bruderstaates (ebenso wie die der Republik Polen usf.), das sind drei Parallelbereiche: 1. Die Partei (Kreislauf der *orientierenden Organe*), 2. Wirtschaft, Technik, Behörden (Kreislauf der *produzierenden Organe*), 3. Das, was die Menschen wirklich tun, wie die Gräser wachsen, Leben, Liebesleben, Baden, Beerdigungen (Produktion von *Leben*). Das sind, wie gesagt, *Parallelzonen* mit wechselseitiger Einlagerung, Überlagerung, Repression, »eigenwilliger Dialektik« (Frau W.).[3]. Und nun

1 Karl Marx, *Ökonomisch-philosophische Manuskripte,* in: *MEW Ergänzungsband,* Erster Teil, S. 542 f.: »In der *gewöhnlichen, materiellen Industrie* . . . haben wir unter der Form *sinnlicher, fremder, nützlicher Gegenstände,* unter der Form der Entfremdung, die *vergegenständlichten Wesenskräfte* des Menschen vor uns. Eine *Psychologie,* für welche dies Buch, also grade der sinnlich gegenwärtigste, zugänglichste Teil der Geschichte zugeschlagen ist, kann nicht zur wirklichen inhaltvollen und *reellen* Wissenschaft werden.

2 Methodisch nach: Karl Marx, Grundrisse der Kritik der politischen Ökonomie (Rohentwurf), Nachdruck der Ausgabe von 1939, Frankfurt 1968, S. 21–29.

3 Dazu Stichwort: Produktion, Distribution, Konsumtion usf.: Rohentwurf a.a.O., S. 20 unten: »Die Produktion greift über«; »Es findet Wechselwirkung zwischen den verschiedenen Momenten statt. Dies der Fall bei jedem organischen Ganzen.«

In Frau W.'s Dreiteilung, sagt sie, hindern sich aber Nr. 1, Nr. 2, Nr. 3 wechselseitig am Übergreifen. In jeder der drei Nummern ist Produktion, Konsumtion, Distribution enthalten. Also zählt Frau W. »drei nicht-organische Ganze«. (Für jede sozialistische Republik). »Wie bewegt sich das?« Es war nicht so, daß Frau W. als *Spinner* gelten wollte. Sie war eine *radikale* Leserin der klassischen Texte, die immer *gegen den Strich der Realität* gelesen gehören.

als das Kraut und Rüben der Bauten kommen sie wieder zusammen, meint, aber sagt nicht Frau W.: Hütten- und Datschenbau im Bereich Halberstadt-Hoppelberge oder An- und Überbauten des VEB Motorenbau, oder das Eigenleben der Kirchen, die wie Inseln im Kern der Transformations-Stadt sich aufhalten, obwohl sie eigentlich *als Kirchenschiffe zum Rand der Stadt fahren,* sich als Sonderstadtteil, alle Kirchen auf einem Fleck zusammen, oder mitten auf den Feldern, nur durch Feldwege erreichbar, in der Diaspora, neu gruppieren müßten, wenn sie »wahr« sein wollen; die Pfade, die nach der Zerstörung der Stadt durch die Trümmergelände getreten wurden, dürften nicht durch quer darübergestellte Neubauten überlagert sein!

Insofern ist jeder der drei gesellschaftlichen Parallelbereiche im *Bau-Anschein der Stadt* verfälscht, wie übermalte Ölgemälde oder übertünchte Fresken, Frau W. muß erst die Spuren und Pfade der Entwicklung wieder freilegen. Nun tut sie das ja mit dem Kopf, wahr würde es aber erst durch Austausch. Die »Öffentlichkeit« ist aber »zerdeckt«, sonst würde die Stadt kreischen wie die Straßenbahn, wenn sie um die Ecke Hoher Weg/Dominikanerstraße biegt.

Abb.: Wintergarten Kaiserstraße 42, August 1939.

Abb.: Das Sommerbad, erbaut 1927; jetzt, Juni 1940 von 7 Uhr früh an Marschmusik. Übertragung einer Sondermeldung: Petain kapituliert.

Abb.: Eine Kompanie, Infanterie-Regiment 12, marschiert aus.

Abb.: Bahnstrecke zwischen Kalatsch und Stalingrad-Mitte. In der Nähe Artillerie-Trosse aus Halberstadt, Sommer 1942.

Abb.: Gleiche Zeit, Garten Kaiserstraße 42. Mit Hund.

Abb.: Halberstädter und Athenstedter Soldaten in einer Balka bei Werjatschi/Stalingrad.

Abb.: Ausflugslokal »Der Felsenkeller«. Im Hintergrund Musikempore (= muschelförmiger Hallraum, wie ein auf den Garten gerichtetes Hörrohr).

Abb.: Breiter Weg, Hauptgeschäftsstraße, Fliegeralarmübung. Die Fahrzeuge fahren links heran.

Abb.: Ende Gröper Straße. Im Hintergrund Moritzkirche (800 n. Chr.). Eine Straßenbahn in Fahrtrichtung Friedhof.

Ein ideologischer Hinweis, der in die falsche Kehle gerät

Frau R. hat, wie auch ihr Mann, Herr R., recht hohe Funktionen im Partei-Apparat inne. Den Betrieb der Datsche in den Bergen führt, ein Gärtchen drumherum, Zaun, dahinter schon Wald, wenn Frau R. und deren Mann im Dienst sind, deren Mutter, Frau D., 71 Jahre alt, aus Athenstedt/Huy. Dort hütet sie die Privatbesitz-Reste ihres Mannes, der, lebte er noch, 96 Jahre alt wäre; er ist in Stalingrad gefallen. Die meiste Zeit führt sie aber die Datsche in den Hoppelbergen.

Die Kinder von Frau R., also die Enkel, trudeln aus dem Hort und der Schule herein. Frau D. kommt, sieht Fernsehen. Die besten Sachen bringt sie aus Athenstedt mit – Landwurst, Stachelbeerkuchen, Erdbeerkuchen, vorgekochte Kraftsuppe usf.

Den Kindern, die ihre Sprache verstehen oder zumindest so daran gewöhnt sind, daß sie irgendetwas dazu abbilden, Information daraus entnehmen, hat sie heute folgende Geschichte erzählt:

»De Dîwel is schwart un zodlich un het'n pärfaut. Alsau is

hîr ne frû west, dai vorâfrêdet sêk met ner andern frû, wat âwer ne hexe wâr, sei wil se dai nacht umme twaie âfhâlen un met êr in't lant nâ'r hêde gân. Wî dai frû opwâkt, is et êrscht twelewe, âwer dai hexe het al licht. Dâ gait se lôs, un wî se ungene vo ›r't hûs kimt, kukt se êrscht mâl dorch et fenster un sît dâ dai frû met'n Dîwel danzen. Wî se dän grûlijen kärl met der frû danzen sît, wâr êr nich wol, un se denkt bî sêk, dû darfst dêk nich sain lâten, un trit tar halwe. Indäm schlait et twelew un dat licht is ûte. Dâ denkt diese frû: nû moste êrscht en betjen wâren, dat se nich markt, dat dû se sain hest. Nâ ner wîle, dâ klopt se. Dâ kukt dai hexe rût un secht: wat witte denn al? Et het êrscht twelew schlân, kum man rin, et is noch te freu. Se gait ôk rin, un dai andere mâkt sêk raisefartich un kricht denn ne satte melk här un secht: nû kum här und drink mâl, sist wären wai underwäjes darschtich. Se drunkten un junkten denn fôrt. Underwächs vortellten se sêk dit un dat, un dai frû konn'et nicht lâten un frauch: »wär wâr'n dat man, wû medde danzt hest?« »Zimâl«, secht de hexe, »dat harschte mêk êr soln esecht heb'n.« Wî se innekoft harren un wedder nâ hûs junkten, wort de frû sau marôde un schlecht te sinne, dat se kumme nâ Blankenborch kâm, dâ moste se lîn blîben un se mosten se op'n wâgen nâ Hittenrô rophâlen. Un dâ het dai frû en bêses bain enkrein. Dat harre dai hexe êr ândân ...«[1]

1 Man versteht es besser, wenn man es laut vor sich hinspricht.
Übers.: »Der Teufel ist schwarz und zottelig und hat eine Bärenhaut. Also ist hier eine Frau gewesen, die verabredet sich mit einer anderen Frau, die aber eine Hexe war, daß sie sie nachts um zwei Uhr abholt und mit ihr ins Land zum Einkaufen geht (die Frauen müssen so früh aufbrechen, um 2 Uhr nachts, um früh auf den Markt zu kommen; es kann aber auch sein, daß sie Besorgungen auf einem nächtlichen Markt, einem Schwarzmarkt oder auf einem sog. Hexentreffen tätigen wollen. Eigentlich heißt ›nâ'r hêde gân‹ auf die Heide geh'n. Vermutlich also eine illegale Form des Einkaufs). Als die Frau aufwacht, ist es erst 12. Aber die Hexe hatte noch Licht. Da geht sie los und wie sie etwa vor's Haus kommt, guckt sie erst mal durch das Fenster und sieht die Frau mit einem Teufel tanzen. Sie hatte kein gutes Gefühl dabei, daß sie den greulichen Kerl mit der Frau tanzen sah, und sie denkt bei sich: Du darfst dich nicht sehen lassen und tritt den Rückzug an. In dem Augenblick schlägt es Zwölf und das Licht ist aus. Da denkt die Frau: Nun mußt du erst ein bißchen warten, damit sie nicht merkt, daß du sie gesehen hast. Nach einer Weile klopft sie. Die Hexe guckt heraus und sagt: Was willst du denn? Es hat erst Zwölf geschlagen, komm man rein, es ist noch zu früh. Sie geht auch rein und die andere macht sich reisefertig und sie nimmt eine Schale Milch her und sagt: Komm her und trink mal, sonst werden wir unterwegs durstig. Sie tranken und liefen dann fort. Unterwegs erzählten sie sich dieses und jenes, und die Frau konnte es nicht lassen

Ihr Schwiegersohn aber, Frau R.'s Mann, war heute gar nicht im Dienst, er hatte sich nur nicht gezeigt. Er hat in der Nebenkammer geschlafen und einen Teil der Erzählung mitgehört.

An sich kann man nicht allen und jeden Aberglauben korrigieren, den die Alten verbreiten. Andererseits war die Geschichte haarsträubend; in ihren Grundannahmen schwieriger zu beurteilen als z. B. einfache ideologische Diversionen aus dem West-Fernsehen, das ja nicht annahm, daß der Teufel schwarz und zottelig sei und eine Bärenhaut hat, daß eine Frau mit ihm tanzt und einer anderen Frau, die den Vorgang belauscht, ein schlimmes Bein macht (das West-Fernsehen war im Kern nicht gegenaufklärerisch, es unterlag lediglich der strengen ideologischen Abgrenzung, andererseits rauschte es durch die Kinderköpfe durch . . .). Ihm konnte, als Parteiarbeiter, nicht lieb sein, wenn es hieß: Ihre Kinder reden in der Schule neuerdings Quatsch über Hexen.

Er kam also in die Hauptstube (3 Räume hat die Datsche) und fragt: Du hast wohl nichts zu tun als so ne Geschichten zu erzählen? »Unerwächs vertelten se sich dit und dat.« Das muß nicht sein. Mach lieber den Fernseher an.

Die alte Frau hörte aus dem Unterton die parteiliche Kritik. Sie war freiwillig hier und nicht, weil sie nichts anderes zu tun hatte. Sie kannte in Athenstedt diesen und jenen, oder konnte etwas backen, oder auch gar nichts machen, die Brennesseln angucken. Der Schwiegersohn muß sie nicht anpfeifen. Sie sagt also gar nichts.

Da jetzt aber niemand mehr redete, war es auch nicht recht. Müssen die Kinder nicht spielen oder Schularbeiten machen? fragte der Mann. Er wartete hier (sonst nach Minuten terminmäßig beschäftigt) auch nur auf Rückkehr seiner Frau vom Dienst.

Die eigensinnige Alte ließ aber nicht locker. Sie beharrte wohl auf der Existenz von Hexen usf. Der Mann mußte sich

und fragte: ›Wer war denn der Mann, mit dem du getanzt hast?‹ ›Sieh mal an‹, sagte die Hexe, ›das hättest du mir eher sollen sagen.‹ Als sie eingekauft hatten und wieder nach Hause liefen, wurde die Frau so marôde, daß sie kaum nach Blankenburg kam, da mußte sie liebenbleiben, und sie mußten sie auf dem Wagen nach Hittenrode raufholen, und da hat die Frau ein böses Bein gekriegt. Das hatte die Hexe ihr angetan . . .«

das Wurstbrot selber schmieren. Die Kinder waren im Garten verschwunden. Jetzt war Fernseher an.

Die Stunden wollten nicht hingehen. Draußen, vor dem Fenster der Datsche waren junge Wildschweine zu sehen, oder jedenfalls Tiere im Gestrüpp.

Am Abend hatte der Mann Halsschmerzen und legte sich früh schlafen.

Lage Cäcilienstift. 8. 4. 45

[**Schwester Else**] 60 Schwestern aus dem Mutterhaus in Litzmannstadt (Lodz), und mit den Angehörigen des Kinderheimes Kaiserwerth bei Düsseldorf waren die Häuser überbelegt.

Dieser Sonntag begann friedlich. Wir tranken Kaffee und freuten uns an den schönen Blumen im Erker. Spielten mit den Kindern und schrieben an deren Eltern. Dann zerspringen die Scheiben im Luftschutzraum, die Kinder haben ihre Stühlchen ja mit nach unten genommen, und mit einem Satz sind sie von den Stühlen und wollen raus. Auf dem Flur schoß ihnen ein Strom heißes Wasser entgegen. Am Gartenausgang der Waschküche Herr Kleuß und Tochter, blutend.

Der Nachmittag ging hin mit Aufräumen und Scherbenausfegen. In einem Teil des Stifts (Hephataheim) zieht Kriminalpolizei, Kreisleitung, eine Vermißtenstelle, das Wirtschaftsamt unter. Gegen 16.45 Uhr Alarm. Wir laufen mit den anvertrauten Kindern in die Feldmark.

Am Abend die Kinder angezogen auf die Betten. Als Alarm kommt, d. h. ein Polizeihauptwachtmeister tritt herein und sagt: Raus! Vollalarm! Die Kinder müssen alle an einer langen Leine anfassen. Man sah ja nichts. Einige Leuchtkugeln. Wir legten uns auf dem Acker hin.

[**Die Oberin**] Domarchitekt W. Bolze, Dombauamt, schaut herein, Oberin Sophia kann nicht einmal eine Tasse Kaffee oder einen Sitz anbieten. Der Mann hält sie auf, redet, redet über die Eigenart der Brandbomben, die er festgestellt zu haben glaubt: Synthetische Lava: Benzin, Gummi, Viskose und Magnesiumstaub. Frau Sophia antwortet: »Ich fühle Jesu Bluteskraft, Verwünschung Satans verliert die Kraft«, (aus den »Geständnissen ehemaliger Satansdiener«).

So heißt es von Satansdienerin Gertrude: »Sich unsichtbar machen, unversehrt mitten in einem großen Feuer stehen. Sie konnte Vögel im Fluge töten, Dinge erscheinen und verschwinden lassen, während böse Kräfte frische Gräber öffnen und alles entweihen.«

Das war nun genau die Lage des gesamten Cäcilienstifts, denn wie durch Verführung Satans war dieses Stift mit seinen hoch aufragenden Backsteinmauern und drei verschließbaren Gartentor-Eingängen völlig erhalten. Nicht ein Baum war geknickt, nicht eine Schindel des Daches verrückt.

Oberin Sophia fühlte sich in dem Durcheinander der eindringenden Flüchtlinge wie eine frisch beglückte Hexe: »Satan lebt! Gerade heute im Anbruch der Endzeit setzt der Teufel alles auf eine Karte, um die ganze Menschheit unter die Macht seiner Verführung zu bringen«.

Zunächst mußte sie den Herrn Domarchitekt, der ihr auf Schritt und Tritt folgte und sie immer wieder fachlich anredete, loswerden.

Die Oberin des Cäcilienstifts lief zunächst mit Schwester Bella durch den Park zu den Garteneingängen, dann durch die Vorhöfe und ließ die Gatter verschließen. Durch Dienstboten ließ sie eine Stelle *vor den Toren des Stifts* errichten, wo Milch ausgeschenkt werden konnte. Auf keinen Fall wollte die Fromme, die sich zu diesem Zeitpunkt als Grundstückseigentümerin im Namen des Horts empfand, in Gottes oder ein sonstiges Wirken eingreifen, das dieses Stift in hexerischer oder göttlicher Weise völlig für Zukunftsaufgaben bewahrt hatte.

Siebenundzwanzig Thermosflaschen Malzkaffee ließ sie vorbereiten, um das Stift vor einer Invasion zu bewahren.

Dann zerriß es ihr aber diesen Sinn. Sie schickte Bella, Ilse, die Schwester Gertrude, Mila usf. die Gatter wieder öffnen. Für etwa vierhundert Schutzsuchende wurden in der Nacht Strohlager errichtet, in den großen Waschkesseln, auf den Feuern des Waschhauses wurden Speisen bereitet. Mit Ochsengespann läßt sie Wasser aus den Brunnen des Huy heranfahren.

Die Toten wurden in Bettücher des eisernen Bestands gehüllt und in Handwagen zum Friedhof gefahren.

[Die Räumung der Lutherstube] Die Oberin holte selber Dr. W. aus seiner Wohnung. In der Lutherstube werden die Kruzifixe abgehängt. Dr. W. sagt: In dieser Aufmachung operiere ich nicht, das ist ja wie eine Beerdigungshalle, das ist kein »günstiges Vorzeichen«.

Es mußten also die Vorhänge abgerissen werden, damit Licht ist; die Bilder entfernt, die Kreuzesdecke, Leuchter, alles in die Keller geschafft, wo es später wegkam. Es war in den Fluren kaum noch eine Ecke Platz zum Beten.

»Und sie fahren daher, und werden das Land auffressen, mit allem das drinnen ist, die Stadt, samt allen, die drinnen wohnen« (Jeremias, Kapitel XIII, Vers 16). »Denn siehe, ich will Schlangen und Basilisken unter Euch senden, die nicht verschworen sind, die sollen Euch stechen, spricht der Herr!«

Und so spricht der Herr: Kapitel IX, Vers 11, 21, 22: »Sage der Menschen Leichnam soll liegen wie der Mist auf dem Felde, und wie die Garben hinter den Schnittern, die niemand samlet.«

Hören Sie doch mit dem hexenhaften Gemurmel auf, sagte Dr. W. Es ist Grauen genug draußen. Gehen Sie doch mal durch die Stadt, Luft schnappen. Hier aus dem Operationsraum müssen Sie jedenfalls raus.

Oberin und Schwestern hielten zu dritt eine Ecke der ausgeräumten und jetzt mit einem Küchentisch und antransportierten Verletzten neu eingeräumten Lutherstube besetzt. Es war ja im Gesamtkomplex des Stifts mit seinen vielen Räumen (etwa insgesamt 164 samt den Gelassen) dieser hier, Lutherstube, ihr eigentümlichster, zum wichtigsten Gebrauch bestimmter Raum. Gewissermaßen die geistige Kommandozentrale. Sie wichen nicht.

Dann können Sie meinetwegen dastehen oder sitzen bleiben, sagte Dr. W., der zu beschäftigt war, um gegen sie energisch zu werden, aber Sie dürfen nicht stören und nicht murmeln.

Oberin Sophia legte erst nach dieser Ermahnung ihr *satanisches Besitzergefühl* ab, daß *sie* und die ihr Anvertrauten, vor allem aber auch die Gebäude und das Inventar (soweit noch nicht geplündert oder vandalisiert) gerettet wären, während alles Übrige in der Stadt doch unterging. Sie zwang sich, nicht erneut zu murmeln, da sie doch für die Erhellung eigentlich danken wollte.

Sie wissen ja gar nicht, sagte Dr. W., während er mit viel Kraft einen Unterschenkel zu befestigen versuchte, ob Ihre Bauwerke hier endgültig gerettet sind. Vielleicht kommt noch ein Angriff oder die Sieger nehmen Ihnen das Haus weg.

Die Oberin wollte wiedergutmachen. Sie verstand, daß sie geprüft worden war. Die Bomben hatten die Häuser der anderen Gläubigen in der Stadt getroffen, bei ihr aber die Seele zerschmettert – momentan, also auf vielleicht zwei dreiviertel Stunden. Zerschmettern der Seele durch Satan bedeutet aber Hochgefühl, Besitzerstolz, Sinn für Eigentum (was aber auch nichts grundsätzlich Schlechtes ist, wenn es Sorge heißt; das war verwirrend). Den Tag über mied sie die Lutherstube, befaßte sich draußen mit Hilfsmaßnahmen und ließ alle Gatter, Tore, Türen und Nebentüren *geöffnet.*

Kommentar eines DDR-Programmabhorchers

In der DDR saß zu Ostern bei Magdeburg am 8. 4. 77 ein Abhorcher, der seine Freundin, eine junge Dreherin, in das Geheimkabinett mitgenommen hatte. Die Sendungen aus aller Welt werden hier gespeichert. Auf der einen Seite des Schalt-Tisches die Schulungshefte für den Kurs der kommenden Woche, auf der anderen Seite die gestapelten Bandaufnahmen und die Steuerungen für die Aufnahmemaschinen, in die z. Z. das WDR-Rundfunkprogramm einläuft.

Jetzt sagt die politisch unausgebildete Sprecherstimme eines jungen WDR-Mädchens:

WDR: *Liebe Sternfreunde, wir schulden Ihnen eine Vorbemerkung. Die Frage heißt ... Aber die Frage, wo hören die Sterne auf, klingt etwas vermessen.*

An dieser Stelle unterbricht die männliche Sprecherstimme des WDR, mit einem Ton von Herzlichkeit und Beteiligung:

WDR: *Bevor wir Professor Wolfgang Priester gerade am heutigen Tag fragen, mußte diese Bemerkung für Sie, liebe Hörer, gemacht werden ...*

PROF. PRIESTER: *... eine neue Denkschwierigkeit: Wo befinden sich diese Galaxien eigentlich, wenn sie sich fast mit Lichtgeschwindigkeit ausdehnen?*

WDR (unpolitisch): *Herr Prof. Priester, was heißt Ausdehnung der Achse des Weltalls?*

Der DDR-Abhorcher war nunmehr ganz sicher, daß das Mädchen, das ihre Sprechstimme hergab, von dem, was sie sagte, überhaupt nichts verstand. Er sagte zu seiner Freundin: Die hat keine politische Schulung, das hörst du an der falschen Betonung der Endsilben.

PROF. PRIESTER: *In der Fragestellung: Wo hören die Sterne auf, steckt aber noch ein zweiter Problemkreis. Lassen Sie mich das an den Quasaren andeuten –*

WDR: *10 Millionen Lichtjahre ist der Rahmen, liebe Hörer. Und was war vor diesem Zeitpunkt, lieber Herr Priester?*

PROF. PRIESTER: *Der Urblitz. Wir nennen das eine Singularität.*

JUNGE WDR-SPRECHERIN (als ob sie nicht zugehört hätte, dichterisch): *Gibt es eine unendliche Vergangenheit, Herr Professor?*

PROF. PRIESTER: *Ich sagte ja: nein. Wir schließen aus der 3 K-Strahlung (K = Kelvin), die die Station der Bell-Telefongesellschaft mit ihrem 7,3 cm Radioteleskop entdeckt hat, also eine Strahlung von 3° absolut, auf den Urblitz ...*

WDR: *Für den gläubigen Christ bietet sich die Möglichkeit an, die 3° Hintergrundstrahlung, die ubiquitär im Weltall von allen Seiten strömt, den Urblitz und die von Ihnen genannte Textstelle gemeinsam ins Auge zu fassen.*

Prof. Priester George Gamov hat im Jahre 1948 rechnerisch eine solche Strahlung als Überbleibsel jenes Blitzes gefordert.

WDR: *»Und er schuf Wasser ...«*

PROF. PRIESTER (schnell): *Gewiß. Die Entdeckung fand vor 50 Jahren statt.*

WDR: *Und wie groß ist das Ganze?*

PROF. PRIESTER: *10^{30} oder 10^{50} Zentimeter. Aber in 30 Milliarden Jahren werden keine neuen Sterne mehr gebildet. In einer*

Billion Jahre ist es ein unrettbar toter Gas-Kosmos.

WDR-MÄDCHEN (unverständig): *Denn Raum ist Expansion, Zeit ist Alterung.*

WDR: *Eine glühende Chiffre!*

PROF. PRIESTER: *Und man kann an das Wort T. S. Eliots denken: »Und so ist das Weltende nicht wie ein Knall, sondern wie ein Gewinsel« . . .*

Das mußt du nicht glauben, sagt der DDR-Abhorcher zu seiner Freundin.

Da können wir ja gleich einpacken, wenn das sowieso auf das Ende zugeht, meint die Dreherin.

Es ist ja auch überhaupt nicht wahr, was dieser westliche Astronom sagt, erwidert der DDR-Abhorcher. Es ist der naturwissenschaftliche Überbau über der Verzweiflung, die den niedergehenden Kapitalismus erfaßt. Das ist der kapitalistische Sternenhimmel, nicht unserer.

DREHERIN: Es war ja nicht uninteressant, diese Parallelen zwischen einigen Milliarden Sternen und solchen Sätzen wie »Ich werde Licht«, aber die Klangfarbe war unpassend.

ABHORCHER: Und deshalb muß man auf diese Zwischentöne besonders achten, wie du es ja tust, und am besten überhaupt nicht darüber reden.

DREHERIN: Wer wird denn das Ende der Welt herbeireden? Man hätte ja gar keine Lust weiterzumachen.

ABHORCHER: Wie soll man sich das überhaupt vorstellen? Wie Watte? Oder wie Giftgas?

DREHERIN: Weiß ich nicht. Will ich auch nicht wissen.

ABHORCHER: In dem Schulungsheft hier gehen die Sterne bei uns zurück auf die ersten Seefahrer, die die Richtung ihrer Schiffskurse danach bestimmt haben.

DREHERIN: Notfalls, wenn doch etwas dran sein sollte, an dem, was dieser Mann über das *Verenden der Sterne* sagte, dann müssen wir einplanen, daß sie wieder angezündet werden.

Wenn sie einmal in Betrieb war, war sie nicht geneigt, sich durch Schwierigkeiten in einem Arbeitsgang aufhalten zu lassen. Der Abhorcher schloß sich ihrer Stimmung an.

Währenddessen liefen schon die nächstfolgenden Programme als ein endloses Band in die Abhörmaschinen, wo sie der sehr langfristigen Auswertung harrten.

Willi Scarpinski der Heizer

Der Hauswart der Kreis-Jugend-Kinderzahn-Poliklinik H., früher Heizer des Kreiskrankenhauses, Willi Scarpinski, war 1945 zehn Jahre alt. Verlor in seinem Heimatort bei Kattowitz in jenem Jahr beide Eltern, während er auf das Fertigwerden einer Mahlzeit in der Küche aus Bohnen, Wurst und Speck wartete, das »Jur« heißt.

Die Einwohner, er als Pimpf, wurden auf von Pferden gezogenen Leiterwagen, er als Aushelfer zwischen den Leiterwagen hin und her, in das noch besetzt gehaltene Gebiet der Tschechoslowakei gebracht. Nach der Kapitulation Rücktransport der Wagenkolonnen in die oberschlesischen Heimatorte, wo sie aber nicht einfach die leergeräumten Häuser wieder okkupieren durften, Ausweisung, auf Lastkraftwagen in die Provinz Brandenburg.

Der junge Scarpinski zeigte jetzt auf Brust, unter den Achselhöhlen, an der gesamten Breite des Halses Geschwüre, die Wunden mit Stoffetzen bedeckt und mit klarem Wasser mehrmals täglich aus der Ziehpumpe des Lagers gewaschen. Die in seiner Nähe befindlichen Menschen, aber doch wiederum recht fern, wollten die Hilfe dieses jungen Greises, man gab ihm vielleicht noch ein Vierteljahr zu leben, nicht haben. Einmal verbindet ein jüngerer Militärarzt den Aussatz, aber die Verbände sind nach Wochen durchweicht, und der Junge nahm wieder zerschnittene Hemden, um die »Schwären« oder »Blößen« zuzudecken. Der Arzt sagte (aber er war nur einmal gekommen): Dem Jungen fehlt die Mutter. Die altkluge Diagnose half nicht gegen Krankheit.

Die Menschengruppe wurde nach Halberstadt verlegt. Scarpinski hütete im Kreiskrankenhaus sein Dauerbett. Wechselnde Heilerfolge, meist aber dehnten sich die Zeichen auf seinem Körper unter der Verpackung (Salben und Verbände), die sie dem Blick der Ärzte momentan entzogen, wieder aus. Dann wollte der Dauerpatient sich nützlich machen. Er wurde Gärtner des Kreiskrankenhauses, das an sich keine Gärten hatte, sondern eine gewisse Rasenfläche um die Chefarzt-Villa herum, sonst Gräser, Büsche, etwas Gestrüpp an den Mauern. Scarpinski richtete Küchenpflanzenbeete ein, Dill, Stachelbeerbüsche (die noch wachsen sollen), auch mit Glasplatten bedeckte Blumenbeete, die Blumen kann man in Töpfe umpflanzen und auf den Stationen aufstellen, wo in ihrer Muttererde Zigarettenkippen ausgedrückt werden.

Im Winter 1956 wechselt Scarpinski über als Heizergehilfe, ab 1958 Heizer der Anstalten. Die Brust- und Halshaut Scarpinskis schloß sich.[1]

Nun kam es zu einer Krise. Jedenfalls empfanden die Ärzte, die Verwaltung, die der Sache fernstanden, es als Krise: das Zentralheizungssystem des Krankenhauses. Nur wenn man Röhren legte zum Fernheizwerk, das die Zucker- und Melassefabrik Schützenstraße versorgt, war die Anstalt zu beheizen.

Im Reichsbahnausbesserungswerk Halberstadt wird über das Heizproblem der Krankenanstalt gesprochen. Man kann vom Gelände des Güterbahnhofs Schützenstraße über die Straße hinüber Gleise bis in die Vorgärten der Anstalt verlegen. Eisenbahner fahren eine Dampflokomotive zu einem festen Standort, 40 m neben der Chirurgie, schließen die Heizungs- und Warmwasserrohre der Anstalt an diesen Dampfkessel. Nun fürstet den Rest des Winters, das wechsel-

1 Scarpinski: Ich beschreibe jetzt mal meine zwei Flammrohr-Kessel: Durchmesser der Kessel bei gelöschtem Feuer, daß ich darin aufstehen kann, nach vorne zu die ummauerte Hälfte, nach hinten zu ragen sie in die Wasserhälfte. Nein, das Feuer ist nicht die Gefahr, sondern die Dampf-Reserve. Stündlich Ventile öffnen. Ist kein Wasser mehr da, dann muß ich die Sicherheitsventile sofort öffnen. Der Kessel bricht sonst wie eine Rakete aus dem Mauerwerk heraus und fliegt, eben durch diese dicken Mauern, die Sie hier sehen, 100 m weit darüber. Es kamen mal fünf Brigadiere vom Frühstück aus einem Lokal, ihnen flog so ein Hochdruckkessel entgegen und rasierte sie und das Lokal um.

Dazu muß ich erstmal sagen: Grundlage ist der Atü = 1 kg auf 1 cm². Meine Prüfungen beziehen sich auf 150° = 7 Atü, das Wasser ist in Halberstadt sehr hart. Es setzt sich Kalk ab. Dadurch dicke Isolierschicht von Wasserstein im Kessel und in den Rohren. Deshalb muß ich das Wasser durch Soda enthärten. Das ist Ätznatron hier – sieht wie vermatschter Schnee aus und ist ganz scharf. Über dem Kessel hier oben liegen die Kohlenbunker, drei Waggon laden 120 t über dem Kessel ab, die je nach Verbrauch nach unten nachrutschen und das Feuer nähren. Wenn die Bunker oben voll sind, ist es mir, als ob mein Magen satt ist. Sie verwechseln das. Der Dampf ist unsichtbar. Den sehen Sie nicht, wenn Sie darin stehen, sondern Sie sind tot oder verbrüht, das, was Sie als Dampf bezeichnen, was aus dem Kaffeekoch-Kessel kommt, ist der *Anfang des Wassers*, Kondenswasser, der Dampf selbst ist nicht sichtbar, sondern er treibt, z. B. reißt er die ganze Anlage hier, dann müßte ich aber längere Zeit nicht aufpassen oder praktisch nicht vorhanden sein, 80 m hoch in die Luft. Über 2 km in die Höhe fliegt nichts. Lenken kann man es nicht.

hafte Frühjahr Scarpinski vom Leitstand dieser Dampfmaschine, wärmt Ärzteschaft und Kranke.

Abb.: Ortsfeste Lokomotive, die das Kreiskrankenhaus beheizt. Im »Fahrerstand«: Scarpinski.

Abb.: Rundtanz in Anwesenheit des Teufels. Bodetal, Harz.

Abb.: »Lupins«, im Mondlicht.

Abb.: »Künstlerische« Darstellung eines »Teufelstanzes«, 19. Jh., antifeministisch. Siehe Nasen.

Rasche Veränderung der Horizonte, die Augen sind neuerungssüchtig

In der Gluthitze blieben die Türme von Quedlinburg zurück. Eine huppelige Ausfallstraße mit der Ruine einer Tankstelle, die 1934 hoffnungsvoll gebaut worden ist. Steine und Gebäude des Schloßbergs warten seit gut 1000 Jahren, Sommer für Sommer, Winter für Winter:

> »Bis der große Morgen plötzlich
> bricht mit Feuersglut herein.«

Ohne dieses Pathos war ein *Wandel* für Fred H. nicht *ganz* wahr. Und außerdem sollte eine »Veränderung« die Haltung des Understatements haben, wie H. Bogart im Film Casablanca, außerdem aber die Marseillaise so gesungen wie in diesem Film:

> »Laut in seinen Angeln dröhnend
> tut sich auf das eherne Tor.
> Barbarossa und die Seinen
> steigt im Waffenschmuck hervor ...«

Unterhalb dieser Schwelle war nichts zu machen. Und dahinter noch steigt Gudrun, das Matriarchat in vollem Waffenschmuck, Frühjahre, Sommer, Herbste, wirkliche kontinentale Winter, die Häuschen, die das Land bedeckten, die lieben Eltern und Großeltern und weit zurück die Urmeere, dahinter Gartenbau und Paradies, dahinter die Fünfjahrespläne der SU aus den frühen Jahren usf., usf. Er hatte ein ganz bestimmtes Gefühl, wann eine »Veränderung« stimmte ...

Kirschen wurden von den Chausseebäumen vorzeitig gepflückt. Die Hitzeglocke währte jetzt zwei Monate ununterbrochen. In Alexisbad schwitzen die Belegschaften, die zur Ferienerholung hierher transportiert waren. Die Naherholungszone Hasselfelde gefüllt.

Auf der Hochebene, die durch den Südharz nach Hasselfelde führt, ein lebhafter Seitenwind, der das Fahrzeug zum Straßengraben hin schiebt. Eine Stunde später wurde Mäxchen G. (aus Frankfurt), nichts hatte sich bewegt seit 2 Wochen, jetzt fuhr wenigstens das Fahrzeug, und ihrem pathetischen Freund, der das Fahrzeug steuerte, klar, daß diese Windstöße keine Eigenheit des Harzgebirges waren. Sie fuhren auf eine Wetterfront zu, eine Tiefdruckrinne. Die antagonistischen Luftmassen trafen mit Wetterleuchten und Temperaturstürzen aufeinander. Hinter dem lieblichen Eisenach zogen die Blitze.

Nach Durchsuchung des Wagens am Kontrollpunkt erste dicke Regentropfen, die restlichen 182 km legten sie im Prasselregen zurück. In Frankfurt am Main war Sturmwarnung für die Nacht ausgegeben worden. Es regnete aber nur heftig. Gern hätten wir etwas aus dem Hörfunk darüber erfahren, durch was für ein Wetter wir uns hier bewegten. Daß es regnete, ein vierstündiges Gewitter, sahen wir; ob das vom Harz bis Basel reichte oder über die Vogesen hinaus auch den Atlantik peitschte, wäre von Interesse gewesen. Aber die Redakteure im Hörfunk verhielten sich gleichgültig. Sie wiederholten die Wetteransagen des Tages: Schönwetter, Temperaturen von 35 bis 37 Grad, leisteten sich einen Scherz: »Erfrischungen sind auch heute wieder gefragt.«

Es goß aber in Strömen, Wetterleuchten über Hunderte von Kilometern, augenscheinlich, es konnte nicht wärmer als 12 Grad sein. Mäxchen hielt ihren Fuß aus dem Wagenfenster. Sie hielt sich für eine »Kautschukkünstlerin«, d. h. konnte Verrenkungen ihres Körpers ausführen, als sei sie aus Gummi, streckte also vom Beifahrersitz aus die Füße zum Wagenfenster hinaus und ließ sie vom Regen begießen. Sie hatten in wenigen Stunden zwei Vaterländer durchfahren, zwei unvereinbare Wetterzonen gekreuzt, jetzt waren Mäxchens Füße auch noch sauber gewaschen. Morgen fängt ein neues Leben an, sagte sie.

Heft 10

Hohe Kulturstufe – Die Verstopfung des Kriegsbildes ... – Pfingstfest – Eine Spur der alten Energie – Die zehn Zenturionen – Hiebe nach links und rechts, nicht ohne Güte.

Hohe Kulturstufe. Eine Verwalterin ihrer Schönheit mit hellem Verstand

Verwalterin ihrer Schönheit mit hellem Verstand; die Schönheit wie Glaswaren »nicht stürzen«. Gegen 21 Uhr fuhr die mit absoluter Mehrheit gewählte Schönheitskönigin von Neu-Isenburg nach Frankfurt/Main. Nachdem sie einen viergleisigen Bahnübergang mit überhöhter Geschwindigkeit passiert hatte, stieß sie in der folgenden Kurve gegen ein einbiegendes Kraftfahrzeug, das durch den Aufprall viele Meter fortgeschleudert wurde. Die Tachometernadel des Unglücksfahrzeugs blieb auf Ziffer 90 eingeklemmt.

Es konnte nicht viel gebremst worden sein. Die Schönheitskönigin stemmte sich mit Füßen und Händen ab. Der Aufprall ließ jedoch die Arme sogleich einknicken. Als sie erwachte, schrie sie, sagte sich aber: Hier jetzt keine Panik. Sie spürte heftige Schmerzen in der »Oberschenkelbeuge«. Sie placierte sich in eine seitliche Stellung, lag jetzt auf der harten Konsole, oder es war die Handbremse des Mercedes. Seitliche Lage deshalb, weil sie gelesen hatte, daß Bewußtlose erbrechen und daran ersticken.

Ein Passant (aus der Bahnstation waren nach dem Unfall zahlreiche Bahnreisende zur Unfallstelle gekommen) hatte den Kopf der Königin, weil er annahm, daß sie auf dem Zwischenteil des Wagens, der die Handbremse beherbergte, ungünstig lag, auf seinen Oberschenkel gezwängt. Er mußte sich dazu in den Unfallwagen hineindrängen. Die Haare der Verletzten schienen sich von der Kopfhaut zu lösen. Der Passant befand sich in einem Schock. (Den Kopf wieder wegstoßen, den Eindruck fassen, daß dieser Kopf zerschmettert ist, die fürchterliche Situation, einen Skalp auf seinem Schoß zu bewegen, er wußte nicht, was er tun sollte– ebensowenig erfaßte er die Beweggründe, die die Verletzte bewegt hatten, sich auf die Seite zu rollen). Sie sagte: Ich trage eine Perücke. Sie brauchen sich nicht zu fürchten. Ihre Stirn blutete.

Die Königin wurde in einen Krankentransportwagen geladen. Im Unfallkrankenhaus Offenbach wagten die Nonnen zunächst nicht, sie anzurühren. Der Chefarzt wurde geweckt. Dieser sagte: Wir wollen alle Körperteile gleich in dieser Nacht röntgen. Sobald die Nonnen sahen, daß der Chefarzt gegen diese junge, stark geschminkte Frau, abgeplatzte künstliche Augenwimpern, die ihnen »auf fürchterliche Weise verführerisch« erschienen, nichts einzuwenden hatte, behandelten sie sie freundlich. Wagten auch, sie zu berühren. In der folgenden Zeit bestach die Schönheitskönigin die Bediensteten durch Sektfläschchen, Zeigen von Hilfsbedürftigkeit. Nachdem sie wieder ordentlich zusammengebaut war, schenkte sie den Nonnen eine Apfelsinenauspreßmaschine.

An ihr Gesicht ließ diese Königin nie Sonne kommen, das war nicht genau zu dosieren, und hier konnte sie »Braun« auflegen. Dagegen kaufte sie sich ein Schlauchboot ausschließlich zu dem Zweck, in die Seemitte des Würmsees zu fahren, um sich dort mit abgedecktem Gesicht und Hals »bronzen« zu lassen. Dies wegen der »Spannkraft«, die die Sonne verleiht.

Wenn sie vergewaltigt würde, z. B. durch einen Geisteskranken, der ihre Einwilligung nicht sähe, so würde sie, nahm sie sich vor, und wollte sie auch Töchtern, wenn sie welche hätte, sagen – nicht schreien. Da schon so mancher, durch Schreien auf sein Tun aufmerksam gemacht, die Kehle der Schreienden zugedrückt hatte. Sie will überhaupt nie die Geschädigte sein.

Eine gräßliche Folter sei: Ein Mann wird von 2 häßlichen Frauen 1½ Tage so lange befriedigt, bis sein Glied blutet. Aus dieser Aussage entnahm M., daß sie an der Unterseite ihres hellen Verstands irrational empfand. Während sie das sagte, pendelte ihr Fuß zwischen Gaspedal und Bremse. Beides brauchte sie nicht, um den steilen Berg hinabzufahren, da sie ihre Geschwindigkeit gut kalkuliert hatte und der Motor selber bremste. Sie trug Bastschuhe.

Die Verstopfung des Kriegsbilds durch Grundstücke und Zäune

Ich kann Ihnen nicht das Eigentum abräumen, antwortete der Minister, nur damit Sie Ihre Übungen machen können. Der Nato-Oberkommandierende in seiner frisch gebügelten Feldbluse und der Schirmmütze legte dem Politiker eine Karte des Bundesgebiets vor. Hier, sagte er, haben Sie eine Landkarte der BRD, in die alle Privatgrundstücke, die wir als Truppe in Friedenszeiten nicht betreten dürfen, eingetragen sind, und diese kleinen gelben Tupfen hier sind unsere Zonen, in den wir uns aufstellen oder üben dürfen. Das ganze Gebiet ist durch Grundbesitz so vollgestellt, daß an eine Verteidigung nur im Kriegsfall zu denken ist. Da dieser Kriegsfall aber aus wenigen Stunden oder Minuten besteht, und wir die Soldaten erst hier und hier (zeigt auf der Karte die wesentlichsten Verteidigungsräume) hineinstellen müßten, damit sie jetzt auf irgendwelchen, im Kriegsfall selbstverständlich konfiszierten Privatböden richtig stehen, kann ich Ihnen versichern, daß wir mit gar nichts drohen sollten.

Pfingstfest

Da hatte ich Nachtwache. Drei Einlieferungen mit Commotio, die mußte ich alle 15 Minuten pulsen. In der Abteilung von Erika starb die Oma, die 8 Wochen dort gelegen hatte. Ich kannte die noch. Ein junger Mann wurde Freitag eingeliefert: Breigesicht, war in die Windschutzscheibe gefallen, lebte noch einen Tag. Seiner Braut auf dem Beifahrersitz war nichts geschehen. Das Personal hat für die Braut das Gesicht ein bißchen zurechtgemacht, geknetet, zusammengezupft, provisorisch genäht. Der Bestatter, der dafür eigentlich zuständig war, hatte Pfingsten Urlaub. Die Braut sollte sich nicht erschrecken. Es war ein ziemlich gelungenes Gesicht, ob es ähnlich war, wissen wir nicht, da wir den Mann ja nicht kannten. Die Braut, immer noch nicht zufrieden.

Riesenbaby, 2 m groß, lag oben in seinem Bett, Bleivergiftung, sämtliche Haare ausgefallen. Eine Überausgabe eines Babys, haarlos und schwer zu tragen. Baby deshalb, weil der Patient immer in Hockstellung blieb. Auch für den hat die Welt keinen Platz. Im Bett daneben Osteomyelitis. Im Bett daneben die Niere. Neben der Niere sammelte sich Eiter in der Drainage-Ente.

Eine Taubstumme, die mit ihrem Mann zu einem Taubstummen-Karneval geht (oder wenigstens Tanzfest unter Taubstummen), die beiden springen im letzten Moment auf den Zug. Sie gerät unter den Zug, wird an der Hüfte abgefahren. Hand auch abgeschnitten. Sonntagsgemüt. Überstand alles. Kurz vor der Operation geht sie zum Anstaltsfrisör: »falls ich sterbe«. Sie starb aber nicht. Später 5 weitere Operationen. Anus wird unterhalb des Brustbeins angesetzt.

Sonntag, kurze Aushilfe auf der Männerstation. Wir hatten schon alles gemacht, Betten gemacht usf., kein Krisenfall. Da schluckte einer den Magenschlauch.

Neben 2 Frauen, mittlere Fälle, stirbt eine Frau. Nach ihr sehen und dabei harmlos weitersprechen. Während wir die eine zum Röntgen transportieren, die andere zum Labor haben wir die Frau auf den Flur geschoben. Von zwei anderen auf der Männerabteilung wußte ich auch, daß sie sterben würden. Einer der Todgeweihten pflegte einen Hysteriker, der bestimmt nicht stirbt.

Opa Erdmann, 97 Jahre alt. Er hat das Krankenhaus praktisch gepachtet. Lutscht pastellfarbene Bonbons. Die Restscheibchen, er lutscht nie zu Ende, klebt er an sein Nachthemd. Er konnte sich nicht überwinden, diese Reststückchen zu vernichten, indem er sie auflutscht oder entfernt. War nicht zu überzeugen. Gegen 22 Uhr stirbt die zuckerkranke Omi aus dem Siebengebirge. Die Krankenschwestern freuen sich über die Tote, die nur noch eine Last war. Selbstmörderin, die aus dem Fenster springt, alle Glieder zerbrochen, wegen des Schocks katheterisiert. Man gibt sie auf.

Danach schon wieder Männerstation, Herr Steiger. Nur noch Haut und Knochen. Weil er ja seit ca. 4 Wochen nur noch verhungert. An dem lernte ich spritzen. Er wollte die Bestätigung erzwingen, daß er Krebs hat. Quält die Schwestern, die keine Auskunft geben dürfen. Wird, wenn er so weitermacht, nicht im richtigen Rhythmus sterben.

Pfingsmontag abends holt mich Dieter ab. Ich wollte sofort auf sein Zimmer gehen, mich beharken lassen, vor allem ruhebedürftig. Nein, er muß mit mir in das »Sahara«. In dem überfüllten Lokal sitzen wir einander gegenüber, ohne Hautkontakt, immer der Tisch zwischen uns, Lärm, schlückchenweise aus dem Glas, aus dem eine Apfelsinenschale und eine Plastikgiraffe herausstehn, unten drunter ein Gemisch, kalte Flüssigkeit einnehmen, das nimmt kein Ende. Ich war müde, hatte keine Lust, mich auf der Tanzfläche herumschütteln zu lassen. Ich habe meinen Dienst hinter mir. Dieter: Du wirkst verkrampft. Ich: Und wenn? Dieter: Was willst Du denn? Ich: Was ich will weiß ich nicht genau. Aber ich weiß, ich muß ins Bett. Dieter: Du bist zu direkt. Ich: Das ist doch keine Krankheit. Dieter: Ich mag diese direkte Tour nicht. Es ist eine Sache der Stimmung. Ich: Dann komme doch gefälligst in Stimmung. Dieter: Das hängt nicht von mir ab, sondern von Dir. Ich: Wenn schon von beiden. Dieter: Was soll das Gezeter? Ich: Das ist kein Gezeter, sondern Du hast mich gefragt, was ich will. Dieter: Und Du sagst nicht, was Du willst. Ich: Ich habe gesagt was ich will. Dieter: Du hast gesagt Du weißt nicht, was Du willst und Du weißt es auch nicht, wetten? Ich: Wetten.

Ich habe gesagt was ich will. Dieter: Aber auf die direkte Tour, die ich nicht mag. Ich: Dann sage ich es eben auf die indirekte Weise. Dieter: Du sagst es ja gar nicht indirekt, und wenn ich es erst bestellen muß, dann ist es schon wieder direkt. Ich sehe es in Deinen Augen. Ich: Ich möchte mal wissen, was Du in meinen Augen siehst?

Es war trostlos. Wäre ich im Dienst gewesen, hätte ich auf Grund der Schulung, die wir erhalten haben, einen Ausweg gewußt. Man muß unterscheiden zwischen der »Kindhaltung«, zwischen »Adult« (= erwachsen) und zwischen »Trotz«. Die Kindhaltung und die Trotzhaltung kann man durch »Adult« beantworten, also z. B. sagen »Seien Sie vernünftig, ich bin müde, machen wir die Sache einfacher«. Also die Situation erklären. Aber ich konnte Dieter nicht siezen, er war nicht müde (= »kindhaft«), und wenn ich gesagt hätte, machen wir die Sache einfacher, hätte er das wieder als »zu direkt« empfunden. Es war keine Situation, auf die unsere Schulung paßte. Ich schubste deshalb das Glas um, sagte entschuldige bitte, ich muß austreten, ging aber nicht zur Toilette, sondern verließ das Lokal. In meinem Zimmer angelangt, schlief ich sofort ein.

Ursprüngliches Eigentum

Die eine Mutter in der Wohngemeinschaft säugte ihr fünfmonatiges Kind. Die dreizehnmonatige Tochter der anderen Mutter, sie saßen alle an einem Tisch, auf dem makrobiotische Kost aufgestellt war, schrie, da sie auf das ruhig an der Brust der anderen Mutter saugende Mit-Kind sah. Die beiden Brüste der eigenen Mutter standen zu ihrer Verfügung. Sie brauchte sich nur hinzuwenden, der Pullover wurde hochgezogen und ein Busen fiel ihr quasi in den Mund. Zum Grundbesitz der Dreizehnmonatigen gehörten aber auch die zwei Brüste der anderen Frau.

Die Mütter tauschten sich für die Kinder gewöhnlich aus. Miriams, der dreizehnmonatigen Tochter Grundstück, reichte, Halbmeter für Halbmeter bekrabbelt, von Schulter und Brust der einen Mutter bis zur äußeren Brust und Schulter der anderen, gleich wo sie in dem geräumigen Wohnstall dieser Gemeinschaft sich aufhielten.

So kroch Miriam von der Mutter weg, von beiden Müttern mit Spott und Blicken begleitet, griff mit ihren Armen in Richtung des konkurrierenden Babys, beabsichtigte, es fortzudrängen, weinte und schrie.

Wechseln wir, sagte Anne. Sie gab ihr Fünfmonatiges an die gute Freundin, die es anlegte. Das Kind ließ sich durch das kurze Hinüberwechseln nicht aus seinem Konzept bringen. Jetzt war auch Miriam froh. Sie konnte sich ihres bedrohten Grundbesitzes vergewissern und langte, während sie bedächtig saugte, mit ausgestreckter Hand, ein Zeigefinger im Mund, in die Richtung der anderen Mutter-Person, dies alles war ganz ihres. Bis ein Seitenblick ihr den Verrat am anderen Ende ihres Paradieses zeigte: Dort lag das Kleinkind, wurde von

Urmutter angelächelt. Nervös wendete die Dreizehnmonatige sich zum Gefecht, rückte vom Schoß, ließ sich zu den Beinen der Mutter führen, wollte die Rechtsordnung wiederherstellen, d. h. das andere Kind aus der Armbeuge, von der Brust wegstoßen.

Die mütterlichen Freundinnen, weit entfernt, diesen rabiaten Willen zu brechen oder zu manipulieren, was in ihrer Macht gestanden hätte (sie waren keine königlichen Herren oder Justiziare), ließen allerdings auch nicht ab, das Fünfmonatige gemeinschaftlich zu befriedigen. Also wechselten sie das Kind wiederum aus.

Kurze Siegesphase für Miriam. Danach nahm die aufmerksame Miriam die Fremdbebauung ihres eingezäunten Geländes, ihrer gedachten Vorräte, erneut wahr, lehnte konsequent die Brust vor ihr ab, sah zur anderen Seite hin, wimmerte, Rücken am warmen Bauch ihrer größeren Mutter, betastet durch deren Hand. Eigentlich hätte sie sich so einrichten können für den Nachmittag. Ein Spaziergang im Wald stand in Aussicht. Sie konnte aber die fremde Benutzung ihres Eigentums nicht dulden, mußte unter Hingabe jeder Glückseligkeit zum Kampf schreiten.

Dieses Leiden ist notwendig, sagte die Mutter Miriams. Ja, antwortete die Freundin ruhig. Du kannst jetzt gar nichts machen. Das Leiden muß sie aushalten.

Die 10 Zenturionen der ehemaligen Palastwache des Soldatenkaisers, später Ligurische Legion

Der Sophist, den sie gefangengenommen hatten, äußerte: Sich identifizieren, mit etwas das einen betrügt, ist Halbbildung. Bildung übersetzten sie sich als exercitium, also Manöver. Manöver waren für Vollausgebildete nicht unbedingt erforderlich. Insofern war die Auskunft des Sophisten weitgehend überflüssig. Sie wollten den Bildungsmann gegen ein beachtliches Lösegeld freigeben, falls sich jemand fände, der für ihn zahlte, vergaßen ihn dann in seinem Kerker.

Die Ligurische Legion wird überraschend gegen Barbarengruppen auf dem jenseitigen Donauufer eingesetzt und aufgerieben. Ein Offizier, der dem Gemetzel entkommt, nimmt nach Jahren am Wiederaufbau dieser Legion teil. Diese restaurierte Truppe wird wiederum in einer unfruchtbaren Gegend Rumäniens aufgerieben. Es ist für den Offizier jetzt zu spät, sich auf ein anderes, ziviles Leben umzustellen. Was er kann, ist, neue Truppen ausheben und ausbilden. Dabei gewinnt er Freunde. Die fallen dann, wenn die schöne Truppe demnächst aufgerieben wird.

Im Rahmen einer Offizierstagung wurde er in eine Sekte eingeführt, Christen. Sie planten Aufstände. Seine Seele wurde gebildet (Folterungen). Dann waren die Lehrer umgebracht, die Provinz wurde gereinigt. Er konnte sich nur schwer erinnern. Wofür sollte einer kämpfen? Alles was geboten wird, ist nicht so wie das Alte, das aufgerieben worden ist.

Als sie die Stadt von weitem am Ufer sahen, sagten manche: Was für ein vorzüglicher Plan. Sie wußten so gut, wie man die Stadt nehmen könnte, daß sie darauf nicht verzichten wollten, und wenn es die Existenz kostete.

Der König hatte vorbeugend so viel Gift geschluckt, daß er gegen jede Vergiftung immun war. Aber was sollte er tun, wenn diese Horde von Verrückten, vermutlich Söldner (es waren aber reguläre Einheiten, die zu 2/3 aus Offizieren, zu 1/3 aus Unteroffizieren bestanden), mit bloßen Schwertern in die königlichen Räume eindrangen? Das war keine Intrige, kein

Giftanschlag. Im Gegenteil, sie wollten ihn lebend, vermutlich weil sie annahmen, daß irgendwer für den König Lösegeld zahlen würde. Nur wußte er, daß dies ganz ausgeschlossen war. Er wußte Leute, die dafür zahlen würden, ihn tot zu sehen. So konnte er nicht mehr für sein Leben tun, als die Nachrichtenverbindungen zwischen seinen Feinden und diesen Eroberern zu sabotieren. Es bestanden Sprachschwierigkeiten mit der örtlichen Bevölkerung.

Was sollten sie mit dem Reichtum der Stadt anfangen, wenn die Freunde tot waren, denen sie diese Sehenswürdigkeiten gern gezeigt hätten? Wie sollten sie die zusammengeklauten 16 schönen Frauen lieben, wenn sie an nichts mehr glauben wollten? Die Schulen der Stadt wären interessant gewesen, waren aber von Sophisten besetzt, die die falsche Sprache sprachen.

Sie prüften, ob man hier etwas daraus machen könnte. Von Bewohnern, die sich an diese Bewaffneten heranschmissen, wurden Vorschläge gemacht. Aber ihnen fiel zu diesen Vorschlägen nichts ein. Sie wußten, daß sie bis an ihr Lebensende keine solche Chance wiederfinden würden. Das war aber dann auch alles, was sie wußten.

Ein Auftraggeber wäre erforderlich gewesen. Sie hatten eine sehr abstrakte Vorstellung von einem Auftrag, der weit zurücklag. SPQR bedeutete an sich nichts genaues. Also gaben sie die Macht wieder ab und flohen, ehe man sie näher untersuchte. Die Stadt war ein unruhiger Haufen.

»Wir waren 10.
Und nahmen die Stadt
und den König selber gefangen.
Danach, Herren der Stadt und des Hafens,
wußten wir nicht, was weiter.
Und so gaben wir höflich dem König
Stadt und Hafen zurück.«

Hiebe nach links und rechts, nicht ohne Güte

An der Hauptwache, vor dem Esplanade-Kino, wo »Er wollte König sein« gespielt wird, haben zwei Gruppenmitglieder einen China-Stand aufgeschlagen. Kommunistischer Bund Westdeutschlands (KBW) kann es nicht sein, da dieser im Streit liegt mit dem Gewerbeaufsichtsamt, weil er 10 DM Standgebühr verweigert. Es ist aber ein Chinastand. Diskussion mit Passanten (Bürgern) über den Imperialismus der SU. Jetzt aber eine eigentümliche Verkehrung der Fronten gegenüber Diskussionen, die sonst an diesem Ort stattfinden: Bürger verteidigen die SU.

Das bestätigt, sagen die zwei Genossen, die den Stand halten, die sozialdemokratische Ersatzfunktion des Sozialimperialismus, daß Bürger gewissermaßen den gesunden Menschenverstand, sowie sie einmal wirkliche Argumente hören, von der Verteidigung des Westens (»Gehen Sie doch mit Ihren Ansichten in die DDR«) abziehen und sagen: Immer diese Drohung, daß wir nach Sibirien kommen, das glaubt doch keiner. Das werden Sie merken, sagt der hochgewachsene Genosse am Stand, ein nervöser, differenzierter Soziologe mit stark ausgebildeten Schläfen, wenn Sie erst durch die Panzer der SU überrollt sind. Eine Bürgerin, Besitzerin eines Steh-Ausschanks mit Würsteverkauf in der Zeil, sagt: Wenn ich Sowjetunion höre. Die saufen und üben ihre Macht aus. Das ist ganz natürlich.

Nachdem sie das gesagt hat, es ist eine Art Schlußwort, wendet sie sich weg. Ein Lehrer, der als Bürger den Stand umsteht, ruft ihr nach: »Muttchen, viel Spaß zu Hause mit deinen Vorurteilen!« Konsequent greift ihn der kleinere der Standgenossen, schwarzhaarig, agiler als der andere, an: Genosse, es ist ganz unpassend, wie du redest. Du mußt die Frau überzeugen und nicht beschimpfen. Der Lehrer ist betroffen. Er möchte doch eher zu den Stand-Haltern zählen als zur Plebs, die hier angepfiffen, umerzogen werden muß. Das machen wir doch irgendwie falsch, sagt er. Man kann nicht immer und zu jeder Zeit auf die unbelehrbare Konsummasse eingehen. Sondern *die* müssen zusammenhalten, die schon etwas kapiert haben. Die einen wachen Geist haben. Die

Konsummasse, seien wir doch mal ehrlich, kann nur noch wegsterben.

Die Kämpfer am Stand sind pikiert. Es geht nicht, daß sie diesen Standpunkt des betreffenden Bürgers einfach im Raum stehen lassen, aber sie wollen auch ihn überzeugen und ihm nicht einfach die falschen Ansichten von oben her verbieten. Wenn diejenigen, die auf der falschen Linie stehen, nur noch wegsterben können, so hätte der Mann ja auch sein eigenes Urteil gesprochen. Der Ton seines Nachrufs auf das »Muttchen« ist ganz falsche Linie. Der magere Große sucht einen Ansatzpunkt in der eigenen Erfahrung des Lehrers, aus dem sich eine Korrektur seiner Haltung ableiten läßt. Er fragt: Was ist dein Beruf? Was arbeitest du? Was sagst du zu den Kindern, wenn sie etwas sagen, was deiner Meinung nach falsch ist? Der Lehrer ist aber offenbar auch im Unterricht autoritär. Er veräppelt die Kinder, wenn sie etwas falsch sagen, und läßt das, was sie statt dessen sagen sollen, auswendig lernen.

Der Humanismus ist doch geschenkt, sagt der Lehrer, dem das Interesse für seine Arbeit, das ausführliche Befragtwerden wohltut, wenn immer bei den vermassten Konsumbürgern damit angefangen wird. Das ist ein Faß ohne Boden (er weist auf Roßmarkt und Zeil). Das geht nicht ganz unten, sondern nur ziemlich weit oben.

Die zwei Kämpfer am Stand befinden sich in einem Engpaß. Gehen sie weiter auf den einzelnen, den Lehrer, ein, so erlischt immer mehr das Interesse der Umstehenden. Sie finden auch den Bogen zur imperialistischen Sowjetunion nicht so leicht, wo doch die Entscheidung liegt. Andererseits, wenn sie abbrechen, haben sie nicht gründlich gekämpft. Das Argument mit dem Humanismus hat außerdem zwei verschiedene Seiten, eine falsche Linie verbindet sich mit einer teilweise richtigen. Es kostet sicher Zeit, das zu präparieren.

Es handelt sich um eine neuorientierte Gruppe der ML, die hier zwei Kämpfer aufgestellt hat. Es ist wichtig, daß sie unterscheiden zwischen einer provokativen Falle, in die sie nicht hineinrennen dürfen, und der Grundlagenarbeit, bei der sie nur durch genaues Eingehen auf die Erfahrungen des Mannes einen fortgeschrittenen Standpunkt für ihn erarbeiten können.

Die Entscheidung ist gefallen. Kommen wir zurück auf die SU, sagt einer der Umstehenden friedlich. Die halten sich doch nur durch die Getreidetransporte aus dem Westen. Statt daß der Westen hier solidarisch zusammensteht und die Transporte stoppt. Ich glaube, es wäre in vierzehn Tagen mit der SU aus.

Auch das ist kein Standpunkt eines Marxisten, der einer Analyse standhält. Die hier von zwei Mann gehaltene Insel an gutem, aufklärerischem Willen, mitten im Distributionszentrum, wie in einem Fluß, »in dem einer bis zum Bauch im Wasser steht und mit einer Kaffeetasse das Wasser entgegen der Strömungsrichtung flußaufwärts schippt«. Sie dürfen sich aber auf keinen Fall geschlagen geben. Dies ist Kanalbau, Dammbau, wie ihn die Betriebe betreiben, in der zweiten Natur, in der es nicht auf die Ackerkrume oder die wirklichen Flüsse ankommt, sondern auf die Äcker und Wässer in den Köpfen der Bewohner.

Es bilden sich aus dem verhärteten ML-Standpunkt im Kampf neue Zweige. »Wie aus dem Holzstab des Papstes, sobald der Pilger, durch Kraftworte verstoßen, sich auf dem Rückmarsch über den Apennin befindet, grüne Blätter sprießen«. Das Gleichnis hält selbstverständlich einer Analyse nicht stand. Auf jede Rede, die falsch ist, siebenmal schweigen, achtmal eine Einhilfe geben, daß diese Passanten, das »Grundwasser«, den Maßstab der Irrtumsproduktion weltweit erkennen und sich wenigstens wundern. Wie zwei Sklavenfechter aus Spartakus' Heer durch die unbesonnenen römischen Heere »Furchen« legen:

»In Einsamkeit,
in Einsamkeit
da wächst ein Blümlein gerne ...«

Teil III

(Hefte 11–18)

Im Hirn der Metropole

(Heft 11:) Der Versuch einfach zu denken – Ein Nazi der Wissenschaft – Industrielandschaft mit Sonne und Mond gleichzeitig – Bieskes stark erkälteres Radar – Eine Zeit, in der Detektiv Stennes meinte ... – Ein einfacher Wille – Das bestußte Lächeln – »Unmerklich wie Justiz entsteht«.

(Heft 12:) Bilder aus der Vergangenheit der Natur – »Der Zustand des Gartens« – Verblüffend nah am Flugplatz Hahn – Klassenvertraute, künftige Gegner.

(Heft 13:) Filme zur Stabschulung – Öde ist ... – Eine Spur der alten Energie – Das Problem der Wirklichkeitsliebe – Der neueste Schlieffen.

(Heft 14:) Radikalisierung der Genauigkeit – Dickow – Die Fahrtrichtung durch Entgleisung ändern – Zwerg Breitsam – Holzner – Der Zeitrhythmus des Abschlachtens ... – Dieses einfache Experiment – Trägemanns Polizeihundeerziehung – »Katastrophen ohne Ursache« – Triebwerk-Husten – Schulung für Abfang-Jäger – Massenweises Aus-dem-Himmel-Fallen – Vom Standpunkt der Infanterie – Die Hubble-Konstante.

(Heft 15:) Ein Wernher von Braun der Urgeschichte – Eine Episode der Aufklärung – So wahnsinnig böse, daß er Haare lassen mußte – Das Frontschwein – Die Lenkung eines Rasse-Projektils – Nichts einfacher, als Gizella zu lenken – Sie hatte sich vorgenommen ... – Eine Geheimwaffe – »Das Zeitgefühl der Rache«.

(Heft 16:) Eine Deutung der Justiz ... – Festung Justiz – Justizverschwörer – Strafmaße nach Gartmann.

(Heft 17:) Warten auf bessere Zeiten – Schließung der Akten – Falsche eidliche Aussage im Amt – Blutegel – Wie verhält sich der höhere Vollzugsbeamte ... – Herstellung der polizeilichen Arbeitsbedingungen ... – Der neue Polizeipsychologe – Amtsgerichtsrat Wieland – Eine, deren Unterschrift unter dem Gesellschaftsvertrag gefälscht ist – Eine witzige Bemerkung ...

(Heft 18:) Ein Teil seiner Intelligenz ist in die Zunge abgewandert - Hirnforschung – Meßgenauigkeit – Trauerarbeit – Im Hirn der Metropole – Auf der Suche nach einer praktischen, realistischen Haltung – Soll man sich auf den Robustheitsstandpunkt ...? – »Das schreiende menschliche Wesen« – Sie wollten sicher sein ... – Zur Imagebildung – Feuerlöschkommandant Schönecke berichtet.

Der Versuch einfach zu denken

»In der Strategie wird ein einfacher Gedankengang, mit allen verfügbaren Kräften ohne Ablenkung durchgeführt, zuletzt den Erfolg bringen«, Moltke.

Madloch, aus der Schule Heydrichs, geht von einem »inhaltlich ausgefüllten Nationalsozialismus« aus, den er gegen den »bloß darstellenden Faschismus« absetzt. Insofern wendet sich diese sog. »Prager Schule« im Sinne eines wissenschaftlichen gegen einen gefühlsmäßigen Nationalsozialismus.

Abb.: Im Jahr 1941, weißer Pfeil rechts, 2 Stufen unterhalb des Protektors Heydrich und des stellvertretenden Protektors Frank im Aufgang der Prager Burg: Madloch.

Zunächst verwahrt sich Madloch dagegen, daß der Begriff der »Verschrottung der Arbeit« eine Herabsetzung enthalte. Sofern »eine tapfere Truppe zu Schlacke ausbrennt« oder eine Fabrikgefolgschaft im Lebensalter vorrückt, bis sie irgendwann einmal bis zum letzten Glied ausgebrannt, verstorben oder invalid ist, insofern als Frauen »unter rücksichtsloser Zurverfügungstellung ihrer Körper den Nachwuchs an Jugend erschaffen« usf., geht es in allen diesen Fällen letzten Endes um eine Verschrottung, da das Originalmaterial an Arbeitskraft alle diese Vorgänge nicht unbeschädigt übersteht und geradezu der *Sinn des Ganzen* darin liegt, daß der Einzelne untergeht und gigantische Produkte wie Industrie, das Volksganze, Front, Sieg usf. hieraus, eben unsentimental, arbeits- und wehrphysiologisch bestimmt, durch Verschrottung entstehn. Dieses ist zuletzt auch auf den Führer anzuwenden, der nicht derselbe bleiben kann. Alles andere wäre unlogisch.

Insofern ist die besondere Anwendung des Verschrottungsbegriffs auf Zuchthäusler, politisches oder rassisches Häftlingsmaterial, Sklaven oder Ostvölker usf. abzulehnen. Es ist hier im Grunde überhaupt keine Unterscheidung möglich.

Vielmehr muß ich im nationalsozialistischen Sinne unterscheiden, schreibt Madloch, zwischen Entfernen, d. h. zum Verschwindenbringen eines Gegners. Ich darf dies mit dem Wertgedanken überhaupt nicht vermischen. Ja, ich muß die Berührung vermeiden und indirekt töten. Habe ich nämlich den Gegner vor der Pistole und sehe ihm noch zuletzt in die Augen, so gewinnt er als Tapferer oder Elender in diesem Blickaustausch sein weiteres Leben, da ich ihn aus der Erinnerung nicht ohne weiteres entfernen kann. Ich habe ihn also nicht »um die Ecke gebracht«, sondern »vor die Ecke«.

Hiervon unterscheidet sich das In-die-Sklaverei-Führen ganzer Völkerschaften. Hier geht es nicht um Verschrottung im beharrlichen Sinne, sondern um ein Prinzip der Dehierarchisierung, d. h. Nebeneinanderordnung, also weder Liquidierung, noch Verschrottung (sondern das totale In-sich-Bringen des Gesamtwertes des anderen, *soweit leicht realisierbar*, in mich selbst).

Demgegenüber ist Verschrottung im nationalsozialistischen Sinne die vollständigste Mobilisierung der Willens-, Hirn- und Muskelkräfte einer Arbeitskraft, die Aktivierung der letzten Faser und Zelle. Graphisch dargestellt:

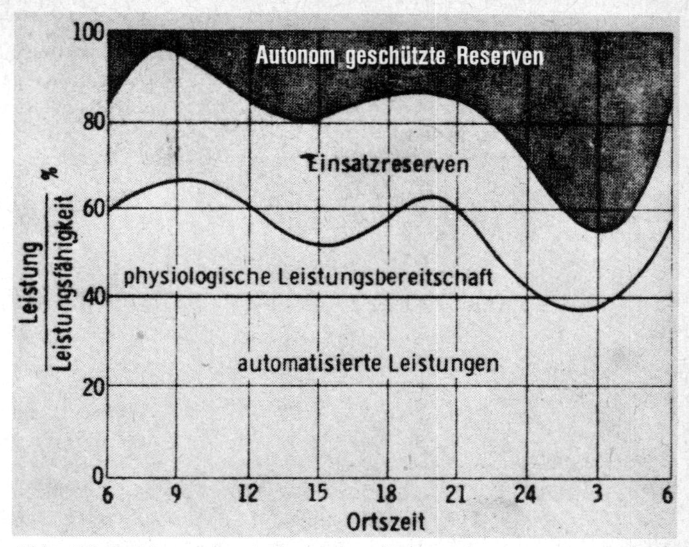

Abb.: Hierbei interessiert insbesondere die Zone der »autonom geschützten Reserven«, ganz oben, d. h. *rücksichtslose* Selbstverausgabung. Dies, als Herstellung der Arbeitskraft, ist Kern der nationalsozialistischen Haltung.

Nationalsozialismus und Anstaltsbegriff

Niemand ist als Einzelner für sich nationalsozialistisch. Es bedarf der Anstalt. So ist die Uniform die Anstalt des schwachen Einzelkörpers; Drahtzaun und Pforte, umbaute Halle, Anstalt der Betriebsgefolgschaft; Rotte, Kompanie, die Anstaltsform des Marsches; Gefängnisse und Lager, die Anstaltsform des ehrlichen und praktisch, d. h. auf Straffreiheit gerichteten volksgenössischen Geistes, der andernfalls nur schwirrt.

Vom nationalsozialistischen Standpunkt ist aber das Gefängniswesen der Justiz, die Fabrik dem Unternehmer, die Uniform dem Goldfasanen und die Regimenter der Clique des Berufsoffiziersstandes (OKH) wegzunehmen. Diese konsequente Entmischung des Historischen ist nationalsozialistische Führung.

In der Welt als Anstalt wird dem Einzelnen sein Schicksal

zurückerstattet, das er als Einzelner für sich nicht haben kann. Er erhält das, worauf er als *geborener Mensch* Anspruch hat: eine exakte Bestimmung als Soldat, Häftling, Gefolgschaftsarbeiter, Führer usf. Da er nur so sich auflehnen, seine Arbeitskraft verausgaben und als unbesiegbare völkische Gruppe entstehen kann.

Kritik des Völkischen

Abb.: Das Völkische in Form einer Maschine.

Dieses Produkt vermag ich nicht durch Geld, »einfache« Verschrottung (= Sklaverei) oder Befehle herauszuziehen, sondern es bedarf hierfür eines sepzifischen sozialen Magnetismus. Insofern hat nationalsozialistisches Wissen mit der *Elektrizität* zu tun, die kundige Ärzte um 1810 zum Gegenstand ihres Interesses machten.

Stelle ich mir den Nationalsozialismus als eine geheime Grabkammer vor, als ein Heiliges, das nirgendwo (auch nicht in den deutschen Wäldern, nicht im Quedlinburger Dom usf.) seinen bestimmten Sitz hat, so gelange ich durch zahlreiche Türen, Gänge, Tore, Gatter, in einen *Innenraum*, d. h. zu einer Herdstatt, die die einfache Gestalt eines Bauerngehöfts hat. Frauen und Werte werden durch Raubzüge dem Hofe anverwandelt, »eingebracht«. Es ist die »Zelle des Mein«. Und nun ist der Nationalsozialismus nichts anderes als die innerste Stimme des Grundackers – jeder vom anderen getrennt in der Natur Germaniens – in der nationalsozialistischen Anstalt aber ein Ganzes (deshalb auch nur als Kopfsprung darstellbar).

Anstalt ist gleich Zucht. Ich züchte, indem ich die Wut herausreiße, also verschrotte. Hierzu benötige ich ein politisches Schielauge, das links auf den Arbeitswert, rechts auf die Vernichtung des Werts des Gegners blickt. Alles übrige vom »Völkischen« ist abzulehnen.[1] Eine Einheit hat diese Substanz der verschiedenen Landschaften Deutschlands nicht.[2]

Insbesondere: die Bezeichnung *Ganzheit, Wesenhaftigkeit, Durchbruchsstärke* als nationalsozialistische *Trias* sind nutzlos, decken lediglich zuoberst (wie ein Topfdeckel) das Heiligste der Führungsgrundsätze zu. Vielmehr muß ich durch die Worte hindurch zum Elementaren vorstoßen: zu den Muskelsträngen, den Strängen des Willens, der »Ansträngung«, dem »Über-die-Stränge-Schlagen«, dem Strick, dem Streich, dem Steicheln usf. Dies ist nicht Wortwahl, sondern Verwaltung. Und ich würde hier das Wort »erwalten« vorziehen.

Nach dem Vorgetragenen, schreibt Madloch, erscheint die ganze Gründung des Sonderlagers Langenstein (wie auch schon des Lagers Nordhausen) »imperfekt«. Entweder das Häftlingsmaterial ist ein Gegner (hierzu sehe ich allerdings keinen nationalsozialistisch fundierten Grund), dann muß man die Häftlinge während eines Bombenangriffs in die Stadt führen und Fluchtwege sperren. Oder man will eine Nebenordnung erreichen, dann muß man dieses Material in ein entlegenes Gebiet verfrachten und dort sich selbst überlassen

1 Einerseits zum ehemals keltischen Gebiet hin – Süddeutschland mit Wien. Anderseits nördlich der Rhön (= Rain = keltisches Wort für »Grenze«), ehemals germanische Zone. Hier aber nicht Volk, sondern Dorf, Landkreise, Parzelle. Dies wiederum teils industriell überlagert an der Ruhr, in Sachsen, Oberschlesien, landwirtschaftend in Pommern, Westpreußen, waldbewohnend in Niedersachsen usf.

2 Das kopple ich jetzt in Form der Staatsanstalt. Ich gewinne aber nichts durch Verbindungen der Wörtchen Volks-, Wehr-, Staats-, Schaffens-; z. B. wenn ich sage: schaffendes Schulvolk, volksschulendes Schaffen, schulschaffendes Volk, volksschaffende Schule. Es vermehrt die Substanz nicht. Oder Volksgrenadierdivision, Division heißt Teilung, Volksdivision ist Volksteilung, Teilvolk, Teilungsvolk, Volksteilung, Volksabteilung, Abteilungsvolk usf.

(z. B. Karpathen). Oder aber man will dieses Volk konsequent unter die Erde bringen, dann muß man die untaugliche SS-Lagerwache liquidieren, das Arbeitskraftmaterial zum Volk ernennen und anstelle des versagenden Reichsvolks aus dem angeblichen oder ehemaligen Gegner ein unterirdisches Volk zusammenschweißen. Dazu wäre erforderlich, daß man *magnetisch,* d. h. nationalsozialistisch, ihre Hirne gewinnt und das Material pflegt.

Voraussetzung für die Bildung eines einfachen Gedankens: Voraussetzung, schreibt Madloch, ist eine Situation, z. B. daß ich einen einzelnen Mann bei seiner Arbeit auf verbrauchte Kalorienmengen messe. Nacheinander könnte ich dies bei verschiedenen tun. Es ergibt sich z. B. folgende Skala:

Tagesbedarf
2500 3000 3500 4000 4500 5000 kcal

Kalkablader vor der Wand
Erntearbeiter (Ungarn)
Gleisbauarbeiter
Versatzarbeiter (Handversatz)
Drahtwäscher
Sackträger (Mehl) Kohlenhauer (flache Lagerung)
Eisenträger, Kohlentrimmer (von Hand)
Holzfäller, Kohlenhauer (steile Lagerung), Hebeler
Winzer (Mosel)
Dachziegelformer, Ofenmann Feinstraße
Schweizer, Lokheizer, Bauzimmerer, 3 Schmelzer (Siemens-Martin-Ofen)
Gärtnereiarbeiter, Wegebauarbeiter, Kokereiarbeiter, Drahtzieher
Zinkschmelzer, Handformer, Gießer, Hufschmied, Knüppelputzer
Brennholzsäger, Bäcker, Fensterputzer, Gepäckarbeiter, Wagenaufschieber, Walzer
Dachdecker, Montageschlosser, Masseur, Böttcher, Kupferschmied
Fleischer, Anstreicher, Kupferschmied, Fertigwalzer, Schamottesteinformer
Koch, Briefträger, Autoschlosser, Straßenpflasterer (Kleinpflaster), Gerbereiarbeiter
Elektroofenschmelzer, Elektromonteuer, Glaser, Wäscherin, Balletteuse
Baggerführer, Dreher, Eisensäger, Straßenbahnschaffner, Putzfrau, Handweber
Reviersteiger, Schweißer, Traktorenfahrer, Konditor, Lichtpauser, Töpfer
Betriebsingenieur, Omnibusfahrer, prakt. Arzt, Schauspieler, Hausfrau, Weber (mechanisch)
Buchbinder, Gutsbesitzer, PKW-Fahrer, Gießer, Friseur, Ankerwickler
Laborant, Hausangestellte (8 Std.)
Goldschmied, Brillenschleifer, Buchdrucker, Apotheker
Zigarrenmacher, Optiker,
Uhrmacher, Buchhalter, Stenotypistin, Fahrkartenverkäuferin, Weberin

Woher kommen die klaren Gedanken?
Standartenführer Schwitzke, Polizeiadjudant Heydrichs in

Prag: Alle großen Gedanken sind Herrschaftswissen. Das geht 800 Jahre oder mehr zurück. Madloch vermochte aber seine Ahnen, die ihm aufs Hirn drückten, nicht so weit zurückzuführen. Woher hat *er* die Klarheit des Gedankens? Seine Vorfahren sind Bauern aus der Grafschaft Mansfeld. Von Reitenden, die von der Wartburg herunterreiten (Familie Berlepsch), werden ihnen die Glieder ausgerenkt, Augen ausgestochen usf. So auf die Katen zurückgeschickt, versuchen sich Madlochs Vorfahren wieder in das Leben der Nation einzufädeln. Haben sie im Moment der Marterung von den Herren gelernt? Lernen sie daraus, daß sie mehrere hundert Jahre so tun, als seien sie getreue Knechte? Darüber weiß Madloch nichts.

Verkomplizierung um 1929

Bauernkriege, Versailles, die Eltern, die noch leben, im Rükken. Das Hochschulstudium (Wehrphysiologie). Eine Anstellung als wissenschaftlicher Hilfsarbeiter im Reichsarbeitgeber-Verband. Er hat kein *Gegenüber,* das er auf einfache Weise *durchmessen* kann, sondern muß über volkswirtschaftliche, politische »Bewegungen« im Reich urteilen.

Erhöhte Komplizierung auf dem Höchststand der Eroberungen 1942

Jetzt muß Madloch, von Prag aus, gemeinsam mit unübersichtlichen anderen »Schulen« und Kräften im Reich Grundfragen eines neuen Weltbildes, d. h. Umwertung aller Welten beurteilen, da Zuständigkeitsbereich *ohne Maß* ausgeweitet.

Zusätzliche Komplikation in der Zerfallszeit des Reiches, etwa ab Frühjahr 1944

Nunmehr muß die Einfachheit des Gedankens – dabei erneutes Gasgeben, um aus der ausweglosen Not doch noch herauszugelangen – auf die geringer werdende Bewegungsmöglichkeit abgestimmt werden. Der Druck ist der gleiche wie vorher. Wie kommt es, daß Madloch trotzdem zu einfachen Entscheidungen gelangt? Das würde Madloch gern wissen.

Ein Nazi der Wissenschaft

I

Eine akademische Chance hatte Gartmann nicht. Er wollte ja eigentlich Karriere machen, sich in grober Weise auszeichnen vor anderen. Aber dieses innere Hieb- und Zuckschwert seines Ehrgeizes ließ sich nicht in gelassener Vorteilsberechnung handhaben. Er neigte deshalb zum »graben«. Die Beweisbarkeitsfragen ließ er hinter sich. Er wollte ein glanzvolles erschöpfendes Wissen vorzeigen – gerade dies Bemühen schnitt ihn von akademischen Posten ab. Für die Linke war er zu alt. Sie vergab keine Ehren, hatte wohl auch keine Wissenschaft mehr unter sich.

II

P. Gartmann war Hirnforscher. »Wenn ich wissenschaftlich etc. tätig bin, eine Tätigkeit, die ich selten in unmittelbarer Gemeinschaft mit anderen ausführen kann, so bin ich gesellschaftlich, weil als Mensch tätig.«

Die minutiösen Kenntnisse, die er über die Ionen-Austauschmechanismen am Ranvier'schen Schnürring besaß!

Als Menschenwesen war er in Not. Daher sein Hirninteresse: Negentropie, d. h. vermehrte Ordnung gegen den Entropie-Satz der unbelebten Natur!

Entropie, das Maß für die Zustandswahrscheinlichkeit. Ganz gleich, welcher Zustand, er war früher oder später nicht auszuhalten. Dagegen ist Information, die sich wenigstens formal als Negentropie definieren läßt, also was das Hirn von selbst tut, ein Wahrscheinlichkeitsmaß. Es war gewiß nicht Larifari, daß sich Gartmann *damit* befaßte:

> »Das Durchdenken, die Antizipation bestimmter Situationen im erkennenden Bewußtsein des Menschen, sichert die Existenz des betroffenen Lebewesens mehr als alle anderen Maßnahmen der Natur. So kann etwa die Folge einer unterlassenen Flucht

> bei Angriff eines Raubtiers durchdacht und im Verhalten ausgewertet werden, lange bevor das Ereignis selbst zur Vernichtung des Lebewesens führt.«

Also, ohne Not hätte sich P. Gartmann die Mühe nicht gemacht.

III

Wo sind denn nun die gewaltigen Wünsche, die sich in gut 10 000 Jahren angesammelt haben? Das war Gartmanns Grundthema. Sie können nicht einfach verschwinden. Entstanden sind sie sicher. So sicher, wie Leiden Wünsche erzeugt, und daß gelitten wurde seit der Eiszeit (und davor auch), daran konnte das »Weimarer System akademischer Wissenschaft« nichts ändern.

»Ich weiß, daß ich nichts weiß« – das faßte Gartmann als Freibrief auf: Deshalb durfte er ja in diesem »motorisierten« Tempo suchen. Dümmer konnte er nicht werden. Je »inniger« er aber suchte nach den öffentlich gesuchten Wünschen – *er* konnte eine Skizze der Schatzfundorte anlegen, hatte so etwas in seiner Kartei. Wie ein erfahrener Apotheker hatte er sich aus dem Bestand der Universitätsbibliotheken seine Giftchen zusammengestellt. Auch Besuche bei verschiedenen Wissenschaftlern, die den treuen Schnorrer nicht einzustufen wußten, ihm mit Auskünften zu Willen waren, um ihn rasch loszuwerden (sie erwarteten immer noch, daß die ihrer Ansicht nach abwegigen Fragen ein Vorwand wären und er mit einer persönlichen Bitte, z. B. um Anstellung, herausrückte), da waren sie schon in Feuer und erzählten vieles, was sie aus Mangel an Zeit nicht in Anmerkungen oder Büchern drucken ließen. Gartmann nannte sich *Querschnittzähler* oder auch einfach Zähler – im Gegensatz zu den Fachwissenschaften, den Theologien, aber auch den, von ihm bewunderten, Rechercheuren und Journalisten, oder Entdeckungsreisenden, denen er sich nicht gleichstellen wollte, weil er dafür nicht beweglich genug war. Er hatte immer Schwierigkeiten, das Hirn aus der Ruhelage auf Transport, den Suchzustand, zu bringen, er drang daher zu den Endadressaten seiner Fragen nicht oft vor. Er meinte, daß Journalisten das täten, hatte aber nur Romane über Journalisten aus dem 19. Jahrhundert oder in den USA der zwanziger Jahre gelesen. Aus allen diesen Gründen einfach Zähler – einer, der 1 + 1 zusammenzählte.

IV

Die Eiskappe hat ja die Form des Hirns! Das muß doch jeder sehen. Nicht ein Kopf, nicht eine Zehe, sondern ein Hirn.[1]

Die Geburtszelle des Hirns (Homo, homo) setzt Gartmann an den Rändern der Eiskappen der Mindel-Eiszeit an. Die Eiszone selber konnte wohl niemand betreten, aber in Not brachten auch schon die Ränder. Dauerfrost-Boden! So befindet sich alles in Bewegung zum homeothermischen Meer!

»Das gab's nur einmal, das gibt's nicht wieder«, sagte Gartmann. Es lebt vom Vorrat, und ich muß die Örter im lebenden Hirn finden, wo diese Vorräte konserviert sind. Er preßte Hirnteile Toter in einer Quetsche aus, wollte zunächst versuchen, das Eiszeitmäßige, also die Wurzel der Intelligenz durch Filtern dieser Sauce rein zu gewinnen. Na, daß das nicht hinhaute, wußte er schon vorher. Aber er brauchte Arbeitsvorgänge, sogenannte »Situationen«, in denen er fühlen, zählen konnte, sich auf den Gegenstand einstellte. Wahrscheinlich wird das Eiszeitmäßige im Hirn (unzerquetscht, in seiner Struktur belassen) seinen Zwilling in dieser toten Masse suchen. Er hatte Vertrauen.

Wenn er nur ein Quentchen von dem starken Ursprungsgift hätte, wollte er damit, »wie mit einer Wünschelrute«, die Wirklichkeit absuchen. Von wo kommt die nächste Eiszeit? Hat mit dem Wetter nichts zu tun. Aber: »Etwas wird kommen. Man muß es *erkennen«*. Das Zentralprinzip »Kälte« mußte ja nicht aus Eis bestehen. Aber ohne sie leidet keiner. Nicht im Backofen? Ich möchte mal sehen, wie Sie gerade mit Ihrem hitzeempfindlichen Hirn, Ihrer Neigung zu Hautausschlägen, da Sie ja zum Schwitzen neigen, aber doch ganz unregelmäßig transpirieren, je nachdem, ob die Körperteile mehr zum Eis oder mehr zum Ich schlagen – wie es Ihnen in

1 S. unten S. 585.

den Tropen ergeht, oder in den Flammen ihres Hotelzimmers! Der Philosoph Alfred Schmidt, Naturbegriffs-Schmidt, besucht mit Gartmann gelegentlich den »Ball der einsamen Herzen«. Er war nie wirklich zu beirren, Hirn- und Begriffs-Gartmann aber auch nicht. Es war doch auszuzählen: Keiner will allein sein. Wenn Gartmann auch gern ungestört war: er konnte weder als Einzelner denken, noch konnte er, konzentriert auf 1–12 Gesprächspartner, mit 44–100 Dialog-Partnern austauschen, wie er es konnte, wenn er es überhaupt konnte, wenn er allein war. Du bist ein heller Kopf, sagt Schmidt. Falsch! Das Hirn ist dunkel.[2]

V

Interessante Struktur an der Hirnbasis. Als ob ein Froschkönig mit ganz winzigem Geschlechtsteil, aber kräftig angezogenen Schenkeln, vor einer Prinzessin oder Schneekönigin säße,

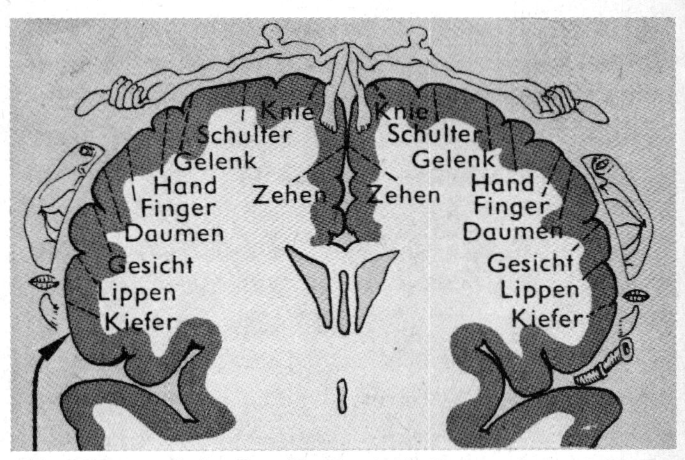

Abb.: Hirnquerschnitt »Froschkönig« (nach Gartmann).

2 Strukturalist war Gartmann auch nicht. *Ich* »wußte« mehr als er. Er konnte partout nicht scharfsinnig werden. »Ich weiß, daß ich nichts weiß«, hieß soviel wie »stellen wir uns einmal ganz dumm«. Die Pariser Heiligen stellten sich aber schlau.

die sich die Bescherung »nicht ohne Güte« ansah und sagte: Ich geh schon. Da kann man was ganz Schönes noch daraus machen. Das muß man gründlich mal waschen.

Durch 2 Knochensplitter (wie Höhlenwände) beschützt, ein etwas länglicher Körper, weiter oberhalb. Wenn die Prinzessin gründlich war, stieß sie darauf.

VI

Scholastik: Geist ist Geist. Die amerikanischen Funktionalisten: Hirninhalt ist System von Nachrichten. Davon können wir die Nachrichten*mengen* messen. Gartmann stößt dagegen zur Wurzel durch: Nachricht oder Geist ist Notlage, eine angerichtete oder offenkundige Bescherung, die gütigerweise von Hexe oder Fee zum Guten gewendet wird.

Von diesem Prinzip der Notwehr leitet Gartmann die Selektion der Nachrichtenmengen und Inhalte der Hirntätigkeit ab:

> Aufnahme 10^9 bit/sek.
> Abgabe durch Sprache, Mimik, Lokomotion 10^7 bit/sek.
> Informationsauswahl 1 : 10 Millionen.
> »Bewußt« erarbeitet 10^2 bit/sek.
> Kurzfristig gespeichert: (Kurzzeitgedächtnis) auf bis zu 0,01 mikrosek.: 10 bit/sek.

Langfristig gespeichert, also »bewußt«, 1 bit/sek.

Wo ist der Rest?[3]

Gegen die Funktionalisten, die die Strukturalisten bekämpften, war methodisch nichts einzuwenden, aber sie suchten »die Funktionen an Stellen, an denen sie nicht liegen konnten«. Mit der Methode des Nicht-Wissens war Gartmann gegen Irrtümer dieser Art gefeit.

3 Alles dies ein- oder ausgeschaltete Flip-flops. Der Zustand »aus« ist also zugleich die Schaltstellung »ein«. Andernfalls wäre diese Hirnarbeit ja auch nicht zu schaffen. Also bedeutet »aufnehmen«, etwas nicht wissen, und »weiß nicht« bedeutet andererseits »Aufnahme«. Die Hälfte aller Informationen geht bei diesem Prozeß verloren. Aber die andere Hälfte? Sie kann nicht verloren sein (Gartmann, 1968).

Er wollte noch in diesem Leben über das hinausgelangen, was in Marx' Beispielsammlung zu »Reich der Freiheit« angegeben war: jagen, fischen. Aber auch Bier trinken, voller Illusion in Kneipen einfahren, sich im Bett nochmal zudecken, linke Seite bebraten, rechte Seite, Feuerwerk und Gesänge im letzten Moment eines Fußballkampfes – alles das war es nicht.

Andererseits ein erkälteter, gevierteilter Mann, der für »Vergnügungen aller Art« wenig Trieb hatte. Er wollte mit großem Fleiß sich das Himmelreich zu Lebzeiten erobern. Praktisch kam zunächst nur heraus, daß er länger frühstückte, immer mit schlechtem Gewissen, weil er ja so das Himmelreich nicht übernahm. Da las er extensiv in der Staats- und Universitätsbibliothek: Geschichte zerfällt in: a) Landesgeschichte, b) Wehrgeschichte . . . »Du bist nicht konsequent«, sagte Susi. Wollte er nicht hören. Du spinnst in einer Richtung deine Gedanken und dann in einer anderen, aber du tätest nichts, in keiner dieser Richtungen. Du weichst aus. Na ja. Ich weiche aus, aber ich komme wieder, antwortete Gartmann. Ich bin zäh. Es war nicht ausgeschlossen, daß er zäh war.

VII

Seit Veröffentlichungen Gartmanns in *Bild am Sonntag*, *Pardon* und *Kursbuch*, in *»Autonomie«*, *Nationalzeitung*, *Marxistischen Monatsheften*, im *Handbook of Physiology* Section I: Es gibt natürlich immer Leute, die die Reinheit der Wissenschaft oder die Reinheit der Politik zu ihrem Anliegen machen. W. Feddersen, ein solcher Wesenkehrer, bezweifelt deshalb in mehreren Publikationen die Zuverlässigkeit von Gartmanns Methodik.

Ganz absurd sei Gartmanns Deutung der Betz'schen Riesenzellen und von Nr. 44 der Zyto-Architektur nach Brodmann (Brocka'sches Zentrum)! Das sei kein Protest-Zentrum, sondern das Sprechzentrum. Sich mitteilen, nicht »protestieren«. Es sei ganz absurd, die Sprache aus dem »suchenden Nein« des Babys zu entwickeln, das nicht findet und deshalb den Kopf schüttelt, bis es findet: Gerade dieses Lebewesen könne ja noch gar nicht sprechen.

Nr. 1, 2, 3 der Zyto-Architektur des Hirns seien auch kein

Fluß. Zugegeben, daß man aus der Zeichnung einen Flußlauf mit lieblichen Wiesengründen an den Ufern zu dem Bild assoziieren könnte. Aber das sei phantastisch! Was fließt, seien die Blutversorgung, die elektrischen Eigenströme. Abwegig auch die hergeholten Ableitungen zum EPS und den Nummern 10–47.

Feddersen war der Ansicht, man müsse Gartmann die Berufsausübung verbieten. Er habe keinen festen Beruf. Feddersen erstattete Anzeige gegen Gartmann nach § 8 des Heilpraktiker-Gesetzes.

Gartmann wehrte sich vehement. Auf den Vorwurf, er wende seine Phantasie an: Jawohl, die wende ich an. Im übrigen wies er darauf hin, daß er nicht unter den Radikalenerlaß fiele, auch keine Staatsstellung anstrebe.

Gartmann war *Nationalsozialist*. Durch Studium der *Wurzel*texte war er *Marxist*. Seiner Parteizugehörigkeit nach war er *Sozialdemokrat*. Beruflich *Erwachsenenbildner*. Sein Lebensziel sah er: als *Wissenschaftler*. Dies kann aber, nach allem, was schon gesagt wurde, nur im anti-professionellen Sinn gelten, da man Wissenschaft nicht »haben« oder »sein« wollen kann – sie wird dann angeeignet, d. h. verschwindet rasch. Er ging also strikt als *Laie* vor.

VIII

»Das schreiende Menschenwesen will den Daumen in den Mund stecken, aber dieser weist auf die Kopfdecke (Mitte), würde sich bei weiterer glücklicher Annäherung in den Schädelknochen bohren, der zuerst ganz weich war (die Geburtshelferin Fricke konnte ihren Zeigefinger probeweise in die weiche Hirnschale des ohnehin verlorenen Krüppel-Kindes der Frau K. stoßen. Es ergab sich ein Loch. Mit nicht mehr Kraft, als sie gebraucht hätte, um etwas Popel aus der Nase zu kratzen, ohne die Kapillaren zu verletzen). Hand und Köpfchen gleich groß, ja, sie sind ja auseinander entstanden, Zwillingskreaturen. Und die Ganzkörper (kleiner als die Hand, aber doppelt so groß wie die Däumlinge) sind auch Zwillinge, die mit ihren Hintern aneinander rühren.

Leria (1970) hat darauf hingewiesen, daß die Lokalisierung

von Einzelteilen, z. B. Muskulatur in bestimmten Hirnzentren, genau so naiv wäre, wie wenn man sagen würde, »daß verschiedene Produkte, die in einem bestimmten Hafen gelöscht werden, dort auch produziert würden«.

IX

»Glück ist die Erfüllung eines Kinderwunsches, aber der Satz ist nicht umkehrbar. Die Wünsche sind nicht Kinderglück.«

Die Gründe lagen in Aera 44, 43, 22, 21, 20, 6, 10, 3, 1, 2, 5, 7 a, 18 (übergreifend auf paläocerebellum), 39, 42, 41, 52, 38 (konsequenterweise auf archäocerebellum übergreifend). Z. B. Aera 45: »Gorilla legt sich schlafen, wird im Schlaf mit Stein auf Kopf geschlagen, tiefe Ruptur der Schädeldecke.« Aera 47 anteilig: »Bauernkriege«, Aera 18: »Abhacken von Fingern oder des Kopfes in Muttergesellschaften, bei Schmieden, Intelligenzlern, übrige Gesellschaftsschichten sehen es mit an, usf.« Benennungen nach Gartmann, 1972.[4]

Die toten Knochen dieser Wünsche schreien zum Himmel, sagte der Alt-Philologe, F. Genscher. Sie steigen wie Rauch in die Systeme, die jetzt, »als könnten sie wünschen«, auftreten: EWG, Moral, Justiz, Vernunft, Bombengeschwader, usf.

X

Susi, Gartmanns Lebensgefährtin, war von Haus aus logisch. Ja, ja, tschüß. Sie war im einzelnen in ihrem Leben immer logisch, nur nicht insgesamt . . .

XI

[Im Schlachthaus.] Wenn Susi sich zusieht – vor allem im Schlaf, sie sagt dann ihre Träume, deren letzten Wach-Rest sie mit geschlossenen Augen an sich vorüberziehen läßt, Gartmann an, der neben ihr döst, aber sofort hört, wenn sie zu

4 Siehe Bild unten S. 540, 585, 601.

diktieren versucht, wie sie zu dem angstvollen, disziplinierten Arbeitswerkzeug wurde (und auf der anderen Seite immer Stabsführer des Sexualbetriebs), alles dies gemessen an dem kleinen geschwänzten und behaarten Hauttier, das sie meinte gewesen zu sein, ehe sie zum »Menschen zugeschnitten« wurde, da muß sie bei jedem dieser Schnitte, Zerteilung oder Zulötung der Haut, aus ihrem Dasein als Mutterfolger[5] in ein »menschliches Ganzes« wie einen Pup Protest abgelassen haben. Wo ist der denn? Sie durchkämmt ihre Träume. Es scheint ihr, daß sie kannibalisch, Fetzen der Haut, in Fleischseiten, Rippenstücke, Innereien, usf., zerlegt worden ist. So »dezentralisiert« kann sie sich nicht einfügen. In dieses Schlachthaus will nichts von diesen Zellenstücken zurück. Fort kann es aber auch nicht. Sie muß auf Schwund achten!

Nun war das für Gartmann, wenn er träumte, nicht anders. Er konnte nur sagen, daß das der Grund ist, warum Phantasie flüchtet.

XII

Gartmann wäre jetzt, hätte er einen anderen Lebenslauf gehabt, in das Pensions-Dienstalter eingetreten, oder das der Emeritierung. Er fühlte sich, da er vor allem antizipierte, schon so gut wie tot, in dem Sinn, in dem Kinder sagen: »Wenn man tot ist, kann man nicht mehr aufstehen, sich nicht mehr bewegen, aber man kann lernen.«

Sein Lebensgefühl war – weil er vorausblickte, konnte ja nachträglich nicht noch Schlimmeres passieren – eigentlich optimistisch, so wie man wiederum sagt: »Tot, zerrissen, zerschlagen und außerdem noch Karl der Große.« Er blickt nunmehr auf sein wissenschaftliches Gesamtwerk hin, das nur noch von der Praxis aufgegriffen werden mußte. Zunächst hatte er Susi, F. Genscher und, mehr aus Sympathie als aus Einsicht: Natur-Schmidt als Anhänger. Es gab Führer, die anfangs weniger hatten.

5 Susi verwendet hier Gartmanns Nomenklatur. Danach ist ein Mensch kein Nestflüchter, dieser Begriff ist überhaupt falsch, da ja das junge Lebewesen hinter der Mutter herläuft, Anklammerer ist. Nestflüchter ist Mutterfolger!

Industrielandschaft mit Sonne und Mond gleichzeitig

I

»Als die gold'ne Abendsonne sandte ihren letzten Schein . . .«, war tatsächlich schräg über den Hochhäusern der Nordweststadt, wie Giglatz feststellte, die Mondsichel zu sehen. Über den Taunusbergen, trotz Hochdrucklage, eine Regenwand, die vermutlich gegen 21 Uhr auch hier in der Stadt den Staub von den Häuserwänden waschen würde. Alles untypisch, sagte er. Das war in allen Einzelheiten ein Durcheinander von Eindrücken, die man vom Standort Giglatz', an seinem Schreibtisch in der Dreizimmerwohnung in Praunheim, um zahllose weitere Daten, die nicht unmittelbar mit den Augen zu sehen waren, ergänzen mußte: eine Zahl Paare (geschätzt 8000) kohabitierte in diesen Minuten; nicht auszuschließen, daß wenigstens zwei davon sich für glücklich hielten. Man muß diesem Fachausdruck »glücklich« einmal näher nachgehen. Zwei konkurrierende Abschleppfirmen, nahm G. weiter an, lieferten sich im Raum Bad-Vilbel–Bad-Soden eine Schlacht um ein gestrandetes Auto. Entweder die Sodener oder die Vilbeler Firma mußte, verprügelt, vom umstrittenen Wrack ablassen und war auf den Prozeßweg verwiesen. Das sah er nicht, sondern »dachte« es, weil es durchschnittlich alle zwei Minuten im Großumland Frankfurt geschah. Von zahlreichen Zahlungseinstellungen, geplant für den nächsten Tag, abgesehen, die jetzt in verschiedenen Büros endabgerechnet werden.

A. Trube hätte aus seiner – gewiß entgegengesetzten – Sicht noch einiges an Eindrücken ergänzt, auch abgesehen von dem, was die Lokalredakteure der *Frankfurter Rundschau*, der *FAZ* und der *Neuen Presse* in diesen Augenblicken ermittelten, was Genossen des *Informationsdienstes* (= ID, Informationsdienst für unterbliebene Nachrichten) sahen (sie stapelten den Neudruck einer Beilage). Das alles schien dem jungen Giglatz, während es minütlich vorüberzog, eher wirr. Er wußte aber, daß ein Teil der Verwirrung aus der Einordnung in die Minuteneinteilung folgte, die aus ihm selbst kam. Ein willkürliches Maß für die Rhythmen der Sachen außerhalb seines Kopfes (allerdings zeitgemäß von Giglatz' jetziger Ruhepause), die äußeren »Gegenstände« dagegen »dachten« sich vielleicht in Sekunden oder in Jahrzehnten oder im Dreihundertjahresrhythmus.

Na, sagte Giglatz, machen wir uns mal an die Arbeit. Es muß doch festzuhalten sein, was hier so passiert. Er kam nicht weit mit dem Vorhaben. Nicht, weil es unmöglich war, sondern weil er die Arbeitskraft für den Entschluß, nicht aber für die Ausführung zur Verfügung hatte. Er konnte überhaupt keine Arbeitskraft erübrigen, außer in solcher Abendstunde einmal (in Minuten gerechnet) länger am Schreibtisch zu dösen oder vom Fenster her Eindrücke zu sammeln. Selbst in den Nachtstunden lernte er für bessere Qualifikation. Der Beruf des »Averagers« war ein in dieser Industriezone sich ungestüm entwickelnder Berufszweig, da die Selbstkontrollrechnungen der Firmen auf Durschnittswerte angewiesen waren.

An sich, sagte Giglatz, als er sich von der Momentaufnahme: »Abendsonne und Mondsichel gleichzeitig« trennte, sind dies keine signifikanten Daten, die hier den Augen erscheinen, gemessen z. B. an der Tatsache, daß jetzt in Gesamtzone der Stadt etwa 220 000 Menschen und Tiere beim Essen sitzen. Mond und Sonne gleichzeitig dagegen schien ihm ein seltenes Ereignis, nur weil er es noch nicht oft beobachtet hatte. Er hätte sich korrigieren müssen, wenn er einen Astronomen oder einen Wetterforscher befragt hätte. Es ist nämlich im Jahr eine recht häufige Erscheinung.

II

Giglatz und A. Trube sind beste Freunde, so wie man von Kindern sagt: sie treffen einander oft zum Spielen. Der eine, A. Trube, arbeitete in einem Bockenheimer Betrieb als Arbeitszeitmesser und Refa-Mann; der andere, Friedrich Giglatz, war bei Messer Griesheim Averager, d. h. Mittelwertbildner. Das eine hat mit Arbeitsproduktivität, das andere mit Verkauf, Marktbedürfnis, zu tun. Ihre Methoden ergänzten sich; aber das wirkte sich nur aus, wenn sie getrennt von ihrer Arbeitsstelle zusammenkamen (dann aber störte das Zusammensein, da sie ja immer etwas unternehmen mußten: in ein Lokal einkehren, ins Kino gehen, Ausflüge machen usf.) oder, ungestört, wenn der eine Freund mit dem jeweils abwesenden Freund im stillen Kopf konferierte. Sie waren nicht unzufrieden.

III

»Kinder beginnen ihre Reise durch die Welt als *naive Realisten* und vertrauen den Dingen, so wie sie erscheinen.«

IV

Für A. Trube sind die Menschenmassen einer Stadt wie gut verpackte Vorratspäckchen von Grundwaren, nämlich zerfallend in Absatzwille und Produktionsleistung, also z. B. in der Zeil beides, wobei die Marsch-Geldherausnahme-Blick-Kontakthalte zur Schaufenster-Wähl-Leistung das am bestimmtesten Meßbare ist, also z. B. in den guten oder edlen Eigenschaften wie in Tüten verpacktes norwegisches Bergwasser, in den weniger auszeichnenden Eigenschaften wie Pappkartons mit je fünf Briketts Braunkohle (drei Ofenfüllungen, falls es solche Öfen noch in großer Zahl gab, wie den fast ausgestorbenen Buderus-Ofen, den Ferdy Kramer in zwölf Tageseinheiten eines Bauarchitekten – hier Übergang zu irrationalem Wert – entworfen hat, der aber ergänzt um Millionen Arbeitsstunden einfacher Feuermacher, 1944–48, vor allem auch Frauen und heranwachsende Kinder, deren Arbeit in der volkswirtschaftlichen Gesamtrechnung nicht erscheint, Millionen Leben in den Hungerjahren vor dem Frieren bewahrt hat) oder von Plastikbeuteln mit abgepackten Kartoffeln – alles auffällig gleich. Wenigstens innerhalb der Kategorien, und sofern Trube streng von den einzelnen Eigenschaften ausgeht.

Natürlich ist der Gebrauch des Abgepackten dann so wenig gleich wie die vielen verschiedenartigen Firmen des Frankfurter Raums, der die Arbeitskraft verschieden einsetzt, oder die

Warenbestände in einem großen Kaufhaus, oder so verschieden wie der verschiedenartige Geruch oder Gebrauch, den Kinder, Frauen, Hunde oder Müde von den zahllosen Gegenständen, Straßen, Häusern oder Lebewesen dieser Stadt machen. Die Aufzählung ufert aus, gerade dies muß Trube vermeiden.

Es ist ein Unterschied, sagt Trube (er sagt es nicht laut, sondern erklärt es dem abwesenden Freund), ob z. B. ein Einzelkind mit den Kartoffeln Matsch macht oder Ball spielt oder ob Hungrige sie roh essen, und ungleich sind auch die einzelnen Kartöffelchen (manche reif mit sprossenden Trieben usf., oder verbeult, oder rund gezüchtete Kügelchen, als wären sie geschliffen, die aber dann oft wässerig schmecken, weil sie Zuchtprodukte, genetische Mogeleien, die irgendeinem Durchschnittsbedürfnis angeblich entsprechen, darstellen, d. h. die Kartoffeln sind hier Darsteller geworden, Schauspieler). Ganze Tage lang übt sich Trube so in Operationen einer »modernen«, d. h. einmal durch den Beruf getriebenen Sinnlichkeit. Was täte er ohne Giglatz! Sämtliche Beobachtungen ufern hemmungslos aus, und erst der Freund bringt sie auf sprechbare Mittelwerte. Insofern ist der eine Grenzzieher und der andere Uferüberschreiter, Überschwemmer. Der eine macht »Schlammschlacht mit Apfelmus aus Eimern«, der andere macht ihn darauf aufmerksam, daß dies nur im gekachelten Badezimmer anschließend mit dem Reinlichkeitsgebot zu vereinbaren ist. Es wäre sonst Dreck.

V

Giglatz und A. Trube haben ihre Arbeitsplätze verloren. An sich liegen ihre Fertigkeiten inmitten des Hauptstroms der kapitalistischen Bedürfnisse. Aber dieses Bedürfnis macht Zacken. So avanciert z. B. die Entwicklungsabteilung eines Werkes, die Produktion, d. h. die Versammlung unentwickelter Handgriffe und Maschinen wird vom Ingenieurstab gegen die Neuerer geschützt. Ehe nicht der Stau an erlernter Arbeitskraft und noch funktionierender Maschinerie steuerlich abgeschrieben ist, dringt das Neue nicht in die Produktionszone. Vom Verkauf über die Produktion steht ein Rückstau der Abteilung Entwicklung entgegen. So werden Trubes sinnliche Ausuferungen (= neuester Taylor) zur Zeit nicht gebraucht, und Giglatz' neueste Mittelwerte werden vielleicht in sechs Jahren benötigt.

Nun gibt aber einer sein Können nicht einfach wegen des Verlustes des Arbeitsplatzes auf. Vielmehr ist dieses Können unveräußerlich, war im Grunde nur als obere Sahneschicht Gegenstand des Arbeitsvertrages. Die Freunde durcheilen die Stadt, betreiben Bestandsaufnahme. Denn das, was sie können, vom Arbeitgeber nicht abgefragt, wird doch von der Realität selber gefordert. Man könnte mich, sagte Giglatz, einen Wirklichkeitspoeten nennen.

Schöne Stücke an unentdeckter Zeit, Durchschnitte! Die Sinne treffen auf Neues. Es sind ja auch neue Sinne. Dort die Bewegungen einer jungen Frau, die sich am Nachbartisch flüssiges Gewürz auf eine Chinesen-Speise träufelt, ihrem Mund zuführt, in Einzelschritte zerlegt und von Trube durchgezählt. So sättigt sich z. B. Trube, gestärkt durch die Gegenwart des Freundes, am Appetit dieser fremden Mischung verschiedener Menschen, denn gleich darauf fällt sein Blick in einem Wampy-Lokal auf die immer noch unterschiedliche Weise, in der mehrere Zeitungsboten doppelstöckige Hamburger in ihre verschiedenen Münder schieben. Entgegen der Annahme, es sei im Konsum alles eins, vermag Giglatz, der ja nicht untätig bleibt, auf Grund seines universalen Interesses an Mittelwerten doch zu unterscheiden, wo sich diese Mittelwerte gar nicht bilden lassen: Jeder Mensch führt ein Wirklichkeitsstück anders zum Mund, z. B. ein Stück Kuchen.

Neuerdings neigen die Freunde zu Niederschriften; so entsteht Giglatz' Werk eines kompletten Registers aller Erkältungskrankheiten und Gesundheitsschwankungen. Dazu brauchen sie als Anschauungsmaterial (zum Zerlegen, Zerbeißen, Durchmessen und Mitteln) zunächst nur die Beobachtung von sich selbst. Ein einziger Tageslauf genügt hierfür (und mit jeder genauen Messung wird es mehr), und Giglatz, der sein noch zu erwartendes Leben (er ist jetzt 48 Jahre alt) gemittelt hat, ist schon so gut wie gestorben, also subjektlos und deshalb fast weise: einer, der gar nichts Überraschendes mehr vor sich glaubt und dadurch das geschärfte Empfinden für von diesen Mittelwerten plötzlich abweichende Eindrükke, für die an sich sonst Trube zuständig war, besitzt. Das Leben ist ihm eine Wundertüte für zehn Pfennige, obwohl es diese Ware, außerdem war oft noch eine Prise Trockenbrause mit Waldmeistergeschmack dabei, heute nicht mehr gibt und das KSÜ (Kinder-Schokoladen-Überraschungsei) nach Trubes methodischer Analyse des Kauf-, Auspack- und Verbrauchsvorgangs keinen Ersatz bietet, denn kein gemessenes Kind ist durch dieses Ei länger als sieben Minuten »überrascht«, durchschnittlich aber überhaupt keine Überraschung oder bis zu zehn Sekunden, dann stellt sich das Irrige, die Abwesenheit eines Überraschungsgrundes heraus, was die Mütter schon vorher wußten, aber auf Grund der unberechtigten Hoffnung, daß etwas im Kinder-Schokoladen-Überraschungsei hätte sein können, ist die Mutter nach Abwäsche gegen 14 Uhr mit dem unruhigen Kind aus der Wohnung entwichen, und stellvertretend sind die Freunde schon für diese Kleinigkeit von Erfolg oder Erlebnis ganz dankbar, weil ihre Methode ja »Mitempfinden« heißt. Was, wenn die beiden Präzisionisten alles verarbeitet haben, es »wissen«? Kein Problem für die Freunde, deren »reparierte Sinne«, die zur Zeit nur die Gegenwart erfassen, noch den ganzen Vorrat an Vorzeit (bis 6 Millionen Jahre v. Chr.) und, falls nichts stört, die Zukunft vor sich haben. Vor einer halben Stunde haben sie kennengelernt: Erwin Schmitz, Luftdurchfluß-Messer (z. B. vom Waldgebirge des Taunus nachts über die Weststadt, in den Röhren, die die Verwaltungsetagen belüften, in den Lungen von Hunden oder Menschen, im Grünen usf.).

Bieskes stark erkältetes Radar; »daß Übel und Gewalttätigkeit, an einem Ort unseres Globs, an allen gefühlt wird . . .«

I

»Spannend wie ein Spaten, der bei Hannover umfällt.« Der Ausdruck soll sagen: bei Hannover ist nicht viel Spannendes.

Noch dazu stand Bieske unter Wasser, war von den Bronchien bis zum Stirnansatz stark erkältet. Aufgrund seiner schwachen Natur, diese aber angerichtet durch Kinderzeit und Erwachsenwerden – er hatte aber keinen Menschenanhang, der sich dieses Lamento längere Zeit angehört hätte, und legte das deshalb seit Einkerkerung in die vier Wände (allerdings Ausblick auf die Balkons einer Reihe Nachbarhäuser, kannte das auswendig), zum übrigen: – gehindert zu reisen, nämlich das Recht des Erdenbürgers zu nutzen, »die Gemeinschaft mit allen zu suchen und zu diesem Zweck alle Gegenden der Erde zu besuchen«.

Schon die Bereisung der Umgebung Hannovers hätte Bieske überfordert. Die Dörfer, Weiher, Buschgelände, die Fabriken, XOX-Keks usf. Das mußte er vitaleren Typen überlassen, die wiederum sein »weltbürgerliches Interesse« nicht teilten und sich mit Landschaftsbetrachtung oder Treffen in der einen oder anderen Gruppe an den Stränden von Goa zufrieden gaben. (Auch Makrobiotisches, irgendwelche Körner, aßen, oder den Lauf der Bioenergien in ihren Leibern studierten.)

Bieske fand allenfalls den Weg zur Universitätsbibliothek Hannover. Das war schon eine *weite* Reise. Er hatte beim Aufstehen seine Glieder gereckt, das »Erlebnis« des Frühstücks, der Zeitungslektüre. Es war zweifelhaft, ob so »Übel und Gewalttätigkeit, an einem Ort unseres Globs, an allen gefühlt wird«.

II

»Eine blühende Frühlingswiese, gelber Löwenzahn, weißes

Wiesenschaumkraut, blühende Kirschbäume – hier sprangen sie aus dem Auto. Sekunden später stoppten drei Polizeiwagen. Es begann eine Schießerei. Sie flüchteten zu Fuß. Ein Beamter entdeckte im Ascona die Maschinenpistole Sonnenbergs. Er riß sie heraus . . .«

»Das Kleinhirn, das Atem und Kreislauf Sonnenbergs regelt, ist zerstört, Hirnflüssigkeit läuft aus. Ein Arzt: es scheint hoffnungslos . . .«

Vor Zeiten hat Bieske bei Singen besonderes fettes Gras gesehen. Eigentlich müßte er hinfahren, um die Zeitungs-Meldung zu überprüfen. Das ist nicht möglich, wenn er so erkältet ist und vor Zimperlichkeit »Zugluft« scheut. Wahrscheinlich wäre am »Tatort« auch nur die Absperrung zu sehen, zerdrücktes Gras usf. Nachprüfen konnte er, ob blühende Kirschbäume oder Wiesenschaumkraut tatsächlich von der Böschung des Feldwegs, an der das Fahrzeug steckengeblieben war, zu sehen wären. Oder hat der Reporter eine botanische Konstruktion versucht? Um die alten Worte nochmal zu bewegen? Näher lag es für Bieske, in der Universitätsbibliothek die Urkunden über den Marsch des See-Haufens einzusehen, der von Singen herauf 1524 bis Weingarten gelangt.

Das hat, von Hannover gesehen, heute hohe Aktualität wegen der *Passamaquaoddies* und der *Penobscots* im Bundesstaat Maine, ein Indianerstamm von jetzt 3500 Mitgliedern, die acht Millionen Morgen Land wegen unbefugter Landnahme weißer Siedler im späten 18. Jahrhundert zurückfordern. Die *Wanponoag* verlangen die ganze Stadt Mashpee, 17 000 Morgen sowie 500 Morgen auf der Insel Martha's Vineyard. In Rhodes Islands fordern die *Narragansets* 3200 Morgen, sowie die Stadt Charlestown/Connecticut, in Südkarolina wird die Stadt Rock Hill herausverlangt. Die Städte werden dann abgerissen, zur Weidefläche wiedervereint und können als eine Art Zoo die Bisonherden aufnehmen, die einmal dort weideten. Das ist *hartes* Recht. Die Wiese bei Singen, die Härte des Königsberger Philosophen, die Erfüllung eines Rechtstriumphes, 200 Jahre zeitversetzt, in den USA, Fehlstellen für das Übrige, was er aufgrund der Morgenmeldungen gar nicht erfahren kann: Bieskes versagendes Radar, weil Wässerung seine Knochen durchzieht. Er fühlt sich uneins.

III

Wenn Bieske, zugleich für die Vielen, die im Raum Hannover an ihren Arbeitsstellen zeitlich gehindert sind, solcher *Einfühlung* nachzugehen, sinnt, so empfindet er in seinem kranken Kopf, aber wäre er gesund, wäre es nicht anders, die Worte *Recht, Gerechtigkeit, Justitia, Justiz* als quälend oder quiekend. Er empfindet ein Kreisch-Geräusch.

Eigenmächtig ersetzen kann er die vielgebrauchten Worte aber nicht. Anders ist es mit dem Gefühl. Hier unterscheidet er, beim Geräusch des Wortes Justiz (immer moduliert über die Worte Recht, Zwang, Hoffnung auf Recht, Richteramt, Anstalt, KZ, römisches Recht, Alt-Recht, etwa 1000 andere Worte) einen Teil Haß- und einen Teil Heimatgefühl, also so, als ob es dann doch noch irgendeinen Rechtsmann gibt, der eine Sache wieder einrenkt. Die Eltern sind abwesend, »wie Schlittenfahren im Advent und dann hungrig durch die Hintertür in die Küche«, der Haushaltsgehilfin kann Bieske nicht erklären, was er dringend will. Sie reagiert nicht auf Worte. Ebenso wie ein Amtsrichter, der sich sein Urteil schon gebildet hat, wie der Tatverlauf *wahrscheinlich* war, und es gibt keine Worte, die ihn umstimmen könnten. Und das entspricht dem wortlosen Umwühlen von sechs Quadratmeilen Boden bei Verdun 1916 durch Fernartillerie oder den romanistisch gebildeten Hof-Juristen um 1500, die das beackerte Land in den Besitz ihrer Herren bringen, mit Worten, die in den Dörfern keiner versteht, oder das Zumachen von Grundstücksteilen mit Beton 1952 in Stuttgart, daß sie »ordentlich« aussehen, oder das Glattmachen von Kinderköpfen im Verlauf von 8 Jahren Schule oder Elternzucht oder das Zumachen der Gesellschaft nach der Währungsreform 1949, oder Wittgensteins Logik usf. Das alles ist Justiz I Haßgefühl und, darin vermengt, Splitter der Justiz II: Heimat, weil der **US-Chef-Richter John Marshall in den Jahren nach 1831 den Status der Indianerstämme als den einheimischer abhängiger Nationen beschreibt, deren Verhältnis zu den Vereinigten Staaten der des Mündels zum Vormund entspricht.**

Entspricht der Frage des Königsberger Philosophen: »Ob ein Volk in neu entdeckten Ländern eine Anwohnung (accolatus) und Besitznehmung in der Nachbarschaft eines Volkes, das in einem solchen Landstriche schon Platz genommen hat, auch ohne seine Einwilligung unternehmen dürfe?« Und Kant beantwortet es: »Wenn ich aber Hirten- oder Jagdvölker (wie die Hottentotten, Tungusen und die meisten amerikanischen Nationen) ... so würde dies nicht mit Gewalt, sondern nur durch Vertrag, und selbst dieser nicht mit Benutzung der Unwissenheit jener Einwohner in Ansehung der Abtretung solcher Ländereien geschehen können ...« »Diese Vernunftidee ... ist nicht etwa philanthropisch, sondern ein rechtliches Prinzip.«[1]

Worte wie diese, Bieske begleitet sie mit **wohligem** Gefühl, sind ungebraucht, die Vorstellung, für Bieske angenehm: »unpraktisch«. Es geht z. B. um die rückwirkende Restitution all dessen, was den mittelalterlichen Bauern vor und während der Bauernkriege genommen ist. Till Ulenspiegel, studierter Anwalt. Bieske fühlt sich dahingehend ein, daß solches »altes Recht«, das Recht, das am **bearbeiteten Acker** hängt, **an der Person** (Arbeit), nur weil sie nun einmal geboren ist, von den alten Kelten oder den Männern der Hallstatt-Zeit oder von den kolumbianischen Bauern heute oder gestern empfunden worden sein kann (oder von den Bauern in Vietnam, Kuba, China usf.). Wird dieses alte Recht verletzt, so gerät der irische Held *Cuchulaim in Kampfeswut, so verzerrt sich sein ganzer Körper und aus seiner Stirn steigt ein Blutstrahl, so dick wie eine Mannesfaust bis zur Mastbaumhöhe.* Unpraktisch für Hannover. Praktisch für Bieskes krankes Hirn, das aus der Vorstellung Wärme in die kalten Knochen zieht. Immerhin ist Bieske ein **spekulativer Geist** (das aber ist ein Mensch, der, nachdem er als verknitterter Menschenrechtsvertreter aus dem Bauch gekrochen, in mehreren Jahren so verstört wird, daß er lebenslänglich nach Erkältungsgründen baggert).

1 Immanuel Kant, *Die Metaphysik der Sitten,* S. 475, § 62: »Die Natur hat sie alle zusammen (vermöge der Kugelgestalt ihres Aufenthalts, als globus terraqueus) in bestimmte Grenzen eingeschlossen, und, da der Besitz des Bodens, worauf der Erdenbewohner leben kann, immer nur als Besitz von einem Teil eines bestimmten Ganzen, folglich als ein solcher, auf den jeder derselben ursprünglich ein Recht hat, gedacht werden kann ...«

IV

Über die Entscheidung des Chefrichters John Marshall lachte der US-Präsident Andrew Jackson, der in den Jahren nach 1831 die Expansion nach Westen, die Entrechtung der Indianer betrieb. »Der oberste Richter mag doch selber seine Ansichten in die Tat umsetzen.« Das konnte dieser von seinem holzgetäfelten Dienstzimmer aus nicht, ihm unterstanden 15 Boten und 120 Gerichtsdiener.

Aber jetzt nehmen die Spur des harten alten Rechts der Bundesdistriktrichter Edward Gignoux/Washington und der Anwalt Tureen auf. Rückzuerstattendes Land und Entschädigung sind auf 25 Milliarden Dollar geschätzt, das sind 6 Millionen Dollar für jeden noch überlebenden Indianer.

Die unpraktische Forderung von 1831 wird also nach 146 Jahren »praktisch«, Bieske sieht, daß man hierauf neue Unternehmen gründen könnte, die die in Verfolg dieses Anspruchs niederzureißenden Siedlungen, Städte, die aus Äckern wiederhergestellte Wildnis einer erneuten, wertbringenden Aneignung zuführen könnte. Wäre er, Bieske, Unternehmer, nicht vergripptes Radar im Weltbürgersinne, und säße er nicht abseits in Hannover, so könnte er jetzt Aktiengesellschaften gründen, die das alte Recht, nachdem seine Inhaber den Wert einer Antiquität haben, »verwertet«. Zu etwas anderem wird es *nicht* praktisch.

V

Warum ist der harte Standpunkt, an dem sich Bieskes Herz erwärmt, immer unpraktisch? Kommt nämlich z. B. der Königsberger Philosoph auf etwas Praktisches, z. B. Häuserräumung, Umsetzung von Mietern, Entfernung von Kindern von ihren Eltern durch das Vormundschaftsgericht usf., so schlägt er nichts Praktikables vor.

»Ferner ist mir als Heterodoxie im natürlichen Privatrechte auch der Satz: Kauf bricht Miete (R. 1. § 30². S. 129) zur Rüge aufgestellt worden. Daß jemand die Miete seines Hauses, vor Ablauf der bedungenen Zeit der Einwohnung, dem Mieter aufkündigen, und also gegen diesen, wie es scheint, sein

Versprechen brechen könne, wenn er es nur zur gewöhnlichen Zeit des Verziehens, in der dazu gewohnten bürgerlichen Frist, tut, scheint freilich beim ersten Anblick allen Rechten aus einem Vertrage zu widerstreiten. – Wenn aber bewiesen werden kann, daß der Mieter, da er seinen Mietskontrakt machte, wußte oder wissen mußte: daß das ihm getane Versprechen des Vermieters, als Eigentümers, natürlicherweise (ohne daß es im Kontrakt ausdrücklich gesagt werden durfte), also stillschweigend, an die Bedingung geknüpft war: sofern dieser sein Haus binnen dieser Zeit nicht verkaufen sollte (oder es bei einem, etwa über ihn eintretenden Konkurs seinen Gläubigern überlassen müßte): so hat dieser sein an sich der Vernunft nach bedingtes Versprechen nicht gebrochen, und der Mieter ist, durch die ihm vor der Mietszeit geschehene Aufkündigung, an seinem Rechte nicht verkürzt worden.

Denn das Recht des letzteren aus dem Mietskontrakte ist ein persönliches Recht, auf das, was eine gewisse Person der anderen zu leisten hat (ius ad rem); nichts gegen jeden Besitzer der Sache (ius in re), ein dingliches.«

Aber der Mieter sitzt doch, »wie ein Ding«, in dem Ding Wohnung, und die Käufe, Verkäufe, der entschiedenste Wille, ein Hochaus am Ort seiner Wohnung zu errichten, gehn ihn nichts an.

Dann wieder heißt es: »Gibt es aber nicht auch eine heftige und doch zugleich mit Bewußtsein vergebliche Sehnsucht, die zwar tat- aber doch nicht folgeleer ist, und, zwar nicht an Außendinge, aber doch im Innern des Subjektes selbst mächtig wirkt (krank macht).«[2]

Es ist Mittag. Bieske schaufelt, das ist die einzige Tat seit Vormittag, ein Mahl in sich hinein. Er braucht Kräfte, die, wenn auch nicht zur universalen Bereisung des »Globs« oder auch nur zur »tieferen Einfühlung« in alle Übel und Gewalttätigkeiten geeignet, doch notwendig sind, um seine Gattung, die eines spekulativen Kopfes, zu verteidigen. Denn man soll dieses unbrauchbare Radar doch aufheben wie vieles, das auf dem Boden oder im Keller steht, für den Fall, daß es einmal gebraucht wird.

2 Kant, a.a.O., S. 480.

Eine Zeit in der Detektiv Walter Stennes meinte durch Erschießung des einen oder anderen politischen Kriminellen könne man der Geschichte eine andere Wendung geben

Nach der Besetzung von Mukden in der Manschurei durch die japanische Kwantung-Armee ermordeten japanische Nationalisten und Mörder in Uniform zwischen Februar und Mai 1932 sukzessive den japanischen Finanzminister, den Chef des Mitsoi-Industrie-Imperiums und den liberalen Premier Inukai. Sein Tod machte den Weg für eine Reihe nationaler Regierungen in Japan frei.

In Genf war man auf Grund der Meldungen über das japanische Vordringen in Nord-China »Feuer und Flamme«, etwas »Wundervolles« für den Weltfrieden zu tun. Ein Beispiel zu setzen, z. B. mehrere britische und US-Brigaden in der Nähe von Dairen landen zu lassen. Der Captain Mathew B. Ridgeway, später 4 Sterne-General, berichtete davon, wie er den Befehl erhielt, mit soviel Leuten, wie er brauchte, auszurücken um eine Streitmacht Chang Tso-lins von 12 000 Mann, der sich einer restringierten Zone in der Nähe Pekings näherte, »zu zerstreuen«. Er sollte mit Täuschungsmanövern, Überredungskunst und Bitten operieren, jedoch nicht das Feuer eröffnen. Angesichts solcher Auflagen nahm er lediglich 2 Mann auf mandschurischen Ponys mit, begleitete den Heerzug der Chinesen den ganzen Tag über und kehrte dann zurück: »Auftrag war erfolgreich ausgeführt.« Der französische Generalstabsoffizier Ferrand stellte am Ende einer Reise über die Japaner fest: »Eine bläßliche Imitation der Deutschen ohne deren Bestand und Tüchtigkeit. Patriotisch durchorganisiert, tapfer, kunstbeflissen, schwellköpfig und dumm.« Demgegenüber meinte General Smedley Butler, Träger der Congressional Medail, der an der Spitze von 5000 amerikanischen Marinesoldaten in Shanghai stand, man werde um Nord-China aufzuräumen, und das bedeute China überhaupt aufzuräumen, »eine halbe Million Truppen brauchen und, bevor das erste Jahr herum ist, wahrscheinlich noch einmal eine Million.« Möglich schien auch ein solcher Eingriff, falls sich hierfür eine öffentliche Stimmung erzeugen ließ, es geschah aber nichts. Es war, wie der französische Premierminister sagte: »alles eben doch sehr weit weg«. In dem folgenden Winter machte sich in den herrschenden Kreisen Chinas Untergangsstimmung bemerkbar. Das dauerte 11 Jahre bis zum Ende, und dieses Ende verteilte diese herrschenden Kreise lediglich auf andere Orte. Die einen siedelten nach Taiwan um, andere lagerten ihre Vermögen in Drittstaaten oder nach New York aus. Insofern war die Verteidigung der Nation gegen den japanischen Angriff zu keinem Zeitpunkt eine Lebensnotwendigkeit, da die Nation zur Verwaltung der Vermögen nicht erforderlich war.

Von ganzem Herzen bewegte sie die Neigung: den Feind nicht zu bekämpfen, sondern zu überdauern.

Detektiv Walter Stennes hatte nach 1918 seine Heimat verlassen und China, Japan, Niederländisch-Indien bereist, auf der Suche nach einer Erwerbsquelle und einem sicheren Ort, an dem er eine »Heimat« errichten konnte, die auch in den folgenden Generationen nicht durch das Diktat von Versailles beschnitten und nicht durch Aggressionen bedroht wäre. Er war seit Dezember 1927 als Leibwächter Chiang Kai-sheks fest angestellt. Er schützte diesen am 1. Dezember 1927 auf dessen Hochzeit im Ballsaal des Majestic-Hotels in Shanghai. 1300 Gäste, darunter Admiral Bristol von der US-Asien-Flotte, Scharen von Detektiven und Leibwächtern. Unter einem glockenförmigen Baldachin nahm der Erziehungsminister der Nanking-Regierung die Trauung vor.

Walter Stennes, der einen schweren Colt trug, hatte hier die Wahl, provokativ den Admiral Bristol zu verwunden und damit US-Intervention gegen die chinesischen Nationalisten herauszufordern, die zu einem Konflikt mit dem keineswegs vorbereiteten Japan geführt hätte; hier genügte die Verwundung von anonymer Hand, z. B. Schußwinkel von der Seitenbalustrade herab, zwischen den Köpfen einer Leibwächtergruppe hindurch. Walter Stennes hätte aber auch aus unmittelbarer Nähe, ohne sich selbst zu gefährden, da er selber geschossen und dann in gleicher Person als Chef-Schützer die Schüsse erwidert hätte, Chiang Kai-shek abschießen können. Dieser Schuß hätte allerdings tödlich sein müssen, um diesen politischen Verbrecher auszuräumen. In beiden Fällen war es sicher, daß eine merkliche Variante der Geschichte durch ihn, Walter Stennes, ausgelöst würde. Aber es war nicht zu bestimmen, in welcher Richtung diese Variante verlaufen würde. Ob sie ihm Gelegenheit »Heimat zu bilden« gäbe oder lediglich noch größere Verwirrungen produziert hätte. Dies wäre nur klar zu beantworten gewesen, wenn Walter Stennes ein Rechter gewesen wäre, der selber die Macht ergreifen wollte. Einen solchen bestimmbaren Hebelpunkt hatte aber Walter Stennes nicht, sondern er wollte einen »besseren« Verlauf der Geschichte. Daß er richtig daran getan hatte, am 1. Dezember 1927 zu zögern, erkannte Walter Stennes, als er, gemeinsam mit dem Chef im Hauptquartier der Armee des »Jungen Marschalls« Chang Hsueh-liang, in einer Parkvilla gefangen saß. Die Kidnapper hätten Chiang Kai-shek zu diesem Zeitpunkt erschießen können, prüften dies auch einige Tage lang. Es war aber deutlich, daß ohne den Verbrecher Chiang Kai-shek das Chaos sich in China zu diesem Zeitpunkt verstärken würde. Die Fortsetzung seiner Laufbahn bis 1949 war also »notwendig«, ebenso wie der Krieg nach 1941. Dies machte den geschichtlich interessierten Walter Stennes ganz melancholisch, da er doch von Berufs wegen wußte, daß tatsächlich das gezielte Erschießen von Einzelpersönlichkeiten der Geschichte in dieser Epoche (nicht in der folgenden) unmittelbare Wirkung hatte. Lediglich an der Beherrschung dieser Wirkung fehlt es, sagte Walter Stennes. Er schloß diese Studien 1952 ab. Da war aber diese Epoche der politischen Einzelverbrecher bereits vergangen. »Alles ist interdependent.« Er war jetzt auch für Schußversuche zu alt. Seine Hand war nicht mehr sicher.

Ein einfacher Wille

Vom 26. bis 28. Februar 1942 fand die Seeschlacht vor Java statt, die mit der Niederlage der niederländisch-britischen Seestreitkräfte endete. Tags darauf überschritten japanische Verbände die Bergrücken, die die Grenze zwischen Siam und Burma bildeten, näherten sich dem Sittangfluß in Marschrichtung Rangoon. Die britischen Truppen, alles Hauptstädter, waren an die Lastwagen »angebunden«, d. h. gewohnheitsmäßig motorisiert, und damit hilflos der japanischen Taktik der Straßenblockaden ausgesetzt.

In Rangoon roch es penetrant nach verbranntem Gummi, was ein Zeichen dafür war, daß die Land-Lease-Magazine mit u. a. 972 noch nicht montierten Lastwagen und 5000 Autoreifen vorsorglich zerstört wurden. Die Verwaltungsstellen der Regierung waren in den Norden Burmas verlegt worden. Das Bild wurde von Feuersbrünsten, Plünderungen, nächtlich herumstreifenden Marodeuren und Gruppen der 5. Kolonne bestimmt. Im Hafen warteten Sprengkommandos, die auf den Befehl des Generalgouverneurs warteten, um die Hafenanlagen in die Luft zu jagen.

In der letzten Nacht speiste der Gouverneur Sir Reginald Dorman-Smith und die Reste seines Gefolges einsam im Regierungspalast. Von den 110 Dienern, hochgewachsenen Chaprassis, die rote und goldene Westen trugen, waren nur noch der Koch und der Butler zurückgeblieben. Nach dem Dinner spielten der Gouverneur, sein Adjutant und 1 oder 2 andere Gäste Billard unter den Portraits der früheren Gouverneure von Burma.

Die ruhigen und unbeteiligten Blicke der Porträts irritierten den Adjutanten. Er nahm eine Billardkugel in die Hand und sagte: Meinen Sie nicht, Sir, daß wir sie den Japanern vorenthalten sollten? Die anderen schlossen sich ihm an. Man schleuderte die Kugeln mit aller Kraft in die Leinwände, die unter dem Aufprall zerrissen. Es ist ein Massaker, sagte der Gouverneur. Sie waren alle ziemlich verwirrt. Der Adjutant hatte draußen im Jeep eine Burmesin sitzen. Er hatte vorgehabt, diese braune Haut noch vor Abreise des Stabs zu kolonisieren. Jetzt fand er das Mädchen in dem abgestellten Fahrzeug nicht mehr vor, lief unruhig im Park umher. Er war außer Häuschen.

Haben Sie ein Problem? fragte ihn der wohl einzige, der an diesem Tag seine Rationalität bewahrt hatte, Mr. Donald, der Direktor der mächtigen Burma-India-Steam-Navigation Comp. Der Adjutant antwortete: Nicht daß ich wüßte, Sir. Er hatte aber ein Problem, nämlich die ihm entlaufene braune Haut doch noch zu finden, da er am nächsten Tag nicht mehr hier war. Er wollte sich in Richtung des Parkausgangs wieder in Bewegung setzen, aber Mr. Donald hielt ihn zurück und sagte: Ich muß Sie dringend um einen Gefallen bitten. Ich besorge Ihnen, was Sie wollen. Der Adjutant: Sie können mir das nicht besorgen, weil Sie gar nicht wissen, was es ist. Mr. Donald: Ich werde es Ihnen besorgen, als Kompensation, was auch immer es ist. Adjutant: Na dann raten Sie mal? Mr. Donald: Dazu ist jetzt wirklich keine Zeit. Adjutant: Es fängt mit B. an, aber Sie raten es nicht. Mr. Donald: Seien Sie nicht so albern. Ich brauche in einer bestimmten Sache Ihre Hilfe.

Die Burma-India-Steam-Navigation Comp. hatte ein Interesse daran, ihr Transportmonopol zwischen Kalkutta und Rangoon zu erhalten. Dieses Monopol beruhte auf dem »straßenlosen« Zustand zwischen Burma und Indien. In der Verwirrung dieser Tage konnte es geschehen, daß die britische Führung auf die Idee kam, eine Straße in der Linie Jorhat-Manipur-Kalewa-Mandaley nach Mandaley zu verlegen. Dann wäre das Schiffahrtsmonopol durchbrochen. Mr. Donald hatte davon gehört, daß dem General-Gouverneur eine diesbezügliche Akte vorlag. Er wollte über den Adjutanten in den Besitz dieser Akte gelangen, um das Projekt dadurch, daß die Unterlagen verschwanden, zu sabotieren.

MR. DONALD: Ich brauche den Schlüssel.

ADJUTANT: Welchen Schlüssel?

MR. DONALD: Zu den Amtsräumen des Generalgouverneurs und dort zum Aktenschrank.

ADJUTANT: Da gibt es keinen Aktenschrank.

MR. DONALD: Ich habe Ihnen ja doch erzählt, welche Akte ich brauche.

ADJUTANT: Ich weiß nicht, ob ich die so schnell finde.

MR. DONALD: Sie müssen die aber finden. Ich habe Ihnen ja gesagt, worum es geht.

An sich war der Adjutant wegen seines gewinnenden Charms in der Kolonie bekannt. Er hatte heute nacht aber keine Berührungsfläche für diesen Charme. Sein Gesicht war für Mr. Donald in der Dunkelheit schwer zu erkennen. Auch Mr. Donald wußte durch sein versiertes dünnes Lächeln, das seine Augen Lügen straften, im allgemeinen zu gewinnen. Es versprach durch seinen spezifischen Ausdruck, daß derjenige, der ihm etwas gibt, von ihm im Hinblick auf künftige Vorteile sicherlich etwas bekommen würde. Dieses vielversprechende Gesicht konnte wiederum der Adjutant nicht erkennen. Er strebte mit der Beharrlichkeit eines Hundes voran und hätte, selbst wenn die Lichtverhältnisse besser gewesen wären, nichts von Mr. Donalds gewinnendem Ausdruck wahrgenommen.

In der Ferne waren Geräusche zu hören, die entweder Explosionen oder Geschützfeuer bedeuteten. Der Adjutant, gefolgt von Mr. Donald, näherte sich jetzt dem Vorplatz, auf den die Parkzufahrt des Gouverneurpalastes mündete. Hier lagen Leichenteile von Menschen und Tierkadaver. Ein Festungsgraben, mit Wasser gefüllt, floß am Fuß einer mächtigen Steinmauer entlang. Es herrschte ein schrecklicher Gestank. In den Straßen wühlten Hunde und Schweine zwischen den verwesenden Leichen. Exotische Krähen pickten die Augen der Toten aus. Es konnte sich, da in der Dunkelheit nichts zu erkennen war, aber auch um ganz andere Vorgänge handeln. Der Adjutant meinte, daß »Vögel, vollgefressen mit dieser Kost, wie betrunken von Leiche zu Leiche stelzten«. Das machte ihn nervös, da er einseitig nach der Entflohenen suchte. Selbstverständlich war die Burmesin hier nirgends zu finden. Der Direktor der Burma-India-Steams-Navigation Comp. hielt es mit seinem *natürlichen Rationalismus* inzwischen nicht für vereinbar, diesem wirren Adjutanten zu folgen. Er kehrte zum Palast zurück, fand das Amtszimmer des Generalgouverneurs offen und stahl, nach längerem Suchen, die so fragwürdige Akte. Ihm konnte niemand vorwerfen, daß er Fronten nicht hielt. Mit einem Bruchteil seiner Haltung wäre die japanische Invasion abzuwehren gewesen.

Das bestußte Lächeln

Harry Hopkins der Allround-Beauftragte des US-Präsidenten hatte wirklich keine Zeit. Im Vorbeigehen sah er, daß Daniel Arnstein, ein Transportfachmann und Taxiunternehmer, im Büro stand und Hallo sagen wollte.

HOPKINS: Ja, Sie sollen nach China geschickt werden und da mal nachforschen.

ARNSTEIN: Habe ich gehört.

HOPKINS: Warum zum Teufel kommen die Materialien auf der Burma-Straße einfach nicht vom Fleck?

ARNSTEIN: Und das soll ich überprüfen?

HOPKINS: Richtig. Das machen Sie mal.

Damit war er schon wieder verschwunden. Arnstein erhielt von dem Büropersonal, das registriert hatte, daß der mächtige Hopkins überhaupt mit diesem Besucher sprach, nach längerer Suche einige Unterlagen, vorbereitete Beglaubigungsschreiben usf. Arnstein fand dann auch die Stelle auf dem Planeten, wo sich diese sogenannte Burma-Straße befand.

Die Situation auf der etwa 3 m breiten Einspur-Landstraße, die über 715 Meilen von Kunming nach Lashio führte, war im Jahr 1941 »entsetzlich«. Arnstein stellte durch Abfahren des Gebiets fest, daß die Lastwagen in Kunming, dem Ausgangspunkt in China, 8 Zollschalter passierten. Das nahm einen ganzen Tag in Anspruch. An einem weiteren Dutzend Kontrollstellen kassierten Provinzbeamte Gebühren für die Durchfahrtserlaubnis. In Wanting, an der Grenze, standen 250 Lastwagen herum und warteten 24 Stunden bis 2 Wochen auf die Zollabfertigung. »Motoröl ist unbekannt«. Am Ende der Strecke waren Hunderte von ausgebrannten Lastwagen gestrandet. Gestohlene Ersatzteile wurden in der Umgebung Kunmings auf dem Schwarzmarkt angeboten. Sinn der Transportstrecke war es, Rüstungsgüter des Land-Lease-Programms, die sich auf den Docks von Rangoon und in Lashio, der Endstation der Baulinie stauten, der Kuo-Min-Tang-Regierung zuzuführen. Diese hortete die Materialien für die Zeit nach dem Krieg, um sie dann gegen den innenpolitischen Gegner, die kommunistische 8. Feldarmee einzusetzen. Insofern sagte Arnstein, ist es politisch an sich gleich, ob die Transporte dort ankommen. Sie werden in jedem Fall nicht für den Kampf gegen die japanische Armee eingesetzt. Zur Zeit tröpfelten statt der geplanten 30 000 Tonnen monatlich 6000 Tonnen.

Arnstein verfertigte in Rangoon als Transportfachmann einen ausführlichen Bericht. Der Bericht wurde ins Chinesische übersetzt und, mit einem Index versehen, dem Generalissimus vorgelegt. Er war entzückt über dieses Ergebnis, sandte Arnstein eine Einladung. Der Taxiunternehmer, der sich grundsätzlich zu jeder Adresse, sofern sie sich auf dem Planeten befand und nicht bloß erfunden war, durchfand, traf nach einiger Suche in Chunking ein, suchte dort den Regierungspalast. Es handelte sich aber gar nicht um einen Palast, sondern um ein Kasernengelände, etwas außerhalb der Stadt. Hier sprach er vor.

CHIANG KAI-SHEK: Sie schreiben hier, daß Sie die plastische Vorstellung vor Augen haben, daß sich 8000 Laster gleichzeitig auf dieser engen Straße bewegen. Das ist eine attraktive Vorstellung.

ARNSTEIN: Das ist keine Vorstellung, sondern wäre machbar.

CHIANG KAI-SHEK: Dann machen Sie das doch für uns.

ARNSTEIN: Ich habe in New York, Philadelphia und Chicago jeweils Taxi- und Transportunternehmen, um die ich mich kümmern muß. Ich bin hier nur auf der Durchreise.

CHIANG KAI-SHEK: Sie könnten aber für das gemeinsame Ziel vielleicht 3-4 Monate abzweigen?

ARNSTEIN: Ich bin Geschäftsmann. Was verstehen Sie unter gemeinsamen Ziel?

CHIANG KAI-SHEK: Der glühende Sieg der Demokratie in China und das Interesse Ihres demokratischen Landes.

Arnstein, der wußte, daß die Rüstungstransporte von der Zentralregierung gehortet und auf keinen Fall im Kampf gegen die japanische Aggression verwendet wurden, setzte eine störrische Miene auf. Er hatte auch kein glühendes Interesse an der Demokratie in China, war sicher, daß der »Gissimus« dies ebenfalls nur als blumenreichen Ausdruck verstand. Er übernahm dann die geschäftliche Leitung des Burma-Transportwegs als private Konzession zu 2,7% des Wertes der transportierten Güter mit der Zusage der Abschaffung aller Zollstellen.

Dieses Verhandlungsergebnis kostete Arnstein, da der »Gissimus« die direkte Redeweise, die Arnstein bevorzugte, vermied, insgesamt 7 Gesprächstermine. In diesen Gesprächen wurde für Arnsteins Eindruck sehr viel hin- und hergeredet. Ihm fiel auf, daß sowohl Chiang Kai-shek wie die verschiedenen Ministerialvertreter, mit denen er sprach, ohne hinreichenden Grund lächelten. Er schob das darauf, daß diese Zone hier unter dem Motto »Land des Lächelns« funktionierte, und hielt die Gesprächspartner für unterbelichtet, weil sie nicht erkannten, daß er durch begleitendes Lächeln überhaupt nicht zu beeinflussen war, andererseits ebensowenig erkannten, daß er für 1,2 oder sogar 0,8% des Warenwertes die geplante technische Leistung ebenfalls erbracht hätte. Er sah allerdings, da er ein aufmerksamer Beobachter war, daß das Lächeln dieser Männer nie die Augen selbst erreichte. Das Lächeln bezog sich auch nicht auf ihn speziell, sondern er wurde Zeuge, daß es auch in ganz anderen Zusammenhängen verwandt wurde. Zuletzt nahm er an, daß es sich überhaupt nicht um ein Lächeln im technischen Sinn handelte, sondern eine rassische Eigenheit oder Muskelzerrung.

Arnstein ließ 46 zivile Mechaniker seiner Unternehmen nach Lashio einfliegen, die Tankstellen und Reparaturwerkstätten an der 715 km langen Strecke errichteten, die Chinesen in der Kunst des Ölwechsels unterwiesen usf.

Die versprochenen 2,7% des Transportwertes erhielt er nie. Er fuhr noch mehrfach in Chunking vor, erreichte aber keine Zahlungsvorgänge. Dies entsprach der Auffassung Chiangs von der Handlungsweise der West-Barbaren (an sich kam Arnstein aus dem US-Osten). Sie waren so voreilig, ihr Können zu verwerten, daß die Aussicht auf 2,7% Beteiligung sie bereits veranlaßte, auf zauberische Weise 8000 Laster in Bewegung zu halten. Es war sicher ein Kunststück, dies technisch zu erzwingen. Aber es war auch Kunst, die Kalkgesichter durch wirkliche Versprechen, aber ohne wirklichen Zahlungsvorgang, zu dieser Akrobatik zu veranlassen. Chiang hätte es als Gesichtsverlust empfunden, wenn er hier überflüssigerweise gezahlt hätte.

Der findige Arnstein wollte sich rächen. Hatte er den Verkehr auf der Burma-Straße aufgebaut, so hatte er auch die Kenntnisse, wie man ihn wieder abbaut. Da die japanische 17. Division wenige Tage nach Arnsteins Entschluß Lashio blokkierte, blieb keine Gelegenheit mehr, den Racheakt auszuführen. Arnstein war als Taxispezialist in der Lage, alles was einen festen Ort auf der Erde hat, in beliebigen Gebieten zu finden, z. B. einen Schatz 70 Meilen vor der Küste oder im schottischen Hochland, Bedingung lediglich, daß er eine Angabe über die Adresse hätte. Dagegen ist der Zahlungswille von Chinesen, sagte Arnstein, etwas Imaginäres, er hat keine Adresse, sondern ist in verschiedensten Köpfen verteilt und in dem des betrügerischen Chiang Kai-shek, nachträglich betrachtet, nie vorhanden gewesen. Insofern verletzt es Arnsteins Selbstbewußtsein als Profi nicht, daß er für 14 Monate harter Knochenarbeit kein Honorar fand. Einen Taxi-Gast hätte er festgehalten, bis er zahlte.

»Unmerklich wie Justiz entsteht«

Abendwolken sehr hoch. »Ein eher dünnes Abendtuch.« Eine halbe Stunde später unterfuhr der Sonderzug angenehm schwere Regenwolken 800 m unter den Stratowolken. Obwohl durch die geschlossenen Zugfenster keine Außenluft in das Salon-Abteil eindringen konnte, war es von den Wolken herab jetzt hier, für die Empfindung (Augen), kühl. Der Zug des Präsidenten näherte sich Milwaukee. Es war der 14. Juli 1941.

Der Präsident saß, die geschädigten Beine unter einem Tischchen verborgen, in Fahrtrichtung, redete mit Hopkins, Oberst Marston, Fred Gauss, dem US-Botschafter in Chunking-China, für den in Washington keine Zeit mehr gewesen war und der also mitfuhr. FDR: Na, Fred, was halten Sie von den schlechten Nachrichten? Der Präsident redete aber gleich weiter, ohne daß der langsame Gauss antworten konnte: Von der Freundschaft zwischen Amerika und China, einem Plan zur Bekämpfung der Inflation in China, einem Plan, aus Hongkong einen Freihafen zu machen. »Aber wir sollten zuerst die hiesige Fahne dort aufziehen. Dann kann Chiang am nächsten Tag eine großartige Geste machen, und schon ist es ein Freihafen. So macht man das.« Man könnte eine Treuhandgesellschaft für Indochina für die nächsten 25 Jahre machen. Genauso wie bei den Philippinen. Auch Casablanca kann ein Freihafen werden.

Marston und Gauss versuchten, diese Redeflut in die Bahnen der aktuelleren Politik zu lenken. Es waren aber keine praktischen Anweisungen dem Präsidenten aus den Zähnen zu ziehen, der sich hier ausruhte; und dabei redete er immer.

Der Präsident war sich nicht bewußt, heute irgendetwas Endgültiges zu tun. »Das Endgültige vertrug sich nicht mit seinen Gewohnheiten. Im allgemeinen kannte er die Richtung, die er verfolgte, aber seine Entscheidungen unterwegs waren stets von der jeweiligen Situation diktiert. Seine Art, an einem bestimmten Tag den Kampf gegen den Feind aufzunehmen, sagte sein Frend Averell Harriman, sah so aus, daß er die Unterlagen prüfte, die an jenem Morgen gerade auf seinem Schreibtisch lagen.«

FDR: Was machen wir mit den 30 Flugzeugen da?

Es kam ihm auf Entfernungen von 500 km, solange sie nur auf dem Globus irgendwo nachweisbar waren, nicht an.

GAUSS: Die überfliegen die Berge und bringen Nachschubgüter nach Paochau.

FDR: Da könnten noch 10 Stück mehr hin.

GUASS: Wenn Sie sie uns geben.

FDR: Was sind denn das für Berge?

GAUSS: Das sind z. T. 8000er.

FDR: Ziemlich hoch, nicht?

HOPKINS: Man nennt diese Luftbrücke den »Hump«.

FDR: Den Hump?

GAUSS: Weil dies ein ziemlich hoher Huckel ist, der überflogen wird. Um das mal genauer zu bezeichnen: Wenn da ein Fenster offen ist oder eine Ritze, erfriert der Pilot oder der Passagier.

FDR: Aha.

Während dieses Gesprächs hatte sich in ihm ein Entschluß gebildet. Er wollte jetzt endgültig die japanischen Vermögen in den USA zum Einfrieren bringen. Das war praktisch der Ölboykott. Irgendwie ergaben sich die Entscheidungen. Ohne diesen Boykott drangen die japanischen Truppen in Indochina und Siam weiter vor. Vielleicht schreckte der Boykott die Vernünftigen in Japan auf. Andererseits konnte man nicht wissen, ob die Maßnahme diese Wirkung hatte. Es könnten auch die extremen Nationalisten aufgeschreckt werden, so daß Japan in Niederländisch-Indien eindrang und sich dort Öl holte. Das konnte man so und so sehen, es mußte aber entschieden werden, und ohne daß die gespannt um ihn sitzenden Männer etwas davon erfuhren, entschloß sich der Präsident, auf die eine Seite, den Boykott, zu setzen. Der Zug durchfuhr jetzt die Industriezone von Milwaukee. Es war nicht deutlich, ob der Entschluß von draußen, auch beeinflußt durch das besondere Abendlicht, die vorüberziehende Landschaft, nach innen in seinen Kopf drang, gewissermaßen aus dem Land, oder ob er im Kopf des Präsidenten entstand und morgen über die Telegrafen in das Land dringen würde. »Was war in einer Situation, in der man sich gemeinsam befand, unter Wirklichkeit zu verstehen? Wer hielt wen im Krieg bei der Stange?« Im strengen Sinne befand sich der Präsident ja in keinem Krieg. Aber bei der mangelnden Trennschärfe, die sein innerer Redefluß, von dem die Umsitzenden nichts erfuhren, oder seine geäußerten Reden hatten, war auch die Grenzlinie zwischen Krieg und Nicht-Krieg schwimmend. Ab heute, ohne daß er selber meinte, darüber einen Entschluß gefaßt zu haben, befanden sich die USA im Krieg mit Japan.

(Heft 12:)

Bilder aus der Vergangenheit der Natur

Abb.: Altocumulus, etwa 6000 m Höhe, aus Wassertröpfchen bestehend, ist »ein Baldachin aus weißen oder grauen Flocken, abgerundeten Massen und Walzen«.

Abb.: Dick genug, die Form der Sonne gänzlich zu verschmieren, »speit anhaltenden Regen oder Schnee aus«. Unterhalb 2500 m.

Abb.: »Diese Wolken, Basis 3000 m, Spitze 18 000 m Höhe, Cumulonimbus, über einer sommerlichen Landschaft oder einer tropischen See bringen mit Sicherheit Gewitter und schweren Regen, weil die Spitzen auf hohe kalte Luftmassen stoßen.« Bericht von U-Boot-Kommandant Sauerwein 1944.

Abb.: »Den Laien muten die flauschigen Wolken friedlich an.« Das Luftbild zeigt einen Wolkenring nicht weit vom Zentrum eines Hurrikans.

Abb.: 6 Tornados, Mai 1955 über 3 Staaten der USA. 114 Tote, 700 Verletzte. 1925 trieb ein Tornado eine große Planke so fest in den Stamm eines Baumes, daß sie am freien Ende das Gewicht eines Mannes tragen konnte. »Regelmäßig rupfen Tornados Hühner . . ., wobei sie gewöhnlich, wenn auch nicht immer, die Hühner umbringen.« »Sinnverwirrend ist der Tornado, der kürzeste, intensivste aller Winde.«

[Ist die Sonne eine Mutantin?] Der Wetterforscher Brahms sagt: »Unsere Zahlenwerke reichen zu keiner zwingenden Hypothese, aber an der Sonne liegt es nicht.«

Abb.: »Wirbelnd rast ein Tornado auf eine kleine Stadt zu. Das Brüllen des Sturmes alarmierte einen Fotografen, der einen Schnappschuß von dem Trichter macht, unmittelbar (auf dem Foto nicht zu erkennen) bevor der Sturm von der Hauptstraße abdreht.«

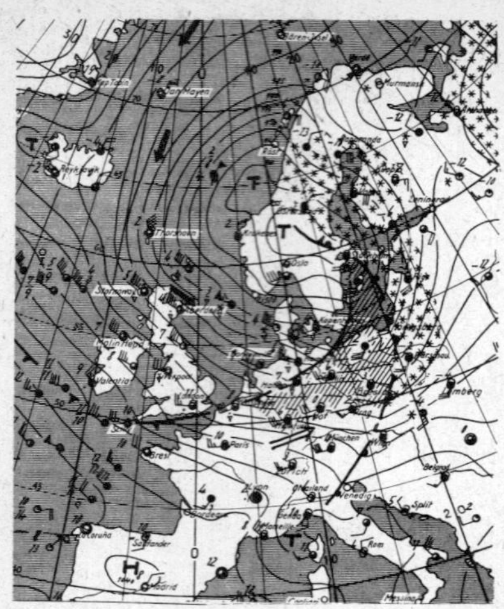

Abb.: Wetterlage 16. Februar 1962, vor der Sturmflutkatastrophe in Norddeutschland. Am 14. 2. hatte sich im Gebiet östlich Neufundlands eine Störung gebildet. Sie ist auf unserer Karte vom Nordmeertief vor der norwegischen Küste bereits überholt worden. Ein Kältezentrum über Nord-Kanada und Labrador führt durch Kontakt mit Warmluft zu Sturmzyklonen, die die Wellen der Nordsee erreichen. Trotz der Warnungen des Wetterforschers Brahms konnten sich vor allem die Großstädter in ihrer »eingewohnten Sicherheit« die Bedrohung nicht vorstellen.

Abb.: Rivalisierende Götter, die über der trojanischen Flotte kämpfen, nach Vergil, *Aeneis.* Zwei gehörnte Windgötter in den Ecken blasen einen gefährlichen Sturm zusammen. Poseidon (Mitte, oben), zornig über die Wellen, verbannt sie. Die Elemente wissen gar nicht mehr, was sie machen sollen. Die mythischen Menschen wie in einem »Kokon«.

Abb.: Napoleonischer schwerer Chasseur, Brigade Kellermann, schon bei Valmy dabei, vor dem Eingang eines ostelbischen Waldes. Zweiflerisch.

»Der Zustand des Gartens«

[Montag früh, Frankfurt-Ost] Die junge Frau erwachte gegen sechs Uhr früh. Sie machte sofort Bauchatmung: in langen Zügen Sauerstoff in den Bauch ziehen und gründlich ausatmen. Die Hände hatte sie an den Seiten des Bauches liegen. Nach einer Weile fühlte sie die Bewegungen des Kindes, das gegen die Grenzen stieß, in denen es lag. Sie konnte spüren, wie es heftig herumstieß, ebenfalls erwacht an diesem Montagmorgen. Sie meinte, daß dieses gemeinsame Wecken morgens früh für das ganze spätere Leben dieses Ungeborenen einen festen Rhythmus schüfe, im Sinne von »Anfang«, »Produktionsbeginn«, »Aufbau«, eine Art Frühlingserwachen. Es sollte ein waches Kind werden, ziemlich frech, das sich nichts gefallen ließe und morgens mit der Mehrheit der produzierenden Menschen aufsteht, sich auf Wochenanfänge, Anbruch einer neuen Zeit jeweils freut.

[Kabinettssitzung, Montag früh] Die ehrgeizigen Gärtner haben den in Terrassen zum Rhein hinunter sich erstreckenden Park mit seltenen Baumpflanzen, Versuchen experimenteller Blumenkombination auf den Beeten bestückt. Der Arbeitstag der Amtsträger im Palais Schaumburg enthält aber keine Zeitstücke für Besichtigungen. Insofern besteht hier eine ungesehene Landschaft.[1]

In den Gängen des Neubaus ist es seit Minuten unruhig. Die Minister eilen in die Kabinettssäle, der Kanzler kommt. Er ignoriert Versuche, ihn auf seinem Weg abzufangen.

[Hotel Tulpenfeld, 14.00 Uhr] Mit dem Image des Kanzlerkandidaten ist etwas mißlungen. Die Locken (Haarwaschmit-

1 Es ist das Bild einer Landschaft, »die es schon nicht mehr gibt«. (Behr) Tief oben, unsichtbar in der Bläue, prüft eine Planergruppe aus dem Stabsgelände in der Nähe von Brüssel – die Maschine besitzt große, nach unten gerichtete Bullaugen, aus denen die Generalstäbler nach unten auf den Dunstschleier über dem Rheinland hinabsehen könnten, tatsächlich hängen ihre Augen jedoch auf Anzeigegeräten metaphorischer Art – die vermutliche Trichterkette am Flußufer des Rheins zwischen Godesberg und Duisdorf, der Rand dieser Kette schräg nach Osten in Richtung Siegen auszackend. Das Gelände dazwischen gab es eigentlich schon nicht mehr. Es war unter der Dunstglocke ja auch nicht zu *sehen*.

tel!) in die Stirne hängend, Tolle wird als Pfeil gedeutet, der auf die stark schwellenden Adern, die senkrecht die Stirn durchlaufen (unter zu dünner Haut), durchbrochen von Querfalten, die dem Gesicht, wenn sich der Kandidat ärgert oder erregt, einen »künstlichen« Ausdruck geben, so als sei er ein nervöses »Gerät«. Ist keiner der Imagebildner anwesend, der den Fehler notieren könnte?

[Wilperts Nerven] Wie orientiert man sich in einer völlig wirren gesellschaftlichen Landschaft, sagte Wilpert. Sie meinen mit dem Auto? Nein, sagte Wilpert, wenn ich verstehen will, was das für mich bedeutet: Kriegsgefahr, internationale Industrie, Elternliebe, Schicksal, Gott. Na, na, na! sagte Beierlein, das ist ein großer Happen. Da kommen Sie nur klar, wenn sie das graphisch darstellen. Sie können es nur graphisch *ordnen.*

Wilpert war aber heute nicht zufriedenzustellen. Die Hitze zog sich schon von Mai über Juni, Juli und August hin, ohne Regentage, ohne richtige Unterteilung in Frühling, Sommer und Herbst, eine Dauerwurst von Wetter, die die Nerven schädigte.

[Abgeordneten-Silo, »Langer Eugen«] Das Rheinwasser vom Wind bewegt. Einige Lastkähne ziehen am Abgeordneten-Silo, neues Hochhaus, vorüber. Ob ein Abgeordneter an den »Tod« denkt oder das »gesellschaftliche Ganze«, er blickt immer auf ein Stück Restaurantterrasse, das Rheinwasser, die Stadtsilhouette, einige Lastkähne oder Motorschiffe, d. h. immer wieder einander ähnliche andere.

Aus dem Gesichtskreis heraus kann er sich ein Urteil über das Wetter bilden. Die Sonne zieht als eine breite Flutlichtschneise in etwa 6 Km Entfernung über die Ebene vor dem Siebengebirge hin.[1]

1 Behr zum Stichwort: »Können wir beruhigt schlafen?«, Referat, gehalten zum Evangelischen Kirchentag Berlin 1977 »Einer trage des anderen Last.«: Ein Abgeordneter unter der Bonner Wetterglocke entscheidet über einen Ausschnitt von 8% der »Gesellschaft Bundesrepublik«, soweit die Zuständigkeit. Dies tut er mit einer Souveränität von $\frac{1}{500}$ (500 Abgeordnete sind es). Das sind 8% geteilt durch 500 für 2,8% des Weltgeschehens (»geschätzte Bedeutung der Bundesrepublik«). Darin nicht enthalten die Geheimsachen, die er nicht kennen darf. Das muß er mit einer spärlichen Handbibliothek und zeitlich zerrütteten Sinnen machen (der Wahlkreis!).

[Bombeneinschlag und GV] Seit 2 Wochen kannte Gerd Kramer das, was als »höchste Lust« bekannt war. Er hätte es nicht so klar identifiziert, wenn nicht aus dem Gerede der Erwachsenen, insbesondere aus Stocken, Pausen, Zurückhaltung von Information, Hinweise dagewesen wären, daß diese *höchste Einstufung* irgendwo vermutet werden mußte. Durch Zufall verklemmte sich beim Probieren sein Philippche (Jargon der Mutter. Philippche = Vielliebchen = Jungmänner-Glied in den Augen oder Waschhänden der Mutter) zwischen den Gliedern seiner Kusine Gisela.

Heute gehen Kusine G. und er schon bei Voralarm in den Keller. Der Volltreffer in den Vorderteil des Kellers, der das heimliche Paar erschlagen hätte, wären sie nicht wegen der Gefahr, die von den die Kellertreppe heruntertrampelnden Erwachsenen drohte, in den Kohlenkeller ausgewichen (so hatten sie Zeit, die Kleidungsstücke anzuwerfen, zurechtzurücken usf.), verwirrte dann die Einstufung des »höchsten Gefühls« für Kramers ganzes Weiterleben: Gemessen an »gar nichts«, z. B. Tauben zugucken, eine Regenpfütze betrachten, Stöckchen ins Wasser werfen usf. schien es das »höchste Gefühl«, gemessen am Eindruck der Sprengbombe – eine »piesackende Empfindung«, die sich nicht rasch genug auf die neue Lage einstellt.

[Ihre Brut] Frau Gerlach nahm die Kinder an der Hand und sagte: Eine solche Krähe! Wenn so was einen von euch nochmal hochziehen will, dann spuckt ihr! Ihr tretet ihr gegen das Schienbein.

Das war der Schluß einer Auseinandersetzung in der Straßenbahnlinie 24. Eine Frau hatte versucht, eines von Frau Gerlachs Kindern vom Sitz wegzuziehen, um für sich selbst die Sitzfläche zu ergattern. Frau Gerlach fiel sie an. Sie verlor zwar im Streit ihren eigenen Sitzplatz und den ihrer Kinder, stand dann einige Meter weiter unten im Gang und sagte: Solche wie Sie erziehen die Kinder zu Kadavergehorsam.

Angenommen, er verkleidet sich in einen griechischen Gott, der das Wetter macht . . . 3 Tage vor Aschermittwoch wäre das denkbar . . . Der gräßliche Behr galt als besserwisserisch. Die Teilnehmer an der Diskussion, die auf Behrs Referat folgte, der Gesamtrahmen hieß: »Markt der Möglichkeiten«, wendeten sich gegen das Referat. Alles, was Behr sage, sei »kaltherzig«.

Seien Sie still. Halten Sie Ihren frechen Mund, sagte eine dritte Frau. – Sie sind nur neidisch, daß Sie keine Kinder haben, erwidert Frau Gerlach.

Sie wollte erklären, daß die Kinder in der Bahn hin- und hergeschleudert würden, wenn sie stünden, während Erwachsene im allgemeinen fester stehen. Es war aber in diesem Rahmen keine Sympathie zu gewinnen. So stieg sie mit den zwei Kindern aus, mußte zwei Stationen laufen. Vorteile hatte sie verloren, aber sie war nicht bereit, einen Fußbreit des Verteidigten, auch nicht auf der Ebene des vermeintlichen Rechtes anderer, aufzugeben; sie wollte eine Entrechtung der Kinder im öffentlichen Verkehrsmittel nicht anerkennen.

[**Nachts rief Reinholds an:**] Eben tritt er in den »Hahnhof«, nimmt eines der dort aufliegenden Boulevardblätter vom nächsten Tag zur Hand, liest, Rühl sei im Wörthsee ertrunken. Dies bringt ihn durcheinander, da es doch »jeder von uns gewesen sein könnte«. Bertram hatte sich in zwei Decken seit 22 Uhr zum Schlaf eingewickelt, um am anderen Morgen einen glatten Arbeitstag zu haben. Er wußte jetzt auch nichts hinzuzufügen und sagte: Jeder von uns hätte es sein können, das ist wahr. Aber ich gehe nie nachts an einen See.

Das Telefonat entwickelt sich stockend, da beide Teile, im Trauergespräch ungeübt, auf den Einfall des anderen warteten. Reinholds sagt: Ich wollte es Ihnen nur sagen, weil ich mit jemand darüber sprechen wollte. Das ist schön, sagt Bertram. Es ist schon der 2. Fall. Denken Sie auch an den toten Henn. Sie wissen also jetzt, sagte Reinholds, daß ich das in der Boulevardzeitung, es ist auch ein Bild dabei, deshalb weiß ich bestimmt, daß es unser Rühl ist, die Nachricht gelesen habe und Sie gleich anrufe. Mandorf wälzte sich in eine andere Telefonlage und rief Rulle an, der Rühl »noch etwas näher stand«. Ich habe Rühl nie nahe gestanden, er war mir fremd, sagte er. Warten Sie einen Augenblick, sagte Rulle, er wollte nach Empfang der Nachricht nicht gleich das Telefon auflegen (obwohl er anscheinend gleich mit Teichert sprechen würde, ihm die frische Nachricht mitteilen). Bertram: Eventuell sollte man zusammenlegen und eine Anzeige aufgeben anläßlich dieses tragischen Todes. Rulle schwang sich auf: Wenn es nicht unpassend ist, etwas zu sagen, das Sie vielleicht für

Abb.: Moorleiche, Domlandsmoor bei Windeby/Eckernförde. Um die Zeitwende. 15jähriges Mädchen. »Hinrichtungsopfer« für ein Vergehen? Darauf könnten die »Stäbe«, die über dem Opfer »gebrochen« wurden, hinweisen.

evangelisch oder religiös halten, dann ist es dies, daß wir immer damit rechnen müssen. Daß wir unser Leben zu jedem Zeitpunkt abrechenbar halten sollten. Der Gesichtspunkt interessiert Bertram.

Gleich darauf rief Reinholds wieder an, wollte die Boulevardblatt-Meldung noch wörtlich durchgeben. Aus der Meldung ergab sich, daß 3 Brüder Rühls schon seit Stunden mit langen Stangen im See nach dem Leichnam fischten. Nach Erhalt dieser zusätzlichen Information verfiel Bertram in tiefen Schlaf. Am Morgen erinnerte er sich der nächtlichen Nachricht. Sie erfüllte ihn, es war ein Regentag, viele eilige Passanten und Kraftfahrzeuge, mit einer der Arbeit förderlichen Stimmung.

[Unsicheres Gefühl.] Daß nicht nur einer, sondern alle Zähne reformbedürftig seien. Ein Vorderzahn war G. eingerissen, um Bruchteile eines Millimeters. So wird sein Gebiß einmal gefunden werden, mit dieser Ritze im Zahn, verursacht dadurch, daß G. eine Schraube mit den Zähnen festzuziehen versuchte. Gefunden, falls jemand danach suchen sollte.

Abb.: Ausgrabungen des Jahres 1971 im Westjoch und in der Vierung der ehemaligen Stiftskirche zu Enger. Aus dem 8./9. Jahrhundert drei symmetrisch geordnete Gräber mit Skeletten eines jungen Menschen und zweier Erwachsener von bedeutender Körpergröße. Handelt es sich um »Sachsenherzog Widukind«, Gegner Karls des Großen?

[Manöverfront, Eifel-Hunsrück] Hier sollte irgendwo ein Angriffskeil liegen. Mehrere Gewitter hatten sich in die Moselschleife verirrt und kreuzten sich über dem Fluß, das Flußtal stoppte die Wolken gewaltsam, so daß den ganzen Tag über in wirrer Richtung Blitze und Donner vorüberpassierten. Der Regen hing in Strähnen über dem Flußwasser und wurde über das Gestrüpp an den Hängen heraufgeweht: ein spezieller Bergnebel, da der Niederwuchs die Nässe nicht einfach aufnahm. Auf der Hochebene, oberhalb des Flusses, hatten diese Nebelfäden die Eigenschaft, die Wege und kleinen Wiesenstücke, auf denen die Truppe lagerte, zu verschleiern. Trotzdem standen die Fahrzeuge zu auffällig.

Oberst i. G. Bergmann, vom Brüsseler Stab hierher abgestellt, »um Fronterfahrung zu gewinnen«, versuchte, aus dem Hubschrauber heraus, die ihm angekündigte Kampfgruppe zu »sehen«. Der Regen schlug gegen die Fenster des Hubschraubers, und er konnte ausspähen wie er wollte, es war nichts zu sehen. Gut so, dachte er, es muß den gegnerischen Such-Flugzeugen ähnlich gehen. Gehen Sie tiefer, sagte er dem Piloten, der die Baumwipfel dicht unter sich sah und deshalb meinte widersprechen zu dürfen. Und wenn eine Böe den Hubschrauber gegen die Wipfel wirft? Das hält das Fahrzeug aus, sagte der Oberst. Er schien dem Piloten nicht unerfahren. Jetzt tauchten einige Biwaks zwischen den Nebelfetzen auf. Der Oberst machte Notizen.

Tags darauf marschiert die Kolonne in der Ebene. Es ging um die geschickte Umgehung einer Sperrwirkung, hervorgerufen durch eine angenommene Erddetonation von 100 kt.

[Schätzung der Detonationsstärke mit feldmäßigen Hilfsmitteln] Eine Gruppe Fernartillerie-Beobachter übt Detonometrie: die Anmessung und Bestimmung einer 20 Kilotonnen-Detonation in 12 km Entfernung mit Hilfe eines Doppelfernglases ohne direkt hinzusehen.

Also zunächst Schätzung des Detonations-Nullpunktes. Verschätzen Sie sich, sagt der Ing.-Major, so ist Ihr Augenlicht weg. Sie haben hineingesehen, und dieses bißchen Augenschutzkappe nützt Ihnen dann gar nichts. Sie dürfen mit den Augen nur bis an den Rand der Strahlung heran. Jetzt nehmen Sie die Stricheinteilung des Doppelfernglases und messen vom Rande des Lichtblitzes in die Höhe: die Detonationswolke.

Formel: $$Bw = \frac{r \cdot \text{Strich}}{1000} \text{ km}$$

Damit messen Sie die maximale Steighöhe und sofort danach Steiggeschwindigkeit und schätzen ungefähr (weil ja die Fehlerquellen schon darin liegen, daß Sie das Streulicht zur Schätzung des Nullpunkts verwenden) 1. den Nullpunkt und 2. Zeit, 3. Art und Stärke der Detonation.

[**Die Blumentopf-Methode**] Wenn wir nun, sagt der Oberst-Ing., in die vom Gegner gesetzte Detonation selber hineinballern. Sagen wir mit 20 Kilotonnen Trotyläquivalent in eine 50 Kilotonnen-Detonation ... Dann ergeben sich Interferenzen. Das Ganze erlischt.
– Die Truppe muß jetzt nur noch den Feuerball aushalten, bis Ihr Schuß sitzt.
– Wenn wir den gegnerischen Schuß gut genug anmessen.
– Oder wir setzen durch Störung des gegnerischen Schusses diesen dahin, wo wir ihn haben wollen, d. h. an den Ort, auf den wir schon vorher zielen.
– Könnten wir.
– Und dasselbe machen wir mit der Druckwelle, indem wir kreisförmig um den Originaltrichter, den der Gegner (oder wir durch Manipulation des gegnerischen Schusses) gesetzt hat, einige eigene Detonationen setzen ...
– Viele kleine ...
– Kreisförmig ...
– Das nennen wir die *Blumentopf*-Methode.

[**Wünsche der Einzeller**] Der stellvertretende Admiral der US-Mittelmeerflotte, M. G. Sealers, wünschte sich auf etwa zwölf Minuten einen vorübergehenden Riß des Ablaufs der Weltgeschichte. In diesem Moment wollte er die *rote Esquadra* vor die Rohre seiner fünf Schiffe fahren lassen. Sie bewegte sich ja die ganze Zeit frech als bewegliches Ziel vor seinen Sensoren. Er wollte nur nicht damit einen Krieg auslösen.

Denn was nach den zwölf Minuten des sicheren Anfangserfolgs in anderen Weltteilen folgte, war schwer zu erwägen.

Dagegen wollte Amtsrat Petzold, Bundesfinanzministerium, verantwortlich für die Überwachung der Reisekostenabrechnungen des Verteidigungsministeriums, einmal alle Unterlagen noch gleichzeitig mit den Ereignissen, gewissermaßen durch Boten, zugestellt erhalten, um nicht erst im Abrechnungszeitraum, nach zwei Jahren, sondern gleichzeitig am Erlebnis der amtlichen Bewegung teilzuhaben.

Der Logistiker Brecht wollte die Leistung, die er erbrachte, indem er durch Fernschreiber die Kolonnen auffüllte, berechnete usf., einmal *bildlich* vor sich sehen: die von ihm betreuten Kolonnen in *einer* Linie von Augsburg bis Korinth, Fahrzeug hinter Fahrzeug, und diese lange Straße in schnittiger Maschine abfliegen.

Die Zellen im Körper von Panzer-Oberst Franz Siebel drängten auf schnelle Teilung, sie überschwemmten die Blutgefäße mit Tumorzellen, wollten einen »großen Mann« aus ihm machen, daran starb er.

[Mehrfachüberlagerung der Systemebenen] Was den Systemforscher Behr, dazu brauchte er nicht einmal ein Fenster, sondern es genügte sein Schreibtisch, sein Kopf davor, fesselte: die Zollfahndungsstelle beim Bundesfinanzminister in Bonn ging immer noch von dem Gesichtspunkt der Landesgrenzen aus. Die hatten aber für den militärischen Manöververkehr keine Tragweite. Der Militärische Abschirmdienst (MAD) entzog die Feldtruppenbewegungen in Niedersachsen oder in der Eifel mit wenigen Maßnahmen der Öffentlichkeit. Aber diese formalen Hin- und Hermärsche enthielten kein Geheimnis, verrieten nicht das später einmal mögliche Geschehen. Mit diesem sog. wirklichen Geschehen befaßte sich dagegen eine Stabsübung, die ohne Truppe stattfand und eine Reihe von Vorgängen *simulierte*. Diese Übenden, das prognostizierte Behr, auch wenn er es nicht *gewußt* hätte, wären jedoch verblüfft gewesen, wenn sie gewußt hätten, daß in einer hochfliegenden, mit elektronischen Geräten gefüllten Maschine eine Planergruppe Bestandsaufnahme eines Kriegsbildes übte, das auch für die *Nicht-Öffentlichkeit* der Stäbe *ungeeignet* erschien.

[Verblüffend dicht am Flugplatz Hahn/Hunsrück] Seit Stunden wird eine Limousine observiert, besetzt mit zwei sowjetischen Majoren. Sie wird eine Strecke von Militärpolizei über Feldwege verfolgt. Jetzt halten Jeeps vor dem Kühler der Limousine, andere Verfolger blockieren das Heck. Die Sowjets haben die Flugbewegungen auf den Flugfeldern von Hahn ausgespäht. In die Enge getrieben, kurbeln sie die Seitenfenster ihres großen Fahrzeugs hinauf und bleiben auf Stunden unbeweglich. Sie sitzen in dem Fahrzeug, das wegen seines diplomatischen Status nicht gewaltsam geöffnet werden darf.

Abb.: Viele tausend Besucher in Ramstein, um die hochtechnisierten Waffensysteme »einmal in Ruhe aus der Nähe zu betrachten«.

Klassenvertraute, künftige Gegner

Die beiden künftigen Gegner waren beide Arztsöhne, hatten als Luftflotten-Stabsoffiziere in ihren Nationen Karriere gemacht. Der eine von ihnen amtierte in Leningrad, der andere im flachen Gelände bei Brüssel. Sie trafen sich während dieser Konferenz täglich in den klimatisierten Bars der Hotelkette. Ihre Fachberatung, deretwegen sie beordert waren, wurde praktisch nicht gebraucht. Sie hatten viel Zeit. (Zugleich wußten sie, daß die Zeit drängte, da der Automatismus des Geschehens Gegen-Arbeit erforderte – entweder konsequente Vorbereitung auf den Ernstfall oder aber Abbau der geschichtlichen Voraussetzungen, die auf einen solchen Ernstfall hin zusammenwuchsen. Das erforderte, daß Interpreten der wirklichen Verhältnisse wie sie auf der Konferenz zu Worte kamen). Klassenfeinde waren sie jedenfalls nicht. Sie waren Gegner insofern, als sie Nachgeordnete ihrer Chefs waren, die einander im Konferenzsaal auf verschiedenen Seiten gegenübersaßen.

Sie waren nicht einmal Konkurrenten (und hätten insoweit Gründe gehabt, einander zu bekämpfen, auszuräumen), da ja die Hierarchieketten, denen sie angehörten, sich parallelisierten, Wettbewerb fördert ihr Fortkommen, nahm nicht Platz weg, sondern schuf neue Plätze. Insofern standen sie sich besser als Brüder. Eine ganz starke Motivierung *zueinander*. Sie fühlten sich gedrängt, viele Gläser gemeinschaftlich auszunippeln; was vielleicht an gehemmter männlicher Zuneigung sie noch trennen mochte, vermochten sie durch Alkoholgenuß einzunebeln, in ihrem Suff zu begradigen. Die Palmen, ein Schwänzchen Meeresbucht, das bis zu den Pforten des Hotelgartens reichte, Motorboote, häubchentragende Bedienstete – sie wollten einen Mittagsausflug machen, sahen sich in ihren flotten Badehosen weit in die Dünung hinausschwimmen.

Außerdem bestand die Pflicht zur Geheimhaltung zwischen ihnen. Sie zuzzelten aber gern an der Decke der Geheimteile ihres Bewußtseins. Sie vertrauten einander.

So warnte der Russe den künftigen Gegner vor jeder Bewegung, die vielleicht in Richtung Werschojansk geflankt würde, auch Tiksi sollte man, wenn man nicht Überraschungen erleben wollte, aus etwaigen Planungen streichen. Er sagte nicht weshalb, aber er traf ins Herz einer gewissen Planung, eines Hauptstücks. Wie wir hier sitzen, täte es mir leid, sagte sein Gegner, der Hinweis war untergebracht in mehreren Häufchen Nonsens und Liebenswürdigkeit, Austausch über Wettertemperaturen und Vergnügungen – leid täte es mir, wenn Sie auf einer großen zerstückelten Eisfläche als Brandopfer lägen. Er nannte eine Länge und Breite etwas nördlich von Süd-Grönland, wo dies unweigerlich geschähe.

Sein Gegner hatte den Tip verstanden. Das ist alles Beruf, sagte er proforma. Sie können mich nicht erschrecken. Aber er glaubte dem »Feind«.

Einer, der zugehört hätte, hätte gesagt: Landesverrat. Aber es war auch vorweggenommene Kriegsführung, da es gar keinen Zweck hatte, den Gegner erst in die Fallen laufen zu lassen, die an gewissen Punkten aufgestellt waren, wenn es genügte, ihn zu warnen, so daß er gar nicht erst angriff.

Der Russe hatte angenehm nervöse Schläfen. Augen, die immer wieder unsicher umhersuchten, wie man sie nur durch eine prekäre Kindheit in der gesellchaftlichen Oberschicht oder oberen Mittelschicht erwirbt, wenn man von Zärtlichkeiten kostet, die anschließend nicht wahr sind. Der aus Brüssel mußte im Alter von 4–12 Jahren dem russischen Gegner in vielen Bewegungsarten und Wünschen ähnlich gewesen sein. Beiden hingen die Hände herunter, wenn sie gerade nichts anfaßten, als wären die Glieder separat zum Körper entwikkelt, hätten ein vom Menschen getrenntes Schicksal. Niemand hätte sie andererseits verwechselt, da der Nato-Offizier, dünnlippig, mit sommersprossiger Haut, ein kräftiger Junge schien, während der Russe Lippen hatte, »als hätten sie alles gesehen und schon einmal verworfen«. Sie fühlten viel Sympathie in diesen Tagen. Wenn einer sie kritisiert hätte: Warum hocken Sie mit dem Feind so lange in Bars? hätten sie übereinstimmend ausgesagt, ohne Verabredung: um ihn auszuhorchen. Das taten sie ja auch. Sie horchten intensiv zum andern hin.

(Heft 13:)

Abb.: Hof um die Sonne, verschwommen über einer Schornsteinreihe in der Stadt. Kündigt nach dem Sprichwort Regen an. Regen kam aber nicht gleich, wenigstens nicht da, wo Vierlinger beobachtete. »Der cirro stratus (6000–12 000 m Höhe) ist aus winzigen Eiskristallen gebildet, zu dünn, um die Form der Sonne völlig zu verbergen.« Oder: »Es ist nach oben aufgestiegener Dreck, der zunächst warm war und dann in etwa 12 000 m Höhe kalt war.« (Vierlinger)

[Eigenartiger Glitsch] Schon in Hanau war Vierlinger aufgefallen, daß das Regenwasser auf der Straße schäumte: ein glitschiger, flusiger Belag, den die Reifen des Autos zerteilten. Jetzt bei Einfahrt in die Stadt: der gleiche Regen, der in großer Zone von Nordwesten über das Land goß **und der eine leicht schäumende Straßennässe hinterließ.** Wenn ich Wissenschaftler wäre, würde ich anhalten, eine Probe nehmen und das analysieren. Es ist bestimmt Chemie. Über England und der Nordsee ist es vielleicht noch wirklicher Regen, über dem Ruhrgebiet mit Glitsch aufgeladen, irgend etwas Chemisches kommt hinzu. Franz Vierlinger war nicht abzubringen von seinem Interesse.

Sein Beifahrer Albers wollte ihn zerstreuen. Aber Vierlinger wollte hier einmal zufassen, da er den Beweis seines Umweltverdachtes vor den Reifen hatte – jedermann sichtbar. Er war aber kein Wissenschaftler, und eine Probe nehmen, eine Telefonzelle suchen (vorher Parkplatz), im Branchen-Adreßbuch nachsehen, welche Firma eine Untersuchung vornehmen könnte, dann wieder starten, das Zeug hinbringen, evtl. beim Anhalten zum Probenehmen ins Rutschen kommen auf der schmierigen Fläche, andere Wagen fahren ihm ins Heck – das alles war ihm zuviel, er hatte auch kein Gefäß für den Transport der Probe, keine Pipette, um die Soße aufzunehmen.

So starrte er nur mit den Augen auf die schäumende Masse, schätzte ab, daß sie nicht etwa in Teppichhöhe auf der Straße lag, sondern eher wie eine Mikroben- oder Pilzkultur, nicht einmal millimeterhoch und nur deutlich sichtbar, wenn Reifen sie durchfurchten.

Er war ganz erschöpft vom Starren. Nicht einmal eine Polaroidkamera hatte er zur Hand, um das Phänomen wenigstens in Farbe zu fotografieren. Die Regenbeimischung schimmerte bläulich-violett. Auf den Äckern sicherlich auch als Düngemittel nicht nützlich.

Vierlingers Augen waren extrem reizbar, auch **Teile seines Hirns,** aber nicht alle, z. B. nicht seine Entschlußkraft, nicht seine Hände oder sein »Fleiß«. Er konnte sich mit den Augen erregen, ohne irgend etwas deshalb auch zu tun.

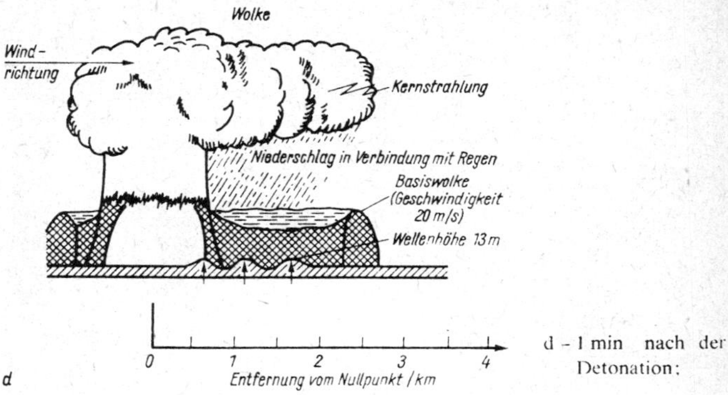

d – 1 min nach der Detonation:

Abb.: D – 1 Minuten nach der Detonation.

Abb.: Steinbrücke im Raum »Nahzone« nach einer niedrigen Luftdetonation kleiner Stärke.

Abb.: Straßenzug vor einer hohen Luftdetonation an der Grenze der Nahzone.

Abb.: Straßenzug nach der Detonation.

Abb.: Windbruchzone, durch Einwirkung der Druckwelle auf Wälder; Truppentransport durchquert Wald.

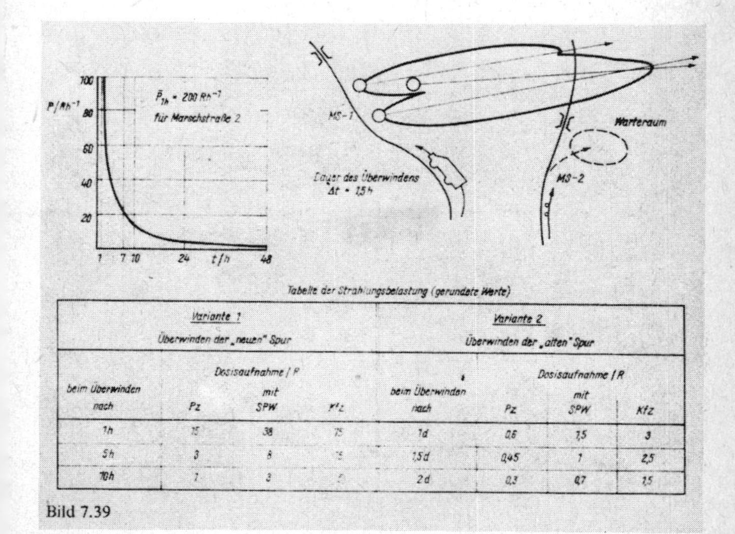

Tabelle der Strahlungsbelastung (gerundete Werte)

Variante 1 Überwinden der „neuen" Spur				Variante 2 Überwinden der „alten" Spur			
beim Überwinden nach	Dosisaufnahme / R mit Pz	SPW	Kfz	beim Überwinden nach	Dosisaufnahme / R mit Pz	SPW	Kfz
1h	15	38	75	1d	0,6	1,5	3
5h	3	8	15	1,5d	0,45	1	2,5
10h	1	3	5	2d	0,3	0,7	1,5

Bild 7.39

Abb.: Truppenführung in solchem Gebiet.

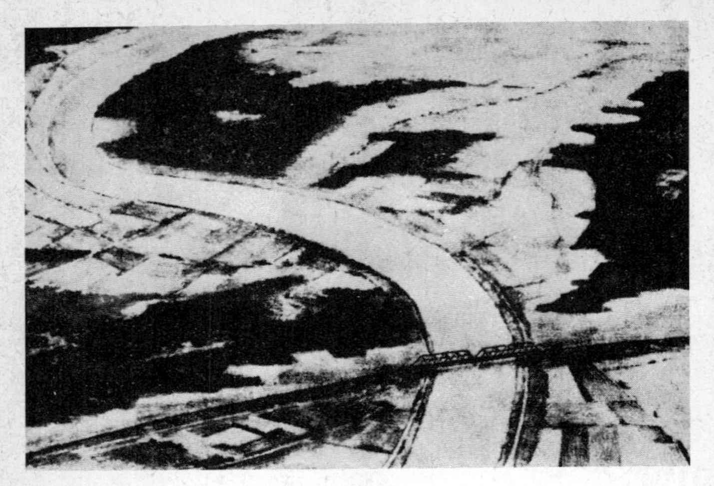

Abb.: Fluß mit Brücke und Landschaft.

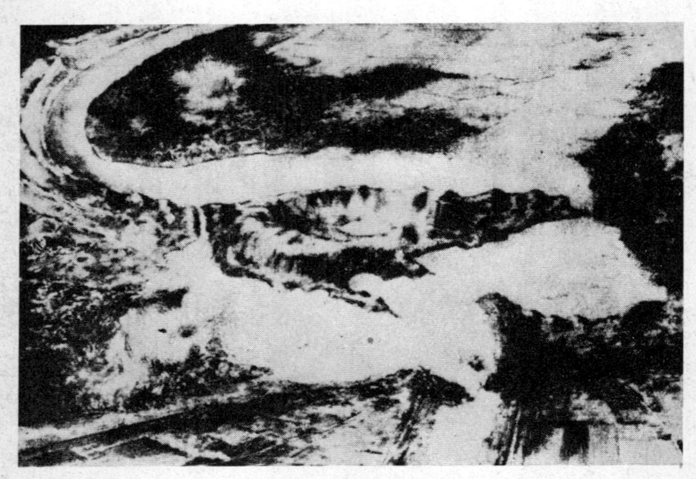

Abb.: Sperrwirkung einer Erddetonation großer Stärke in obigem Flußtal.

[Ein 16 mm-Film, der zur Stabsschulung weniger geeignet erscheint] Der Titel des Films erscheint auf der Leinwand: »Gefechtsführung eines kombinierten Verbands, der eine Flußüberquerung anstrebt.« Die Einheitsführer sind zu sehen, stehen vor einem Wäldchen. Es ist Nacht.

Die Mannschaften, die sich vorher im Gelände getarnt hatten, laufen aus dem Wäldchen hervor, besteigen die Mannschafts-Transportwagen. Jetzt kommen aus dem Wald, in einen Feldweg einbiegend, schwere Panzer gefahren.

Halbnah: In einem der Mannschaftstransportwagen (MTW) das Fahrerhaus. Fahrer und Beifahrer tragen je auf einem Auge eine Schutzkappe. Sie fahren einäugig durch die Nacht. Auf der Kühlerhaube der Wagen sowie auf dem Wagendach sind Kühlgeneratoren angebracht, die Aggregate hemmen die Sicht: Eine Art nach oben offener Eisschrank, der von einer Plane überdeckt ist und auf breiter Fläche Kälte nach oben streut, die Konstruktionen wackeln im Wind. Die Fahrzeuge fahren ohne Licht.

Nunmehr springt ein Einheitsführer, ein Oberstleutnant, den Spitzen-MTW an, gelangt in das Führerhaus. Er drängelt sich auf ein Stück Sitz zwischen Fahrer und Beifahrer. Der Beifahrer trägt auf dem einen Auge die Blindkappe, auf dem anderen Auge ein schnabelartiges Gerät, durch Ledergürtel am Stahlhelm festgeschnallt, das er jetzt auf den Oberstleutnant richtet. Der Soldat muß sich zurücklehnen, um Abstand für seine Seh-Röhre zu gewinnen. Auch so sieht er in solcher Nähe nichts. Richten Sie Ihr Auge in Fahrtrichtung, sagt der Oberstleutnant. Pieksen Sie nicht mit Ihrer Stange auf mich zu. Er wendet mit der Handfläche die Stange von seinem Gesicht weg.

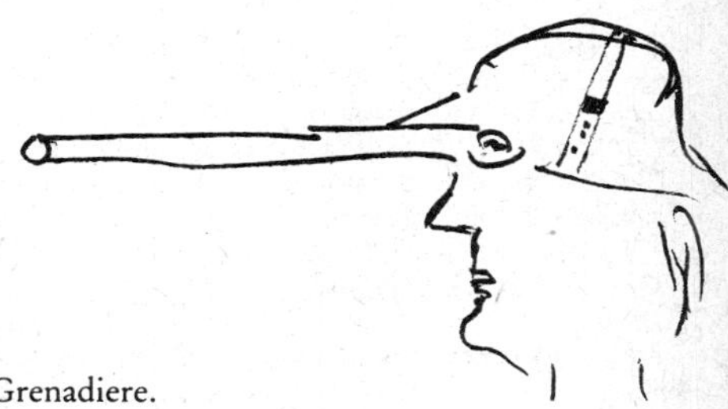

Abb.: Guckrohr für Grenadiere.

Es geht um die Erläuterung dieser Vorgänge. Die Tarnung, meinen die Schiedsrichter, die in einem Flugzeug über diesem Truppenaufmarsch kreisen, über Gerät die Situation zu betrachten versuchen, ist **nicht befriedigend.** Perfekt ist sie gegen Infrarot-Ortung, aber dafür offen gegen Anmessung auf den Zentrallinien der Kühle.

Die Kühlanlagen zeigen nämlich minimale Abweichungen von der Umgebungstemperatur. »Wie in einem kühlen Grund.« Der Gegner könnte es für einen Bachlauf halten, wenn es nicht so geradlinig aussähe, sagt Oberst Sisel. Wir müssen also annehmen, sagt Brigadier Westphal, der das Schiedsrichter-Gremium leitet, daß der Gegner in diesem Moment eine Detonation zündet.

Im Augenblick, in welchem der *Feuerball* erscheint, sind die einäugigen Fahrer, die in Fahrtrichtung direkt hineinsehen, erblindet.[1]

Ein Knäuel von Auffahrunfällen (60% der Fahrzeuge). Die Panzer dagegen haben eine Drehung auf der linken Kette vollzogen und stehen, soweit sie nicht ihrerseits auf den Vordermann aufgefahren sind (12%), quer zur Detonationsrichtung, Feuerball rechts, wo ihre Sichtluke nicht ist.

Diese Stellung ist aber für die *Druckwelle* ungünstig. Die Panzer werden zum Teil (64%) umgekippt. Sie bieten eine zu breite Ansatzfläche. Dies ist höheren Orts so erwartet worden, und deshalb haben die Kran-Fahrzeuge die Drehung vom Lichtblitz weg nicht mit vollzogen. Sie sollen die Panzer wieder aufrichten.

1 »Es gibt praktisch keinen Reflex und keine willkürliche Handlung, die schnell genug wäre, um die Augenverletzung prinzipiell zu verhindern. Pupillen- und Blinkreflex sind zu langsam, vermindern den Zutritt der Lichtenergie erst nach 0,1 Sekunden.« Deshalb greift der Beifahrer abstimmungsgemäß in das Steuer, weil er durch den *Storchenschnabel-Apparat* vor dem ungeschützten Auge trübe Eindrücke der Fahrspur des Vorderfahrzeugs erhält.
Diese Truppe in den MTW hätten wir nicht loszuschicken brauchen, sagt der Chef der Schiedsrichter oben. Der Schlag hat vor allem die Kühlrampen weggerissen. Auf den Infrarot-Schirmen hebt sich die Linie der noch warmen Motoren und der noch atmenden menschlichen Körper deutlich ab. Der Film kann so nicht zur Schulung verwendet werden.

[Anderer Schulungsfilm, 16 mm, schwarz/weiß] Fernbomberbesatzung von 18 Mann, meist in Großaufnahme, die mit den Augen das Dunkel der Sternen-Nacht zu durchdringen versuchen. Fall A: Der Fernbomber fliegt in 18 km Höhe. Fall B: Er fliegt dicht über den Bäumen unterhalb des Radarschirms. In beiden Fällen, unmittelbar nach Zündung einer Detonation: Übrig ist als *Sehender* der Heckschütze.

Nunmehr derselbe Vorgang im Fall des konsequenten Instrumentenflugs. Das Flugzeug hat keinerlei Sichtöffnung nach außen. Der Co-Pilot sagt: »Es fliegt sich wie in einem Sarg.« Die befragten Besatzungsmitglieder äußern, daß sie sich während des Fluges stark ängstigen. Der Luftwaffenpsychologe erteilt in einer gruppentherapeutischen Sitzung (8 Minuten Film) einige Hinweise: »Stellen Sie sich vor, Sie sitzen wasserumronnen in einem U-Boot«, »Konzentrieren Sie sich auf die Bauchatmung, Sie müssen die doppelte Zeit zum Ausatmen wie für das Einatmen nehmen. Üben Sie. Stellen Sie sich vor, daß Sie durch Ihren Bauchnabel ausatmen. Geschehen lassen! Geschehen lassen! Kräftig die Luft durch den Bauchnabel pusten.« »Wenn Ihnen Bilder kommen, sehen Sie sie ruhig an, und schicken Sie sie wieder auf die Reise.« Ziel ist es, daß die Besatzungen, während sie die Geräte beobachten, »gar nichts wahrnehmen oder denken«.

Zum Fliegen gehört der Rundblick, sagt ein Pilot. Der Psychologe versucht, dieses Vorurteil aufzuklären. Am Ende des Films sind die Mitarbeiter genannt.

US-Elektronikflugzeug „Hawkeye" (Zeichnung): Heimweg für die Verirrten

»Öde ist, was ich Ihnen sagen kann, auch.« Das waren aber nicht die Geheimnisse, die Saglinski erjagen wollte

Der Offizier von der Pressestelle wußte, daß er Saglinski, angesichts von dessen Protektion, nicht abwimmeln und auch wohl nicht täuschen konnte. Wollte er sich mit dem Journalisten gutstellen, so mußte er etwas sagen. Nun war manches geheim, manches nicht. – Gerade aus dem Verlauf dieser Grenzlinie zwischen Geheim und Nicht-Geheim konnte aber ein Gegner vieles schließen: die vollständige Darstellung des Nicht-Geheimen bezeichnete recht genau die Umrisse des Geheimen.

Insofern hätte der Offizier, der Möllermann hieß, als Geheimdienstler überhaupt nur auf das Abbrechen der Information, also den Umriß des Geheimzuhaltenden geachtet, da Geheiminformationen selber ebensogut Provokation, Füllmaterial, Ablenkungen sein konnten, die Grenzlinie aber war immer wahr. Außerdem wollte der Offizier ohnehin über soviel »Unangenehmes« nichts sagen. Es ließ sich auch kaum, wenn man Fachmann war, also Waffenwerbung und Phantasiegebilde abschminkte, nichts »Wirkliches« sagen. Außer über Schwierigkeiten mit der Wortwahl.

Ich kann Ihnen das, sagte Möllermann, was Sie für die Ausmalung Ihres Artikels brauchen, an einer konventionellen Sprengung genausogut darstellen. Sie müssen die Sprengmasse nur hoch ansetzen. Nehmen Sie sechs Luftgeschwader mit konventionellen Bomben auf engem Raum, sagen wir 1 km^2. Das kann ich Ihnen beschreiben. Dazu Brandsätze, ein Staudamm zerreißt, um es abzurunden. Jetzt haben Sie einen Zirkus von physikalischen Kräfteverhältnissen, der auf die menschlichen Körper einwirkt. Die Elemente sind die gleichen wie bei einer Kernexplosion, wenigstens in diesem umrahmten Ort.

SAGLINSKI: Das war nicht meine Frage.

MÖLLERMANN: Aber für die Anschauung ist es dasselbe, und wir wissen hierüber mehr als über das, was Sie fragen.

SAGLINSKI: Sie wissen aber, was ich gefragt habe.

MÖLLERMANN: Und ich sage, was ich lieber antworten würde. Wenn es ein Gespräch sein soll, muß es auch *mir* Spaß machen.

SAGLINSKI: Spaß beiseite. Ich habe Ihnen Fragen vorgelegt, kann sie gern nochmal wiederholen. Wenn Sie Antworten verweigern, wende ich mich Vermutungen zu oder wende ich mich an Ihre Vorgesetzten.

Möllermann sah ein, daß er nicht einfach mauern konnte. Er versuchte, sich in die Denkart des Partners hineinzuversetzen. Zugleich in die der Vorgesetzten, in die des militärischen Abschirmdienstes, in die *wirklicher* Experten, er selber war ja nicht Physiker, zugleich in die »Laiensphäre«. Er konnte sich, das, was er nunmehr zu sagen bereit war, nicht gedruckt vorstellen. Er konnte es sich auch nicht sinnlich vorstellen. Er schaltete also, mit einer Menge Filter, auf: »Wenn es abstrakt ist, das eben trotzdem durch Worte und Zahlen in Gang zu setzen.« Vielleicht ein Tränklein? bot er an. Er wollte die Bremsen der Situation lockern. Nein. Saglinski will Auskünfte.

MÖLLERMANN: Die lymphatischen Gewebe, also Magen- und Darmschleimhäute, Mund, Blutbildungsorgane, das was mit besonderer Schärfe lebt, z. B. nach Sauerstoff hungert, nach Wasser dürstet, das wird beim 300 bis 600 Röntgen irreversibel geschädigt. Es ersetzt sich aber auch sehr schnell wieder. Falls Sie sich unter dem einen und dem anderen etwas Praktisches vorstellen.

SAGLINSKI: Weiter. Das ist nicht alles. Was ist mit dem Hirn?

MÖLLERMANN: Das ist gattungsgeschichtliches Gewebe. Zäh. Das lebt, was Sauerstoff oder Durst betrifft, weniger gierig. Sie brauchen zur Schädigung 3000 bis 6000 Röntgen. Bei den Nerven ist es das gleiche. Es ist dann allerdings tot und ersetzt sich nicht wieder.

SAGLINSKI: Man kann allerdings mit Hirn und Nerven allein nicht leben, stehen oder gehen.

MÖLLERMANN: Eben.

SAGLINSKI: Wie behandelt man nun das?

MÖLLERMANN: Sie müssen sich alle Schädigungen kombiniert vorstellen. Einiges davon sehen Sie als Brandwunden, blindes

Auge, die der Detonation zugewendeten Hals- und Backenseiten sind rötlich-schwarz und inzwischen, eine Sache von Minuten, durch das, was da an Gegenständen herumfliegt, ausgelöst durch die Druckwelle, offene konventionelle Wunden, Beinbrüche, abgerissene Glieder, offene Bäuche. Die Behandlung muß den kombinierten Wundschock bekämpfen. Wenn Sie nicht überhaupt mit Leuten zu tun haben, die *upset minded* sind. Die ganze Korona ist doch inzwischen außer Häuschen. Die können Sie gar nicht mehr »behandeln«.

SAGLINSKI: Sie weichen aus.

MÖLLERMANN: Jetzt kommen wir zur eigentlichen Sofortkernstrahlung und danach zur Reststrahlung, dem »outfall«.

SAGLINSKI: Kenne ich. Das kann ich auch im Frieden haben, wenn ein KKW in die Luft geht.

MÖLLERMANN: Also das kennen Sie.

SAGLINSKI: Halt. Ich will zwar auf die scharfen Sachen, die noch kommen, hinaus, aber Sie müssen schon noch etwas hierzu sagen.

MÖLLERMANN: Es werden die Moleküle zersetzt. In den Funkgeräten z. B. die Halbleiter, falls Sie das als anschaulich empfinden. Sie wollen immer darauf hinaus, daß das was Neues ist. Es ist aber schon bei konventionellen Sprengbomben so, oder wenn sie in einer Erdspalte zerdrückt werden, daß Ihre Moleküle nicht an dem Ort stehen bleiben, wo sie sein müssen. In ihnen gruppiert sich die Substanz um, und wenn Sie z. B. verbrennen, so genügt das auch. Im Feuersturm heizen sie auf etwa 2000° C auf.

SAGLINSKI: Lenken Sie nicht ab.

MÖLLERMANN: Wenn ich konventionelle Spreng- und Brand- und Giftwirkungen an sie heranbringe, so ist ihre Wirkung irreversibel.

SAGLINSKI: Sie wollen nur abwiegeln.

MÖLLERMANN: Das ist mir fern.

SAGLINSKI: Dann machen Sie weiter. Aber nicht über konventionelle Sprengkörper. Das weiß ich alles.

MÖLLERMANN: Das bezweifle ich stark, daß Sie das wissen.

SAGLINSKI: Ich muß davon ausgehen, daß der Leser sowas schon einmal gesehen hat. Daß *er* also weiß. Ich kann den Leser nicht anöden.

MÖLLERMANN: Insofern ist das, was ich Ihnen sagen kann, auch öde.

Das waren nicht die Geheimsachen, die Saglinski erfahren wollte. Die beiden kamen nicht zusammen, weil sie verschiedene Interessen an der gedruckten Darstellung hatten.

Eine Spur der alten Energie

Der Mann hatte eine zerstörte Nase bis auf den Grund. Es war noch zu erkennen, daß der frühere Panzerführer einmal ein hübsches, attraktives Jungengesicht hatte. Jetzt, sagte er zu der neben ihm auf dem Bahnsteig stehenden Familie: Der Millionenkoffer ist gefunden. Wenn er nicht gefunden worden wäre, wäre es auch egal. Er hatte das wohl aus der Zeitung, die er unter dem Arm geklemmt hielt. Er trug eine uniformähnliche weiche, nicht am Körper schabende Jersey-Jacke und Fresko-Hosen, grau. Ein Teil der Zugtüren war verschlossen. Er rüttelte daran, er wollte ja einsteigen. Es geht nicht, sagte er zu der Familie, die ihn fürsorglich begleitete. Egal. Er ging den Zug entlang. Im vorderen Teil standen die Türen offen. Er durchsuchte den Zug nach Sitzplätzen. Der Zug war nicht stark besetzt. Auf Grund der Anfangsgeschwindigkeit, erzeugt durch das Hindernis der verschlossenen Tür, wollte er immer weiter im jetzt gangbaren Zug vordringen. Seine Frau versuchte, den Nasenlosen zurückzuhalten, mit ihrem Kind saß sie schon, das 1942 geboren war.

Das Problem des Nachweises eines objektiven Interesses, der »Wirklichkeits-Liebe«, wenn Ödes mitzuteilen ist

Große Sorge hatte der Friedensforscher Bauer. Jetzt hat er Gelder aufgerissen für eine Aufklärungskampagne. Aber das, was er weiß, ließ sich nicht *emotionalisieren.*

Er kommandierte eine Kreativitätsgruppe. Maler und Zeichner waren tätig; Leute, die Geschichten schreiben konnten. Die Resultate waren aber nicht brauchbar. Die Kampagne kam über Tests und Voruntersuchungen nicht hinaus.

Sie versuchten es mit einer Fülle konventioneller, packend erzählter Liebesgeschichten, in der Hoffnung, die damit angerissene Aufmerksamkeit hinüberzutragen in die Darstellung von Vernichtungswahrscheinlichkeiten. Mobilisierungswissen. Die Testpersonen nahmen die Ur-Szenen an, die so genau errechneten objektiven Folge-Szenen »vergaßen« sie. Auch im Unterbewußtsein hielt sich davon nichts. Es ist verzweifelt, sagte Bauer. Es liegt nicht daran, daß sie den »objektiven« Teil nicht »lesen« oder »entziffern«. Sie lehnen das als »Erlebnis« ab.

Sollte er in Kenntnis der Unbrauchbarkeit die teure Kampagne dennoch starten? Das Geld blieb auf den Bank-Konten. Die Tests ergaben einen »Rezeptionszustand«, als ob eine obskure Sekte versuchte, den Versuchspersonen (VPs) einen neuen Glauben aufzureden. Es ging aber um ein *objektives* Realbild von Vernichtungswahrscheinlichkeiten. Für Geld plapperten VPs das nach, waren auch bereit, es öffentlich zu wiederholen – oft auch gegen moralische Belohnung, z. B. Lob ihrer Einsicht, Ausweis ihrer Fähigkeit, sich mitzuteilen. Aber begeistert, übertragungsfähig sprachen sie nur vom ersten Schnee, Advent, Ruderbooten, Licht in abendlichen Häusern, Wolken, Regen, Wind usf.

Aber Bauer wollte doch nicht zugeben, daß es kein originäres Interesse an »Objektwahrheit« gibt. Das war wiederum *seine* Ur-Szene. Interesse an genau berechneter Objektivität war ihm Advent.

Unter den Mitarbeitern war nur *eine,* die glaubte, daß es

eine »Tiefen-Neugier« gäbe, daß man auf die *skeptische Betrachtungsweise* nicht herunterkommen darf. »Es gibt nichts Heruntergekommeneres als Skepsis«, sagt Bauer.

Das war Diplom-Psychologin Kramer. Im Geschichtenerzählen war sie nicht einmal gut. Sie hatte an einer Universität studiert, an der ausschließlich sog. Hochschulpsychologie gelehrt wurde (analysefeindlich, nur Meßbares). Sie hatte deshalb das Gefühl, theoretisch ausgemergelt zu sein. Sie versuchte Bauer die Anknüpfung an Romane, »Bilder«, Glücksuche usf. ganz auszureden. Er sollte doch mal die *Abstraktionsfähigkeit* auf Neugierde abklopfen.[1]

Sie stellte es so dar, als ob Bauer als oberster Prophet des von ihm vertretenen Glaubens selbst nicht genügend *glaubte*. Sie müssen, sagte sie, das Gefühl entwickeln, daß Sie über einen Bergsee wie über festen Boden stapfen können. Was Bauer insbesondere warnte, war, daß diese Diplom-Psychologin ganz freundlich und friedfertig darüber hinwegging, wenn er zweiflerisch ihr vorhielt, daß die Lust an der Abstraktion, also die angebliche neue Neugier, zunächst einmal auch »Lust am Untergang«, an der »Zerstörung« heißen konnte. Bauer wollte wohl sicher nicht destruktive Lust durch seine Aufklärungskampagne mobilisieren.

Fräulein Kramer ging darüber hinweg. Statt dessen übte sie »ethischen Druck« auf ihn aus (der doch schon Ostermärsche organisiert hatte), sich blindlings der Suche *nach so gefährlich verwurzelter Neugier* zu machen. Sie schien ihm eine Katilinarierin zu sein. Es zog ihn – als gefestigter Protestant – zu der Aufrührerin doch hin. Diese Hexe brachte es dazu, daß er einen Teilansatz von 100 000 DM in eine Untersuchung inve-

1 Sie hatte für Grundlagenforschung in fast jeder Richtung eine Schwäche. Sie war darauf versessen. Das mußte Bauer warnen, denn er wollte ja eine Mobilisierungskampagne, nicht langjährige Versenkung in Grundlagenstudien, die unmeßbare, kaum mobilisierbare menschliche Eigenschaften erforschten.

Sie behauptete aber steif und fest, daß eine sogenannte *Abstraktionssinnlichkeit* eine Art zweite Natur sei. Nur, das durfte sie sich entgegenhalten lassen, daß alle Befragten die völlige Abwesenheit eines solchen *Abstraktionsvergnügens* oder auch nur der Fähigkeit, nennenswert zu abstrahieren, sobald sie nicht Studenten waren, bekundeten. Ja, ja, antwortete die Diplom-Psychologin, das mag ja gemessen worden sein. Das Vermögen zur Abstraktion mag durchaus abwesend sein. Aber der Wunsch, die Begier! Blindlings sich anvertrauen, sich in dieses Wasser zu schmeißen, forderte sie.

stierte. Er übergab sogar diesen Scheck, ließ ihn dann, nachdem er sich besonnen hatte, am andern Morgen sperren. Die an sich eher zurückhaltende Person ereiferte sich, als sie von der Sperrung hörte. Am liebsten hätte sie ihn aus der von ihm initiierten Bewegung ausgeschlossen.

Sie behauptete: Wenn er nicht diese teuflische, zersetzte Neugier gewönne, gewonnen aus der Lust »Schluß zu machen« (oder Not, Zwang), dann aber **Lust daran, daß das allgemeine Elend (und meins) wenigstens als äußeres Zeichen auch zu fassen ist** (sie zweifelt jetzt sehr, ob man überhaupt »Lust« dazu sagen kann), so gäbe es kein menschliches Organ, das sich für die »Wirklichkeit der Dinge«, d. h. z. B. Verwüstungen, interessiere. Auf Nachfrage verweigerte sie aber die Zusage, daß sich diese Neugier dann wandeln könnte, also der Veränderungs- und Zerstörungslust, ihrer Wurzel, abschwor. Das wollte sie partout nicht vorherbestimmen.[2]

2 Rein logisch, Bauers Kombinationsvermögen war ja nicht defekt, heißt das: Wenn das Leben sich nicht für die Wirklichkeit interessiert, ist Wirklichkeitsliebe nur von den Toten zu erwarten. »Irgendwann müssen die Leichen das letzte Wort behalten.« Den Satz vertrat Dipl. Psych. Kramer. Das hatte einen protestantischen Klang. Der Leidenschaftlichen war jedes Mittel recht, Bauer zu verführen.

Die Polarfestung, der neueste Schlieffen

Die Planung war, sich durch einige sehr rasche, brutale Streiche in den Besitz der nördlichen Polregion zu setzen und in dieser Kunstlandschaft, denn selbstverständlich konnte nur von Kunstbauten, künstlicher Ernährung, künstlicher Wasserbeschaffung, künstlicher Fabrikation hier die Rede sein, in zunächst kontinentalen, dann globalen Vorstößen aus gesicherter, nicht tangibler Festung die Entscheidung zu erzwingen.[1]

Nach dem Satz: weniger war mehr. Also sich nicht durch die Vorteile des Besitzes einiger vergletscherter Grönland-Hochflächen oder der nordkanadischen Inseln verführen zu lassen. Hier lag die Gefahr, daß der Plan verwässert wird.

Durch Einfachheit war der Plan bestechend. Er setzte die vollständige Verwüstung der gemäßigten Zonen voraus – zumindest Gleichgültigkeit für deren Schicksal. Insofern war er öffentlich nicht kommunikabel. Nicht einmal in der internen Öffentlichkeit der Stäbe, die gegen das *politische Element* nie exakt abzuschotten waren. Es war ein Geheimplan einer Gruppe Verschwörer, die im Fall X durch gewaltsame Blendung der Kommandostrukturen ihm zur Geburt verhelfen mußten. Ein »internes Vorspiel« war Voraussetzung.[2]

1 Die Universalflanke! Ausflankieren jeder Bewegung auf dem Planeten. Rauchwasser hatte das bedacht. Er verdeutlichte das: der konsequente Schlieffen-Plan lautete: »Der rechte Flügelmann streift mit seinem rechten Ärmel den Ärmelkanal«. Das ist trivial gegen die viel elementarere Idee, daß »die verwundbaren Köpfe in Gegenrichtung zu jeder denkbaren Feindeinwirkung an der Polkappe mit den Haarwirbeln aufeinanderstoßen, Füße in Richtung des Feindes«. Und jetzt treten sie, sozusagen durch Verlängerung dieser Füße, ganz gleich, ob sich der Gegner in der Sowjetunion, am Äquator, ja in den Bereichen der Antarktis aufhält, diesen in die Seite.

2 Ausschaltung der sentimentalisierten Kommandohöhlen in den Bunkern von Brüssel, an der Mosel, in Idaho usf. Aber auch Vorfertigung von Fabrikteilen, ausgewiesen bis dahin für harmlosere Zwecke, die in die Polar-See am Sockel der Lomonossow-Schwelle unter der Eisdecke herabgelassen werden konnten. Eiskappe und 4 km Aufwasser schützen! Selbst angenommen, ein Gegner durchbricht die Abfangsysteme und Kunstschranken – für ganz andere Weltteile doppelprogrammiert entwickelt und in die Pol-Festung deponiert, dann blieb immer noch der natürliche Schutz durch Eiskappe und See. Reichtum an Tiefseefischen und Flora. Rauchwasser nannte das den »Ideal-Igel«.

Beamte des kanadischen militärischen Abschirmdienstes stießen durch Zufall auf eine Spur, die die Verschwörung aufdeckte. Die darin verwickelten Stabsoffiziere wurden verhaftet, einige Tage verhört. Es war aber nichts praktisch geworden, was einen Straftatbestand der Militärstrafgesetze verletzte. Einen Plan, eine idée fixe (oder Wahn) konnte man nicht bestrafen (je weniger man den Realitätsgehalt des Plans zugestand – gestand man zu, konnte man überhaupt nicht strafen – desto mehr wurde es Versuch am untauglichen Objekt, nicht einmal Versuch). Und es war alles so geheim, daß sich die beteiligten Armeen nicht einmal von diesen strategischen Untergründlern trennten, da zur beamtenrechtlichen Entlassung nötig gewesen wäre, politische Instanzen einzuweihen. Daß die nicht schweigen, wurde angenommen.

[Treppschuh: Der Pol als Weltausgang.]
Der Reparatur-Offizier, Erwin Treppschuh, der Zugang zu den Lochkartensystemen in den Brüsseler Stabsbereichen hatte, war verkappter Anhänger der Welteis-Theorie. Er neigte deshalb zur Pollösung. Aber aus anderen Gründen als Rauchwasser. Er war überzeugt, daß Eis sowieso der Grundrohstoff für alle Metalle, für Tapferkeit, Sinnenraum usf. war. Er wollte den Krieg kosmologisch führen – und deshalb in der Nähe der Grundlage, auf der wir alle stehen, sozusagen barbarisch und anfangsgerichtet, so wie das Leben einmal entstand: aus Druck des Eises.

Der Beginn der Intelligenz liegt ja unabgestritten zu Beginn der Eiszeiten, mühelos nachzuweisen durch Analyse der Märchen. Treppschuh nahm an, daß ein globaler Krieg, ähnlich einer neuen Eiszeit (sofern man nur genügend davon in die Polregion, zum Eis hin verlegte), einen unerwarteten Intelligenzschub brächte. Wer ihn hat, hat den Endsieg.

Die Menschheit, die dann übrig ist, braucht an sich nichts mehr von dem, was ursprünglich den Krieg auslöste, was umkämpft war. Insofern darf der Kriegsausbruch ohne weiteres ohne Sinn sein. Der Sinn liegt in dem selektiven, evolutionären Fortschrittssprung, der erstens den Krieg entscheidet und zweitens im nachhinein den fehlenden Sinn produziert. Es ging also ihm (übereinstimmend mit den Verschwörern, die ihren perfekten Plan erproben wollten) nur noch um *irgendei-*

nen Grund, der den Krieg zum Ausbruch brachte, immer vorausgesetzt, daß genügend Eis da war.

[Die Phantasten, die Realisten]

Die Verschwörer waren wenige. Man mußte jeden nehmen, der nicht schwätzte. Einige, die diese Voraussetzungen erfüllten, waren allerdings Phantasten. Die Realisten unter den Verschwörern (z. B. Treppschuh) dachten daran, sie in der Stunde der Gefahr auszuschalten. Darin waren die Realisten aber insofern Phantasten, als sie übersahen, daß ja das gleiche mit ihnen durch die Phantasten geschehen konnte.

Wichtiger Hinweis: Verwendung der Tiefdruckgebiete und der Windströmungen in den 70er Breiten als fall-out-Schutz. Es wäre günstiger, von diesem Zeitpunkt aus gesehen, gewesen, diesen Plan zum Südpol zu verlegen, da die dortigen Sturmwinde einen weitaus besseren Schutz boten als die windbewegungsärmeren Gebiete im Norden. Im Süden wäre es jedoch nicht möglich gewesen, meerversenkte Fabrikanlagen zu unterhalten!

[Tropopausen – Bothe.]

Der belgische Oberstleutnant Bothe, Nachschubwesen, hatte den Fimmel, daß man in gigantischen Ballons aus durchsichtiger Polyolith-Seide, die weder durch Radar noch durch Sichtgeräte anpeilbar waren, die Wärme der Tropopause als *Backofen* nutzen sollte, die Kälte der oberen Troposphäre unmittelbar unterhalb der Tropopause dagegen als *Kühlschrank*. So wollte er in den zur Debatte stehenden 8–12 km Höhe eine Art paradiesisches Schlaraffenland für Logistiker aufziehen.

Abb.: Polfestung. Kampflinie etwa bei gestachelter Linie. Vorgesehener Sitz von Erwin Treppschuh bei Ziffer 3.

(Heft 14:)

Abb.: »Besinnungslos sinkt der englische Physiker James Glaisher (1809–1903) zurück. Sein Ballon hat mit 8839 Metern eine Höhe erreicht, die die Luft knapp werden läßt. Der Kopilot kann gerade noch mit den Zähnen das Landeventil ziehen, die Arme steifgefroren.«

Radikalisierung der Genauigkeit

Der Urmeterstab aus Platin-Iridium in Paris mißt, als Idealkonstrukt der Aufklärung 1 sec. = 86/400 Teil des mittleren Sonnentags. Aber die Umdrehung der Erde ist nicht genügend gleichmäßig. Seit 1960 kommen die Definitionen der Grundeinheiten in Bewegung. Die 11. Generalkonferenz der internationalen Experten für Maße und Gewichte nimmt die Spektrallinie des Krypton-86-Isotops im Orange-Spektralgebiet, um an deren Wellenlänge die Meterdefinition anzuknüpfen. Auf 1:100 Mio. (10^{-8} Meter), d. h. 1/100 000 mm genau. Das ist für Spitzungsangaben bei Industriediamanten aber recht ungenau.

Die 13. Konferenz 1967 knüpfte die Sekunde an eine bestimmte Mikrowellenlinie eines Cäsium-Isotops mit einer Frequenz von 10 Mrd. Hertz. Solche Frequenzen lassen sich auf 1 Hertz genau messen. Genauigkeit von 10^{-10}, also hundertmal genauer als die Meterdefinition.

Das ließ einigen Experten keine Ruhe. Eine ganz andere Meterdefinition ist nötig. Es gibt hierzu einen sehr einfachen Weg. Wellenlänge (l) und Frequenz (f) sind über Lichtgeschwindigkeit (c) durch folgende Gleichung verknüpft: $l \times f = c$. Legt man für die Lichtgeschwindigkeit einen bestimmten Wert fest, so wäre jede Wellenmessung auf eine Frequenzmessung rückführbar – mit deren höherer Genauigkeit.

Am »National Bureau of Standards« erhielt man für c = 299 792 456 m/sec., die Physiker vom National Laboratory kamen auf eine um 3 m/sec. höhere Geschwindigkeit. Genauigkeit ist also besser als 1:100 Mio. Letzter gemessener Wert 299 792 500 mit Fehlermöglichkeit 100 m/sec.

[Ein Gerät von phantastischer Präzision] In Form eines gigantischen Y mit 21 km langen Armen, 27 Parabolantennen von 25 m Durchmesser. Die Teleskop-Arme des Y bestehen aus 2 Eisenbahngleisen, von denen kurze Abstellgleise abzweigen, an deren Ende die Antennen abgesenkt und mit der Steuer- und Empfangszentrale im Kreuzpunkt des Y verbunden werden können.

Der Name des Geräts ist ULA (Very Large Arrey), Zweck: Apertursynthese nach M. Ryle. Die 27 Antennen der ULA lassen 351 Kombinationswinkelpaare zu. Bei der Apertursynthese wird die Intersphärometrie weitergeführt, denn während der Erdumdrehung ändert sich die relative Lage der Meßpunkte in bezug auf eine *Radioquelle* ständig, so daß man die Struktur der Quelle mit Computer errechnet und als »Karte« ausdruckt.

Mein Gott, sagte der Ingenieur Perritt, das gibt ja ein Auflösungsvermögen von bis zu 0,6 Bogensekunden bei Wellenlänge von 6 m. Gewiß, gewiß, antwortete ihm der Konstrukteur Mäegerlein am anderen Ende der Telefonleitung, 21 km entfernt, aber am Ohr so nah wie 50 cm.

Gruppiert man die Parabolantennen dichter, indem man ihre Waggons, auf denen sie installiert sind, mit den vorhandenen 8 Lokomotiven umrangiert, wird das Auflösungsvermögen schlechter, aber die Nachweisempfindlichkeit höher. Das haben die Mitarbeiter alles schon ausprobiert.

[Ein weiteres Gerät von phantastischer Präzision] Dr. Theodore Maimann setzt einen synthetischen Rubin von der Größe eines gekürzten Bleistifts mit je einer halbdurchlässigen Verspiegelung, auf den Stirnflächen absolut planparallel geschliffen, in das Gerät ein. Der Edelstein steckt somit im Zentrum einer Gasentladungsröhre. Jetzt dreht Maimann einen altmodischen Schalter. Dunkelroter Lichtblitz, ungewöhnlich scharf gebündelt: light, hard: amplification by stimulated emission of radiation, hundert Millionen Feinmuster in einem Strahl, nicht mal eine Fingerkuppe dick.

»Dickow!«

Der Rüde, ein Cockerspaniel, hat eine der Wildenten im Maul, die schreit. Vom Balkon der Pension am Bethmann-Park ruft die Besitzerin des Hundes: »Dickow! Laß das, Dickow.« Der Hund zerrt die schreiende Ente hin und her, will sie noch erjagen, während er sie schon hat. Andere Enten schwimmen in Rotte heran, wollen zu Hilfe. Die unnütze Frau auf dem Balkon ruft, viel zu hilflos, flötet: »Dickow, Dickow, komm her, Dickow!« Als ob dem Hund geholfen werden muß. Jetzt rennt sie durch die Flure und Treppenstiegen des Hotels. Sie bringt es nicht fertig, in ihrer Balkon-Situation im entscheidenden Zeitraum stehen zu bleiben und den Hund anzuherrschen, von dem elenden Ententier in letzter Minute abzulassen. Ganz überflüssig rennt sie, weil sie zu spät kommen wird, durch die Halle, durch die Glastüren der Pension, weil der Hund ihre Eile nicht hört. Was für ein unnützes Wesen, das der zerfledderten Ente nicht zu helfen versteht.

Die Fahrtrichtung durch Entgleisung ändern

»Nichts half, auch nicht das Beschmieren des Daumens mit Senf oder das landesübliche Bekleben des Fingers mit Leukoplast. Die Saugmechanismen waren so fest eingefahren, daß sie nicht zur Entgleisung zu bringen waren. In einer neurophysiologischen Ausdrucksweise gesprochen: Es handelte sich um einen bedingten Reflex im Sinne Pawloffs, d. h. das Nuckeln blieb eine der Vorbedingungen, die erfüllt sein mußten, wenn der Schlaf sich einstellen sollte.«

Hier setzte nun die Erziehung durch Uschi Grabowski ein. Die Schwester, die mit ihrem neuen Verlobten nach Scheidung nach Jugoslawien gefahren war, hatte ihr das Kind zur Aufbewahrung gegeben. Die ehrgeizige Uschi, Zeit hatte sie ja, da ihr Mann als Ingenieur eine Bohrinsel in der nördlichen Nordsee befehligte, wollte der Schwester ein künftig nicht mehr nuckelndes Kind zurückerstatten. Uschi saß Stunden neben dem Kind, und jedesmal, wenn der Daumen zum Mund flutschte, störte sie mit einem Kandiszucker, den sie dem Kind zwischen die Lippen drückte. Das Kind leckte dann am Kandis, den Daumen allerdings noch immer im Mundwinkel. Uschi bemerkte, daß das Kind jetzt noch häufiger den Daumen zum Mund führte, da ja diese Bewegung eine Zusatzbedeutung erhielt. Sie bedeutete »erneuten Kandis«. Uschi sah deshalb von diesem System ab. Sie sagte: »Man darf das

Lutschen gar nicht erst beachten.« Bei Nichtbeachtung, das sie über Stunden und Stunden durchführte, blieb es aber beim Lutschen. Dagegen half es, wenn Uschi dem Kind zerstoßene Schlaftabletten im Himbeersirup eingab. In einem Fall schlief das Kind dann so rasch ein, daß es das Schlafzeremoniell vergaß. Der Daumen war erst halbwegs zum Mund geführt. Eine Dauerlösung war das nicht. Uschi versuchte etwas anderes: Sie hielt dem Kind immer dann die Nase zu, wenn es den Daumen in den Mund eingeführt hatte. Also nicht verhindern, daß der Daumen in den Mund kommt, sondern die Fortdauer des Lutschens stören. Jetzt öffnete sich der Mund, schnappte nach Luft, der Daumen fiel heraus. Damit das Kind nicht schrie oder weinte, kitzelte Uschi dessen Beine, den Bauch, kniff auch wohl mal in das winzige Geschlechtsteil (sie sagte: »künftiges Geschlechtsteil«). Die beiden freundeten sich an. Oft tollten sie so bis 12 Uhr, 1 Uhr nachts. Das Kind vergaß allmählich das Nuckeln.

Nach Rückkehr der Schwester paradierte Uschi mit einem saugentwöhnten Kind. »Ich gebe das Kleine nicht gerne wieder her.« »Ich weiß gar nicht, wie ich Dir danken soll. Das ist aber eine Überraschung.« Es blieb der Nachteil, daß nunmehr das Kind abends nicht mehr einschlief. Weder mit weinen, noch mit tollen oder auf das Kind einsprechen, d. h. Geschichten erzählen bis 23 Uhr, war es zum Schlafen zu veranlassen. Erschöpft schlummerte es manchmal ab 3 Uhr nachts. Morgens war es quärrig.

Zwerg Breitsam

Der »schlaue Zwerg« A. Breitsam, gestützt auf P. C. Ellsworth, A. Henson, J. M. Carlsmith: *Staring as a stimulus to flight in humans: A series of field experiments.* J. pers. soc. Psychol. 1970, in press., steht an der Straßenkreuzung Kaiserstraße/Ecke Elbestraße und starrt Autofahrern, die bei Rotlicht halten, beharrlich in die Augen. Sie sind nicht in der Lage, den Blick zu wenden. Bei Ampelzeichen Grün drückt Breitsam die Stoppuhr: Er hat die Länge des Anstarrens gemessen und mißt jetzt durch erneutes Drücken der Stoppuhr die Zeit, in der die zuvor angestarrten Fahrer die Kreuzung überqueren. Tags zuvor hat er an der gleichen Stelle Fahrer nicht angestarrt und die Durchschnittsgeschwindigkeit der Kreuzungsüberquerungen gemessen. Diese Fahrer waren, ohne es überhaupt zu bemerken, seine Kontrollgruppe. Jetzt wertet er die Ergebnisse aus und liest ab, daß die angestarrten Fahrer die Kreuzung wesentlich schneller durchfahren haben. 98,7 Punkte Korrelation, d. h. 1,3 Punkte Irrtumswahrscheinlichkeit. Die leistet sich Breitsam. Jetzt aber die Interpretation: Der schlaue Zwerg ist zu schlau, um aus den Messungen auf Fluchtverhalten zu schließen. Er sagt nicht: »Da habe ich die Wirkung des bösen Blicks gemessen«. »Alle Primaten fürchten sich vor dem Angestarrtwerden, also auch die Fahrer durch die Elbestraße.« Vielmehr sagt er: 1. Die Fahrer empfinden es als notwendig zu reagieren, wenn sie intensiv von mir angeblickt werden. 2. Sie fühlen sich betroffen. 3. Sie wissen keine Reaktion. Deshalb, schreibt Breitsam, flüchten sie. Diese Fluchtgeschwindigkeit habe ich gemessen. Breitsam, 52jährig, hat noch ca. 43 aktive Meßjahre vor sich (der Schätzung liegen keine verbindlichen Meßwerte zugrunde). Er empfindet euphorisch, was er noch alles erfahren wird. Für Mahlzeiten hat er kaum noch Zeit.

Chefphysiker Holzner

Holzner hatte die Einmischungen satt. Schließlich verstehen die Haushaltsspezialisten nichts von Physik. Sie bestimmen aber praktisch, was geforscht werden darf. Holzner zerschlug gemeinsam mit seinen beiden Assistenten, Friedrichs und Gebhardt, die Versuchsanordnung, an der sie 1 ¾ Jahre gearbeitet hatten, und, da seine Wut für Weiteres ausreichte, Vorräte an Glasgefäßen. Diese waren inventarisiert. Das Problem dieser Wertevernichtung wenigstens konnten die Abrechnungsspezialisten oder Justiziar Dr. Löwe nicht in ihre Raster einbringen, wenn sie schon glaubten, den Fortgang seiner Forschungen rastern zu können. Die Zerstörung von inventarisierten Werten mußte ihnen unmöglich erscheinen. Holzner lag daran, ihnen einmal etwas vorzuwerfen, was ihnen wirklich als *Unmöglichkeit* erscheinen mußte, wenn sie ihrerseits so hartnäckig darauf beharrten, seine Forschungsansätze seien auf etwas Unmögliches gerichtet. Holzner sagt: Alles ist möglich. Ich schmeiße 3 Steine zusammen, ordinäre Feldsteine, und reiße die Gesamtenergien heraus. Dann bin ich Milliardär. Ich möchte die Gesichter des Haushaltschefs und des Justiziars sehen, wenn ich sie überhaupt nicht mehr frage, was ich forsche. Das könnten sie ja ohnehin nicht beantworten.

Der Zeitrhythmus des Abschlachtens und der von Reparaturen. Eine nicht übermittelte Nachricht

In der Abenddämmerung gelang es verzweifelten britischen Torpedofliegern, die vom Flugzeugträger Victorius aufgestiegen waren, mit einigen Torpedos den Schiffsrumpf und die Ruderanlage des Schlachtschiffs *Bismarck* zu treffen. Es gab mehrere heftige Erschütterungen, Nachrichtenausfall. Das Schiff zog nun, manövrierunfähig, auf einer bestimmten Meeresfläche Vollkreise.

Aber wieso waren die britischen Torpedoflieger über ihr bisheriges Versagen an diesem Tag so verzweifelt, daß ihre Torpedos im Dämmerlicht trafen? Sie waren nicht in Not, sofern sie nur im gehörigen Abstand von diesem Schiffsriesen blieben. Eher waren sie ehrgeizig oder durch herabsetzende Worte ihrer Vorgesetzten, die sich auf die Mißerfolge des Nachmittagsangriffs bezogen, in Verwirrung gebracht. Die Vorgesetzten beachteten die Piloten aber gar nicht, sie waren eher selber dadurch verwirrt, daß sie gezwungen waren, ohne eigenes Risiko die Flieger in die Nähe des gefährlichen Gegners zu hetzen. Die vorgebliche Verachtung war das rechnerische Mittel, um zu erreichen, daß die Torpedos trafen. Einen wirklichen Grund zu treffen, hatten sie alle nicht, so daß man annehmen kann, daß nur ihre Zusammenfassung zu einer Angriffsgruppe, die »animal spirits«, sie zum Ziel trieben. Andererseits hatte auch die Besatzung der Bismarck keinen Grund, hier geradlinig oder in Vollkreisen auf dem Wasser herumzufahren. Es genügte ihnen, daß sie zusammenblieben, daß sie hofften, den Hafen Brest zu erreichen, wo sie diese Schiffsburg verlassen konnten. So zielte der Teil der Besatzung, der die Flak-Geschütze bediente, mit triftigem Grund, aber es war schwierig, diesen allgemeinen Grund in der Zeitspanne des 8-Minuten-Angriffs zusammenzufassen, immerhin wurden Feindflieger erfolgreich abgeschossen.

Zwischen der Brücke und den Räumen der Ruderanlage im Schiffsinnern war die Verbindung abgebrochen. Die Ingenieure Bertram und Ziegler unternahmen Reparaturversuche. Aus einem Seitenluk, knapp oberhalb der Wasserlinie, wurden Taucher zu den Ruderschrauben herabgelassen. Sie berichteten über Funksprechgerät. Die technische Mannschaft, fest in der Hand der Ingenieure, begriff die Gefahr für das Schiff. Sie stand in Wettbewerb mit den technischen Mannschaften und Ingenieuren anderer, wesentlich minderwertigerer Schiffe der Seestreitkräfte, wollte sich in ihrer Verwirrung auszeichnen. Von der Willenslage her hätten sie die Reparaturen deshalb in äußerst kurzer Frist ausgeführt. Die technischen Vorgänge, schrauben, zählen, rechnen, befestigen, bringen, abseilen, auftauchen usf., sind jedoch in ihrem Zeitablauf objektiv festgelegt. Sie antworten nicht auf die Gemütslage.

Inzwischen war die Schlachtkreuzer-Flotte der Briten herangerückt und belegte den manövrierunfähigen deutschen Riesen mit Vernichtungsfeuer. Die schweren Erschütterungen der Einschläge irritierten die Reparatur zusätzlich. Um 8.20 Uhr früh war die Reparatur der Ruderanlage beendet. Es gelang aber nicht mehr, die Schiffsführung von der wiederhergestellten Manövrierfähigkeit der Bismarck zu unterrichten. Während diese darauf achtete, daß die Seekriegsflagge weiterhin flatterte, einen letzten Funkspruch an die Seekriegsleitung sandte, arbeiteten sich Befehlsüberbringer aus dem Schiffsinnern in Richtung der Brücke. In diesem an sich voll intakten, doch nicht mehr beherrschbaren Zustand sank die Bismarck. Vergebens versuchten die Ingenieure Bertram und Ziegler, 8 ausgebildete Taucher aus der genannten Seitenluke »ins

Freie« zu bringen. Diese hochwertigen Techniker hätten sich noch retten können, wenn irgendetwas existiert hätte, das die Taucherglocken *aufwärts* gezogen hätte. Statt dessen zog der von der Schiffsführung geflutete Schiffsrumpf sie im Abstand von 40–60 Metern an den »lebensspendenden« Verbindungsschläuchen hinter sich in die Tiefe. Sie lebten, entsprechend dem Sauerstoffvorrat in ihren Panzern, der zunächst noch einige Stunden aus dem Schiffsinnern ergänzt wurde, um 6-8 Stunden länger als die Seesoldaten, die die Krise auf dem Oberdeck des Schlachtschiffs überraschte, und um einige Wochen kürzer als diejenigen Maschinisten, die in der Luftblase, die in einem Teil der Maschinenräume entstand, überlebten, und die Zugang zu Räumen fanden, in denen mehrere Tonnen Komißbrot lagerten. Diese Gruppe feierte in 4600 m Tiefe Weihnachten 1942 und anschließend Silvester.

Zusatz:
Drei Hochseeschlepper, die gegen 19 Uhr am Vorabend des Schiffsuntergangs aus dem Hafen von Brest ausgelaufen waren, befanden sich im Morgengrauen 18 Seemeilen von der Vollkreise fahrenden *Bismarck* entfernt. Sie sahen das britische Geschwader als Schatten, hofften noch, seitlich, d. h. von Westen anlaufend, das eigene Schiff zu erreichen. Sie näherten sich 2 ½ Stunden nach dessen Untergang dem Untergangsort. Wenn es nach dem Willen, d. h. der klaren Vorstellung vom Unglück der Kameraden in den Köpfen der Schlepperbesatzung, gegangen wäre, hätten sich diese Schlepper aus dem Wasser erhoben und wären im Flug, noch ehe die englischen Schiffsgeschütze den Stahlkörper der Bismarck zerschossen, herzugeeilt. Sie hätten das Schiff in Richtung Frankreich fortgezogen. Diese klare Vorstellung von Not hätte dann aber schon im Baujahr der Schlepper in den Hirnen der Ingenieure, 1936/37, vorgestellt sein müssen. Sie wären dann als technische Hochseewerkzeuge sicher anders gebaut worden.

Dieses einfache und elegante Experiment, das nicht klappte

Vormittags las ich in **Dubois-Reymond** den Vorschlag eines einfachen und eleganten Experiments: »Wenn wir die Sehnerven überkreuz mit den Hörnerven verbinden könnten, dann würden wir den Blitz hören und den Donner sehen.« Sofort machte ich mich in meinem Laboratorium daran, einem Frosch Hör- und Sehnerven überkreuz zu verbinden, erschreckte ihn dann durch Dauerklopfen und Leuchten mit einer Taschenlampe. Das Tier sah mich mehrfach erschreckt an. So war nicht auszumachen, was es »fühlte«. Eine Wirkung hatten meine Maßnahmen sicher.

Ich entschloß mich dazu, Manuela, meine Adoptivtochter, einer linksseitigen Operation zu unterziehen. Erste Anzeichen der Abenddämmerung. Ich verband ihre Sehnerven überkreuz mit den Hörnerven, und wir warteten einige Stunden, daß ein Donner oder Blitz käme. In Alpennähe hatten wir größere Chancen, ein Abendgewitter zu erwischen. Wir fuhren dorthin. Da kein Gewitter sich ereignete, kehrten wir wieder zurück. Ich unternahm Versuche mit Fotoblitz-Gerät und einer akustischen Lärmquelle. Wissen wollte ich allerdings, wie sie auf Donner und Blitz antwortet, nicht auf meine synthetischen Lärmeindrücke oder einen Kunstblitz. Sie klagte über dominierende Schmerzen in der Operationswunde, war jetzt, 2 Uhr nachts, müde. Ich gab ihr Morphium, danach »fühlte« sie im anschließenden Experiment so gut wie nichts. Versuch wird abgebrochen.

Anderntags meinte sie, etwas Brummendes, etwas wie »Grummeln« zu hören. Es könne auch sein, daß ihr etwas »Innerliches rieselte«, als ich sie mit dem Blitzlicht-flash angriff. Das war alles sehr unbestimmt. Bei Donner durch synthetische Lärmquelle meinte Vp. Farbeindrücke zu haben. »Etwas ganz Künstliches. Nicht unbequem«, aber immer noch Schmerzen in der Operationswunde. Sie fühlte sich insgesamt schwach. Gegen Abend Anzeichen von Schnupfen. Komm her, Du Sex-Vieh, sagte sie. Sie war wirr. Es war für den Zeitraum etwa eines halben Jahres ausgeschlossen, daß ich die Operationswunde öffnete und die Nervenenden korrekt aneinanderfügte. So hatte ich quasi mit einer Irren zu tun. Ich hatte das nicht gründlich überlegt.[1]

Abb.: Trägemanns Hündin Lea mit dem Rüden »Babsi«.

1 Die Anregung zu seinem Vorschlag übernahm *Dubois-Reymond* einer dichterischen Textstelle: »Les parfums, les couleurs et les sons se répondent.« Die poetische Energie ist dann in wissenschaftliche Energie umgewandelt worden. Hier erweist sie sich als reine Fehlerquelle. Ich will damit aber nicht sagen, daß der poetische Forschungsvorschlag deshalb grundsätzlich falsch ist, vielmehr liegt offensichtlich ein Versagen der Sinne selber vor, die sich nicht auf dichterischer Höhe befinden. Wie Artilleriepferde, die sich bei Einsetzen der Marschmusik, die sie ursprünglich nur gegen Gefechtslärm abstumpfen sollte, in Bewegung setzen, folgen sie ihrer eingelernten Marschrichtung und verstehen die Umstellung nicht, die Chance, die ich ihnen durch überkreuzweise Verbindung gewähre. Vielleicht auch war Vp. aus anderen Gründen unzufrieden, so daß sie dem an sich eleganten Experiment Widerstand entgegensetzte. Dagegen spricht, daß sie während der Wartezeit, die bis zur Rück-Operation verging, mehrfach lächelte. Dieses Lächeln war das Netteste, was mir seit langer Zeit begegnet war. Ich nehme an, daß sie ohne Vornahme des Experiments ein solches Lächeln zu ihren Lebzeiten wohl nicht zustande gebracht hätte, da Manuela ein grundsätzlich ernstes Kind ist.

Eine besonders erfolgreiche Polizeihunde-Erziehung

Niemand erzieht so wie der Polizeihundzüchter Trägemann vom Verein MS in Mainz. Von ihm gelangt bestes Hundematerial in den Dienst, seit er in der Polizei-Hundeschau Charkow 1942 mit dem Rüden »Bessermann« seinen Anfangserfolg erzielt hatte. Eine Sonderzüchtung sind Trägemanns Metallsuchhunde. Streng genommen sind sie keine Züchtung. Sondern nach Züchtung wertvoller Hundeeigenschaften dressiert Trägemann diesen Schäferhundetyp auf das Aufspüren von Metallen, z. B. den Rüden »Babsi«. »Er scheint Metall gern zu mögen.« Der Hund spürt metallene Beweisstücke, z. B. Bomben, Sprengkörpersplitter, verborgene Waffen auf, hat jedoch den Nachteil, daß er gefundene Schrauben, Plastikröhren und Metallbolzen verschluckt. Es ist ein großartiger Polizeihund, aber er hält das gefundene Beweismaterial zurück. Man muß ihn mit einem Metalldetektor abhorchen und ihn entweder mit Hilfe eines Brechmittels dazu bringen, es wieder von sich zu geben (aber immer klappt das nicht), oder aber ihn operieren, wenn er z. B. eine Zündkerze gefressen hat, die ein Beweismittel ist. »Es ist so«, sagt Trägemann, »daß ich diese bedingten Reflexe (denn ich lese selbstverständlich die Literatur) auslösen kann, bzw. zuvor fest im Charakter des Hundes verankere, aber ich kann das Maß dieser Verankerung nicht steuern.« Auf dem Markt wird Trägemann diesen Hundetyp nicht los. Die Polizeidienststellen scheuen die Kosten für Metalldetektoren, fürchten auch Indiskretionen, die ihnen, falls sie den Hund operieren, den Tierschutzverein auf den Hals brächten. »Wir können uns auch nicht einen Hunde-Veterinär und eine chirurgische Abteilung leisten, nur um diesen Typ des Polizeihundes zum Einsatz zu bringen.«

Erfassung der »Katastrophen ohne Ursache«

Vor Jahren flog in einem Baseler Chemiewerk urplötzlich ein Reaktionskessel in die Luft: keine Ursache. Seither forscht der Mathematiker Witzlaff an einer Katastrophentheorie. Er steht in ständigem Briefverkehr mit dem britischen Mathematiker René Thom sowie mit Eric Christopher Zeeman, Direktor des Warwick Mathematic Research Center der Universität Coventry. Kürzlich trafen sich die drei forscherischen Lebensgefährten, die sich bis dahin nie gesehen hatten, sondern nur jeweils das Schriftbild des anderen kannten, auf der 235. Sitzung der rheinisch-westfälischen Akademie der Wissenschaften im Düsseldorfer Karl-Arnold-Haus.

An sich wissen sie zu dritt, daß es eine Folge, z. B. Explosion, Fluchtstreben, Aggression oder Speichelfluß, Katastrophe oder Sieg usf., *ohne Ursache* nicht geben kann. Dieser naive Grundsatz trifft aber nicht zu, wenn man in Form von klassischen Differentialgleichungen kontinuierlich ablaufende Vorgänge auf bestimmte *Vorsätze* untersucht, in denen sie zu »diskontinuierlichen« Effekten führen.

Die drei Forscher lassen nämlich die »Wirklichkeit« im Kontrollraum. Dies ist ein in ihrem Briefwechsel verborgen gedachter Raum – auf einer gekrümmten Fläche ablaufend, und dann projizieren sie die mit »Spitzkehren« garnierten Kurven, die sie rechnerisch erhalten, auf die Ebene, die sie »Vergleichsraum« nennen. So ergeben sich insgesamt 6 Grundtypen einer »elementaren Katastrophe«, die sie aus den *Singularitäten im Verhaltensraum* ableiten, obwohl jede dieser Singularitäten für sich nicht Katastrophenursache sein kann.

Mit dieser Methode, sagte Witzlaff zu seiner Frau, sind wir wie die Wahrsager. So kann man, wie auf der 235. Sitzung der rheinisch-westfälischen Akademie der Wissenschaften klar herauskam (und keiner wagte dazu Kommentare abzugeben), die Bildung von Kompromissen aus extrem gegensätzlichen Anfangsmeinungen in einer Kurve vom Typ der »Schmetterlingskatastrophen« darstellen. Ob es Verhandlungsergebnisse oder Kesselexplosionen sind, der Reihenwert der Explosion wird von Zeeman oder Witzlaff oder Thom in einer größeren ausgedruckten Zahlenkette, die aus dem Computer kommt, mit einfachem Zeigefinger betippt. Mit Hilfe der Katastrophenmathematik kann Witzlaff die befruchtete Eizelle verfolgen, aus den Anfangsbedingungen das Vermehrungsmuster der Zellteilung und damit das Wachsen zum vollständigen Organismus errechnen. Seine Frau sagt: Aber warum mußt Du das nachrechnen? Das läuft auch ohne Voraussage so, wie wir das kennen.

Witzlaff kann auch folgenden Versuch erklären: Erhitzt man z. B. reines Wasser in einem reinen Gefäß sehr langsam, so kann die Temperatur durch »Siedeverzug« bis weit über den Kochpunkt (z. B. 100%) steigen und bei irgendeiner Erschütterung verdampft das ganze Wasser explosionsartig. Sieh mal, sagt Witzlaff zu seiner Frau, das kriegst Du z. B. als Versuch nicht hin, weil Du nicht reines Wasser und ein reines Gefäß herstellen kannst, im freien Weltraum vielleicht, aber hier in Basel nicht. Da hast Du immer Dreck drin, und dann kocht das Wasser ohne Siedeverzug bei 90°. Ich aber kann mit Hilfe der Katastrophentheorie den Fall, den Du nicht darstellen kannst, in einer einfachen klassischen Gleichung hinschreiben.

Jetzt wartet Witzlaff darauf, daß ihm einer die Erfindung abkauft. Sie wäre vor allem für die Nord-Süd-Problematik, Schwarz-Afrika usf. von Bedeutung. Witzlaff denkt an einen Interessenten aus dem Diamantensektor in Johannisburg, der vielleicht wissen will, auf welche Fristen er sich in seinem Geschäft einstellen muß. Ich brauche, schreibt Witzlaff an einen Werbeberater, der ihm sagen soll, wie ein Inserat in den *Kapstädter Nachrichten* lauten könnte, keine einzige Ursache zu kennen und weiß doch die Katastrophe. Das machen Sie mir mal nach.

Triebwerk-Husten

Die Ingenieure Routtenberg und Ross machten die Mikrobiologie-Abteilung der Universität Cardiff praktisch verrückt. Sie organisierten den Wissenschaftlern einen ganz ungewohnten

Drei-Schichten-Betrieb fabriksmäßig, und was das Schlimmste war, sie verlegten Telefonnetze bis zu den einzelnen Experimentier-Gruppen in die Chemielabors, aus denen sie nicht wichen, um für die Werkszentrale ständig erreichbar zu sein; gaben kleinste Ergebnisse, die noch kaum bestätigt waren, nach dort, erhielten Nachrichten über im Concorde-Werk angestellte Versuche, die wieder zu Schwerpunktverlagerungen in der mikrobiologischen Forschung in Cardiff führten. Alles dies sollte noch gestern erledigt sein. Keine Rücksicht auf das im Grunde langfristige Anliegen ruhigen wissenschaftlichen Forschens.

Es hatte sich ergeben, daß die neuen Überschall-Verkehrsmaschinen des Typs Concorde in ihren Treibstofftanks *mikrobiell* infiziert waren. Dies ist, darin stimmten Ross und Routtenberg mit allen befragten Experten überein, bei Unterschall-Verkehrsmaschinen nicht möglich, da deren Treibstofftanks in Diensthöhe durch die geringen Außentemperaturen so gekühlt werden, daß Mikroorganismen im Treibstoff gewöhnlich nicht gedeihen. Ross hätte deshalb gewettet, daß Mikroorganismen im Benzin so wahrscheinlich sind wie Marsmännchen. Es verhielt sich tatsächlich aber anders. Nach 2 Wochen an den mikrobiologischen Simulatoren von Cardiff war deutlich, daß bei Überschallflug durch die Luftreibung genügend Wärme erzeugt wird, um die Treibstofftanks auf Temperaturen zu halten, die für das Wachstum insbesondere des Schimmelpilzes Aspergillus fumigatus nötig sind. Jetzt war nicht mehr zweifelhaft, wieso die großen Vögel *eine Art Husten* hatten.

Ross und Routtenbergs straff organisierte wissenschaftliche Kompanie, nur noch zusammengehalten dadurch, daß bei Arbeitsverweigerung der versprochene hohe Zuschuß für die Abteilung hinfällig wäre, versuchte es mit sterilisierenden Additiven; aber die Mittel griffen nicht nur die Mikrolebewesen, sondern vor allem die Triebwerke an. Nach einer Weile kam aus den Labors das Ergebnis, daß das Vorhandensein von Leben in den Treibstofftanks das Vorhandensein von Wasserspuren voraussetzt. Wie kann man das Flugbenzin um diese Spuren von Wasser reinigen?

Das Bedrückende, aber nur für Ross und Routtenberg, in diesen Wochen war, daß sie wußten, daß die teuren Maschinen während dieser gesamten Forschungsperiode mit mehr als doppelter Schallgeschwindigkeit zwei und mehr Stunden in der Luft ihre Bahnen zogen und in jedem Moment, den der Sekundenzeiger unterteilte, stürzen konnten. In den kurzen Zeiten, in denen Ross und Routtenberg selber in Kaninchenschlaf fielen, träumten sie von zerfressenen Wandungen, von Mikroorganismen, schimmelig verstopfenden Filtern, von *Verfälschungen* der Treibstoffvorratsmesser usf. Sie flogen praktisch, als wären sie standortgebundene Zusatztriebwerke, alle Strecken mit, insbesondere die Polstrecke nach Tokio, auf der man Schlittenhunde hätte organisieren müssen, um das Flugzeugwrack überhaupt zu erreichen.

Aufgabe 4/18 aus der Aufgabensammlung zur Schulung für Abfangjäger-Piloten

Ein für die Durchführung zweier Angriffe ausgelegtes Jagdflugzeug hat sich bis auf die maximal mögliche Schußentfernung der Raketen an ein Bombenflugzeug angenähert und startet in dieser Entfernung eine Rakete. Dabei vernichtet es das Ziel mit der Wahrscheinlichkeit $P_1 = 0{,}4$.

Wie groß sind die *Vernichtungswahrscheinlichkeiten* des Bombenflugzeugs und des Jagdflugzeugs?

Lösung:
Das Bombenflugzeug wird entweder beim ersten oder beim zweiten Angriff vernichtet.

1. Das Bombenflugzeug ist nach dem ersten Angriff noch nicht vernichtet; diese Wahrscheinlichkeit beträgt $1 - P_1 = 0{,}6$.
2. Das Jagdflugzeug wurde durch das Gegenfeuer des Bombenflugzeugs nach dem ersten Angriff nicht vernichtet; diese Wahrscheinlichkeit beträgt $1 - P_A = 0{,}9$.
3. Das Bombenflugzeug wird beim zweiten Angriff vernichtet. Folglich ist die Vernichtungswahrscheinlichkeit des Bombenflugzeugs durch das Jagdflugzeug
   $$P_B = 0{,}4 + 0{,}6 \times 0{,}9 \times 0{,}7 = 0{,}778.$$

Die Vernichtungswahrscheinlichkeit des Jagdflugzeugs P_J durch das Bombenflugzeug ist gleich dem Produkt der Wahrscheinlichkeit zweier gemeinsamer Ereignisse:

1. Das Bombenflugzeug ist nach dem ersten Angriff nicht vernichtet.
2. Das Jagdflugzeug wird durch das Gegenfeuer des Bombenflugzeugs vernichtet.

[**Aufgabe 4/20 aus der Aufgabensammlung.**] Es ist ein niedrig fliegendes Ziel abzufangen, das durch starke Funkstörungen gedeckt ist. Zum Abfangen werden 3 Jagdflugzeuge eingesetzt. Eins fliegt mit einer Überhöhung gegenüber dem Paar und handelt als Retranslationsflugzeug zur Übermittlung der

Leitkommandos an das Paar, das in der Flughöhe des Ziels herangeleitet wird. Das Ziel kann mit einer Wahrscheinlichkeit von 0,3 den Angriff jedes Jagdflugzeugs vereiteln, indem es entweder das Bordfunkmeßvisier oder die Funkverbindung »Boden – Bord« stört. Falls eines der Jagdflugzeuge die Schußentfernung erreicht, wird das Ziel mit einer Wahrscheinlichkeit von 0,5 vernichtet.

Mit welcher Wahrscheinlichkeit wird das Ziel vernichtet?

Lösung:
Die Vernichtungswahrscheinlichkeit des Ziels wird nach der Formel der totalen Wahrscheinlichkeit berechnet.

Wenn das Retranslationsflugzeug gestört wird, werden die Angriffe aller 3 Jagdflugzeuge vereitelt.

Die Wahrscheinlichkeiten der günstigen Hypothesen (in bezug auf das Ereignis »Vernichtung des Ziels«) sind

$$P_1 = (1 - 0{,}3)^3 = 0{,}343;$$
$$P_2 = 2\,(1 - 0{,}3)^2\,0{,}3 = 0{,}294;$$
$$P_3 = (1 - 0{,}3)^2\,0{,}3^2 = 0{,}063.$$

Die Vernichtungswahrscheinlichkeit des Ziels ist damit

$$P_V = \sum_{i=1}^{3} P_i\,P_{Vi} = 0{,}343 \times 0{,}875 + 0{,}294 \times 0{,}75 + 0{,}063 \times 0{,}5;$$
$$P_V = 0{,}54.$$

Massenweises Aus-dem-Himmel-Fallen

[Zweifel der Kollegen Hermes und Wendland, die im Stabsauftrag an der Entwicklung neuer Schulungsaufgaben arbeiten] Die Kollegen, von Haus aus Physiker, waren mit der Annahme befaßt: eine Gruppe von Abfangjägern durchkämmt einen bestimmten Raum, in dem sich wahrscheinlich *Luftziele* aufhalten. Dabei ist der Kanal für Entfernungsmessung in den Jagdmaschinen vom Gegner »verstopft« worden, wird durch eine Fülle gegnerischer Fehlmeldungen gefüttert.

Man muß dabei die *mittlere quadratische Abweichung aus diesen Kursleitfehlern* berechnen.

Kinematisches Schema der Leitfehlerberichtigung:

ASTOM2.6 T1 M1 T2M4.6 T3M1 T4M1.6 T5 M3

$$\frac{D_{Erf.}}{V_{Anm.\ J}} = \frac{x}{V_g \cos \Delta \quad Q_{max}} \approx \frac{x}{V_J} \;/. \quad \text{usf.}$$

Bis dahin waren die Kollegen einverständlich gelangt.

Hermes und Wendland zweifelten.

HERMES: Mir wäre wohler, wenn wir die Schulungsbriefe für Automaten abfassen könnten, die diese Berechnung im Notfall auch wirklich durchführen. Man kann doch Automaten in die Maschinen setzen.

WENDLAND: Mich müssen Sie nicht überzeugen. Wir arbeiten aber hier für Stäbe, die vom Gedanken »Fliegen durch den Mann« ausgehen. Ich glaube deshalb nicht, daß der Stab viel von unseren Schulungen hier hält. Sie vertrauen nicht auf Wahrscheinlichkeit, sondern auf den anti-chance-Effekt.

H: Den gibt es nicht.

W: Ich glaube auch nicht.

[Anderer Tag. Ein Dienstag.]

H: Ich könnte das durch eine ganz einfache Arbeitszeitmessung darstellen. Wo soll die Zeit für irgendeinen Einfall herkommen? Insbesondere, wenn das Gegnerobjekt durch elektronische Störungen jedes Zeitquentchen, das ich Ihnen vielleicht noch vormesse, stiehlt?

W: Brauchen Sie mir nicht zu sagen.

H: Hier mal eine Skizze: Das ist der Kontakt: Piloten-Ohr/Bodenleitstelle, hier die Kontakte Hände/Apparatur, ganz

[1] Die Maschinen werden nach der Methode »Verfolgung« an die Luftziele herangeleitet, und zwar aus der vorderen Halbsphäre an nicht manövrierende Ziele. Jetzt: Die Einberechnung der Kursleitfehler. Außerdem wird angenommen, daß die Berichtigung der Leitfehler in der Erfassungsentfernung der Luftziele mit den Bordfunkmeßvisieren
$D_{Erf.}$ = 35 km (= Durchmesser des Erfassungsraums)
beginnend und mit konstanten Kurvenradius von R_i = 10 km bis zur Schußentfernung D_s = 12 km bei selektiver Analyse der Stopfwirkung, die der Gegner auslösen will, möglich ist.

verzweifelt, weil er nicht weiß, was alles gestört ist. Ich errechne hier (weist auf die Zahlenkolonne innerhalb der Skizze), daß er 1,3 Minuten warten muß, wenn er sich entschließt, den Schweißtropfen von der Stirn zu wischen, der ihm ins Auge rinnt. Erst hier, sehen Sie, hat er die nötige Zeitreserve. Wenn er schnell ist.

W: Sie vergessen, daß er den Plastikapparat erst wegtun muß. Er kommt ja an die Stirn direkt gar nicht heran. Ich kann also erst hier (weist auf eine ganz andere Stelle der Zeitmessungskolonne), das sind ganze 12 Minuten, einen Stirntropfen wegwischen, also lassen Sie mich mit Ihrem Schweiß in Frieden. Den riecht er nicht, weil gar keine Zeit für Riechen im Programm vorhanden ist.

H: Ich weiß jetzt, was der wesentliche Impuls im Sinne von Nicht-Zufall sein wird: Der Pilot wird versuchen, einen Fuß aus der Maschine herauszusetzen, um, wie man einen Schlitten bremst, die Fahrt anzuhalten. Er will um eine Pause bitten. Das bekommen Sie durch keine Schulung heraus. Da haben Sie den anti-chance-Effekt, der von der Vernichtungswahrscheinlichkeit abweicht.

W: Im Ernstfall ist das sein Herzenswunsch.

H: Und den kann er sich nicht erfüllen. Er wird also Zeitpartikel herausstanzen, um sich den Kinderwunsch in Form einiger glückloser Übersprunghandlungen zu erfüllen. In diesen Momenten wird er die Bodenleitstelle nicht hören. Irgendwo muß ja die Zeit herkommen.

W: Er macht also nicht mit dem Flugzeug Kurven oder loopings, sondern mit der Seele.

H: Insofern haben Sie den Kurvenkampf.

W: Sieht aber irrational aus.

H: Lassen Sie uns doch mal eine Kette von Übersprunghandlungen über den Schlittenbremseffekt simulieren.

W: Sie meinen, wie der Autofahrer, der sich im Moment des Unfalls zum Beifahrersitz hin, vom Zufall weglehnt?

H: Nützt in der Maschine nichts. Das sind ein paar Zentimeter.

W: Und deshalb will er um jeden Preis erst mal anhalten.

H: Dann fällt er vom Himmel.

W: Massenweise fallen die eigenen und gegnerischen Piloten vom Himmel?

H: Das ist das Unwahrscheinliche, Σ aus Zufall und Nicht-Zufall. Das kann ich Ihnen aber in einer Wahrscheinlichkeitsrechnung hier darstellen (läßt eine längere Zahlenkolonne auf ein DIN A 4-Blatt fliegen).

W: Arbeiten Sie das doch mal aus.

H: Rechnen Sie denn damit?

[»Strategie, die Kunst der Aushilfen«; »Poesie«]

H: Was machen wir nur?

W: Für den Fall, daß etwas geschieht, kann es uns gleich sein. Für Untersuchungen ist dann keine Zeit mehr. Es sind außerdem keine Fachleute, die z. B. das untersuchen. Wir können auch jederzeit sagen: es war Gegnereinwirkung.

H: Etwas verantwortungslos, scheint mir.

W: Für die Verantwortung brauchen wir einen Partner.

H: Stimmt. Aber mir wäre wohler, wenn unsere Arbeit hier mein Verantwortungsgefühl befriedigte.

W: Das ist Ihre protestantische Abstammung.

H: Sagen Sie das nicht. Ich sehe z. B. eine Gegend, möchte mal sagen z. B. Niedersachsen.

W: Das stelle ich mir in dem Fall, an den Sie jetzt denken, als Flächenbrand vor.

H: Aber eben noch sind es Dörfer, Kleinstädte.

> »In allen Häusern brannte
> der Sonne Widerschein
> und singend zogen die Hirten
> in den brennenden Himmel hinein . . .«

W: Ein »Bild«, wenigstens für 4,5 Sekunden, danach ist es ja von Rauchbildung zugedeckt. Aber ein Moment, in dem Abschied genommen wird.

H: Ich warne Sie. Das ist ja gerade, was man sicher annehmen kann, daß eine starke Triebschicht, die wir als Physiker gar nicht beurteilen können, auf solche ersten Eindrücke anspricht.

W: Also nehmen wir an: »starker Wunsch«. Nehmen wir weiter an, da kommt momentan eine gewaltige Trennungsenergie, also »Rache für alle vergangene Unbill« – dies in Form eines starken atavistisch-poetischen Eindrucks – zustande. Und wenn ich Sie richtig verstanden habe, dann baut sich auf diesem »letzten Bild«, ausgelöst aus 4,5 Sekunden, z. B. Bläue des Himmels (Ihr Beispiel vorhin paßt ja nicht, weil die Piloten nicht vom Fenster einer Kate beobachten, Hirten, die der Feuerwand zueilen, das sieht doch ein Pilot nicht) ... –

H: Wollen Sie das durch Erinnerungsverbot ausschalten?

W: Nie und nimmer. Wir müssen schulungsmäßig an dieser Wurzel ziehen. Die ganze Vernichtungskraft, soweit es überhaupt eine gibt, besteht in dieser Wurzel. Wir müssen jetzt nur noch den Piloten sagen: Alle Griffe hinschmeißen, Kanal zu und aus dieser Wurzel, – das sind die *Einfälle,* die von der Vernichtungswahrscheinlichkeit, bei der wir ja immer nur hin- und herrechnen und im Patt enden, abweichen. Ich finde immer mehr, daß das alte Fliegerblut, das uns in den Gesprächen mit dem Stab so zu schaffen macht, recht hat.

H: Aber die Maschine stürzt ab, sowie der Pilot die Griffe losläßt.

W: Warten Sie mal. Die ist doch bodengeleitet. Zunächst mal stürzt sie noch nicht ab.

H: Warten Sie mal. Man müßte die 2, 3 Reaktionen des Piloten, die im Moment noch nötig sind, eliminieren. Dann hätten Sie Ihren Automaten und gleichzeitig den *Keulenschwinger im Moment des Abschieds von der Erde.*

W: Das ist Ihre negative Betrachtungsweise, auf die Sie mich schon immer trimmen wollten. Was schlagen Sie vor?

H: Gar nichts. Wir würden wieder etwas Wahres sagen, und der Stab hält nichts davon.

Im Kurvenkampf der militärisch-wissenschaftlichen »Schulen« konnten sie ihre Position als Verantwortliche in einer einfachen Formel der Vernichtungswahrscheinlichkeit hinschreiben. Wahrscheinlich war, daß sie auf der Strecke blieben. Nun wußten sie allerdings, daß sie, wäre es ernst, in einer Art Wahnsinnsakt den Kampf trotzdem aufgenommen hätten, indem sie das Schulungsprogramm pflichtwidrig umwarfen, z. B. Schwarzdrucke in den Geschäftsgang gaben usf. Aber zwischen dem *Kriegsbild,* das sie nur vor dem »inneren Auge« hatten, und dem *Verfassen der Schulungsaufgaben hier in Büroräumen der Forschungs-Siedlung* bestand keine ernsthafte Verbindung. So fühlten sie sich auch nicht verantwortlich und zum »Unsinn« verpflichtet.

Vom Standpunkt der Infanterie

– General, Sie wissen, daß Sie mit Ihrer Publikation ein heißes Ei gelegt haben?
– Ich weiß.
– Politiker werden das nicht fressen.
– Das weiß ich auch.
– Sie waren schon in Guadalcanal dabei?
– Ja.
– Und in Korea?
– Sicher.
– Und in Vietnam?
– Sicher.
– Sie sprechen als Frontoffizier?
– Als was wohl sonst?
– Und Sie versprechen sich von den taktischen Atomwaffen nichts?
– Sofern nicht einer besonders gläubig ist.
– Und Sie glauben nicht, daß Ihre Kollegen im Osten das sind?
– Die sind ungläubig.
– Schätzen Sie sie damit nicht zu hoch ein?
– Ich schätze keinen Gegner hoch ein.
– Ihr Stichwort heißt: Durcheinander.
– Ich sehe das mit den Augen der Front-Truppe.
– Wie sieht denn die Front-Truppe, was weder Sie noch sonst jemand gesehen hat? Es gibt übrigens zur Zeit gar keine Front-Truppe.
– Abwarten.
– Wir wiederholen: Wie sieht Ihre gedachte Front-Truppe das Kriegsbild?
– Mehr oder weniger.
– Was sieht sie?
– Habe ich doch schon gesagt.
– Was haben Sie gesagt?
– Sie sieht ein Durcheinander.
– Muß man Ihnen die Worte immer einzeln aus der Nase ziehen, Herr General?

– Passen Sie auf: Das fängt konventionell an. Aber es wird nicht klassisch.
– Wie ist das zu verstehen?
– Ich sagte, es fängt konventionell an.
– Die Truppe fährt also in Fahrzeugen aus dem Kasernentor heraus. Ist das so zu verstehen?
– Richtig. Jetzt bleibt das aber nicht konventionell.
– Wieso?
– Die müßten aus den Kasernen 100 km fahren, bis sie in ihre Aufstellungsräume gelangen.
– Und Sie meinen, das gibt Durcheinander?
– Nehmen Sie noch Nieselregen hinzu und nehmen Sie an: Wochenende.
– Angenommen wird meist, daß nun der Einsatz taktischer Atomwaffen vom Einsatzbefehl des US-Präsidenten abhängt.
– Das ist eine Annahme.
– Sie meinen wegen des Durcheinanders?
– Ja.
– Sie meinen, daß ein konventioneller, gut gezielter Volltreffer dahin mißverstanden wird, daß der Gegner bereits die Atomschwelle überschreitet?
– Ich nehme das an.
– Ihre »Lance«-Batterien feuern auf die Nachschubwege des Gegners. Was tut Ihre Truppe in diesem Moment?
– Na, das weiß ich dann bestimmt auch nicht.
– Wer soll es sonst wissen?
– Ich wüßte nicht wer.
– Ihr Infanterieverband könnte doch die Flanken des Gegners anfallen?
– Nach meiner ganzen Erfahrung halten die erst mal still. Suchen Orientierung.
– Und was geschieht dann?
– Da fragen Sie mich zuviel. Ich sage nur, was *nicht* stattfindet.
– Dann wäre das Kriegsbild rasch zu Ende.
– Das auch wiederum nicht. Es ist vermutlich niemand da, der so etwas beenden könnte.
– Wie sollen wir das verstehen?
– Schnell und rasch.

Die Interviewgruppe, Ernst Schilling, der Stenograf Horst Ortlepp, wußte längst: Dieser General, der zunächst bei der Begrüßung den Eindruck gemacht hatte, als wäre er gesellig, hatte eine bestimmte Wut in sich aufgestaut, die seine Äußerungen verkürzte. Er saß gespannt, vom Muskelpanzer eingeschnürt, vor ihnen, nur innere Ladung, die sich schon nicht mehr äußerte. Wird bald Pensionär sein. Noch mehr in sich hineinstauen, dachte Schilling.

Der General sah nicht wie Gamelin aus, hatte nicht die Joffre'sche Ruhe, auch nicht die Kutusow'sche Ruhe, sondern eine unangenehme Verschlossenheit, nahm nicht einmal von den Salzstangen. Es war nicht vorstellbar, daß er mit Genuß äße. Äußerlich wie ein Sportsmann oder tennisspielender Diplomat, aber sowie er den Mund zu seinen Stenografien öffnete, erwies sich das als Täuschung.

Abb.: »Was tut Ihre Truppe in diesem Moment? Ihre Lance-Batterien feuern ...«

Die Hubble-Konstante

Der Korrespondent für die Seite »Natur und Wissenschaft« der *FAZ* R. Döberlein, war während des Kongresses »Ursprung und Struktur des Weltalls« in Passadena grippekrank. Er bat den befreundeten Kollegen Alan D. Viertel, ihn zu vertreten. Nun gehörte Kosmologie keineswegs zu Viertels Spezialgebiet. Er orientierte sich grob (da er zwischenzeitlich noch verschiedene außenpolitische Berichte über KSZE für *Le Monde* abzufassen hatte), was auf diesem Kongreß bedeutend sei. Man wies ihn an G. A. Tamman, Basel, und Professor Alan Sandage, Mount Palomar, Cal. An diese überbeschäftigten Männer kam Viertel aber nicht heran. Er nahm in der Bar des Kongreß-Hotels vorlieb mit Assistent Bregley.

VIERTEL: Also ich verstehe nicht ganz Ihre Euphorie. Was sollen die Leser sich freuen über H = 55 pro Sek. und Megaparsec?

BREGLEY: Mit Unsicherheitsfaktoren ± 15. Das ist ein ganz sensationelles Ergebnis.

VIERTEL: Mein Lieber, das muß ich für die Leser erst ins Deutsche übersetzen, und dann wissen die noch immer nicht, warum die sich so freuen sollen. Ich weiß es ja selber nicht.

BREGLEY: Das ist ganz einfach. Wenn H (= ein Hubble) 55 ist, und das ist eben gemessen worden, dann folgt 1 zu $H = 18 \times 10^9$.

VIERTEL: Und was ist 10^9?

BREGLEY: Das ist das Alter des Weltalls. 18×10^9, nicht 10^9.

VIERTEL: Hat das heute Geburtstag?

BREGLEY: Nein. Das heißt mit ± 2 Mrd. Zuverlässigkeit, daß das Weltall 18 Mrd. Jahre alt ist und nach vorn seine Lebenszeit praktisch unbegrenzt ...

VIERTEL: Also nochmal 18 Mrd.?

BREGLEY: Mehr. Praktisch unbegrenzte Lebenszeit. Und das setzt einen genügend großen Rahmen für andere unabhängig davon untersuchten Konstanten: Das Alter von Kugelsternhaufen und die Entstehungszeit der schweren radioaktiven Elemente in unserem Sonnensystem von etwa 12 Mrd. Jahren. Das paßt jetzt alles wie in einem Ölgemälde zusammen.

VIERTEL: Und was ist dabei »Hubble«?

BREGLEY: Das ist ein Astronom, der mit Walter Baade dies alles 1936 ausgerechnet hat, allerdings mit falschen Zahlen.

VIERTEL: Verheiratet, Kinder, irgendeine besondere Story? Im Wildwasser ertrunken z. B.? Nobelpreis?

BREGLEY: Weiß ich nicht. Er ist Erfinder der Hubble-Konstante, um die es auf diesem Kongreß geht.

VIERTEL: Kann man mit der Hubble-Konstante die Manöver der Sowjets jenseits des Urals oder Truppenaufmärsche im Sinai beobachten?

BREGLEY: Zweifellos nicht.

VIERTEL: Also außenpolitisch irrelevant?

BREGLEY: Meines Erachtens, ja.

VIERTEL: Heißt *ja* relevant oder nicht?

BREGLEY: Nicht relevant. Wieso soll der Abstand vom Urknall und die gegenwärtige Expansion des Weltalls außenpolitische Relevanz haben? (Er zögert, will den stenographierenden Journalisten nicht direkt enttäuschen). Ich kann mir das nicht denken. Beachten Sie bitte, daß es um ein Zeitmaß geht. Ein Metronom.

VIERTEL: Wie für Klavierspielen?

BREGLEY: Genau.

VIERTEL: Wollen Sie noch ein Glas?

BREGLEY: Noch so eine Bananenmilch. Das gibt einen enormen Überblick und bedeutet, daß die Expansionsbewegung doch wirklich noch gigantischer ist, als Hubble annahm. 55 km pro Sek. und Megaparsec. Wissen Sie, was Megaparsec ist?

VIERTEL: Nein.

BREGLEY: Warum fragen Sie dann nicht?

VIERTEL: Mein Gebiet ist Außenpolitik, speziell Überwachungssysteme, Abschreckung, Abrüstung usw. usf. Denken Sie nur nicht, daß ich Ihnen da nicht auch ein paar Formeln an den Kopf schmeißen könnte.

BREGLEY: Ein Megaparsec ist 1,3 Mio. Lichtjahre. Lesen Sie das Astrophysical-Journal?

VIERTEL: Im allgemeinen nicht. Ich bin nur vertretungsweise hier.

BREGLEY: Aha. Ich werde mich plausibel fassen. Sehen Sie, wir halten uns an den Sternenhaufen der Hyaden. Der ist so nah, 40 parsec, daß sich auf ihn die geometrisch-kinetische

Methode der sog. Sternstromparalaxe anwenden läßt. Dann werden die Entfernungen zu einer Reihe von anderen Sternhaufen aus dem direkten Vergleich ihrer Mitgliedssterne mit denen der Hyaden errechnet, insbesondere soweit sie Überriesen vom Typ Deltacephei enthalten. Deren Helligkeit nimmt gesetzmäßig zu und ab. Denken Sie sich: wieder so ein Metronom!

VIERTEL: Popularisieren Sie bitte nicht. Das macht es nur unverständlicher.

BREGLEY: Gut. Das ist noch ungenau. 13 nähere Galaxien können so als Fixpunkte für die Bestimmung der Hubble-Konstante benutzt werden. Jetzt wird die Fluchtgeschwindigkeit aus ihren durch den Doppler-Effekt verschobenen Linienspektren bestimmt. Die Fluchtgeschwindigkeiten müssen aber typisch sein, dürfen nicht zufällige Sonderbewegungen der Galaxis widerspiegeln. Für diese zufälligen Geschwindigkeiten nehmen wir allgemein etwa 300 km pro Sek. an. Wir müssen also nach Fluchtgeschwindigkeiten von mindestens 1000 km pro Sek. suchen. Das war zu erwarten. Deshalb (und jetzt wird es interessant) sollen Entfernungen von Galaxien mit Fluchtgeschwindigkeiten bis mindestens 3000 km pro Sek. gemessen werden ... Warum sehen Sie mich so an?

V: Ich wollte Sie nur ausreden lassen.

B: Aus Höflichkeit?

V: Ja.

B: Das alles ist aber sehr wichtig.

V: Die von Ihnen verwendeten Ausdrücke regen zum Nachdenken an.

B: Meinen Sie das jetzt spöttisch? Ich weiß ja schließlich auch, was in Ihren Zeitungen drinsteht und daß das hier alles nicht paßt. Warum fragen Sie mich dann aber? Wir Kosmogoniker wollen jedenfalls wissen, in welchem Gesamtrahmen wir uns vom Urknall her expandieren und ob das Weltall wieder zusammenfallen muß oder sich praktisch unbegrenzt ausweitet.

V: Auch wenn Sie gar nichts davon haben?

B: Wir haben ja etwas davon. Nämlich einen Rahmen, in den alle Konstanten, die unabhängig voneinander gefunden sind, jetzt passen.

V: Sie erinnern mich an einen, der mit einer Botanisiertrommel durch eine Wiese geht und sammelt.

B: Kein verächtlicher Vergleich. Die Wiese ist allerdings die gesamte Sternen-Kuppel, unter der auch Sie sitzen.

V: Was ich fragen wollte: Stichwort Urknall. Könnte so etwas im Wege der Abwehrstrategie einen Beitrag ermöglichen?

B: Sie meinen, wer über den Urknall verfügt, vermag abzuschrecken? Sie müßten dann die Zeitdilatation aufheben, 18 Mrd. Jahre zurück und wieder vorwärts. Rechnerisch ja, praktisch nein.

V: Aber man könnte sich Mühe geben?

B: Es hat mit Mühe nicht viel zu tun, Sie kommen nur rechnerisch dorthin, und zwar mit nicht-klassischen Methoden. Das taugt für den praktischen Kampf nichts.

V: Aber es wäre interessant ...

B: Gewiß. Es wäre einer der schärfsten Schüsse, wenn Sie das Weltall zurück und vorwärts schießen könnten. Sie schießen aber immer zugleich auf sich selbst mit.

V: Das ist bei der Abschreckung immer so, mein Lieber. Das kann ich Ihnen nun wieder von mir aus versichern. Lassen Sie uns davon doch einmal ausgehen. Ich bin durch die vielen Reizworte *Fluchtgeschwindigkeit* (z. B. das Verschwinden der Bundeswehr über den Rhein, die Pyrenäen oder die Bevölkerungsströme aus Niedersachsen im Fall einer Explosion usw. usf.), *Urknall, praktisch unbegrenzte Explosion* – das sind ja alles auch politische Vorstellungen ...

B: Nur namensgleich ...

V: Lassen Sie doch mal. Ich habe Ihnen ja auch geduldig zugehört. Trinken Sie noch einen?

B: Ja, auf Ihr Wohl, wenn ich darf.

V: Also ich komme an die Urexplosion zunächst rechnerisch, dann vielleicht auch ...

B: Auf keinen Fall.

V: Aber nehmen wir es einmal an: Auch praktisch komme ich da heran ...

B: Das bezieht sich doch dann überhaupt nicht auf einen einzelnen Planeten, Herr Viertel.

V: Das ist eine spätere Sorge, wie ich ziele.

B: Sie können mit dem Urknall überhaupt nicht zielen, weil er ja das Zielen selber, z. B. Ihr Hirn überhaupt erst im ferneren Verlauf produzieren wird.

V: Das ist ziemlich vertrackt.

B: Sie müssen sich erst 18 Mrd. Jahre zurückarbeiten, der Fehlerquelle von ±2 Mrd. entgehen, und dann die Mittel haben, überhaupt einen Urknall in Bewegung zu setzen, und dann noch zielen und sich selbst vom Gegner, gewissermaßen im voraus, separieren können, denn zu diesem Zeitpunkt haben Sie ja gar keinen Gegner, auf den Sie zielen könnten. Sie haben zu diesem frühen Zeitpunkt nicht einmal Interessen oder Absichten, die Sie das Zielen lehren könnten. Sie müssen sich vorstellen, daß Sie gar nicht da sind. Sie können nicht Ihre derzeitigen Absichten wie Marmelade in Einweckgläsern in diese Frühzeit, 18 Mrd. Jahre zurück, mitnehmen.

V: Wieso nicht?

B: Die lösen sich unterwegs auf. Die wäre ja noch nicht da.

V: Aber gewissermaßen computermäßig? Konzentrierter Hand-Computer?

B: Weil alles Räumliche, d. h. Sie und Ihre Mitbringsel, sich bei Aufhebung der Zeitdilatation ebenfalls aufhebt. Sie kommen dort hinten gar nicht anders an, nicht einmal als etwas Gedachtes.

V: Dieses Gedachte könnte aber ein Programm enthalten. Gewissermaßen heimlich.

B: Ich sagte: nicht einmal als etwas Gedachtes. Was das im Zeitpunkt des Urknalls wäre, wissen wir nicht.

V: Das wäre auszuprobieren. Es ist klar, daß neue Wege immer ein Risiko enthalten.

B: Ein vernichtendes.

V: Es war ja nur eine Anregung.

B: Was werden Sie nun für Ihre Leser schreiben?

V: Ich hatte gedacht, während ich Ihnen zuhörte, daß Sie mir vielleicht etwas aufsetzen, das ich dann mit einem Schlußwort kommentiere.

B: Im außenpolitischen Sinn?

V: Nein, nein. Ich habe begriffen, daß da keine Ansatzfläche ist. Ich würde etwas über Hubble schreiben, wie er gelebt hat, wo er jetzt wohnt.

B: Hubble ist tot.

V: Dann eben wie traurig es ist, daß er nicht mehr mitmachen kann.

B: Gut, ich lege das in Ihr Hotelfach.

V: Und bitte allgemeinverständlich.

B: Ich könnte ein paar Tagesberichte von Astronomen, die Messungen vornehmen, einflechten, damit man mal sieht, wie das erarbeitet wird.

V: Vermutlich ist das eine Verständnisbrücke.

B: Daß man die Mühe sieht.

V: Und keine Vergleiche mit irgend etwas Praktischem auf diesem Planeten!

B: Werde mich hüten.

Als der grippekranke Döberlein den Bericht erhielt, war er hell begeistert. Es war ein jauchzender Nachruf auf Edwin Hubble und seinen Kollegen Walter Baade, die Großen der dreißiger Jahre, denen Döberleins Verehrung galt. Der Artikel erhielt etwas von der Erregung Bregleys und Viertels in der Hotelbar, denn Bregley mochte den intensiven Viertel gern. Eine irgendwie verrückte Aufregung, so als könnten Einzelne, gestützt auf hinreichend große Mengen von Vorgeschichte, auf die dieser Kongreß und der Journalismus aufbaute, die Welt wenden. Auf der Seite Natur und Wissenschaft verspielte sich der Artikel.

(Heft 15:)

Abb.: Das eiszeitliche Nasenzahn-Nashorn, im Hintergrund eine Gruppe Mammute.

Abb.: Dr. Wiegand auf der Suche nach dem Bösen in der Urzeit.

Ein Wernher von Braun der Ur- und Germanengeschichte

K. Wiegand, ehemals Assistent des Rassekundlers Clauss, war ganze 8 Tage in Halberstadt, sozusagen auf Durchreise im April 1945. Er hat in diesen wenigen Stunden die Annahme einer zahlreichen nordischen Einwanderung in den Harzgau (germ. Hartinggowe) forscherisch abgestützt, und zwar sind es die Haruden, die alten Bewohner Seelands (Nachbarn der Kimbern; während die Teutonen Kelten sind). Rasch zusammengeraffte, sofort notierte Hinweise. Was für ein Motor! Er stand um 7 Uhr früh auf und erzählte dann noch allen, er stände schon um 4 Uhr früh auf. Er konnte sich nicht genug tun, Angriffsgeist zu zeigen.

Und zwar sind diese Haruden ursprünglich aus Norwegen, wo ihr Name Haroten, altnord. Hördal, lautet. »Eine Wiederauswanderung der Haruden nach dem Norden ist unwahrscheinlich, nach Westen, Osten oder Süden unmöglich – also, notiert Wiegand, sind sie hier.« Nordisch ist der aus dem deutschen Sprachschatz nicht zu erklärende Name Brocken (= höchster Berg des Harzes). In Island bedeutet *brok* »weißliche, den Bergrücken einhüllende Wolken, in denen der Wind hin- und herzieht«, also Wolkenberg. Das hätte man noch umbenennen können, wenn nicht das Reichsende so nahe gewesen wäre. Ähnlich: Regenstein (Sitz der Raubgrafen vom Regenstein, altsächsischer Feudalsitz aus hohem Fels, der drohend und schwarz nach Norden weist. Das ist, notiert der eilige Wiegand, altsächsisch *regin*, z. B. reginföl = sehr hoher Berg. Regenstein also sehr hoher Stein. Abzulehnen die Ableitung von gotisch *ragin* (weil Goten nie im Harzgau gesessen haben), ebenso verfehlt lat. rex oder Ableitung von Personennamen Regino.

Noch ein Fund (Wiegand befährt mit geliehenem Geländewagen die Dörfer): schwed. luta sig = *sich lehnen an*, erscheint nördlich von Halberstadt als sek an-lutgen von kleinen Kindern, die sich an der Brust der Mutter anlehnen, um zu schlafen = lutschen. Pratscheln = reden, sich heftig bewegen – entspricht schwed. prata = schwätzen. Es bedeutet aber auch krauchen, sich heftig bewegen, im übertragenen Sinne: Die Zunge heftig bewegen.

Alle Orte mit Endsilbe -leben (Wettersleben, Harsleben, Wegeleben, Emersleben, Oschersleben, Dedeleben, Badersleben, Minsleben ...) sind schwedisch (Heruler, Warnen); -leben = Nachlaß, Erbe.

So machte Wiegand das an allen Orten, in die er kam, rasche, grundlegende *Forschung*, dadurch, daß er sie im nordisch-germanischen Sinn *in Besitz* nahm.

Heute ist er Universitätslehrer, weit abgerückt von den früheren Interessen (wenigstens in den Resultaten, den Schlußfolgerungen). Anführer derjenigen Hochschulmeinung, die das Germanische aufgrund neuester Befunde in seine Bestandteile auflöst. Die Bezeichnung German (von lat. Germ = Same, *lebhafte unübersichtliche Vermehrung*) ist eine ideologische Bezeichnung für die *rechtsrheinische Völkermischung*, Zubehör des machtpolitischen Meinungspakts Caesars, der diesen Begriff (sog. Germanenstämme selber haben sich nie als Germanen bezeichnet) nach der Besiegung Galliens als Angstmacher für den Römischen Senat brauchte und deshalb keltische, keltoskytische Elemente, sofern sie nur rechtsrheinisch wohnten, zu einem *Popanz* zusammenraffte. Überraschungen, notiert Weigand eilig, gibt es genug. Schädelmessungen an sog. germanischen Skeletten mit Schädeldeformation, Rundschädel, gefärbte Haare, Holzidole, nicht, wie man denken sollte, harter Stein oder Eisen, Menschenopfer, schamanistische Praktiken in der Götterwelt, modische Kleider aus Burgund bei Wikingerfrauen auf Grönland, *keine Keuschheit*, Brutalität, Treubruch ...

Während der Protestbewegung wurde ihm früher veröffentlichtes Schriftgut vorgehalten. Es ist aber Wiegands einheitliche »Hingabe an die Sache«, die ihn leitet. Er arbeitet nach wie vor für den Durchbruch zur Urzeit, gewissermaßen eine Basisrakete nach rückwärts zu schießen. Er sucht dort irgendwie nach Gut und Böse zu unterscheiden, weil ja das Material irgendwie sortiert werden muß. Herauskommt immer die Suche seines Lebens.

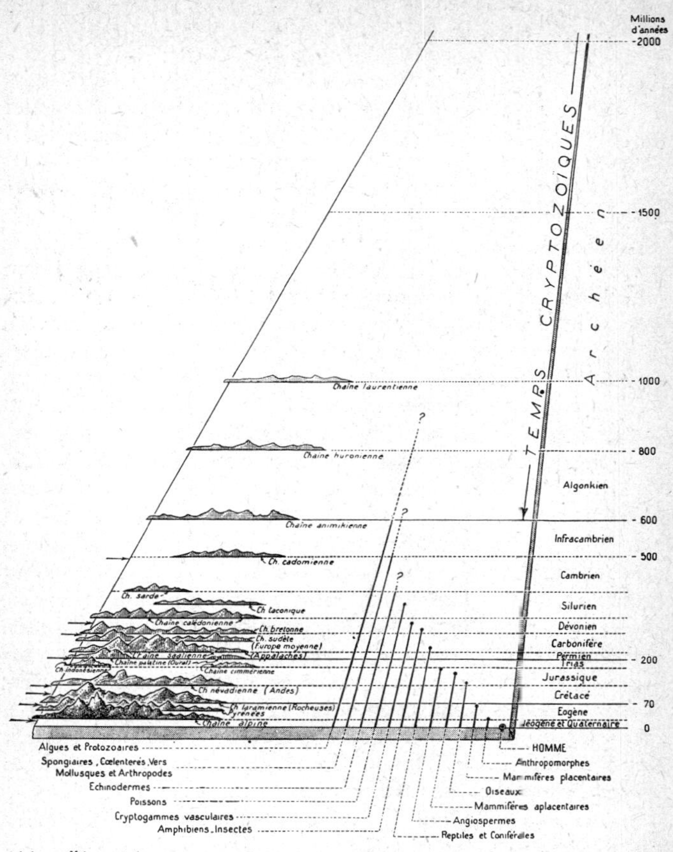

Abb.: Übersicht, »um mal ein Proportionsgefühl für Zeitablauf zu bekommen« (nach Gartmann). »L'edification de l'ecorce terrestre, la fuite des temps.« Rechts unten der Mensch (»Homme«).

Eine Episode in der Zeit der Aufklärung

Baron Harkey, der über gewaltigen Landbesitz im Umland von Boston verfügte, heiratete Lady Diana Milford im Juni 1732. Diana war so kalt, daß es dem Baron nicht möglich war, sich seiner Frau in irgendeiner Hinsicht zu nähern. Die kühle Haltung hatte sie durch Erziehung erworben.

Es gelang dem Baron jedoch, da man in ihrer Familie in Boston keinen Alkohol kannte, die junge Frau auf einem Jagdausflug in einem seiner Jagdhäuser betrunken zu machen, sie in diesem Zustand mit einigen Jagdgenossen anzufallen und die verzweifelt, aber ohne die gewöhnte Kraft Kämpfende zu überwältigen. Sie sah sich, als sie aus der Verkrampfung, mit der sie sich in die Kissen hineingebissen hatte, als Schreien und Kämpfen offensichtlich nichts nutzten, herausfand, einem der jüngeren Jagdgenossen, dem Lord P. gegenüber, in dem sie später den Vater ihres Kindes sah, als sie versuchte, dieses Kind zu retten.

Ihrem Mann gegenüber verhielt sie sich so, als sei nichts geschehen. Sie sorgte aber dafür, daß er an der Abendtafel mit seinen Freunden das Fleisch seiner Lieblingshunde aß, die sie getötet hatte und unter der Bezeichnung Wildbret zubereiten ließ. Sie versuchte vor dem Supreme Court in Ottawa eine Scheidung durchzusetzen, was aber aussichtslos war, da ihr Mann im rechtstechnischen Sinne keinen Ehebruch begangen hatte, was die eigene Person als Vergewaltiger betraf, vielmehr ihr, wegen »buchstäblichen« Ehebruchs, das bezog sich auf die Jagdgenossen, eine Verurteilung drohte, von der das Gericht jedoch im Hinblick auf den hohen gesellschaftlichen Rang, den sie einnahm, absah.

Da Diana keine Chance sah, von ihrem Mann loszukommen, erschoß sie den Baron auf einem Jagdausflug vor den Augen der Jagdgenossen. Sie hatte, kurz hinter ihm reitend, mit einem schweren Jagdgewehr geschossen und ihm, der schwankte und später seitlich am Pferdeleib herunterhing, einige Schläge mit dem Gewehrkolben auf den Schädel gegeben, während sie Seite an Seite an seinem richtungslos scheuenden Pferd vorüberritt. Die Jagdfreunde entwaffneten sie, brachten sie mit dem Toten zum Herrenhaus. Sie bewahrten

Stillschweigen. Man glaubte einige Wochen an einen Jagdunfall, bis durch Leute, die nicht zum Stand gehörten, Strafanzeige erstattet wurde.

Diana, Baronin Harkey, verteidigte sich vor dem Gericht – der Kolonial-Adel kann nicht wie der britische Inland-Adel an das Oberhaus appellieren – mit großer Umsicht unter Assistenz des General-Majors Vickers, der tatsächlich an ihre Unschuld glaubte. Beide gingen sie jedoch in eine Falle, die der Gerichtsvorsitzende, ein ehrgeiziger, im persönlichen Baronetsstand stehender Bürgerlicher, der seinen unbedingten Scharfsinn beweisen wollte, ihnen stellte. Sie ließen sich auf die vom Gericht angeblich in der Absicht, die unglückliche Frau zu entlasten, vorgeschlagene Beweisaufnahme ein, eine Gelegenheit, die die Geschworenen benutzten, um die Angeklagte schuldig zu sprechen und sie zu verurteilen »zu hängen, bis der Tod eintritt«.

Die Angeklagte nahm dieses Urteil konsequent und kalt hin, da es ihr lieber war als es der Zwang, ein Leben mit ihrem ehemaligen Mann zu führen. Sie konnte Leute nicht ertragen, die nicht wissen, was sie wollen, und erst Taten begehen und dann über die Bewertung dieser Taten klagen. Sie halten durch ihre Willensschwäche nur ihre Kontrahenten auf. Diese Meinung änderte sich jedoch, als sie im Gefängnis feststellte, daß sie ein Kind bekam. Sie war sofort sicher, daß es ein Kind war, das diese Erscheinungen hervorrief, die sie nicht kannte Sie ließ durch ihren Verteidiger, General-Major a. D. Vickers, der über einigen politischen Einfluß auf der Mutterinsel verfügte, eine Eingabe an den Gouverneur richten und wandte sich selbst an den Chief Lord Justice und an das Gericht, das sie verurteilt hatte, bat um Aufschub der Vollstreckung, bis sie das Kind zur Welt gebracht hätte. Sie erreichte, daß man ihr einen Arzt schickte, der sie untersuchte, da es einen Präzedenzfall gab, der verbot, eine schwangere Frau zu töten, bevor nicht das Kind zur Welt gebracht wäre. Der Arzt, der von der Vergewaltigung im Jagdhaus des Barons nichts wußte, sondern von der aktenkundigen Tatsache ausging, daß der ermordete Harkey durch die *Kälte* seiner Frau an der Konsumierung der Ehe gehindert worden sei, kam auf Grund seiner Wahrscheinlichkeitserwägungen zu dem Ergebnis, daß eine Schwangerschaft nicht vorliege. Hierzu genügte ihm ein Gespräch mit der Verurteilten, da er sich ja auf Tatsachen stützte. Es schien ihm verrückt, daß diese angeblich kühl erzogene Frau von ihm eine körperliche Betastung erwartete. Er ließ diese Frau in der Erwartung, daß die eigentliche Untersuchung noch ausstünde, sagte auch ihrem Verteidiger nichts von seinem Befund, sondern sandte lediglich sein Gutachten an den General-Staatsanwalt, so daß die Verurteilte das Kind zunächst für geschützt hielt – es drängte mit der ihm eigenen Gewalt ans Licht, pochte – bis sie vom Generalstaatsanwalt die Ladung zur Strafvollsrreckung erhielt. Den Behörden lag an einer möglichst raschen Vollstreckung, da Teile der Bevölkerung lebhaftes Interesse an diesem Fall nahmen, das Urteil für einen der wenigen befriedigenden Akte der Justiz hielten. Andererseits bestand im Adel Opposition gegen dieses »ganz unvernünftige Gewalturteil«. Etwa 70 herausragende Lords richteten eine Adresse an den Gouverneur, das Urteil zu kassieren, weil es sich gegen eine Standesperson richtete. Jetzt war dem Gouverneur die Möglichkeit genommen, die Sache dilatorisch hinzuziehen, bis zu einem eventuellen Gnadenakt der Königin, vielmehr mußte er nunmehr als Repräsentant der Bürgerlichen, die mit einer gewissen Gewalt zu einer Darstellung ihres Willens drängten, der Mehrheit, ebenfalls für eine baldige Vollstreckung der Todesstrafe eintreten.

Die Verurteilte wehrte sich verzweifelt, aber gebunden an die begrenzten Möglichkeiten, die sie von ihrer Gefängniszelle aus hatte. Da verstärkte Wachen aufzogen, kam ein Befreiungsversuch, den jüngere Adlige kurze Zeit planten, nicht in Betracht. Generalmajor a. D. Vickers sandte seine Ehrenzeichen an den Gouverneur zurück, machte Eingaben, entschloß sich, als alles vergeblich blieb, zu einer Reise nach England, um die Königin für den Fall zu interessieren. Da sein Schiff an der irischen Küste in Nebelbänke geriet, kam er zu spät an.

Auf das Drängen der Verurteilten, die mit Angaben über Baron Harkeys Intimleben drohte, setzte der Gouverneur, selber adlig, eine nochmalige abschließende Anhörung über die Vollsrreckungsfrage an. Es gelang der Verurteilten, die ohne Verteidiger war, nicht, eine Wiederholung der ärztlichen Untersuchung zu erreichen. Sie bekam lediglich Gelegenheit zu einem Argument, in welchem sie sich auf die Vergewaltigung durch ihren Mann und die Jagdgenossen, deren Namen anzugeben sie sich jedoch weigerte, stützte. Sie wies auf die Beobachtungen, die sie an ihrem Körper gemacht hatte, hin. Sie meinte, wenn sie die Veränderungen in ihrem Körper so präzise beschrieb, könne niemand glauben, sie beruhten auf Einbildung. Gerade die Genauigkeit aber löste den Verdacht der Hypochondrie aus. Da überdies der anhörende Richter von solchen Anzeichen nichts verstand, das Gutachten eines Arztes lag vor, hielten sie die Symptome für Anzeichen irgendeiner Krankheit, falls es diese Anzeichen tatsächlich gab. Erkrankung war aber der Vollstreckung nicht hinderlich. Der vorsitzende Chief Justice Dorsen stellte klar, daß die Vollstreckung, wenn sie nicht rasch erfolgte, so wie die Dinge standen, überhaupt nicht erfolgen werde. Er stellte *unvoreingenommen* die Gründe zusammen, die dafür sprachen, das Leben der Verurteilten zu schonen: Zweifelhaftigkeit menschlicher Gerechtigkeit, eine gewisse Schwere ihres Schicksals, *falls* ihre Angaben zutrafen; kam dann aber zu dem Ergebnis, daß sie getötet werden müsse, »damit ihre Tat nicht auf die Provinz fiele«.

Die Verurteilte versuchte entsetzt, diese Maschine, die ihr das Kind nahm, zum Halten zu bringen. Sie wandte sich an den Adel, ihre Freunde, den jungen Lord P., die Königin, sandte Boten hinter Generalmajor Vickers her, die ihn zur Eile mahnen sollten, auch vor ihm in Plymouth eintrafen. Sie erreichten, daß die Königin informiert wurde. Aber dieser Entscheidungsprozeß verlief zu langsam, um die Vollstreckung zu unterbinden. Diana wurde aus ihrer Zelle herausgeholt und gehängt, obwohl sie sich mit ihrer ganzen Kraft wehrte und schrie und um sich schlug, so daß mehrere Henker an ihr tätig waren.

Der Adel setzte eine Untersuchung der Toten durch, bei der festgestellt wurde, daß sie im 4. Monat schwanger war. Generalmajor Vickers kam aus England mit der Begnadigungsurkunde der Königin zurück. Er forderte den unseligen Gouverneur sowie den Generalstaatsanwalt, die er in einer von ihm beherrschten Zeitung als Mörder ansprach, zum Duell, was diese aber ablehnten. Der Prozeß gegen die Regierungsorgane setzte durch, daß der Gouverneur sein Amt verlor. Auch hatte der Schock, als bekannt wurde, daß die Gehängte schwanger war, die Wirkung, daß die Ausbildung der Kolonialärzte sorgfältiger geprüft wurde. Der Justizunfall verschärfte den Ton der Aufklärung, d. h. mit unmäßiger Härte drängte die amerikanische Gesellschaft des 18. Jahrhunderts auf intensivierte Sauberkeit.

So wahnsinnig böse, daß er Haare lassen mußte

I

Der 28jährige Geschäftsmann Reiner F., in einer norddeutschen Stadt, der zeitweise über 100 Arbeiter beschäftigte, war auf eine bestimmte Weise maßlos. Er hielt seinen individuellen Kopf für einen Macher. Oft bewunderte er sich, wie sein seidiges aber zugleich auch volles schwarzes Haar diesen Kopf umhüllte, gerade daß ein Stück vom Ohr noch herausstand. Er wusch es oft. Er hatte kürzlich die junge Dagmar G. geheiratet, die insgesamt zu dem Arrangement seines Hauses, Betriebs, Körpers und Kopfes paßte.

Die 23jährige Dagmar, jetzige Frau F., war im dritten Monat schwanger. Sie wollte aber sich noch nicht festlegen, beabsichtigte, das Kind abzutreiben. Wahrscheinlich ahmte sie zunächst nur die Haltung ihres Mannes nach: sich für noch kostbarere Situationen aufzubewahren. Sie wollte in ihrer von Reiner F. nicht gewürdigten *Einmaligkeit* mit seiner Einmaligkeit gleichziehen. Dazu hätte Mutterschaft nicht gereicht, die ihr ein massenhaftes Schicksal schien.

Die spätere Versteifung ihrer Haltung, als Reiner F. sie angriff – er empfand die Abtreibung eines von ihm gezeugten Embryos als beleidigend – war, sagt Dagmars Mutter, Trotz. Reiner F. sperrte die hübsche Frau, die sich beharrlich weigerte, von ihrem Vorsatz abzulassen, in ein Wochenendhaus, das ihm unter verschiedenen anderen Häusern gehörte, ein. Die Frau konnte jedoch fliehen. Sie suchte Zuflucht im Krankenhaus Nordhorn, Privatklinik Dr. med. U., da sie dort gleich in der Nähe einer eventuellen Abtreibungsmöglichkeit war. Reiner F. drang in diese Klinik ein, als Krankenpfleger gekleidet.

Ein Arzt vereitelte im letzten Moment den Versuch des Mannes, seine Frau zu packen und wieder in seine Gewalt zu bringen.

Daraufhin entführte Reiner F. die 8jährige Schülerin Birgit G., ein ihm bekanntes Mädchen aus der Nachbarschaft. Mit dem Kind als Geisel erzwang er telefonisch das Wiedersehen mit seiner Frau. In der Nähe der Gastwirtschaft »Liebruck« wartete der Geschäftsmann, das Kind im Fond seines gelben BMW 1802, dem die junge Dagmar zustieg. Sie legte sofort den 3-Punkt-Sicherheitsgurt an. In heftigem Streit, mit hoher Geschwindigkeit, fuhren die Eheleute auf der Autobahn in Richtung Kassel. Polizeibeamte in mehreren Streifwagen verfolgten das Fahrzeug. Die Polizeiführung beabsichtigte, dem Entführerfahrzeug in Sichtweite zu folgen und so auf F.'s Nerven herumzuhämmern, daß sich irgendwie eine Gelegenheit ergäbe für den polizeilichen Zugriff.

II

KOMMISSAR BECKMANN: Ich weise darauf hin, daß die Schülerin im Fond des Wagens sitzt, so ist es beobachtet worden. Es wird also sich nicht von selbst verstehen, erst das Kind zu retten und dann die Frau, da man erst den Vordersitz, auf dem die Frau sitzt, offenbar angeschnallt, zurückklappen muß, ehe das Kind aussteigen kann.

KRIMINALRAT DRYER: Es geht ja auch nur um Prioritäten. Der *taktische* Zugriff hängt dann von den Umständen ab, und das, was Sie erwähnen, ist ein solcher Umstand.

KRIMINALKOMMISSAR: Ich meine nur, daß diese *Priorität* die Beamten verwirren wird.

KRIMINALRAT DRYER: Sie müssen sich das aus der Perspektive der Presse vorstellen. Hinsichtlich der Ehefrau greift MEK oder die jeweilige örtliche zuständige Einheit, wir wissen ja noch nicht, an welchem Geländepunkt wir zugreifen können, in einen recht unübersichtlichen Familienstreit ein. Hinsichtlich des Kindes dagegen geht es um den Tatbestand einer Geiselnahme. Es ist selbstverständlich, daß es childrens first heißt. Mit dem eigentlichen Zugriff hat das weniger zu tun. Das ist eine Sache der Gelegenheit. Weiterer Schwerpunkt:

psychologisches Vorgehen.

KRIMINALKOMMISSAR: Psychologisch ist der Mann atypisch.

KRIMINALRAT: Genau das meine ich. Meines Erachtens hat er schwache Nerven.

KRIMINALKOMMISSAR: Setzen Sie sich doch mit allen Bekannten und Verwandten in Verbindung, vielleicht erfahren wir da besondere psychologische Schwerpunkte.

KRIMINALKOMMISSAR: Ist schon geschehen. Immer wieder: ein besonders intensiver Tatwille und gleichzeitig wird berichtet, daß er schwache Nerven hat.

KRIMINALRAT: Wir müßten uns ein Verhaltensmodell von ihm machen und über Funk an die Beamten durchgeben. Die fahren doch immer in Sichtweite?

KRIMINALKOMMISSAR: Jawohl. Wir haben auch an den Zufahrten Fahrzeuge aufgestellt, die sich in die Verfolgungskolonne einfädeln. Ein halbes Dutzend Fahrzeuge.

KRIMINALRAT: Dann stellen wir doch mal ein tätertypisches Psychologiemodell zusammen.

KRIMINALKOMMISSAR: Etwas anderes können wir hier vom Büro aus sowieso nicht machen.

KRIMINALRAT: Wir können nur hoffen.

KRIMINALKOMMISSAR: Sehen Sie die Sache denn so schlecht?

KRIMINALRAT: Das kann, wenn bei diesem Aufwand nichts herauskommt, pressemäßig ins Auge gehen.

III

Reiner F. wurde tatsächlich rasch nervös. Die neben ihm sitzende Frau schwieg verstockt. Dies empfand er als eine besonders intensive Form des Streitens. An der Auffahrt Göttingen fuhren die dort zum Einsatz bestimmten Streifenwagen zu früh in die Autobahn ein. Sie bewegten sich paarweise nebeneinander vor dem BMW des Geschäftsmannes, der annahm, daß sie so seine Geschwindigkeit drosseln und ihn den sich von rückwärts nähernden Verfolgern zutreiben wollten.

Er sah jetzt keinen Ausweg mehr und stach, während er mit der linken Hand das Lenkrad festhielt, mit der rechten mit einem Messer auf die in ihrem 3-Punkt-Sicherheitsgurt festgeschnallte Ehefrau ein.

Der Geschäftsmann hatte bei aller Verbitterung dieses Tages noch so viel Geistesgegenwart, daß er auf die Exklusivrechte seiner Aussagen gegenüber der Presse achtete. Er gab nur an die Journalistin Wagenfeld Auskünfte, schwieg im übrigen.

IV

WAGENFELD: Was veranlaßte Sie zu dieser schrecklichen Tat?

REINER F.: Dagmar wollte unser Kind, das ich sehnlichst wünschte, nicht.

WAGENFELD: Jetzt haben Sie es doch aber auch nicht.

REINER F.: Das ist ein Unterschied, mir blieb überhaupt nichts anderes übrig, als zuzustoßen, da meine Zeichen weder von der Polizei, noch von meiner Frau verstanden wurden. Dagmar dagegen hätte das Kind zur Welt bringen können. Es fehlte ihr lediglich am guten Willen. Ich hatte diesen guten Willen.

WAGENFELD: Das werden unsere Leser nicht verstehen, daß Sie sagen, dieser schreckliche Tod Ihrer Frau soll eine Angelegenheit *Ihres* guten Willens sein?

REINER F.: Sie müssen schreiben, daß ich nicht anders konnte.

WAGENFELD: Das schreibe ich gern, aber Sie müssen schon noch einen stichhaltigen Grund dazu angeben.

REINER F.: Ich habe so etwas noch nie erlebt. Man macht das vielleicht nicht auf Anhieb alles richtig. Es ist eine Unerfahrenheit.

WAGENFELD: Aber wenn ich da auf einen anderen Punkt kommen darf. Wenn Sie das Fahrzeug mit 160 km/st mit einer Hand sicher führen und mit der anderen so heftig zustoßen und, wie die verfolgenden Beamten berichten, sich dabei mehrmals tief nach rechts beugen, dann ist das nicht Unerfahrenheit, sondern wie ein Profi.

REINER F.: Ich fahre seit meinem 16. Lebensjahr.

WAGENFELD: Lassen wir das mit dem Grund. Vielleicht sehen die Leser ein, daß es auch Handlungen ohne einen bestimmten Grund gibt. Bedauern Sie denn Ihre Tat? Sie haben sich ja auch gewissermaßen selbst verletzt.

REINER F.: Ja richtig. Ich habe mich hier an der Hand verletzt. Sie glauben doch nicht, daß ich mich absichtlich in die Hand schneide?

WAGENFELD: Nein. Und die Leser werden das auch nicht glauben. Der ganze Vorgang ist eigentlich unglaublich.

REINER F.: Im Sinne von einmalig?

WAGENFELD: Oft kommt das jedenfalls nicht vor. Oder vielmehr doch. Das passiert auf der letzten Seite der Zeitung alle Nase lang. Ich muß Sie da enttäuschen.

REINER F.: Aber nicht genau, mit den Einzelheiten wie bei mir.

WAGENFELD: Das verspielt sich. Um zurückzukommen auf die Reue.

REINER F.: Ja, ich bereue die Tat.

WAGENFELD: Würden Sie die Tat am liebsten ungeschehen machen?

REINER F.: Ja. Rückblickend würde ich sie am liebsten ungeschehen machen.

WAGENFELD: Wie?

REINER F.: Das muß ich mir noch überlegen. Ich brauche jetzt eine Pause. Wir wollen morgen weitermachen.

V

Dies war für F. eine ganz neue Erfahrung, daß die Dinge nicht nach dem Willen seines Kopfes liefen. Er war zwar durch das störrische Verhalten seiner Ehefrau auf die Situation vorbereitet, hatte aber während der ganzen Zeit fest angenommen, daß sich dieser Wille schon brechen ließe. Jetzt, in einer Gefängniszelle in Kreiensen, stand er vor dem Phänomen, daß sich die wirklichen Verhältnisse seinem Willen entzogen. Er wußte tatsächlich nicht, wie man es anstellen kann, das Geschehen des Vortags ungeschehen zu machen. Das wollte gar nicht in seinen Kopf. Er legte sich das so zurecht: Die Tat war nicht mit dem Kopf begangen und so konnte er sie auch nicht mit dem Kopf korrigieren, der sonst im übrigen keine Grenzen kannte. Er sagte sich jetzt: Vielleicht ist das alles gar nicht wahr.

Das Frontschwein

Die Hektik, mit der südlich von Spitzbergen nach Öl gesucht wurde, steckte auch Marie-Luise Girkenson aus Oberhessen, genannt Fretty, an. Was sollte man in dem Barackennest auf der vorgelagerten Insel auch anderes anfangen als unmittelbar arbeiten. Sie hatte einen Furunkel am Hintern, und ihr Manager, der eine Zuneigung für die Fleißige fühlte, bestand darauf, daß sie dieses Furunkel zunächst ausheilte und deshalb einige Tage aussetzen mußte. Du weißt genau so gut wie ich, antwortete Fretty, daß ich den größten Teil meiner Arbeit auf den Knien verrichte. Das Furunkel stört überhaupt nicht. Sie war nicht zu bewegen, sich auf dem Bauch liegend in ihrer Baracken-Kammer mehrere Vormittage, Nachmittage, Abende und Nächte zu langweilen, keinen Sozialkontakt zu haben. Dann kannst Du mich auch gleich in das Gefängnis sperren. Ihr Manager bestand aber auf seinem Willen. Sie mußte sich schonen.

Sie war trotzdem nicht im Bett zu halten, sondern wanderte vor der Baracke in der eisigen Luft hin und her. Zufällig war eine Neue am Vormittag eingeflogen worden, und der Manager stellte diese junge Frankfurterin, die sich erst an das Nordklima gewöhnen mußte, Erika hieß sie, dafür ab, daß sie Fretty Gesellschaft leistete und vielleicht doch noch dazu brachte, sich ruhig irgendwo auf den Bauch zu legen und das nach seiner Ansicht nach wie vor geschäftsschädigende Furunkel durch Ruhigstellung auszuheilen. Alle Nase lang schickte er den Arzt aus der Hauptsiedlung in Spitzbergen, seine beste Arbeitskraft zu untersuchen. Erika versuchte »ihr Bestes«, Fretty zu beruhigen, »auf andere Gedanken zu bringen«, aber Fretty redete »wie ein Wasserfall« von ihrer Arbeit. Irgendwie versuchte sie, wenn sie schon nichts Handgreifliches zu tun hatte, wenigstens ihre gleichbleibende Konzentration auf den Job zu beweisen, nicht weil sie Angst hatte, ihre Arbeitsstelle zu verlieren, wenn sie nicht Willigkeit demonstrierte, davor schützte sie die persönliche Zuneigung des Managers, sondern weil sie nicht in eine Art Wochenende hier oben rutschen wollte und weil sie den »gesellschaftlichen Zusammenhang« zu verlieren glaubte, wenn sie nicht mit ihrer eigentlichen

Aufgabe in Berührung blieb. Sie hätte keine andere Berührungsfläche, meinte sie, als diese.

Sie stampfte über den hartgefrorenen Boden, immer um die Baracke herum, die weitere Umgebung war felsig und unbegehbar, Erika marschierte hinter ihr drein. »Wie gesagt, macht mir das nichts aus. Aber Sie wären überrascht, wie viele darauf bestehen, daß ich das Zeug runterschlucke. An einem langen Tag schluckt man da eine ganze Menge. Die sind so angewiesen, daß ich ihnen nur einen Schubs zu geben brauche, und sie kommen schon. Das hat natürlich auch seine Nachteile. Dieser armselige Blödmann z. B., der von der Diomedes-Insel eingeflogen wurde, hat sich vermutlich seit einem Monat nicht mehr gebadet. Von ihm habe ich etwa 14 cm gewaschen. Das war das letzte Bad, das er gehabt haben wird, bis er wiederkommt. Neulich habe ich das mal berechnet, daß ich an einem einzigen Tag 8 m Schwanz geschluckt habe, praktisch 54 Kunden, weil die meist nur einen Blasejob wollen. Das gebe ich ihnen. Das kommt daher, daß die alle paar Wochen mal runter in die Bundesrepublik fliegen, und ich glaube, die wollen zu diesem Heimaturlaub keinen Tripper mitbringen. Als ob sie den bei uns kriegen könnten.«

Sie war nicht müde zu kriegen. Später hockte sie sich in ein Zimmer der Baracke, nahm ein paar Gläschen zu sich, war aber vor 3 Uhr nachts nicht müde. Um 6 Uhr wachte sie wieder auf, weckte die unausgeschlafene Erika, wollte wieder auf die Arbeitserfahrung eingehen. Der Manager entschloß sich dann, Fretty doch lieber wieder einzusetzen, da ihr die Untätigkeit nicht bekam. Statt eines Ordens gab er ihr 2 Einhundert-Dollarnoten, sie steckte sie nicht ans Kleid, wie er vorschlug, sondern verstaute sie in ihrer Sammelkiste.

Die Lenkung eines Rasse-Projektils

Der Chefingenieur A. Bollnow verstand den Leiter dieses Raketenversuchsfeldes, Prof. Dr. Dr. Mäde nicht. Es bestand kein Grund, die Lenkung des schönen Projektils, das er mit seinen Facharbeitern draußen auf dem hohen Gerüst aufmontiert hatte, durch diesen Dr. Huza vornehmen zu lassen. Der Chefingenieur mißbilligte aufs schärfste die demokratischen Experimente, die Prof. Mäde vornahm. Sicher konnte man die Rakete auch nach christlichen Gesichtspunkten lenken und die für sie Verantwortlichen nach ihrer Demut aussuchen. Dr. Huzas Wurstfinger konnten nur Unfug anrichten.

Der Chefingenieur leistete Widerstand gegen die Betrauung von Dr. Huza mit der Fernsteuerung der Rakete.

BOLLNOW: Warum lassen Sie diesen Teppichhändler heran?

DR. MÄDE: Das ist kein Teppichhändler, sondern für Sie der Wissenschaftler Dr. Huza.

BOLLNOW: Dann steuern Sie doch lieber selbst.

DR. MÄDE: Dr. Huza hat genügend Erfahrungen gesammelt, um das richtig zu machen. Kümmern Sie sich um das Projektil.

BOLLNOW: Das tue ich ja, indem ich mir jetzt große Sorgen um die Fernsteuerung mache.

DR. MÄDE: Ist irgendetwas nicht in Ordnung?

BOLLNOW: Die Fernsteuerung ist in Ordnung. Aber die Finger von Dr. Huza schaffen das nicht.

DR. MÄDE: Sie haben Einbildungen.

BOLLNOW: Ich halte Sie für den besten Leiter dieses Versuchsfeldes, den wir je hatten, und einen der besten Steuerer, noch vor mir selbst, aber Sie haben kein Gefühl für Personenauswahl.

DR. MÄDE: Ihnen steht ein solches Urteil nicht zu, weder über mich als Steuerer noch über meine Personalentscheidungen. Ich verbitte mir das.

BOLLNOW: Die Bitte nehme ich nicht an.

DR. MÄDE: Dann lassen Sie es bleiben.

BOLLNOW: Sie werden also die Fernsteuerung selber übernehmen?

DR. MÄDE: Ich denke gar nicht daran. Dr. Huza wird steuern.

BOLLNOW: Dann kann ich Ihnen jetzt schon sagen, daß das Projektil irgendwo als Schrott endet.

DR. MÄDE (jetzt doch nervös): Ist denn irgendwas in den Systemen nicht in Ordnung, verschweigen Sie mir nichts?

BOLLNOW: Sie meinen die Systeme der Rakete?

DR. MÄDE: Zulaufrohre, Impulsgeber? Sie haben doch erst

vor einer Stunde durchgecheckt.

BOLLNOW: Für das Projektil, so wie es draußen steht, garantiere ich. Das hat Rasse. Gerade deshalb bin ich darauf gestoßen, daß Dr. Huza das Gerät in Schrott verwandeln wird.

DR. MÄDE: Und womit wollen Sie mir das beweisen? Haben Sie irgendeinen rationalen Hinweis, außer daß Sie Südländer nicht leiden können?

BOLLNOW: Ich habe den sicheren Eindruck.

DR. MÄDE: Das ist kein »rationaler Hinweis«, sondern Ihre klapsartige Vorstellung.

BOLLNOW: Was Sie sagen, ist für mich verletzend. Aber ich bestehe trotzdem darauf, daß Sie den unmaßgeblichen Ehrgeiz dieses Dr. Huza nicht in so unsachlicher Weise honorieren.

DR. MÄDE: Jetzt ist es genug. Es ist unverschämt, wenn Sie mir Unsachlichkeit vorwerfen. Kümmern Sie sich um Ihre Technik.

BOLLNOW: Eben weil ich mich darum kümmere, bestehe ich darauf, daß sie nicht Dr. Huza in die Finger gerät.

DR. MÄDE: Ich stehe ja daneben.

BOLLNOW: Aber Sie fassen die Knöpfe nicht selber an.

DR. MÄDE: Sie haben einen gewissermaßen religiösen Tick. Es ist völlig gleich, wer auf diese Knöpfe tippt, solange Ihre Systeme ordentlich funktionieren.

BOLLNOW: Es kommt da auf Feinheiten an.

DR. MÄDE: Meinen Sie? Und wieso soll die Rakete Dr. Huza nicht gehorchen. Sie ist ja kein Mensch. Sie folgt nicht Sympathien. Ich bezweifle außerdem, ob Sie Ihre Antipathie gegen Dr. Huza, die ich ja nun kenne, in das Projektil eingebaut haben. Oder haben Sie da was eingebaut?

BOLLNOW: Selbstverständlich habe ich da nichts eingebaut. Ich mache keine Tricks.

DR. MÄDE: Na na. Das weiß man nicht.

BOLLNOW: Ich versichere Ihnen, daß da keinerlei Zauber eingebaut ist.

DR. MÄDE: Das würde ich Ihnen auch übelnehmen.

BOLLNOW: Wenn ich mich so loyal Ihnen gegenüber verhalte, viele Jahre schon, dann könnten Sie doch ebenfalls mal ein Auge zudrücken und mir zuliebe Dr. Huza auswechseln. Z. B. könnten das Dr. Fengler oder ich steuern.

DR. MÄDE: Ich habe mich entschieden und dabei bleibt es.

BOLLNOW: Wie ich gesagt habe: Sie sind unsachlich.

DR. MÄDE: Ich bin überhaupt nie unsachlich. Sehen Sie, ein solches Raketenversuchsfeld ist ein System. Dieses System funktioniert überhaupt nur, wenn jeder Wissenschaftler einmal drankommt und ich diese Reihenfolge überhaupt nicht durch chauvinistische Gesichtspunkte verwirre, wie Sie das tun.

BOLLNOW: Ich verwahre mich gegen den Vorwurf und bestehe gleichzeitig darauf, daß Sie Dr. Huza auswechseln. Ich habe meine Gründe.

DR. MÄDE: Wie ich bereits fragte: Welche?

BOLLNOW: Das Projektil wird nicht auf Dr. Huzas Impulse reagieren.

DR. MÄDE: Sie sagen mir jetzt entweder einen rationalen, d. h. beweisbaren Grund oder es bleibt bei meiner Entscheidung.

BOLLNOW: Dr. Huza hat keinen sens de finesse. Er ist ein Bauer. Nicht einmal das. Ich sage dazu nur: Teppichhändler.

DR. MÄDE: Das ist emotional. Sie kommen immer wieder darauf zurück, daß Dr. Huza nicht in unserem Land geboren ist. Das genügt mir nicht, um ihn jetzt, 5 Minuten vor Abschuß, abzusetzen. Auch nicht Ihnen zuliebe.

BOLLNOW: Dann können Sie die Rakete abschreiben.

Mäde blieb nichts anderes übrig, als Bollnow hinauszuschikken. Er sollte den hohen, leicht gebauten Körper ein letztes Mal einer Inspektion unterziehen. Der Chefingenieur ließ sich von dem kleinen Fahrstuhl, den in etwa einer Stunde, zusammen mit dem ganzen Holz- und Leichtmetallgerüst, der Rückstoß des Projektils durcheinanderwirbeln würde, 26 m in die Höhe tragen und betastete die wesentlichen Teile des unteren Raketenkörpers. Er stieg in das Motorenaggregat ein. Hier führte eine Anordnung von Fugen und Griffen, eine Art Kletterstiege, in einen konkaven Raum, in dem Bollnow gebückt stehen kann und durch eine Luke auf das Steueraggregat der Motoren hinabsieht. Er reizt mit seinem Taschengerät vorsichtig die unterste Raketenstufe und hörte sogleich das Gurgeln, so daß er nur schwer widerstehen konnte, weiter zu reizen und die erste der Antriebsexplosionen auszulösen. Aber das hätte das schöne, noch unberührte Projektil und ihn selbst ins Verderben gerissen, da die Verankerungen nicht gelöst waren, Bollnow auch, ehe die Rakete eine Höhe von 16 km erreicht hätte, wäre erstickt oder erforen.

Er versuchte es nochmals bei Mäde. Dr. Huza sei zu grob für dieses Projektil. Mäde war nicht zu überzeugen, nicht einmal reizbar. Sie begaben sich alle in die Instrumentenbaracke und es wurde ausgezählt: 9, 8, 7 bis 0, worauf Dr. Huza die Schaltung betätigte. Das hübsche Ding auf dem Holz- und Leichtmetallgerüst, die Verankerung jetzt gelöst, zitterte und dann explodierte die erste Stufe. Das schlanke Projektil schoß sanft in den Himmel, während unter ihm mit heftigem Krachen das Gerüst samt Fahrstuhl und Einbauten zusammensackte. Die Herren in der Instrumentenbaracke verfolgten den herrlichen Boten, der in der vorbestimmten Neigung die Erdbahn verließ, obwohl es nichts zu sehen gab, was man aus den Meßinstrumenten nicht viel besser abgelesen hätte. Trotzdem sahen sie zu den Barackenfenstern hinaus in den Wolkenhimmel, der keine Information hinsichtlich des Projektils lieferte.

Jedenfalls war Dr. Huza nicht der richtige Mann, das nervöse Wesen zu lenken. Er brachte sie in ungefähre Richtung der Mars-Bahn und wartete. Der Chefingenieur hatte die erste Wache, es ereignete sich nichts. Sechs Stunden beschäftigte er sich mit seinem Geschoß, das jetzt den Weltraum im Abstand von 2 Lichtsekunden von der Erde durchpflügte. Dr. Huza, frisch ausgeschlafen, löste ihn ab.

DR. HUZA: Wissen Sie, das ist ja ein ganz unsinniges Bild, wenn Sie sagen: die durchpflügt den Weltraum hier oder da. Da ist ja überhaupt nichts zu *durchpflügen*. Das ist nicht einmal ein Vakuum.

BOLLNOW: Und Sie meinen, daß ich das nicht weiß?

DR. HUZA: Warum sagen Sie es dann?

BOLLNOW: Weil es im Augenblick auf Präzision nicht ankommt. Aber in 4 ½ Stunden, 6 Minuten, 12 ¾ Sekunden und 420 Mikrosekunden kommt es auf Präzision an. Auch dann nicht auf die Worte, die Sie wählen, sondern auf Ihre langen Finger.

DR. HUZA: Wieso lange Finger?

BOLLNOW: Ihre Langfinger meine ich.

DR. HUZA: Langfinger ist beleidigend. Das hat eine übertragene Bedeutung.

BOLLNOW: Weiß ich.

DR. HUZA: Sie wollen mich also beleidigen?

BOLLNOW: Wenn ich kann.

DR. HUZA: Ich habe aber, wie Sie sehen, ganz kurze Finger.

BOLLNOW: Jawohl. Dicke Finger.

DR. HUZA: Sie sind einfach nicht präzise.

BOLLNOW: Vielleicht will ich nur, daß Sie präzise sind.

DR. HUZA: Das lassen Sie meine Sorge sein.

Als die Rakete in Marsnähe kam, versammelten sich wieder alle Herren in der Instrumentenbaracke und sahen zu, wie Dr. Huza das ferne Gerät mit Radioimpulsen zu reizen versuchte. Die Rakete reagierte, soweit man es auf den Instrumenten sah, nervös und wendete sich zittrig aus ihrer Neigung etwas mehr dem Planeten zu, dessen Magnetfeld sie in den nächsten Sekundenbruchteilen auffangen mußte. Offenbar brachte es Dr. Huza aber nicht zustande. Er fingerte unruhig an seinen Kontrollen und der Chefingenieur überzeugte sich mit einem Blick auf den Radiospiegel, daß die Rakete in einem viel zu großen Winkel an dem Planeten vorbeilief. Er rechnete auf seinen Blöcken und bat dann leise, während Dr. Huza an seinem Steuergerät hantierte, ohne daß er eine Reizwirkung zustandebrachte, die Reizung übernehmen zu dürfen.

»Man kann auch nicht eine Frau mit rohen Fingern irgendwie betupfen.« Als die Rakete über die Anziehungskraft der Marsmonde hinaus war, gaben sie es auf. Mäde bereitete den Bericht vor. Er sprach Dr. Huza seine *Anerkennung* aus, wenn auch das Ergebnis negativ blieb.

Der Chefingenieur zögerte noch in der Nähe der Geräte, die übrigen gingen schlafen. Er versuchte eine Reizung und spürte gleich darauf, daß die Rakete auf ihn reagierte. Sie lief seit etwa einer Stunde in abnehmender Geschwindigkeit auf einer Hyperbel, die in Richtung des Sternenbildes Schwan verlief. Der Chefingenieur hatte den an sich absurden Gedanken, zu versuchen, die Rakete so von ihrem Kurs abzulenken, daß sie in die Nähe der *inneren Jupitermonde* käme. Er wollte sie dort in eine Kreisbahn zwingen und später einmal – wenn die Entwicklung der Sternenfahrt so anhielt, mußte das noch zu seinen Lebzeiten möglich sein – durch eine Pilotfisch-Rakete, die sie ins Schlepptau nahm, dort abholen. Er wußte, daß es ein ziemlich aussichtsloses Unternehmen war, das fehlgeschossene Projektil in Jupiternähe zu bringen. Hierzu war erforderlich, ihre Bahn um 40° abzufälschen. Das ließ sich aber immer noch eher machen, als ihr eine Zusatzgeschwindigkeit zuzuführen. Praktisch konnte sie diese nur erhalten durch Annäherung an gewisse Asteroiden, auf die sie, unter Aufnahme von deren Zugkräften, zufliegen mußte, zugleich war Bedingung, daß sie nach Zugewinn von Geschwindigkeit an diesen Himmelskörpern seitlich vorbeiflog. Das bedeutete, daß Bollnow das Projektil zu einer Art Zick-Zack-Kurs veranlassen mußte, denn andernfalls begegnete es diesen Himmelskörpern nicht. Durch energische Radioimpulse brachte er die Rakete auf eine in diesem Sinne »vernünftige Bahn«. Widersinnig. Er veranschlagte 4 Stunden, um die komplizierte Bahn zu berechnen und danach die Reizungen einzurichten. Er war ziemlich abgespannt und weckte seine Assistenten, die die Idee für verrückt hielten, aber aus Liebe zum Arbeitsplatz ein paar Rechnungen für ihn ausführten. Er hatte jetzt einen schönen Kontakt zu seinem Projektil, das zuverlässig reagierte. In dieser Zeit gelangte die Rakete in die Gefahrenzone auf halbem Wege zwischen Mars und Jupiter, wo bisher alle Raketen, die am Mars vorbeischossen, verhackstückt worden waren. Er versuchte mit Hilfe der Radio-Spiegel die Weltraumkörper, die die Bahn der Rakete kreuzten, zu erkennen.

Er sah keine spezifischen Gefahren. Er glaubte schon, daß die Rakete die gefährliche Zone von Instabilitäten, den sog. Asteroidengürtel, verlassen hätte, als er einen kleinen Schwarm von Weltraumkörpern bemerkte. Es war zu spät, es noch mit einer Reizung zu versuchen. Die Rakete raste in den Schwarm hinein. Zittrig zeigten die Meßinstrumente das Theater einige Sekunden später an. Mit einem verrückten Kurs kam sie aus dem Dschungel von Felsstücken, die 300 m³–1 km³ groß, mit unregelmäßig geformter Oberfläche dahinjagten, hervor. Die blanken Außenflächen mußten erbärmlich zusammengeschlagen sein. Trotzdem reagierte die Rakete noch schwach auf Radioimpulse, die der Chefingenieur geduldig ausstrahlte, und er machte sich ganz vorsichtig daran, ihre Bahn wieder zu korrigieren. Einige Rezeptoren des Projektils schienen durch den Zusammenprall mit den Planetentrümmern abgeschlagen. Noch ehe die angeschlagene Rakete eine vernünftige Bahn erreicht hatte, stieß sie auf den Planeten Kuntze 16, einen Felsen von 6 km Durchmesser an der Längsseite, der Kopfteil des Himmelskörpers in Bewegungsrichtung stark abgeplattet und hoch, wie der Kopf eines Kolonialwarenhändlers, den Chefingenieur Bollnow in Schönweide Kr. Grünberg/Schlesien im August 1943 kennengelernt hatte.

Andererseits waren die Anziehungskräfte von Kuntze 16 zu schwach, um die Rakete in eine Kreisbahn zu zwingen. Es kam zu einem Flatterkurs, auf den Bollnow durch heftige Reizungen einzuwirken versuchte, ehe das Projektil auf der Oberfläche von Kuntze 16 hart aufprallte. Der Chefingenieur schickte seine maulenden Assistenten schlafen. Er ging dann in die Unterkunft Dr. Huzas, dem er ein Meßgerät an den Kopf warf, so daß dieser mit blutigem Gesicht zu sehen versuchte, wer das gemacht hatte. Der Chefingenieur gab dem Lagerarzt Bescheid, versuchte ebenfalls zu schlafen. Er war ausgelaugt.

Aber noch in der folgenden Nacht erwies sich, daß das offenbar katastrophal zusammengeschlagene Gerät immer noch auf gewisse selektive Reizungen, die Bollnow, entgegen Mädes ausdrücklichem Verbot, vornahm, ansprach. Es war in einem Fall möglich, immerhin für mehr als 4 ½ Sekunden die Schrottmasse um 4,3 Zentimeter über den Boden des Himmelkörpers anzuheben, vorausgesetzt, daß Bollnow kein Meßfehler unterlaufen war. Man konnte das im technischen Sinn nicht »fliegen« nennen, aber es war auch nicht identisch mit purer Bodenhaftigkeit.

Nichts einfacher als Gizella zu lenken

Sie, für die die Männer alles zahlten, traf auf einen, der von ihr Geld haben wollte. Sie wußte gar nicht, wie sie das abschlagen sollte. Sie gab dem Mann, der sich als Pit Schwieters vorgestellt hatte, ein mit Schande entlassener Polizeianwärter, was sie da hatte. Eine Zeitlang glaubte sie, daß es »große Liebe« sei.

Bis er sich angewöhnte, sie in die Nieren zu stoßen, was sie nicht mochte. Als er dies, sie ging vor ihm die Treppe zum

»Amüsant am Abend«

hinab, wieder versuchte, trat sie ihn so heftig ans Schienbein, daß er stürzte und sich den Mund blutig riß.

Während dieser Zeit versuchten ihre Eltern, sie wieder zurückzuholen. Aber wenn sie in der elterlichen Wohnung ankam, gab es Auseinandersetzungen über das Kind. Es fiel bald das Wort »Hure«. So ging sie wieder zurück zu Pit, der sich in ihrem, auf 4 Monate hinaus bezahlten, 1-Zimmer-Appartement eingenistet hatte. Er hatte ihr alles »mit Unordnung« überzogen, d. h. sein Eigentum lag verstreut über ihren Sachen. Das war ein Dilettant. Unter dem Vorwand, Zigaretten zu holen, verließ sie das Appartement, schlief nochmals in dem Mädchenzimmer, zur Wohnung der Eltern trug sie den Schlüssel nach wie vor bei sich. Morgenüberraschung. Die Stimme ihres Sohnes: Mami. Sie wußte, daß die Eltern dahinterstanden, das Söhnchen vorgeschickt hatten und sich jetzt nicht mucksten.

Gizella kleidete sich an, nahm kurz das von den Eltern beauftragte Söhnchen auf den Arm und verließ, ohne die Eltern anzusehen, die Wohnung, kam dann doch mit Eingekauftem gegen Mittag zurück. Sie war leicht zu beeinflussen, hatte den Willen, jetzt endgültig hier zu bleiben. Gleich nach dem Essen fing indessen die Auseinandersetzung wieder an: Sie solle sich entscheiden, das Kind brauche die Mutter usf.

In den Küchenschränken standen Rumtöpfe, 26 Flaschen Holundersaft usf. für den Winter. Jetzt wollten sie die Bereitwillige kneten, Vorräte an Gizellas Rückkehrwillen anlegen.

Da sie diese Lenkung nicht aushielt, packte sie einige Sachen in eine Tragetasche, ging in die 1-Zimmer-Wohnung, in der Pit, als sie zur Tür hereinkam, sie zunächst zufrieden ließ.

Das Glück dauerte nur einige Tage, bis sie herausfand, daß ihr Geliebter ein Pferdchen für sich laufen hatte, Angela Schweitzer, die es ihr erzählte. Sie stellte den Mann zur Rede, der sich dadurch verteidigte, daß er sie ebenfalls für diese Aufgabe zu gewinnen versuchte. Dieser Vorschlag sei ein Zeichen seiner »Liebe«. An sich war sie bereits einverstanden gewesen, daß er diese Angela in den gemeinsamen »Zusammenhang« einbrachte. Man hätte darüber reden können, daß sie selbst, soweit es ihre Berufstätigkeit erlaubte, gelegentlich aushalf. Als er sie bedrängte und seine Zuneigung zu ihr darlegte, lehnte sie ab. Er schlug sie. Sie konnte sich nicht so bewegen wie sie wollte, weil sie nicht angezogen war und sich in diesem offenen Zustand nicht so zu bewegen getraute, wie es ihr vorschwebte. Sie versuchte, sich notdürftig gegen seine Faustschläge zu decken, und war froh, als die Bestrafung so endete, wie noch jede Schlägerei endete, wenn sie nichts auf dem Leib trug.

Abends sollte sie ihn begleiten zu einer Party. Er traute ihr nicht über den Weg, nahm an, daß sie z. B. auf einem Polizeirevier Meldung macht, Beulen und blaue Flecken vorwies. Sie sah die Lage: Pit hatte zu dieser Party, die in der Wohnung seiner Schwester stattfand, einen Herrn eingeladen, dem er etwas versprochen hatte, was sie sich ausdenken konnte. Da sie definitiv nicht wollte, würde es später Krach geben. Sie vertraute sich Pits Schwester an. Die Frauen fanden Gefallen aneinander. Von ihr hätte sie sich vielleicht bereden lassen, jetzt lief das Gespräch jedoch schon in andere Richtung. Die Schwester gab ihr den Wohnungsschlüssel, da Pit nach Ankunft abgeschlossen hatte. Unter dem Vorwand, die Toilette aufzusuchen, weil ihr übel sei, entfernte sich Gizella aus dem Party-Raum, rannte dann aus der Wohnung und aus dem Haus. Sie hörte, wie Pits Schwester von oben aus dem Fenster ihr nachschrie: Laufen. Sie fing an zu laufen, aber schon nach 2 Straßenzügen spürte sie, daß Pit aufholte. Sie hatte kaum Angst. Ihr Gedanke war: Nicht in die Nähe des Wassers kommen. Sie blieb konsequent fort vom Flußufer und seinem Geländer, auch wenn gerade dieses Geländer wie ein fester Halt aussah. Sie warf sich an die Erde des Parkgeländes als er zuzuschlagen begann und schrie, weil ihr alles egal war, außer: daß das aufhört. Ein paar Passanten trauten sich nicht heran. Der Geliebte zerrte sie hoch und stellte sie aufrecht an einen Baum, um von beiden Seiten ihr Gesicht besser erreichen zu können, so daß sie unter dem raschen Druck seiner Schläge nach keiner Seite fallen konnte. Sie wünschte sich, daß das aufhört. Weil er so hektisch auf sie eindrosch, auch deshalb, damit sie nicht im Schwung der Schläge einseitig umkippte, blieb gar keine Zeit, sich umzubesinnen, z. B. auf sein Ursprungsbegehren doch noch einzugehen. Sie wurde praktisch gar nicht gefragt. Als die Funkstreife eintraf, freute sie sich kaum darüber. Die Beamten, die den Geliebten festhielten, fragten sie, ob sie geschlagen worden sei. Sie befühlte mit der Zunge die Innenhaut ihres Mundes, zermürbt, es blutete etwas, sagte: Nein. Da dies dem Augenschein widersprach, fragte einer der Beamten weiter, ob sie Strafantrag stellen wolle? Ja, sagte sie. Sie wollte diesen Schläger ans Messer haben und gab später auf der Wache ihre Unterschrift. Die Beamten schlugen ihren Freund zusammen, wobei sie zusah, und schleppten ihn, der nach ihr schrie, in einen Nebenraum.

Ihr Vater erschien am nächsten Tag in seiner Dienstuniform, er war als Hauptmeister auf dem 16. Revier tätig, auf ihrer Arbeitsstelle. Sie fing ihn im Fahrstuhl ab, konnte aber nicht verhindern, daß er, sie mit der Brust vor sich herschiebend, in das Büro eindrang und den Chef sprach. Er redete von Hure und Hurenkind, kam aber damit bei Gizellas Arbeitgeber nicht zum Zuge. Sie war stolz auf ihren Arbeitgeber und bereit, ihn noch an diesem Abend als neuen Geliebten anzunehmen, für den sie dann auch eine ganze Menge riskierte, ihr Postsparbuch kündigte, denn die Firma war in Bargeldnot.

Nach Arbeitsschluß trafen Pit, der auf freien Fuß gesetzt worden war, weil er irgendwas Passendes zusammenlog, und ihr Vater in der Straße vor ihrer kleinen 1-Zimmer-Wohnung aufeinander. Sie hatten einen Wortwechsel und schlugen gleich darauf aufeinander ein, bis eine Funkstreife sie trennte und auf die Wache brachte. Hier war Gizellas Vater als Polizeikollege, jetzt im Zivil-Anzug, im Vorteil. Gizella hatte die beiden, die sie nach Arbeitsschluß vor ihrer Wohnung hatten abpassen wollten, noch gesehen. Sie lief zur Wache und stellte sich unter Polizeischutz, um auf den Verlauf einwirken zu können. Der Reviervorsteher redete ihr zu, mit dem Vater nach Hause zu gehen, der dem Reviervorsteher versichert hatte, daß es keine Bestrafung geben würde. Sie sagte: Nein. Sie hatte, nach allem, was vorgefallen war, keine Lust sich irgendwem anzuschließen. Sie wollte gerne allein sein. Jetzt glaubte sie zu sehen, daß ihr Vater weinte. Da überlegte sie es sich anders und geht mit ihm mit. Nach kurzem Aufenthalt in der elterlichen Wohnung, das Abendbrot in der Küche war noch nicht gerichtet, setzten die alten Reden ein über Hurenleben und »kümmerst Du dich überhaupt nicht um Deinen Sohn«, was sie in der kurzen Zeit ihrer Rückkunft schon deshalb noch nicht hatte tun können, weil dieses Söhnchen bei Nachbarn weilte. Sie verließ die Wohnung, zog wieder ein in ihre 1-Zimmer-Wohnung, zu der Pit den Schlüssel nicht wieder herausgegeben hatte, er wartete dort schon. Jetzt traf ihr Vater, der einige Kollegen zusammengetrommelt hatte, vor der Wohnungstür ein, klingelte. So wagte ihr Geliebter nicht, Gizella anzufassen. Sie hatte das unbestimmte Gefühl, daß vielleicht noch an diesem Abend ihr Geliebter und ihr Vater sich aussprechen könnten, um ihr dann gemeinsam die Leviten zu lesen. Momentan hatte sie noch keine Idee, wie sie diese Version hintertreiben könnte. Warum mußten diese Lebenspartner bei ihrer Lenkung immer übersteuern? Schon aus Einsicht war sie fügsam.

Sie hatte sich vorgenommen, daß es ihrem Kind nie an etwas fehlen sollte. Entschiedene Sonderbehandlung

Es verblüffte sie grenzenlos, wie dieses lebendige Wesen auf ihre guten Absichten reagierte. Wie ein Springer vom 10-m-Turm ließ es sich mit Nase, Backe, Stirn, ganzem Köpfchen auf ihre Brust fallen, fand sich dort zurecht, saugte, machte Pause, schlief dann ein. Sie verstanden sich, ohne viel Laute von sich zu geben. Diese Intensität hielt sie etwa 2 Jahre durch. Dann »versagte« sie aus Schwäche einmal zwei, drei Wochen lang. Und jetzt wird das Söhnchen immer wegen dieses Versagens ihre »Liebe« erpressen.

Um diesem Terror zu entgehen, hortet sie »Liebe« zu Zeitpunkten, zu denen das Kind sie nicht will, einfach nach dem Gesichtspunkt, daß sie alles an Liebesfähigkeit zusammenträgt, worüber sie verfügt, um das Versagen wettzumachen (dem inzwischen einige andere Fälle von Versagen gefolgt sind). Der Kampf zwischen den beiden geht um den Zeitpunkt: Liebe, wann sie sie fühlt oder zur Verfügung hat oder meint in Zahlung geben zu müssen, oder Liebe zu Zeitpunkten, an denen das Kind sie abruft, die Mutter aber vielleicht gerade bankrott ist. Oder Liebe, wenn er ihr besonders gefällt oder sie ihn gerade umfaßt hält, er aber will nicht umfaßt werden. Ungeheure »Masse« an »Liebe« wird so umverteilt. Es geht aber nicht um Mengen, sondern die Zeitpunkte, die Organisation dieser »Versorgung«. Es ist ein Lichtblick in diesem ungleichen Kampf (mal das Kind groß wie ein Tiger bis zur Zimmerdecke, mal dieser Wurm und die Mutter, eine erwachsene Riesin), daß dieses Verhältnis das Kind nur oberflächlich beeinflußt. Unterhalb des Terrorsystems lebt es nochmals wirklich, und ein Teil seiner Nahrung zieht es aus dieser Unterseite seiner Doppelhaltung.

Eine Geheimwaffe, aber es sind nur 16 Planstellen für ihre Entwicklung vorgesehen. Ein Skandal

Einer der unleidlichen »Analyse-Hengste« notierte über einen meist am Schreibtisch sitzenden »Denker«: Er hat seine süße sportliche Mutter als er 9 Jahre alt war verloren. Jetzt sucht er ihre umfassende, einhüllende Wärme in den Begriffen, die die Gesellschaft umfassen, und sucht hier immer stärkere, »einschließendere«, deutlich spürbare »Medizin«. Er trägt seine Emotionen in die Begriffe. Sie sind für ihn nicht leer, wenn sie auch vielen anderen leer erscheinen. So kommt er schwer vom Schreibtisch weg, weil er dort diese Nahrung findet.

Elsbeth Meier unterbricht ganz richtig den Referenten Davis Swanson, als er immer wieder mit dem Finger auf der Landkarte herumwanderte und sagte: Hier diese wunderbare Rundung Afrikas im Golf von Guinea . . . Das nützt nichts, sagt sie. Sie übertragen hier nur Ihre Lieblingsvorstellungen. Wenn Sie einmal dort hinkommen, erinnert Sie gar nichts an »eine wunderbare Rundung Afrikas«. So wie dieser »Meerbusen« hier Sie bestimmt nicht an einen Busen erinnert, wenn Sie hinkommen, sondern Sie werden dann ertrinken, selbst wenn

Sie eine Schwimmweste anlegen. Es ist eine lauwarme Wasserwüste von 28° C im Mittelwert, kurze Wellen, so daß ein Wasserspray entsteht, wenn Wind aufkommt, bis 40 cm über der Oberfläche. Das füllt Ihre Lungen mit Wasser. Die Strömung läuft vom Land ab und trägt Sie in den Atlantik. Also gehen Sie bite auf diese Probleme ein und reden mir nicht im Format 1:600 000.

Während des 2. Weltkriegs wurde eine Gruppe von Psychologen und Psychoanalytikern zusammengestellt, die untersuchen mußte, welches Kindheitsmilieu geeignet ist, Soldaten hervorzubringen, die unter extremer Frontbelastung niemals zusammenbrechen. Ein knautschfester Typ des Soldatenmaterials. Diese Untersuchung war von einer Spezialabteilung des Pentagon 1942 nach gewissen Erlebnissen der Armee in der Nähe von Tunis zustandegekommen. Die Ergebnisse der 93 vom Kriegsdienst freigestellten Wissenschaftler waren karg. Sie hätten sich auch bis 1945 niemals auswirken können, da ja keine Kindergeneration bis dahin die Schlachtfelder als Rekruten hätte betreten können. Es wurden auch gar keine Maßnahmen unternommen, die schwach abgestützten Ergebnisse in einer breit angelegten Mütter-Lehrkampagne umzusetzen. Es war Grundlagenforschung.

Nach Abbau des Militärapparats 1946 blieb nur eine Sockel-Abteilung von 3 Wissenschaftlern an dieser Fragestellung haften. Bis 1972 war sie auf 16 Mann angewachsen. Es existiert eine Publikationsreihe. Jetzt wurden in einem Massenversuch 6800 Volksschulen des Mittelwestens mit Mütter-Lehrgängen beschickt, die eine »kindgerechte« Erziehung, insbesondere unmittelbar nach der Geburt bis zum Alter von 9 Jahren, mit der Maßgabe propagierten, **daß bei spezifischer Ich-Verkürzung aus dem Kind ausgegliederte Energien dazu dienen, daß dieses Erziehungsmaterial im Fall seines späteren Soldatseins auch unter extremer Kampfanspannung überhaupt nicht im militärischen Sinne versagt.** Praktisch sollen die Mütter die Kinder bezaubern und anschließend in Form eines Härtetrainings aus Liebe quälen. Bisher wurden 2,3 Millionen Mütter erreicht, wenn auch nicht alle überzeugt wurden.

Im Haushaltsvorschlag für das Rechnungsjahr 1974 sind 12 neue Planstellen für die Abteilung vorgesehen. Diese Stellen sind jedoch aus Gründen des Haushaltsausgleichs mit einem Sperrvermerk versehen worden. Winnie Dexter versucht, durch Intensivgespräche mit Senatoren des Streitkräfte-Ausschusses eine Wende zu erzielen. Es ist von großer Wichtigkeit, für den Fall, daß die USA einmal um ihren Bestand kämpfen, daß Vorsorge getroffen wird, US-Nachkommen zu entwickeln, die unter extremer Frontbelastung nicht zusammenbrechen. Der Bestand der Nation, ihre Expansion und ihre Einheit hängen unter Umständen mehr hiervon ab als von der Entwicklung verbesserter technischer Waffen, die im Ernstfall dann sicher völlig veraltet wären. Anderseits hat es durchaus einen Sinn, Altwaffen massenhaft in Kalifornien in rasch angelegten Lagerstätten zu deponieren, da diese Waffen für den Fall der Ausschaltung der Waffen-Entwicklungsspitze im Kriegsfall für heranproduzierte »entschiedene Überlebenskämpfer« – diese Qualität wird in der Kinderzeit geschaffen – den Rückgriff ermöglichen. Die meisten Senatoren, mit denen W. Dexter sprach, hatten keine Zeit, empfanden ihn als quengelig, hörten zu, weil dies die rascheste Art schien, ihn abzufertigen.

»Das Zeitgefühl der Rache«

1.
Baronin Mucki, eine Wertanlage. Sie ist als Prostituierte eine spezialisierte Fachkraft. Jetzt ist sie 22 Jahre alt, mit 38 Jahren wird sie verbraucht sein. Was dann folgt, ist entweder ein Lotterleben, führt zur Katastrophe oder aber sie geht freiwillig in Pension. Ihre Zuhälter Tigges und Herrchenröther stellen ihr das unverblümt vor Augen.

Als Wertanlage hat Mucki Schäfer ihre Manager 118 000 Mark Abstand bei Erwerb gekostet, hiervon 32 000 (d. h. der Wert eines Luxus-Kraftwagens Lotus Europa Special) Anzahlung. Um rentabel zu sein, muß Frl. Schäfer zwischen ihrem Alter von 22 Jahren und ihrem Alter von 38 Jahren 58 400 Kunden abfertigen. Dies brächte theoretisch, wenn sie abzüglich ihrer *Selbstbehalte* auf den Bruttopreis 100 DM für jeden

Kunden an Tigges und Herrchenröther ablieferte, 5 840 000 DM. Es gehen aber noch pro Jahr 30 Tage für Urlaub, Sonntage oder Erholung ab. Wird sie krank, werden die Ausfalltage auf die 30-Tage-Pauschale für Erholung angerechnet (Tigges erklärt, wieso Gesundwerden Erholung ist). Dies bedeutet: 16 Jahre mal 30 Tage mal 10 Kunden à 100 DM ist gleich 480 000 DM. Verbleiben 5 360 000 DM Rückflüsse.

Es ist immer zu wenig Zeit für richtige Arbeit am Kunden, obwohl doch insgesamt 16 Jahre zur Verfügung stehen.

Mucki Schäfer hat einen Hirtenhund. Den Hund streicheln, ihm etwas zu fressen geben, ihn einmal kurz angucken (alles dies setzt bereits voraus, daß Tigges ihn Gassi führt, und nicht Mucki) bedeutet über 16 Jahre hochgerechnet, denn falls er stirbt, besorgt Mucki sich einen neuen, einen Verlust von 600 000 DM. Herrchenröther legt Hundegift aus, in der Hoffnung, daß der Tod des Hundes Mucki so leid tut, daß sie auf Neuanschaffung eines Hundes verzichtet. Wird von Mucki überführt. Sie weiß aber keine Strafen.

Mucki besitzt eine Schwarze Kasse, in die sie kleine Geldsummen abzweigt.

Das System der Strafen, wenn Mucki nicht pariert, insbesondere sich nicht an die Zeiten hält. Die Strafen beruhen darauf, daß Grundlage von Muckis Beruf Vorstellungsvermögen ist. Daher hat sie eine Begabung für Angst. Also sind Strafen: Badezimmer-Verbot, die Gefahr, einem Verrückten oder einem Dilettanten ausgeliefert zu werden.

Hitzewelle. Gegen Abend Hauptstoßzeit. Zwei Amateusen, Kellnerinnen in dem Lokal, in dem Mucki hauptsächlich verkehrt, springen ein.

Mucki Schäfers früherer Herr, von dem Tigges und Herrchenröther sie gekauft haben, hieß *Abführgesicht*, jetzt schon lange tot. Von ihm hat sie ein Kind, das im Internat in der Nähe der Edertal-Sperre untergebracht ist. Es soll vom schmählichen Beruf der Mutter niemals etwas erfahren, ein besseres Leben führen. Schärfstes Druckmittel ihrer Manager: die Drohung, der Schulleitung Meldung über Muckis Tun zu machen.

2.

In dem Verkehrslokal Muckis ist der Kellner Max erkrankt,

ein junger, mandeläugiger Ausländer. Er liegt in der ihm vom Wirt gestellten Dachkammer. Seinen Arbeitsplatz nimmt ein Ersatzmann ein, so muß Max seine Bleibe räumen. Suche nach einem neuen Platz, praktisch nach Zeit, wo er seine schwere Hirngrippe ausheilen kann. Von einer der Kellnerinnen benachrichtigt, nimmt Mucki sich der Sache an, sucht mit Max irgendein Plätzchen, an dem Ruhe ist für die Krankheit. Sie hat sich angesteckt, legt sich gleich dazu. Es ist eine schöne Woche mit diesem vor Krankheit tappsigen jungen Liebhaber. Ein solcher Privatmoment bringt alles durcheinander.

3.
Tigges und Herrchenröther suchen bereits seit 7 Tagen ihr verschwundenes Wertobjekt Mucki. Deshalb scheiden auch alle Verstecke für Max aus, die in Muckis Verfügungsbereich standen. Jetzt werden Mucki und Max gefunden. Der genesene Max wird krank geschlagen. Es geht aber Tigges um mehr: Generalprävention. Er wird gefangen gehalten und soll weiter gequält werden – zur Abschreckung. Das Zuhälterwesen steht der Justiz nicht nach (»was die können, können wir auch«). Auch Mucki sieht der Bestrafung entgegen: Die Schulleitung wird endgültig benachrichtigt. Mucki Schäfer sieht keinen Ausweg: Sie wendet von Max und sich die Strafe ab, indem sie ihre Schwarze Kasse abliefert. Tigges, der, solange er nicht wußte, wo diese Kasse versteckt ist, Begnadigung zusagte, sieht jetzt Grund für verschärfte Bestrafung: Diese Schwarze Kasse war unzulässig.

4.
Mucki Schäfer wendet sich an Kriminalkommissar Pfuller, der das Vertrauen zahlreicher dieser Frauen besitzt. Sie orientiert ihn über Tigges und Herrchenröthers Tätigkeit, z. B. ist nicht nur Max, sondern auch eine Kollegin Muckis von ihnen krumm und lahm geschlagen worden, anschließend verstorben. Ziel ist nicht, daß Pfuller eingreift, denn dann erhielte er ja keine weiteren Informationen. Daß er es weiß, genügt, eine Art großflächiger Kontrolle und Krisenverhütung zu betreiben.

Aber der ehrgeizige Kriminalrat Kobras, der den konservativen Pfuller für lax hält, nimmt den Fall Pfuller aus der Hand.

Er hat Pfullers Gespräche mit Wanze abgehört. Jetzt werden festgenommen: Tigges, Herrchenröther. Max, ohne Arbeitsbewilligung, wird des Landes verwiesen. Mucki Schäfer ist Kobras' Kronzeugin.

»Sicher bin ich nur im Gefängnis.« Mucki begeht Straftaten, um sich ebenfalls einsperren zu lassen. Aber was sie auch tut, Kobras nimmt es nicht zur Kenntnis. Er braucht eine nicht vorbestrafte Kronzeugin. Mucki ist verzweifelt.

5.
Der Gerichtstermin rückt näher. Aus dem Gefängnis verlautet, daß Tigges gedroht habe, Mucki umzubringen, wenn sie gegen ihn aussagt. Mucki will gar nicht gegen ihn aussagen. Sie ist keine Verräterin. Sie verletzt sich die Zunge, um sich zu hindern, im Verhör weich zu werden. Am besten, wenn sie gar nichts sagen kann. An den Verletzungen, die sie sich selbst zugefügt hat, stirbt sie.

6.
Nuttenvater Pfuller hat ein Gedächtnis wie ein Elefant. Es ist gespeist aus seinem Gefühl für Proportionen und Gerechtigkeit. Er arbeitet jahrelang an der Rächung Muckis. Die Zeit der Rache ist kürzer als die Zeit des Kapitulierens, aber länger als fast alle übrigen Zeiträume, allerdings auch kürzer als das Leben eines Baumes oder bestimmter Schildkröten oder Karpfen. Es gelingt Pfuller, den ehrgeizigen Kobras zu stürzen. Kobras wird aus dem Amt entlassen. Allerdings hat sich Pfuller hierzu in Straftaten verwickeln müssen, muß ebenfalls in Pension. Das ist ihm die Rache wert.

(Heft 16:)

Eine Deutung der Justiz »als der jeweilige imperiale Arm«

An der Universität Marburg hält sich, in einem schattigen Studierzimmer mit angeschlossener großräumiger, kühler Wohnung, der Privatdozent Buselmann, ein letzter Schüler von Verfassungs-Schmitt[1]. Buselmanns 28jährige Tochter Dagmar studiert in Frankfurt/Main die Rechts- und Staatswissenschaften, gehört einer Frauengruppe an, Mitglied des SDS. Buselmann wird gefragt, ob er ihr erklären kann, was Justiz ist bzw. bedeutet. Es ist eine hinhaltende Frage, die die Ankunft überbrücken soll, eine peinliche Situation, weil sie in nichts auf den Vater eingestellt ist, dieser aber die Tochter lebhaft erwartet hat, früher sie sich auf solche Rückkünfte gefreut hat; sie will keine Grundsatzfrage aus der Begegnung an der Wohnungstür machen, dem Umherlaufen von zwei einander desorientierenden Menschenwesen, ihr Vater und sie, in der so leeren (d. h. mit Möbeln, abgelegten Erinnerungen vollgestellten) Wohnung. Die Verwirrung soll sich nicht wortlos ausdrücken, sondern durch irgendeine Fangfrage abflachen.

Die Frage konnte Buselmann nicht beantworten, wenigstens nicht im Dialog mit einer aufsässigen Tochter, die nicht bereit war, sich in den Sessel vor seinem Schreibtisch zu setzen, dort wo das Teegeschirr vorbereitet war, Kuchen stand, ablehnte, überhaupt sich mit Kuchen zu beschäftigen, die begehrte Tochter vielmehr auf einem unbequemen Holzstuhl neben der Tür, spöttisch.

1 Carl Schmitt, konservativer Rechtstheoretiker der Weimarer Republik; unterscheidet zwischen *absolutem* und *relativem* Verfassungsbegriff im *positiven* Verfassungsbegriff, wobei die eigentliche Substanz der Verfassung verborgen in der Gesellschaft selber liegt und nicht positiv, sondern aus den entschiedensten Abwehrreaktionen dieser Gesellschaft abzulesen ist, also z. B. aus der Rebellion gegen Verfassungsverstöße von ganz oben oder ganz unten. Mitglied des preußischen Herrenhauses. Cheftheoretiker der Präsidialregierungen Brüning, von Papen, von

Es enthält die Drohung, gleich darauf aufzustehen, ohne den Vater in die Stadt zu eilen, das Alt-Eisen in der einsamen Wohnung zurückzulassen.

Buselmann antwortete deshalb: Justiz ist das, was du mit mir eben machst. Wenn du z. B. mir beibringen willst, daß es gleich ist, was ich antworte, es werden doch nur Worte sein. Du stempelst mich zu einem rechten Verschwörer. Du hast die Gerichtsgebäude in Frankfurt/Main, Hammelsgasse oder das Amtsgericht hier vor Augen, denkst: das ist die Justiz. Nun wollte die Tochter einerseits tatsächlich in die Stadt eilen und sich mit einem Mann dort treffen, diesem in dessen Wohnung in die Bahnhofsstraße folgen, erst spät nachts wieder nach Hause zurückkehren usf. Andererseits wollte sie das Schicksal der Mutter, deren Zärtlichkeitsbedürfnis vom Schreibtisch-Vater bis zur Scheidung nicht beachtet worden war, rächen. Und außerdem noch die Ermordung der Urmütter. Sie zögerte.

Dieses Zögern, seine einzige Chance, sah der alte Justizknecht auch. Sein Vorteil war, daß er sich unter der provokativ gestellten Frage Dagmars Bilder vorstellen konnte. Kennst du die Gnome von Zürich? sagt er (Bankhäuser, die altenglischen Besitz durch Manipulation des Pfundes expropriieren, Kolonialerwerb umverteilen, ohne Richter zu bemühen); er erzählt ausgewählte Taten der US-Präsidenten Th. Roosevelt[2], Wilson, Franklin D. Roosevelt, Truman usf. . . .

Schleicher. Veröffentlichungen u. a.: *Verfassungslehre* 1. Aufl., 1928; *Der Hüter der Verfassung*, 1931 (= Reichspräsident Hindenburg); daher der Beiname Verfassungs-Schmitt. Grundlegender Gegner der Rechtstheorien von Kelsen.

2 Von diesem Präsidenten, der auf Rössern, als Oberst einer Reitertruppe, der hard-riders, Cuba den Spaniern wegnahm und dort ein Handelsregime errichtete. Von seinem Vornamen stammt der Name der Teddybären. Ein Bär sah den Jäger Roosevelt, als dieser in die Hüte trat, in der der Grizzly sich aufhielt, auf eine bestimmte »menschliche« Weise an (die Geschichte ist ideologisch insofern, als Bären überhaupt keine Mimik haben, also nicht menschlich jemand ansehen können), gleich darauf erschoß der Jäger das unmenschliche Wesen. Ein Geschäftsmann schenkte ihm eine Nachbildung dieses vertrauenerweckend blickenden Bären. Das Fell des geschenkten Bären war durch einen Kunstfehler beim Färben hellgelb geraten (oder der betreffende Wollstoff, der das Fell imitierte, reagierte auf Gerberfarben anders als wirkliche Felle). Dieses Geschenk erhielt Kinderpopularität weltweit durch einen anderen Geschäftsmann, der die Produktion vertrauenerweckend blickender Bären auf den Britischen Inseln aufnahm.

Er brauchte beutereichen Grund.

»Wundertier heiße ich,
gewandert bin ich,
ein mutterloser Mann.«

Es war Glatteis. »Wenn er sie belehrte«, d. h. gebildet, »wissenschaftlich« oder zu lange auf sie einredete, wurde sie aufsässig. Machte er aber hochmanipulative Pausen, »beteiligte« er sie, und war diese Kolonialmethode zu auffällig, wurde Dagmar aufständisch.

Er brauchte aber eine Grundlage von Beispielen, wenn er den Justizbegriff, um die Tochter zu interessieren, im imperialistischen oder kolonialistischen Erfahrungsbereich »festmachen« und anschließend »flüssigmachen« wollte. Dazu mußte er den Justizbegriff weghaben vom Bild eines »Normengebäudes« oder eines »in äußerliche Häuser oder Justizpaläste verpackten Geschäftsbetriebs von Justizanstalten und Gerichten« – nämlich Justiz ist, sagte er, Realitätsentzug. Die Tochter rückte näher an den Schreibtisch. Ich nehme, erläutert Buselmann, dem angeklagten Offizier die Hosenträger, dem politischen Schriftsteller nehme ich die Schreibemittel und sämtliche Kontakte, überhaupt jedem (nicht nur den ich einsperre) nehme ich die Sinne weg, z. B. Schule, ich umzäune die Fabriken, stelle den Werkschutz an die Tore, organisiere Geheimbereiche, aber den Kopf fülle ich durch Hoffnung auf den Arbeitsvertrag und seine Verbesserung, so nehme ich die Aussichten weg, und die Zeit teile ich ein, in feste Mahlzeiten . . ., Dir fülle ich mit Bildern und Beispielen die Phantasie aus, indem *ich* rede.[3]

3 Hätte der Vater gesagt: Justiz ist Gestaltung der Welt von oben, oder sie sei »Verfaßtheit« der Welt oder Justiz sei »jedem das Seine« als Prinzip, erzwungen, oder: sie sei das Schwert »des gemeinsamen Ausschußes der Herrschaftsinteressen«, dann hätte Dagmar ihn wegen der Phrasen ausgelacht, hätte er aber angefangen aufzuzählen: Justiz in der Periode des römischen Imperiums, antijustizliche Haltung der Germanen, Justiz der Goten und Franken, feudalistische Justiz, Femegericht usf. bis zur Jetztzeit, hätte sie sich gelangweilt, hätte er aber gesagt: es gibt immer das »alte Recht«, z. B. das der Ackerbauern am Boden, den sie selber gerodet haben und bearbeiten (B. Traven, Rebellion der Gehenkten, Hinweise im Sachsenspiegel, Recht der Bauernkriege usf.), und dieses alte Recht müssen arbeitende Menschen um jeden Preis durch ihren Rechtsglauben erhalten, da sie für dieses Recht überhaupt nur arbeiten und kämpfen, es ist ihr Produktionsrecht – und es gibt das »neue Recht«, das die eindringenden Römer, die römisch-rechtlich geschulten

Erfunden ist aber »das Recht« (= Themis, Irene, Dike) durch die Matriarchin Gudrun, die den Untergang ihres Reiches rächen muß.[4] Ich muß Recht haben, sagt Buselmann, um Gewalt so einzusetzen, daß die Schiffsführer den Kampf freiwillig, d. h. unter Einsatz ihrer letzten zurückgehaltenen Reserven aufnehmen.[5] Das ist nur mein Recht, wenn es ihres ist. Das aber lernen von Gudrun die Brüder.

Sie konnten bis dahin Gewalt nie vollständig, d. h. einschließlich der in den Köpfen und Körpern zurückgehaltenen Reserven anwenden. Jetzt nehmen sie der Schwester nicht nur das Reich, sondern auch das Recht, indem die es nachahmen

Hofjuristen der Reformationszeit und nunmehr die Rechts- und Formularabteilungen der großen Industrien von oben über die Gesellschaft wölben, und das lebt zwar von der Hoffnung der Massen auf ihr altes Recht, ist aber die konsequente und gewaltsame Zerstörung dieses Rechts, so hätte Dagmar zwar hingehört auf die Stichworte Bauernkriege, Massen, alt, neu, Vernichtungsrecht, Produktion, Distribution, Rechtsbörse usf., aber sie hätte gesagt: das ist typisch deine miese Haltung, unparteiisch betrachtend, immer zwei Seiten, die ineinander verwickelt sind, und die Sehnsucht nach dem alten Recht »ist geschenkt« (hat Alibi – Funktion, ist melancholisch, Tristesse, nicht gesagt hätte sie: »Sehnsucht nach mir«). Was weißt denn du von den Massen, hier am Schreibtisch? Wo stehst du überhaupt? Welche Partei ergreifst du? Oder sie hätte gesagt: Das alles liegt gedruckt bereits vor. Damit wäre sie fortgegangen.

»In ihrer Bewegung auf Wahrheit hin bedürfen die Kunstgriffe des Begriffs, d. h. der Griffigkeit, die sie um ihrer Wahrheit willen von sich fernhalten«. (Ein Wortspiel Buselmanns über Zeilen 8–10, S. 201, T. W. Adorno, *Gesammelte Schriften* 7, Frankfurt/Main 1970: Mimesis ans Tödliche und Versöhnung, Methexis am Finsteren.) Solange er *zersetzte*, gelang ihr ein Gefühl.

4 «Gold vergab da/ die glänzend Weiße/ rote Ringe;/ die Recken beschenkte sie./ Das Schicksal ließ sie wachsen/ und die Schätze wandern . . .«; »Drei Königen/ verkündete sie/ Todesschicksal/ eh die Tapfere starb . . .«; »Die eure Schwester war/ Schwanhild geheißen/ die . . . Rosse zerstampften/ helle und dunkle/ graue, gangschnelle/ gotische Hengte/ bin einsam geworden . . .«. Spielt auf die Zerreißung von Gudruns Tochter, die dem Gotenkönig zur Ehe gegeben ist und von vier Rossen in die vier Himmelsrichtungen gerissen wird. Auch diese muß gerächt werden. (Das alte Hamdirlied, Edda, übertragen von Felix Genzmer, Bd. 1, Köln 1963, Verse 2, 3.)

5 Altes Hamdirlied, a.a.O., Vers 13: »Sie verheißen mehr/ als sie halten können:/ sollen zwei Männer/ zehnhundert Goten/ binden oder töten?«; ». . .sie fanden den Unheilsweg/ den windkalten Wolfsbaum/ im Westen der Burg:/ Am Galgen schwebte/ der Schwester Stiefsohn,/ der Leichnam schwankte –»; ». . . sieh deine Füße,/ sieh deine Hände,/ Herrscher, geworfen/ ins heiße Feuer!«

Das grönländische Atlilied, a.a.O., S. 77, Vers 27 und 28: »Frauen sah ich, tote,/ im Finstern herkommen,/ ärmlich angetan,/ dich abzuholen«; »Zu spät zum Gespräch ist's:/ versprochen ist's also,/ die Fahrt ist befohlen;/ ich entflieh nicht dem Schicksal./ So könnte es kommen,/ daß wir kurzlebig wären.«

und Gewalt so aufrichten, als wäre sie Recht. Wie es die US-Präsidenten tun, fügt Dagmar gehorsam ein, wenn sie Moral und »Handelsverkehr« (jus cosmopoliticum) in die Herzen bomben. Buselmann: Von da an Justitz als der Machtarm der Imperien. Flott ging das Buselmann von der Zunge.

Als geübte Tochter war sie gewohnt, intelligente Fragen zu stellen, sich auszuzeichnen, nachzubohren und dadurch die Zärtlichkeiten Buselmanns auf sich zu ziehen. Sie merkte wohl, daß sie in den Zeiten zurückschritt, als zwölfjährige Eingeborene saß sie da, beim Kolonialherrn beliebt. Aber die Tageszeit schritt fort. Sie macht jetzt Abendbrot. Der Mann im Café, auf dem Marburger Markt wartend, war vertan, der alte Privatdozent platzte vor Hochmut. War aber so vorsichtig, wie er vermochte. Für solche Momente wollte er gern bis ans Ende seiner Tage marxistische Texte erlernen, in denen er sich, mit der Flut der Bilder, die er aus Zusehen beim Verlauf der dreißiger und vierziger Jahre usf. zur Verfügung hatte, ganz passabel ausdrücken konnte. Die Tochter blieb.

Festung Justiz

Die Hitzeglocke, die über Frankfurt liegt, hat in den ganz frühen Morgenstunden das historische Aussehen eines Sommertages, der über der Arktis, den Feldern von Niedersachsen oder den Mainfurten vom Jahre 803 n. Chr. ein Hoch bildet; »am späten Nachmittag werden dann am Horizont Sommerwolken stehen«. Über der Frankfurter Zone aber hat sich schon bis gegen acht Uhr früh ein wasserhaltiger Schleier vor die Bläue gelegt; die Stadt hat ihn ausgeschwitzt oder das mit Häusern und Zweckbauten bedschungelte Rhein-Main-Gebiet mit seinen zahllosen Wässern. Wie ein Treibhausdach.

Ein Beispiel für geschlossene Kommunikation (bei jedem Wetter) ist dagegen die Justiz. Sie befindet sich im Verteidigungszustand. In den Büschen zwischen den Justizvierecken an der Hammelsgasse sowie dem Neubau der Staatsanwaltschaft (mit den Aquariumsfenstern) sind Beamtengruppen aufgestellt. Sie tragen statt der Uniformhosen feldmarschmäßige Überhosen. Die Reserven (der Schleier-Sonne entzogen) im neonbeleuchteten Schatten der Eingänge und Treppen von Gebäudekomplex II. Die Jalousien der Justizgebäude sind herabgelassen. Es entsteht so innerhalb der Anlage, in den Geschäftsstellen und Richterzimmern ein abgeschottetes Kunstklima, das es nirgendwo auf Erden sonst im Sommer oder Winter gibt.

In den JVAs I (Männer) und III (Frauenstrafanstalt Preungesheim) haben Kräfte des Landeskriminalamtes die Zugangskontrollen besetzt. JVA III, von Außenmauern abgeriegelt, ist ein traditioneller Backsteinbau, dessen Öffnungen aus mattiertem Glas ungeschützt sind. Sie geben dem Zellenbau und den Gängen des Verwaltungstrakts ein Dämmerlicht. Dagegen verfügt JVA I nur über Kunstlicht sowie Öffnungen zum weißlichen Himmel hin, die also einen Streifen krasser Blendung von oben, den Blick auf *Nichts* freihalten.

[**Schreck in der Abendstunde**] Der Schlauch eingedickter Luft über Stadt und Vorortzone wird an den Rändern von den Taunuswäldern herab lediglich etwas ausgefranst. Ein Autokorso fährt die Homburger Landstraße herauf. Megaphone auf den Fahrzeugen montiert. Vier in U-Haft in JVA III einsitzende politische U-Gefangene sollen es hören. Sie sind sofort freizulassen, die für die Festnahme verantwortlichen Behördenchefs, z. B. der Polizeipräsident, dagegen sollen statt ihrer in die Anstalt eingewiesen werden.

»Gisela raus
Müller rein.«

Zivilfahnder – sie spielen die Rolle von »Nachbarn« – notieren die Nummern der Korsofahrzeuge. Sie zählen sie »negativ«, d. h. sie zählen die zahlenmäßige Schwäche dieser Gruppierung, gemessen an der Gesamtzahl von Fahrzeugen, die Frankfurts Straßen täglich befahren. Für den Fahnder Ferdi Quecke ist die Zahl von 46 Fahrzeugen (für das Auge immerhin eine täuschend stattliche Gruppe) kein befriedigendes Resultat. Es sind zu wenige, um seine Arbeit (die seiner Planstelle) im gesellschaftlichen Sinne wichtig zu machen. Was wäre, wenn es z. B. 7250 Fahrzeuge wären? Dann wäre seine Berufsausübung ein gefährlicher Job.

[Versuch, telefonisch in die Festung vorzudringen] Es ist zu dieser späten Abendstunde nicht möglich, telefonisch zur Gefängnisdirektorin oder irgendeiner anderen bevollmächtigten Person in der Anstalt durchzudringen. Wer ist am Apparat? Der Beamte vom Landeskriminalamt ist im Telefondienst noch nicht eingespielt. Er muß mitschreiben. Das Telefon ist »das beliebteste Mittel von Terroristen, Nachrichten durchzugeben oder abzuzapfen«. Hier kann das kleinste verräterische Reagieren in der Stimme des Telefonisten, z. B. Zeigen von Überraschung, dem anonymen Anrufer eine Information bieten. Die telefonisch gemeldeten Namen sind meist vorgeschoben. Es lohnt sich kaum, sie aufzuschreiben. Jeder ist in der Lage, sich unter dem Namen des Staatssekretärs, den er aus der Zeitung kennt, zu melden. Trotzdem werden die Anrufer mit ihren angeblichen Namen in Listen notiert.

Es ist hier niemand mehr, antwortet der Beamte in die Muschel. Das »mehr« ist eigentlich schon zuviel. Er macht sich Vorwürfe. Es bedeutet ja, daß zuvor jemand hier war. Überhaupt niemand? Da werden doch wohl noch ein paar Gefangene anwesend sein? Und die ziehen Aufsichtspersonal nach. Die können Sie nicht sprechen, will der Beamte sagen, aber das ist vielleicht schon zuviel Hinweis, da hieraus auf eine Sicherungsmaßnahme, nämlich Telefonsperre, geschlossen werden könnte. Hier ist keiner, beharrt deshalb der Beamte. Mit wem spreche ich denn? Das kann ich Ihnen am Telefon nicht mitteilen.

[Gegner, schwer zu greifen] In der Nacht zuvor wurde ein Tonbandgerät dicht an der Gefängnismauer der Justizvollzugsanstalt III abgestellt, das Trostbotschaften an die Einsitzenden durchgab. Nach Ansicht der Anstaltsleitung war das nicht so aufregend, weil die Botschaft von den Gefangenen nicht gehört wurde, »da diese nachts schlafen«. Ganz anderer Ansicht sind die Beamten der Untersuchungsgruppe, die den Vorfall aufzuklären haben. Die Spurensicherung ergibt, daß die ersten zehn Minuten des Bandes nicht bespielt sind. Dies zeigt »eine intensive kriminelle Energie«, da die Täter diesen Leerlaufzeitraum benutzten, um ihr Entkommen zu sichern. Es bedeutet aber noch längst nicht, daß sich die Täter in einem Radius, der – zu Fuß oder mit schnellem Fahrzeug – in zehn Minuten von der Anstaltsmauer aus zu erreichen wäre, noch befinden. Die schwirrten irgendwo in der Stadt, unter Umständen jenseits des Flusses, oder in anderen Städten umher.

[Der Druck der Erkenntnis]

– Finden Sie nicht, Herr Staatssekretär, daß die Isolation im Fall Berzel etwas voreilig war? Die Untersuchungsgefangene erhielt dann im Wege des Strafbefehls eine Geldstrafe. Eine Geldstrafe für Staatsgefährdung?
– Darin kann ich Ihnen nicht zustimmen. Das Ministerium ist kein Wahrsager. Wie sollen wir die Urteile des unabhängigen Gerichts voraussagen?
– Sie haben sie ja durch Isolationshaft im Fall Berzel bevorschußt. Nur kam dann bloß eine Geldstrafe heraus.
– Es lagen *Erkenntnisse* der Staatsschutzbehörden vor.
– In einem Bagatellfall?
– Woher weiß man, was eine Bagatelle ist?

Der Rundfunkmann hielt dem Staatssekretär vor: Im Fall Strecker – *Erkenntnisse,* daher Isolation, der Untersuchungsgefangene wurde aber vom Gericht auf freien Fuß gesetzt; im Fall Ickler – Isolation, die Untersuchungsgefangene wurde vom Untersuchungsrichter auf freien Fuß gesetzt.

– Wie kommt Ihre Rundfunkanstalt auf den Ausdruck: Isolation?
– Wie kommen Sie eigentlich, Herr Staatssekretär, auf den Ausdruck Erkenntnisse?
– Das sind die Mitteilungen der Staats-Sicherheitsbehörden.
– Und wenn die nun nicht stimmen?
– Es sind »Erkenntnisse«, d. h. Eintragungen auf Blatt soundsoviel der Akte. Daran können Sie und wir nicht vorbei.
– Auch nicht aus besserer Erkenntnis?
– Nein. Es ist ein Vorgang.

[Vorgang] Frankfurt (Main)-Preungesheim,
den 21. Februar 1944

Betrifft: Beschaffung von Strängen zur Vollstreckung von Todesurteilen; Ohne Vorgang

An den
Herrn Generalstaatsanwalt
in Frankfurt am Main

Zur Vollstreckung der Todesstrafe durch Erhängen sind die erforderlichen Stränge noch nicht beschafft worden. Die Arbeitsverwaltung des Zuchthauses in Brandenburg (Havel)-Görden hat auf Anfrage mitgeteilt, daß die Anfertigung der Stränge ohne die Genehmigung des Reichsjustizministeriums – Zentralbeschaffungsamt der Justizvollzugsanstalten – Berlin W 8, Wilhelmstraße 65, vorgenommen werden darf.

Ich bitte die Genehmigung erwirken zu wollen.
Benötigt werden je 6 Stränge à 55 und 65 cm lang

In Vertretung
gez. Unterschrift
Verwaltungsinspektor[1]

[Der Regierungsmedizinalrat des Strafgefängnisses und Frauenjugendgefängnisses Ffm.-Preungesheim]

8. 1. 1943

Eindrücke und Beobachtungen bei der Tötung des Jumel, Marceau, durch den Strang am 7. 1. 1943 abends 19 Uhr:

Dem Anschein nach war das Gehirn sofort ausgeschaltet. Die Beobachtung der Herztätigkeit ergab verschiedene Werte; nach anfänglich auftretender Verlangsamung des Herzschlags bis auf 50 i. d. M., die etwa drei Minuten andauerte, wechselte diese in eine erhebliche Beschleunigung (120 bis 130 i. d. M.), die dann bis 10 Minuten nach erfolgtem Erhängen bestehen blieb; erst dann setzte ein immer Langsamer- und Leiserwerden des Herzschlags ein, bis etwa zwischen 16. und 17. Minute das letzte Mal Herztöne gehört wurden.

i. V.
gez. Unterschrift

1 Dok.: A. Schmid, Frankfurt im Feuersturm, Frankfurt/M. 1965.

Eine Aufseherin in Preungesheim

»Es war im Jahre 1942. In der Männer-Strafanstalt Frankfurt-Preungesheim befand sich eine Hinrichtungsstätte. Hier wurden auch die Todesurteile an Frauen vollstreckt.

Eines Morgens bei Dienstantritt wurde mir der Befehl erteilt, mich für eine Nachtwache bei einer weiblichen Gefangenen im Männerbau bereitzuhalten.

Dienstantritt 19 Uhr. Um 20 Uhr erschien der Staatsanwalt mit seinem Gefolge. Ich mußte die Gefangene vorführen.

›Im Namen des Volkes‹ wurde das Urreil verlesen, mit den Worten schließend: ›Das Urteil wird morgen früh 5 Uhr 30 vollstreckt‹. Hier traf es eine Frau, 40 Jahre alt. Langsamen Schrittes ging sie vor mir her in die Zelle zurück. Hier setzte sie sich auf den kleinen Tisch und sah vor sich hin.

Ich wollte den Druck dieser Atmosphäre unterbrechen und schälte eine Apfelsine. Mit Zureden konnte ich die Gefangene dazu bewegen, einige Stückchen anzunehmen.

So nahm sie auch meinen Rat an, sich noch eine Weile auf die Pritsche zu legen. – Der Anstaltsgeistliche kam.

Ich stellte das Kreuz auf den Tisch und zündete die Kerzen an. Es war 3 Uhr früh.

Die Verurteilte schien »gelöst und ruhig zu sein«. Im Bereich der Möglichkeiten wollte ich ihr eine letzte Bitte erfüllen. Sie bat sich einen Krug frisches Wasser aus. ›Ich möchte mich noch einmal mit kaltem Wasser waschen, wie ich es oft getan!‹

Ich beobachtete, wie sie das Wasser mit den Händen schöpfte, das Gesicht benetzte, es über den Oberkörper rieseln ließ. Der Körper war gepflegt, die Kleidung einfach und sauber. Als die Gefängnisuhr 5 schlug, hörte man draußen Männerstimmen. Die Oberbekleidung wird mit dem kragenlosen Hinrichtungshemd vertauscht.

Männer kamen, legten ihr Fesseln an und führten sie über den Hof. Als die Tür zuschlug, stand ich bei dem Pfarrer auf der Treppe. Fünf Minuten später wurde ein kleiner brauner Sarg herausgetragen. ›29,5 Sekunden‹ rief ein Beamter mir zu – ›behalten Sie diese Zahl‹.

gez. Unterschrift.«

Justizverschwörer

In einer norddeutschen Großstadt, die einen Kriegshafen besitzt, Fregatten fahren darin, hat der Vater eines der Verschwörer, von denen ich hier rede, alle acht Kinos der Stadt in seinen Besitz gebracht, sein Sohn erbt sie. Nun ist dieser Sohn, achtunddreißigjährig, mit dünnen Lippen, kleinem Gesicht, weinerlichen »empörten« Augen, keine Siegernatur wie der Vater. Es ist ihm mißlungen, die Aufmerksamkeit seines Vaters zu erwecken oder » zu anderen Zeiten – die seiner Mutter vom Vater auf sich zu lenken und so diesen nachhaltig zu schänden. Halt, sagt E. Lemmermaier, das ist eine individualpsychologische Deutung. Ich glaube nicht, daß Sie ihre Justiz-Verschwörertheorie an psychologischen Einzelheiten festmachen können. Glauben Sie, was Sie wollen, antwortete ich. Ich nehme nicht an, daß es Zufälle gibt, nach denen eine psychologische Einmaligkeit eines Individuums nicht ohne viel Suchen auf eine ordnungsgemäße gesellschaftliche Determination – so gattungsgeschichtlich wie Sie wollen – zurückgeführt werden kann.

Dieser Sohn eines Kinobesitzer-Vaters ist erst zum Besitzer seines Besitzes und dann zum Besitz seines Besitzes geworden. Der Besitz sitzt ihm im Nacken. – Scheidung von seiner jüngeren Frau, Nasenbluten, Nervosität, ein ängstlicher Gauner ohne die Vorbildung oder Nervenkraft die zum Gaunersein nötig ist. Und dieser Mann, Vollwaise, setzt Lemmermaier fort, hat dann einen Prozeß, rein aus Angst, »wenn er in diesem Präzedensfall nachgibt, wird er in zahllosen weiteren Fällen ... (so wie ein Vater die »Fleischeslust« der Tochter mit seinen tollen Einfällen millionenfach übertreibt – er war aber immer schon überfahren durch das Erbe –) und so hat er sich in einen Prozeß gestürzt, nicht einmal ein Anliegen seines Eigentums, sondern eine Verbandssache des Berufsverbandes, der Berufsorganisation, der er, überfordert, vorsteht – und daraus hat sich ein Beleidigungs- und Drittschadensverfahren ergeben, und dann hat er, nur um sich zur Wehr zu setzen, erst recht angegriffen, seine Kinos inzwischen durch unfähige Geschäftsführer zu Schrott verwaltet ...

Das war nicht so, antwortete ich. Vielmehr führte er in

Cannes während der Filmfestspiele am Strand ein Gespräch mit dem Ministerialreferenten D. aus dem Bundesjustizministerium, der dort einen Teil seines Urlaubs verbrachte, und in diesem Zusammenhang sagte dieser Referent: Wir stehen in einem Entscheidungskampf. Er bedarf der rigorosen Zusammenfassung aller Kräfte. Wir können uns die Zertrennung in Straf-, Justiz- und Verwaltungsgerichte, nicht mehr leisten. Vielmehr müssen wir die gesamte juristisch ausgebildete Arbeitskraft in *einer* Behörde zusammenfassen, die Zuständigkeitskataloge radikal zusammenstreichen. Was sollen die ausufernden sog. Zivilsachen, Ehesachen, die Bestrafung kleiner Diebstähle usf. Ich löse das entsprechend der Verordnung über die Tätigkeit der Gerichte in Kriegszeiten von 1939 durch ein paar Notkammern, die die Sache irgendwie besorgen, während der ganze Rest an die Front geht und die Justiz überhaupt in Verteidigungszustand setzt. Der war blau? fragte Lemmermaier. Erst einige Pernod, danach provencalischer Wein, antwortete ich, dazu Sonne auf den Kopf, einige Male ins Wasser und nun schwärmte er. Und was hat, fragt Lemmermaier, der Kinobesitzer damit zu tun?

Er ist der Gesprächspartner. Ringsherum Sonne, graue Kriegsschiffe draußen, die Flagge gesetzt haben, auf der sonnenüberfluteten Reede im blauen Meer. Andeutungen über den Zustand der Welt in über 1000 Filmen, die in der Rue d' Antibes und im Palais des Festivals projiziert werden. Lemmermaier: Und hier zwei Verzweifelte auf Stühlen am Restaurant-Tisch am Strand, die die Lage erfaßt haben. Ich: Sie haben Angst vor der Schneeballwirkung des einen oder anderen Präzedenzfalls, daß sich daraus die Unjustiz der Welt vermehrt. Keine Freude am Wetter, keine an den Bäumen im Garten zu Hause. Lemmermaier: Aber die Lage hatten sie erfaßt. Sie hatten, antwortete ich, die Lage erfaßt und sie wollten entschieden Gegenmaßnahmen treffen. Das konnten sie aber hier an Ort und Stelle nicht. Lemmermaier: Nicht hier an Ort und Stelle und auch nicht zu Hause. Sie sagten sich nur, das wird ganz schlimm und bedarf einer Zusammenfassung der Kräfte. Was, fragt Lemmermaier, ist aber die Pointe? Keine Pointe, sondern ein Eindruck. Ohne verbleibende Folgen für irgendjemand. Es ist ein Gedanke.

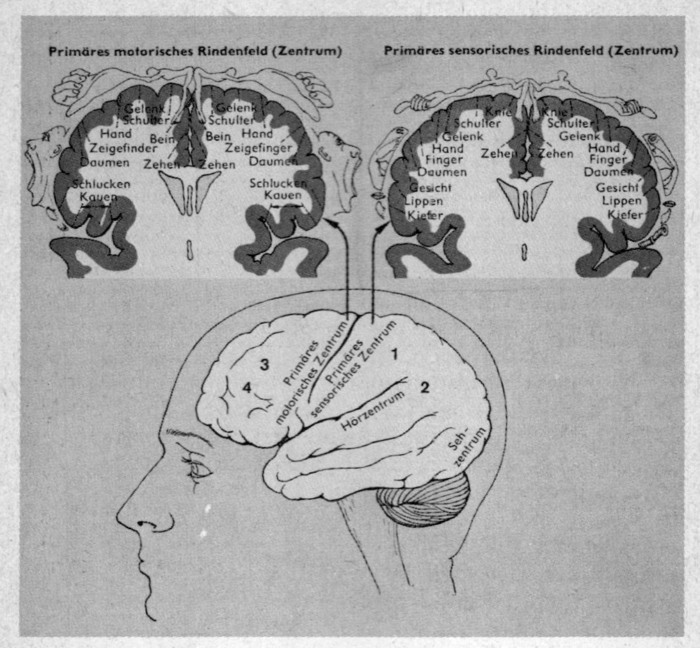

Abb.: Eine der Schwierigkeiten im Verstehen der Gehirnfunktion ist die, daß dem Gehirn nichts ähnlicher ist als ein Haferbreiklumpen« (Gartmann).

»Primäre motorische und sensorische Zentren. Die motorischen und sensorischen Areale des Cortex liegen entlang des Sulcus centralis. Das motorische Areal liegt genau vor ihm (frontal), das sensorische Areal liegt genau hinter ihm. Die sich entsprechenden Teile des Körpers werden von Punkten repräsentiert, die sich der Windung entlang genau gegenüberliegen. Die Körperrepräsentation ist auf den Kopf gestellt. Das bedeutet, daß die Beine und Füße oben und auf den Innenflächen zwischen den Hemisphären repräsentiert sind, die Hände und Arme darunter und der Kopf ganz unten. Die größere Präzision von Sensibilität und Kontrolle in Kopf und Händen gegenüber anderen Teilen des Körpers ist angezeigt durch die größeren Repräsentationsareale im Cortex.«

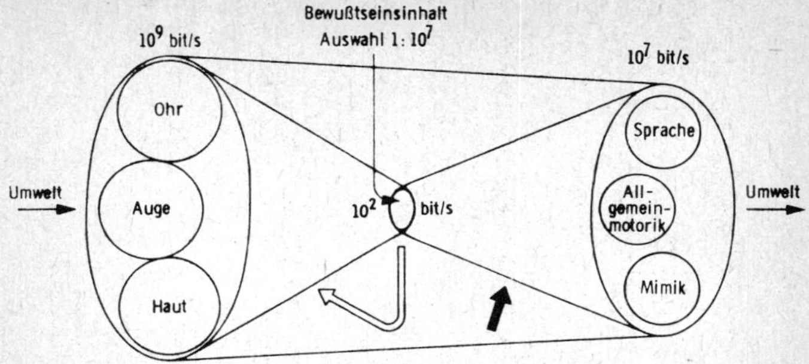

Abb.: »Die maximale Informationsmenge von 10^9 bit-sec. (Gartmann nimmt an: ›nach oben erweiterbar, aber bisher nicht gemessen‹), welche die Sinne aus der Umwelt erreicht, wird im Verhältnis 1:1 000 000 für die bewußt erlebte Sinnlichkeit eingeschränkt. Im motorischen Verhalten (spucken, schließen, schleudern, reden usf.) können, wie gesagt einschließlich der Sprache, bis zu etwa 10^7 bit Information pro Sekunde abgegeben werden.

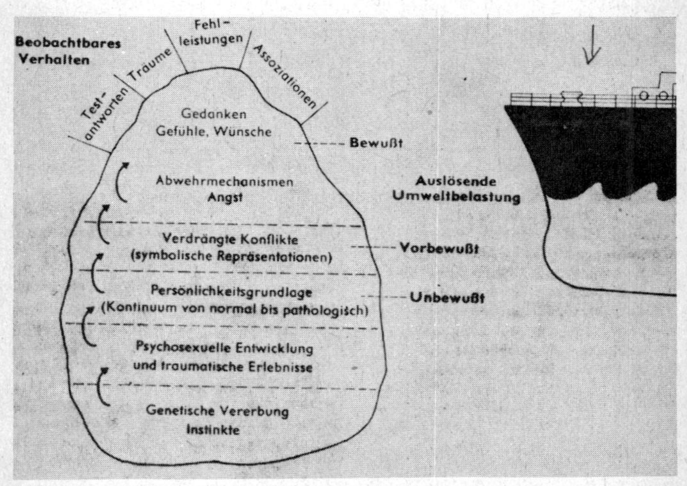

Abb.: Hirngesteuertes Verhalten (nach Gartmann): Dazu zerfällt der Mensch in zwei Hälften; hiervon ist die eine als Eisberg dargestellt, die Gefühle. Die andere, der »Verstandesmensch«, als Schiff (im Bild: von rechts).

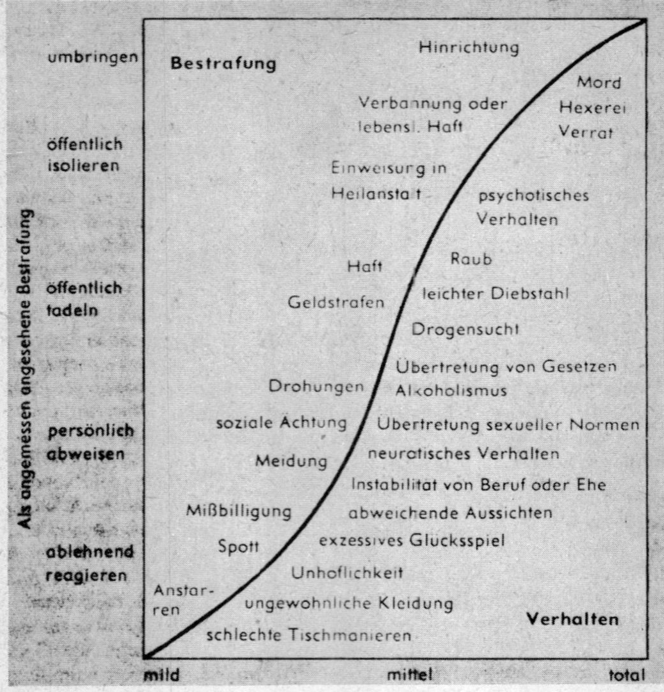

Abb.: Ausschnitt aus »hirngesteuertes Verhalten«, hier: »Strafmaße« (nach Gartmann).

(Heft 17:)

Warten auf bessere Zeiten

Die Richterin hatte die Akte nicht ohne Genuß und mit viel Idealismus gelesen: Sie konnte nicht davon absehen, daß sie ebenfalls ein Mensch mit erotischem Interesse war. Das wurde hier angeregt. Gleichzeitig hatte sie schon während ihres Studiums eine Protesthaltung gegen ihre derzeitige strafrichterliche Funktion entwickelt. Sie hatte *Sittlichkeit und Kriminalität* von Karl Kraus gelesen, überdies (wenn nicht das schon die Entscheidungsgründe in diesem Fall trug) eine »Schwäche« für die Arbeiterklasse.

Nun war dies hier nicht ein Industriearbeiter, der die Maschinen wirklich mit seinen Händen anfaßte, vielmehr ein Lagerverwalter in einem mittleren Betrieb, der Schrauben auszugeben hatte. Er mußte sortieren, vorgelegte Bestellzettel prüfen, usw.

Natürlich hatte sie auch gelernt, daß es ohne Disziplin im Justizdienst nicht geht, d. h. sie war sich schon darüber bewußt, daß sie StPO und materielles Strafrecht anzuwenden hatte, und auch schon im Interesse des Angeschuldigten, da sonst die Oberinstanz das Urteil aufhob. »Idealisieren« war also geteilt in zwei: den Willen, dem guten Mann zu helfen (bis zum Exzeß), aber auch die Kenntnisse und »Richtigkeit des Rechts« (AN = »Anspruchsniveau«), also wie eine gute Ärztin zu verfahren.

Der Angeschuldigte wurde hereingebracht. Es war hier nicht die Atmosphäre einer Kantine oder einer Ecke im Bürogang, wo man ungestört mit den Kollegen reden kann.

Die Richterin hatte lange blonde Haare, große aufgeregte Blauaugen, ihr Mund war von seinem rechten Sitz um einige Zentimeter verrückt, man hätte ihn nach unten biegen müssen auf Kosten des problematischen Kinns, um ein »normales« Gesicht zu haben. Etwas an der Gesamtsituation in diesem dunkel getäfelten Saal war unstimmig: Sitzungsvertreter der Staatsanwaltschaft, die Schöffen, Protokollführerin, ein

Justizwachtmeister, die Anwältin. Einige dieser Personen hatten auf Grund der Aktenlage ein stark projektives Urteil über die Sache, die jetzt neun bis zwölf Monate zurücklag und dem Angeschuldigten noch *unwirklicher* erschien als dieses Zeremoniell. Er hätte gern eine Tasse Kaffee gehabt.

RICHTERIN: Sie heißen Bertie Schmoller?
SCHMOLLER: Richtig.
RICHTERIN: Geboren?
SCHMOLLER: 21. 02. 1943 in Kaiserslautern.
RICHTERIN: Tätig als?
SCHMOLLER: Mitarbeiter der Firma Baumann.
RICHTERIN: (zur Protokollführerin:) Als Arbeiter.
SCHMOLLER: Lagerist.
RICHTERIN: Ja, das fällt unter die Kategorie Arbeit.
SCHMOLLER: Jawohl.
RICHTERIN: Zur Sache. Wir wollen das nicht so formell machen. Kommen Sie einmal her zu mir. So, wenn Sie sich setzen wollen. (Zum Justizwachtmeister:) Holen Sie mal den Stuhl da her.

Schmoller wollte sich nicht setzen, er hätte dann zwischen seinem Kopf und dem der Juristin 1,20 m Höhenunterschied gehabt, wenn er aber stand – in Folge seiner langen Oberschenkel – konnte er fast in ihre Augen sehen, wenn er etwa 10% Seitenwinkel berücksichtigte, sein Mund stand dann etwa in Halshöhe der Richterin, das heißt, seine Augen in Höhe ihres Kinns, das stark gepudert war.

RICHTERIN: Ich lese Ihnen jetzt die Anklagepunkte vor. Unterbrechen Sie mich, wenn Sie irgendetwas nicht verstehen. Also: (folgen die Anklagepunkte).

Aus den Hochfenstern war ein Stück blauer Himmel zu sehen, darunter ein weiteres grün angestrichenes Justizgebäude mit schmalen Fenster.

RICHTERIN: Sie sind am 12. März 1973 bei der Familie Schumann eingezogen als Untermieter?
SCHMOLLER: Weil das in der Nähe meiner Firma lag.
RICHTERIN: Vorher wohnten Sie in Nieder-Höchstadt?
SCHMOLLER: Richtig.

RICHTERIN: Dies hier zeigt die Skizze der Wohnung. Hier ist Ihr Zimmer. Richtig?

SCHMOLLER: Richtig.

RICHTERIN: Hieran grenzt die Küche, das Schlafzimmer von Frau Schumann, hier das Zimmer der zwei älteren Töchter, Rita und Recha, 17 und 15 Jahre alt.

SCHMOLLER: Recha hieß Kummerl.

RICHTERIN: Das ist ein Spitzname?

SCHMOLLER: Sie wurde allgemein Kummerl genannt , nicht Recha.

RICHTERIN: Also Recha Schumann, genannt Kummerl. Hier interessiert aber nur, daß sie 15 Jahre alt ist zum Tatzeitpunkt.

SCHMOLLER: Jetzt ist sie 16.

RICHTERIN: Aber zum Tatzeitpunkt 15.

Schmoller schwieg. Ihm war das zu präzise. Er ging von der tatsächlichen Erscheinung dieses Mädchens aus, die nicht auf den Begriff 15 oder 16 zu bringen war. Er meinte seine Position zu verbessern, wenn er sich gegen diese Einteilung auflehnte. Da dieses »jüngere Mädchen« korpulenter war als die ältere Schwester, die sehr schmale Hände, ein kindliches Becken hatte und auf ihren braunen Intelligenzleraugen eine randlose Brille trug, hätte er wetten mögen, daß die beiden Schwestern ihr Alter hätten tauschen können, ohne daß dies die *Wahrheit* verletzt hätte.

RICHTERIN: Was ist nun? Ich habe hier in den Akten die Geburtszeugnisse. Sie wollen wohl das Alter dieser »Kummerl«, wie hier steht: Recha Schumann, nicht leugnen? Oder was?

Schmoller schwieg.

RICHTERIN: Das ist eine Tour, die ich nicht mitmache, Herr Schmoller.

Schmoller zuckte die Achseln, wollte gerne nachgeben. Die Richterin faßte das als »Gummiwand« auf. Sie sagte: Herr Schmoller, das sind Fakten. Sie wurde frech. Aber es war keine Tatsache, daß diese jüngere Schwester wirklich so jung war; das konnte er aus Rechas Reaktionen sehr genau belegen.

Schmollers Anwältin (zum Angeklagten:) Das Lebensalter

ist doch nicht strittig. Das können Sie ruhig zugestehen. Schmoller verneinte.

RICHTERIN: So können wir nicht weitermachen. Ich brauche auch Ihre Zustimmung nicht, da ich das Alter von Amts wegen feststelle.

Schmoller schwieg.

RICHTERIN: Hier auf der Skizze das sogenannte Kinderzimmer, in dem die sogenannte Billie schläft.

SCHMOLLER: Das ist insofern richtig, als das Zimmer dort liegt. Aber es ist kein Kinderzimmer, sondern das normale Mädchenzimmer.

RICHTERIN: Mit 12 Jahren ist sie kein Kind?

SCHMOLLER: Nicht im Sinne von Kinderzimmer. Ein ganz normales Zimmer mit Ausstattung für ein Mädchen.

RICHTERIN: Fahren Sie fort. Hier Billies Zimmer, dort das Wohnzimmer mit einer Couch, hier die Toilette. Um die Toilette zu erreichen, muß man hier und hier vorbei. Richtig?

SCHMOLLER: Ja, so war es.

RICHTERIN: Schildern Sie jetzt einmal Ihren normalen Tagesablauf.

SCHMOLLER: Ich stehe um fünf Uhr früh auf. Frau Schumann brüht mir einen Tee. Ich fahre zum Werk und komme gegen 17.30 wieder zu Hause an, lege mich gegen 20.00 Uhr schlafen.

RICHTERIN: Jetzt erzählen Sie einmal Oktober 1974. Sie legen sich hin, schlafen aber noch nicht.

SCHMOLLER: Doch, ich schlafe sofort.

RICHTERIN: Aber jemand besucht Sie, und Sie wachen wieder auf.

SCHMOLLER: Ich wache wieder auf.

RICHTERIN: Nachdem Sie *wer* geweckt hat?

SCHMOLLER: Geweckt hat mich niemand, sondern ich höre, wie jemand meine Türe öffnet und ins Zimmer schleicht.

RICHTERIN: Also sind Sie jetzt wach geworden.

SCHMOLLER: Nein. Ich habe fest geschlafen.

SITZUNGSVERTRETER DER STAATSANWALTSCHAFT: Entweder haben Sie geschlafen oder Sie haben bemerkt, wie da einer schleicht.

ANWÄLTIN: Was haben Sie exakt gespürt?

Schmoller fühlt sich von drei Seiten umstellt. Er meint, seine Position halten zu müssen, ist aber nicht entspannt.

SCHMOLLER: Ich kann noch gar nichts gespürt haben, da ja zwischen der Schleichenden und mir drei bis vier Meter Raum waren. Registriert habe ich – im Tiefschlaf – daß sich wer nähert.

RICHTERIN: Und dabei sind Sie aufgewacht?

SCHMOLLER: Wie soll ich wissen, ob ich aufgewacht bin, wenn ich im Tiefschlaf schlafe. Ich hatte zehn Stunden Arbeit hinter mir plus An- und Abfahrt. Ich schlafe fest.

RICHTERIN: Und sind überhaupt nicht aufgewacht?

SCHMOLLER: Praktisch nicht.

RICHTERIN: Und wer war das, der zu Ihnen kam?

SCHMOLLER: Das wußte ich zu diesem Zeitpunkt noch nicht. Es war dunkel.

RICHTERIN: Aber später erfuhren Sie es? Wurde geflüstert?

SITZUNGSVERTRETER DER ANKLAGE: Zumindest zu diesem Zeitpunkt war der Angeklagte wach, das heißt, bei Bewußtsein.

SCHMOLLER: Bei Bewußtsein nicht, auch nicht wach. Aber daß es ein Mensch war, wußte ich.

SITZUNGSVERTRETER DER ANKLAGE: Nahmen Sie in Kauf, daß es auch eine der jüngeren Töchter des Hauses sein konnte?

SCHMOLLER: Ich nahm überhaupt nichts in Kauf. Können Sie sich vielleicht vorstellen, daß ich verblüfft und müde war.

SITZUNGSVERTRETER DER ANKLAGE: Überhaupt nichts denken gibt es nicht. Und wenn Sie sagen »verblüfft«, dann ist das etwas anderes als »im Schlaf«. Sagen Sie, waren Sie »überrascht« oder »elektrisiert«?

SCHMOLLER: Ich war, als sie mich anzufassen begann, nicht wacher als im Schlaf.

RICHTERIN: Aber es wurde geflüstert.

SCHMOLLER: Ja.

RICHTERIN: Und dabei haben Sie festgestellt, wer da war.

SCHMOLLER: Aber es wurde nicht nur geflüstert. Für besondere gedankliche Schaltprozesse war da kein Raum. Natürlich wußte ich nach einer Weile, daß das Rita war, und was sie wollte, konnte ich mir denken.

RICHTERIN: Weil sie ihre Absicht flüsternd bekannte?

SCHMOLLER: Nein.

RICHTERIN: Das ist auch unerheblich, da insoweit kein strafbarer Tatbestand vorliegt. Es kam zum Geschlechtsverkehr?

SCHMOLLER: Ja.

RICHTERIN: Mehrere Male?

SCHMOLLER: Mehrere Male.

RICHTERIN: Auch in den nächsten Tagen?

SCHMOLLER: Jawohl.

RICHTERIN: Wann kamen Sie zum Schlafen?

SCHMOLLER: Rita war nie rücksichtslos.

RICHTERIN: Jetzt haben wir Mitte November des Vorjahres. Eines Abends kam nicht mehr Rita.

SCHMOLLER: Nein, diesmal kam Kummerl. Rita hatte schon davon gesprochen.

RICHTERIN: Also Sie wußten, was da auf Sie zukommt.

SCHMOLLER: Selbstverständlich. Das war vereinbart.

RICHTERIN: Ging das von Ihnen aus?

SCHMOLLER: Nein. Ich war mit Rita sehr zufrieden.

RICHTERIN: Sagen wir der Aktenübereinstimmung wegen, statt Kummerl Recha Schumann.

SCHMOLLER: Einverstanden.

RICHTERIN: Wenn Sie einverstanden sind: wie ging das nun? Die Tür knarrte?

SCHMOLLER: Die war gut geölt. Jemand schlich herein und ich führte sie im Dunkeln.

RICHTERIN: Also waren Sie wach?

SCHMOLLER: Diesmal war ich wach. Ich wußte ja, was da auf mich zukommt.

RICHTERIN: Und gingen Sie zu Bett?

SCHMOLLER: Nein. Wir setzten uns auf den Fußboden und haben uns unterhalten.

RICHTERIN: Über was?

SCHMOLLER: Jedenfalls nicht über Sexualität.

RICHTERIN: Und anschließend kam es zum Geschlechtsakt.

SCHMOLLER: Was heißt anschließend? Wir haben uns gestreichelt und im wesentlichen geflüstert. Es war eine gewisse Stimmung da.

RICHTERIN: Aber irgendwann kam es dazu.

SCHMOLLER: Wozu? Recha ist ein erwachsener Mensch. Insofern paßte sie zu mir recht gut.

RICHTERIN: Sie konnten doch aber nicht immer nur reden?

SCHMOLLER: Doch. Immerzu.

RICHTERIN: Aber als das langweilig wurde?

SCHMOLLER: Das wurde überhaupt nicht langweilig.

RICHTERIN: Sie weichen aus. Aus der Aussage der Recha ergibt sich, daß es zu Intimhandlungen kam.

SCHMOLLER: Aber nicht in diesem Augenblick.

SITZUNGSVERTRETER DER ANKLAGE: Wollen Sie sagen, daß Sie sich zunächst wechselseitig wärmten?

SCHMOLLER: Es ergab sich eine gewisse Stimmung.

RICHTERIN: Und dann verloren Sie Ihren Kopf, infolge der Nähe dieses jungen Menschen, seines Duftes . . .

SCHMOLLER: Ich hatte meinen Kopf immer oben.

RICHTERIN: Ich meine nicht, wo Sie örtlich Ihren Kopf hatten, sondern ob Sie plötzlich die Besinnung verloren, hinsanken.

SCHMOLLER: Ich verlor keine Besinnung.

RICHTERIN: Aber jetzt muß doch irgendein Übergang kommen.

SCHMOLLER: Was für ein Übergang?

RICHTERIN: Ich will darauf hinaus, daß es letztendlich dann doch zu einem G.V. kam, das ist doch der springende Punkt, da wir hier keine Novelle schreiben, sondern einen Straftatbestand klären.

SCHMOLLER: Das hatte überhaupt nichts mit einem Straftatbestand zu tun. Das war eine ganz ruhige Szene. Sie legte mal ihre Hand, die wesentlich kräftiger ist als die von Rita, auf meine Oberschenkel, dann nahm sie sie wieder weg, was mir leid tat.

RICHTERIN: Aber wie kamen Sie dann ins Bett?

SCHMOLLER: Irgendwie lagen wir später dann im Bett.

RICHTERIN: Und was haben Sie gemacht oder empfunden, genau bei dem Übergang. Eben sitzen Sie auf dem Fußboden und plaudern, Sie küssen sich . . .

SCHMOLLER: Nein, keine Küsse.

RICHTERIN: Dann umarmen Sie sich aber im Bett mit der Folge eines G.V. Was haben Sie sich dabei gedacht?

SCHMOLLER: Ich habe bestimmt nichts gedacht.

RICHTERIN: Ich meine, wie kommt es zu einem solchen Übergang?

SCHMOLLER: Das ist gar kein Übergang. Das war schon alles

perfekt, ehe sie mein Zimmer betrat.

RICHTERIN: Nackt?

SCHMOLLER: Nein, voll angezogen.

RICHTERIN: Wir haben es hier mit Fakten zu tun. Sie müssen sich das einmal übersetzen, wie wir das betrachten. Wir wollen den Vorsatz feststellen.

SCHMOLLER: Ich will Ihnen ja gerne helfen.

RICHTERIN: Wir Ihnen ja auch. Wann kamen Sie zum Einschlafen?

SCHMOLLER: Gegen zwei Uhr.

RICHTERIN: Das ist offenbar eine feste Größe.

SCHMOLLER: Drei Stunden Schlaf sind Minimum.

RICHTERIN: Da spricht Ihr Gewissen.

SCHMOLLER: Ja.

RICHTERIN: Hätten Sie Ihr Gewissen nicht, so wie Sie es hinsichtlich des Gebots hinreichenden Nachtschlafs entwikkeln, auch so anspannen können, daß Sie sich über das Lebensalter der Recha hätten Rechenschaft ablegen können?

SCHMOLLER: Das Alter wußte ich ja ungefähr.

RICHTERIN: »Ungefähr«? Heißt das, daß Sie sie auch für 17 hätten halten können?

SCHMOLLER: Das sicher. Sogar zwanzig. Aber ich wußte das Alter durch Rita.

RICHTERIN: Und Sie setzten sich über die Bedenken hinweg?

SCHMOLLER: Für Bedenken war gar keine Gelegenheit. Erst Mitteilung durch Rita, das sah zunächst rein theoretisch aus, also kein Anlaß für Bedenken, dann eine konzentrierte Stimmung, in der man nichts denkt, und dann Fakten, wie Sie es nennen. Anschließend ist es ohnehin geschehen und es wird nicht strafloser, wenn man Bedenken äußert oder lieber wieder nachgibt und es wiederholt, weil wir ja beide sehr zufrieden waren mit dem Ergebnis.

RICHTERIN: Sie sagen »nachgeben«. Ich unterstelle, daß Sie wußten, daß Sie dieses Mädchen nicht einmal betasten dürfen im erotischen Sinne. Sie haben, wenn Sie »innerlich nachgeben« sagen, einen Gewissensdruck überwinden müssen.

SCHMOLLER: Eigentlich nicht. Ich mußte nicht »nachgeben«, das ist so hingesagt. Ich wollte in die Richtung hin.

RICHTERIN: Ohne Bedenken?

SCHMOLLER: Selbstverständlich ohne Bedenken. Bedenken

hätte ich gehabt, wenn ich nicht gewußt hätte, was sie will.

RICHTERIN: Und jetzt haben wir Advent. Eines Abends kommt die zwölfjährige Billie mit.

SCHMOLLER: Ja. Jetzt waren Billie und Recha zusammen.

RICHTERIN: Und Sie haben mit beiden an diesem 5. Dezember 1974 den Geschlechtsverkehr ausgeübt?

SCHMOLLER: Was man darunter versteht.

RICHTERIN: Haben Sie oder haben Sie nicht?

SCHMOLLER: Wie gesagt, wir waren freundschaftlich zusammen.

RICHTERIN: Was heißt das präzise?

SCHMOLLER: Daß da keine Vorbehalte waren – wechselseitig.

RICHTERIN: Vorbehalte inwiefern?

SCHMOLLER: Es war eine gewisse Nähe gegeben.

RICHTERIN: Die dann rasch zum G.V. führte?

SCHMOLLER: Rasch überhaupt nichts.

RICHTERIN: Wußte denn Rita davon?

SCHMOLLER: Selbstverständlich. Am nächsten Abend kam Rita in Begleitung von Billie, die sich das alles ansah.

RICHTERIN: Es bestand keine Eifersucht?

SCHMOLLER: Keineswegs. Wir tauschten ja aus.

RICHTERIN: Und am 5. Dezember übten Sie den G.V. bis zum Samenerguß mit der zwölfjährigen Billie aus?

SCHMOLLER: Und außerdem mit Recha wie gewöhnlich.

RICHTERIN: War das nicht gefährlich?

SCHMOLLER: Sie meinen wegen eines Kindes?

RICHTERIN: Ja. Abgesehen davon die Gefährdung nach den strafrechtlichen Bestimmungen.

SCHMOLLER: Das war nicht gefährlich.

RICHTERIN: Sind Sie sicher?

SCHMOLLER: Ganz sicher. Gefahr war nur wegen der strafrechtlichen Bestimmungen.

RICHTERIN: Und das wußten Sie?

SCHMOLLER: Billie machte mich darauf aufmerksam.

RICHTERIN: Ohne das hätten Sie es nicht gewußt?

SCHMOLLER: Doch, ich hätte es auch so gewußt.

STAATSANWALT: Vorhin haben Sie »Übergang« geleugnet und es so hingestellt, daß das in Sprüngen geht und gerade deshalb kein Platz für einen Vorsatz sei.

SCHMOLLER: Eben weil es ineinander übergeht und dann ist

ein Sprung da.

STAATSANWALT: Das ist doch aber ein Widerspruch. Ich will das nicht zu Ihren Lasten rechnen.

RICHTERIN: Ich bin ganz Ihrer Meinung Kollege, daß das unklar bleibt. Aber mich würde schon fesseln, wie man das verbalisiert.

STAATSANWALT: Kollegin, das ist unser Handwerkszeug.

RICHTERIN: Einverstanden. Aber nicht zu Lasten des Angeklagten.

Es kam jetzt hier doch so etwas wie eine veränderte Situation auf. Wenn einer der Beteiligten belegte Brötchen und einige Tassen Kaffee geholt hätte, wäre Schmoller geschmolzen und hätte seinerseits die in seinem Kopf (und auch körperlich, nervlich) »exakt registrierten Übergänge« erzählen können. Vielleicht hätte sich dadurch die Stimmung weiter verdichtet.

RICHTERIN: Sie wurden dann angezeigt von der Wohnungsinhaberin, der Mutter.

SCHMOLLER: Richtig.

RICHTERIN: Sie leben jetzt mit Frau Schumann zusammen?

SCHMOLLER: Ja. Wir haben uns ausgesprochen.

RICHTERIN: Um es zu verdeutlichen: Sie führen ein Verhältnis mit ihr, also der Mutter und Anzeigeerstatterin?

SCHMOLLER: Es hat sich ergeben, daß das keine Schwierigkeiten bringt, da alle Beteiligten sich einig sind.

RICHTERIN: Worin?

SCHMOLLER: Daß ich mit Frau Schumann lebe. Keiner will, daß ich erneut in die Gefahr komme, bestraft zu werden.

RICHTERIN: Sie meinen, es würde keinem in den Sinn kommen, hier Unsinn zu machen? Aber wenn die Mädchen jetzt älter werden und auch Frau Schumann wird älter – dann gibt es Spannung.

SCHMOLLER: Wenn sämtliche Mädchen über sechzehn sind, geht Sie das nichts mehr an. Aber Sie stellen sich die Situation falsch vor. Sie müssen nicht denken, daß man alle Gelegenheiten ausnutzt. Nur manchmal ergibt sich eine Häufung. Das täuscht ziemlich.

Ich glaube, sagte die Richterin, eine wirkliche Übersicht hat nur der, der sich in der Situation selbst befindet. Sie tastet vor, wie sie den Sitzungsvertreter der Staatsanwaltschaft zu einem Rechtsmittelverzicht zu dem Urteil bestimmen könnte, das sie längst gefaßt hatte: Zwei Monate mit Bewährung. Das schädigte Schmoller nicht und wurde im Register bald gelöscht. Sie war diesem Arbeiter dankbar für einen lehrreichen Vormittag. An sich hätte sie ihn belohnen müssen, aber Urteile mit Zuwendungscharakter lagen nicht in ihrer Vollmacht. Wenn sie ihn (und vielleicht den nicht unsensiblen Sitzungsvertreter) in die Kantine des Justizgebäudes zu einem Imbiß eingeladen hätte, wäre das als unstandesgemäß empfunden worden. Sie konnte sich nur »inadäquat« ausdrücken oder unterlassen. Das machte ihre Miene schief.

Schließung der Akten

Friedrichs war klein, massiv, fett, rosa-weißes Gesicht, Fülle kalkweißer Haare am Hinterkopf, kalte stechende Augen. Ehrgeizig, ohne klug zu sein. Er hatte Erfolge, weil er sich Müffler's Kopf bediente und das Verdienst für sich in Anspruch nahm.

Sein Dienst-Telefon wurde seit einiger Zeit vom eigenen Hause abgehört, da die höhere Polizeiführung Hinweisen nachging, daß das Präsidium undichte Stellen hätte. Mit der Untersuchung war Bezirkskommissar Brühl beauftragt.

UNTERSUCHUNGSFÜHRER BRÜHL: Sie haben dem Prokuristen der Firma Metzlaff Blatt 69/71 der Ermittlungsakten telefonisch durchgegeben. Ist das richtig?

FRIEDRICHS: Richtig.

UNTERSUCHUNGSFÜHRER BRÜHL: Was haben Sie sich dabei

gedacht?

FRIEDRICHS: Das war insofern anständig von mir, als mir die Firma Metzlaff für ein von mir privat bearbeitetes Wirtschaftsberatungs-Gutachten, das sich auf die Grenzlinien ihrer Arbeitspraxis bezog, einen namhaften Betrag gezahlt hatte. Diese Einnahme habe ich nach den Bestimmungen der Nebentätigkeitsverordnung ordnungsgemäß gemeldet. Ich fühlte mich dieser Firma verbunden.

UNTERSUCHUNGSFÜHRER BRÜHL: Aber Sie können doch nicht dem Beschuldigten aus den Ermittlungsakten vorlesen.

FRIEDRICHS: Selbstverständlich kann ich das. Ich habe es ja getan. Und zwar aus innerer Verbundenheit. So habe ich das in meinem Elternhaus gelernt.

UNTERSUCHUNGSFÜHRER BRÜHL: Sie sind Kriminalbeamter. Der Staat bezahlt Sie, damit Sie die Vertraulichkeit wahren.

FRIEDRICHS: Das ist insofern richtig, als er wenig zahlt. Es bleibt ein Rest. Sehen Sie meinen Dienstplan an und rechnen Sie nach, daß ich zwischen 4,30 bis 5,20 DM die Stunde erhalte. Sie bekommen hierfür nicht einmal eine Schreibkraft. Zweidrittel meiner Arbeitskraft sind unbezahlt. Sie können nicht sagen, daß ich nicht die Vertraulichkeit eines Drittels – gerechnet von der Gesamtzahl der Fälle – tatsächlich wahre. Das wäre eine Unterstellung.

UNTERSUCHUNGSFÜHRER BRÜHL: Das sind abenteuerliche Vorstellungen. Sie sind als Beamter verpflichtet . . .

FRIEDRICHS: Und als Mensch. Wenn ich Geld von der Firma Metzlaff nehme, so tue ich das aus menschlicher Loyalität, die einer menschlichen Vergütung für die Nebentätigkeit entspricht.

UNTERSUCHUNGSFÜHRER BRÜHL: Das sind eigenartige Anschauungen.

FRIEDRICHS: Woher wissen Sie überhaupt, was ich am Telefon vorgelesen habe?

UNTERSUCHUNGSFÜHRER BRÜHL: Das tut nichts zur Sache. Wir wissen es eben.

FRIEDRICHS: Und ich will wissen, woher Sie das wissen.

UNTERSUCHUNGSFÜHRER BRÜHL: Wir haben aus gegebenem Anlaß einige Apparate dieses Hauses angezapft. Und mit Erfolg.

FRIEDRICHS: Sie wissen, daß dies nicht erlaubt ist?

UNTERSUCHUNGSFÜHRER BRÜHL: Selbstverständlich weiß ich das.

FRIEDRICHS: Dann ist das ein Anlaß, die Akte zu schließen.

UNTERSUCHUNGSFÜHRER BRÜHL: Sie sagen es.

Friedrichs: Wenn ich etwas gelernt habe, will ich es auch anwenden. Wenn ich Geld nehme, dann leiste ich auch etwas dafür. Mein Grundrecht: im äußersten Fall Rache. Meine Stärke will ich einsetzen, 1 Schwäche muß ich mir leisten dürfen.

Er ertappte sich beispielsweise, wie er, in Gesellschaft von Kollegen bei Tische sitzend, bereits lauerte, bevor noch jemand ein Wort gesprochen hatte, was er entgegnen sollte, wie er dem Sprechenden *unrecht* geben konnte. Häufig ist schon Melancholie ein Racheakt. Er war sich nicht sicher, wie lange er es im Polizeidienst noch aushielt. Eigentlich hielt ihn nur der Mangel einer Alternative. Die Intensität seiner Ermittlungsarbeit, die ihm in früheren Jahren, insbesondere dadurch, daß er Ermittlungsergebnisse des wenig gehfaulen Müffler schneller bearbeitete als dieser, im Haus Anerkennung verschafft hatte, schwand immer mehr zugunsten des intensiven Wunsches: »weg hier«. Neid, Trotz, Unersättlichkeit, Frühreife, Herrschsucht, Mangel an Gemeinschaftsgefühl. »Handle stets so, als ob du dir aus diesen Mängeln das Gefühl der Überlegenheit verschaffen müßtest.« Er sülzt durch die Tage. »Ich will die Frage meines Lebens nicht lösen.«

»In's Löwenhaus
da geh' ich nicht
dort stinkt es so
da wird mir schlicht.«

Falsche eidliche Aussage im Amt

An einem herrlichen Märztag holte Kriminalkommissar Berthold Kempe seinen Freund Karlchen Beier, einen Altmetall-Großhändler, im Dienstfahrzeug, einem Funkstreifenwagen, von dessen Lagerplatz ab. Der Mitarbeiter eines zivilen Industrie-Sicherheitsdienstes, Fritz Beste, wartet bereits vor dem Werkstor, besteigt das Fahrzeug der Freunde. Beste war an diesem Vormittag, nach der langen Winter-Wartezeit, menschlich offen, so wie er als Kind im Verlauf eines heißen Badetages den wassergekühlten Körper auf die heißen Steinfliesen des Sommerbades legt, eine Faß-Brause in sich schüttet, schon in der Umkleidekabine den Chlorgeruch eines ganzen Sonnentages vorwegerinnert.

Die Freunde fuhren nach Zeppelinheim in die Gaststätte »Zum Konrad«. Hier speisten sie. Es wurden 17 Steinhäger nebst Bier ausgeschenkt. Später, vor Gericht, behauptete Karlchen Beier, diese Gläschen im wesentlichen allein genossen zu haben. Dies entsprach der Interessenlage zum Zeitpunkt der Aussage, da Kommissar Kempe die Führung des Funkwagen-Kraftfahrzeugs zur Rückfahrt andernfalls nicht hätte rechtfertigen können und Beste tatsächlich nur genippt hatte. Harte Tatsache war das Ausschenken des Stoffs in der genannten Glückszahl.

Die Freunde verließen die Gaststätte gegen 16.00 Uhr, schritten zum abgestellten Polizeifahrzeug, das etwa 30 m entfernt in der Sonne stand. Zirka 15 m vor diesem Fahrzeug, an der Abgrenzung des Flughafengeländes, befand sich ein Autowrack, das den Freunden bei ihrer Ankunft nicht aufgefallen war. Zwei Berufsschüler waren jetzt von ihren Fahrrädern gestiegen und betrachteten das Autowrack. Kempe, der das Autowrack nicht als wertloses und schon länger dort deponiertes Objekt deutete, *stellte* die vermeintlichen Diebe. Er hieß sie, sich am Straßengraben aufzustellen, untersuchte ihre Taschen nach Diebesgut, das sie dem »abgestellten Privatfahrzeug entnommen hätten«. Er fand nichts. Auch versuchter Diebstahl ist strafbar. Steigen Sie ein, sagt Kempe zu den Schülern, die sich weigern. Karlchen Beier griff ein und schubste einen der Schüler in den Straßengraben, wo dieser sich verletzte.

So können Sie meinen Kameraden nicht behandeln, sagte der andere Schüler. Laß man, sagte Kempe, der ihn in Richtung des Dienstwagens zu schubsen versuchte. Karlchen Beier wandte sich jetzt von dem verletzten Schüler im Graben ab. Ich bin Kriminalrat Beier, sagte er zu dem protestierenden

Mitschüler. Ich führe Sie ab. Sie können Ihre Lage nur noch verschlechtern. Kempe lacht. Er dachte, auf ungenaue Weise, daran, daß das ganze Erscheinungsbild des Metallhändlers der Art eines Kriminalrats überhaupt nicht entsprach. Es war nicht »sittengemäß«, dienstlich gegen die Aufschneiderei des Freundes einzuschreiten. Der zweite Berufsschüler lag immer noch im Graben. Er hielt sich die Knie, hatte Schmerzen. Das, nahm Kempe an, geschieht Autodieben durchaus recht. Er begab sich zu dem Verletzten: »Steh auf Du faules Murmeltier, bevor ich die Geduld verlier.« Kempe stand schwerfällig neben dem kampfunfähigen Berufsschüler und marschierte dann mit 20 Schritten zu dem kampffähigen Berufsschüler, den Freund Beier am Arm gefaßt hielt, um einen Schubansatz zu finden. Der Schüler wollte aber in dem Polizeiwagen nicht Platz nehmen. Kempe riß ihm die Brille von den Augen, er wollte sehen, ob es sich um eine Brillenimitation handelte, die nur der Unkenntlichmachung diente. Es konnte ja ein verkappter politischer Straftäter sein. Kommissar Kempe ließ sich auch in diesem satten, durch zahlreiche Gläschen ramponierten Zustand nicht so plump täuschen.

Durch diese Brille sehe ich wie durch Wasser, sagte Kempe. Das Gesicht des Berufsschülers, ohne Brille, kurzsichtige Angstaugen, erschien ihm schon wesentlich bekannter. Ihr Gesicht kenne ich, sagte er. Einsteigen bitte.

Herr Kriminalrat, sagte der Berufsschüler zu dem Altmetallhändler, sehen Sie doch richtig hin. Das da ist ein Autowrack. Was sollten wir denn da klauen? Kempe griff ein: Das wollen wir ja gerade feststellen. Steigen Sie ein.

Während dieser Vorgänge hatte Beste auf dem Rücksitz des Streifenwagens gesessen und mit nüchternem Verstand zugesehen. Als Leiter eines Werkschutzes war er sich darüber im klaren, daß es darauf ankommt, die Szene zu entwirren. Er klettert jetzt hervor, versucht Kempe abzudrängen.

Augenblick, sagte Kempe. Augenblick, erwiderte Beste. Laß die jetzt.

– Nein, ich laß die nicht.
– Du läßt die jetzt.
– Das laß mich mal machen.
– Du setzt Dich in den Wagen und gibst die Brille zurück.
– Die Brille nehme ich mit.

– Du händigst die Brille aus und die fahren ab.
– Die fahren nicht ab, sondern der fährt mit.

Los, fahren Sie ab, sagte Beste, begab sich zu dem verletzten Mitschüler im Straßengraben, wies ihn an, das Fahrrad aufzunehmen, vor sich her zu schieben, den Ort des Geschehens zu verlassen.

Einige Kaffees in der Polizeikantine stärkten Kempes, Bestes und Karlchen Beiers Hirn so weit, daß sie die Vertuschung dieser Sache gemeinsam in Angriff nehmen konnten. Es war mit einer Anzeige der Schüler zu rechnen.

Entgegen Bestes Rat versteiften sich Kempe und Beier in dem folgenden Strafverfahren auf eine abgesprochene falsche Aussage. Sie wurden aber nicht gemeinsam, sondern einzeln verhört. Der Richter stocherte in den Lücken ihrer Aussagen. Nach Kempes Verurteilung wegen Falschaussagens im Amte wurde er aus dem Polizeidienst entlassen. Es sind, sagt Beste, vielleicht 1, 2 solche Tage im Jahr im strengen Sinne schön, und dann nehmen sie dieses Ende.

Blutegel

Sie wollte gerade Süßholz raspeln. »Ich habe Dich sehr lieb«, raunte sie ins Telefon. Das meinte sie womöglich »ehrlich«, denn sie war offensichtlich einsam in diesem Provinznest, wo die Pflicht sie festhielt.

Protokolliere das alles genau, was Du da erlebst, sagte er, um sachliches Fahrwasser zu haben. Verflucht, sagte sie, das hast Du schon mehrfach gesagt. Sie war aber nicht aufzuhalten und erinnerte an seinen Vornamen (Fränzchen). Er konnte sich zu keinem Gefühl aufraffen, wollte sie irgendwie »strafen«.

Er konnte sich »beim besten Willen« nicht vorstellen, was sie in dieser asketischen Regierungsdirektoren-Stelle, in der sie aushielt, wollte. Außer, daß sie vor Jahren es in einer Stellung, 5 Stufen unter der jetzigen, nicht ausgehalten hatte, d. h. versagte, und jetzt diese Wunde belecken und schließen wollte. Aber besten Willen hatte er gar nicht, sondern wollte sie hinhalten, daß sie das Telefonat beendete. Sie aber wollte einen Vorschuß an Anerkennung für ihr ehrgeiziges Tun. So belauerten sie einander aus der Entfernung, bis er, über die Sprechmuschel gebeugt, matte Gesichtszüge hatte, ausgeleiertes Hirn. Sie hatte Kopfschmerzen. So schädigten sie einander gegenseitig, wie früher. Sie hätten ebensogut verheiratet sein können. Das war die Art von Liebesnächten, die sie jetzt verbrachten.

Unter Umständen noch gegen 4 Uhr nachts Aufstörung aus dem Schlaf, ein kurzes hysterisches Ferngespräch über Reste, die sie nicht besprochen hatten. Mangel einer geradlinigen Aggression. Er gab Frauen gegenüber leicht nach. Und er konnte auch gelegentlich in dieser Richtung »weiter« gehen, um diesen Eindruck bei sich recht scharf hervorzuheben. Dann war er vorbereitet, sich von den Frauen zurückzuziehen, ohne die Hingabe zu verweigern. Er war auf der Linie, sich jede Gefühls-Ausgabe zu verbieten, gleichzeitig aber den Kreis seiner Leistungsfähigkeit auszuweiten. »Handle stets so, als ob du dennoch zur Geltung gelangen müßtest.« Manchmal kam auf die Entfernung Schummerstimmung auf.

»So leuchtend war die Nacht
der Tag ist grau,
entläßt die Nacht den Tag
so weint die Frau.«

Wie verhält sich der höhere Vollzugsbeamte in der öffentlichen Diskussion über die Gewaltfrage

Jetzt standen die sieben Jung-Wissenschaftler Detering, Jeschke, Angermeier, Dörfler, Meier-Dopler, Krist und Waumann, daneben eine Art Alleinunterhalter, Sekretär oder Verbands-Organisator, der die Betreuung innehatte, neben einem ausgewogenen Tisch, auf dem Imbiß-Häppchen und Karaffen mit Grapefruitsaft standen. Die Räume lagen im 1. Stock über einer Sparkasse, waren überhastet angemietet worden, da die Raumfragen in diesem Vorortbereich der Bundeshauptstadt an sich überhaupt nicht gelöst werden konnten. Die Wissenschaftler waren für 10 Uhr bestellt, aber die Herren, die sie durch Referate unterrichten sollten, waren noch nicht erschienen. Der praktische Einsatz dieser Herren, die aus verschiedenen Landeshauptstädten und aus der Zentrale in Wiesbaden hierher nach Bonn zusammengezogen worden waren, und das Kurssystem, das sie permanent fortbilden sollte für jene Aufgabe, verhielten sich rein parallel zueinander. Die Herren schafften innerhalb ihrer Tagesläufe nicht beides.

Den Jung-Wissenschaftlern war nicht recht klar, welcher Organisation sie hier vortragen sollten. Detering hatte das Thema: »Gewalt als Kommunikationserzwingung«, Krist »Ordnungsdurchbruch«, Dörfler »Das Umfeld der Gewalt«, Waumann hatte sich das Thema gewählt »Die Gewalt ist wohl immer das Prius«, Meier-Dopler »Im Staat kann es keine Heroen mehr geben« usf. Sie durften sich die Themen selber wählen, sofern sie in das Rahmenprogramm paßten: »Gibt es die Gewaltwelle?«.

Die Jung-Wissenschaftler fürchteten zweierlei: 1. Daß die Kollegen mißverstehen könnten, warum sie sich für 650 Mark Referentenhonorar, ohne diese Organisation genau zu kennen, zur Verfügung gestellt hatten; 2. es könnte sein, daß die Herren, denen sie vortrugen, zu den Einzelfragen der Gewalt mehr Praxiswissen hatten als sie selbst, daß sie sich blamierten.

Aber bis 16 Uhr war immer noch niemand, der sich die Referate anhören wollte, erschienen. 16.25 Uhr erschienen kurz 5 Herren, die erklärten, daß sie heute keine Zeit hätten, verabschiedeten sich wieder. Um 17 Uhr erschien ein Oberstaatsanwalt, der sich als Gesamtplaner dieses Kurssystems vorstellte und bei den Referenten blieb. Es waren jetzt insgesamt an Zuhörern anwesend: dieser OSTA, 2 Begleiter, der Organisationssekretär, mehrere Stenotypistinnen, die von diesem Organisierer herbeitelefoniert waren. Es saßen also 8 Zuhörer den 7 Referenten gegenüber. Man wollte, da man nun einmal zusammengekommen und alles bezahlt war, doch noch die Referate abhalten, die, durch Tonbandgeräte aufgezeichnet, später, zumindest schriftlich, der Fortbildung der für eine gewisse Spezialaufgabe in Bonn zusammengetrommelten Beamten zugute kommen konnten.

Es wurden folgende Ergebnisse der Tagung erzielt: Das

deutsche Wort »Gewalt« muß *kritisch* betrachtet werden. Es korrespondiert der indogermanischen Wortwurzel: Val wie lat. *valere* oder in Valstadt, bzw. Walhalla, das bedeutet: Verfügungsfähigkeit haben. Gewalt ist also kein Rechtsterminus, sondern eine Qualität des »Freien«. Diese germanische Terminologie harmoniert allerdings überhaupt nicht mit der römisch-rechtlichen. Hier existieren für den einheitlichen germanischen Begriff der Gewalt folgende Übersetzungen: Für potestas ist zunächst »Gewalt« die bevorzugte Wiedergabe; daneben aber gab es im Deutschen die Wörter »Macht« und »Kraft«, und vor allem »Macht« entwickelte sich im Mittelalter zu einer semantischen Konkurrenz für »Gewalt«; das hatte zur Folge, daß »Gewalt« im Begriff der violentia einen zweiten semantischen Schwerpunkt bildete. Insgesamt folgende Übersetzungsmöglichkeiten: imperium, sceptrum, maiestas, tyrannis, auctoritas, ius, bracchium, potestas, potentia, licentia, vis, virtus, fortitudo, violentia.

Hier unterbrach der OSTA: Ich wußte gar nicht, daß Sie das so grundsätzlich anlegen wollten. Das läßt sich den Herren natürlich nicht im Schriftwege vermitteln. Es ist zumindest für mich sehr interessant, da es mich an meine Gymnasialzeit erinnert. Ich war immer ein guter Lateiner, und was Sie da sagen, erinnert mich unmittelbar an den *Bellum gallicum* des Julius Cäsar. Ich nehme an, daß es für meine Herren, die heute allerdings im wesentlichen nicht da sind, etwas an den Praxisfragen vorbeigeht. Trotzdem halte ich es für eine wesentliche Vertiefung. Schon daß man mal wieder die alten Lateiner heranzieht, von der germanischen Grundform ganz abgesehen. Das könnte das Bild einer glanzvollen und vertiefenden Tagung ergeben. Wirklich hatte der OSTA eine große Zahl von Teilnehmern für 10 Uhr früh des nächsten Tages rekrutiert, zwar nicht die überbeanspruchten Herren, deren Instruktion die Tagung ursprünglich gewidmet war, sondern Beamte aus den ruhigeren Bereichen der zentralen Sicherungsbehörden.

Detering macht Ausführungen zum **Ethos der Gewalt.** Mehrere Zuhörer: Gewalt ist niemals ethisch, sondern bedarf der Strafverfolgung.

DÖRFLER: Diese ist dann Gewalt.

OSTA: Dagegen muß ich mich verwahren.

Es wird ein anderer Zugang gesucht, anknüpfend an A. G. Dekker: Gewalt als zweckfreie Verhaltensstruktur (doellore dedragsstructur). Dekker sagt: Geweld is op politiek – economisch niveau een gedrag van het type inting op het gebied van de individuele psyche (Gewalt ist auf der politisch-ökonomischen Ebene Verhalten vom Typ »Äußerung« auf individualpsychischem Gebiet).

Der OSTA versucht, das Tagungsklima zu retten. »Ich halte es für begrüßenswert, daß hier die ganze Tragweite der internationalen Diskussion eingebracht wird. Es ist ja ein internationales Gewalttäter-Syndrom festzustellen, das die Behörden aller Länder näher miteinander verbindet, als es abstrakte Staatsverträge oder eine Europäische Wirtschaftsgemeinschaft könnten.« Er vermag aber mit dieser Ausführung den Protest einiger Polizeipraktiker, die zugehört haben, nicht abzulenken. Wenn ich das richtig verstehe, meint Kriminalrat Eberlein zu dem Referenten Meier-Dopler gewandt, so meinen Sie, daß Gewalt eine Äußerung ist. »Die Gewalt redet.« So wie man sagt: Jetzt sprechen die Gewehre oder der Dienstrevolver »spricht«. Ich könnte auch Maschinengewehre sprechen lassen, wenn eine Volksmenge nach dreimaliger Aufforderung immer noch andrängt, eine Rotte sich nähert usf., das geht aber nicht individuell-psychologisch, sondern nur nach psychologischer Vorbereitung der ganzen Öffentlichkeit. Ohne die richtige Einstimmung würde ich doch meine Stelle verlieren, wenn schwere Waffen sprechen. Die Sachlage ist doch im Grunde einfach: Wenn einer eine Bombe an eine Säule des Vorraums eines Ministeriums anheftet, so ist dies Gewalt, der ich bzw. die Strafverfolgungsbehörde oder die Ermittlungsorgane *begegnen*. Das geschieht mehr oder weniger wortlos, abgesehen vielleicht von Befehlen. Man kann doch nicht sagen, daß der Gewalttäter sich durch seine Bombe »äußert«. Er versucht es ja gerade heimlich zu tun. Und auch wir werden unsere Erkenntnisse nicht an die große Glocke hängen, d. h. äußern, sondern handeln. Also: wenn Sie sagen, Gewalt ist eine Form der Äußerung, dann verharmlosen Sie sowohl uns als die Täter.

Meier-Dopler weist darauf hin, daß nicht *er* etwas gesagt hat, sondern der Soziologe A. G. Dekker. Deshalb ist es auch holländisch formuliert. Dekker fährt fort: »Zinvol geweld wil zelfschepping of selfhaving (sinnvolle Gewalt will Setzung oder Handhabung des Selbst). Eberlein, unterstützt von Regierungsdirektor Dr. Zwitter: Da kommen wir der Sache schon näher. Das paßt auf den Attentäter, dem eben nicht das Volksganze, sondern seine Selbstverwirklichung am Herzen liegt. Aber was soll dann das Wort »sinnvoll«? Es ist ja sinnlose Gewalt, solange die Behörde ihr entgegentritt. Setzung des Selbst bedeutet, und das ist witzig, daß der Täter im ferneren Verlauf in der Gefängniszelle einsitzt. Es muß also heißen: sinnlose Gewalt will Setzung des Selbst. Schmücker, Verfassungsschützer: Er hat einen interessanten Eindruck. Die Referenten sagen immer etwas, was zum Teil falsch ist und zum Teil richtig. Man muß dann wie bei einem Quiz durch Zurufe raten, was das Falsche ist. Das erscheint ihm förderlich, weil man, wie an einem Reck, sein geistiges Raffinement üben kann, was weder im Büro noch im Außendienst so ohne weiteres möglich ist, weil es in der Praxis darauf ankommt, streng logisch zu bleiben. Er hat heute Vormittag zum ersten Mal verstanden, was Theorie ist und daß theoretische Beschäftigung mit dem Arbeitsgebiet auch Spaß machen kann. OSTA nützt den Augenblick, um auf den Sinn der Tagung hinzuweisen.

Jetzt springt Detering, die Referenten sind etwas verzweifelt, in die Bresche. Er will klar machen, daß man den Gewaltbegriff entweder auf die vor ihm sitzenden Praktiker *und* die von ihnen verfolgten Gewalttäter anwendet oder man kann den Gewaltbegriff gar nicht entfalten. Er verweist auf Droysen (Johann Gustav, 1867 *Vorlesungen zur Enzyklopädie und Methodologie der Geschichte*, 5. Aufl., München): »Je roher die Form des Staates, desto mehr ist ihm Gewalt statt der Macht.« Dazu Vierkandt (Alfred, 1928, *Gesellschaftslehre*, 2. Aufl., Stuttgart): »Es muß heute als sicher gelten, daß der Staat im engeren Sinne überall durch Eroberung und Gewalt entstanden ist.« Detering deutet an, daß jede Planstelle, die zur Täterbekämpfung eingerichtet wird, und offenbar ist hier im Raum Bonn eine ganze Truppe im Aufbau, mindestens 2–3 Gewalttäter produziert und zwar »idealtypisch gesehen«, je einen Gewalttäter im Amte und einen Gewalttäter »unten«.

Vertreter eines Geheimdienstes, der ungenannt bleiben will:

Nanu, wo sitzen wir hier eigentlich? Es werden die Unterschiede verwirrt. Oder dient die Ausdrucksweise des Referenten nur der Abschreckung? Soll gesagt werden mit »Je roher die Form des Staates, desto mehr ist ihm Gewalt statt der Macht«, daß unser Rechtsstaat eben keineswegs roh, und also deshalb gegen Gewalt eintritt? Dann würde es wieder stimmen. Aber der Staat ist nicht mächtig, und insofern stimmt das Wort doch nicht. Er ist, wie man nach den Erfahrungen im Bundestag sagen kann, ausdrücklich gegen Gewalt und hat doch relativ wenig Macht.

Eberlein weist auf den Satz von Max Weber hin: »Du sollst dem Übel gewaltsam widerstehen sonst bist du für seine Überhandnahme verantwortlich«. Regierungsrat Drechsler von der Bundeszentrale für Politische Bildung fügt ein: Politische Gewalt im Staat ist Horst und Garant der Freiheit.

Die Referenten Jeschke, Angermeier und Krist drängen nunmehr auf die Einführung des Begriffs der strukturellen Gewalt. OSTA: Das führt jetzt hier zu weit. Er möchte, daß über den Jaspers'schen Begriff des Ordnungsdurchbruchs gesprochen wird. Eberlein: Im Sinne der Durchbrechung der Ordnung, z. B. durch eine Handgranate, die in das Büro einer Justizstelle geworfen wird, oder der Attacke der Ordnungskräfte gegen einen geschlossenen Kreis von Rechtsbrechern? Kriminaldirektor Wieland: Man würde das ja heute nicht mehr durch Attacke, sondern durch Einsickern machen. OSTA: Ordnungsdurchbruch meine ich, durch taktisch und strategisch richtig angesetzten Angriff der Ordnung auf das, was ich das chaotische Element nennen möchte. Die Abgeordnete Gabi Welp verweigert sich diesem Ansatz. Sie bezeichnet dies als Ordo-Denken. Sie glaubt nicht, daß in der Fraktion viel Sympathie dafür zu erwirken sein wird. OSTA: Lassen wir das also.

Es wird ein gemeinsames Mittagessen eingeschoben. In der Nachmittagssitzung wollen die Jung-Wissenschaftler es jetzt mit List versuchen. Sie werden den Satz von Stirner (Max, 1968, *Der Einzelne und sein Eigentum und andere Schriften*, herausgegeben von A. F. Helms, München): »Gewalt geht vor Recht« und »Macht und Gewalt existieren nur in Mir, dem Mächtigen und Gewaltigen« der Runde vorwerfen. Entweder provoziert das, so daß sich doch noch ein Gesamtbegriff der

Gewalt ergibt, oder aber sie gehen auf das Gegenteil, werden versuchen darzulegen, daß Gewalt überhaupt nicht im begrifflichen Sinn existiert. Vielleicht, sagt Detering, ist das überhaupt die beste Methode. Bestreiten wir einfach, daß irgend etwas mit Gewalt bezeichnet werden kann, es gibt sie überhaupt nicht. Dann geht die Beweislast auf die Runde der Experten über. Sollen die doch sagen, was sie für Gewalt halten. Es gibt rheinischen Sauerbraten mit Klößen.

Herstellung der polizeilichen Arbeitsbedingungen wie im Altreich

Kriminalrat Schmücker wurde 1942 in das besetzte Frankreich versetzt, seine Dienststelle war in einem französischen Schlößchen untergebracht. Hier, im bildergeschmückten Zimmer, Geschirr an den Wänden, Kanapees, Kissen, Tischchen, durchs Fenster einen Blick auf herbstliche Alt-Bäume, versuchten die Untergebenen, ihre Vernehmungen durchzuführen. Das war in dieser Raumausstattung völlig illusorisch. Offensichtlich schweifte der Blick des zu Verhörenden zum Fenster hinaus, über die zahlreichen Gegenstände hin, fand Nahrung und konzentrierte sich überhaupt nicht auf den Vernehmungsführer. Die Vernommenen ließen den Vernehmer einfach reden. Sie erholten sich hier »wie in einem Kino« von der sinnlichen Eintönigkeit der Zelle, blieben auch gerne lange. Kriminalrat Weber ließ dieses Schlößchen räumen (es wurde dann sein Privatquartier, zusätzlich abgeteilt einige Gästezimmer, falls Vorgesetzte zu Besuch kamen). Die Untergebenen bezogen in den Kellern, in der Waschküche und in den Stallungen dieses Schloßgutes neue Dienstzimmer, in denen die amtsmäßige Kahlheit rasch hergestellt war, welche polizeiliche Vernehmungszimmer im gesamten Kriminalbereich des Altreichs kennzeichnete.

»Im Gegensatz zur wissenschaftlichen Forschung hat die Polizei im Lauf der Jahre verschiedene Methoden ausprobiert. Soweit sich diese als brauchbar erwiesen, wurden sie zum täglichen taktischen Handwerkszeug, die übrigen wurden aufgegeben. Auf diese Weise hat sich eine empirisch fundierte Persönlichkeitstheorie und eine Übersicht über die menschlichen Motivationen entwickelt. Ähnlich wie andere auffassungsbegabte Persönlichkeitstheoretiker vorgehen, die zum Erfolg kommen: Ärzte, Geistliche, Politiker, Nachtclubhaie.« N. Polsky, *Hustlers, beats and others*, Chicago 1967.

Der neue Polizeipsychologe

Er kam auf keinen grünen Zweig, weil er die gesamte kriminalistische Erfahrung der Lehrgangsteilnehmer, sei es im Kommissarslehrgang, sei es im Ratslehrgang, für Vorurteile hielt. Er sagte das zwar nicht offen, aber es sprach aus seiner ganzen *Haltung*, einschließlich Versprechern und falschen Betonungen. Ein wie tiefer Unglaube ihn bewegte gegen die zusammengeschweißte Methodik, die die »Schüler« ihm in die Lehrgangsdiskussion aus der Praxis einschleppten und die doch die gesammelte Kompakterfahrung jahrzehntelanger Ausscheidearbeit praktisch aller untereinander kommunzierenden Polizeiapparate Europas und der USA war. Diese Praktiker-Erfahrung war durch Fortlassung dessen bestimmt, was »nicht ging«. Übrig blieb, was ging. Demgegenüber hielt Reichelt als Wissenschaftler eine ganz andere Gewinnungsmethode von Erkenntnissen, insbesondere psychologischer Art, und damit auch von Vernehmungsmethoden usf. für richtig: die additive. Überall in der Welt sitzen zwergähnliche Konstrukteure von *Versuchen.* Aus ihren Erkenntnissen setzt sich Baustein für Baustein das Wissen zusammen. Der so bestehende »Karfunkel«, also »eine artistische Konstruktion«, die geradezu blendet, wenn man auf sie hinsah, wollte er auf der Polizeischule zum Vortrag bringen.

Nach den ersten Klagen über den neuen Psychologen reiste Kriminaldirektor Müller an und versuchte, noch mit viel Wohlwollen, Reichelt zu belehren. Der im Grunde zähe und überhaupt nicht belehrbare Reichelt antwortete flexibel: Herr Kriminaldirektor, Sie haben ja völlig recht. »Wenn der Beamte weiß, worum es geht; genau weiß, welche Information man sucht; ein Laienwissen über praktische Psychologie besitzt und die Methode eines Verkäufers benutzt, kann er sicher die heimlichen Gedanken eines Täters erkennen und die gesuchten Tatsachen hervorziehen.« Na sehen Sie, antwortete der Kriminaldirektor, der nicht wußte, daß Reichelt soeben aus einer der schärfsten Widerlegungsschriften gegen die naive Persönlichkeitstheorie zitiert hatte: Lieber Reichelt, jetzt müssen Sie noch das Stichwort »Methode eines Verkäufers« weglassen, und dann ist Ihr Unterricht gut. Der Beamte verkauft schließlich nichts. Doch, sagte Reichelt. Ich will Ihnen ja nicht widersprechen, Herr Kriminaldirektor, aber er verkauft seine naive Persönlichkeitstheorie. Na, na, sagt der Kriminaldirektor, ich muß mich jetzt verabschieden, wir wollen das nicht vertiefen.

Aber die beleidigenden Stichworte wie »naiv« können Sie weglassen. Das klingt selbst in meinen Ohren – und ich denke liberal – verletzend. Persönlichkeitstheorie genügt völlig. Die hat jeder Ihrer Lehrgangsteilnehmer, obwohl ich auch das Wort Theorie vermeiden würde, da es um Praktiker geht und man auch »zu theoretisch« sein kann. Und Persönlichkeit ist ein Ausdruck, der oft gegen die Polizei angewendet wird, wenn diese z. B. die sog. Persönlichkeit des Täters nicht genügend würdigt, ihn also nicht verhätschelt, das ist ein Reizwort. Machen Sie weiter und lassen Sie alle Kampfausdrücke weg. Auf Wiedersehen, sagte Reichelt höflich.

In den folgenden Tagen riß sich Reichelt am Riemen. Statt die Fülle des Karfunkels zu entfalten, den rotleuchtenden Edelstein, der aus 1000 Trümmern zusammengesetzten Wissenschaft vorzutragen, unterrichtete er nach C. E. O'Hara, *Fundamentals*. Die Neuerung war sofort ein Erfolg. Meine Herren, sagte er, unterscheiden wir Typen: der Schüchterne (Hausfrauen, Leute ohne Schulbildung, Klasse der Ausländer). Ihm begegnet der Vernehmer »freundlich und vertrauensvoll«. Dem »Desinteressierten«, das merken Sie leicht daran wie er dasitzt, daß er Ihnen nicht in die Augen schaut, aber keineswegs unsicher umherblickt. Ihm müssen Sie ein Gefühl der Wichtigkeit geben. Dem »Dummkopf«, Sie müssen ihn erst in Schwung kommen lassen. Viele einfache Fragen stellen, die von jedem mit minimaler Intelligenz beantwortet werden können. Stellen Sie sich also auch dumm. Er freut sich, daß er wie beim Quiz richtige Antworten gibt, verdoppelt den Einsatz und wird Ihnen zum Tathergang, aus dem bloßen Willen richtige Antworten zu schaffen, ein bis ins letzte durchgefeiltes Protokoll liefern. Bei einem »Jungen«, Sie erkennen ihn daran, daß er an sich kein Krimineller ist, daß er als Häufchen Elend vor Ihnen sitzt, Sie können selber aus Ihrer Praxis viel bessere Beispiele geben, das sehen Sie auf den ersten Blick: ist »Mutter« das Zauberwort. Wie weh wird es ihr tun, wenn sie von seiner Tat erfährt, insbesondere, daß er auch noch lügt oder mit Aussagen hintan hält. Völlig anders beim »abgestumpften jugendlichen Delinquenten«, Sie erkennen ihn durch Befragung darüber, was er von der Polizei hält. Hier liegt der Fall der Abstumpfung vor. Hier müssen Sie freundlich sein und Überraschungsmomente ausnutzen. Wenden wir uns der großen Gruppe der Geistesarbeiter zu (Büroangestellte, Lehrer, Studenten usf.). Hier wird ein ruhiges Gespräch empfohlen. Traditionelle ethische Prinzipien sind in den Vordergrund zu stellen.

Hier fragte Bezirkskommissar Weber, der den Ratslehrgang absolvierte, was denn unter den vielen ethischen Prinzipien am aussichtsreichsten wäre. »Ich kann ja nicht die gesamte Ethik aufzählen. Ganz abgesehen davon, daß eine Vernehmung kurz ausfällt. Wir sind ja arbeitsüberlastet. Ich wüßte auch im Moment gar nicht, was ich überhaupt davon verstehen sollte, wir sind ja nicht Ethiker und wollen hier nicht irgendetwas dem Deliquenten vorheucheln. Ich würde es auch für falsch halten, z. B. ins Religiöse zu verfallen. Also wie ist das?«

Er hatte allen Teilnehmern aus der Seele gesprochen. Reichelt, der sich stur an O'Hara hielt und dessen gedruckte Unklarheiten aus Grundsatz mitreferierte, antwortete: »Personen dieser Kategorie der Geistesarbeiter haben einen schwachen Charakter. Das muß voll ausgenutzt werden. Bei dieser Gruppe ist es auch empfehlenswert, mit gehöriger Bestimmtheit aufzutreten. Der Kriminalbeamte verspricht so lange klar Deck zu schaffen, wie der Delinquent bereit ist zur Mitarbeit. Die Vernehmung erinnert hier an eine ärztliche Konsultation. Das mit der Ethik können Sie auch ruhig weglassen.«

An sich hätte Reichelt, wenn er so über Wochen und

Wochen fortgefahren wäre, beliebter Polizeilehrer werden können, wenn er sich hätte besser beherrschen können, aber er mußte zwischendurch »Wahrsager, Pokerspieler und Vernehmungsbeamte« miteinander vergleichen, hinsichtlich der »Kunst, ein *Individuum*, einen *Kunden*, ein ausnehmbares Opfer oder einen *Verdächtigen* in ein Wesensbild einzufügen«, oder aber er kombinierte »Beamte, Alchimisten, Kräuterdoktoren und Hebammen« im Gegensatz zu Chemikern, Apothekern und ärztlichen Geburtshelfern, die er *wissenschaftlich* nannte. In diesen Ausrutschern erwies er sich als »theoretisch«, was natürlich ein erfahrener Kriminalbeamter sofort bis auf den Grund durchschaut. Auf seiner Planstelle hielt er sich nicht lange.

Der Stehler

Ein alter Mann kommt mit Plastiktüte in die Kaufhalle, sortiert zwischen den Pullovern, steckt einen in seine Tüte und entfernt sich. So wie einer im Kopf vor sich hinsagt: Das merkt keiner, Herr Gott, ich bitte dich: das merkt keiner. Ganz »unauffällig« verläßt er das Lokal.

Amtsgerichtsrat Wieland stellt Ohnmacht der Justiz fest

Eine Arbeiterin gab sich ihrem Sohne hin, damit er garantiert gesund blieb und 5 Mark sparte. Eine schon alte Frau in Steiermark hatte sich mit ihrem jüngsten Sohn, der als irre galt, von den Menschen zurückgezogen. Er war unter Menschen nicht zu halten, schlug mehrfach auf Unbeteiligte ein. Da seine Erregungszustände bei geschlechtlicher Abstinenz zunahmen, gab sie sich ihm hin. Die Sache wurde ruchbar, als er sie erschlug.

Das sind Fälle, sagte Amtsgerichtsrat Wieland, an die wir nicht richtig herankommen. Wir können ja nicht mit der Laterne in die Schlafzimmer hineinsehen. Was sollen auch die Strafen, wenn die nächsten Angehörigen sich durch sie nicht abschrecken lassen?

Die versammelten Referendare halten die von ihrem Ausbilder vorgetragenen Stories, Fälle kann man diese Ausnahmefälle wohl nicht nennen, für abwegig. Sie sitzen ruhig ihre Stunden ab.

Wieland fährt fort: Ich trage Ihnen, meine Herren, einen Fall vor, der aus meiner Praxis stammt. Er liest vor:

Helene Siegerland, Lebensalter 17 Jahre 10 Monate, gem. § 2 wegen Verwahrlosung, unsittlichen Lebenswandels, h. w. G. (= häufig wechselnder Geschlechtsverkehr) in Untersuchungshaft.

Ärztlicher Untersuchungsbefund: Muskulatur: o. B.; Fett: ausreichend; Schleimhaut: o. B.; Augen: am rechten Auge erblindet, am linken Auge schwachsichtig; Ohren: o. B.; Drüsen: o. B.; Tonsillae: o. B.; Lunge: o. B.; Herz: o. B.; Genitale: o. B.; untere Extremitäten: o. B.; Kinderkrankheiten: Feuchtblattern, Masern. Familienverhältnisse: Vater keine Besonderheiten, Mutter, Vaters-Vater usf. keine Besonderheiten.

Schule: Hilfsschülerin, oft krank, schwänzen.

Psychotechnischer Befund: Gedankenablauf: langsam; Phantasie: unterentwickelt; Konzentrationsfähigkeit: schwach; Handgeschicklichkeit: gering, Linkshänderin; Arbeitsweise: o. B.

Im 7. oder 8. Lebensjahr Verletzung der rechten Hand. Narbe. Die Minderjährige bohrte sich eine Stricknadel in die Hand. Drei Wochen Krankenhaus. In der Hilfsschule stürzte die Minderjährige vom Reck. Man hat sie später nicht mehr turnen lassen. Im 14. Lebensjahr Verletzung durch Stolpern über eine Krempe, die in die Wange drang. Zwei Wochen Krankenhaus. Da durch Kratzen Schmutz in die Wunde kam: Vereiterung. Sie ist jetzt 16 Jahre alt. Minderjährige bricht sich den rechten Fuß. Sie versuchte, in Offenbach nachts auf die letzte Straßenbahn aufzuspringen. Im 17. Lebensjahr Verkühlung bei G.V. im Freien, Laubunterlage, Lungenentzündung. Durch Herumpatzen mit Augentropfen wird Operation notwendig, blind.

Jetzt ist sie überführt, in insgesamt 26 Fällen sich aufgedrängt zu haben, darunter Fälle von Mehrpartnerverkehr. In der Hauptverhandlung äußert sie sich nicht. Meine Herren, den Akteninhalt kennen Sie jetzt. Ich weiß nicht, was Sie erreichen wollen, wenn Sie hier eine Strafe verhängen. Vor allem, welche?

Die Referendare nehmen an, daß sie hier provoziert werden sollen. Vielleicht will der Ausbilder feststellen, ob sie sich durch sentimentale Vorträge erweichen lassen, vom *Pfad des Legalitätsprinzips* abzuweichen.

Sie weisen darauf hin, daß eine Verurteilung auch dann zulässig ist, wenn sich die Angeklagte nicht äußert. Andernfalls könnte diese sich durch ihre Zurückhaltung der Bestrafung entziehen. Das wäre abwegig. Als Strafmaß kommen 2–18 Monate in Frage. Da sie sich mit Sicherheit nicht bessert, wäre ein höheres Strafmaß zu erwägen, anschließend Sicherheitsverwahrung. Es geht nicht an, sagt Referendar Lämmer, daß man solche Fälle lax behandelt, nur weil die Frau auf einem Auge blind ist. Das hat mit der Strafbarkeit nichts zu tun. Referendar Knackstedt fügt hinzu: Auch vom menschlichen Standpunkt ist die Angeklagte in der Strafanstalt sicherer. Sie kann ja draußen ausgebeutet werden.

Wieland will auf etwas ganz anderes hinaus. Er sagt: An den Ermittlungen stimmt irgendetwas nicht. Denken Sie, meine Herren, an »Familienverhältnisse ohne Besonderheiten«.

Ja, sagen die Referendare, da haben wir es. Man müßte prüfen, ob § 51 I oder II greift, dann kann man sie in die Anstalt stecken. Endlich ist bei ihnen der Groschen gefallen.

Wieland will aber auch auf diese Lösung nicht hinaus. Die Referendare: Dann soll er doch sagen, was er will. Wieland: Sie müssen sich die Frage stellen, wie bekomme ich diese Frau aus der Untersuchungshaft, in die sie nicht gehört, wieder heraus. Es ist ein Fall, in den die Justiz nicht hineinfingern kann. Wie wollen Sie denn die Situation der Angeklagten entrollen, wenn sie schweigt und Sie ein Ermittlungsergebnis vorgelegt bekommen, an dem jede Feststellung zweifelhaft bleibt? Sie müssen in solchen Fällen zusehen, wie Sie eine Schiene nach draußen legen.

Die Referendare: Draußen geht sie doch zugrunde. Wieland: Sie müssen endlich einsehen, daß die Aufgabe der Justiz nicht ist, Daseinsvorsorge zu treffen. Gott sei Dank klingelt es. Die Ausbildungs-Doppelstunde ist beendet.

Eine, deren Unterschrift unter dem Gesellschaftsvertrag gefälscht ist

Sie tröstete den Sack, den Feger, die Oberschenkel, Brust, Achseln usf. usf. dieses müden Kaufmanns und entwendete, als dieser beruhigt einschlief, dessen Brieftasche, verließ das Hotel. Sie arbeitet als Hausgehilfin bei verschiedenen Dienstherren immer nur kurze Zeit, stiehlt ganze Warenlager; verschenkt einen großen Teil, verbraucht wenig für sich.

In Westberlin, Stellung als Hausgehilfin in Arzthaushalt, stiehlt große Summen Bargeld, kauft sich zwei Pelzmäntel und ein Armband, das sie für ihre Schwester bestimmt, die es aber nie erhält. Diesmal hat sie so viel Geld erbeutet, daß sie eine Rundreise durch verschiedene süddeutsche Bäder unternehmen kann.

Im Kurhaus einer Stadt in Rheinland-Pfalz begegnet sie dem Sohn des Hauses, der sie zur Frau wünscht. Sie stiehlt, was sie findet, verläßt den Ort. Das Verhältnis zu diesem Mann hat Folgen. Als sie eine Gefängnisstrafe von 2 Jahren und 6 Monaten verbüßt, bringt sie Zwillinge zur Welt. Sie holt, nach Verbüßung der Haft, die Kinder aus dem Heim. Jetzt hält sie es an keinem festen Ort mehr. Sie läßt die Kinder in einem Waldgasthof zurück und flieht mit 2 Oberbetten, Kopfkissen, 140 DM aus dem Koffer eines Gastes. Reist, betrügt, stiehlt, sitzt ihre Strafen ab. Einweisung in eine Heil- und Pflegeanstalt. Die Anstaltsleitung gewährt der Anstelligen Urlaub. Sie tritt eine Putzstelle an, nimmt Schmuck im Wert von 10 000 DM, Pelzmantel, zwei Fotoapparate und ein Brokatkleid mit, das ihr nach Einlieferung in die Anstalt eine Anstaltsinsassin für 15 DM abkauft und sofort zerschneidet.

»Ist denn ihr Denkvermögen gestört?« fragt Richter Rehgut. Dr. med. Brille: »Nee, nee. Auch die Einsichtsfähigkeit in die Strafbarkeit ihrer Taten nicht. Ich könnte jetzt sagen: der

Angeklagten hat die mütterliche Partnerschaft gefehlt, oder: man muß von einem Mangelerlebnis sprechen. Aber das wäre alles nicht richtig.« »Was wäre denn nach Ihrer Ansicht richtig?« fragt der Richter.» Wie beurteilen Sie denn die junge Frau?« Dr. Brille: »An sich eine ganz patente und schlaue Person. Ihr fehlt nichts. Sie ist gerade an der Nahtstelle angesiedelt. Eine interessante Naturbildung.« Richter Rehgut: »Na, na! Das verwischen wir mal nicht.« Dr. Brille: »Doch. Es handelt sich um eine 1 Mann-Minderheit, die nun einmal so lebt. Wir stehen hier vor einem eigenartigen Naturphänomen. Sie lebt von der Eigentumsverletzung, so wie andere von der Eigentumsbildung.« Richter Rehgut: »Das kann ich nicht glauben. Das wäre ja gegen jede Rechtsordnung.« Dr. Brille: »Nicht gegen jede. Wenn Sie z. B. an die Indianer am Orinoko denken.« Richter Rehgut: »Na, sie ist aber keine Indianerin.« Dr. Brille: »Ich könnte Ihnen jetzt einen Bericht geben, daß ihr Vater gestorben ist, als sie 7 Jahre alt war, als sie 4 Jahre in der Schule ist, stirbt die Mutter. Feindselige Umgebung usf. usf. Aber das würde die Sachen nicht klären.« Richter Rehgut: »Sie meinen, das ist einfach ihre Art der Kontaktsuche?« Dr. Brille: »Ja. Entweder lebt die überhaupt nicht oder so.« Richter Rehgut: »Na, na. Die muß sich mal beherrschen lernen.« Dr. Brille: »Die ist ja völlig beherrscht. Was meinen Sie, was für eine Beherrschung dazu gehört, diese Taten durchzuführen, sich nirgends bestechen oder festhalten zu lassen. Immer so abhauen ist Beherrschung. Wenn Sie sie nicht so lassen können, wie sie ist, dann können Sie sie auch zum Tod verurteilen.« Richter: »Ist mir ein Rätsel. Sie meinen also, daß das so eine Art fremder 1-Mann-Stamm ist. So wie Zigeuner? Die wären wenigstens mehrere.« Dr. Brille: »Sicher noch etwas fremder. Die gehört gar nicht dazu.« Richter Rehgut: »Und quer zu den Bestimmungen. Tut mir leid. Dann kann ich nicht darauf eingehen, selbst wenn Sie Dr. Grzimek als Gutachter heranholen. Ich sehe das doch, daß das kein Tier, sondern ein Mensch ist.«

Das Gericht entwirft einen Behandlungsplan: 2 Jahre Gefängnis und danach Unterbringung in einer festen Heil- und Pflegeanstalt. Dr. Brille: »Und was erwarten Sie sich davon?« Richter: »Besserung.« Dr. Brille: »Und wenn ich Ihnen sage, daß Sie dann lange warten können?« Richter Rehgut: »Helfen

Sie mir doch und machen *Sie* mir nicht auch noch Schwierigkeiten. Was soll ich denn in so einem Fall entscheiden?« Dr. Brille: »Gar nicht entscheiden. Diese Person kann gar nicht anders leben. Das sind keine Diebstähle, sondern ihre Lebensäußerungen. So wie unsereins Luft holt.« Richter: »Das wäre nicht verboten.«

Der Richter läßt sich nicht zu pflichtwidrigen Handlungen bewegen, auch nicht durch eine gewitzte Ärztin.

Eine witzige Bemerkung des Kammervorsitzenden, der für seinen rheinischen Humor bekannt ist

Landgerichtsdirektor Quirini verliert in der Strafsache gegen Muschke an diesem Tag zum ersten Mal die Beherrschung: »Sie müssen nicht glauben, daß Sie uns hier für dumm verkaufen können. Wir leben hier nicht auf einem anderen Planeten. Was wissen Sie konkret von dieser Organisation, von der Sie immer reden? Ich halte das alles für Schutzbehauptungen. Sie täuschen sich, wenn Sie meinen, daß Sie uns hier an der Nase herumführen können.« Der Angeklagte läßt sich durch die heftige Tonart, in der das gesagt ist, nicht erschüttern. Er sagt: »Es gibt sie irgendwo. Im Weltraum. Und der Zeuge Hofmann gehört dazu.«

Quirini reicht das: »Stellen Sie sich den Zeugen Hofmann, der hier steht, mal auf einem anderen Planeten vor.« (Heiterkeit)

Angeklagter: »Wenn ich weiterrede, werden mich die Wesen aus dem Universum bestrafen. Etwa durch einen Verkehrsunfall, Herr Vorsitzender, und dann sind Sie die Ursache, der Mörder. Wenn bei Ihnen in 80 Milliarden Jahren die Sonne verlischt, werde ich immer noch da sein.«

Quirini (trocken. Er sieht zu den Zuhörerbänken und zu den Pressevertretern hin): Dann würde ich an Ihrer Stelle aber den Verkehrsunfall vorziehen.

Der Angeklagte schweigt verbissen. Quirini: »In meinen Augen sind Sie ein Betrüger. Deswegen sind Sie hier angeklagt. Reden Sie zur Sache. Wir haben keine Lust, in 80 Milliarden Jahren noch hier zu sitzen.«

Er versteht nicht, daß er es mit einem Geisteswesen zu tun hat, das von einer Verschwörung in universalem Maßstab, hier vertreten durch den Zeugen Hofmann, wohl aber auch durch das, was aus Quirinis eigenem Mund, gegen dessen besseres Wissen spricht, verfolgt wird; verfolgt, weil die feste Vorstellung der Ewigkeit ein Zaubermittel ist, das dem Gericht die völlige Hilflosigkeit seiner Bemühungen zeigt, wie sie auch Hofmanns unsinniges Weiterreden ans Licht bringt. Dem Gericht ist es nicht möglich, an diesem Tage dem überzeugten Angeklagten irgendein weiteres Wort zu entlocken. Er wird mit 12 Monaten ohne Bewährung bestraft. Für die Lebenserwartung des Angeklagten hat dies nicht den Wert einer Sekunde.

(Heft 18:)

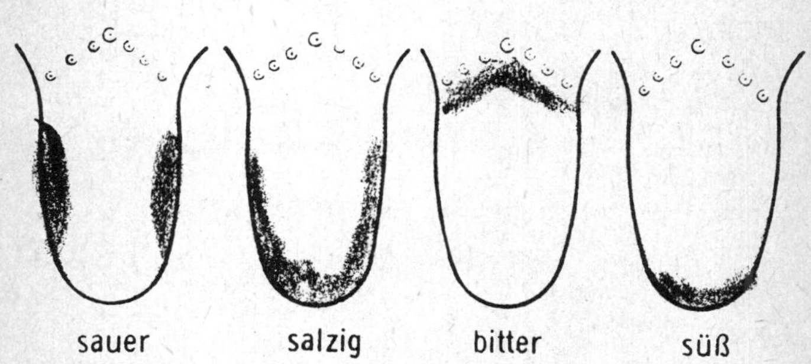

Abb.: Lokalisation der Geschmacksqualitäten auf der Zungenoberfläche. Entscheidend beteiligt: Der Geruchssinn, was schon aus der Erfahrung hervorgeht, daß uns bei einem Schnupfen oder beim Zuhalten der Nase nichts mehr »schmeckt« (Dr. E. Opel). »Schärfe des Geschmacks rührt von Mitreizung der Schmerznerven her; Empfindung des »Zusammenziehens« (Adstrinktion durch Säuren, saure Metallsalze, Rhabarber, Gerbsäure, Rheinwein!, Rheingau, Hochkircher Edelkabinett 1904!, Essigsaure Tonerde usf.), wahrscheinlich auf einer leichten Schädigung der Mechanorezeptoren durch H-Ionen beruhend. Schmeckende Substanzen, die gleichzeitig Temperatursinn erregen ... Geschmack insbesondere am weichen Gaumen, an der hinteren Rachenwand, am Kehldeckel und im Kehlkopfinneren ... Erinnere mich als Kind, daß nicht nur die papillae vallatae, foliatae und fungiformes, sondern zusätzlich Zungenmitte, harter Gaumen und die Wangenschleimhaut »schmeckt«. Jetzt nicht mehr, abgestorben. »Dagegen lösen die papillae filiformes keine Geschmacksempfindungen aus.«

Abb.: Ernst Opel, als Stabsarzt der Reserve auf Übung 1936.

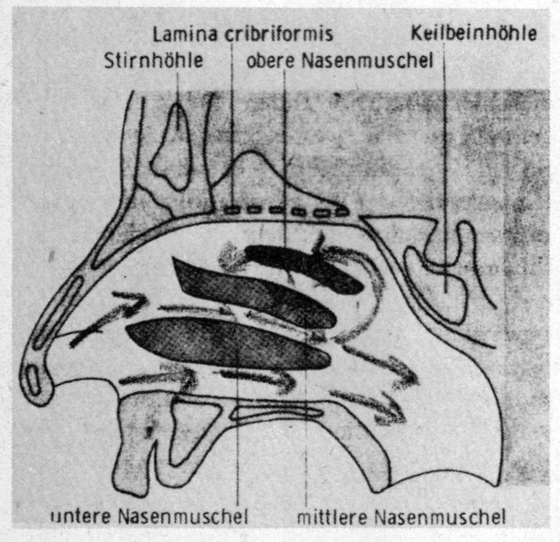

Abb.: Luftströmungen in der Nasenhöhle. Die rote Fläche stellt die Regio olfactoria dar (nach Adey und Opel).

Abb.: Winterschutz für Grenadiere.

Ein Teil seiner Intelligenz ist in die Zunge abgewandert

Der Landarzt Ernst Opel verließ November 1942 seine Villa, die bei Ballenstedt lag, in einem geradezu peinlichen Aufzug: Breeches mit Ledereinsatz an der Innenseite der Oberschenkel und über dem Gesäß, braunes Koppel zu einer zu grünen Uniform, die er aus englischem Vorkriegs-Tuch für sich hatte schneidern lassen; Pistolentasche tief nach unten hängend, und in 6 Taschen, die er mitführt, Ärztegeräte und Verpflegungs-Vorräte. Ein DKW bringt ihn nach Magdeburg. Danach sitzt er zehn Tage in Zügen, die ihn bis Pleskau bringen, danach Panjewagenfahrt bis Feldlazarett Dno. Schon jetzt hat er so viel erlebt, daß er in Ballenstedt interessant erzählen könnte.

Das Monokel, das er sonst nur zu militärischen Übungen trug, kneift, unter dem linken Auge bildet sich eine Einkerbung. Der Hintern schmerzt, eine Art Vorratslager, dagegen sind die gepolsterten Schultern an sich leer, 3 Paar Unterhosen, in der Erwartung, daß es außerhalb des Zuges kalt ist. Während der Bahnreise schwitzt er stark zwischen den Beinen. Auf die ärztlichen Probleme des russischen Winters ist er vorbereitet durch die Lektüre der »Erinnerungen des Chirurgen Baron Larrey«, die sich auf den Winterkrieg Napoleons in Rußland beziehen. Zitate hieraus hatte er im Kopf bereit sowie in seinen Taschen einen Landschinken, besondere Saucen, eine Flasche Gilka usf. Er wird Zitate und Leckerbissen gebrauchen, um sich Anerkennung bei Vorgesetzten und Jungärzten zu verschaffen. In dieser Gesamtaufmachung meint er den Militärs ins Auge sehen zu können.

»Ich betrete das Zimmer des Generalarztes von Rhoden. In einem Backsteinbau, dem ehemaligen Haus der Roten Armee, ähnlich dem Schulgebäude der Volksschule III in H., aber gedrungener gebaut. Dieser Armeearzt sieht sofort, daß ich der passende Mann für ihn bin. Ich weise auf einen Frühschoppen mit Professor Lexer hin. Dieses Stichwort genügt. Ich erhalte keine bestimmte Stelle in einem Feldlazarett, sondern bleibe z. b. V. des Armeearztes.«

Diese Disposition kann verschiedene Gründe haben. Ernst Opel nimmt an, daß es eine Auszeichnung ist. Es kann aber auch sein, daß der Armeearzt den dicklichen, nicht sehr großen Mann, der seine Vorrats- und Ärztetaschen bei der Meldung mit sich trägt, für den Einsatz gar nicht für geeignet hält.

»Einen Wagen und Fahrer erhalte ich nicht. Dafür werde ich an die Abendtafel geladen. Aus rechnerischen Gründen ist es nicht möglich, mich in die Nähe des Armeearztes zu plazieren. Dann erhalte ich einen Platz weit unten an der Tafel, ich kann also in das Gespräch nicht eingreifen. Der Armeearzt speist so schnell, daß ich an die Lebensmittel nicht herankomme. Es wäre unhöflich, auf die eigenen Vorräte zurückzugreifen. Die Flaschen, die gereicht werden, enthalten minderwertigen Wein, wie ich ihn allenfalls zur Bowle anbieten würde. Sie sind fast leer, wenn sie bis zu mir heruntergelangen. Das hat den Vorteil, daß ich anderntags mit klarem Kopf aufwache und mich meinen Aufgaben zuwende. Ich requiriere bei einer Pioniereinheit einen Panjewagen und Pferdchen und reise mangels eines anderen Auftrags vor zu einem der Hauptverbandsplätze.«

Der Armeearzt nahm den ihm zugeteilten Reservarzt als *eine Unmöglichkeit* hin, eine Bosheit der Heimatorganisation. »Offenbar ein Militärfan aus dem sächsischen Bereich, ärztlich gesehen Autodidakt.« Er sah ihn für spätere Verwendung in einem rückwärtigen Sanitätsverwaltungsdienst vor. Tags darauf erhielt er die Beschwerde der Pioniereinheit, der Opel 1 Panjewagen sowie 1 Pferd gegen Quittung entwendet hatte. Der Sache konnte nicht nachgegangen werden, da Opel unerreichbar blieb. Er requirierte in Frontnähe einen Obergefreiten, den er als einen früheren Patienten aus dem Dorf Emersleben erkannte. Er hatte jetzt einen Burschen.

Alles dies unter dem Gesichtspunkt, daß er später zu Hause etwas zu erzählen hat. Man könnte ihm, seinem Auftreten nach, Eitelkeit vorwerfen, aber sie läßt sich auf nichts stützen, Aufzug, Behandlung des Burschen, thronend auf Panjewagen und Vorräten, inzwischen verdreckt, erscheint er, noch bevor er die Front erreicht, als Frontschwein. Seine Blindheit gegenüber seinen Fehlern gilt denen, denen er begegnet, als Formlosigkeit. Da er seine Umgebung nicht erfaßt, erscheint er optimistisch. Er trägt etwas Wertvolles in seinem Mund, mitten durch unwirtliches, winterliches Land: seine Zunge, *europäisches Unterscheidungsvermögen* für das, was eßbar ist.

In der Nacht zum 6. Oktober 1942 greift eine sowjetische Kampfgruppe beiderseits eines Dorfes, dessen längeren russischen Namen Landser sich nicht merken und das deshalb »Doppelname« heißt, an. Die deutschen Divisionen treten den Rückzug an.

»Auf meiner Generalstabskarte lese ich: 2,3 km westlich Saboloschne – Krupsgarazetje. Hier finde ich den Hauptverbandsplatz vor, der überfüllt ist. Ich will den operierenden Oberarzt ansprechen, mich mit Namen, Dienstgrad und z. b. V.-Aufgabe im Auftrage des Armeearztes vorstellen, der aber abwinkt, mich sehr unhöflich vor die Tür scheucht. Offenbar ist hier nicht klar, was ich aus Gesprächen mit Offizieren der Nachbareinheiten unterwegs erfahren habe: daß die Rückzugsbewegung längst in Gang kommt und dieser Verbandsplatz geräumt werden müßte. Da der operierende Arzt mich nicht anhört, ordne ich deshalb als z. b. V. des Armeearztes die Räumung an. Meinen Anordnungen wird jedoch keine Folge geleistet. Ich vermute Disziplinlosigkeit, stelle dann aber fest, daß die Sanitätsdienstgrade meinen Befehl nicht ausführen, weil keine Transportkapazitäten vorhanden sind.«

An Eigenschaften hat Ernst Opel in diese vorderste Linie außer seiner kennerischen Zunge, den Zitaten aus Baron Larreys Erinnerungen, einer Reihe von Witzen, die er für Kasino-Witze hielt, sie beziehen sich auf Reit- und Fahrturniere und Übungsabende der dreißiger Jahre, mitgebracht: Kenntnisse der Geburtshilfe, Früherkennung von Gelbsucht, weil er selber einmal daran erkrankt ist, sicheres Erkennen, wann ein Fall für den praktischen Arzt und Geburtshelfer schwierig wird und dem Kreiskrankenhaus überwiesen werden muß. Außerdem: Einfühlungsvermögen. Zusammenführen und Kitten zerstrittener Familien, Ehrgeiz, Kenntnisse im Uniformwesen und in der Kriegsgeschichte, insbesondere Schlachten.

»Ich requiriere ein Krad für Fred, meinen Burschen, befehle ihm, mir zu folgen und fahre selber mit dem Panjewagen in die Umgebung. Die Wege sind schneeüberlagert. In geringer Entfernung Artilleriefeuer. Rechts von uns eine Division, die den Namen *Tango- und Marmeladendivision* trägt, eine Berliner Truppe an der Nahtstelle, links von uns die *Butter- und Sahnedivision,* weil sie gut ernährt nach 1 ½ Jahren Aufenthalt in Dänemark hierher versetzt worden ist. Diese Nachbardivisionen befinden sich im Rückzug. Ich finde eine Veterinärstation für Pferde. Die Station ist geräumt, lediglich schwerkranke Tiere zurückgelassen. Die besten ziehen aber noch, wenn man sie vor Schlitten spannt. Ich bin auch Pferdekenner. Ich treibe mit Freds Hilfe, der das Krad schiebt, ein Dutzend Pferde durch ein Waldstück und gelange an einen verlassenen Flugplatz, wo wir kleine Räder finden, die wir unter Bretter nageln, die ursprünglich eine Art Laufsteg bildeten, der aus irgendeinem Grund die verlassenen Baracken verbindet. Wir nageln die Räder unter die Bretter, kehren damit zum Hauptverbandsplatz zurück. Ein Sanitätsdienstgrad befürchtet, daß der Oberarzt herumschnauzen wird, wenn er bemerkt, daß der Verbandsplatz ohne sein Wissen geräumt wird. Ich sage: ›Das nehme ich auf meine Kappe. Kümmern Sie sich um Eile.‹ Der Gefechtslärm ist jedoch näher gerückt, bestätigt die Richtigkeit meiner Anweisungen.

Jetzt sind nur noch Stricke, Zaumzeug oder Leinen erforderlich, um Pferd und Transportmittel miteinander zu verbinden. Ein Sanitätsdienstgrad schlägt vor, Mullbinden, dreifach gelegt, als Zaumzeugersatz zu verwenden. Andere Aushilfen, außer zu kurze Lederriemen, sind nicht vorhanden. Opel nickt. Eine Gruppe Frontsoldaten durchzieht den Hauptverbandsplatz nach rückwärts. Was sie berichten, deutet auf unmittelbare Gefährdung hin.«

»Die von mir entwickelten Karren bewähren sich als Transportmittel nicht, da wir keine Straße finden, auf der diese Räder rollen könnten. Wir drehen deshalb die Bretter auf den Rücken, so daß die Räder nach oben zeigen. Die Pferde ziehen diese Vorrichtungen durch den Schlamm bzw. über Erde. Wir haben die Verwundeten daraufgebunden. Der Hauptverbandsplatz befindet sich unter meinem Kommando auf Rücktransport.« Erst jetzt blickt der Oberarzt, ein Graf Dohna, von seiner Operation auf. Der Lärm russischer Angriffsspitzen in der Nähe, Geräusche von Panzerketten. Der Chirurg tritt aus dem Operationszelt, schnauzt Sanitätsdienstgrade an, die er bei nicht befohlenem Abtransport sieht. Opel eilt hinzu. Dohna hat bis zu diesem Zeitpunkt gar nicht begriffen, daß es sich bei dem für seine Vorstellungen aufgeputzten, aufdringlich Uniformierten, der in seinem Bereich eigenmächtige Befehle gibt, um einen Militärarzt handelt. Dies klärt sich jetzt auf, als Fred den Untersetzten mit Herr Doktor anredet. »Ach Sie sind Kollege«, fragt Dohna. Opel hat jetzt Gelegenheit, sich stramm zu melden. Er bittet um Amtshilfe, weist auf den kranken Pferdebestand, der aber noch zugfähig ist, die Bretter hin, auf denen winzige Räder befestigt sind, die in die Luft zeigen. Ohne ein Wort zu sagen, er horcht nur kurz in Richtung Front, zieht der sympathische Chirurg einen Pelzmantel über, Koppel, Pistolentasche, läßt sich von Opel zum Beiwagenkrad führen, das von Opels Burschen geschoben wird. Die Kolonne bewegt sich 12 km nach Westen. Erst hier erhebt der Oberarzt der Form halber Protest, weist auf Opels Eigenmächtigkeit hin. Opel hat in einer Hütte aus seinen Vorräten einen Imbiß vorbereitet. Der Ort heißt Kludowo. Für Opels Empfinden entsteht hier eine Freundschaft fürs Leben. Es wird nicht deutlich, ob Dohna dies ebenso sieht, sich z. B. in einer Gesellschaft, bei einem Opernbesuch, bei einem Reit- und Fahrturnier, falls es dies nach dem Krieg noch einmal geben sollte, mit dem peinlichen Opel zusammen sehen oder sogar fotografieren lassen würde. Opel wäre gern in Ballenstedt, um zu berichten. Das Stückchen Landschinken ist exzellent. Diese zur Eigenschlachtung bestimmten Schweine werden ganz anders ernährt als die, die zum Verkauf bestimmt sind. Trinkt man gleich darauf aus der Verschlußkapsel der Gilka-Flasche einen Schluck Kümmel, so entsteht eine interessante Nachwirkung. Opel nennt das »Zähneputzen«. Die Bezeichnung ist irreführend, weil die Wirkung gar nichts mit dem Gebiß zu tun hat, sondern etwa in Höhe der Mandeln entsteht. Man kann ein Stückchen Brot nachschieben und Speck zerbeißen, ohne daß dieser differenzierte Eindruck sogleich gelöscht wird. Es ist seltsam: In dieser gar nicht dazu passenden Gegend, rechts eine Art Sumpfgebiet, links Kroppzeug von Gebüsch und unterentwickelten Bäumchen, befindet sich bei Kerzenlicht, durch ein bißchen Holzwand von hohem Gras getrennt, ein Stück Verstand. Unklar ist nur, wieso man so weit reisen muß, um diese Empfindung zu haben. Man kann auch im Harz, also höchstens 16 km von Ballenstedt, rasch Gegenden finden, in denen ähnliche Erkenntnisse möglich sind. Aber niemand in Ballenstedt würde sich einen längeren Bericht darüber anhören.

Es hat den Anschein, daß Dohna den selbstzufriedenen Kollegen im Grunde seines Herzens widerlich findet. Er geht verletzend früh schlafen.

Abb. rechts unten: »Dreht man die Eiskappe spiegelbildlich um, hat man die Form des menschlichen Hirns« (Gartmann). Tatsächlich ist, wie Gartmann nachweist, die Intelligenz »in der Not«, d. h. aus der Eiszeit entstanden. Abb. zeigt Großhirn, eingeteilt in Areae nach der Zytoarchitektonik (modifiziert nach Brodmann).

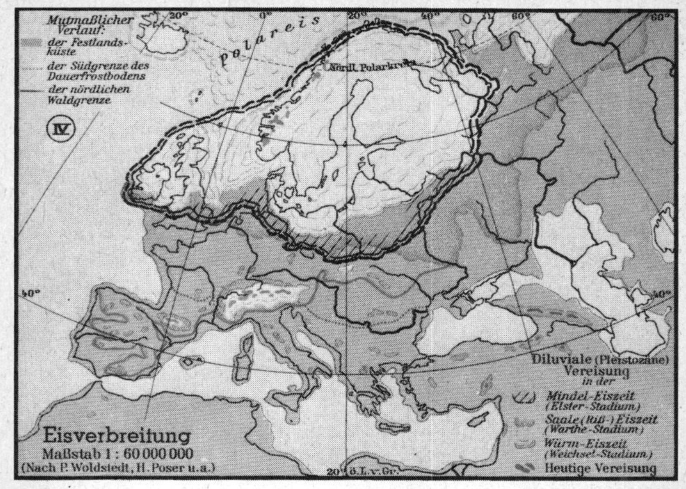

Abb. oben: Eisverbreitung nach Gartmann (siehe S. 394). Mindeleiszeit (Elster-Stadium) 480 000-430 000 v. Chr.; Saale-(Riß-)Eiszeit (Warthe-Stadium) 240 000-180 000 v. Chr.; Würm-Eiszeit (Weichsel-Stadium) 120 000-20 000 v. Chr.

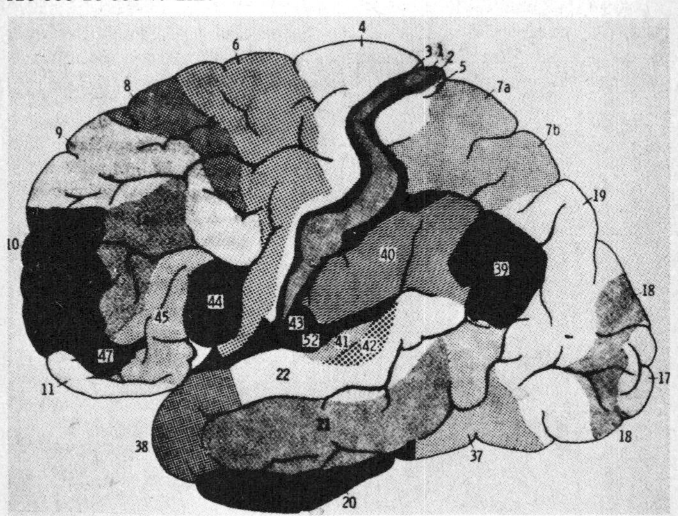

Der Stalingradkessel

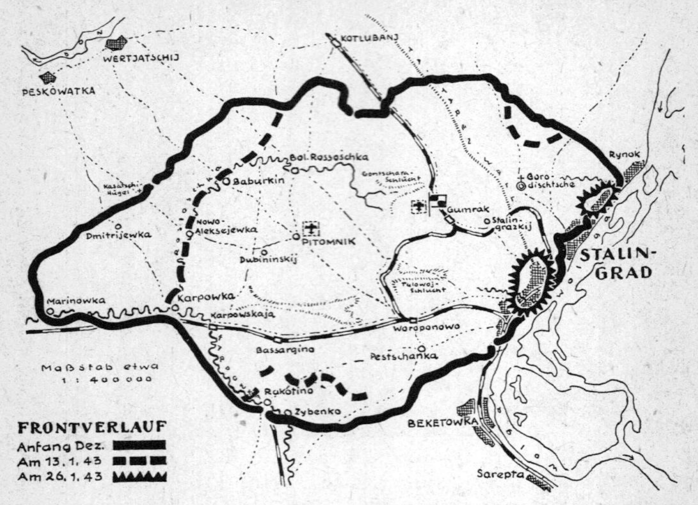

Abb.: »Dreht man (immer dem unorthodoxen Gartmann folgend) das Hirnbild spiegelbildlich erneut herum, so hat man den Kessel von Stalingrad. Daraus entstand kein neuer Intelligenzschub« (Gartmann). »Nicht das Lernen, sondern das Nicht-Lernen ist das erklärungsbedürftige Phänomen.« (Habermas)

Meßgenauigkeit

Die Barfrau wägt ab, wieviel diese Brieftasche des Gastes ganz allgemein enthält. Sie hört auf auszuschenken, wenn der letzte namhafte Geldbetrag ausgegeben ist. Das ist ihr Kunstblick. Eventuell für eine Taxifahrt einen Rest lassen, 20 Mark. Verschätzt sie sich um 20 Mark nach oben, so schädigte sie das Geschäft, weil Getränke ausgeschenkt werden, die der Gast nicht bezahlen kann. Verschätzt sie sich nach unten, ist dem Geschäft Gewinn entgangen.

Für meine Trauerarbeit möchte ich bezahlt werden

Ein kleiner Blumenladen neben uns. Wirklich nette Leute. Immer wenn ich ein kleines Moosröschen kaufen wollte, hat sie mir gleich drei gegeben. Alles für 30 Pfennig. Das hat die aus Sympathie so mitgegeben. Dann hat man ein neues Haus aufgebaut. Alle warteten schon, und eines Tages haben sie das Büdchen mit dem Blumenladen zugemacht. Das ist einfach traurig, wenn die da ausziehen müssen.

Im Hirn der Metropole

Vortragender Legationsrat I. Klasse F. Bittrich, als junger Mann während der Großen Koalition eingesickert, galt in der Presseabteilung des Auswärtigen Amtes als Reformer. Dieses Amt weitet sich aus, produziert in erster Linie Platzmangel.

Bittrich war der Ansicht, die aber nur von wenigen in diesem Amt geteilt wird, daß dieses Haus eine Art *Weltgehirn* bildet. Die Landschaften und Krisenflächen des Planeten spiegelten sich »irgendwie« im Aufbau der Ressorts. Insbesondere sind es die »gesellschaftlichen Auseinandersetzungen, Kriege«, die einzelne dieser Hirnteile wachsen lassen. So bildete Frankreich 70/71 einen Kern, Tsingtau, die Tangerkrise, Ausbildungskurse der Reichwehr in der Sowjetunion nach 1926, das im Zweiten Weltkrieg neutrale Portugal usw. usf. – leichte Schwellungen im Stellenkegel.

Das mag ja sein, antwortete Ministerialdirigent Hebeisen, ein Förderer Bittrichs, älterer erfahrener Diplomat, aber eine solche Spiegelung der Welt durch das AA wäre ein Zerrspiegel, mein Lieber. Das, erwidert Bittrich aus seinem Wissensschatz, ist selbstverständlich auch im Verhältnis der primären und sensorischen Zentren so, die sich im Jedermannshirn spiegeln. Er holte das entsprechende Fachbuch aus seinem Dienstzimmer in die Kantine, wo sie sprachen, mußte dafür die verkehrsreiche Straße überqueren, hätte dabei umkommen können, und jetzt zeigte er das eigentümliche Zerrbild eines Menschen, das zustande käme, wollte man aus der Repräsentation des Hirns auf den tatsächlichen menschlichen Leib zurückschließen. So etwa würde, sagte er, ein Saturnforscher, der das Hirn eines Terraners ausmessen, aber nicht sehen kann, sich das Menschlein vorstellen. Seinem Förderer ging dieser Gesichtspunkt zu weit. Sie haben wohl überhaupt nichts Richtiges zu tun in Ihrer Abteilung, Herr Bittrich? Bittrich: Doch, doch. Er zeigte seine Terminlisten, die er bei sich führte. Ich vertrete heute das A.A. in der Bundespressekonferenz.

II

F. Bittrich hatte über das Wochenende in einem Philosophiebuch gelesen: »Welt ist nicht die bloße Ansammlung der vorhandenen abzählbaren oder unabzählbaren, bekannten oder unbekannten Dinge. Welt ist aber auch nicht ein nur eingebildeter, zur Summe des Vorhandenen hinzu vorgestellter Rahmen. **Welt weltet** und ist seiender als das Greifbare und Vernehmbare, worin wir uns heimisch glauben. Wo die wesenhaften Entscheidungen unserer Geschichte fallen, von uns übernommen und verlassen, verkannt und wieder erfragt werden, da weltet die Welt.«

Daraus ergaben sich bestimmte Spezialfragen. »Worin besteht das wesentliche Wesen von etwas? Vermutlich beruht es in dem, was das Seiende in Wahrheit *ist*.« Es gibt dazu grundsätzlich 2 Wege: »Feststellen der Wahrheit« und: »Geschehenlassen der Ankunft von Wahrheit«. Einige Zeilen später fand Bittrich hierzu einen Hinweis: »denn im ›Feststellen‹ liegt ein Wollen, das Ankunft abriegelt und also verwehrt. Dagegen bekundet sich im Geschehenlassen ein Sichfügen und so gleichsam ein Nichtwollen, das freigibt«. Darüber konnte Bittrich eine Zeitlang mit Erfolg nachdenken, aber auf Seite 55 des Heftchens war die Rede »vom vernutzten Wesen der Wahrheit im Sinne von Richtigkeit«. Das machte ihn als Praktiker ziemlich ratlos, da ja *das was richtig ist* auch *wahr sein muß* und überhaupt nicht vernutzt sein kann, wenn es noch nie benutzt wurde. Auf Seite 90 heißt es weiter: »schwer verläßt was nahe dem Ursprung wohnet den Ort«. Dazu fiel Bittrich sofort Vietnam ein. Das, was dort »in die Steinzeit zurückgebombt ist«, kommt als Nachricht nur schwer nach Europa.

III

Um die gleiche Zeit saß in einem anderen Dienstquartier der Sachbearbeiter der Südostasien-Abteilung für Kambodscha. An der Wand des kleinen Zimmers war eine Straßenkarte dieses Ländchens befestigt. Er verfügte über etwa 27 Akten, in der die Kenntnisse des A.A. über dieses Land gesammelt waren. Seit Monaten bemühte er sich um eine Hilfskraft, die er nur jetzt, solange die Zeitungen von kambodschanischen Ereignissen voll waren, für sein Referat ergattern konnte.

Er arbeitete an einem Vermerk, in dem »außenpolitische Grundgedanken im Verhältnis zum Kambodscha-Problem« wiedergegeben sein sollten. Der Nachrichtenfluß war aber schon innerhalb des Auswärtigen Amts stranguliert. Die wesentlichen Vermerke wurden in der *Politischen Abteilung, Unterabteilung West* angefertigt.[1]

1 Hätte das Auswärtige Amt ein Organ, mit dem es in sich hereinhorchen, Erinnerungen abrufen könnte, und dies wäre Voraussetzung für Bittrichs These von der Hirntätigkeit des A.A., hätte es aus dem Kambodscha-Unterreferat nichts vernommen.

IV

530 km entfernt war erst gestern ein Korrespondent der Süddeutschen Zeitung, C. Liebenbohm, in sein Heim zurückgekehrt. Ihn besuchte der Gebrauchtwagenhändler Felix Bößl, der in Nebentätigkeit für den BND Nachrichten sammelte und artikelweise verkaufte. Wahrscheinlich war die Presse in der Metropole dasjenige, was wenigstens eine Vorform einer Nervenleitbahn bildete.

V

Das für Kambodscha zuständige Referat im Bundesnachrichtendienst (BND), ein Dienstzimmer, vertretungsweise durch einen Referenten besetzt, der sonst für den Bereich nördliche Nordsee zeichnete, sah auf 6 Zwergtannen, die noch wachsen sollten, einen Zaun. Wenige Handakten, meist mit Zeitungsausschnitten. Anfrage des Bundesministers B. »mit der Bitte um Feststellung aller einschlägigen Tatsachen über die neuere Entwicklung in Kambodscha, politische Aussichten, Möglichkeiten der Zusammenarbeit, Einschätzung der Wandlungen usf. Frist: 6 Tage«.

VI

Der Referent war einigermaßen verzweifelt. Er telefonierte den ihm bekannten Spezialagenten, Gebrauchtwagenhändler Bößl an, erbat sofortige Recherchen, ehe er fremdländische Geheimdienste um Amtshilfe bat, denn er konnte diese Amtshilfe nicht erbitten, ohne präzise Einzelfragen zu stellen. Nicht einmal zum Ausdenken solcher Fragen waren die Unterlagen geeignet.

So beeilte sich Bößl, C. Liebenbohm aufzusuchen, als die einzige Nachrichtenfaser, die etwas Direktes über das Geschehen im Referatsgebiet wissen konnte.

VII

C. Liebenbohm war noch vor Wochen in Phnom Penh gewesen. Er sah die Häuserzeilen von Phnom Penh, viele Zäune, Grünzeug, Baumalleen, Straßenleben vor sich. Einige Szenen mit Raketeneinschlägen (aus dem Fernsehen), die Halle des Hotels, Gespräche, Gespräche usf., meist mit Kollegen, hatte also eine genaue Anschauung, einschließlich des Wetters, der Lautstärke, Vibration, hell-dunkel, warm-kalt usf., also eine zusammenhangslose Gruppe unmittelbarer sinnlicher Eindrücke.

Von den Zusammenhängen hatte er eher nachträglich in Bangkok gehört. Jetzt hing der Agent Bößl wie eine Klette an diesen Informationen, war nicht zu bewegen, das Haus zu verlassen. Liebenbohm paßte sich an. Es war ihm ohnehin angenehmer, zu zweit zu schreiben: Er für einen Artikel, der am nächsten Tag in der *Süddeutschen Zeitung* erscheinen sollte, Bößl für die vertrauliche Notiz an den BND, die als Grundlage für die politische Haltung der Bundesrepublik in Kambodscha offenbar dringlich war.

VIII

An diesem Abend brachten die Nachrichtenmedien nichts über Kambodscha, sondern nur Nachrichten über die Insel Koh Tang, das Schiff Mayaquez.

Liebenbohm: Man müßte als Überschrift, habe ich im Gefühl, ein Wortspiel machen mit »Mittel und Mitleid«, z. B. »Weder Mittel noch Mitleid«. Das würde die Sache *fassen*, und Sie müssen sich vorstellen, das ist ein armes Land, dem die *Mittel* fehlen, und nach den Bombardements kann man nicht viel *Mitleid* erwarten. Das da unten ist eine harte Sache.

Liebenbohm sah dazu vor seinem geistigen Auge einige Szenen, die er um das in Bangkok Erfahrene mühelos anreicherte. Er sah insbesondere die Hospitalinsassen, die mit der Gesamtbevölkerung der Hauptstadt in Richtung Land zogen. Z. B. auf kleinen Rädern fahrende Krankenbetten, geschoben von Angehörigen, eine Flasche mit künstlicher Nahrung an die Vene des Patienten angeschlossen, durch das Buschgelände, über Wege, die Bombenkrater aufwiesen. Das hatte er nicht *gesehen*, sondern er *kombinierte* es aus Berichten, vermischt mit Zwischenschnitten aus seiner vorangegangenen eigenen Kambodscha-Erfahrung (»Buschgelände«), bevor dieses alles geschah. Bößl sah dies vor seinem inneren Auge alles nicht.

Er fragte: Aber das mit Morden und Vergewaltigung, weil Sie »weder Mitleid« sagen, abgehackte Köpfe usf. Das soll doch eigentlich nicht wahr sein. Liebenbohm: Das kann nicht bestätigt werden. Das sind Parolen. Bößl: An sich sind doch die Kambodschaner eines der sanftesten und freundlichsten Völker der Welt, »mehr dem Müßiggang als der Leistung, mehr dem Eros als dem Mammon zugeneigt«? Es sollen auch Götter stark im Spiel sein. Liebenbohm: Das wäre nicht falsch, wenn Sie das schreiben. Bößl: An sich widerspricht dem, daß sie gekämpft haben. Liebenbohm: Das stimmt. Bößl: Wenn Sie »offensichtlich« sagen, meinen Sie aber nicht, daß Sie das selber gesehen haben. Liebenbohm: Gesehen nicht. Korrespondenten hatten ja zu dem Khmer-Rouge-Gebiet keinen Zutritt. Der Sohn eines amerikanischen Filmregisseurs soll mit einer Mopedgruppe in diese Richtung gefahren sein und ist nicht zurückgekehrt. Bößl: Aber das haben Sie auch nicht gesehen? Liebenbohm: Gesehen nicht, aber gehört. Fangen wir nochmal an. Das Wichtigste scheint mir, nach dem was ich gehört habe, die Umwertung aller Werte zu sein. Ich will einmal ein Beispiel geben. Da wartet der Geschäftsführer der *Bank Khmer de Commerce* in seinem Dienstzimmer darauf, daß er die Akten übergeben kann, ordnungsgemäße Übergabe, gemeinsame Inspektion der Tresore, Unterzeichnung einer Übergabeurkunde durch einen Repräsentanten der neuen Machthaber. Die kommen im Rudel an, fordern ihn auf, die Bank sofort zu verlassen. Die Akten werden verbrannt, die Möbel zertrümmert, Millionen von *Riel*, das sind die bunten Geldscheine mit der Tempelabbildung darauf, gehen in Flammen auf. D. h. Abschaffung des Geldes, und nicht ordnungsgemäße Übergabe. Die haben da Ideen wie in der französischen Revolution. Bößl: Aber das haben Sie nicht selbst gesehen. Liebenbohm: Nein, gehört. Aber es ist offensichtlich so oder so ähnlich gewesen. Bößl: Was soll ich nun schreiben? Ich muß irgendwas Unmittelbares haben. Liebenbohm: Da werden Sie schwer etwas Unmittelbares darüber bekommen. Der, von dem ich das habe, hat es auch nur gehört.

Bößl: Sie waren gerade bei der Abschaffung des Geldes. Tauschhandel, »sie drehen den Uhrzeiger der Geschichte zurück.« Liebenbohm: Zurück könnte man sagen, weil Tauschhandel zur Steinzeit gehört, vorwärts könnte man sagen, weil jetzt die Fahnen der Khmer-Rouge das Geld praktisch ersetzen. Bößl: Ist das denn in dem Sinn überhaupt Dschungel? Ich habe da eine Beschreibung in einem Roman gelesen, der über einen Fremdenlegionär ging, das war allerdings 21 Jahre zurück. Da könnte was nachgewachsen sein, weil ja diese Landschaft während der Bombardements nicht gepflegt worden ist. Liebenbohm: Ja, *an und für sich* ist das nicht Dschungel *im engeren Sinn,* aber es ist unerfindlich, wie das zerstörte Land die zwei Millionen Zuwanderer aus der Stadt ernähren soll. Stellen Sie sich einmal vor, *wir* werden jetzt zwei Millionen stark in die Fränkische Schweiz verlegt, Bäume und Sandstein. Die Dörfer müssen Sie sich auch zertrümmert vorstellen, und Franken ist altes Kulturland, das nach dem Dreißigjährigen Krieg längst wieder aufgebaut ist. Das kann man sich doch gar nicht vorstellen. Ich werde das mal so schreiben: »Auf diesem *langen Marsch* wird ein beträchtlicher Teil der 7 Millionen Kambodschaner das Ziel nie erreichen, ja wohl nicht einmal erfahren, welches das Ziel war.« Man könnte von einer *jakobinischen Bauernrevolution* der Khmer-Rouge sprechen. Schreiben Sie mal mit: »Mit ihrem offenkundigen Haß auf die Städter, auf diejenigen, die ihrer Ansicht nach das US-Engagement herbeigeführt haben: Der Haß greift über auf alles, was fremd ist.« Das ist insofern ganz witzig, als »jakobinisch« und »Bauernrevolution« so gesellschaftlicher Gegensatz ist. Bößl: Das kann ich doch alles nicht an den BND schreiben. Ich brauche da etwas, das einen *tröstlichen* Hinweis gibt, irgend etwas, das ein Referent, der mit den westlichen Geheimdiensten sich gut stellen muß, wenn er ihnen Nachrichten aus den Zähnen ziehen will, in seine Anfragen einflechten kann. Liebenbohm: Da hätte ich was. Die haben ein Breschnew-Foto und die sowjetischen Fahnen in Fetzen gerissen oder am Boden zertrampelt. Bößl: Entweder das eine oder das andere. Ich muß das so schreiben, als hätte das einer gesehen. Da kann es nur *entweder* zertrampelt *oder* zerrissen sein. Liebenbohm: Sie machen sich, weil Sie nicht da waren, keine rechte Vorstellung davon. Die können das erst zerreißen und dann auch noch zertrampeln. Ich habe das jedenfalls so gehört. Gesehen habe ich übrigens, daß ein sowjetischer Diplomat, der, wie ich gehört habe, im Botschaftsgebäude unter Arrest stand, im Bangkoker Hotel angelangt ist. Die Pointe ist doch, daß die Khmer-Rouge sich von der Sowjetunion absetzen. Bößl: Das ist in meinem Bericht eine Pointe, und ich könnte vorsichtig davon schreiben, daß »Indizien in diese Richtung weisen«. In der Times habe ich gelesen, daß die sowjetische Botschaft auch einen Raketentreffer abgekriegt hat. Ist das richtig? Liebenbohm: Scheint zu stimmen. Bößl: Haben Sie nicht noch irgend etwas Unmittelbares? Ist der Straßenreinigungsdienst wieder in Gang? Bäume umgehackt? Warum kommt Sihanouk nicht? Ist die Mutter des Prinzen wirklich so krank? Vielleicht noch irgendein authentisches Colorit? Wie geht denn die verlassene Stadt in die freie Landschaft über? Regierungstruppen und Rebellen müssen zusätzlich zu ihren Reisrationen geröstete Leber gegessen haben, die sie den Leichen von Gefallenen entnommen haben, vielleicht haben Sie was gesehen? Wie das rausgeschnitten und geröstet wird? Man weiß doch gar nicht, wann so was gar ist. Oder die Dächer, wie sehen die Dächer in der Hauptstadt aus? Die sind ja wohl im wesentlichen intakt. Liebenbohm: Jadegrün.

IX

Die Partner verabredeten noch, welche Schwerpunkte wer von beiden bearbeitet, damit sich Zeitungsbericht und BND-Notiz nicht überschnitten. Der Bericht Bößls gelangte mit einigen Zusätzen des vertretungsweise tätigen BND-Referenten an den Bundesminister B. sowie an das Auswärtige Amt. Der sehr arbeitsame Außenminister war in der Lage, auf Grund dieser Unterlage, die Grundlinien der deutschen Außenpolitik im Verhältnis zu Kambodscha näher festzulegen. Er war jetzt in der Lage, in einem Pausengespräch mit seinem informierten französischen Kollegen, auch über Kambodscha sich zu äußern, ohne sich eine Blöße zu geben. Eventuelle

Fehlangaben konnten darauf geschoben werden, daß der fremdsprachenunkundige Minister über einen Dolmetscher konferierte. Es war immer möglich, daß dieser bei der Übersetzung Einzelheiten vermasselte.

Auf der Suche nach einer praktischen, realistischen Haltung

Er wollte irgendwie praktisch sein, d. h. er ging in die Universitätsbibliothek und machte sich Notizen aus Büchern über die Zerstörung der deutschen Städte im Jahre 1944.

Wie gesagt, wollte sich Fred Harsleben *praktisch* verhalten. Er zweigte von seinem Beruf Stunden ab, erwarb auf Privatflughafen Darmstadt den Flugzeugführerschein (eine Stunde Autostrecke hin, eine Fahrstunde zurück). Erwarb eine Dotter-XII-Maschine mit Wasserkufen. Wenn er eine Zwischenlandung in Nordnorwegen einkalkulierte, so konnte er dieses Kleinstflugzeug binnen 12 Stunden bis Spitzbergen bringen, eine Waschtasche und sich selbst als Gepäck. Er brauchte also im Gefahrenfalle 12 Stunden Vorsprung, d. h. eine Vorwarnzeit. Dort angekommen, wollte er in einer jetzt auf zwölf Jahre angemieteten Blockhütte, in der er Konservenvorräte für zweieinhalb Jahre deponiert hatte, den dritten Weltkrieg überwintern. Es war ja nicht gesagt, daß das Ganze in unserer Lebenszone begann, insofern schien ihm eine Vorwarnzeit von 12 Stunden im Bereich des Möglichen.

Dann wurde im November 1976 Fred aber unehelicher Vater: ein Zufall, ein Gottesgericht, jetzt, im 46. Lebensjahr! Ein *Haus* hatte er in Spitzbergen, eine *Pappel* ließ sich ebenfalls noch irgendwo pflanzen, nun war ein *Kind* zu erwarten, das den Lebenszweck ausfüllte. Er suchte jetzt nach Chancen, dieses Kind und evtl. auch die Mutter (wenn möglich!) in die Fluchtplanung einzubeziehen, mitzunehmen in die Real-Höhle im Norden.

Außerdem ergab sich aber, daß Spitzbergen gar nicht so praktisch war, wie es nach den ersten Studien schien. Die Lage

deutete darauf hin, daß gerade die Eisfelder der Polarregion Hauptgefechtsgebiet sein würden. Einerseits: nach den Erfahrungen des Zweiten Weltkriegs waren es die Kriegszonen, in denen sich die Gegner – vom Individualkämpfer und Geschlechtsfortpflanzungskämpfer Fred aus waren alle seine Gegner – noch am ehsten rational verhielten, also keine Flächenterrorbombardements. Aber vielleicht galten diese Zweite Weltkriegs-Erfahrungen diesmal nicht. Zweifel, Zweifel. Freds Blick fiel auf die Kergeulen-Inselgruppe in der antarktischen Eiseszone. Sie schienen sicherer. Ein französischer Paß genügte. Es war unwahrscheinlich, daß die »Gegner« im Kriegsfalle Kräfte übrig hätten, auch diese Südzonen des Planeten einzubeziehen, selbst dann nicht, wenn der Konflikt von Südafrika ausginge.
Harsleben maß die Entfernungen: selbst von Feuerland und von Kapstadt gemessen, äußerst weit. Er besuchte diese Inselgruppe, auf der Ziegen weideten; vielleicht etwas kälter als Nordschottland. Er erwarb dort eine Hütte. Aber der Transportweg für seine Dreieinigkeit machte ihm Sorgen (Kind, Kriegsmutter, er selbst, evtl. ein Stück Pappelrinde als Erinnerung). Er kam praktisch nur bis zur Sahara, immer unterstellt, daß er das Kleinstflugzeug in ein etwas größeres tauschte. Eine andere Linienführung brachte ihn bis in die Nähe der Bermudas, dort Notwasserung, denn bis zu den Inseln reichte es nicht. Es war nicht anzunehmen, daß er dort eine Segeljolle unterstellen oder einen Dampfer nach Süden erreichen könnte. Das war alles zu langsam, benötigte drei Wochen Vorwarnzeit. Als Realist konnte er dann zu jedem Zeitpunkt der Jetztzeit losfahren, bei Entwarnung wieder zurück und befand sich zum Zeitpunkt des »Ereignisses« vermutlich gerade auf der Rückreise, fuhr also in die Gefahr mitten hinein.

Er hätte so gerne eine praktischere Lösung gefunden. So grub er zuletzt wenigstens im Garten eines Mietshauses einen Stollen, der 52 m in die Tiefe führte und dort unten einen Hohlraum für drei Personen nebst Vorräten vorsah. Aber wer weiß, was das nutzt.

Zur Imagebildung, wenn 2 Parteien Kopf an Kopf liegen und es um die rücksichtslose Auspressung eines Restquentchens an Sympathieerhöhung geht

An sich war dieser Werbefachmann in seinem quergestreiften Sakko eine Art Quatschdrossel. Deplaciert als Dauerredner vor den anwesenden Politprofis, die nicht die Zeit für soviel verwirrende Einzelinformation hatten. Sie waren nur hergekommen, weil die Wahlkampfleitung dies auf ihr Programm geschrieben hatte, und wollten etwas sehr Einfaches wissen: Was müssen wir tun, um noch ein paar Mischwähler in 6 Wochen und 4 Tagen zu uns herüberzuziehen. Sie brauchten nicht in Psychologie, Soziologie oder irgendeiner anderen Wissenschaft unterrichtet zu werden, um dieses Interesse klar zu sehen, und hätten jeden Vorschlag, auch kurz vorgetragen, akzeptiert, wenn er nur irgendein Versprechen enthielt.

Statt dessen versprach der von der Werbefirma zu dieser Veranstaltung geschickte »Leiter der Abteilung Grundsatz« überhaupt nichts, stahl ihnen die Zeit, indem er ununterbrochen redete, an dem Diagerät schaltete oder fingerte, ihnen Tonbänder vorspielte usf. Trotzdem war mit zunehmendem Zeitablauf der Abgeordnete Gerloff diesem Mann dankbar, denn er merkte wohl, daß er, verurteilt zu dieser Passivitität, die das Hin- und Herhetzen zwischen Bonn und Wahlkreis unterbrach, ruhiger wurde. Vielleicht war dieser Effekt beabsichtigt, daß nach Art eines autogenen Trainings in seinem Kopf Ruhe einkehrte und er vielleicht Sieger wurde im Wahlkampf, weil er doch nach 2 Stunden Wortbewurf zur nächsten Veranstaltung im Wahlkreis weniger nervös erschien.

Der Wortverkäufer führte 4 Tonbandaufnahmen vor, in denen ein »Bewerber für ein politisches Amt« sich vorstellte. Es war jedesmal dieselbe Stimme. Aber auf 2 Bändern sprach der Bewerber als im außerschulischen Bereich sehr erfolgreicher Mann, auch nicht unintelligent. Auf den beiden anderen Bändern sprach die gleiche Stimme mit eher durchschnittlicher Intelligenz und berichtete von mäßigen Erfolgen. Auf

2 Bändern, wovon das eine die überlegene, das andere die durchschnittliche Person vorstellte, widerfuhr dem Bewerber gegen Ende des Interviews jeweils ein Mißgeschick: Er verschüttet eine Tasse Kaffee über seine Kleidung.

Jetzt sollten die Politprofis raten, welche der 4 Bewerber die sympathischeren waren.

MERTENS: Das war doch viermal dasselbe.

LEITER DER ABTEILUNG GRUNDSATZ DER WERBEAGENTUR S: Nehmen Sie einmal an, es wären 4 verschiedene.

DORFMANN: Was sollen wir da beurteilen? Wir sehen das doch nicht aus der Laiensphäre.

WILLI KEIL: Nun sagen Sie uns schon, nachdem Sie uns neugierig gemacht haben, wer nach Ansicht Ihrer Firma hier die größere Sympathie erntet. Wir können ja dann sehen, ob wir das auch so machen.

Der Leiter der Abteilung Grundsatz bestand jedoch auf einer Abstimmung, die mit beachtlicher Mehrheit ihre Sympathie dem intelligenteren, erfolgreichen Bewerber zuwendete, der die Tasse Kaffee über seine Kleidung geschüttet hatte. Hieran knüpfte der Leiter der Abteilung Grundsatz seine Analyse: Laien urteilen genauso. Die attraktivste Person ist immer die überlegene, der ein Mißgeschick passiert. »An dem Mißgeschick selbst ist nichts Anziehendes; es hat den Effekt, daß es die Attraktivität des Überlegenen erhöht und die des Durchschnittlichen senkt.« Es ist möglich, daß man für sein eigenes Vorwärtskommen zu gut ist. Eine im hohen Maß kompetente Person kann unter Umständen mehr bevorzugt werden, wenn sie das Image übermäßiger Perfektion nicht aufrechterhielt.

Interessant, sagte Mertens. Sie fraßen jetzt diesem Leiter der Abteilung Grundsatz aus der Hand und akzeptierten binnen einer knappen Viertelstunde alle übrigen, z. T. kostspieligen Vorschläge, die er im Auftrag seiner Firma vortrug. Sie hatten verstanden, daß er ihnen deshalb so aufwendig auf die Nerven gefallen war, auch deshalb die clownsartige Jacke trug, um seine überlegene Kompetenz mit einer Schwäche zu verknüpfen, die ihr Vertrauen nach 1 ½ Stunden ja auch tatsächlich gewann. So wollten sie es in den nächsten Wochen mit ihren Wählern im Wahlkreis auch machen.

Soll man sich nun auf den Robustheits-Standpunkt des Ostens oder auf den Mercedes-Standpunkt des Westens einstellen?

»Ich habe zu keinem Zeitpunkt das Sojus-Raumfahrzeug mit einem *Handwagen mit Beifahrersitz* und das Apollo-Raumfahrzeug mit einem *Super-Mercedes* verglichen. Ich bin auch nicht aus diesem Grund aus der NASA ausgeschieden. Vielmehr habe ich den Start des Sojus-Fahrzeugs ausdrücklich begrüßt.

Wernher v. Silberberg.«

Na, sagte der Chef der Leserbrief-Seite, der dieses Fernschreiben des bekannten Raketenspezialisten mit »zur Kenntnis genommen« abzeichnete, er konnte ja wohl auf die Sticheleien in unserem Blatt hin nichts anderes sagen. Er muß in seiner hohen Stellung mit der Sowjetunion sich gut stellen. Natürlich hat er das mit dem Beifahrersitz gesagt. Ich höre ihn das sagen.

Es steckt aber doch mehr dahinter, antwortete der Redakteur Ferguson, der selber Raketenspezialist – von der Reporterbene her – war. Ich stelle mir das so vor, daß die mit äußerster Anstrengung und Schieben die Umlaufbahn so ungefähr erreicht haben und dann dasaßen und warteten, was kommt jetzt?

Allerdings, sagte der Chef der Leserbriefseite, das konnten sie nicht wissen. Das macht alles die rassige Apollo-Kapsel, die ihren Rüssel bei ihnen da hinten hineinsteckt. Aber doch erstaunlich, sagte Ferguson, daß sie am nächsten Tag mit ein paar rhythmischen Unregelmäßigkeiten, sog. percussions usw., ihrerseits ankoppelten.

– Aber was hat das für einen Zweck?

– Die hatten eindeutig Spionageauftrag.

– Rätselhaft, wie die da überhaupt hereingekommen sind. Das ist doch nicht mal auf dem Niveau des Fahrrads.

– Und sehen Sie, plötzlich haben die die Venus mit unbemannten Sonden okkupiert und bauen dann die Naturschätze ab, während unsere US-Jungen mit Super-Mercedes den unfruchtbaren Marsboden erforschen.

– Alles Wüste.
– Und die Sowjets karren inzwischen das Venus-Öl mit ihren Handwagen ab. Ich sehe das so: Eine Fördertonne hinter der anderen, das macht im freien Raum auf 8400 km Länge eine Latte. Wenn sie nicht überhaupt eine Pipeline bauen.
– Die müßten sie dann auf dem einen Planeten immer weiter zubauen und auf unserer Seite, meinetwegen in der flachen Aralsee, damit das weich fällt, permanent abholzen oder auch da dran bauen, da sich ja die Planeten im Verhältnis zueinander bewegen. Das geht nicht starr. Das hat von Silberberg eben gesehen. Insofern schwimmt bei ihm ein Stück Respekt mit.
– Es ist die alte Leier. Die Super-Mercedes sind empfindlich.
– Während man einen Handwagen schon mal riskiert. Rätselhaft, warum wir nicht diese Technik kopieren.
– Weil das nicht originell wäre. Die NASA erhielte nicht die geringsten Mittel für eine Art Handwagen mit Super-PS-Motor. Diese Konstruktion würde zerrissen.
– Dieser Umstand wird der Untergang unserer Gesellschaft sein.
– Ich fürchte, ja.

Zu allem Unglück kam jetzt über Telex die Nachricht, daß von Silberberg, der nur eine Niere besaß, wegen Nierenschadens in die Klinik von Houston eingeliefert worden war. Das war werbemäßig, was die Kongreßbewilligungen für den Haushaltsplan 1976 der NASA betraf, ein ungewöhnlicher Schlag. Das hat alles keine Reichweite, sagte der Chef der Leserbrief-Seite.

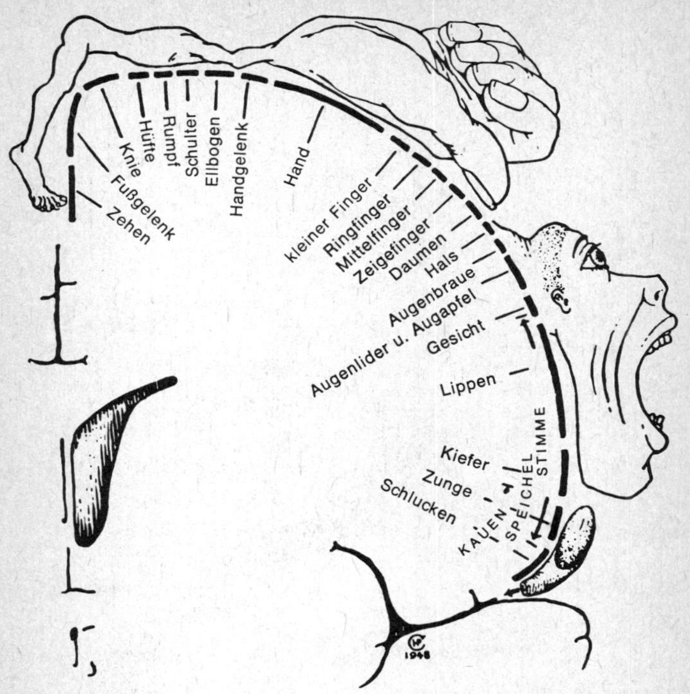

Abb.: »Das schreiende menschliche Wesen« (nach Gartmann). »Bestimmte Teile der Gehirnoberfläche entsprechen bestimmten Teilen der Körperoberfläche und so kann man Gehirnkarten anlegen, die mit der Berührungsempfindung der Haut in Beziehung gesetzt sind. Auf diese Weise enthält man homunculi, wie abgebildet.«

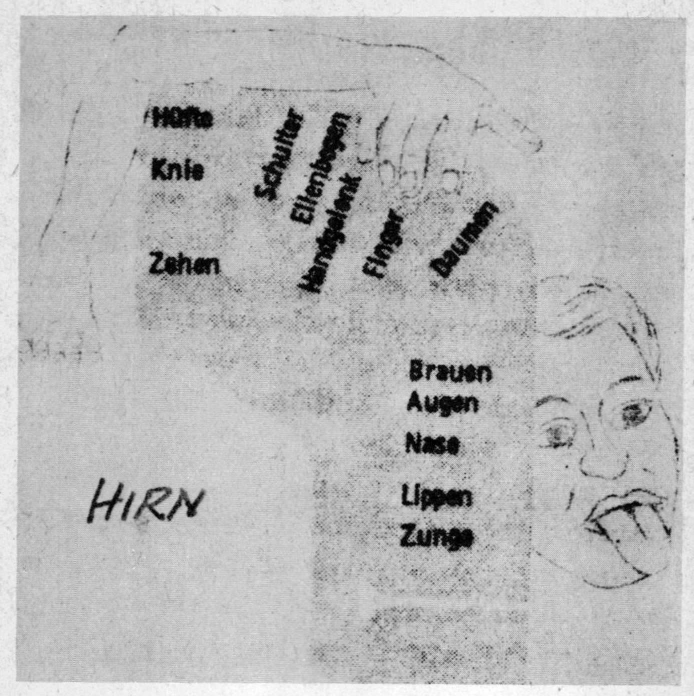

Abb.: Variante zu Abb. oben: Somatotopische Gliederung des Gyrus postcentralis beim Menschen (sensibler Homunculus). (Nach Langley und Charaskin: *Physiology of man*. New York, 1954). Vgl. hirnmäßige Über-Repräsentation der Zunge.

Ostervorabend 1977
Bubacks Ermordung war für publizistische Sofortumschalter eine Herausforderung, denn es bestand schon die Schummerlaune der Karwoche, die Medien waren auf Ereignisarmut eingerichtet.

Im Soforteinsatz ist das zu Ostern leere Bundestagsgebäude durch Pferdestaffeln, Hundertschaften aus Düsseldorf, Spähwagen und Hubschrauber eingezingelt.

20.08 Uhr tritt der Bundesaußenminister vor die Kameras des ARD-Büros – die Reihenfolge der Meldungen ist im Eiltext so umgestellt, daß der bestechliche oder sonstwie über illegale Bankkonten verfügende israelische Ministerpräsident an die vierte Stelle nach dem Bildausschnitt »Volkskammer, Präambel des neuen DDR-Strafbuches«[1] rückt. Mit gebündeltem Gesichtsausdruck spricht G., ein Bruch zu der tastenden Stimmlage des Tagesschau-Sprechers, der sich in die dahinrennende Situation noch *einzufühlen* versucht, über die *Empörung*, an der die Gesamtheit der Bevölkerung, jeder rechtlich Denkende und das Bundeskabinett teilhaben; er bezeichnet die Tat »als das, was sie ist: als kaltblütigen und heimtückischen Mord«.

Es ist aber ab Karfreitag keine Öffentlichkeit mehr herzustellen. Die Genossin D. rannte von Termin zu Termin. In der jetzigen Ruhephase der Protestbewegung darauf erpicht, etwas Leben abzubekommen. Andererseits war sie auch nicht »betrachtend«.

Währenddessen liefen in den Sendern Johannespassion, Messias, Parsifal, aufhellende Zwischensendungen. Sczeczny spricht im Anschluß an ersten Aufzug Parsifal über »Ich und Wirklichkeitspräsenz, Sinn und Wert des Alleinseins«. Daß man den Gott als *Du* erleben und sehen muß, weil, wenn man ihn als *Es* sieht, dann würde es sich verplempern.

Werner Murr, NDP, nahm eine Mischung zu sich aus *Kants Tod* (beschrieben von Zeitgenossen, Neudruck 1971), *Nürnberger Prozesse* (von Werner Maser), im Radio inzwischen Parsifal 2. Akt: Urteufelin, Höllenrose. Die Chöre der Grals-

1 Der ARD-Korrespondent in Ostberlin kann nicht mehr benachrichtigt werden und spricht deshalb nicht: ». . . daß auch die DDR politische Straftaten härter bestraft«, sondern von »völliger Rehabilitierung der Straftäter nach Verbüßung der Tat«.

Elite, die den Untergang vor sich sieht – in Beschlag genommen durch Klingsors Zauber; dieser Mann war eigentlich gar nicht vorhanden, sondern nur da, weil alle es fest glaubten; dazu (Murr ließ den Fernseher ohne Ton laufen) das Gesicht von 20.08 Uhr, dieses aber »entschlossen«, und keiner der vom Zauberspeer verwüsteten Gralsritter. Während Kundry nie log; sie tat aber auch nichts »Gutes«. Jodels[2] Tod, der 23 Minuten am Galgen hing, ehe der Körper zu zucken aufhörte, jetzt angesehen, an einem der zwei Kreuztage des HERRN, durch das Kompaktgesicht des Ministers. Kein Trost für Murr.[3]

Nun konnte man noch Fried in London, Sonnemann, Böll usf. anrufen, die, falls sie weiterriefen, auf die mit Matschschnee beschüttete Leere der Häuser stießen, die von den Urlaubern verlassen waren, oder die Telefone wurden nicht abgenommen während der nichtöffentlichen Phase dieses Christenfestes, von dem die Protestanten annahmen, daß es ihr höchstes sei.

Was ist denn nun Ostern? fragte Morgenthau. Eine Freizeiteinheit von vier Tagen, die längste, die keinen rechten Sinn hat, des Jahres, denn Weihnachten und Pfingsten sind jeweils nur drei bzw. zweieinhalb Tage. Auf den grünenden Bäumen und Büschen lag weiße Nässe aus großer kalter Höhe, sah auf den Büschen und Feldern wie Weiße Ostern aus, war aber der Substanz nach schon Matsch. Man konnte eine Handvoll davon zusammendrücken, und es war Wasser.

In den Wohngemeinschaften Frankfurts waren die wenigsten auf Politik eingestellt. B. plant, ein Segelschiff zu bauen, eventuell aus Beton, in einer Taunus-Scheune oder auf Kiel gelegt in Tunesien, wenn das billiger sein sollte. Mit zehn

2 Generaloberst, Chef des Oberkommandos der Wehrmacht 1939-45. In Nürnberg hingerichtet. Murr liest dies in Werner Masers Buch.

3 Ungeströstet: Schürmann, Kriminalist mit sechzehnjähriger Erfahrung, glaubte an keine der 183 Spuren oder der über 1000 Hinweise aus der Bevölkerung, denn kein Funken, keine Empathie sprang aus der Aufstellung in sein empfindsames Hirn. Er wünschte sich eine einfache Aufgabe, z. B. Ausgeliehenwerden nach Island und dort unter Neuaufbau eines BKA-ähnlichen Ermittlungskörpers (ohne die historisch zusammengewachsene Personenballung aus Fähigen und Unfähigen) Aufklärung eines der laienhaften Morde, wie sie die dortige Bevölkerung noch beging. Man mußte nur in einem begrenzten Personenkreis auf diesem Eiland fragen und mit etwas Glück auf die Antworten warten.

Genossen dann erst die Antillen, dann die Komoren und danach den Süd-Pazifik. »Beziehungen« entfalten sich oder nicht. Es sind in dieser *Kampfphase der Bewegung* Lebensjahre, so wie für eine ganz anders fühlende Generation die Jahre 1934-38. Außerdem ist die Bewegung zur Zeit an KKW orientiert.

Inzwischen versucht der Dirigent S., die Riege von beamteten Orchestermitgliedern in die Chöre, Parsifal, Mitte des dritten Aufzugs, die grauenhafte Tonlagen enthielten, hineinzupeitschen. Er durfte ja nicht prügeln. Er konnte nur versuchen, irgendwie seine Erregung auf Sänger und Orchester zu übertragen. Es geschah durch ihn nicht viel. Vielmehr war das in den Notationen enthaltene, eigentlich unsichtbare Grauen die einzige Chance, daß die vor dem Dirigenten sich Mühenden diese Wendung des Weihespiels ausübten, ob sie wollten oder nicht. Es durfte an dieser Stelle kein Funken Humor aufkommen, wenn die sensationelle Überreichung des Speers durch einen naiven jungen Führer, auf den alles gewartet hatte, überzeugen sollte. Daß Verzeihen und Mitleiden zum Siege kämen, wenn sie, durch die Strafanstalt korrigiert, nach einem neuen Job Ausschau halten, oder, nachdem sie jahrzehntelang eingesessen sind, von neuem anfangen. Das paßte alles nicht zusammen.

Sie wollten sicher sein, daß sie wirklich etwas erleben. Es war so anstrengend, daß es im strengen Sinne nicht schön war

Im November ist es in der tunesischen Wüste kalt. Eine Touristikfirma führt in dieser Zeit Wüstenfahrten durch in Jeeps. Im November dieses Jahres nahmen an der Fahrt teil: 4 Zahnärzte, 2 Pensionäre, ehemalige Offiziere, 1 Jäger, 1 Geodät, 1 Gastwirt, 1 Reiseführer, 2 Eingeborenen-Führer. Zwischen El Oed und dem Meer trafen sie auf Flugzeugwrackteile.

In den letzten Tagen war nichts Spannendes vorgefallen. So

bestanden die Reiseteilnehmer darauf, die Unglücksstätte in konzentrischen Kreisen zu umrunden, um doch noch Überlebende des Absturzes oder eventuelle Spuren, z. B. ein Tankverschluß, irgendein Wrackteil zu finden, das den Absturz erklärte.

REISELEITER: Wir überschreiten hier die Grenze nach Libyen. Dazu fehlt die Genehmigung.

JÄGER: Sehen Sie hier irgendwelche Grenzposten in der Wüste? Ich sehe jedenfalls keinen Hinderungsgrund, uns auf die Suche zu machen.

EINER DER ZAHNÄRZTE: Ich bestehe sogar darauf.

EINER DER OFFIZIERE: Das nehmen wir auf unsere Kappe. Das ist in dem strengen Sinn keine Grenze.

GEODÄT: Das ist von ehemaligen Kolonialmächten ganz willkürlich festgelegt. Sehen Sie, eine natürliche Grenze (weist auf die Karte) wäre hier bei diesen Bergen. Bis dorthin könnten wir eine Kreisfahrt machen.

DER GASTWIRT, DER JURISTISCHE VORBILDUNG BESASS: Es ist ein Notstand, der auch eine Rechtsverletzung gestattet. Wir können nicht die eventuell Abgestürzten in der Wüste liegen lassen. Außerdem geht es um eine Rekonstruktion des Unfalls. Das wäre mal was, worüber man was erzählen könnte. Eventuell Presse usw.

REISELEITER: Damit aus der Presse dann entnommen werden kann, daß wir die Staatsgrenze nicht respektiert haben?

GASTWIRT: Wir müssen ja nicht mitteilen, wo wir genau gesucht haben. Hauptsache, wir finden etwas Interessantes. Ich habe diese gelb-grüne Gegend hier satt. Es ist ja nicht einmal Wüste oder Strand hier, sondern praktisch Steingelände.

REISELEITER: Freuen Sie sich darüber, daß das aus Stein ist. Sonst könnten die Jeeps gar nicht vorwärts kommen.

Inzwischen hatte der Reiseleiter das Flugzeugwrack einer Inspektion unterzogen. Es fehlten tatsächlich einzelne Wrackteile, die schon vor dem eigentlichen Absturz verloren gegangen sein konnten. Es war möglich, daß man bei der Suche etwas davon fand. Andererseits schien es ihm, daß dieses Wrack schon seit Jahrzehnten hier lag. Es war verwittert.

REISELEITER: Das ist ein altes Wrack. Wir finden hier bestimmt keine Überlebenden.

GEODÄT: Dann ist es noch interessanter.

EINER DER ZAHNÄRZTE: Wenn wir etwas finden, nehmen wir das mit. Die versprochenen Ruinen und Antiquitäten haben wir ja nicht zu sehen bekommen. Solche Fundstücke haben Wert.

Der Reiseleiter konnte sich dem Druck nicht entziehen. Sie fanden insgesamt 9 Skelette, verteilt auf einer Strecke in nordwestlicher Richtung. Es war offensichtlich, daß die Besatzungsmitglieder der abgestürzten Maschine versucht hatten, in dieser Richtung der Wüste zu entkommen.

Die Toten gehörten der Besatzung einer fliegenden Festung an, die im Jahr 1943 von afrikanischem Boden aufgestiegen war und Unteritalien bombardieren sollte. Durch Navigationsfehler war sie nachts, zurückkehrend von ihrem Vernichtungsauftrag, in die Irre geflogen und nach Erschöpfung der Benzintanks über der Wüste abgestürzt. Die Mitglieder der Besatzung konnten sich durch Fallschirmabsprung retten. Bei Tagesanbruch sahen sie sich dann verloren in dieser Wüste. Sie benutzten eine Karte, auf der, nicht allzuweit von ihrem inzwischen richtig ermittelten Standort entfernt, eine Oase oder Quelle zu finden sein sollte. Diese Oase war aber inzwischen verschüttet, ihr Standort war im Sand, der alles längst bedeckte, nicht mehr zu rekonstruieren. Die Karte, die der Besatzung mitgegeben worden war, beruhte auf Informationen aus der Zeit der großen Afrikaexpeditionen, wie sie von 1862 bis 1890 stattfanden. Zu jener Zeit des britisch-französischen Faschoda-Gegensatzes galten andere Tatsachen als für die Jahreswende 1943/44. Die Karte führte die Flugzeuginsassen nur tiefer in die Wüste hinein. Einige von ihnen schafften Strecken bis zu einer Entfernung von 26 und 30 km vom Flugzeug fort. Die Zähesten erreichten den ehemaligen Standort der Oase, der aber für sie, wie gesagt, nicht mehr zu erkennen war. Sie lagen jetzt, so wie sie sich, nach Erschöpfung ihrer Kräfte, hingehockt hatten, in einer festen Reihenfolge, gewissermaßen in ihrem letzten Examen, das den lebenskräftigsten unter ihnen ausgelesen hatte.

In den Mansarden des Spiegelhauses arbeitet die Archäologische Arbeitsgruppe des Stadtmuseums Halberstadt

Die ersten Stunden des »Montag früh« sind wertvoll, weil die Gruppe beisammen bleibt und nicht einzelne Mitarbeiter zu Besichtigungen, Tagungen, Besprechungen im Rat der Stadt usf. abgerufen werden können. Arbeitsgruppenzeit.

»Kann man sagen: Bei seiner Gründung im Herbst 793 ist Halberstadt im Rahmen der feudalistischen Gesamtordnung ein *bedeutender* Platz?« »Möglich«.

Die Arbeitsgruppe hat sich (im Vorjahr das Sonderthema Langenstein/Zwieberge) weiter in die Geschichte vorgearbeitet, steht bei den Sachsenkaisern.

Von einer Quenstedterin, Mutter von 8 Kindern, haben sie auf Tonband einen Hinweis auf Otto I. erhalten, mündlich überliefert.

»In'n Jâre nejjen hundert un nejjentich wâr de junke Kaiser Otto hîr op'm Slosse, un als hei â'n schöne Dâe spazîren junk, jefolt 'ne en schönen Schimmel, dän en Bu›r vor'n Plaue harre. De Kaiser wolle dat Pêrt jêrn heb'n un sprôk dän Bûr drop ân. De Bûr tôch de Plettje von'n Koppe un sä: »Cha, vor ümmesüst jêw' ek nist wech, un'n gût wôrt sitt bî mek feste. Alse grâde rût: wenn ek dän Barch dâ darvôr innetûschet krî, denn bin ek dermidde tefrên.« Dâ kreich de Kaiser dat Pêrt un de Bûr'n Barch. De Barch ist hüte noch dâ, dän Kaiser sîn Pêrt âwerst is lengest dôte.«[1]

Die Geschichte hatte keine rechte Nervosität. Tiedemann war nervös, weil er mit dem Tonbandgerät nicht zurechtkam.

1 Übers.: »Im Jahre 993 war der junge Kaiser Otto hier auf dem Schloß, und als er an einem schönen Tage spazieren ging, gefällt ihm ein schöner Schimmel, den ein Bauer vor dem Pflug hatte. Der Kaiser wollte das Pferd gern haben und sprach den Bauern darauf an. Der Bauer nahm die Mütze ab und sagt: Ja für umsonst gebe ich es nicht weg, und ein gutes Wort sitzt bei mir fest. Gerade heraus: Wenn ich den Berg da hinten dafür eingetauscht kriege, dann bin ich damit zufrieden. Da bekam der Kaiser das Pferd und der Bauer den Berg. Der Berg ist heute noch da. Dem Kaiser sein Pferd aber ist längst tot.«

Feuerlöscherkommandant W. Schönecke berichtet

Nach Einfall der Abenddämmerung verfolgten wir am 12. 9. 1944 von der Befehlsstelle in einem Gutshof östlich von Köln, die Löschfahrzeuge waren teils unter den Linden des Dorfplatzes, teils in einem nahen Kiefernwäldchen untergezogen, die Einflüge verschiedener gegnerischer Bombergeschwader. Grundsätzlich richten wir uns nach der Geheimen Luftlagemeldung der Reichsbahndirektion, die ein genaueres Bild gibt als die der Luftwarnzentralen, die für den Netzfunk, d. h. die zahlreichen Laien im Reichsgebiet, berichten. Dann wird über der Eifel die fünfte Bomberflotte der RAF als die Gefahr dieser Nacht entdeckt. Das war praktisch der Fächerangriff auf Darmstadt zwischen 21 und 22 Uhr. Brand-Vorkulmination bereits um 22.20 Uhr. Von außen sind Rettungsgruppen dabei, in das Chaos einzudringen. Das »sehen« wir aus etwa 350 Kilometer Entfernung als ganz ergebnislos, wir sehen das – rein aus unserer Erfahrung und der vom Gegner angewendeten Methode, die Stadt von allen Enden gleichzeitig anzuzünden und die Fluchtwege eng zu verscharten –. Es handelt sich um eine geistreiche Anwendung des Grundgedankens von Cannae, d. h. mit einem nördlichen Arm greift der Brand um die Stadt herum, während der südliche Arm die entgegengesetzte Seite mit Bränden zumacht. Wenn ich hier von Erfahrung spreche, so sind damit die sofort von uns aufgenommenen Telefonate mit anderen Berufswehren, die Gespräche in der Befehlsstelle, also das Zusammensein einer größeren Zahl von Fachmännern gemeint.

Ich setze die Löschkolonne sofort, d. h. 21.50 Uhr, aus Richtung Köln in Bewegung, und wir trafen um 6 Uhr früh, praktisch Ende des Brandes, auf dem Gelände der Autobahnstrecke westlich Darmstadt und östlich von Mannheim auf eine Ansammlung von 6200 Wehrmännern, fachlich qualifizierten Herren aus Würzburg, Karlsruhe, Mannheim, Frankfurt/Main usf., 390 Fahrzeuge. Auf dem Hauptgleis nach Mannheim steht noch der Zug der Organisation Todt mit 1000 ehemaligen Westwall-Arbeitern, der aus dem Hauptbahnhof Darmstadt bei Vollalarm herausgefahren ist. Diese gesamte Rettungs- und Löschkraft hätte, wäre sie sieben bis acht Stunden früher verfügbar gewesen, die Brandfläche auseinanderlegen können, immer vorausgesetzt, es wäre kein Fächer-Angriff gewesen und es wären keine Zeitzünder geworfen worden. In diesem Fall war es hoffnungslos.

So erlebten wir den anbrechenden Morgen und fuhren gegen 12 Uhr mittags die Autobahn nach Köln zurück.

Viel günstiger, insbesondere, was das Zeitmaß unserer Ankunft am Unglücksort betrifft, war die Wuppertaler Nacht. Wir nannten sie »eine Nacht in Venedig«, denn Wasser war, da ja die Wupper die Mitte dieses Tals durchfloß, sollte man meinen, hinreichend vorhanden. Der Feuersturm fegte aber mit Glut und Feuerregen über das Wasser, so daß selbst hölzerne Pfähle und Pfahlgruppen (Duckdalben) bis zur Wasseroberfläche abbrannten. Ein bis zur Nase unter das Wasser geduckter menschlicher Kopf entspricht etwa einem Duckdalben.

Wie gesagt, Wasser war, rein örtlich gesehen, da; die Löschkolonnen des Westens waren zeitig heran, aber wir gelangten gar nicht erst in das enge Tal hinein, sondern mußten von den Höhenzügen zu beiden Seiten auf das Getümmel herabblikken. Wir sahen genau die bereitgestellten Löschkommandos auf dem Höhenzug der anderen Talseite, grüßten hinüber und herüber, funkten. Das mußte erst abbrennen, ehe wir hingelangten, so lange konnten wir jedoch den Einsatz nicht ausdehnen.

Grundsatz war: Die RAF wirft Kaskaden. Die US-Luftwaffe Teppiche. Das strategische Bombardieren der Zentren, die noch eine Substanz vermuten lassen, setzt einander überschneidende Bombenlinien, die in X-Form die Stadt mit Schnitten, man könnte auch sagen: wie »Schmisse« auf der Glatze eines Akademikers, gewissermaßen zerlegten und dann anbrennen. Die Zeitzünder, die die Löschkolonnen gestoppt hätten, die aber, wie gesagt, in das Wuppertal, Elberfelder, Barmener, also über viele Kilometer hingezogene Tal, weder von der einen Seite noch von der anderen Seite hineingelangten, entsprechen dem Kurzläufer Hb 4000 lb mit 30–60 Minuten Laufzeit.

Von den städtischen Vierecken, also wie der Laie sagt:

Straßenzügen, brennen je nach Baumuster 6–9 km in einer Minute. Dabei ist wesentlich, daß die Last von Erker-Ecken und Türmchen, also inbesondere Aufbauten auf den Eckhäusern, einen Zusatzdruck darstellt. Daß die Linie der Gewölbe und des Dachdrucks dicht an den Fußpunkt der Gebäude, der Außenwand, fällt. Diese Stellen kippen also um.

Hierbei ist AP 13 500 lb, sechs Tonnen, die Königin der Panzerbomben, mit Raketenantrieb. Drei Meter starke bewehrte Eisenbetondecken werden glatt durchlagen. Was sollten wir da eigentlich machen? Man hätte die Städte unter diesem Gesichtspunkt ganz anders bauen müssen. Insbesondere sie nicht in Talschluchten ansiedeln dürfen. Das Erziehungssystem der vielen Laien, aus denen sich eine Stadtbevölkerung oder eine Reichsbevölkerung zusammensetzt, hätte umgebaut gehört. So mauern sie sich z. B., um Schutz zu finden, die Kellerfenster zu und können dann nicht entrinnen. In brennenden Straßenzügen gestoppt haltende Löschkolonnen, die ja feste befohlene Ziele haben, auch wenn sie momentan untätig warten, werden von hysterischen Menschen umlagert, mit dem Ansinnen, die erstbeste Schlauchverbindung zu legen und auf die brennenden Gebäude zuzuhalten. Kommt diese Wassermasse jedoch in den Kellern an, so ist sie kochheiß. Wer schließt denn aus, daß sich in diesen Kellern noch Bevölkerungsteile befinden?

Wenn es richtig ist, daß die *Löscherfahrung* ein Spiegelbild des *gegnerischen Angriffs* sein muß, so ist die Ausbildung des Löschers radikal umzustellen. Wir kämen ja mit unserer Fähigkeit und Masse gar nicht an die eigentlichen Stellen heran. Fachkundiges Löschen ist deshalb der entsprechende Umbau der gesamten Gesellschaft, ihrer Bauweise, ihrer Menschen, angefangen mit sechsjährigen Kindern, denen das ABC nichts gegen das Bomberkommando hilft. Es ist nicht so, daß ich das aus Verzweiflung sage, weil unsere Warnung z. B. vor dem Betreten der Betonbunker in Frankfurt/Main oder Mannheim, die die 11 000 kg Bomben oder die APs auf sich zogen und gewissermaßen durch die Dicke des Eisenbetons die Hauptgefahrenherde bildeten, im Funkweg an die Kollegen ging, die das eh wußten, während man gewissermaßen gar keine Möglichkeit hatte, diese Informationen zu den Menschen zu geben, die sich an den Bunkereingängen drängten.

Vielmehr war es zum Beispiel im April 45 so, daß wir auf Grund unserer – in Friedenszeiten so nicht zu sammelnden – Erfahrungen den direkten Eindruck hatten, die Sache doch in den Griff zu bekommen, wenn wir nur die Voraussetzungen, wie oben angegeben, grundlegend genug klärten. Das ist keine Sache für Kaufleute, Parteiorganisatoren, Industrielle, Eigentümer, Beamte, Militärs usf., oder was so eine Bevölkerung regieren mag, sondern Löschsache. In der – mit Blick von der Höhe auf Wuppertal – erkennbaren Tragweite.

Abb.: Reichsbahnausbesserungswerk Halberstadt, Meisterei »Komarow«.

Anhang

Protokollauszug (gekürzt) zu Seite 280: »Lernen aus einer notwendigen Manipulation, wie sich eine unnötige beseitigen läßt.«

Vollversammlung. Mensa der Universität. AFE (= Abteilung für Erziehung)-Streik. Als Gast: Kultusminister Schütte.

SCHÜTTE: Das sind so die Erpressungen, denen ich nicht folge. (Zwischenrufe). Ich möchte nochmal wieder versuchen, auf das Thema zu kommen. [. . .]

STUDENT: Ich finde, daß wir Herrn Schütte jetzt mal ganz klar optisch demonstrieren wollen: Wir haben drei Stunden diskutiert (Zwischenrufe: eine). Oh pardon, ich habe keine Uhr. Und jetzt frage ich die Studenten, die hier versammelt sind: Sind Sie bereit, nach dem, was Herr Schütte hier produziert hat, sich der Erpressung der Bürokratie einfach zu erniedrigen und jetzt den Streik aufzuhören, bzw. die Selbstorganisation Ihres Studiums aufzuheben. Nein, er soll nicht gehen, er soll sich ganz klar anhören. Nein, er soll nicht einfach wie ein kleines Kind abhauen, der soll die Abstimmung gucken. Er soll ganz klar sehen, daß hier die versammelten Studenten, die nicht zwanghaft versammelt wurden . . . er soll nicht weggehen, bevor er diese Abstimmung gesehen hat. [. . .]

SCHÜTTE: Ja, ich sage, wer mir zum soundsovielten Male unterstellt, daß meine Politik darin bestehe, die Polizei aufzubieten, mit dem (Unterbrechung) diskutiere ich nicht mehr. [. . .]

STUDENTENFÜHRER: Herr Minister Schütte, es gibt eine Höflichkeit, man geht nicht weg. Herr Schütte, wenn Sie zum Essen beim Zinn sind, gehen Sie nicht weg, bevor der Zinn rausgegangen ist. Es ist eine Unverschämtheit, daß Sie, bevor die Studenten rausgehen, rausgehen wollen. Es gibt ein Mindestmaß an Höflichkeit hier noch. (Beifall, auch Pfeifen).

Wer ist für den Antrag, daß wir hier beschließen, daß Herr

Schütte zurücktreten soll als Kultusminister? (Unruhe) Gegenprobe? (Zwischenrufe). Also mit Mehrheit angenommen. (Große Unruhe).

STUDENT: Zur Weiterführung der Diskussion, Kommilitoninnen und Kommilitonen, (Zwischenrufe, Unruhe). Kommilitoninnen, Kommilitonen, Herr Schütte wird hierbleiben, er wird sich nämlich diese Resolution, die wir jetzt fassen, hier anhören. Ich habe hier vor mir einen Resolutionsentwurf, den wir hier diskutieren müßten. Er heißt: Die einzige Antwort auf unseren aktiven Streik, auf die Selbstorganisation unseres Studiums, die den Bürokratien blieb, war der Einsatz und die Androhung von Polizeigewalt und der politischen Justiz.

Der aktive Streik wird mit dem Kampf um folgende Forderungen fortgesetzt: Rüegg abtreten. (Beifall) Schütte zurücktreten. (Beifall) Anerkennung des Semesters. (Beifall) Anerkennung unserer interfakultativen Selbstorganisation und der Ergebnisse unserer Arbeit. (Beifall) Und jetzt kommt was sehr Wichtiges: Abzug der Polizei vom Universitätsgelände, Herr Minister. (Beifall) Einstellung der politischen Strafverfahren, Herr Minister. (Beifall) Vernichtung der schwarzen Listen im Rektorat, Herr Minister. (Beifall) Abschaffung des Disziplinarrechts, Herr Minister (Beifall). Vor der Erfüllung dieser Forderungen arbeiten Vertreter der Studentenschaft in keinem Universitätsgremium mehr mit. (Leichter Beifall). [. . .]

STUDENT: Genossen, wir bitten, die Fotografen möchten mal etwas zur Seite gehen und Ihr Euch wieder hinsetzen. Der Minister Schütte wird dort nicht rausgehen. Da stehen genügend Genossen. Wir fangen jetzt mit der Diskussion zur Resolution an. Vielleicht kann die Presse mal etwas zur Seite gehen. (Zwischenrufe: Presse etwas zur Seite.) (Lange Unruhe)

STUDENTENFÜHRER: Kommilitoninnen, Kommilitonen, ich glaube (Unruhe), ich glaube, wir sehen hier kein weiteres Ziel: Herr Schütte wird nicht hierbleiben. Dazu hat er sich entschlossen. Lassen wir ihn herausgehen. Wir können auch ohne ihn diskutieren. (Zwischenrufe, vereinzelt Beifall)

Kommilitoninnen, Kommilitonen, ich glaube, wir sollten darüber abstimmen, ob wir die weitere Anwesenheit von Herrn Schütte hier wünschen. Allerdings glaube ich, wir sollten klarmachen, wenn wir die Anwesenheit von Herrn

Schütte heute nicht mehr wünschen, daß wir ihn dann aber auch überhaupt nicht mehr in dieser Universität zu sehen wünschen. Ja, wir stimmen jetzt darüber ab, ob Herr Schütte hierbleiben soll, wir mit ihm diskutieren oder ohne ihn diskutieren. Ich bin hier zur Abstimmung. Wer ist für den Antrag? Genossen, wer jetzt dafür ist, daß Herr Schütte den Saal verläßt und das Universitätsgelände nicht mehr betritt, melde sich bitte. Das ist die Mehrheit! Wer ist dagegen? (Unruhe) Herr Schütte, die Mehrheit hat beschlossen, daß Herr Schütte den Raum verlassen soll und die Universität nicht wieder betreten wird. Laßt ihn laufen! (Pfeifen) Kommilitonen (dreimal), Sie haben in der Diskussion doch festgestellt, daß es sich überhaupt nicht lohnt, mit solchen Charaktermasken wie mit dem Herrn Schütte zu diskutieren. Wir sollten ihn jetzt in Ruhe gehen lassen, wie wir das eben beschlossen haben.

NEUER SPRECHER: Ich glaube, daß, was hier unten passiert ist, den Leuten hier hinten erklärt werden soll, sonst hat es keinen Sinn. Es ist folgende Sache: wenn wir im Moment, wo Herr Schütte beschlossen hat: er hätte genug, es für uns noch nicht selbstverständlich ist, daß wir unsere Diskussion beendet haben. [. . .]

STUDENTIN: Herr Cohn-Bendit, was Sie hier gerade exerziert haben mit Herrn Schütte, ist genau das gewesen, was Sie Herrn Schütte nicht zu Unrecht und den Ordinarien, Herrn Rüegg und den Dekanen vorgeworfen haben. Sie haben nämlich Terror gemacht. (Schreien)

STUDENT: Eine Zwischenfrage. [. . .]

STUDENTIN: Ein Moment, würden Sie mich bitte ausreden lassen? Es ist absolut im freien Ermessen des Herrn Schütte, hier wegzugehen, wenn es ihm beliebt, genauso wie es im freien Ermessen von Herrn Cohn-Bendit ist, wegzugehen, wenn es ihm beliebt. Sie haben gemerkt – Sie haben alle gemerkt, daß Herr Schütte keine Ahnung hatte, was sich hier an der Universität während der Streikperiode abgespielt hat. Er hatte keine Ahnung, daß es Basisgruppen und Arbeitsgruppen gibt. Und Sie bilden sich ein, daß Herr Schütte während dieser Momente der Repression auch nur einen Moment zugehört hat. Dazu ist er auch nicht in der Lage gewesen. Er war körperlich total fertig. (Unruhe) Was haben Sie gesagt? Das war er vorher schon. Es ist auch so: das war ganz einfach nicht – das war weder . . . noch war es politisch. Es war reiner Terror. Sie haben nicht das Recht – zumal Sie völlig zu Recht Herrn Schütte vorwerfen, daß er mit Polizeiterror arbeitet – Sie haben hier erlebt, Genossen, Terror, der vorher schon im einzelnen geplant war. (Pfeifen, Schreien, Protest) Sie haben die ganze Aktion vorher geplant und Sie haben sie durchgeführt mit Hilfe Ihres verdammt guten, ja verflucht guten demagogischen Talents. (Unruhe)

Also das war gar nichts anderes. Und dagegen gibt es keine Entschuldigung. (Zwischenfrage: Sind Sie fertig jetzt?) Sie wissen ganz genau, was Herr Schütte wert ist. (Unterbrechung) Können Sie nicht bitte zuhören? Und er hat es ja bewiesen, was er wert ist. Nämlich als Kultusminister gar nichts. Natürlich will ich kämpfen. Außerdem habe ich persönlich das wohl in dieser Universität bewiesen.

STUDENT: Kommilitonen, Kommilitonen, die Argumente, die hier vorgetragen werden und die vor allen Dingen zugespitzt werden von Herrn Cohn-Bendit, richten sich eigentlich, wenn man es genau betrachtet, wiederum nur wieder gegen Herrn Cohn-Bendit. (Disput zwischen Studentin und Sprecher.) Wir haben Sie ja eben auch ausreden lassen. Wir haben Herrn Schütte hierbehalten, weil wir ganz genau wissen, daß er derjenige gewesen ist, der an diesem Schrieb, der überall in der Universität hängt, mitbeteiligt ist. Wenn Sie hier von Terror reden, dann müssen Sie von dem reden, was die Polizei hier in der Universität tut. Nämlich, daß sie uns daran hindert, unser Studium durchzuorganisieren, was für uns notwendig ist. Herr Schütte tritt hier nicht auf als Person, sondern als Charaktermaske eines Systems, das alles tut, um zu verhindern, daß die Universität demokratisiert wird. Deswegen ist es unser legitimes Recht, daß wir ihn hierbehalten, daß er mit uns diskutiert, daß die da oben wissen, was hier an der Basis stattfindet. Wenn er es nicht weiß – wenn Herr Schütte hier in die Universität kommt und Sie ihm zugestehen, daß Herr Schütte nicht weiß, was sich hier abspielt, und dieser Mann gleichzeitig Kultusminister ist, dann ist es um so mehr unsere Pflicht, ihn hierzubehalten und ihn darüber zu informieren, was sich hier abspielt. Deswegen war es kein Terror gegen Herrn Schütte, sondern unser legitimes Recht, die Oberen zu informieren über das, was sich hier in der Basis abspielt. (Studentin: Sie reden doch einfach gegen die Wand.)

STUDENTIN WEITER: Herr Schütte ist mit schuld an diesem Polizeiterror, darüber sind wir uns alle klar und ständig gewesen, das wissen Sie doch. Aber was hier in diesem Moment gemacht worden ist, daß Terror, ganz persönlicher Terror, physischer Terror gegen Herrn Schütte ausgespielt wurde.

STUDENTENFÜHRER: Moment, Moment. So eine Äußerung wird morgen ganz groß in der Presse stehen. Deswegen müssen wir auch ganz groß auf diese Äußerung antworten. Wenn Sie behaupten (Unterbrechung). Moment, Moment, wenn Sie sagen, ja, daß wir hier durch demagogische Handlung Herrn Schütte gezwungen haben zu sagen, daß er nicht einsieht, warum ein Kind (Studentin: Das ist doch nicht wahr, Cohn-Bendit, Ihre verdammte . . .) Moment, der persönliche Terror ist doch folgendermaßen: Wenn Herr Schütte hier ankommt, kommt Herr Schütte nicht als Privatperson, und wir sind natürlich gezwungen, ihn aus ihm herauszunehmen, daß er sowas behauptet, denn er meint es. Was Sie einfach nicht dulden, und das ist eine zweite Frage, es ist doch ganz klar, daß von vornherein, wenn Studenten im Streik stehen, wenn Herr Schütte hier alleine kommt, wenn Herr Schütte ohne Rüegg, ohne Frey kommt, dann darauf wartet, weil unsere Angriffe so massiv sein werden, daß so jemand wie Sie auftritt und sagt: aber dieser arme Mann ist alleine, der hat physisch Angst.

STUDENTIN: Reden Sie doch keinen Mist. Das ist Ihre Demagogie. Ich habe nichts von armer Mann gesagt, ich habe gesagt: (Schreien)

VORIGER STUDENTENFÜHRER: Entschuldigen Sie, ich habe die gleiche physische Angst, wenn Herr Schütte seine Polizei schickt. Und da sagen Sie nicht, wir sind alleine, wir müssen doch endlich (Beifall) diesen Schreibtisch, der da steht, an die Wand heben. Es ist genauso das gleiche: wenn Sie einen Reese freisprechen, weil er physisch alleine steht. Herr Schütte ist kein Reese. Aber wenn Herr Schütte erst mal seine Polizei schickt und dann alleine kommt, so hat er uns physisch Angst gemacht. Und wenn Sie behaupten wollen, daß ein Saal, der massiv gegen einen Mann ist, physischer Terror ist, so ist das möglich. Aber was kann ich dafür, daß alle Studenten gegen

Herrn Schütte sind, der Minister ist, das haben wir doch nicht bezahlt. Und zweitens müssen Sie uns ganz klar noch beweisen, daß der SDS den Schütte bezahlt hat, daß er so dumme Antworten gibt. Das ist wiederum nicht unsere Schuld. [. . .]

NEUER SPRECHER: Ich glaube, wie sehr die Kommilitonin recht hat, in dem, was sie vorher gesagt hat, das zeigt sich unter anderem doch wohl daran, daß diese Resolution schon ausgearbeitet war und schon abgezogen war. (Zwischenrufe) Daran zeigt sich doch ganz deutlich, daß der Gang dieser Veranstaltung geplant war. Ich meine, wir sind, glaube ich, über die Ziele weitgehend (Zwischenruf) – ist eine Vorlage, natürlich (weitere Zwischenrufe). Ich meine, eine Resolution kann wirklich stichhaltig nur dann formuliert werden, wenn eine echte Diskussion vorausgegangen ist und wenn sie das Ergebnis dieser Diskussion ist. Und das ist diese Resolution nicht.

STUDENTIN: In dieser Versammlung hier sollen jetzt Resolutionen und Diskussionen geführt werden. Ich behaupte, das ist hier nicht möglich. Der Raum ist zu groß, zu unübersichtlich. Es können nicht genügend Argumente gebracht werden. Es ist einfach unmöglich, hier irgendetwas festzustellen oder zu beschließen. (Beifall)

NEUER SPRECHER: Ich bin Student der AFE und möchte ganz kurz mal meine höchst persönliche Meinung vortragen im Zusammenhang mit einem kleinen Vorschlag. Ich bin der Meinung, daß die Studenten der AFE zumindest in bezug auf die Form, die hier abgelaufen ist, manipuliert worden sind, und ich wehre mich dagegen. (Beifall und Zwischenruf) Das ist meine persönliche Meinung. Mit folgendem Vorschlag – Sie können gleich das Mikrophon wieder an sich reißen, ich bin gleich fertig; sind Sie nur einen Augenblick mal ruhig. Mein Vorschlag ist der: ich bitte alle AFE-Studenten, im Hinblick auf unsere Vollversammlung am Freitag um 2 Uhr, sich Gedanken darüber zu machen, wie wir einmal eigenständig uns formulieren können, in bezug auf den Streik und auf die weitere Entwicklung hier an der AFE und der Universität als Gesamtes. Danke. [. . .]

Bibliothek Suhrkamp

472 Hermann Hesse, Legenden
473 H. C. Artmann, Liebesgedichte
474 Paul Valery, Zur Theorie der Dichtkunst
476 Erhart Kästner, Aufstand der Dinge
477 Stanisław Lem, Der futurologische Kongreß
478 Theodor Haecker, Tag- und Nachtbücher
479 Peter Szondi, Satz und Gegensatz
480 Tania Blixen, Babettes Gastmahl
481 Friedo Lampe, Septembergewitter
482 Heinrich Zimmer, Kunstform und Yoga
483 Hermann Hesse, Musik
486 Marie Luise Kaschnitz, Orte
487 Hans Georg Gadamer, Vernunft im Zeitalter der Wissenschaft
488 Yukio Mishima, Nach dem Bankett
489 Thomas Bernhard, Amras
490 Robert Walser, Der Gehülfe
491 Patricia Highsmith, Als die Flotte im Hafen lag
492 Julien Green, Der Geisterseher
493 Stefan Zweig, Die Monotonisierung der Welt
494 Samuel Beckett, That Time/Damals
495 Thomas Bernhard, Die Berühmten
496 Günter Eich, Marionettenspiele
497 August Strindberg, Am offenen Meer
498 Joseph Roth, Die Legende vom heiligen Trinker
499 Hermann Lenz, Dame und Scharfrichter
500 Wolfgang Koeppen, Jugend
501 Andrej Belyj, Petersburg
503 Cortázar, Geschichten der Cronopien und Famen
504 Juan Rulfo, Der Llano in Flammen
505 Carlos Fuentes, Zwei Novellen
506 Augusto Roa Bastos, Menschensohn
508 Alejo Carpentier, Barockkonzert
509 Elisabeth Borchers, Gedichte
510 Jurek Becker, Jakob der Lügner
512 James Joyce, Die Toten/The Dead
513 August Strindberg, Fräulein Julie
514 Sigmund Freud, Eine Kindheitserinnerung des Leonardo da Vinci
515 Robert Walser, Jakob von Gunten
517 Luigi Pirandello, Mattia Pascal
519 Rainer Maria Rilke, Gedichte an die Nacht
520 Else Lasker-Schüler, Mein Herz

521 Marcel Schwob, 22 Lebensläufe
522 Mircea Eliade, Die Pelerine
523 Hans Erich Nossack, Der Untergang
524 Jerzy Andrzejewski, Jetzt kommt über dich das Ende
525 Günter Eich, Aus dem Chinesischen
526 Gustaf Gründgens, Wirklichkeit des Theaters
528 René Schickele, Die Flaschenpost
529 Flann O'Brien, Das Barmen
533 Wolfgang Hildesheimer, Biosphärenklänge
534 Ingeborg Bachmann, Malina
535 Ludwig Wittgenstein, Vermischte Bemerkungen
536 Zbigniew Herbert, Ein Barbar in einem Garten
537 Rainer Maria Rilke, Ewald Tragy
538 Robert Walser, Die Rose
539 Malcolm Lowry, Letzte Adresse
540 Boris Vian, Die Gischt der Tage
541 Hermann Hesse, Josef Knechts Lebensläufe
542 Hermann Hesse, Magie des Buches
543 Hermann Lenz, Spiegelhütte
544 Federico García Lorca, Gedichte
545 Ricarda Huch, Der letzte Sommer
546 Wilhelm Lehmann, Gedichte
547 Walter Benjamin, Deutsche Menschen
548 Bohumil Hrabal, Tanzstunden für Erwachsene und Fortgeschrittene
549 Nelly Sachs, Gedichte
550 Ernst Penzoldt, Kleiner Erdenwurm
551 Octavio Paz, Gedichte
552 Luigi Pirandello, Einer, Keiner, Hunderttausend
553 Strindberg, Traumspiel
554 Carl Seelig, Wanderungen mit Robert Walser
555 Gershom Scholem, Von Berlin nach Jerusalem
559 Raymond Roussel, Locus Solus
560 Jean Gebser, Rilke und Spanien
561 Stanisław Lem, Die Maske · Herr F.
563 Konstantin Paustowskij, Erzählungen vom Leben
565 Hugo von Hofmannsthal, Das Salzburger große Welttheater
567 Siegfried Kracauer, Georg
568 Valery Larbaud, Glückliche Liebende ...
569 Rainer Maria Rilke, Liebesgedichte
570 Graciliano Ramos, Angst
571 Karl Kraus, Über die Sprache
572 Rudolf Alexander Schröder, Ausgewählte Gedichte
575 Theodor W. Adorno, Berg
578 Georg Kaiser, Villa Aurea
580 Elias Canett, Aufzeichnungen

727 Peter Bürger, Theorie der Avantgarde
728 Beulah Parker, Meine Sprache bin ich
729 Probleme der marxistischen Rechtstheorie. Herausgegeben von H. Rottleuthner
730 Jean-Luc Dallemagne, Die Grenzen der Wirtschaftspolitik
731 Gesellschaft, Beiträge zur Marxschen Theorie 2
732 Ernst Bloch, Ästhetik des Vor-Scheins 2
733 Alexander Kluge, Gelegenheitsarbeit einer Sklavin
734 Henri Lefebvre, Metaphilosophie. Prolegomena
735 Paul Mattick, Spontaneität und Organisation
736 Noam Chomsky, Aus Staatsraison
737 Louis Althusser, Für Marx
738 Spazier/Bopp, Grenzübergänge. Psychotherapie
739 Gesellschaft, Beiträge zur Marxschen Theorie 3
740 Bertolt Brecht, Das Verhör des Lukullus. Hörspiel
741 Klaus Busch, Die multinationalen Konzerne
742 Methodologische Probleme einer normativ-kritischen Gesellschaftstheorie. Herausgegeben von Jürgen Mittelstraß
744 Gero Lenhardt, Berufliche Weiterbildung und Arbeitsteilung in der Industrieproduktion
745 Brede/Kohaupt/Kujath, Ökonomische und politische Determinanten der Wohnungsversorgung
746 Der Arzt, sein Patient und die Gesellschaft. Herausgegeben von Dorothea Ritter-Röhr
747 Gunnar Heinsohn, Rolf Knieper, Theorie des Familienrechts
749 Rudolf zur Lippe, Bürgerliche Subjektivität
751 Brechts Modell der Lehrstücke. Herausgegeben von Rainer Steinweg
754 Zur Wissenschaftslogik einer kritischen Soziologie. Herausgegeben von Jürgen Ritsert
756 Hannelore u. Heinz Schlaffer, Studien zum ästhetischen Historismus
758 Brecht-Jahrbuch 1974. Herausgegeben von J. Fuegi, R. Grimm, J. Hermand
759 Der Weg ins Freie. Fünf Lebensläufe überliefert von H. M. Enzensberger
760 Lodewijk de Boer, The Family
761 Claus Offe, Berufsbildungsreform
762 Petr Kropotkin, Ideale und Wirklichkeit in der russischen Literatur
764 Gesellschaft, Beiträge zur Marxschen Theorie 4
765 Maurice Dobb, Wert- und Verteilungstheorien seit Adam Smith
766 Laermann/Piechotta/Japp/Wuthenow u.a., Reise und Utopie
767 Monique Piton, Anders Leben
768 Félix Guattari, Psychotherapie, Politik und die Aufgaben der institutionellen

Analyse
769 Jahoda/Lazarsfeld/Zeisel, Die Arbeitslosen von Marienthal
770 Herbert Marcuse, Zeit-Messungen
771 Brecht im Gespräch. Herausgegeben von Werner Hecht
772 Th. W. Adorno, Gesellschaftstheorie u. Kulturkritik
773 Kurt Eisner, Sozialismus als Aktion
775 Horn, Luhmann, Narr, Rammstedt, Röttgers, Gewaltverhältnisse und die Ohnmacht der Kritik
776 Reichert/Senn, Materialien zu Joyce »Ein Porträt des Künstlers«
777 Caspar David Friedrich und die deutsche Nachwelt. Herausgegeben von Werner Hofman
778 Klaus Fritzsche, Politische Romantik und Gegenrevolution
779 Literatur und Literaturtheorie. Hrsg. von Peter U. Hohendahl und Patricia Herminghouse
780 Piero Sraffa, Warenproduktion mittels Waren
782 Helmut Brackert, Bauernkrieg und Literatur
784 Friedensanalysen 1
787 Gesellschaft, Beiträge zur Marxschen Theorie 5
790 Gustav W. Heinemann, Präsidiale Reden
791 Beate Klöckner, Anna oder leben heißt streben
792 Rainer Malkowski, Was für ein Morgen
793 Von deutscher Republik. Hrsg. von Jost Hermand
794 Döbert R./Nunner-Winkler, G., Adoleszenzkrise und Identitätsbildung
795 Dieter Kühn, Goldberg-Variationen
796 Kristeva/Eco/Bachtin u. a., Textsemiotik als Ideologiekritik
797 Brecht Jahrbuch 1975
798 Gespräche mit Ernst Bloch. Herausgegeben von Rainer Traub und Harald Wieser
799 Volker Braun, Es genügt nicht die einfache Wahrheit
800 Karl Marx, Die Ethnologischen Exzerpthefte
801 Wlodzimierz Brus, Sozialistisches Eigentum und politisches System
802 Johannes Gröll, Erziehung im gesellschaftlichen Reproduktionsprozeß
803 Rainer Werner Fassbinder, Stücke 3
804 James K. Lyon, Bertolt Brecht und Rudyard Kipling
806 Gesellschaft, Beiträge zur Marxschen Theorie 6
807 Gilles Deleuze/Félix Guattari, Kafka. Für eine kleine Literatur
808 Ulrike Prokop, Weiblicher Lebenszusammenhang
809 G. Heinsohn / B. M. C. Knieper, Spielpädagogik
810 Mario Cogoy, Wertstruktur und Preisstruktur
811 Ror Wolf, Auf der Suche nach Doktor Q.
812 Oskar Negt, Keine Demokratie ohne Sozialismus
813 Bachrach/Baratz, Macht und Armut
814 Bloch/Braudel/L. Febvre u. a., Schrift und Materie der Geschichte
815 Giselher Rüpke, Schwangerschaftsabbruch und Grundgesetz
816 Rainer Zoll, Der Doppelcharakter der Gewerkschaften

817 Bertolt Brecht, Drei Lehrstücke: Badener Lehrstück, Rundköpfe, Ausnahme und Regel
818 Gustav Landauer, Erkenntnis und Befreiung
819 Alexander Kluge, Neue Geschichten. Hefte 1-18
820 Wolfgang Abendroth, Ein Leben in der Arbeiterbewegung
821 Otto Kirchheimer, Von der Weimarer Demokratie zum Faschismus
822 Verfassung, Verfassungsgerichtsbarkeit, Politik. Herausgegeben von Mehdi Tohidipur
823 Rossana Rossanda / Lucio Magri u. a., Der lange Marsch durch die Krise
824 Altvater/Basso/Mattick/Offe u. a., Rahmenbedingungen und Schranken staatlichen Handelns
825 Diskussion der ›Theorie der Avantgarde‹. Herausgegeben von W. Martin Lüdke
826 Fischer-Seidel, James Joyces »Ulysses«
827 Gesellschaft, Beiträge zur Marxschen Theorie 7
828 Rolf Knieper, Weltmarkt, Wirtschaftsrecht und Nationalstaat
829 Michael Müller, Die Verdrängung des Ornaments
830 Manuela du Bois-Reymond, Verkehrsformen zwischen Elternhaus und Schule
832 Herbert Claas, Die politische Ästhetik Bertolt Brechts vom Baal zum Caesar
833 Peter Weiss, Dramen I
834 Friedensanalysen 2
835-838 Bertolt Brecht, Gedichte in 4 Bänden
839 Géza Róheim, Psychoanalyse und Anthropologie
840 Aus der Zeit der Verzweiflung. Beiträge von Becker/Bovenschen/Brackert u. a.
841 Fernando H. Cardoso/Enzo Faletto, Abhängigkeit und Entwicklung in Lateinamerika
842 Alexander Herzen, Die gescheiterte Revolution
845 Ror Wolf, Die Gefährlichkeit der großen Ebene
847 Friedensanalysen 3
848 Dieter Wellershoff, Die Auflösung des Kunstbegriffs
849 Samuel Beckett, Glückliche Tage
850 Basil Bernstein, Beiträge zu einer Theorie
851 Hobsbawm/Napolitano, Auf dem Weg zum ›historischen Kompromiß‹
852 Über Max Frisch II
853 Brecht-Jahrbuch 1976
854 Julius Fučík, Reportage unter dem Strang geschrieben
856 Dieter Senghaas, Weltwirtschaftsordnung und Entwicklung
858 Silvio Blatter, Genormte Tage, verschüttete Zeit
860 Gombrich/Hochberg/Black, Kunst, Wahrnehmung, Wirklichkeit
861 Blanke/Offe/Ronge u.a., Bürgerlicher Staat und politische Legitimation. Herausgegeben von Rolf Ebbighausen
863 Gesellschaft, Beiträge zur Marxschen Theorie 8/9
864 Über Wolfgang Koeppen. Herausgegeben von Ulrich Greiner
866 Fichant/Pêcheux, Überlegungen zur Wissenschaftsgeschichte
867 Ernst Kris, Die ästhetische Illusion

868 Brede/Dietrich/Kohaupt, Politische Ökonomie des Bodens
870 Umwälzung einer Gesellschaft. Herausgegeben von Richard Lorenz
871 Friedensanalysen 4
872 Piven/Cloward, Regulierung der Armut
873 Produktion, Arbeit, Sozialisation. Herausgegeben von Th. Leithäuser und W. R. Heinz
874 Max Frisch/Hartmut von Hentig, Zwei Reden zum Friedenspreis des Deutschen Buchhandels 1976
875 Eike Hennig, Bürgerliche Gesellschaft und Faschismus in Deutschland
878 Leithäuser/Volmerg/Wutka, Entwurf zu einer Empirie
879 Peter Bürger, Aktualität und Geschichtlichkeit
880 Tilmann Moser, Verstehen, Urteilen, Verurteilen
881 Loch/Kernberg u. a., Psychoanalyse im Wandel
882 Michael T. Siegert, Strukturbedingungen von Familienkonflikten
883 Erwin Piscator, Theater der Auseinandersetzung
884 Politik der Subjektivität. Texte der italienischen Frauenbewegung, Herausgegeben von Michaela Wunderle
885 Hans Dieter Zimmermann, Vom Nutzen der Literatur
886 Gesellschaft, Beiträge zur Marxschen Theorie 10
887 Über Hans Mayer, Herausgegeben von Inge Jens
888 Nicos Poulantzas, Die Krise der Diktaturen
890 Bergk/Ewald/Fichte u. a., Aufklärung und Gedankenfreiheit. Herausgegeben und eingeleitet von Zwi Batscha
891 Friedensanalysen 5
893 Georges Politzer, Kritik der Grundlagen
895 Umberto Eco, Zeichen. Einführung in einen Begriff und seine Geschichte
898 Cohen/Taylor, Ausbruchversuche. Identität und Widerstand
902 Ernest Borneman, Psychoanalyse des Geldes
904 Alfred Sohn-Rethel, Warenform und Denkform
906 Brecht-Jahrbuch 1977
907 Horst Kern, Michael Schumann, Industriearbeit und Arbeiterbewußtsein
908 Julian Przybós, Werkzeug aus Licht
910 Peter Weiss, Stücke II
913 Martin Walser, Das Sauspiel mit Materialien. Herausgegeben von Werner Brändle
916 Dürkop/Hardtmann (Hrsg.), Frauen im Gefängnis
920 Tagträume vom aufrechten Gang. Sechs Interviews mit Ernst Bloch, Herausgegeben von Arno Münster
925 Friedensanalysen 6
927 Ausgewählte Gedichte Brechts, Herausgegeben von Walter Hinck
928 Betty Nance Weber, Brechts ›Kreidekreis‹
929 Auf Anregung Bertolt Brechts: Lehrstücke. Herausgegeben von Reiner Steinweg
954 Elias/Lepenies, Zwei Reden. Theodor W. Adorno-Preis 1977
955 Friedensanalysen 7

Alphabetisches Verzeichnis der edition suhrkamp